新城丽姿 （摄影 徐景江）

无棣年鉴

（2018）

中共无棣县委员会
无棣县人民政府 主办
无棣县地方史志办公室 编

方志出版社
Publishing House of Local Records

图书在版编目（CIP）数据

无棣年鉴. 2018 / 无棣县地方史志办公室编. -- 北京 : 方志出版社，2018.9
ISBN 978-7-5144-3285-5

Ⅰ. ①无… Ⅱ. ①无… Ⅲ. ①无棣县－2018－年鉴
Ⅳ. ①Z525.24

中国版本图书馆CIP数据核字(2018)第219420号

无棣年鉴（2018）

编　　者：无棣县地方史志办公室
责任编辑：张　颢

出 版 人：冀祥德
出 版 者：方志出版社
地址　北京市朝阳区潘家园东里9号（国家方志馆4层）
邮编　100021
网址　http://www.fzph.org
发　　行：方志出版社图书经销中心
电话（010）67110500
经　　销：各地新华书店
印　　刷：山东麦德森文化传媒有限公司　（0531）82666659

开　　本：889×1194　　1/16
印　　张：25
字　　数：723千字
版　　次：2018年9月第1版　　2018年9月第1次印刷
印　　数：001～600册

ISBN 978-7-5144-3285-5　　**定价：**286.00元

无棣县地方史志编纂委员会

名誉主任：丁海堂

主　　任：姜凌刚

第一副主任：高晓勇

副 主 任：崔明星　庞志鸿　李　政　李永玺

李　霞　耿建华　刘长雨

委　　员：赵连胜　朱金勇　李智武　于大勇

马云忠　郭文江　蒋述潭　孟令明

陈景云　王秀丽　邢呈军　李文凯

张玉春

《无棣年鉴》（2018）编审人员

主　审：高晓勇

主　编：刘长雨

副主编：张玉春

编　辑：（按姓氏笔划排列）

田俊茹　刘长雨　张玉春

编　务：刘政志

摄　影：高士东　徐景江　徐向华等

编辑说明

一、《无棣年鉴》是由中共无棣县委、无棣县人民政府主办，无棣县地方史志办公室承编的综合性年刊。《无棣年鉴》作为权威的地情信息载体，全面系统、准确地记述全县自然、政治、经济、文化、社会等方面的综合情况，为广大读者了解和研究无棣提供基本依据，为续修地方志储备资料。

二、《无棣年鉴》的编纂坚持以马克思列宁主义、毛泽东思想、邓小平理论、“三个代表”重要思想、科学发展观、习近平新时代中国特色社会主义思想为指导，坚持辩证唯物主义和历史唯物主义的立场、观点和方法，紧紧围绕县委、县政府的中心工作，全面、客观地反映各级党委、政府的主要工作和各部门、各行业取得的重大成就。务求做到框架科学、资料翔实、记述准确、编写规范、特色鲜明，突出时效性，讲求实用性。除文字内容外，还安排了部分图片、统计图表，力求图文并茂。

三、《无棣年鉴》2018 卷收录 2017 年度发生在无棣行政区域内的大事要闻，突出反映无棣的优势、特点和各部门深化改革、扩大开放的新举措、新经验。内容时限为 2017 年 1 月 1 日至 2017 年 12 月 31 日。为保持内容的连续性，有些资料适当上溯。

四、本卷年鉴分设 33 个类目，即特载、专记、大事记、无棣概况、中国共产党无棣县委员会、无棣县人民代表大会、无棣县人民政府、中国人民政治协商会议无棣县委员会、中国共产党无棣县纪律检查委员会、人民团体、军事、法治、农业和农村工作、工业和信息化、商贸服务业、经济管理与监督、交通·邮政·电力、城乡建设、资源管理·环境保护、财政·税务、金融、科学、教育、文化·传媒、旅游业、卫生和计划生育、体育、社会管理·居民生活、园区建设、镇 街道、人物、附录、索引。主题内容划分为类目、分目、条目三个层次，个别栏目分为四个层次。

五、本卷年鉴稿件大部分为县直各部门、企事业单位、镇（街道）提供，由县地方史志办公室总纂。所用数据以县统计局公布的数据为准，统计部门未涉及的均用部门和单位提供的数据。

六、本卷年鉴在成书过程中，得到社会各界的大力支持和帮助，谨此致谢。本卷年鉴不妥之处，恳请广大读者批评指正。

无棣县地图

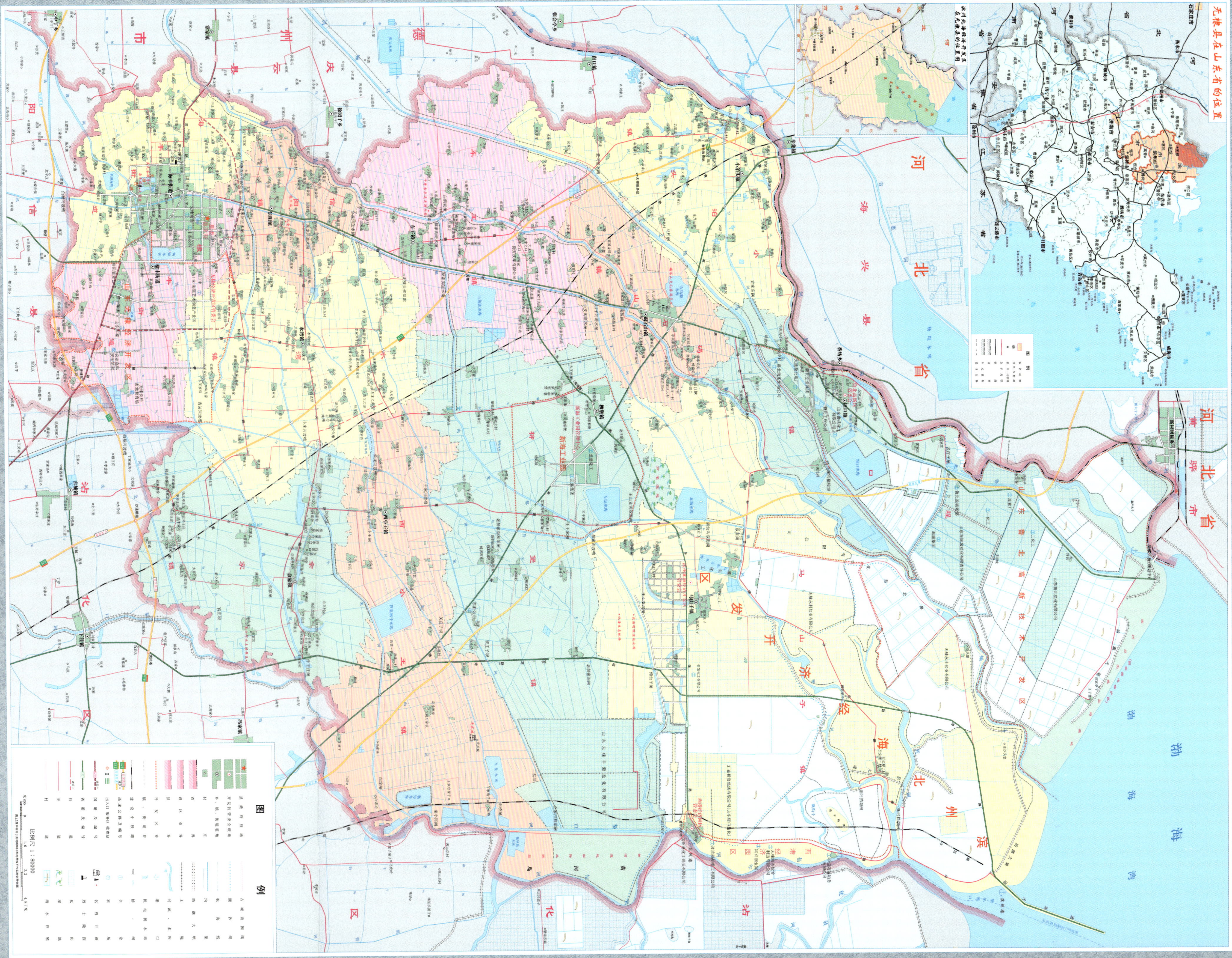

审图号：鲁SG(2017)060号　2017年9月第1版

无棣县地名办公室提供资料　山东省地图院编制

数字无棣（2017）

◎土地总面积 **157401.2** 公顷
◎常住人口 **40.98** 万人
◎地区生产总值 **2649459** 万元
◎第一产业增加值 **371603** 万元
◎第二产业增加值 **1204847** 万元
◎第三产业增加值 **1073009** 万元
◎一般公共预算收入 **147729** 万元
◎一般公共预算支出 **294088** 万元
◎金融机构各项存款余额 **2145952** 万元
◎金融机构各项贷款余额 **1603992** 万元
◎粮食作物播种面积 **49133** 公顷
◎粮食总产量 **303850** 吨
◎规模以上工业企业 **122** 个
◎工业总产值 **3380731** 万元
◎主营业务收入 **3359013** 万元
◎利润总额 **166645** 万元
◎利税总额 **215544** 万元
◎建筑业企业 **28** 个
◎建筑业总产值 **191458** 万元
◎社会消费品零售总额 **984275** 万元
◎进出口总额 **154905** 万元
◎出口总额 **71907** 万元
◎固定资产投资 **2270705** 万元
◎公路里程 **2032** 公里
◎普通中学 **22** 所
◎中等职业教育学校 **3** 所
◎小学 **55** 所
◎全年专利申请 **608** 件
◎全年专利授权 **189** 件
◎医疗卫生机构 **26** 个
◎医疗卫生机构床位 **1840** 床
◎城镇居民人均可支配收入 **31825** 元
◎城镇居民人均生活消费支出 **20646** 元
◎农村居民人均可支配收入 **15373** 元
◎农村居民人均生活消费支出 **10419** 元
◎各种社会福利收养性单位 **12** 个
◎城镇职工养老保险参保 **39568** 人
◎城镇职工医疗保险参保人数 **39900** 人
◎失业保险参保人数 **23302** 人
◎城乡居民养老保险参保人数 **218000** 人
◎城乡居民医疗保险参保人数 **385294** 人
◎全社会用电量 **160846** 万千瓦时
◎工业用电量 **116284** 万千瓦时

无棣古城（摄影 徐向华）

碣石山（摄影 赵春仓）

印象无棣

IMPRESSIONS OF WUDI

贝壳堤（摄影 周浩）

湿地（摄影 周立新）

黄河岛（摄影 邵跃山）

千年古桑园（摄影 张建波）

印象无棣

IMPRESSIONS OF WUDI

清波烟雨主题公园 （供稿 刘婷）

苗圃基地（供稿 刘婷）

丛林小溪（供稿 刘婷）

千

三角洼水库（摄影 田晓燕）

千年枣园（摄影 孙静怡）

印象无棣

IMPRESSIONS OF WUDI

花海连天 （摄影　徐向华）

2017 年 3 月 15 日，全省首个小麦苜蓿套种项目在无棣启动

2017 年，国内首例葵花和高油酸花生轮作试验项目落户无棣

摄影　高士东

2017年，无棣盐碱地上试种短季棉成功

摄影　高士东

图像记事

PICTORIAL MEMORY

金秋十月 旱稻丰收

摄影 高士东

2017年，国内长江以北规模最大的鳗鱼养殖项目落户无棣

摄影 高士东

2017 年 10 月 31 日，无棣海忠软管制造公司生产的海底动态立管走出国门，出口马来西亚

摄影 高士东

2017年8月，省内规模最大的渔光互补扶贫电站项目——无棣县友发渔光互补40兆瓦光伏发电项目并网发电

（摄影 高士东）

2017 年 8 月 23 日至 27 日，在北京举行的世界机器人大赛上，无棣县职业中专学生获二等奖

摄影　高士东

2017 年 4 月 29 日，第二届滨州市特色旅游商品展评会暨无棣“五一”文化旅游休闲会在无棣古城举行

摄影 高士东

2017 年 4 月 29 日，无棣华夏海盐文化产业园（一期）开园运营

摄影 陈子庆

2017年10月4日至5日，山东无棣鑫嘉源“田园国际音乐节”举行

摄影 高士东

2017年7月28日至30日，“健康无棣·滨州行——颐养悦生汇”大型展会活动在滨州国际会展中心举行

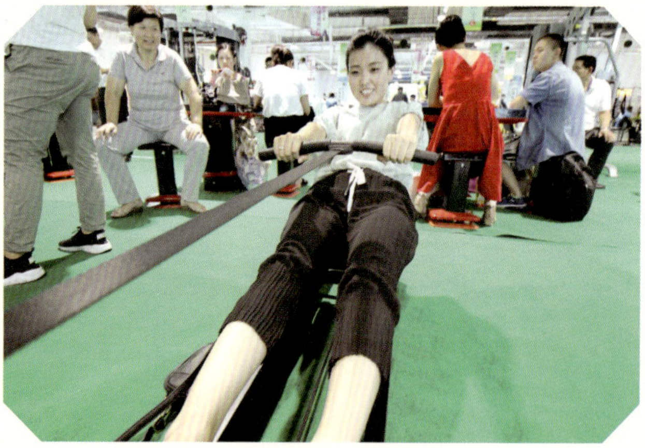

摄影　高士东 李胜芳

2017年11月，省内首座镇级学校科技馆——水湾镇中心小学“校园流动科技馆”投用

摄影 高士东

2017年11月，S239大济路埕口至大口河段改建工程竣工通车

供稿 贾永敏

总目

目　录

特　载

专　记

大事记

无棣概况

中国共产党无棣县委员会

无棣县人民代表大会

无棣县人民政府

中国人民政治协商会议
无棣县委员会

中国共产党无棣县纪律检查委员会

人民团体

军 事

法 治

农业和农村工作

工业和信息化

商贸服务业

经济管理与监督

城乡建设

资源管理·环境保护

财政·税务

金 融

科　学

教　育

文化·传媒

旅游业

卫生和计划生育

体　育

社会管理·居民生活

园区建设

镇 街道

人 物

附 录

索 引

CONTENTS

Important Notes

Special Records

Chronicle of Events

General Situation of Wudi

Wudi County Committee of the Communist Party of China

Wudi County People's Congress

Wudi County People's Government

Wudi County Committee of the Chinese People's Political Consultative Conference

Wudi County Commission for Discipline Inspection of the Communist Party of China

People's Organization

Military

Rule of Law

Agriculture and Rural Work

Industry and Information Technology

Trade Service Industry

Economic Management and Supervision

Transportation,Post and Power

Urban and Rural Construction

Resource Management•Environmental Protection

Public Finance and Taxation

Financial Affairs

Science

Education

Culture•Media

Tourism Industry

Health and Family Planning

Sports

Social Management•People's Life

Construction of the Park

Town and Street

People

Appendix

Index

特　载

报　告

在县委十三届四次全体会议上关于常委会工作的报告

（2018 年 1 月 2 日）

中共无棣县委书记　丁海堂

各位委员、同志们：

现在，我受县委常委会委托，向全委会报告工作。

2017 年以来，县委常委会深入贯彻党的十八大、十八届历次全会和党的十九大精神，认真学习贯彻习近平新时代中国特色社会主义思想，认真落实中央和省、市各项决策部署，团结带领全县党员干部群众，以“1345”发展思路为统领，以“争一流、上水平”为基调，全力稳增长、调结构、防风险、惠民生、促和谐，经济社会持续健康发展。2017 年，实现地区生产总值 275 亿元（预计）、一般公共预算收入 14.77 亿元，分别增长 6.5%、0.3%。

一、深入学习宣传贯彻党的十九大精神

县委常委会始终把学习宣传贯彻党的十九大精神作为首要政治任务，组织全县党员干部群众深入学习、深刻领会，自觉用习近平新时代中国特色社会主义思想武装头脑、指导实践、推动工作，切实把全县广大党员干部群众的思想和行动统一到党的十九大精神上来，把智慧和力量凝聚到贯彻落实党的十九大各项决策部署上来。一是精心组织学习宣传贯彻。党的十九大召开后，立即通过县委常委会议、领导干部会等形式，第一时间组织传达学习。组织举办了马克思主义学习型政党中青年干部理论学习读书班、专家讲座等学习培训活动，县委常委带头到联系镇街、部门宣讲十九大精神。全面开展集中宣讲活动，把党的十九大精神及时传达到了每一个支部、每一名党员、每一名群众。二是增强旗帜鲜明讲政治的思想自觉和行动自觉。牢固树立“四个意识”，切实增强“四个自信”，坚持把维护习近平总书记核心地位、领袖权威作为第一位的政治要求，引导全县广大党员干部坚定信仰信念、政治立场、党性原则、革命意志，以理论上的清醒保证政治上的坚定自觉，坚定不移维护党中央权威和集中统一领导，做到党中央提倡的坚决响应、党中央决定的坚决执行、党中央禁止的坚决不做。三是用习近平新时代中国特色社会主义思想指导工作实践。坚持以习近平新时代中国特色社会主义思想为指引，全面审视无棣的各项工作，致力推进更高质量的发展。坚持创新发展、全面发展，把工作重心放在“1+5”攻坚性工作上，以坚定的政治勇气、强大的信心决心、强烈的使命担当，迎着问题上、盯着问题改，攻克了一些难题，化解了一些矛盾。带头弘扬实干之风、倡树担当之气，引导各级党员干部牢记“有权必有责、有位必有为”。各级各部门不断强化争先意识、责任意识、效率意识，努力推

2018 年 1 月 2 日，中国共产党无棣县第十三届委员会第四次会议召开

（摄影　张相安）

动各项工作“争一流、上水平”，比学赶超的氛围日益浓厚。

二、深入实施新旧动能转换工程

面对新常态下的挑战和压力，坚持把新动能培育作为推进供给侧结构性改革的重中之重，全力打造经济更高质量发展的“升级版”。一是创新发展步伐加快。加快传统产业转型步伐，推动油盐化工、精细化工、有色金属、机械制造等产业蝶变升级。促进化工产业提质增效，鑫岳清洁油品加工项目加快建设，森岳化工入选省重点建设项目，中国石油和化学工业联合会联系会议在我县召开。鲁北企业集团与杭州锦江集团深化合作，规划建设碳酸锂新材料、锂电池新材料产业园、高效净水剂等项目17个，荣获全省科技进步一等奖。2017年1—11月份，鑫岳化工、鲁北企业集团、三岳化工分别上缴税金3.29亿元、8892万元、8347万元，实现税收翻番或接近翻番。海瓷集团国内首家推出日用陶瓷易清洁产品。融川医药成立院士工作站，打造现代化医药企业。高新智能产业破题发展，斯瑞得智能机器人博士工作站及生产基地挂牌成立。全县实现高新技术产业产值105亿元，占规模以上工业总产值比重达33%。二是健康产业全面突破。中医药文化养生园、健康产业园、社会养老服务中心、体育产业园、全民健身活动中心等一批重点项目顺利实施。中草药种植面积突破4万亩，顺利通过全国基层中医药工作先进单位评审。县体育产业园发展壮大，体育产业发展进入快车道。文化产业蓬勃发展，规模以上文化企业达23家。全国全域旅游示范区创建深入实施，华夏海盐文化产业园建成开放，新增省级旅游强镇1个、特色村2个，成功举办特色旅游商品展销、文化旅游休闲汇等系列活动。三是改革开放不断深化。坚决扛起全面深化改革的政治责任，蹄急步稳推进各领域改革任务。持续深化经济、民主法制、司法和社会治理、生态文明、党的建设等重点领域改革。扎实开展国家检察体制改革，县监察委员会组建、机构整合等工作顺利推进。医药卫生体制改革走在全省前列，全市医改工作现场会在无棣召开。“放管服”改革持续深化，公共资源交易中心获评全国公共资源交易平台整合优秀基层单位。修订完善激励考核政策，健全完善联审联批联察制度，完成招商引资80亿元，碧水源海水淡化、鑫港海源输油管道、泰科充电桩等项目落户实施。

三、以最坚决的态度打赢五场攻坚战

坚持问题导向，突出改革创新，坚定发展信心，全力做好各项攻坚性工作。全力抓好生态环保。坚持铁腕治污、全面整治，新海工业园环保督办成功“摘牌”，中央环保督察组交办件、省督察组交办件问题全部按时办结，取缔“散乱污”企业191家，查处环境违法行为111件，经验做法环保部认可。全面实施“综合治水”，积极推进“河长制”，清理违法违规事项768处，以“八乱”整治为重点的清河行动全面完成。全力抓好安全生产。深入开展“大快严”集中整治，排查企业5700余家次，整改隐患1万余条，全县安全生产形势持续稳定，没有发生较大以上安全生产事故。全力抓好精准脱贫。把脱贫攻坚作为重大政治任务，牢牢把握“精准”要义，不让一名贫困群众在小康路上掉队。实施扶贫项目66个，扶贫贷款2.9亿元，摘帽贫困村26个，脱贫3963人，现有建档立卡贫困人口全部脱贫。全力抓好金融风险防控。深入开展“增信贷、降不良、打逃债”专项行动，清收不良贷款1400万元，清收工作走在全市前列。积极化解企业金融风险问题，健全完善地方金融体系，金融形势持续稳定。全力抓好社会稳定。圆满完成党的十九大和各级“两会”、党代会安保维稳任务，荣获全省“党的十九大安保维稳先进县区”。深入开展“清仓见底”活动，县级领导干部带头包保重点信访案件，化解信访积案44件，市交办信访积案化解率100%，成为全省信访工作先进集体。退役士兵安置和权益保障工作走在全市前列。

四、坚持不遗余力保障改善民生

始终坚持“以人民为中心”的发展理念，统筹做好各项民生工作，加快构建和谐无棣。“民生八件实事”兑现落实。三角洼、芦家河子水厂水质提升工程建成投用，农村供水走在全省前列。完成老旧小区改造21个、农村危房改造1453户。解决“大班额”工程有序实施，完成投资4亿元，23所学校主体竣工。农村公路安全生命防护工程通过省、市验收，改造危桥35座。特困家庭救助基金规模达2200万元，全额资助城乡困难群众参保参合，发放医疗救助金226万元、特困救助金143.9万元。深入推进新型城镇化，完成新城棚户区改造510户，以全市第一名的成绩顺利通过省级卫生县城复审验收。深入推进美丽乡村标准化建设，建成省级示范村4个，市级示范村3个，县级示范村22个、提升村85个、示范片区3处，美丽乡村覆盖率达70%。完成改厕33631户，顺利通过省全覆盖验收。推进林水会战提档升级，完成成片造林2.46万亩。重大基础建设成效显著，大济路北部改建、新海路大修竣工通车，黄大铁路、滨港铁路二期、205国道绕城、秦滨高速、柳河路、孙岔路和沿海高等级公路等工程顺利实施。

五、切实担起全面从严治党主体责任

坚持把“从严”寓于党建全领域，坚决履行好管党治党的重大政治责任，营造了风清气正的良好政治生态。锻造干部队伍。深入推进“两学一做”学习教育常态化制度化，县委常委以普通党员身份参加所在支部组织生活，为党员讲党课，各级党组织严格落实“三会一课”、谈心谈话等组织生活制度，强化党员意识、抓好党建工作。实施“共产党员淬火工程”，建立恢复镇街党校，培训党员2000余人次，党员队伍整体素质不断提升。夯实基层基础。加大软弱涣散党组织整治力度，深化村集体经济增收“双百工程”，新上增收项目137个，销号3万元以下村57个，村“两委”换届工作全面启动。按照村均9万元落实村级组织运转经费，村干部补贴同步提高。落实基层党建10项重点任务，实施党(工)委书记突破项目51个，成立城市社区9个。强化反腐倡廉。驰而不息加强作风建设，查处违反中央八项规定精神问题44起。科学把握运用监督执纪“四种形态”，突出重点领域和关键环节，“零容忍”惩治腐败，共受理各类信访举报490件次，立案286件，给予党纪政纪处分279人，谈话函询31人，批评教育55人，诫勉谈话62人。完善廉政谈话制度，开展党内问责43起，对46名党员干部和18个党组织进行了责任追究。健全完善县委巡察工作制度，三轮巡察工作基本完成。

各位委员、同志们，回顾2017年以来的工作，在经济形势复杂多变、发展任务繁重艰巨的情况下，我县经济社会发展稳中有进、健康运行，各项工作都有了新进展、新成效。这些成绩的取得，是上级党委正确领导的结果，是全县各级党组织和广大党员干部共同奋斗的结果，与全委会成员给予的充分信任和大力支持密不可分。在此，我代表县委常委会，向同志们表示衷心的感谢！

在看到成绩的同时，我们也充分认识到，县委常委会的工作与上级党委的要求和全县人民的期望比，还有一定差距。比如，推进新旧动能转换的力度还不够大，产业层次依然偏低，传统动能占比大，企业自主创新能力弱，转型发展任务艰巨；聚力攻坚的成效还不够好，尤其是面对上级要求越来越严、标准越来越高的形势，打赢五场攻坚战的任务依然繁重；从严治党还需持续用力，部分干部缺乏担当、主动作为的意识不强，“四风问题”禁而不绝，形式主义、官僚主义有待深入整治，等等。对这些问题，县委常委会将认真研究、着力解决。

希望各位委员对县委常委会的工作提出意见和建议，以便于我们进一步找准症结所在、不断改进工作，不断提高执政能力和领导水平，更好地引领建设富裕文明美丽幸福新无棣。

政府工作报告

——2018年1月16日在无棣县第十八届人民代表大会第二次会议上

无棣县县长 姜凌刚

各位代表：

现在，我代表县人民政府向大会作工作报告，请予审议，并请县政协委员和其他列席会议的同志提出意见。

一、2017年工作回顾

过去的一年，面对持续加大的经济发展压力和艰巨繁重的工作任务，县政府在县委的坚强领导和县人大、县政协的监督支持下，坚持稳中求进工作总基调，凝心聚力，攻坚克难，全县经济社会实现了健康平稳发展。全年实现地区生产总值275亿元（预计，下同），增长6.5%；一般公共预算收入14.77亿元，增长1%；规模以上固定资产投资227亿元，增长11%；城镇和农村居民人均可支配收入分别达到31825元、15359元，分

2018年1月16至19日，无棣县第十八届人民代表大会第二次会议召开

（摄影 陈子庆）

别增长7.4%、8.2%。

（一）**致力转调创新，工业经济逆势上扬**。累计完成技改投入91亿元，新增规模以上企业17家，实现主营业务收入340亿元、利润17亿元、利税21.5亿元，分别增长14.8%、10.3%、10.8%。园区功能日趋完善。鲁北高新区众源污水处理厂建成投用，园区污水日处理能力达到12.5万立方米。经济开发区科技孵化园研发中心主体完工，双创产业园一期投入使用，载体功能进一步增强。新海工业园完成污水处理厂和雨污分流工程升级改造，实现智能化监测管控，规范化水平不断提升。西港园区黄河岛引水工程建成蓄水，年货物吞吐量达到2000万吨。项目建设加快推进。森岳丙烷脱氢制丙烯项目入选省重点项目，鑫岳清洁油品加工及煤焦油分馏、鲁北碳酸锂新材料、华运风电等项目加快建设，中电建、清能光伏发电等项目建成投产。化工产业安全生产转型升级专项行动深入实施，“八条断然措施”全面落实，停产整顿企业17家。2017年中国石油和化学工业联合会联系会议和县域化工产业发展研讨会议在我县召开，为全县化工产业转型升级注入了新活力。创新能力不断提升。县政府与鲁东大学、滨州学院达成战略合作。新增院士工作站1家、国家级小微企业创新示范基地1家、市级以上各类科技创新平台10家。申报中国驰名商标1件、国家地理标志证明商标2件，新增山东名牌产品3个。全县实现高新技术产业产值105亿元，占规模以上工业总产值比重达33%。招商引资扎实开展。投资项目联审联批联察、审批代办服务制度建立实施，营商环境进一步优化。碧水源海水淡化、鑫港海源输油管道、泰科充电桩等16个过亿元项目落户，全年完成招商引资82亿元。引进外资实现零的突破。实现进出口总额14.9亿元，增长65%。

（二）**致力强基固本，农业效益稳步提升**。产业化步伐加快。农村土地承包经营权确权登记颁证工作圆满完成。新增齐鲁乡村之星1名、省级农业龙头企业2家、市级现代农业示范园2家。创建国家4星级休闲企业2家、省生态休闲农业示范园区1家。海丰街道大齐村获评国家级一村一品示范村。规模化逐步壮大。农村土地流转面积达到22.6万亩。完成枣园流转1300亩，发展林下经济2万亩。农产品标准化生产示范基地达到40万亩。改造渔业标准化养殖池塘5000亩、工厂化养殖车间2万平方米，新增设施化养殖面积5万平方米。制定出台了促进驴产业发展的扶持政策，规模养殖场户发展到5家。“粮改饲”总面积达到8.1万亩，苜蓿生产规模居全省前列，黄河三角洲草业科技创新联盟在我县成立。品牌化不断提升。俊棣林牧被科技部评为国家级星创天地，纳入国家级科技企业孵化器管理服务体系。黄河岛创成国家级湿地公园。枣星牌阿胶蜜枣获评中国国际农交会金奖产品，十里香万亩芝麻基地列入省高标准农田建设创新试点项目，正海底播型海洋牧场纳入国家级海洋牧场示范区建设规划，我县成为农业部渔业健康养殖示范县、省级农产品质量安全县。

（三）**致力优化结构，健康产业繁荣发展**。全域旅游加快实施。古城、黄河岛等景区品质逐步提升，基础配套更加完善。华夏海盐文化产业园一期建成开放。乡村旅游快速发展，新增省级旅游强镇1个、旅游特色村2个。旅游商品开发独具特色，海洋贝瓷、盐雕入选首批“山东好礼·一城一品”旅游商品，盐雕荣获中国特色旅游商品大赛银奖。节会活动持续升温，成功举办第二届滨州市特色旅游商品展评会、文化旅游休闲汇等系列活动。医药养生业快速发展。中草药种植面积突破4万亩，顺利通过全国基层中医药工作先进单位评审验收，创成省级健康促进示范县。健康食品业逐步壮大，华龙食品、丰香园食品等6家企业通过ISO 22000认证。养老服务业全面提升。敬老院消防设施升级改造圆满完成，关爱五保老人公益活动有序开展。新建农村幸福院13处。加强护理员队伍建设，累计培训养老护理员860余人。体育健身业繁荣发展。体育产业园规模不断壮大，健身体验中心建成投用，人造草丝、预制型橡胶跑道投入生产。发展体育社会组织46个，举办体育赛事活动80余次。全县健康产业协会成立。成功举办“健康无棣滨州行·颐养悦生汇”活动，健康产业发展成果亮相上海国际展览中心。

（四）**致力统筹发展，城乡面貌明显改善**。城市品质加快提升。加大综合整治力度，集中开展“十乱”和“八小”行业专项治理，完成棣新二路三路雨污分流改造和道路拓宽，整治穿城区河道8.5公里，改造新建农贸市场2处，改造提升老旧小区46个，新改建公厕23所，划定停车位3000余个，拆除违章建筑16万平方米，建设垃圾中转站2处，购置大型雾炮车和多功能清扫车，垃圾集中清运体系进一步健全，以参评县区第一名的成绩顺利通过省级卫生县城复审验收。城市总体规划和部分控制性详细规划修编完成。完成新城棚户区改造510户，2个安置小区建成。集苗圃生产、体育健身、园艺展示等功能于一体的清波烟雨建成开放，成为建设海绵城市、改善城区环境新亮点。镇村环境明显改善。农村无害化卫生厕所改造实现全覆盖，受到省委、省政府表彰。美丽乡村建设深入推进，29个县级以上示范村和3个示范片建设完成，美丽乡村覆盖率达到70%。林水会战提档升级，完成成片造林2.5万亩，新建农田林网4.5万亩，建成高效节水灌溉面积5.8万亩。完成白杨支沟治理，幸福河、小开河实现互通。棣丰街道创成省级森林乡镇。基础配套更加完善。完成了总投资2.2亿元的店子110千伏输变电等电力工程建设。大济路大口河至埕口段改建、新海路大修工程竣工通车，黄大铁路、滨港铁路二期、205国道绕城段改建工程加快推进，秦滨高速公路和柳河路、孙岔路改造工程前期工作顺利完成，沿海高等级公路前期工作全面启动。农村公路养护智慧化管理实现破题，在全国农村公路管理培训班上进行经验交流。

（五）致力防控风险，社会大局保持稳定。生态保护成效显著。圆满完成中央、省环保督察和环保部大气污染防治强化督查迎查工作，反馈问题全部办结。关闭淘汰燃煤小锅炉414台，清理整治“散乱污”企业191家，经验做法得到环保部表扬，在《人民日报》《经济日报》等主流媒体报道。12台燃煤机组全部完成超低排放改造。“煤改气”工作扎实推进，完成清洁取暖改造1.6万户，超额完成省市下达任务，全市现场会在我县召开。空气质量优良天数272天，较上年增加52天。积极推进“河长制”，健全县镇村三级河长制组织体系，以“八乱”整治为重点的清河行动全面完成，清理违规事项768处。工业污染源排污口规范化整治成效显著，省级以上河流断面、集中式饮用水水源地水质全部达标。畜禽养殖“三区”划定方案制定实施，禁养区养殖业户全部搬迁。环境监管力度不断加大，全年查处环境违法行为331起。安全生产保持稳定。“大快严”集中行动、百日安全整治等活动扎实开展，累计排查企业5500余家次，整治隐患8500余条，顺利通过省安全生产巡查。聘请4名安全顾问常驻园区查改隐患，充实完善鲁北高新区、经济开发区安全生产管理机构，落实镇街园区安全监管员岗位补贴。“安监云”监管平台建成启用，694家企业纳入监管。金融环境持续改善。信贷投放力度不断加大，存贷款余额较年初分别增长19.42亿元、14.74亿元，不良贷款占比全市最低。资本市场利用渠道进一步拓宽，新增“新三板”挂牌企业2家、齐鲁股权挂牌企业5家，7家企业完成规范化公司制改制。打击逃废银行债务专项行动扎实推进，清收不良贷款4603万元，在全县营造了诚实守信的良好环境。社会治理全面加强。基层公共法律服务工作站全部建成，聘请村法律顾问45名，一村（社区）一法律顾问实现全覆盖，我县荣获全国青少年普法教育示范区。公安基层基础工作全面提升，警务实战指挥中心建成投用，“一村一警”全面建立，“天网”工程加快建设，新建260余处监控设施。加大社会维稳力度，十九大安保任务圆满完成，受到省委、省政府表彰。严厉打击各类违法犯罪活动，为全县经济社会发展提供了可靠保障。

（六）致力共建共享，和谐局面更加巩固。新增城镇就业4065人、农村劳动力转移就业4300人、扶持创业210人，新增省级创业示范园区1家。基础教育综合改革不断深化，校长职级制改革全面完成，实现教师交流轮岗300人。职业教育进一步提升，鲁北技工学校实现招生，职业中专成为省优质特色中等职业学校。足球进校园加快实施，创成全国青少年校园足球特色学校6所。改扩建幼儿园13所，办园条件明显改善。医药卫生体制改革走在全市前列，成立公立医院管理委员会，县域医共体健康运行，建立家庭医生签约服务团队136个，覆盖居民16.2万人，完成医保支付方式改革，全市深化医改暨医共体建设现场会在我县召开。城乡居民低保标准分别提高到每人每月525元和350元。特困救助基金发展到2200万元，全额资助城乡困难群众参保参合，发放医疗救助金226万元、特困救助金83万元。军队退役士兵安置和权益保障政策全面落实。以“无棣”命名的海军扫雷舰正式下水，双拥和优抚安置工作稳步推进。省级食品安全先进县创建工作深入实施，食品药品安全监管全面加强。建成村（社区）综合性文化服务中心467个，文化惠民力度不断加大。国土资源部野外科学观测研究基地揭牌，建成全国首家土壤类科研平台。土地利用总体规划调整和永久基本农田划定高标准完成，土地供给质量不断提升。移风易俗深入推进，精神文明建设全面加强。大力促进民族团结进步，少数民族地区保持和谐稳定。粮食、物价、老龄、气象、史志、残疾人、红十字、文化执法、邮政通信等各项事业健康发展。

（七）致力优化服务，政府建设全面加强。广泛听取社会各界意见建议，办理人大代表建议111件、政协委员提案113件，办结率均达到100%。法治政府建设全面推进，行政复议和行政应诉工作不断加强。“放管服”改革持续深化，编制完成公共服务事项目录清单、行政审批中介服务收费项目清单，公布第一批“零跑腿”事项9项、“只跑一次”事项123项，清理中介服务收费项目19项。网上政务服务流程进一步优化，273项行政许可事项和1803项公共服务事项全部纳入山东政务服务网，行政审批中介超市建成运行。公共资源交易实现全流程电子化，全年完成交易项目316个、增收节支1.43亿元。“多证合一、一照一码”登记制度改革顺利实施，市场主体总量达到2.8

万户。综合行政执法体制改革全面完成，执法效能大幅提升。深入学习贯彻党的十九大精神，全面从严治党落实到位。政府廉政建设扎实推进，审计监督、行政监察力度不断加大，法治政府、廉洁政府和服务政府建设迈上新台阶。

执政为民“八件实事”顺利推进。产业扶贫、金融扶贫、行业扶贫、定点扶贫精准发力，实施产业项目66个，投放扶贫贷款3.3亿元，完成脱贫3963人、贫困村摘帽26个。三角洼、芦家河子水厂水质提升工程建成投用，农村供水走在全省前列。完成老旧住宅小区整治改造项目21个、农村危房改造1458户。解决城镇普通中小学“大班额”工作有序实施，23所学校主体竣工。古城核心区对外试运营，棣州大剧院、博物馆、城隍庙、茶馆主体完工，海丰客栈、美食街加快建设。农村公路安全生命防护工程通过省市验收，51座危桥改造加快实施。妇幼保健院开工建设。全民健身活动中心完成体育场看台、罩棚建设和游泳馆、体育馆基础施工。

各位代表，过去的一年，我们牢牢把握“实干兴棣、绿色崛起”主题，全力稳增长、促转型、优作风、惠民生，全县经济社会发展实现新突破。这些成绩的取得，是县委统揽全局、正确领导的结果，是县人大和县政协有效监督、大力支持的结果，是全县人民齐心协力、共同奋斗的结果。在此，我代表县人民政府，向辛勤工作在全县各条战线上的广大干部群众，向人大代表、政协委员、离退休老同志、驻棣部队和公安干警，向所有关心支持无棣发展的社会各界，致以崇高的敬意和衷心的感谢！

在肯定成绩的同时，我们也充分认识到工作中的问题和不足：新旧动能转换步伐还不够快，与高质量发展要求还有较大差距，工业传统产业占比大，高新技术产业较少；农业产业化、市场化水平较低，农业发展和农民增收后劲乏力；健康产业发展规模和质量效益不够高，在产业化、品牌化上还有不小差距；土地、资金等要素制约还没有根本破解，环保、安全、金融、稳定等风险压力较大；基础设施还不完善，园区路网、供水、供气、污水处理等基础支撑力不强，城区公共配套还不健全，农村环境面貌有待进一步改善；民生领域还有不少短板，教育、医疗、养老等工作仍需不断提升；受国家金融政策调整等因素影响，全民健身活动中心、危桥改造等民生实事没有完成年度任务；联审联批联察制度和项目代办服务制度落实还不够有力，审批服务环境需要持续优化；干部作风有待进一步转变，强执行、抓落实力度不够大，政府自身建设还需大力加强。对此，我们将坚持问题导向，采取有效措施，认真加以解决。

二、2018年工作任务

今年是落实党的十九大精神的开局之年，也是决胜全面建成小康社会的重要一年。今年工作的总体要求是：深入贯彻党的十九大精神，以习近平新时代中国特色社会主义思想为指导，坚持高质量发展要求，坚持以供给侧结构性改革为主线，坚持以新旧动能转换为统领，按照县委“1345”发展思路，突出工业经济、健康产业、乡村振兴、民生事业四项重点，强化基础建设、环境保护、安全生产、金融稳定、社会治理五项保障，奋力拼搏，扎实苦干，努力建设更高层次上的富裕文明美丽幸福新无棣。

全县2018年经济社会发展的主要预期目标是：实现地区生产总值294亿元，增长7%；规模以上固定资产投资245亿元，增长8%；一般公共预算收入15.36亿元，增长4%；城镇和农村居民人均可支配收入34084元、16526元，分别增长7.1%和7.6%。

围绕全年任务目标，重点抓好以下工作：

（一）坚定不移壮大工业经济，增创转型升级新优势。始终坚持工业强县战略不动摇，大力调整优化产业结构，做大做强县域经济。

突出板块引领。鲁北高新区，围绕培植壮大海洋化工、油气化工、有色金属等产业，加快打造国家级高端石化产业基地。经济开发区，围绕发展高端装备制造、木器加工、汽车轻量化、健康体育等产业，着力打造科技创新示范园区。新海工业园，围绕提升精细化工、现代医药、新材料等产业，重点打造绿色生态化工园区。西港园区，围绕培育临港产业、港口物流、农光互补、旅游观光等产业，全力打造临港综合新型园区。深入推进化工产业安全生产转型升级，确保鲁北高新区、新海工业园顺利通过化工园区认定。

加快项目建设。深入落实重点项目包保责任制，完善服务保障机制，确保项目顺利建设。年内力争投资46.2亿元的鑫岳清洁油品加工、投资4.1亿元的华运风电、投资4亿元的碧水源海水淡化、投资2.1亿元的融川医药等项目建成投产，投资77亿元的森岳丙烷脱氢制丙烯、投资11亿元的鲁北磷酸铁锂联产磷酸铁、投资5.6亿元的三岳环氧氯丙烷、投资1.4亿元的卢斯得机械装备制造等项目加快建设。加快推进新旧动能转换，实施创新驱动战略，以“四新”促“四化”，全力支持河山机械、海忠软管、华匠农牧、海瓷集团等企业做大做强，实现传统产业提质效、新兴产业上规模，年内新增高新技术企业4家、市级以上科技创新平台8个，推动工业经济迈向中高端水平。

强化招商引资。突出精准招商，瞄准京津冀、长三角等重点区域，积极承接产业转移。实施产业招商，聚焦高端石化、汽车轻量化、大数据等重点产业招商，吸引优质项目落户。注重以商招商，引导企业充分利用优势资产和项目，对外寻求合作。紧紧抓住中国石化工业联合会联系会议在我县召开的机遇，加强与各行业协会的密切联系，积极招大引强。充分发挥考核激励和导向作用，严格落实部门、镇街和园区招商责任，努力形成抓招商、上项目的强大合力。年内力争引进县外资金60亿元。大力支持非公经济发展，全面深化国有企业改革，不断释放发展活力。

（二）坚定不移发展健康产业，培育经济增长新动能。牢固树立“大健康”理念，加大扶持培育力度，大力提升产业发展水平。

强力推进全域旅游。以创建国家全域旅游示范区为总抓手，以古城文化旅游区为龙头，优化旅游线路，打造无棣精品“二日游”。实施“+旅游”工程，促进全产业融合。做精做优主要景区，做特做靓乡村旅游，打造健康旅游品牌。加大宣传推介力度，持续办好节会活动，进一步提升无棣旅游知名度、美誉度。

繁荣发展文化产业。加快华夏海盐文化产业园、黄河文化产业园、古城博物馆、海瓷艺术创意产业园等重点文化产业园区建设，发挥产业集聚效应。积极推进热敷盐、盐雕、海瓷、芦苇画、枣木制品等特色文化产品规模化生产，打造一批国内知名文化产业品牌。

壮大医药养生产业。发挥国医堂建设全省领先优势，中草药种植规模达到6万亩以上，打造以“中草药种植—精深加工—国医堂诊疗—中医药文化养生”为特色的产业链条，建设黄三角地区最大的中草药产业基地。大力发展健康食品，不断扩大渤海黑牛肉制品、特色桑保健品等生产规模。

提升养老服务水平。编制养老服务业发展规划，开发老年人用品市场，不断壮大养老产业。加快推进居家养老，探索医养结合新模式，进一步完善养老服务体系。积极引导社会力量建设运营养老服务机构，新建农村幸福院8处，逐步建立起政府、社会、市场相结合的多元化养老格局。

大力发展体育产业。围绕建设体育强县目标，加快体育产业园发展步伐，积极推进与国内知名体育企业合作，研发制造中高端运动器材。进一步加大扶持力度，培植壮大户外装备加工、渔网渔具等生产规模。积极承办大型赛事活动，加快开发体育健身休闲产品，创建省级体育产业示范基地。

（三）坚定不移实施乡村振兴，提升统筹发展新水平。按照“产业兴旺、生态宜居、乡风文明、治理有效、生活富裕”总要求，加快推进农业农村现代化建设。

突出产业支撑。搞好产业规划布局，编制完善农业产业化、畜牧、海洋渔业等发展规划，构建现代产业体系。发展壮大新型农业经营主体，新增市级以上农业龙头企业2家、合作示范社3家、家庭示范农场3家，争创国家级农产品质量安全县。推进农业适度规模经营，新增土地流转3万亩。积极发展订单农业，新增地方粮食储备1万吨，争创“中国好粮油”品牌3家。壮大无棣驴、渤海黑牛养殖规模，年存栏分别达到1万头、2万头。实施海洋强县战略，加快推进国家级海洋牧场、鲁北贝类产业高科技示范园、鲁东大学无棣海洋科技研究院建设，打造“虾贝虫藻”特色渔业经济。

改善城乡环境。加快美丽乡村建设，健全完善农村改厕长效管理机制。大力抓好林水会战，新增小型节水灌溉面积2.1万亩，启动河网水系治理工程。完成合格造林3.7万亩，高标准实施干线道路绿色通道提升工程，积极推进国家森林城市创建工作。持续提升城乡环卫一体化、路域环境综合治理水平，进一步改善城乡环境。创新“四好”农村公路工作机制，有效提升科学管护和运营服务水平，彻底消除制约农村发展的交通瓶颈。全面巩固省级卫生县城创建成果，建立扎实有效的长效工作机制。以特色产业为核心，打造一批精品特色小镇。

激发改革活力。全面深化农业供给侧结构性改革，以发展农业“新六产”为根本，培育农业发展新动能。加快农村集体产权制度改革，年内完成450个村清产核资工作，激发农村资源资产要素活力。完成国有林场改革，健全可持续发展长效机制。积极推进农业水价综合改革，完成改革面积10万亩。全面实施“河长制”，逐步开展划界确权工作，编制河道水域岸线综合利用规划，实行“一河一策”，实现河湖环境明显提升。

（四）坚定不移繁荣民生事业，开创和谐建设新局面。紧扣社会主要矛盾新变化，多谋民生之利、多解民生之忧，在发展中补齐民生短板，促进社会公平正义。

积极发展公共事业。完善基层文化阵地，增强群众文化获得感。持续深化基础教育综合改革，落实县管校聘管理体制，扩大教师绩效工资试点，交流轮岗中小学校长教师260人。完成17所学校足球进校园建设。积极引导社会力量支持教育事业，在全社会营造尊师重教的良好风尚。大力推进学生营养餐集中配送工程，逐步扩大覆盖面，提升学生营养水平。探索实施义务教育学段课后服务工作，增强教育公共服务能力。强化医疗、医保、医药“三医”联动，深入推进县域医共体和分级诊疗改革，全面提升家庭医生签约服务水平。强化食品药品安全监管，创成省级食品安全先进县。深化统计体制改革，做好第四次全国经济普查工作。统筹推进物价、气象、史志、档案、民族宗教等工作，促进社会全面进步。

持续加强社会保障。按照“兜底线、织密网、建机制”要求，构建多层次社会保障体系。努力扩大就业渠道，年内新增城镇就业2350人、农村劳动力转移就业4000人、扶持创业150人。继续实施全民参保计划，基本养老保险参保率达到90%以上，基本医疗保险实现全覆盖。扎实开展救急难工作，加大对弱势群体、困难群众的救助力度，全面提升社会保障水平。

巩固提升扶贫成效。持续做好精准扶贫、精准脱贫工作，强化扶贫对象动态管理，加大对返贫、新识别贫困人口扶贫力度，继续跟踪帮扶脱贫人口，加强扶贫项目后续管理，建立健全长效机制。深化残疾人精准扶贫，康复服务率达到90%以上。大力开展健康扶贫，落实大病救治一批、慢性病签约服务一批、重病兜底保障一批“三个一批”行动计划，不断增强贫困人口医疗卫生服务能力。

（五）坚定不移强化要素保障，营造加快发展新环境。积极破解影响发展的瓶颈制约，牢固树立红线意识和底线思维，全力维护社会大局和谐稳定。

强化基础支撑。进一步完善四大园区交通路网、供水、供气、污水处理等基础设施建设，新增污水日处理能力8万立方米，全面提升园区承载力。大力实施土地综合整治，建成高标准农田2.1万亩。加大未利用地开发和工矿废弃地复垦力度，提高土地保障能力。实施县污水处理厂扩建及垃圾焚烧发电项目建设。完善提升交通规划，完成205国道绕城段改建工程，加快推进孙岔路、柳河路升级改造工程，配合服务好沿海高等级公路、秦滨高速、黄大铁路、滨港铁路二期等项目建设。

加强生态保护。坚决打好大气、水、土壤污染防治“三大战役”，持续改进大气质量，加强重点流域水环境整治，加大土壤污染治理力度，进一步改善生态环境质量。加快完善环境污染治理基础设施，完成马颊河胜利桥断面、三角洼水库等4个水质自动监测站建设，健全应急防控体系。强化环境监管执法，配齐配强网格化监管员，加大突出问题整治力度，建立常态化、规范化长效机制。

提升安全水平。牢固树立安全发展理念，强化企业主体责任落实，加大安全设施投入，抓好职工安全教育培训，夯实安全生产基层基础。健全权力清单和责任清单制度，加强实名制动态监管。全力打好安全生产综合整治攻坚战，扎实开展“大快严”集中行动，狠抓危化品、道路交通等重点领域专项整治。大力推进科技强安和依法治安，完善安全科技支撑体系，严肃查处违法违规行为，有效遏制各类事故发生。

维护金融稳定。强化金融服务实体经济导向，建立金融支持实体经济发展激励、考核机制，加大信贷投放力度，有效降低企业成本。发展完善多层次资本市场，支持企业上市融资，年内新增“新三板”挂牌企业1家、区域股权挂牌企业4家，完成规范化公司制改制企业5家，引进辖外金融机构1家。深化打击逃废银行债务专项行动，着力化解金融风险，建立守信激励、失信惩戒联动机制，争创省社会信用体系建设示范县、市金融综合改革试点县。

创新社会治理。全面提升公共法律服务水平，扎实推进“七五”普法。深化平安无棣建设，强化公安基层基础，打造“智慧型警务”，进一步完善立体化治安防控体系。健全群众利益保障机制，妥善解决重点信访问题。圆满完成村“两委”换届选举工作。加强社会主义精神文明建设，凝聚加快发展正能量。完善社会治理网格化体系，优化配置社会服务管理力量，创新和加强社区管理，打造共建共治共享的社会治理格局。

三、大力加强政府自身建设

站在新的历史起点上，要求我们必须贯彻新发展理念，紧扣新时代要求，全面增强执政本领，切实担负起决胜全面建成小康社会的历史重任。

（一）强化担当意识，在攻坚克难中勇挑重担。牢牢把握学懂弄通做实要求，以党的十九大精神更好推动工作。大力倡导苦干实干作风，以“踏石留印、抓铁有痕”的劲头和“钉钉子”的精神，狠抓工作落实。强化跟踪问效、督导考核，杜绝庸政怠政懒政。大力弘扬担当精神，围绕定力要深、眼力要准、能力要强、合力要好“四个力”要求，大力营造同心同德、敢于担当的良好氛围。

（二）强化法治意识，在改革发展中依法施政。健全完善各项规章制度，严格按照法定权限和程序行使权力、履行职责。自觉接受人大法律监督、政协民主监督和社会监督，认真做好代表建议、委员提案办理工作。加大综合行政执法力度，做到严格规范公正文明执法。牢固树立法治思维，运用法治方式深化改革、推动发展、化解矛盾、维护稳定，加快法治政府建设。

（三）强化服务意识，在创新管理中提升效能。深化“放管服”改革，加快实施削权减证、流程再造、精准监管、体制创新、规范用权五大行动，深入落实联审联批联察和代办服务制度，打造精简高效的政务生态。全面推进“互联网+政务服务”，实现省市县乡四级政务服务互联互通，打造“最多跑一次”品牌，让群众和企业办事更方便、更快捷。

（四）**强化廉政意识，在干事创业中守牢底线。**认真落实全面从严治党主体责任，旗帜鲜明讲政治。严格落实中央八项规定精神，驰而不息纠正“四风”。全面落实党风廉政建设责任制，严肃查处侵害群众利益的不正之风和腐败问题，积极推进公共资金、国有资产、国有资源及领导干部经济责任审计全覆盖。强化廉政教育，积极开展“不忘初心、牢记使命”主题教育，打造“知敬畏、存戒惧、守底线”的干部队伍，努力营造风清气正的干事环境。

各位代表，中国特色社会主义新时代征程已经全面开启，新时代呼唤新使命，新征程展示新作为。让我们在县委的坚强领导下，在县人大、县政协的监督支持下，以更加坚定的意志加压奋进，以更加饱满的热情开拓进取，以更加务实的作风创新实干，努力在加快建设富裕文明美丽幸福新无棣进程中，谱写新篇章，再创新辉煌！

2017 年民生实事

1. 学前教育提升工程。大力发展学前教育，新建标准化幼儿园 18 所。

2. 解决“大班额”工程。26 所学校建成投用，有效解决城镇普通中小学“大班额”问题。

3.“银龄安康全覆盖”工程。将全县老年人意外伤害纳入政府保障范围，有效减轻老年人家庭负担。

4. 民生灾害救助工程。开展民生灾害救助综合保险工作，实现城乡居民全覆盖，切实增强全社会抵御风险能力。

5. 住房安居工程。完成老旧住宅小区整治改造项目 25 个、农村危房改造 500 户，积极推进棚户区改造，

老城区棣新二、三路道路拓宽工程　　（摄影　刘婷）

全面提升住房保障水平。

6. 公交提升工程。创新管理机制，扩大运营范围，优化提升公交线路和站点，全面增强公交运营服务能力。

7. 体育健身工程。实施全民健身计划，加快全民健身活动中心和县国民体质监测中心建设，打造城区“15 分钟健身圈”，对 30 处农村（社区）健身广场提档升级，为广大群众创造良好的体育健身环境。

8. 水质提升工程。加快河网水系综合治理工程项目论证和实施，逐步实现河、湖、渠、水库贯通，促进全县水资源优化配置。实施埕口水库、新海工业园供水和王山水库净水厂配套建设，全面改善供水水质。

9. 卫生健康工程。积极开展疾病预防等健康宣传教育，大力提升中医服务能力，深入实施县域医共体和家庭医生签约服务，加快妇幼保健院、中心医院等建设，不断改善群众医疗卫生条件。

10. 为民服务工程。进一步加大“放管服”改革力度，集中调整、取消一批行政权力事项和服务收费项目，向社会公布“零跑腿”和“只跑一次”事项，集行政审批、集中办税、便民服务于一体的县政务服务中心建成投用，为群众提供更加高效优质服务。

《政府工作报告》名词解释

1.“八条断然措施”：立即停产“三评级一评价”差评企业；暂停审批新上危化项目；严格在建装置试车管理；立即取缔非法违规企业和项目；严格危化品运输车辆管理；设立有奖举报电话；建立周调度制度；强化督导检查。

2. 投资项目联审联批联察制度：把投资项目落地政策咨询改为集中落地评审，把开工前手续串联审批改为并联串联结合审批，把部门单独项目执法稽察改为联合执法稽察，实现项目审批提速增效。

3. 黄河三角洲草业科技创新联盟：依照“团结协作、优势互补、资源共享、协作创新、引领产业”原则，组建并推进黄河三角洲产学研融合、资源信息共享的草产业科技创新联合体。

4.ISO 22000 认证：指食品安全管理体系认证，适用于从种植到餐桌

各个环节的所有组织，证明企业已满足食品安全管理的国际标准要求。

5.“十乱”和“八小”行业：“十乱”是指乱贴乱画、乱堆乱放、乱停乱放、乱泼乱倒、乱搭乱建；“八小”行业是指小餐饮、小食品加工店、小食品经营店、小理发店、小宾馆、小浴室、小歌舞厅、小网吧。

6.“河长制”“八乱”：“河长制”是指以保护水资源、防治水污染、改善水环境、修复水生态为主要任务，构建责任明确、协调有序、监管严格、保护有力的河湖管理保护机制。“八乱”是指乱占乱建、乱围乱堵、乱采乱挖、乱倒乱排违法违规行为。

7.畜禽养殖“三区”：畜禽养殖禁养区、限养区、适养区。

8.“大快严”集中行动：安全生产隐患大排查快整治严执法集中行动。

9.“1345”发展思路：把握实干兴棣、绿色崛起“一个主题”，强化党建强基、改革创新、依法治县“三个保障”，坚持质量与规模同步提高、建设与生态同步推进、硬实力与软实力同步增强、城市与乡村同步繁荣“四个同步”，突出板块全领域提升、工业全方位转型、三产全业态膨胀、旅游全区域振兴、民生全覆盖普惠“五个重点”。

10.“四新”“四化”：“四新”是指新技术、新产业、新业态、新模式。“四化”是指产业智慧化、智慧产业化、跨界融合化、品牌高端化。

11.“虾贝虫藻”特色渔业经济：依托我县对虾养殖、贝类增养殖、卤虫增养殖与加工、微藻海上粮仓等优势产业，延伸产业链条，着力打造的特色海洋渔业经济发展模式。

12.“四好”农村公路：建好、管好、护好、运营好农村公路。

13.农业“新六产”：即一产的一份收入，经过二产加工增值为两份收入，再通过三产的营销服务形成三倍收益，最终获得六份收入。

专 记

无棣县通过省级卫生县城复审

【概 况】 2017年4月1日，无棣县迎接省级卫生县城复审工作正式启动，县委、县政府召开迎接省级卫生县城复审动员大会，成立迎审工作指挥部，指挥部下设协调保障、督导考核、宣传教育、综合整治4个工作小组。印发《迎接省级卫生县城复审工作实施方案》《迎接省级卫生县城复审包保责任制》《迎接省级卫生县城复审工作宣传方案》《整改技术标准》《技术指导手册》等文件，多次邀请省复审专家、市爱卫办负责人对各级工作人员进行培训。建立片区包保机制，将城区划分为15个片区，41名在职副县级以上领导干部分块包保责任区。县电视台、广播电台、《无棣大众》设立迎审动态专栏，宣传报道迎审工作经验、进展和成效，制作播出迎审工作系列短片和公益广告。建立微信、QQ联系群，及时互通工作情况，交流经验做法，制作转发微信1万余次。印发《致广大市民的一封信》《致学生家长的一封信》《倡议书》《明白纸》5万余份，出动宣传车3百余车次，在各居民小区和主干街道悬挂宣传横幅及标语1千余条，设立健康教育宣传栏320余处，在公共场所400余处LED显示屏滚动播放宣传标语，在进出县城主要路口设置大型公益广告牌20处，拍摄制作复审专题片1部，在出租车、公交车投放6个月的宣传标语广告，学校组织开展创城知识讲座6场、健康知识问答7场，移动、联通、电信发送卫生县城复审公益信息150万人次。10月中旬，经过省专家评审，无棣县以810.02分的成绩顺利通过复审，城市综合管理水平实现大突破、大跨跃、大提升，城区基础设施日趋完善，环境不断优化。

【城市综合整治】 市政设施建设方面，完成老城区棣新二路、三路4.6公里的雨污管道分流改造和道路拓宽改造工程及幸福河城区段总长5.34公里、青波河3100米的河道治理。开展老区菜市场治理百日会战，成立专项工作小组进驻菜市场，完成菜市场内业户设施拆迁及违建拆除110户，改建面积12000平方米，总投资500万元，增加经营业户60%。投资471万元对海丰商城道路、顶棚、排水网、电力等设施进行全方位升级改造，通过改造，商城设施进一步配套完善。完成道路补槽硬化，整体罩面，线杆维护清理，井盖、路灯修补安装和污水口、排水口清淤等工程。对86处小区出入口道路进行罩面维修。投资380万元对没有所属单位、管理秩序差、配套设施破损严重的46个老旧小区进行全面升级改造。完成城中村、城乡结合部专项整治，清理生活垃圾和建筑垃圾100余吨，清理垃圾死角300余处，拆除旱厕200余处，拆除乱搭乱建70余处。在城区新建固定公厕10座，半固定公厕10座，改建公厕3座。19座公厕建成投入使用。在新老城区25条主要道路安装果皮箱1236个，取缔城区地下垃圾箱23处，新建建筑垃圾受纳场1处，城区内建成垃圾中转站2处。

2017年5月2日，卫生县城迎审现场会 （摄影 刘婷）

城市秩序治理方面，清理店外经营15560余处、占道经营9280余次；疏导流动摊贩5700余个；依法清理违规堆放物料2330余处；清理违规帘贴22000余处；拆除菜市场周边违章建筑83处、2065平方米；清理马路市场2处，规范设置早市1处，夜市、便民服务点各2处。拆除破旧污损、无主广告牌1650个，拆除擅自设置的户外广告设施180余处、18000余平方米，取缔落地灯箱广告270个；清理私拉条幅150余条。取缔流动烧烤经营点18处，清理、整治室外露天烧烤103户。开展“八小”行业专项整治，检查餐饮店1002家，小作坊76家，小摊点256家，监督检查食品生产经营业户11624家次。检查小旅馆、小浴室、小歌舞厅、小美容美发540余家，责令关停及整顿的70家。检查网吧13家，与各网吧签订《文明守法经营承诺书》《安全生产责任书》。

医疗卫生单位专项整治方面，以改善医院内部辖区整体卫生环境、突出基础设施建设、开展健康教育情况作为整治重点，发热门诊、肠道门诊设置门诊专用通道，规范预检分诊台，升级改造医疗垃圾、污水处理设备，设置专门的传染病房，制定感染管理制度及消毒隔离制度、疫情登记报告管理制度、预检分诊制度等，开展传染病防治知识培训，升级改造医疗卫生机构公共卫生间68处。

【城市管理长效机制建设】 10月，复审工作结束后，县迎审指挥部更名为卫生城建设管理指挥部，在爱卫会设办公室，作为落实巩固卫生县城监督管理工作的主体，并出台《无棣县省级卫生县城长效管理机制实施方案》。发挥职能部门联系会议作用，定期召开专题会议，解决在卫生城长效管理工作中遇到的问题。设立集中执法日，联合执法队伍每周开展集中执法行动。开展“月末义务劳动日”活动，每月最后一周周五下午，全县集中开展清理活动，发动机关干部参与卫生城市管理。发挥舆论导向和监督作用，及时宣传县城卫生管理方面的工作成效、先进典型、先进经验，大力营造良好氛围；设立卫生城市管理曝光台，对发现的问题定期通报、督促解决。保留迎审工作微信群作为交流监督平台，将卫生城市建设相关事项纳入APP管理，成为无棣“智慧城市”的管理工具 。

（县爱卫办）

会展活动

“健康无棣·滨州行——颐养悦生汇”大型展会

【概况】 2017年7月28日，为期3天的“健康无棣·滨州行——颐养悦生汇”大型展会在滨州国际会展中心举办。

此次展会由无棣县健康产业协会、无棣县食品药品学会、无棣鑫岳化工有限公司、山东无棣海丰集团主办，展会共设规划区、体验区、展品区三大类，其中体验区设置健康医疗和健康医药、健康食品和健康养老、健康旅游和健康文化、健康体育和健康用品等“颐·养·悦·生”四个板块的展示体验与现场互动。展会开幕后，各参展企业的展台前挤满了慕名参观的市民，展会现场有产品、有互动、有体验、有共享，内容丰富，市民积极参与其中，尽情体验健康产品带来的乐趣。

“这台跑步机能显示心率、运动里程等数据，还有mp3，功能非常全。”一市民体验了展会上一台健身设备后说。他在展会里转了一圈，感觉展会内展出的健康产品种类多，宣扬的健康理念也非常好，“现在人们忙着工作，往往忽视了健康问题，这个展会则给我们提供了一个了解健康知识、体验健康生活的平台。”

在展会的另一边，一台会说话、能动作的人形机器人前聚集了不少市民。工作人员介绍，这台具备语言交互系统、人脸识别、自主导航等功能的拟人化服务机器人就像一个“小管家”，既能够和人聊天，陪护老人，又能够收集、分析各项健康指标和数据，掌握老人的身体状况，实现智能养老。

儿童KT足球互动游戏、篮球机则吸引了不少孩子们的参与，他们纷纷上场大秀球技，尽享运动的乐趣。在健康小屋，不少市民让无棣县中医院的资深中医专家为自己把脉，进行体质辨识和健康指导。展会上的特色美食——古桑养生食品、渤海黑牛肉、十里香芝麻等健康养生产品也深受市民欢迎。

【健康产业专题推进会议】 2017年7月30日，借助“健康无棣·滨州行—颐养悦生汇”展会活动，在滨州国际会展中心召开全县健康产业专题推进会议。

会议要求，以展会活动为借鉴，统筹兼顾点、线、面，整体提升质量、规模和效益，高标准谋划和推进健康产业发展。在“面”上求突破。围绕11类分支产业，打造“健康无棣”品牌，坚持统筹推进、一体实施，提升整体发展水平。围绕中医药、养老、体育、旅游等重点领域，结合动能培育新要求，研究产业发展方向、路径和重点，加快产品研发、项目建设、品牌打造，不断催生健康新业态、新产品、新模式。同步抓好健康管理、健康信息、保健食品等产业融合发展，形成全面突破、多点开花的局面，以健康产业大发展促进县域经济大提

2017 年 7 月 28 日至 30 日，“健康无棣·滨州行——颐养悦生汇”大型展会在滨州国际会展中心举办　　（摄影　李胜芳）

升。统筹推进健身休闲业发展，以体育装备制造为引领，以全民健身活动中心、大麦九九健身广场、圣豪起点健身俱乐部为载体，靠体育产业大发展带动健身休闲业大繁荣。统筹推进康养、养老、医疗服务业发展，以养老服务中心、中医药文化产业园、中草药种植基地为依托，提供现代化、全方位的健康服务。统筹推进健康旅游业发展，围绕建设健康旅游目的地目标，发展健康“微旅游”，促进全域旅游提档升级，争创全国全域旅游示范区。在“量”上求提高。深化县体育产业园与“好家庭”集团的合作，围绕“3 年内销售收入突破 10 亿元”的目标，吸引更多的体育制造企业入驻，迅速提升规模、提升产能。尽快改变养老养生服务项目层次低、数量少的局面，开发建设一批集休闲旅游、度假养生、康体养老于一体的综合养老养生项目。发挥中医药种植、国医堂诊疗优势，提升中医药服务能力，扩大中医药覆盖面，加快建设一批医疗养生中心、健康保健中心、中药文化庄园，争创全国中医药先进县。推进热敷盐、洗化盐、盐雕、桑制品等特色产品批量化、规模化生产，提升知名度和影响力，形成规模聚集效应。在“质”上求跨越。以新产品、新技术、新模式为引领，提高目标定位，抢占行业制高点，推动健康产业提档升级、创新发展。做好“健康＋”文章，将健康理念渗透到新动能培育的各领域，提升产品附加值和竞争力。更多地融入智能制造、机器人、“互联网＋”等高端元素、创意元素，推动普通消费品向健康消费品渗透延伸、转型突破，全面提升健康产业的质量和档次，全力做好健康产业大文章。

（张树党）

无棣县健康产业企业参加世博威·健博会上海展

【概况】　2017 年 8 月 30 日，由无棣县健康产业协会主办的“山东无棣健康产业发展成果推介会”，在上海新国际展览中心亮相 2017 第 22 届世博威·中国国际健康产业博览会上海展。活动为期 3 天。

中国国际健康产业博览会是国家商务部批准的国内第一健康产业展。由全县 12 个健康产业重点发展项目承担企业参加的无棣县健康产业推介会成为展会上的一大亮点。此次无棣县健康产业推介会上海展会旨在全面展示无棣县健康产业发展成果和“健康无棣”建设成就，宣扬健康理念，推介健康产品，打造企业宣传推广与协作发展平台，助力会员企业开拓国内外市场，提高全县健康产业的核心竞争力。

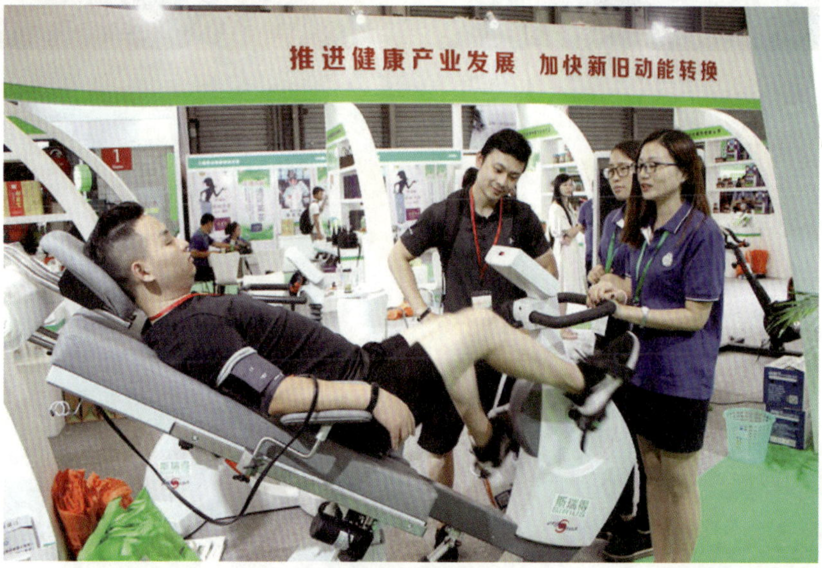

第 22 届世博威·中国国际健康产业博览会上，参展观众体验斯瑞德公司智能康复设备　　（摄影　李胜芳）

【特色产品展示活动】 展会现场，无棣县整齐划一的参展队伍、热情文明的工作态度、积极向上的精神风貌，赢得国内外参展观众一致好评。产业发展大型记录片，佘家“本草之乡、颐养小镇”的特色风貌，鑫嘉源现代农业科技示范基地的健康生态，以及无棣大型酒水企业万德、传统经营的盐业公司在发展健康产业和新旧动能转换大潮之中的华丽转身纪实片在展位前方LED大屏循环播放。展出无棣出产的地道中药材20余种，无棣特产渤海黑牛肉制品、特色桑制保健品，以及芝麻、花生、金丝枣等各类自产原料加工而成的健康食品任意品尝购买。国内最先进的智能健身设备和户外运动装备现场免费体验，养老服务机器人亲切有感互动。依托无棣“贝壳奇堤”开发的高档“海洋贝瓷”，特别是免用洗洁精的生物海瓷餐具，以及盐业公司开发生产的洗化盐、热敷盐等新型健康产品带给观众全新的健康生活体验。

（李胜芳）

大事记

2017年无棣大事记

1月

11日至13日 中国共产党无棣县第十三次代表大会在无棣召开。

15日至18日 中国人民政治协商会议无棣县委员会第九届一次会议在无棣召开。

16日至19日 无棣县第十八届人民代表大会第一次会议在无棣召开。

2月

10日 黄河岛国家湿地公园获山东省最美湿地称号。

13日 深圳市好家庭实业有限公司考察团到无棣考察体育产业情况，并参观无棣古城、县城新区、体育产业园、经济开发区科技孵化器和“双创”产业园。

26日 国内首例葵花和高油酸花生轮作实验项目落户无棣。

是月 海盐深加工项目和年产10000吨动物蛋白质饲料项目落户无棣经济开发区。

★ 无棣绿风家庭农场和无棣绿色庄园家庭农场入选山东省第二批家庭农场省级示范场。

★ 无棣二中获全国中学生生物学奥林匹克竞赛金牌学校称号。

3月

3日 市委副书记、市长崔洪刚到无棣调研交通基础设施建设情况，并视察205国道无棣绕城路段改建工程、大济路埕口至大口河段拓宽改建工程。

15日 国家海洋局海洋减灾中心调研组到无棣调研，并视察大口河贝类底播“海洋牧场”、汪子岛、海城生态科技集团。

★ 全省首个小麦苜蓿套种项目在无棣启动。

19日 央视《新闻联播》播出题为《春耕时节看农业供给侧结构性改革·调产业结构保有效供给》的专题新闻，介绍无棣县“粮改饲”经验。

28日 上海延安药业集团考察团就成立陈芬儿院士工作站和上海华理生物医药无棣融川医药联合研发中心到无棣考察。

★ 省科学院工业节能研究中心无棣分中心2017年度工作会议暨无棣县节能减排环保技术研讨会在无棣召开。

4月

1日 迎接省级卫生县城复审暨城市违法建设治理工作启动。

10日 省畜牧兽医局调研组到无棣调研渤海黑牛养殖和苜蓿种植情况，并视察渤海黑牛养殖基地、赛尔集团牧草基地。

12日 青海省海北州考察团到无棣考察旅游产业发展情况。

15日 北京海风智能科技有限公司与滨州斯瑞得智能科技股份有限公司机器人合作项目启动，签订人才合作协议，并为博士工作站、智能机器人生产基地揭牌。

21日 滨州市“林业科技年”启动暨“全国林业科技示范基地”揭牌仪式在黄河岛举行。

25日 省国土资源厅督导组对无棣县永久基本农田划定“五项任务”、高标准农田建设及土地整治项目实施情况进行督导检查，参观永久基本农田保护标志牌设立现场、国土资源部野外科学观测研究基地（黄河岛）、滨州市滨海土壤改良与修复技术研究中心。

★ 山东棉花研究中心鲁北试验培训基地在西小王镇揭牌。

★ 总投资7084万元的物流及机动车检测线项目落户无棣经济开发区。

28日 全县庆祝五一国际劳动节暨首届劳动模范表彰大会在县政务中心第一会议室召开。

29日 滨州市第二届特色旅游商品展评会暨无棣“五一”文化旅游休闲汇在无棣古城举办。全市53个旅游企业、64个展位、2000多种旅游商品参展。

★ 华夏海盐文化产业园一期工程开园。

是月 森岳（无棣）国际化工有限公司丙烷脱氢制丙烯项目列入省重点项目。

5月

1日 省内首家线装书博物馆——无棣县陶家书屋线装书博物馆正式开放。

4日 中国国际工程咨询公司“健康滨州2030”规划调研组到无棣调研健康产业发展情况和规划。

★ 蓝色经济区产业投资基金总裁姜省路、青岛蓝海股权交易中心总经理常欣到无棣考察设立产业投资基金事宜。

★ 无棣县举行纪念共青团成立95周年暨团员青年培训基地揭牌仪式。

8日 副市长贾善银率领全市春季林水会战暨美丽乡村建设现场观摩会议与会人员到无棣观摩。

13日 省政府侨务办公室组织义诊医疗队到无棣开展“侨爱工程送温暖医疗队助侨光明行”义诊活动。

18日 张镈纪念馆、无棣历史文化展厅建成开放。

22日 在全省科学技术奖励大会上，鲁北企业集团获山东省科学技术进步一等奖。

23日 第三十五届中国国际体育用品博览会在上海举行，无棣体育产业重点企业山东大麦体育产业有限公司参展的人造草丝、预制橡胶、健身器材受到好评。

24日 省旅发委组织新华社、央视网、国际在线、《中国旅游报》《大众日报》《齐鲁晚报》等国家及省级主流媒体记者，到鑫嘉源景区开展“黄河入海”旅游目的地品牌宣传营销拍摄活动。

26日 省国土资源厅视察组视察无棣工矿废弃地复垦及未利用地开发情况，参观县第二盐场废弃盐池复垦项目、国土资源部土地利用野外科学观测研究基地（黄河岛）。

27日 无棣县举办2017年度寻找“最美家庭”活动暨家风文化传承报告会，省委老干部局理论宣讲团做家风文化专题报告。

31日 年产150万平方米SMXT复合保温板项目和锐恒住宅工业产业化项目落户无棣。

是月 山东一航制动科技股份有限公司和斯瑞得智能科技股份有限公司在齐鲁股权交易中心挂牌。

6月

2日 山东大学科技交流团到无棣县考察政府与高校合作、推动校企合作工作。

5日 省农业科学院农研所与海丰街道签订战略合作框架协议，发展食品加工产业。

9日 国家海洋预报减灾中心调研组到无棣调研海水养殖、池塘养殖及海洋减灾服务工作。

10日 黄河岛国土资源部土地利用山东无棣野外科学观测研究基地揭牌。

14日 副市长潘青到无棣漳卫新河辛集蓄水挡潮闸、漳卫新河牛岚险工段、牛岚涵洞进行调研。

★ 副市长郝吉虎到无棣调研未利用地开发情况，参观埕口镇黄瓜岭未利用地片区、河西营项目区。

20日 副市长杜萍到无棣调研教育工作，视察信阳镇中学、中心小学、中心幼儿园、第六小学和学生营养餐配餐公司，了解幼儿园教育、中小学校营养餐配送、解决大班额及基础教育综合改革等情况。

28日 “健康无棣”大讲堂之“运动与健康”专题讲座在文化中心举行，山东大学体育学院教授、博士，国家级社会体育健身指导员单大卯授课，全县600余人参加报告会。

29日 县计划生育妇幼保健中心获全国巾帼文明岗称号。

是月 省内首例规模化海水养殖南非斑节对虾成功。

★ 小泊头镇小学、县第一实验学校、县第二高级中学被教育部命名为全国青少年校园足球特色学校。

7月

5日 副市长潘青到无棣调研教育工作，视察在建的县第一初级中学和第二初级中学项目。

6日 县委书记丁海堂到海丰街道后牛村调研，并召开党员代表及群众代表座谈会。

7日 《荷风筝韵》音乐会在无棣古城举办，千余名市民观看演出。

★ 县法学会第一次会员代表大会在政务中心会议室召开。

11日 无棣县在全市率先建立“公务仓”制度，推进非经营性国有资产整合与共享。

15日 参加全省边防派出所分类抓建暨基层基础建设三年攻坚战观摩活动及推进会的代表到无棣观摩。

20日 无棣县参加2017滨州对接长三角经济合作恳谈会，新海工业园与上海延安药业有限公司签约医药产业园项目。

25日 建信人寿保险股份有限公司滨州市无棣支公司成立。

26日 省海洋与渔业厅调研组到无棣调研国家级自然保护区问题整改和“海洋牧场”建设情况，视察沃达水产公司、海盐博物馆。

30日 全县健康产业专题推进会议在滨州国际会展中心召开。会议借助“健康无棣·滨州行——颐养悦生汇”展会活动平台，展示无棣县健康产业发展情况。

8月

1日 香港应善良福利基金会考

察团到车王镇考察道路建设捐赠项目。

★ 西港经济园区海忠软管公司举行文昌气田群开发项目 8 寸软管开工启动仪式。

4 日 深圳好家庭集团考察团到无棣考察体育产业园发展情况。

11 日 “黄河三角洲（滨州）草业科技创新联盟”成立大会暨草业发展研讨会在无棣举行。

★ 全市史志工作座谈会在无棣召开，并对《无棣年鉴》2017 卷进行评审。

14 日 首届无棣县文化惠民消费季动员部署及启动仪式暨青年歌手电视大奖赛决赛，在县人民广场阳光舞台举行。

16 日 副市长潘青到无棣调研医共体建设试点情况。

★ 副市长贾善银到无棣督导自然保护区突出问题整改及中央环保督察组交办案件办理情况。

20 日 县委书记丁海堂，县委副书记、县长姜凌刚到新海工业园和鲁北高新区现场督导环保工作，到无棣欣广化学有限公司、滨州天佑化工有限公司、无棣凌霞污水处理厂进行现场督导，对环保工作提出具体要求。

22 日 市委书记、市人大常委会主任张光峰到无棣调研海洋与渔业工作。

★ 天津市滨海新区塘棣民营企业家协会会长毕连凯到无棣开展贫困大学生救助活动。10 名受助贫困大学生参加捐赠活动。

23 日至 27 日 无棣职业中专 4 名学生在北京举行的 2017 世界机器人大会国际公开赛上，获二等奖。

30 日 无棣健康产业发展成果参加在上海新国际展览中心举办的第 22 届世博威 · 中国国际健康产业博览会，全县 12 个健康产业重点发展项目承担企业参加。

31 日 副市长赵永生到无棣检查“三个不发生”创建活动、公安机关三年基层基础建设以及边界危化品运输管理工作开展情况，先后到环京护城河治安检查站及危化品运输检查站、车王派出所五营社区警务室、看守所及拘留所、无棣汽车总站进行督导。

是月 省内最大的渔光互补发电项目——无棣县渔光互补 40 兆瓦光伏发电项目并网发电。

★ 无棣县体育局获全国群众体育先进单位称号。

★ 无棣县粉煤灰高附加值利用循环经济标准化试点、无棣渤海黑牛农业标准化示范区、山东鑫嘉源休闲旅游服务标准化试点 3 个项目列入 2017 年度“山东标准”建设行动计划。

9 月

2 日 民盟中国中医科学院委员会无棣教研基地揭牌。

6 日 五矿国际信托有限公司为水湾镇中学捐赠 50 台电脑和体育器材。

★ 无棣县“一村（社区）一法律顾问”工作启动大会暨海丰街道“一村（社区）一法律顾问”签约仪式在县政务中心第一会议室举行。

★ 鲁北企业集团与聚泽资产管理新能源产业基金签约。

8 日 第十三届全运会 8 月 27 日至 9 月 8 日在天津举行，无棣籍运动员获得 1 枚金牌 3 枚铜牌。

21 日 青海省海北州政府党组成员、副州长杜萍带领中央三部委挂职干部到无棣调研经济社会发展情况。

★ 国家湿地公园专家验收组到黄河岛国家湿地公园进行验收。

24 日 “喜迎十九大 · 中秋庆团圆”诗文咏诵会在无棣古城东城门举办。

29 日 无棣融川医药院士工作站成立。

★ 海瓷艺术作品“滨州十大历史人物”获第十届山东省泰山文艺奖民间文艺类一等奖。

10 月

3 日 市委副书记、市长崔洪刚到无棣调研“三秋”生产和大气污染防治工作。

10 日 中国环球网考察团到无棣考察农业农产品电商产业园及大数据中心项目。考察团先后到中国海盐文化产业基地、无棣县阿里巴巴农村淘宝服务中心、海瓷文化艺术创意产业园、鑫嘉源进行考察。

11 日 市委书记、市人大常委会主任张光峰，市委副书记、市长崔洪刚带领 2017 年全市科学发展现场观摩会议与会人员到无棣观摩。

17 日 全国棉花生产全程机械化推进活动在西小王镇小屯河北村采棉基地举行。

19 日 华益农贸市场长效管理机制建立。

30 日 无棣华兴渤海黑牛种业股份有限公司被评为第二批国家肉牛核心育种场。

31 日 无棣海忠软管制造公司生产的 500 米海底动态立管走出国门，出口马来西亚。

是月 山东利德金融电子创业园被评为省级创业示范园区。

11 月

3 日 博士生导师、中国科学院水生生物研究所教授张承才到无棣考察海洋微藻和渔业产业发展情况。

5 日 205 国道无棣段绕城改道工程启动。

7 日 滨州市校园流动科技馆启动仪式在水湾镇中心小学举行，省内首个镇级学校科技馆——水湾镇中心小学流动科技馆正式投用。

12 日 在第十一届中国产学研合作创新大会上，鲁北企业集团被评为中国产学研合作创新示范企业，集团董事长吕天宝获中国产学研合作创新奖。

14 日 山东省推进盐业体制改革工作视频会议召开，解除山东省盐业集团（山东省盐务局）对无棣盐业公司（盐务局）的管理关系，整体移交无棣县人民政府管理。

18 日至 19 日 世界教育机器人大赛（WER）2017 赛季世界锦标赛在上海国家会展中心举行，小泊头镇小学夺得中小学组移动教育机器人创意设计赛、移动机器人赛 2 项冠军。

20 日 全国基层中医药工作评审组对无棣全国基层中医药工作先进单位进行评审。

24 日 市委宣讲团党的十九大精神报告会在无棣县举行。

★ 无棣县科技节暨青少年科技运动会举行。

27 日 无棣籍科学家刘泽金当选中国工程院院士，中国工程院举行颁证仪式。

29 日 鲁东大学调研组到无棣调研盐业、农业、化工等产业发展情况，对接有关项目。参观职业中专、无棣古城、海盐文化产业基地、鑫嘉源、正海集团、鲁北化工公司、鑫岳化工公司、埕口镇水沟村。

30 日 副市长潘青到无棣督查漳卫新河“清河行动”，察看违章建筑清理现场，召开督查会议。

是月 大济路（S239）埕口至大口河段竣工通车。

12 月

9 日 省农业科学院农产品研究所海丰健康产业研发中心在海丰街道成立，并举行“山东省农业科学院农产品研究所海丰健康研发中心”“山东省农业科学院农产品研究所农科讲堂”揭牌仪式和科企合作集中签约仪式。

10 日 中国自主设计建造的扫雷舰“无棣舰”下水仪式在湖北武昌举行。

11 日 市委副书记、市长崔洪刚到无棣调研海域使用管理情况，查看鲁北盐场溴素四厂拆除情况，视察大口河、汪子岛。

★ “梦想碧桂园·百城公益行”走进滨州捐赠仪式在佘家镇幼儿园举行。

★ 东营职业学院生物与生态工程学院考察团到佘家镇、县职业中专考察中草药种植基地和职业教育发展情况。

13 日 2017 年中国石油和化学工业联合会专业协（学）会工作联系会议在无棣召开。

★ 市委副书记、市长崔洪刚在无棣会见出席中国石油和化学工业联合会专业协（学）会负责人工作联系会议的中国石油和化学工业联合会会长、党委书记李寿生。

21 日 市委副书记张凯到无棣调研脱贫攻坚工作。

是月 鲁北企业集团董事长吕天宝入选泰山产业领军人才。

★ 无棣籍驻利比亚维和警察王建功获联和国和平勋章。

（吕　军　安丽娟）

无棣概况

自然地理

【位置面积】 无棣县地处山东省北部，地理坐标为北纬37° 4 ′～38° 16 ′，东经117° 31 ′～118° 04 ′，东北濒临渤海湾，东南连沾化区，南靠阳信县，西接德州市的庆云县，北以漳卫新河为界与河北省的海兴县、黄骅市为邻。南北最长70公里，东西最宽60公里，版图面积1601平方公里。

【地型地貌】 无棣县地貌属华北平原鲁西北泛滥平原。地势西南高、东北低，最高点在海丰街道西部，高程8米（黄海高程，下同），以万分之一的坡降向东北倾斜。沿海的大口河，高程为1.9米，沿海的三里台、五里台高程仅1米左右。境内自西南向东北依次为黄泛平原、滨海平原和渤海湾海岸。县境北部黄泛平原和滨海平原的分界线上有滨州市黄河以北唯一一座山丘——碣石山。

【河流】 县境内有漳卫新河、马颊河、德惠新河3条干流河道，支流河道11条，其中发源于外地区的6条，发源于县境内部的8条。自西北向东南依次分属于卫运河、马颊河、徒骇河3个支系，统属山东海河水系。主要河流有：漳卫新河、马颊河、德惠新河、秦口河—套尔河、青坡沟、朱龙河、小米河、郝家沟。

【气候】 2017年，无棣县年降水较常年偏多29.6毫米；年平均气温14.5℃，较常年偏高1.7℃；日照2512.1小时，较常年偏少121.0小时。冬季（2016年12月至2017年2月）平均气温较常年偏高，降水量较常年偏多，光照较常年偏少；春季（3月至5月）平均气温较常年偏高，降水较常年偏少，光照较常年略偏多；夏季（6月至8月）气温较常年偏高，降水量较常年偏多，光照偏少；秋季（9月至11月）气温较常年偏高，降水较常年偏少，光照偏少。

降水。2017年，无棣县降水量569.4毫米，较常年（539.8毫米）偏多29.6毫米，较2016年偏少161.9毫米。降水主要集中在6月、7月、8月、10月，占全年降水量的九成多。全年降雨69天、降雪5天，其中有效降水日数74天；日降水量超25毫米的出现9天，其中超50毫米的出现1天。日最大降水量57.8毫米，出现在7月31日，最长连续降水日数7天，出现在7月16日至22日。

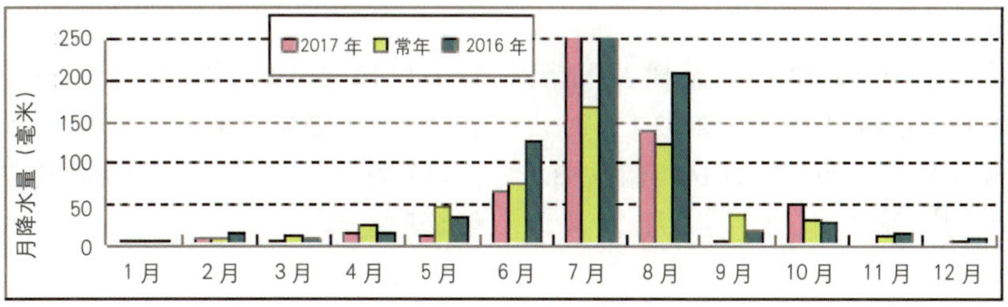

2017年无棣县月降水量与常年及2016年对比图 （供稿 县气象局）

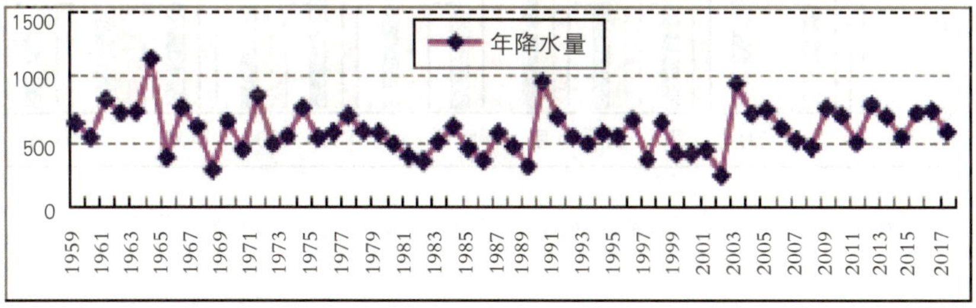

1959—2017年无棣县平均降水量演变曲线图 （供稿 县气象局）

气温。2017年，无棣县平均气温14.5℃，较常年（12.8℃）偏高1.7℃，较上年偏高0.4℃。从各月平均气温看，除10月气温较常年略偏低外，其余均较常年偏高，5月和9月气温属异常偏高，1月和4月属显著偏高。2017年极端最高温度39.7℃，出现在7月11日，日最高气温高于35℃的高温天气出现21天，其中5月份2天、6月份9天、7月份7天、8月份3天。

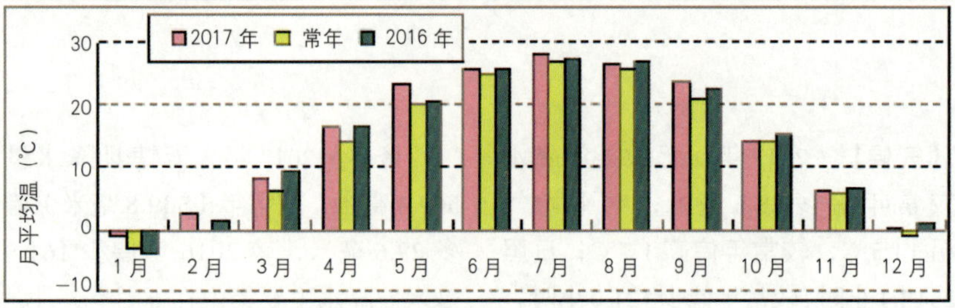

2017年无棣县月平均气温与常年及2016年对比图　（供稿　县气象局）

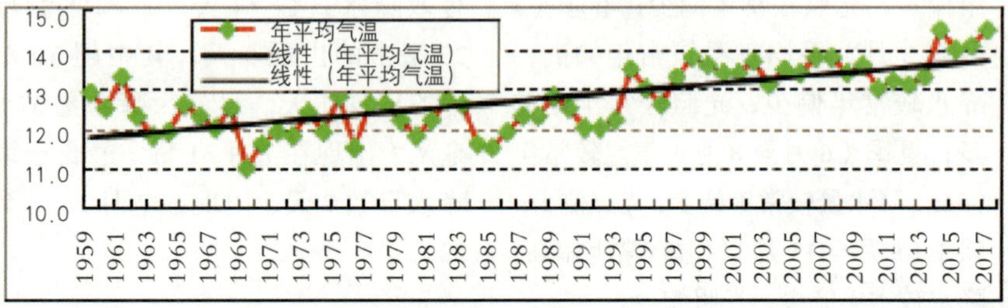

1959—2017年无棣县平均温度演变曲线图　（供稿　县气象局）

光照。2017年，无棣县日照2512.1小时，较常年（2633.1小时）偏少121.0小时，较2016年偏多58.9小时。除2月、3月、5月、9月、11月和12月日照时数较常年偏多外，其余各月均较常年偏少，其中10月上旬多阴雨天气，造成日照时数较常年显著偏少。

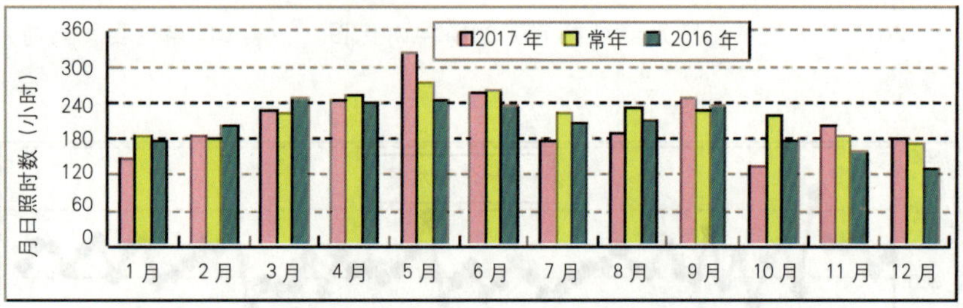

2017年无棣县月日照时数与常年及2016年对比图　（供稿　县气象局）

【气象灾害】　2017年，无棣县气象要素变化总体平稳，灾害性天气较少，全年没有明显气象灾害发生。主要气候事件表现为年初雾霾天气、阶段干旱、干热风、高温天气、短时强降水。

雾霾天气。2017年，冷空气活动相对弱，年初有效降水日数少，雾霾天气频发。最严重的雾霾天气集中发生在1月中旬，1月份共出现大雾6天、霾9天，尤其在1月1日至6日发生了2017年最严重的连续雾霾天气，多地启动应对这次雾霾空气重污染的应急响应。

干旱。2017年，无棣县总降水量较常年偏多，但时空分布极不均匀，年内多次出现持续无降水现象，阶段干旱时有发生。1月中旬至2月中旬无有效降水，且同期温度显著偏高，造成部分农田出现轻旱，对小麦安全越冬产生不利影响；9月上中旬无降水，对玉米灌浆产生不利影响，造成部分晚播玉米灌浆不充分，籽粒不饱满，影响玉米产量和质量；11月和12月全月无降水，对冬小麦分蘖生长和安全越冬产生不利影响。

干热风。5月中下旬，受暖高压脊影响，无棣县出现大范围高温、低湿天气，持续的高热天气给处于灌浆期的小麦造成较严重影响。

高温天气。2017年，无棣县高温天气较常年显著偏多，表现高温强度大、持续时间长。全年高于35℃的高温日数21天。受高压暖脊影响，5月27日16时发布2017年首个高温橙色预警信号；7月中旬平均气温达30.3℃，较常年异常偏高3.7℃，7月10日至14日，连续5天日最高气温在36℃以上，7月11日最高温度39.7℃，高温之烈实属少见。高温天气给人们的生产生活造成诸多不利影响，异常高温造成农作物生理过程受阻，生长发育不良。

短时强降水。受西风槽和台风“海棠”残留云系共同影响，8月2日傍晚到3日早晨，无棣县出现1次大到暴雨、局部大暴雨的天气过程，降水分布不均。全县平均降水量65.2毫米，最大降水量127.6毫米，出现在埕口气象站点。强降雨造成部分农田积水。

（王明涛）

自然资源

【土地资源】 2017年，无棣县土地总面积157401.2公顷，其中农用地104406.95公顷（耕地74440.9公顷，含基本农田61344.13公顷），占总面积66.33%；建设用地29239.18公顷，占总面积18.58%；未利用地23755.11公顷，占总面积15.09%。人均耕地面积0.17公顷。

【矿产资源】 2017年，无棣县已发现和查明矿产有10种，主要能源矿产有石油、天然气、煤、地热；非金属矿产有天然卤水、岩盐、石膏、贝壳砂、砖瓦用黏土、玄武岩等。其中查明资源储量的矿产6种，即石油、天然气、砖瓦用黏土和贝壳砂、地热、天然卤水。

【海域滩涂资源】 2017年，无棣县海域总面积43363.49公顷，其中，浅海面积27870公顷，滩涂面积14928.71公顷，主要分布情况：埕口北部14019.18公顷，西港园区909.53公顷，河道水域564.78公顷。

滨州贝壳堤岛与湿地国家级自然保护区在海域范围内的面积31273公顷，其中：浅海面积19970公顷，滩涂面积11303公顷。保护区外域面积12290.49公顷，其中：浅海面积7300公顷，冀鲁海域勘界线与保护区缓冲区狭长区域面积800公顷（位于《山东省海洋功能区划2012—2020年》A-1区内，属于禁止开发区）；滩涂面积3625.71公顷，其中：埕口北部2716.18公顷，西港园区909.53公顷，河道水域面积564.78公顷。

（葛　军）

【渔业资源】 无棣县地处渤海湾西南岸，东北濒临渤海，是多种经济鱼虾蟹的索饵场和繁衍地，素有“对虾故乡”“百鱼之乡”之称。县境浅海海域有鱼类27科85种，主要经济鱼类有青鳞鱼、斑鰶、河刀鱼、银鱼、鲈鱼、梭鱼、鲬鱼、黄鰶、鳎鱼、梅童鱼、黄花鱼等。虾蟹类40余种，主要有中国对虾、脊尾白虾、鹰爪虾、口虾蛄、三疣梭子蟹、天津厚蟹、宽身大眼蟹、日本蟳、中华绒螯蟹等。贝类近40种，主要有缢蛏、文蛤、青蛤等。资源存储量超过10万吨。无棣是山东省产盐第二大县，丰富的卤水资源为无棣盐业、盐化工业的发展提供了得天独厚的条件。此外，无棣还有可供养殖的内陆水域面积2万亩以上，淡水植物10多种，淡水鱼虾类30多种。

（何　娟）

【水资源】 降水量。2017年，无棣县降雨量569.4毫米，汛期降雨量409毫米，占全年降雨量的89%。

地表水资源量。无棣县境内骨干河道马颊河与德惠新河两河过境水量1.5亿立方米；年底存蓄水2600万立方米；全年调蓄用水量3900万立方米。无棣县簸箕李、小开河两引黄灌区的引黄灌渠有2条，即：簸箕李二干渠（幸福河）和小开河干渠。幸福河引黄量4720万立方米，小开河引黄7080万立方米。

地下水资源量。2017年，全县开采地下水274万立方米。

（田晓燕）

【动植物资源】 无棣县陆上野生动物丰富。兽类主要有黄鼬、刺猬、草兔、老鼠、蝙蝠。鸟类主要包括，长耳鸮、短耳鸮、红隼、黑翅鸢等猛禽；大天鹅、小天鹅、豆雁、黑尾鸥、红嘴鸥、白额燕鸥、普通燕鸥、骨顶鸡、黑水鸡、白腰杓鹬、蛎鹬、黑翅长脚鹬、反嘴鹬、环颈鸻、白鹭、苍鹭、大麻鳽、东方白鹳等水鸟；大斑啄木鸟、戴胜、普通翠鸟、大杜鹃、家燕、金腰燕、楔尾伯劳、喜鹊、灰喜鹊、灰椋鸟、大山雀、白头鹎、东方大苇莺、震旦鸦雀、棕头鸦雀、麻雀、白鹡鸰、金翅、黑尾蜡嘴雀、三道眉草鹀、环颈雉、珠颈斑鸠等。

全县栽植树种主要有小枣、冬枣、梨、苹果、桃、杏、葡萄、白蜡、槐树、杨树、柳树、合欢、臭椿、榆树、桑树、松树、柏树、柽柳、紫穗槐。

【贝壳砂资源】 位于无棣县境内北

无棣贝壳堤岛　　（摄影　周立新）

部有两列古贝壳堤，第一列在埕口镇以北，张家山子—李家山子—下泊头—杨庄子一线，长近40公里，埋深0.5米～1.5米，贝壳层厚3米～5米，形成于全新世中期，距今5000年左右，一部分位于滨州贝壳堤湿地自然保护区南部边界附近的实验区；第二列沿现代海岸线分布，长近22公里，属裸露开敞型，形成于全新世晚期，距今2000年至1500年，贝壳堤受海洋动力改造，被分割成独立的贝壳岛，整列贝壳堤岛有40余个贝壳岛组成，岛宽100米～500米，贝壳层厚3米～5米。两列贝壳堤与河北省、天津市境内沿海岸分布的贝壳堤相连，组成规模宏大的贝壳滩脊海岸，贝壳总储量达3.6亿吨。

历史简况

【历史】　无棣县域5000年前即有先民在此繁衍生息。周成王平叛，地入于齐，为姜齐无棣邑，迄今亦逾3000年，“武(定府)、乐(陵)、庆(云)、盐(山)皆其旧境”(清康熙《海丰县志》语)，为华夏古老的城邑之一。县境北部的碣石山，形成于73万年前的火山喷发，是鲁北渤海沿岸唯一的一座山峰，《禹贡》称为“碣石”，为古代导航标志。旧为海丰八景之一，称“马谷朝云”。碣石山成为无棣历史的见证。韩家窑、秤砣台、秦台、广武城、信阳城、光武城等古文化遗址，吴氏故居、县衙大堂等古建筑遗存，旺子堡火药臼等革命文物，均各具丰富的历史内涵。

【经济】　历史上，无棣县是一个以农业为主的县。粮棉年产量，1933年分别为4.77万吨和4.6吨。1933年枣树1.8万株，年产干枣270吨，抗日战争时期又遭日伪和国民党六旅大肆砍伐，到1949年产量170吨。畜牧业历来是农业的重点产业，明代德王府即把这里选定为牧马地。然而到了近代，畜牧业连遭摧残，1945年解放时全县大牲畜存栏量不足1万头。渔业是无棣的传统产业，1936年前后仅有渔船460只，渔民1468人，年产量4325吨。抗日战争时期由于日伪军不断袭扰，至1945年只剩下渔民600余名，木帆船200余只，年产量不足千吨。新中国成立后，改进渔船、渔具和作业方法，开展海水、淡水人工养殖，渔业生产迅速发展。无棣县制盐业始自西周，后不断发展。清代盐业中衰，1945年解放时只剩零星民滩。解放后县境盐业复苏，1958年新建大型国营盐场——埕口盐场。近代无棣商业受地缘因素影响，有很长时期以埕口为窗口，保持着鲁北农副土特产品出口和“广货”“洋货”进口、转口的优势，促进了当地商业、服务行业的发展。20世纪初至中华人民共和国成立前，商业日趋凋敝。中华人民共和国成立后，随着国民经济的发展，商业逐步振兴。

【人文】　历史上，无棣县涌现出许多历史名人。后唐宰相李愚曾为国家统一发挥过积极作用。北宋张凝、张昭远父子抗击辽夏入侵，为保卫国土做出卓越贡献。李之仪在逆境中坚持文艺创作，成就一代词人，留有千古绝唱。渤海侯高仁在蒙元野蛮统治下推行仁政，惠及黎庶。明代王佐精于理财，杨巍筹边安民，谷中虚防倭固海疆。清代吴式芬从政之余钻研金石铭文和封泥，成为独辟蹊径的考古学名家。太医姜笠村，精研医术，济世活人。清末民国时期刘业村、张秩山、刘耀南挥毫泼墨，创作书画珍品，在艺术界影响颇广。无棣人民具有光荣的革命传统，县境“东北故盐泽”，古名“豆子卤亢”，是隋末格谦发动起义的地方。大山是马君德反唐义军的聚义处。清咸丰、同治间高岩、王登清领导的无棣盐民武装，光绪年间境内的义和团活动，1913年朱献典等人领导的抗捐斗争，都显示出无棣人民威武不屈的顽强意志和坚韧不拔的斗争精神。

中国共产党的诞生，马列主义的传播，给无棣人民带来光明和希望。他们的杰出代表崔荣铨率先投笔从戎，热诚地投入革命运动，参加了武汉保卫战、广州起义、进军海陆丰，直至捐躯龙窝。1933年共产党员冯景恩在县境五营村建立起党的第一个基层支部。之后中共无棣党组织相继发动了支援马颊河罢工、车镇高小罢课等斗争，并于1937年10月组建起人民武装，肩负起抗日救亡的历史重任。在艰苦卓绝的条件下，无棣人民跟着共产党，坚持武装斗争，开辟抗日根据地，并同国民党六旅的妥协投降阴谋、反共反人民的倒行逆施进行有理、有利、有节的斗争，维护抗战大局，1945年9月无棣城解放。

解放后，无棣人民发扬革命传统，开展剿匪、反特、反奸、除霸斗争和减租减息、土地改革运动，彻底摧毁了几千年来的封建制度。

在解放战争中，无棣县先后把县区武装1000余名指战员成建制充实到主力兵团，有8106名青壮年参军参战，10610副担架、17930辆大车、1140架驮子、75000名民工开赴前线，为解放全中国做出巨大贡献。在抗日战争和解放战争中，无棣共有840多名优秀儿女为国捐躯。国民党抗日殉难将领中将军长冯安邦，共产党冀鲁边军区第一军分区司令员兼专署专员石景芳，第二军分区副司令员徐尚武，第三野战军84师代理副师长刘天祥都是其中的楷模。新中国成立后，无棣人民继承和发扬光荣革命传统，陆续派出自己的优秀儿女奔赴朝鲜战场，参加中国人民志愿军保家卫国。

（县史志办）

行政区划

【概况】　至2017年底，全县有2街道9镇，即：海丰街道、棣丰街道、水湾镇、碣石山镇、小泊头镇、埕口镇、信阳镇、车王镇、柳堡镇、西小王镇、佘家镇。共有569个行政村。

【区划沿革】　新石器时代，县境内即有人类聚居。夏，县境为兖州之域。商，县境属薄姑（又名亳姑、蒲姑）国地。西周，县境为无棣邑，因境内有无棣山、无棣水而得名。春秋战国，无棣邑为齐国地。秦，县境为厌次县。西汉，高祖五年（前202），县境置阳信县，属渤海郡。东汉，县境初属青州平原郡富平县。魏、晋，县境属冀州乐陵国阳信县，晋末国改郡，为乐陵郡阳信县。东晋十六国，县境为阳信县地。南北朝，县境为阳信县。隋开皇六年（586）置无棣县。唐代，无棣县北部有分水岭镇。宋前无棣县行政区划失考。宋代，辖无棣镇、车店镇、剧口镇3镇5乡。金代辖3镇2乡，乡名及乡以下建制不详。金代幞头（亦作朴头，今小泊头镇）镇，属沧州盐山县。明代，海丰县4乡，东名东庆云乡，西名西庆云乡，南名钦贤乡，北名海丰乡，初辖25里，后增为43里，另有宋家庄、大苟家、黎敬庄、岳礼庄、常家庄“五王庄”，为德王府田。清代，设4乡，东乡名钦贤，西乡名时雨，南乡名庆云，北乡名海丰，辖43里。宣统年间改区，称中、东、西、南、北、东北区，辖118堆。

中华民国时期，国民党县政府按6个区施政。抗日民主政府以6个区为基础开展活动，先后组建过5个区抗日民主政府。1945年9月，全县解放，设6个区，以数字命名。1947年，增至11区，以集镇命名。

1949年9月，全县辖城关、信阳、车镇、大山、泊头、小山、柳堡、水湾、石庙、庞家集、埕口11个区，辖105个乡。1957年2月，撤区划32个乡镇。1958年9月，调整为13个人民公社。1959年1月，阳信并入无棣县，全县辖26个公社，改用集镇命名。4月，设岔尖渔业社。1961年10月，无棣阳信分县，各归其建。1963年12月，全县设10区56个小公社。1964年10月，辛集区（含6个公社）和埕口区杨埕公社划属河北省，全县辖9区1个县属渔业公社。1968年11月，撤区设17个农业公社，1个渔业社。1984年5月，撤公社设3镇15乡。1990年，全县辖滨州港开发区，无棣、大山、水湾、小泊头4镇，信阳、车镇、大杨、梁郑王、埕口、柳堡、马山子、东风港、常家、西小王、佘家巷、邓王、庞家集、河沟14乡，71个管理区（办事处），592个行政村。1994年10月，埕口乡、马山子乡改镇。1997年2月，河沟并入无棣镇，庞家集并入水湾镇，梁郑王并入小泊头镇，东风港并入马山子镇，大杨并入车镇乡，常家并入柳堡乡，邓王并入佘家巷乡，加之未调乡镇大山镇、埕口镇、信阳乡、西小王乡，全县辖6镇5乡60个办事处593个行政村。2005年7月，大山镇改碣石山镇。2007年，全县辖6镇5乡593个行政村。2010年4月2日，市级滨州北海新区成立，同日，马山子镇交由北海新区代管；5月21日，经省政府批准，整建制撤销无棣镇，以其原行政区域及信阳乡部分行政区域设立海丰街道和棣丰街道。整建制撤销柳堡乡、车镇乡，设立柳堡镇、车王镇（车镇乡更名为车王镇）；9月29日，经省政府批准，滨州北海新区升级为省级滨州北海经济开发区，马山子镇则由升格后的北海经济开发区代管。2010年底，全县有2个街道、6镇3乡，即：海丰街道、棣丰街道、水湾镇、碣石山镇、小泊头镇、埕口镇、车王镇、柳堡镇、信阳乡、西小王乡、佘家巷乡。2011年9月14日，经省政府批准，整建制撤销佘家巷乡，设立佘家镇（佘家巷乡更名为佘家镇）。2011年底，全县有2个街道、7镇2乡，即：海丰街道、棣丰街道、水湾镇、碣石山镇、小泊头镇、埕口镇、车王镇、柳堡镇、佘家镇、信阳乡、西小王乡。2012年9月，经省政府批准，整建制撤销信阳乡，设立信阳镇。2013年12月，经省政府批准，整建制撤销西小王乡，设立西小王镇。

（县史志办）

人口民族

【人口】　2017年底，无棣县总人口452302人，其中：男性233419人，女性218883人。全县人口出生率21.1‰，死亡率6.03‰，人口自然增长率15‰。

【民族】　2017年底，无棣县共有25个民族，其中少数民族24个，人口6823人，占全部人口总数的1.5%。其中：回族6576人，满族96人，蒙古族49人，壮族20人，朝鲜族8人，彝族8人，苗族7人，布依族7人，白族6人，瑶族3人，藏族2人。

经济和社会发展

2017年无棣县国民经济和社会发展统计公报

2017年，全县在县委、县政府的正确领导下，认真学习贯彻党的十九大精神，坚持稳中求进工作总基调，积极践行新发展理念，以供给侧结构性改革为主线，加快新旧动能转换、推进各项攻坚性工作，经济社会持续健康发展，转型升级加快推进，民生保障持续增强，社会事业全面进步，生态环境稳步改善。

一、综　合

经济总体增长平稳。初步核算并经市统计局核定，全年实现地区生产总值（GDP）为264.9亿元，按可比价格计算，比上年增长6.5%，增速比上年提高1.3个百分点，列全市第3位（5县2区，下同）。其中，第一产业增加值37.2亿元，增长4.2%；第二产业增加值120.5亿元，增长4.5%；第三产业增加值107.3亿元，增长10.1%，增速比第二产业增加值高5.6个百分点。三次产业结构为14.0∶45.5∶40.5。

人口总量稳步增加。年末，全县户籍总人口45.23万人，增长1.1%，比上年提高0.1个百分点。全年出生人口8698人，其中二孩出生6439人，占出生总数的74.0%。人口自然增长率为15.0‰。全面二孩政策效果持续显现。

二、农林牧渔业

农业经济稳定增长。全年实现农林牧渔业增加值41.1亿元，按可比价格计算，比上年增长4.6%。其中农业19.5亿元，增长1.4%；林业0.5亿元，增长1.3%；畜牧业7.2亿元，增长3.6%；渔业10.1亿元，增长10.3%；农林牧渔服务业3.9亿元，增长10.4%。

农业种植结构有所调整。粮食种植面积稳步增加。全年粮食播种面积73.7万亩，粮食总产30.4万吨，分别比上年增长21.6%、24.4%。其中小麦播种面积32.2万亩，总产12.9万吨；玉米播种面积38.4万亩，总产16.8万吨。棉花播种面积持续减少。全年棉花播种面积16.0万亩，棉花总产1.3万吨，分别比上年减少30.1%、27.4%。

畜牧业生产平稳增长。全年生猪出栏21.4万头，家禽出栏5048万只，分别比上年增长3.1%、8.5%；牛出栏4.5万头，羊出栏17.8万只，分别比上年减少10.3%、14.8%。全年肉类总产量9.5万吨，比上年增长5.2%。其中猪肉产量1.6万吨，禽肉产量7.1万吨，分别增长3.0%、8.2%。

现代农业进一步发展提升。成为农业部渔业健康养殖示范县、省级农产品质量安全县。农村土地承包经营权确权登记颁证工作圆满完成。俊棣林牧被科技部评为国家级星创天地，纳入国家级科技企业孵化器管理服务体系。枣星牌阿胶蜜枣获评中国国际农交会金奖产品。海丰街道大齐村获评国家级一村一品示范村。

三、工业、建筑业

工业生产稳中向好。全年实现规模以上工业总产值338.1亿元，增长20.7%。规模以上工业增加值累计增长6.5%，比上年提高1.4个百分点，列全市第3位。分行业看，全县24个行业大类中有9个行业实现正增长。其中石油加工、炼焦和核燃料加工业增长强劲，化学原料和化学制品制造业增长5.8%，有色金属冶炼和压延加工业增长102.4%，电力、热力生产和供应业增长8.7%。工业品产销良好，产销率为100.1%，比上年提升0.3个百分点。

工业企业效益明显提升。全年实现主营业务收入335.9亿元，增长21.1%；利润总额16.7亿元，增长23.1%；利税总额21.6亿元，增长23.6%。主营业务收入、利润、利税增速均列全市第2位。利润率为5.0%，利税率为6.4%。

建筑业市场发展平稳。全县资质以上建筑业企业28家，其中二级及以上11家。完成建筑业总产值19.1亿元，增长5.8%；实现工程结算收入19.8亿元，下降13.2%。房屋建筑施工面积122万平方米，房屋竣工面积16万平方米。

四、固定资产投资

固定资产投资增长平稳。全年规模以上固定资产投资项目368个，其中5000万元以上项目102个。全年完成固定资产投资227.1亿元，增长10.7%，列全市第3位。分产业看，第一产业完成投资11.7亿元，增长52.4%；第二产业完成投资126.9亿元，增长66.5%，其中工业技术改造投资91.1亿元，增长28.1%；第三产业完成投资88.4亿元，下降27.0%。投资结构为5.2∶55.9∶38.9。

房地产市场理性调整。全年房地产开发投资8.7亿元，下降9.6%。其中住宅投资7.3亿元，下降8.2%。住宅投资占房地产开发投资的比重为83.5%。商品房销售面积全年保持良好增势，比上年增长76.2%。

重点项目建设扎实推进。森岳丙烷脱氢制丙烯、鑫岳清洁油品加工及煤焦油分馏、华运风电等项目加快建设，中电建、清能光伏发电等项目建成投产。

五、国内贸易、对外经济

消费品市场稳健增长。全年实现社会消费品零售总额98.4亿元，增长10.1%，列全市第1位。其中限额上消费品零售总额20.9亿元，增长10.0%，占社会消费品零售总额的21.2%。从消费形态看，商品零售额增长9.9%，餐饮收入增长11.5%。

从限额上单位统计的20大类商品销售看，有14类实现增长。与民生相关的基本生活类商品稳固增长。其中粮油、食品类和服装、鞋帽、针纺织品类分别增长15.8%、20.7%；文化信息类商品消费稳步加快。其中书报杂志类增长23.7%，计算机及其配套产品增长14.7%；消费升级类商品较快增长。其中汽车类增长34.6%，金银珠宝类增长14.9%。

进出口较快增长。全年实现进出口总额15.5亿元，增长60.1%，其中出口总额7.2亿元，增长46.2%。进出口总额、出口总额增速均列全市第1位。

六、交通、旅游

综合交通运输体系建设稳步推进。大济路大口河至埕口段改建、新海路大修工程竣工通车，秦滨高速公路、黄大铁路、205国道绕城段改建工程加快推进，柳河路、孙岔路改造工程前期工作顺利完成。创新农村公路养护智慧化管理新模式，形成了县、乡、村路网全覆盖、无缝隙、网格化管理模式。在全国农村公路管理培训班上进行经验交流。创成省级“四好农村公路”示范县。农村公路安全生命防护工程通过省市验收。

全域旅游加快实施。旅游发展大框架初步形成，八大重点景区基本建成，乡村旅游各具特色，采摘游、农家乐持续升温。集苗圃生产、体育健身、园艺展示等功能于一体的清波烟雨建成开放。盐雕荣获“中国特色旅游商品大赛”银奖。成功举办第二届滨州市特色旅游商品展评会、文化旅游休闲汇等系列活动。

七、环境和安全生产

城市环境呈现新面貌。以参评县区第一名的成绩顺利通过省级卫生县城复审验收。完成城区棣新二路、三路雨污分流改造和道路拓宽，改造新建农贸市场2处，改造提升老旧小区46个，新改建公厕23所，划定停车位3000余个，拆除违章建筑16万平方米。完成新城棚户区改造510户，2个安置小区主体建成。建设垃圾中转站2处，购置大型雾炮车和多功能清扫车，垃圾集中清运体系进一步健全。

生态保护成效显著。关闭淘汰燃煤小锅炉414台，清理整治“散乱污”企业191家。12台燃煤机组全部完成超低排放改造。空气质量优良天数272天，较上年增加52天。“煤改气”工作扎实推进，完成清洁取暖改造1.6万户，超额完成省市下达任务。环境监管力度不断加大，全年查处环境违法行为331起。

安全生产形势保持稳定。扎实开展了安全生产隐患大排查快整治严执法集中行动，共排查企业5790余家次，消除隐患9020余条；深入推进安全生产风险等级管控和隐患排查治理两个体系建设，1050家企业完成风险点摸底排查，危险化学品和重点工商贸企业建设工作基本完成；突出危险化学品、道路交通、建筑施工、人员密集场所等重点行业领域专项整治，杜绝了较大以上事故的发生。

八、财政、金融

财政收入增长稳定。全年完成一般公共预算收入14.8亿元，同口径增长1.0%，列全市第6位。其中税收收入11.1亿元，增长1.9%，占一般公共预算收入的74.9%；非税收入3.7亿元，下降1.4%。分税种看，增值税增长3.7%，企业所得税增长7.5%，个人所得税增长78.2%。全年实现国税税收收入12.5亿元，增长38.9%；实现地税系统各项收入6.9亿元，下降21.3%。

金融环境持续优化。年末金融机构本外币存款余额214.6亿元，较上年增加19.4亿元，较上年增长10.0%，列全市第2位。其中住户存款余额122.2亿元，较上年增加10.6亿元，较上年增长9.5%；年末本外币贷款余额160.4亿元，较上年增加14.1亿元，较上年增长9.7%，列全市第3位。资本市场利用渠道进一步拓宽，全县“新三板”挂牌企业5家、齐鲁股权挂牌企业7家。

九、教育、文化、卫生

教育事业呈现新气象。全县拥有学校80所，其中：中学22所（含高级中学3处），中等职业教育学校3所，小学55所；专任教师4528人，其中：中学2867人，中等职业教育学校183人，小学1478人。解决中小学“大班额”工作有序推进，加大投入新建扩建学校及购置电教仪器设备，其中23所学校主体竣工。校长职级制改革全面完成，实现教师交流轮岗300余人。鲁北技工学校实现招生，职业中专成为省优质特色中等职业学校。足球进校园加快实施，创成全国青少年校园足球特色学校6所。

文化惠民活动顺利开展。基层公共文化服务体系建设进一步加强，建成全县11个镇街综合文化站、476个村级综合性文化服务中心，其中113个省定贫困村全部完成；全面实施“一村一年一场戏”和“一村一月一场电影”工程，完成文化下乡演出活动400余场次，电影下乡放映6800余场次；县博物馆和各类纪念馆实行全面免费开放，博物馆、冯安邦纪念馆、吴式芬纪念馆、张镈纪念馆、北海翰苑博物馆成为社科教育基地、德育基地和爱国主义教育基地。

医改工作稳步推进。全县各类卫生机构26个（不含村卫生室），其中医院10个，卫生院9个，社区卫生服务中心2个。卫生技术人员1917人，其中执业（助理）医师848人，注册护士774人。医药卫生体制改革走在全市前列，成立公立医院管理委员会。县域医共体健康运行，建立家庭医生签约服务团队136个，覆盖居民16.2万人。完成医保支付方式改革，积极推进联网结算。

十、居民生活和社会保障

居民生活水平逐步提升。全年城镇居民人均可支配收入31825元，增长7.4%，其中工资性收入20365元，占可支配收入64.0%；人均消费支出20646元，增长6.8%，其中食品烟酒消费5097元，居住消费3660元，分别占消费支出的24.7%、17.7%。

农村居民人均可支配收入15373元，增长8.3%，高于城镇居民收入0.9个百分点。其中家庭经营净收入8142元，占可支配收入的53.0%。人均生活消费支出10419元，增长7.4%。其中食品烟酒类、居住类2723元、1949元，分别占消费支出的26.1%、18.7%。交通通信类、教育文化娱乐类增长较快，分别增长17.1%、12.5%。

社会保障事业稳步发展。全县城镇职工养老、城镇职工医疗、工伤、生育、失业五项社会保险参保人数分别达到3.96万人、3.99万人、2.7万人、1.6万人、2.3万人。全县城乡居民养老保险参保人数为21.8万人，居民基本医疗保险参保人数为38.5万人，基本实现应保尽保。

社会福利体系建设日趋完善。敬老院消防设施升级改造圆满完成，关爱五保老人公益活动有序开展。全额资助城乡困难群众参保参合，共资助特困人员、低保对象参保参合8000余人；“一站式”医疗救助工作顺利进行，医疗救助2000余人次，特困基金救助50余户。军队退役士兵安置和权益保障政策全面落实。以“无棣”命名的海军扫雷舰正式下水。

救助标准进一步提高。从2017年7月1日起，全县城市居民低保标准由每人每月500元提高到525元；农村居民低保标准由每人每月315元提高到350元。全县城乡低保对象17803人，其中农村低保对象15954人。

（县统计局）

2017年无棣县社会经济基本情况一览表

表1

指标名称	计量单位	2017年	增长（%）
一、基本情况	—	—	—
街道办事处个数	个	2	—
镇个数	个	9	—
村民委员会个数	个	569	—
年末户籍总户数	万户	15.89	-0.3
年末户籍总人口	万人	45.23	1.1
常住人口	万人	40.98	0.7
二、综合经济	—	—	—
（一）地区生产总值	万元	2649459	6.5
第一产业	万元	371603	4.2
第二产业	万元	1204847	4.5

续表 1

指标名称	计量单位	2017 年	增长（%）
第三产业	万元	1073009	10.1
(二)财政、金融	—	—	—
一般公共预算收入（同口径）	万元	147729	1.0
其中：税收收入	万元	110653	1.9
一般公共预算支出	万元	294088	2.0
年末金融机构各项存款余额	万元	2145952	10.0
其中：住户存款余额	万元	1222471	9.5
年末金融机构各项贷款余额	万元	1603992	9.7
三、农业	—	—	—
(一)农作物播种面积	—	—	—
粮食作物播种面积	公顷	49133	21.6
其中：小麦	公顷	21467	6.6
玉米	公顷	25579	30.9
大豆	公顷	1479	195.2
棉花播种面积	公顷	10674	−30.1
(二)农产品产量	—	—	—
粮食总产量	吨	303850	24.4
其中：小麦	吨	128800	6.6
玉米	吨	167859	38.5
大豆	吨	3698	226.1
棉花产量	吨	13187	−27.4
园林水果产量	吨	220871	−0.8
肉类总产量	吨	95187	5.2
其中：猪肉产量	吨	16415	3.0
年末生猪存栏	头	189685	−18.3
年末牛存栏	头	37619	1.6
年末羊存栏	只	94491	−10.4
禽蛋产量	吨	26725	6.4
水产品产量	吨	141870	7.0
四、工业及建筑业	—	—	—

续表 1

指标名称	计量单位	2017 年	增长（%）
（一）规模以上工业	—	—	—
工业企业单位数	个	122	—
工业总产值	万元	3380731	20.7
主营业务收入	万元	3359013	21.1
主营业务税金及附加	万元	16464	107.5
利润总额	万元	166645	23.1
利税总额	万元	215544	23.6
应交增值税	万元	32435	4.2
工业增加值	万元	—	6.5
（二）资质以上建筑业	—	—	—
建筑业企业单位数	个	28	27.3
建筑业总产值	万元	191458	5.8
工程结算收入	万元	198393	−13.2
期末从业人员数	人	3770	13.0
五、交通、能源	—	—	—
公路里程	公里	2032	1.1
民用汽车拥有量	辆	103137	12.0
年末公交车路数	路	25	31.6
年末实有公共汽（电）车营运车辆数	辆	223	29.7
年末实有出租汽车数	辆	226	—
全社会用电量	万千瓦时	160846	5.9
其中：工业用电量	万千瓦时	116284	3.0
六、贸易、外经	—	—	—
社会消费品零售总额	万元	984275	10.1
限额上消费品零售总额	万元	208601	10.0
进出口总额	万元	154905	60.1
出口总额	万元	71907	46.2
当年实际使用外资金额	万元	1770	—
七、固定资产投资	—	—	—
固定资产投资	万元	2270705	10.7

续表 1

指标名称	计量单位	2017 年	增长（%）
房地产开发投资	万元	86839	−9.6
其中：住宅	万元	72507	−8.2
八、教育、科技、文化、卫生	—	—	—
普通中学	所	22	0.0
中等职业教育学校	所	3	0.0
小学数	所	55	−1.8
普通中学专任教师数	人	2867	3.6
中等职业教育学校专任教师数	人	183	−5.2
小学专任教师数	人	1478	−4.7
普通中学在校学生数	人	20979	3.5
中等职业教育学校在校学生数	人	3144	−13.0
小学在校学生数	人	32028	6.4
专业技术人员	人	10529	3.6
其中：农业技术人员	人	658	3.3
全年专利申请数	件	608	−0.7
全年专利授权数	件	189	−45.7
公共图书馆图书总藏量	千册	160	6.7
剧场、影剧院个数	个	2	0.0
医疗卫生机构数	个	26	−13.3
医疗卫生机构床位数	床	1840	−1.1
医疗卫生机构技术人员	人	1917	0.3
其中：执业（助理）医师	人	848	7.1
九、居民生活、社会保障	—	—	—
城镇居民人均可支配收入	元	31825	7.4
城镇居民人均生活消费支出	元	20646	6.8
农村居民人均可支配收入	元	15373	8.3
农村居民人均生活消费支出	元	10419	7.4
各种社会福利收养性单位数	个	12	—
各种社会福利收养性单位床位数	床	802	−32.6
城镇职工养老保险参保人数	人	39568	−1.5

续表 1

指标名称	计量单位	2017 年	增长（%）
城镇职工医疗保险参保人数	人	39900	0.3
失业保险参保人数	人	23302	−16.4
城乡居民养老保险参保人数	人	218000	−1.8
城乡居民医疗保险参保人数	人	385294	3.1
城镇居民最低生活保障人数	人	1849	−8.8
农村居民最低生活保障人数	人	15954	−1.1

全面深化改革

【农村改革】　农村土地承包经营权确权登记颁证工作。无棣县自 2014 年起历经 4 年的农村土地承包经营权确权登记颁证工作，2016 年 1 月顺利通过市级验收，取得优秀等级。2017 年 7 月完成确权数据向省农业厅汇交工作。全县开展确权颁证的 537 个村全面完成确权颁证任务，确权到户的家庭承包面积 77.31 万亩，涉及农户 92908 户，土地承包合同签订率和经营权证颁发到户率均达到 98.6%。委托专业扫描公司将全部农户确权档案和确权成果档案进行全文数字化处理，形成确权电子档案 294.79 万张，并顺利导入无棣县档案馆档案管理系统，有效地提高确权档案的查阅效率和利用效果，同时向档案馆移交确权纸质档案 10186 盒，其中农户档案 9271 盒，综合档案 915 盒。

农村集体产权制度改革。2017 年 11 月 9 日，全县农村集体产权制度改革试点工作动员会议召开，成立无棣县农村集体产权制度改革工作领导小组，各试点镇街、村根据工作任务节点成立领导组织和工作实施小组。县、镇街制定农村集体产权制度改革试点实施方案，出台《无棣县农村集体资产清产核资工作指导意见》《无棣县农村集体经济组织成员资格认定工作指导意见》《无棣县农村集体资产股权量化指导意见》等文件。聘请专业律师和会计师事务所评估专家，组建农村集体产权制度改革试点工作推进工作领导小组，审核通过 22 个村纳入市级农村集体产权制度改革工作试点。除家庭承包经营的耕地资源性资产依法实行承包外，剩余的资源性资产，即“四荒”地、水面、沟路渠、林地、草地及未开发利用的资源等所有未进行家庭承包的资源性资产全部委托专业测绘公司进行实地测量，结合确权登记颁证工作数据，对试点村资源性资产进行摸底，避免资源漏登、数据误差大、空间位置不清等问题。测绘公司根据测量情况进行登记造册。2017 年完成各试点村的清产核资、成员资格认定、资产量化、新集体经济组织成立等工作，清查集体资产 2321.79 万元，集体土地总面积 15773.59 亩；认定集体经济组织成员 10625 人；量化村集体资产 1238.46 万元，资源 3972.37 亩；成立股份经济合作社 22 个。

【“放管服”改革】　2017 年，印制《无棣县政务服务中心服务标准》《无棣县政务服务中心流程图表汇编》《无棣县政务服务中心窗口表格汇编》、窗口一次性告知书等服务手册 1 万余册，将窗口单位权力清单、收费清单、业务流程、业务电话、监督投诉电话等进行公示。

县政务服务中心将事项办理程序、申请资料、办理时限、收费标准等在网站全部公开，实现网上申报、示范文本下载和在线咨询投诉、实时查询事项办理进程。全县具有行政许可和公共服务职能的 50 个部门单位、11 个镇街的 273 项行政许可事项和 1803 项公共服务事项全部实现网上运行。2017 年，各部门共实现网上受理各类行政许可事项 3815 件。推进网上政务服务向基层延伸，至 12 月底，规范镇街便民服务中心 11 所，设立村居（社区）便民服务点 210 处，实现便民服务点的镇街全覆盖；梳理完成镇街公共服务事项 1332 项，实现省市县乡四级政务服务互联互通。推行证照免费快递寄送服务，在大厅设立 EMS 专用窗口，2017 年 11 月 30 日，全县首个通过政务服务平台免费邮寄的证照顺利送达办事群众手中。加快推进视频监控平台接入，2017 年 11 月底完成视频数据交换，实现视频平台对接。

县政府印发《关于进一步强化投资项目联审联批联察工作机制的意见》，建立无棣县投资项目落地评审领导小组和无棣县投资项目代办领导小组。成立重大投资项目代办工作小组，一个项目配备一个责任人、一个工作小组、制订一套代办方案，建立项目跟踪卡，实行全程跟踪服务。对电力安全设备检验检测中心、铭海机动车检测中心等10个重点项目实施免费代办。

建立无棣县“中介超市”，印发规范性文件，将政府投资和使用国有资金项目中委托中介服务机构开展技术性服务（包括技术性审查、评估、鉴定、咨询报告或意见书等），其中中介服务费在50万元（勘察、设计类30万元）以下的项目纳入“中介超市”选取范围。2017年，完成中介选取项目14个，总成交价190.91万元，有效节约国有资金38.41万元。

【商事制度改革】 2017年，无棣县按照“放、管、服”改革的总体要求，推行注册资本认缴制、“先照后证”“多证合一”、企业登记全程电子化等多项改革。至2017年底，全县市场主体总量达到28031户。2017年度无棣县商事制度改革工作在全市考核中排名第2。

落实“先照后证”改革，企业登记前置审批精简85%以上。推进企业“五证合一”“多证合一”改革，2017年发放“一照一码”营业执照7608份。以“零见面”为目标，推行企业外网申报、网上审批，企业登记全程电子化，实现“信息多跑路，企业少跑腿”。

推行“双随机、一公开”监管。建立随机抽查事项清单、检查对象名录库和执法检查人员名录库，制定随机抽查工作细则，健全“两库一单一细则”制度。按照“双随机”要求，对照市场监管49项抽查事项，对省工商局随机抽取的694户市场主体的年报信息和经营行为依法进行“全面体检”，将22家未按规定年报的企业列入经营异常名录，并进行公示，强化信用约束。

根据无棣县城与各镇街地理分布特点，在碣石山镇设立行政审批二室，下放企业登记审批权限，方便碣石山镇、小泊头镇、埕口镇和柳堡镇北部4个镇和鲁北高新区、新海工业园2大园区的经营者就近办理企业登记事宜。增加登记服务网点，与工商银行、农业银行建立合作关系，新增企业注册代办点7个。至2017年底，企业注册代办点共受理企业名称核准、设立、变更和注销登记1060件。

【纪检监察体制改革】 2017年6月12日，印发《中共无棣县委办公室关于转发〈中共无棣县纪委、无棣县监察局关于成立派驻监督协作组的实施方案（试行）〉的通知》，县纪委成立5个派驻协作组，相对集中办公，每个协作组设组长1人，由县纪委监察局班子成员兼任，副组长1人，成员2至3人，负责对15至16个单位的日常监督，覆盖78个县直部门单位，派驻监督协作组由县纪委直接领导、统一管理。11月，成立无棣县深化国家监察体制改革试点工作小组，正式启动全县改革试点工作，先后完成县检察院涉改部门调查摸底，试点工作实施方案、人员转隶方案、监委组建方案、机构设置方案等文件起草，明确“时间表”和“路线图”。注重做好转隶人员思想工作，对转隶人员进行谈话了解，确保人心不散、队伍不乱、工作不断。12月28日，县检察院14名涉改人员转隶到位。

【行政执法体制改革】 2017年，无棣县抓部门职能理顺，定执法主体地位，解决基层执法力量分散、执法职能与机构设置矛盾等问题，建立综合执法改革联席会议制度，定期研究解决综合执法过程中的重大问题，审议通过无棣县改革方案。将县城市管理、环境保护、食品安全、市场监管、公安交通、城乡建设、房产管理、规划管理、国土资源、卫生计生、人力资源社会保障、油区管理等12个领域的全部或部分行政执法职责纳入综合执法范围。成立综合行政执法局，组建综合行政执法大队。

抓权力事项划转，定处罚种类性质。对改革涉及领域的行政权力事项进行全面梳理，坚持整体划转原则确认并划转行政权力事项625项（行政处罚608项，行政强制17项），确保划转事项为某一方面的全部事项，减少职责交叉。结合执法工作实际，将划转的权力事项按性质区分为应批已批类、应批未批类、禁止类、其他类等4种情形，逐类界定县综合行政执法局与业务主管部门间的监管职责边界，厘清源头监管、后续监管、末端执法的界限，规范案件移送程序及相关的附带材料，避免推诿扯皮现象发生。

抓执法衔接配合，定监管主体责任。建立行政执法与业务主管部门协调配合机制，实现行政许可、行政处罚等行政管理、执法信息资源共享，强化行政执法效果；建立行政执法与刑事司法衔接机制，实现行政处罚和刑事处罚无缝对接，有效发挥行政执法与刑事司法2个执法系统对于打击犯罪和规范行政执法活动的积极作用，构建相互支撑、衔接有序、整体联动、便民高效工作格局。同时按照“谁审批谁监管、谁主管谁监管”原则，进一步夯实业务主管部门监管主体责任，避免出现监管真空。

（县史志办）

精神文明建设

【群众性精神文明创建】 2017年，无棣县深化文明单位、文明村镇、文明社区、文明家庭和文明校园创建，把文明创建作为推进精神文明建设的基础工程，规范创建程序，加强创建考核，推动文明创建活动。加强引导指导，对文明单位创建工作的目标方向、领域分布、类别结构提出指导意见，加强对文明单位创建工作的指导。镇街和县直部门单位把文明创建作为推进精神文明建设的基础工程，按照“党建先行、价值引领、业绩领先、责任担当、创建示范”的任务目标，结合各自业务工作和单位实际，深入扎实开展“讲文明、有公德、守秩序、树新风”活动，有效带动城乡文明程度和群众文明素质进一步提升。2017年度新增省级文明单位3个、文明村镇5个，市级文明单位7个、文明社区3个、文明村镇24个。

【思想道德建设】 2017年，无棣县坚持以培育和践行社会主义核心价值观为主线，大力加强思想道德建设，实施四德工程，精神文明建设取得明显成效。2017年蝉联第三届全省“四德工程”建设示范县，并在2017年12月召开的全省四德工程建设座谈会上，代表全市作典型发言。

广泛开展“无棣好人”和道德模范评选，树立“山海古邑·儒风无棣”道德品牌，以先进典型激励广大干部群众见贤思齐、崇德向善，引领社会文明风尚。各级各部门均成立专门机构，专人负责，深入挖掘，定期推报；县委宣传部、县文明办把打造“无棣好人”名片作为思想道德建设的头号工程，重点围绕助人为乐、见义勇为、诚实守信、敬业奉献、孝老爱亲5个方面进行评选，形成无棣好人“推得出、选得好、树得住”的长效机制。“无棣好人”中有53人获评“山东好人”，9人获评“中国好人”，“好人”上榜数量位居全市第1、全省前列。

以“无棣好人”评选为基础，举办道德模范评选表彰活动。各镇街广泛开展评选表彰道德典型活动。西小王镇将“百家文明户”评选活动作为推进乡村振兴、乡风文明的重要抓手和载体，评选孝德、诚德、爱德、品德文明的先进家庭，在全镇31个村全面推开。埕口镇对全镇90户“卫生文明家庭”和270位“好婆婆”“好媳妇”“好党员”“致富带头人”“优秀保洁员”进行表彰。棣丰街道星湖水岸社区通过开展“寻找最美的你，感动幸福的我”评选出30名“十个好”居民先进个人，大力弘扬先进事迹。车王镇五营社区举办道德模范事迹展并开展“好媳妇”“好婆婆”“文明家庭”评选，公布评选类别名额、条件方式及时间安排，得到全体村民积极响应。

开展典型学习和典型宣传活动。更好地学习典型和发挥典型示范引领作用，对评选产生的各级好人和先模人物事迹，通过手机报、微信等每周重点推报1至2人，进行广泛宣传，并对部分先模人物事迹拍摄成微电影，在县内媒体和县广场大屏幕等重点活动场所循环播出，广泛宣传推介。大年三十破冰救人、“归还”环卫工人爱心工资等好人事迹大量涌现，中央电视台新闻频道《身边的感动》及国内各大新闻媒体、微博、微信公众号及朋友圈纷纷转载报道，为全县思想道德建设注入强大正能量。

【社会主义核心价值观宣传】 2017年，无棣县在人民群众中大力培育和践行社会主义核心价值观，制定《无棣县关于培育和践行社会主义核心价值观的实施方案》《图说我们的价值观宣传指导手册》。利用各类载体加大社会主义核心价值观宣传力度，通过电子显示屏、建筑围挡、交通护栏、灯杆等广泛设置核心价值观公益广告。不断拓展和延伸农村善行义举四德榜的内容和范围，将四德榜与村名来历、乡村文化挖掘、身边好人事迹宣传相结合，建设社会主义核心价值观示范村。深化文明单位、文明村镇、文明社区、文明家庭和文明校园等群众性文明创建活动，组织开展“文明旅游”“光盘行动”等讲文明树新风活动，大力倡导文明礼仪之风。

【乡村文明行动】 2017年，无棣县进一步完善城乡环卫一体化和移风易俗长效机制建设。出台《关于深入推进全县村镇环卫工作的实施方案》，强化城乡环卫一体化督导考核。加大移风易俗工作指导力度，出台《农村红白事指导标准》。加强移风易俗宣传，出台《关于加强移风易俗宣传工作的通知》。印发倡议书6000余份，深入开展殡葬改革宣传月活动。拍摄移风易俗的公益广告、纪录片和微电影，在《无棣大众》报、县电视台等媒体开辟专栏，大力宣传移风易俗先进典型，倡导喜事新办、丧事简办、厚养薄葬良好风尚。

【诚信建设】 2017年，无棣县在全市率先把诚信建设融入司法实践，积极落实《无棣县关于建立失信被执行人惩戒联动机制的意见》，对失信被执行人实行社会联动制裁，公开失信被执行人“黑名单”，由征信机构在其征信系统中予以记录，信息共用、信息共享，在政府采购、招标投标、行政审批、政府扶持、融资信贷、市场准入、资质认定等方面，对失信被执行人予以信用惩戒，并对失信被执行人发出限制高消费令，在社会形成强烈舆论压力和“守信光荣又受益，失信可耻又受制”浓厚氛围、良好导向。县法院建立以“德庭、德官、德律”为要素的“三德”工作机制。全县设立2处德庭，选聘包括道德模范在内的18名德官，作为陪审员参加调解和陪审。德庭和德官根据当事人自愿，依照法律规定、乡规民约、公序良俗和风俗人情，调处婚姻家庭、乡邻关系、损害赔偿等矛盾纠纷。德官参与处理案件近300起，成功率80%以上，且没有再产生新的矛盾纠纷，为农村精神文明建设提供强有力的道德和法制保障。

【志愿服务活动】 2017年，无棣县把志愿服务活动与助残、助老、助学、助困活动紧密结合。针对农村留守儿童特点，佘家镇志愿者开展为期1个月的快乐暑期活动，内容包括应急知识培训、烹饪课程、观看科教片等，参与活动100余人次。社区志愿者服务站组织辖区内18名单亲、困难家庭儿童，开展“单亲和困难家庭儿童集体生日会”。信阳镇联合团市委、团县委和市老年大学的“五老”志愿者到信阳镇中心小学进行送温暖志愿服务活动，为学生们送去过冬棉衣和助学金，组织56名志愿者，到28名农村老人家中进行帮扶，与老人聊天、帮助老人做家务。柳堡镇对志愿者在实施扶贫助困、关爱弱势群体等重点志愿服务项目中发挥积极作用，协调爱心企业、驻村“第一书记”，帮扶农村贫困学生300多名。2017年8月下旬，联合山东师范大学生命科学学院青年志愿者，在汪家村开展为期10天的支教实践活动。组织公益慰问演出和扶贫义诊活动，逐一为辖区内因病致贫的贫困户免费赠送常用药品。结合生态保护，小泊头镇各村组织成立“禁止烧荒行动志愿服务队”，组织开展“非法烟花爆竹生产销售存放”巡查。佘家镇志愿者组织开展“绿色中秋”环保行动，全年回收月饼盒1302个，售卖款项全部用于校园助学及敬老活动。

（宋　鹏）

生态文明建设

【环保综合整治】 2017年，无棣县全面审视生态文明建设和环境保护工作中的弱项和短板，主动谋划绿色发展路径。严格落实环境保护“党政同责”“一岗双责”制度，贯彻执行各级关于生态文明建设和环境保护工作的决策部署，出台《无棣县各级党委、政府及有关部门环境保护工作职责》，印发《2017年无棣县环境保护突出问题综合整治攻坚工作方案》《关于加快推进生态文明建设的实施方案》《无棣县关于自然保护区突出问题攻坚实施方案》等文件。建立县、镇街、村居三级网格化环境监管责任体系，明确网格化监管领导责任、主体责任和直接责任；建立“散乱污”企业取缔整改和燃煤小锅炉淘汰工作台账，实行销号管理。充分发挥村“两委”班子、“一村一警务助理”等基层组织作用，定期开展“回头看”，日常巡查形成长效机制，及时发现并打击环境违法问题。全县成立3个环保自查自纠工作检查小组，开展环保突出问题自查自纠，加大问题主动发现和整改力度，扎实推动各项问题整改落实。以“散乱污”取缔、燃煤小锅炉整治、挥发性有机物治理为重点，高标准完成各项重点任务。抓好监管执法，强化部门联动，加大突击检查频率，做到夜间执法常态化。用好“按日计罚、查封扣押、限制生产、停产整治、移交公安”等硬措施，倒逼企业遵规守法，形成环保守法的新常态，全面解决存在的各类环境问题。严格执行落实新环保法，坚持环境违法行为“零容忍”，严厉查处异味污染、超标排污、偷排偷放等环境违法行为。全年立案查处环境违法案件156件，移交公安机关24起，对涉嫌环境违法犯罪人员治安拘留44人、刑事拘留9人、逮捕2人，保持打击环境违法行为高压态势。

【通道连绿工程】 2017年，无棣县按照“高标准、精品化”原则，在落实好绿化土地租赁的基础上，高起点设计、高标准建设、高水平管理，因地制宜，突出地域特色，选择适宜乡土树种、景观树种，启动高速路、国省道等干线道路绿化，对重点路段、重要节点实施提档升级，完成长深高速、荣乌高速、滨德高速、205国道、新大济路、疏港路、新海路的补植完善。扎实做好新建道路绿化120公里的绿化任务，做好黄大铁路、205国道改线路段、大济路（冯家庄—大口河段）的绿化工程。继续实施信河路、蔡河路、棣邓路、车泊路、泊山路、孙岔路等县乡路两侧林带改造提升工程。

【水系扩绿工程】 2017年，无棣县启动沿河流干渠两侧适宜绿化地段绿化工程，营造绿化林带，总长度80公里。对重点河流、干渠，建设完善水系森林生态廊道，环绕各平原水库，建设生态防护林，改善水源地生态环境。重点完成德惠新河、马颊河等大型河流干渠两侧林带提档升级，建设单侧宽度不低于100米的高标准绿化林带；完成漳卫新河（鲁冀交界防护林基干林带）林带补植完善，建设宽度不低于200米。开展小开河、小米河、青波河、朱龙河、白杨河、幸福河、郝家沟、山子河、仝家河、泊埕河等一般河流支渠水系林带建设，每侧由大坝底脚向外建设单侧宽度不低于50米的水系森林生态廊道。各平原水库四周建设宽度不低于50米的生态防护林带，小型河流、斗渠建设单侧林带宽度不低于30米的生态防护林带。

【村庄兴绿工程】 2017年，无棣县启动高标准镇街驻地绿化、美化工程。开展全域村庄绿化，完成42个村庄兴绿工程，驻地、村庄森林覆盖率进一步提高，开展省级森林乡镇和森林村居创建。开展园区及企业绿化，搞好园区公共区域硬化、绿化、美化、净化、亮化，引导企业搞好企业内绿化美化，创建绿化先进单位。

【林下透绿工程】 2017年，无棣县启动利用林地资源，发展林下经济工程建设。重点培育连片面积在200亩以上且有发展特色的林下经济示范基地，推进林下经济持续健康发展。以高速公路、铁路两侧绿化带、生态林场和其他森林资源为载体，发展林苗、林菌、林药、林蝉、林畜等林下经济。建设不同类型林下经济示范基地和林下经济产业化示范园，实现土地、资金、技术和管理的集约化、规模化。

【湿地添绿工程】 2017年，无棣县继续推进黄河岛国家级湿地公园和饮马湖、秦口河省级湿地公园建设。按照规划搞好湿地防护林带建设，开展道路两侧绿化、景点周边绿化。完善湿地公园基础设施，提高管护能力，科学开展水系疏浚、生态补水、污染控制、植被恢复、栖息地生态恢复保护等工作。将林、水建设有机结合，提升“清波烟雨”水系生态工程，打造集“海绵城市”建设、科普教育、苗木培育、游乐观光多功能于一体的城区最美公园。利用盐松（中华柽柳）、柽柳等耐盐碱树种，采取植苗造林、封滩育林等方式，加快重盐碱区域植被恢复。

【产业富绿工程】 2017年，无棣县创新机制，激励并引导企业、大户、专业合作社等各类经济实体和群众，采取独资、合作、股份等多种形式发展经济林。同时，按照“全域旅游·全景无棣”的理念，结合休闲观光、旅游采摘等特色，推广大齐黄金杏、古家久保桃等营销模式，各镇街建设1处林业休闲观光示范片，集生态采摘、休闲、体验、观光于一体，林业综合效益水平不断提升。

（县史志办）

组织机构及负责人

中国共产党无棣县委员会

丁海堂　书记
姜凌刚　副书记
郑振亮　副书记
赵景刚　副书记（任至3月）
陈孟继　副书记（2月挂职）
许　健（女）　常务委员
关莉莉（女）　常务委员
王福瑞　常务委员
卢　鸿　常务委员
任卫国　常务委员
赵树根　常务委员
李洪涛　常务委员（1月任职）
王春平　常务委员（女，回族，7月任职）

县委办公室

王福瑞　主任
杨风彩　副主任（8月任职）
朱之美　副主任
袁洪彬　副主任
张春霞　副主任（女，任至9月）
崔明星　副主任
马方恩　副主任
费永刚　副主任

县委组织部

卢　鸿　部长

县委宣传部

关莉莉（女）　部长

县委统战部

赵树根　部长

县民族宗教事务局

张　磊　局长（任至9月）
杨照伟　局长（回族，9月任职）

县委政法委员会

李洪涛　书记

县社会治安综合治理委员会办公室

董贤泉　主任

县机构编制委员会办公室

曾昭链　主任（任至8月）
李永玺　主任（8月任职）

县委县直机关工委

蒋惠勇　书记

县委县政府信访局

马方恩　局长

县委党校

丁海堂　校长（兼）
王中涛　常务副校长

县委老干部管理局

高菊惠　局长（任至2月）
牛云才　局长（8月任职）

县委党史研究室

孟令明　主任

县档案局（档案馆）

陈景云　局（馆）长、党组书记

无棣县人民代表大会常务委员会

王振祥　主任、党组书记
丁宝顺　副主任、党组成员
刘振华（女）　副主任
邱先明　副主任、党组成员
崔玉杰　副主任、党组成员
冯其龙　副主任、党组成员（1月

任职）

农业农村委员会

丁宝顺　主任委员

郭德武　副主任委员

教科文卫委员会

刘振华（女）　主任委员

董昭武　副主任委员（9月任职）

李洪晨　副主任委员

王文章　委员（6月任职）

内务司法委员会

邱先明　主任委员

马尊东　副主任委员

张华友　副主任委员

财政经济委员会

冯其龙　主任委员

程玉春　副主任委员

文学伟　副主任委员

城建环保委员会

张国芳　主任委员、县人大常委会党组成员（1月任职）

李　强　副主任委员

仝春晓　委员

办公室

庞志鸿　主任、县人大常委会党组成员

周景翠　副主任

李洪晨　副主任

信访室

周景翠　主任

老干部工作室

李洪晨　主任

法制工作委员会

赵建文　主任

人事代表工作委员会

李金萍　主任

预算工作委员会

王金池　副主任（正科级）

无棣县人民政府

姜凌刚　县长（1月任职）、党组书记

许　健（女）　副县长、党组副书记

王春平　副县长、党组成员（女，回族，7月挂职）

王景军　副县长

常怀祥（回族）　副县长、党组成员

张庆华　副县长（1月任职）、党组成员

张恩传　副县长、党组成员

井庆川　副县长（挂职）、党组成员

高晓勇　副县长（7月挂职）、党组成员

邹　宁　副县长（11月挂职）、党组成员

高菊惠　党组成员（2月任职）

县政府办公室

杨景朋　主任、党组书记（任至2月）

高菊惠　主任、党组书记（2月任职）

吴书华　副主任、党组成员

耿建华　副主任、党组成员

李世辉　副主任、党组成员

县机关事务管理局

杨宝义　局长、党组书记（任至8月）

周兴坤　局长、党组书记（8月任职）

县监察局

李文凯　局长（任至8月）

县发展和改革局

朱金勇　局长、党组书记

县物价局

张代传　局长、党组书记

县粮食局

于杰民　局长、党委书记

县经济和信息化局（商务局）

马云忠　局长、党委书记

县安全生产监督管理局

李瑞龙　局长、党组书记

县教育局

杨风彩　局长、党委书记（任至8月）

李文凯　局长、党委书记（8月任职）

县科学技术局

邢呈军　局长、党组书记

县公安局

张庆华　局长、党委书记

朱树茂　政委、党委副书记

县民政局

于清勇　局长、党组书记

县司法局

闫景华　局长、党组书记

县财政局

李智武　局长、党组书记

县国有资产管理局

吴兴本　局长

县人力资源和社会保障局

于大勇　局长、党组书记

县国土资源局

李玉涛　局长、党委书记

县住房和城乡建设局

杜守国　局长、党委书记

县交通运输局

马风刚　局长、党组书记

县水务局

商　涛　局长、党委书记

县农业局

赵玉成　局长、党组书记

县食品药品监督管理局

王健伟　局长、党组书记

县市场监督管理局

张令忠　局长、党组书记

县卫生和计划生育局

袁清水　局长、党组书记

县爱国卫生运动委员会办公室

高延玲（女）　主任

县审计局

张青松　党组书记

田翠萍（女）　局长

县环保局

李荣海　局长、党组书记（任至10月）

张　磊　局长、党组书记（10

月任职）

县统计局

蒋述潭　局长、党组书记

县海洋与渔业局

刘建军　局长、党组书记

滨州贝壳堤岛与湿地国家级自然保护区管理局

张怀渤　局长、党组书记

县旅游局

王秀丽（女）局长、党组书记

县农机局

秦林胜　局长、党组书记

县体育局

李树忠　局长、党组书记

县畜牧兽医局

端悦武　局长、党组书记

县中小企业局

杜长生　局长、党组书记

县对外贸易经济合作局（招商局）

赵荣春　局长、党组书记（任至1月）

郭庆文　局长、党组书记（1月任职）

县公共行政审批服务中心

杨莉莉（女）　主任（任至9月）

张从敬（女）　主任（9月任职）

县公共资源交易中心

杨莉莉（女）　主任（1月任职）

县古城管理中心

刘　震　主任

中国国际商会无棣县商会

杨莉莉（女）　会长、县招商局党组成员（任至1月）

程梅岭　会长、县招商局党组成员（8月任职）

县金融工作办公室（县地方金融监督管理局）

李丙群　主任（局长）

县油区工作办公室

李坤海　主任、党组书记

县地方史志办公室

刘长雨　主任

县老龄工作委员会办公室

阚树泉　主任

县林业局

李学敬　局长、党组书记

县农业开发办公室

张洪岩　主任、党组书记

东黄五万亩开发管理中心

梁金钟　主任

县扶贫开发领导小组办公室

朱之美　主任

县物资协会

刘福民　会长、党委书记

县商业协会

崔吉明　会长、党委书记（任至5月）

王树庄　会长、党委书记（5月任职）

县供销合作社联合社

程梅岭　理事会主任、党委书记（任至8月）

马振山　理事会主任、党委书记（8月任职）

县文化广电新闻出版局

董昭武　局长、党组书记（任至8月）

郭文江　局长、党组书记（8月任职）

县文化市场综合执法局

张立新　局长、党组书记

神内山东农牧结合经营示范中心

张令进　主任

中国人民政治协商会议无棣县委员会

张宝悦　主席、党组书记

张国华　副主席、党组副书记

孔宪军　副主席

韩翠山（女）　副主席、党组成员

孟德辉　副主席

张荣德　副主席

高延华　副主席

李　政　秘书长、党组成员

办公室

李　政　主任

马存亮　副主任

刘　芹（女）　副主任

提案委员会

宣德忠　主任

人口资源环境委员会

姚延波　主任

经济委员会

孙志远　主任

科教委员会

孙廷花（女）　主任

学习文史委员会

孟德辉　主任（兼）

曾　华　副主任

外事委员会

孔宪军　主任（兼）

李　超　副主任

民族和宗教委员会

张国华　主任（兼）

孟洪松　副主任

法制委员会

牛冬雪（女）　主任

委员活动工作室

刘　茜（女）　副主任

研究室

马存亮　主任

老干部科

马荣福　科长

刘德娜（女）　副科长

中国共产党无棣县纪律检查委员会

任卫国　书记

李文凯　副书记（任至8月）

赵连胜　副书记

张炳昭　副书记（12月任职）

翟爱东　常务委员

曹守国　常务委员

张炳昭　常务委员

徐新璐　常务委员（1 月任职）

驻　军

无棣县人民武装部

吴国华　部长（7 月任职）

崔建国　政委

武警无棣县中队

罗　震　队长

周中宇　指导员

法院　检察院

无棣县人民检察院

温　健　检察长、党组书记

无棣县人民法院

常清利　院长、党组书记

市县双重领导单位

县国家税务局

周立军　局长、党组书记

县地方税务局

樊学军　局长、党组书记

县公路管理局

钟　原　局长、党组书记

中国邮政集团公司山东省无棣分公司（邮政局）

赵洪峰　总经理（任至 5 月）

张廷磊　总经理（5 月任职）

中国联合网络通信有限公司无棣分公司

赵云凯　总经理、党组书记（任至 1 月）

荀　斌　总经理、党组书记（1 月任职）

中国移动通信集团山东有限公司无棣分公司

王　波　总经理（任至 6 月）

王成河　总经理（6 月任职）

中国电信集团北方电信有限公司无棣分公司

李　索　总经理

县气象局

李金枝　局长（女，任至 1 月）

刘树棣　局长（10 月任职）

山东新华书店集团有限公司无棣分公司

牛树霞（女）　经理

县盐务局

邱海军　局长、党委书记

县供电公司

刘希东　总经理、党委副书记

马　涛　党委书记、副总经理

中国人民银行无棣县支行

张　雷　行长、党组书记

中国银行业监督管理委员会滨州监管分局无棣办事处

付启平　主任

中国农业发展银行无棣支行

王　栋　行长

中国工商银行股份有限公司无棣支行

张可冰　行长

中国建设银行股份有限公司无棣支行

郑鲁北　行长

中国农业银行股份有限公司无棣支行

孙　峻　行长、党委书记

中国银行股份有限公司无棣支行

付存民　行长

山东无棣农村商业银行股份有限公司

潘小民　董事长（任至 7 月）

孟祥亮　董事长（7 月任职）

张卫东　行长

张玉江　监事长

中国邮政储蓄银行股份有限公司无棣支行

房　明　行长

园　区

山东无棣经济开发区

王殿和　管委会主任、党工委副书记

蔡银芳（女）　党工委副书记

刘景和　管委会副主任、党工委委员

宋树春　管委会副主任、党工委委员

杨景朋　管委会副主任、党工委委员（1 月任职）

刘豪德　党工委委员

山东鲁北高新技术开发区

王秀霞（女）　管委会副主任、党工委委员

赵吉义　管委会副主任（1 月任职）、党工委委员

滨州港西港经济园区

常怀祥　党工委书记（任至 1 月）

张恩传　党工委书记（1 月任职）

赵荣春　管委会主任、党工委委员

新海工业园

贾维平　党工委副书记

刘军华　管理中心副主任

穆卫东　管理中心副主任

群众团体

县总工会

邱先明　主席、党组书记（兼）

共青团无棣县委

李建强　书记

县妇女联合会

吴　菁（女）　主席

县工商业联合会

张荣德　主席（兼）

马霄山　副主席、党组书记

县科学技术协会

姜永生　主席

县残疾人联合会

付荣华　理事长、党组书记

县红十字会

许　健　会长（女，兼）

张从敬　常务副会长（女，任至 8 月）

张春霞　常务副会长（女，8 月任职）

县文学艺术界联合会

徐沛琦（女）　主席

县社会科学界联合会

李　霞（女）　主席

镇　街道

海丰街道
高立珂　党工委书记
李荣昌　人大工委主任
张　欣（女）　办事处主任

棣丰街道
刘豪德　党工委书记
于文岩　人大工委主任
张胜利　办事处主任

水湾镇
刘忠礼　党委书记
马宝忠　人大主席
李　杰　镇长（任至5月）
周荣庚　镇长（5月任职）

碣石山镇
董　斌　党委书记
孙明清　人大主席
丁宝冬　镇长

小泊头镇
张洪涛　党委书记
闫令才　人大主席
刘洪权　镇长
赵　强　政协工委主任

埕口镇
李金文　党委书记
常洪岩　人大主席
姜锡朋　镇长

信阳镇
李新峰　党委书记
王玉庆　人大主席
陈宝花（女）　镇长

车王镇
王长亮　党委书记
高希华　人大主席
从恩方（回族）　镇长

佘家镇
周金岗　党委书记
徐文峰　人大主席
张崇云（女）　镇长

西小王镇
徐鹏潇　党委书记
杜金辉　人大主席
李维博　镇长

柳堡镇
贾维平　党委书记
付延森　人大主席
侯钦营　镇长

中国共产党无棣县委员会

综　述

【2017 年县委主要文件目录】

棣发

1 号　中共无棣县委、无棣县人民政府无棣县 2017 年工作要点（1 月 25 日）

2 号　中共无棣县委、无棣县人民政府关于下达 2017 年招商引资目标计划的通知（3 月 29 日）

3 号　中共无棣县委、无棣县人民政府关于印发 2017 年度无棣县招商引资考核办法的通知（3 月 29 日）

4 号　中共无棣县委关于印发《无棣县法治政府建设实施方案（2016−2020 年）》的通知（4 月 5 日）

5 号　中共无棣县委关于进一步加强基层党组织建设的意见（4 月 7 日）

6 号　中共无棣县委关于印发《中共无棣县委巡查工作实施办法》的通知（5 月 17 日）

7 号　中共无棣县委关于认真学习宣传贯彻习近平总书记在省部级主要领导干部专题研讨班上重要讲话精神的通知（8 月 8 日）

8 号　中共无棣县委、无棣县人民政府关于印发《关于加快推进生态文明建设的实施方案》的通知（8 月 11 日）

9 号　中共无棣县委、无棣县人民政府关于印发《无棣县贯彻落实〈滨州市贯彻落实省环保督察组第四组督察反馈意见整改方案〉实施意见》的通知（8 月 15 日）

10 号　中共无棣县委关于无棣县 2017 年度科学发展综合考核办法的通知（8 月 28 日）

12 号　中共无棣县委关于开展县级党政领导班子成员向县纪委全委会述责述廉工作的实施方案（10 月 30 日）

13 号　中共无棣县委关于深入学习宣传贯彻党的十九大精神的决议（11 月 7 日）

15 号　中共无棣县委、无棣县人民政府关于印发《创建国家全域旅游示范区重点工作实施方案》的通知（12 月 20 日）

棣办发

1 号　县委办公室、县政府办公室印发《关于全面推进政务公开工作的实施方案》的通知（2 月 4 日）

2 号　中共无棣县委办公室关于转发《中共无棣县委宣传部关于 2017 年全县乡科级党委（党组）中心组理论学习安排意见》的通知（2 月 27 日）

3 号　县委办公室、县政府办公室关于进一步加强招商引资工作的实施意见（3 月 29 日）

4 号　县委办公室、县政府办公室关于印发《无棣县 2017 年度林水会战实施方案》的通知（4 月 27 日）

5 号　县委办公室、县政府办公室关于强化迎接省级卫生城市复审工作机构实施包保责任制的通知（3 月 31 日）

9 号　县委办公室、县政府办公室关于对重点项目进行调整的通知（8 月 9 日）

10 号　县委办公室、县政府办公室关于印发《无棣县严厉打击逃废银行债务优化金融生态环境专项行动实施方案》的通知（8 月 31 日）

11 号　县委办公室、县政府办公室关于开展 2017 年无棣县慈善扶贫募捐活动的通知（9 月 4 日）

12 号　县委办公室、县政府办公室关于印发《关于进一步深化公立医院综合改革的意见（试行）》的通知（9 月 18 日）

13 号　县委办公室、县政府办公室关于深化放管服改革进一步优化政务环境的意见（9 月 18 日）

15 号　县委办公室、县政府办公室关于加强农村红白理事会建设进一步推进移风易俗工作的实施意见（10 月 25 日）

16 号　县委办公室、县政府办公室关于做好村“两委”换届选举工作的实施意见（12 月 25 日）

18 号　县委办公室、县政府办公室关于印发《无棣县农村集体产权制度改革试点实施方案》的通知（11 月 9 日）

19 号　中共无棣县委办公室关于印发《贯彻落实省第十一次党代会报告各项任务分工细化方案》的通知（11 月 10 日）

20 号　县委办公室、县政府办公室印发《关于改革社会组织管理制度促进社会组织健康有序发展的实施意见》的通知（11 月 16 日）

21 号　县委办公室、县政府办公室关于印发《无棣县干线道路绿色通道提档升级工程实施方案》的通知（11 月 21 日）

棣办字

1号 县委办公室、县政府办公室关于印发《无棣年鉴（2017）组稿方案》的通知（2月13日）

4号 县委办公室、县政府办公室关于印发《无棣县环境保护督察自查自纠工作实施方案》的通知（2月24日）

5号 县委办公室、县政府办公室关于印发《关于进一步完善领导干部上讲台制度的意见》的通知（3月1日）

8号 县委办公室、县政府办公室关于转发《政协九届无棣县委员会2017年工作计划》的通知（3月21日）

9号 县委办公室、县政府办公室关于转发《县政协办公室提案办理工作意见》的通知（3月23日）

10号 县委办公室、县政府办公室印发《关于做好省环境保护督查工作方案》的通知（3月29日）

12号 县委办公室、县政府办公室关于印发《市委办公室、市政府办公室关于进一步严格执行有关制度规定的通知》的通知（4月19日）

13号 中共无棣县委办公室关于在全县镇（街道）党（工）委书记、县直部门单位党委（党组）书记中实行落实党风廉政建设主体责任工作写实制度的通知（4月24日）

15号 县委办公室、县政府办公室关于建立无棣县河长制组织体系的通知（4月28日）

17号 中共无棣县委办公室关于印发《加强团员青年培训工作的实施方案》的通知（5月2日）

20号 县委办公室、县政府办公室关于印发《无棣县全面实行河长制实施方案》的通知（5月31日）

23号 中共无棣县委办公室关于转发《中共无棣县纪委、无棣县监察局关于成立派驻监督协作组的实施方案》的通知（6月12日）

24号 县委办公室、县政府办公室关于建立无棣县未成年人社会保护农村留守儿童保护工作联系会议制度的通知（6月19日）

26号 县委办公室、县政府办公室印发《关于开展一村（社区）一法律顾问工作实施方案》的通知（6月21日）

28号 县委办公室、县政府办公室关于建立县级领导督导镇街园区环保工作落实推进机制的通知（7月9日）

29号 县委办公室、县政府办公室关于建立无棣县综合行政执法体制改革工作部门联席会议制度的通知（7月11日）

31号 县委办公室、县政府办公室关于建立党政一体化法律顾问制度的通知（7月13日）

32号 县委办公室、县政府办公室关于建立镇（街道）党政一体法律顾问制度的通知（7月13日）

38号 县委办公室、县政府办公室关于认真做好中央环境保护督查工作的通知（8月9日）

39号 县委办公室、县政府办公室关于印发《2017年无棣县环境保护突出问题综合整治攻坚方案》的通知（8月9日）

42号 中共无棣县委办公室关于认真组织学习《习近平的七年知青岁月》的通知（9月8日）

45号 县委办公室、县政府办公室关于印发《无棣县2017-2018年秋冬季大气污染综合治理攻坚行动方案》的通知（9月22日）

46号 县委办公室、县政府办公室关于印发《无棣县河长制县级会议制度》等九项制度的通知（10月9日）

49号 县委办公室、县政府办公室关于建立无棣县党内法规工作部门联席会议制度的通知（10月30日）

55号 县委办公室、县政府办公室关于印发《无棣县化工产业安全生产转型升级专项行动方案》的通知（12月28日）

【中国共产党无棣县第十三次代表大会】 中国共产党无棣县第十三次代表大会1月11日至13日在无棣召开，县委副书记姜凌刚、郑振亮分别主持会议。县委书记丁海堂代表中共无棣县第十二届委员会向大会作题为《同谱奋进篇共筑崛起梦 为加快建设富裕文明美丽幸福新无棣而努力奋斗》的工作报告。与会代表以无记名投票方式，选举出由31名委员、6名候补委员组成的中国共产党无棣县第十三届委员会，选举出由27名委员组成的中国共产党无棣县第十三届纪律检查委员会，选举出出席中国共产党滨州市第九次党代会的代表26名。

大会一致通过《中国共产党无棣县第十三次代表大会关于十二届县委工作报告的决议》，通过《中国共产党无棣县第十三次代表大会关于中国共产党无棣县纪律检查委员会工作报告的决议》。

【县委全体会议】 **中共无棣县委十二届21次全体会议** 1月8日在无棣召开。会议讨论、审查中国共产党无棣县第十三次代表大会筹备情况，讨论县第十三次党代会日程安排。会议决定，中国共产党无棣县第十三次代表大会于2017年1月11日至13日召开，会期两天半。

中共无棣县委十三届1次全体会议 1月13日在无棣召开。中共无棣县第十三届委员会委员、候补委员参加会议，中共无棣县纪律检查委员会委员列席会议。县委书记丁海堂主持会议并代表新一届县委讲话。会议选举产生中共无棣县第十三届委员会常务委员会委员、书记、副书记；批准中共无棣县第十三届纪律检查委员会第1次全体会议选举产生的中共无棣县纪律检查委员会书记、副书记和常务委员会委员人选。

中共无棣县委十三届2次全体会议 7月7日在无棣召开，县委书记丁海堂主持会议并讲话。会议传达市委九届3次全会精神，听取县委常委会工作报告，审议通过《中共无棣县委十三届2次全体会议公报（草案）》，回顾总结工作，安排部署下半年工作任务。

中共无棣县委十三届3次全体会议 11月7日在无棣召开，县委副书记、县长姜凌刚主持会议并讲话。会议传达学习中共山东省委十一届2次全体会议、中共滨州市委九届4次全体会议精神，审议通过《中共无棣县委关于深入学习贯彻党的十九大精神的决议（草案）》《中共无棣县委十三届3次全体会议公报（草案）》。

【县委常委会议】 **县委第十二届123次常委会议** 1月6日在无棣召开，县委书记、县人大常委会主任丁海堂主持会议并讲话。会议听取县“两会”召开筹备情况和县第十三次党代会召开筹备情况的汇报。

县委第十二届124次常委会议 1月8日在无棣召开，县委书记、县人大常委会主任丁海堂主持会议并讲话。会议听取《2017年国民经济和社会发展主要计划指标》《政府工作报告》相关情况汇报。

县委第十二届125次常委会议 1月9日在无棣召开，县委书记、县人大常委会主任丁海堂主持会议并讲话。会议研究出席十九大、省第十一次党代会代表候选人酝酿推荐情况和建立财经投资集团党组织事项。

县委第十三届1次常委会议 1月16日在无棣召开，县委书记丁海堂主持会议并讲话。会议研究出席滨州市第十一届人民代表大会代表初步人选情况。

县委第十三届2次常委会议 1月19日在无棣召开，县委书记丁海堂主持会议并讲话。会议听取2016年度全县科学发展综合考核情况汇报。

县委第十三届3次常委会议 1月25日在无棣召开，县委书记丁海堂主持会议并讲话。会议听取2016年度招商引资考核和《2017年工作要点》相关情况汇报，传达学习市纪委八届九次全会和《省有关部门贯彻实施 < 中共山东省委关于深入学习贯彻党的十八届六中全会精神的意见 > 重要举措分工方案》精神。

县委第十三届6次常委（扩大）会议 3月21日在无棣召开，县委书记丁海堂主持会议并讲话。会议专题研究部署环保督查相关工作。

县委第十三届7次常委会议 4月28日在无棣召开，县委书记丁海堂主持会议并讲话。会议听取县安全生产和环境保护工作及县纪律审查第一季度对部分部门单位、镇街落实八项规定检查情况的汇报，传达学习全市党内法规工作会议精神。

县委第十三届8次常委会议 5月15日在无棣召开，县委书记丁海堂主持会议并讲话。会议听取全县医改工作、《关于进一步加强改进全县离退休干部工作的实施意见》和全县涉军人员安置工作情况的汇报，传达学习省第六次妇女儿童工作会议和市委全面深化领导小组会议、市推进“两学一做”活动常态化、制度化工作座谈会精神。

县委第十三届9次常委会议 6月9日在无棣召开，县委书记丁海堂主持会议并讲话。会议研究县新旧动能转化重大工程工作情况，听取县深化公立医院综合改革意见（草案）、调整医改工作领导小组和县委巡察机构工作开展情况的汇报，传达学习市干部监督会议、市基层党建工作重要任务推进会议、市对台工作会议和市信访工作会议精神。

县委第十三届10次常委会议 7月6日在无棣召开，县委书记丁海堂主持会议并讲话。会议通报市委市政府重大决策部署1—4月份进展排名及审核、县直单位及镇街负面测评情况，听取环保督查及新海工业园摘牌、扶贫开发、综治中心建设、1—6月份纪律检查相关工作情况的汇报。

县委第十三届11次常委会议 7月17日在无棣召开，县委书记丁海堂主持会议并讲话。会议听取县迎接省级卫生县城复审工作情况汇报，传达学习习近平总书记在深度贫困地区脱贫攻坚座谈会上的讲话、《关于防止干部“带病提拔”的实施意见》《进一步加强重点信访维稳工作的七点意见》相关精神。

县委第十三届13次常委会议 8月9日在无棣召开，县委书记丁海堂主持会议并讲话。会议研究关于撤销基德生态科技有限公司党委有关情况的汇报，研究部署县环境保护督查相关工作。

县委第十三届14次常委会议 8月28日在无棣召开。县委书记丁海堂主持会议并讲话。会议听取科学发展综合考核办法及修订说明、县信访维稳工作情况的汇报，传达学习市新的社会阶层人士统战工作会议精神。

县委第十三届15次常委会议 9月15日在无棣召开，县委书记丁海堂主持会议并讲话。会议研究部署县深化“放管服”改革相关工作，传达学习全国信访工作会议、群团改革工作会议、省市文化产业发展推进会议、市国有企业改革发展暨支持非公有制经济健康发展工作会议、市环境保护突出问题综合治理攻坚工作会议精神。

县委第十三届16次常委会议 9月30日在无棣召开，县委书记丁海堂主持会议并讲话。会议传达学习省市十九大维稳安保工作会议、市改革工作会议、群团改革工作会议精神。

县委第十三届17次常委会议 10月27日在无棣召开，县委书记丁海堂主持会议并讲话。会议听取纪检工作情况汇报，传达学习党的十九大精神、省委加强党委意识形态工作责任制考核督查、市关心下一代工作会议精神。

县委第十三届19次常委会议 11月6日在无棣召开，县委书记丁海堂主持会议并讲话。会议听取县委十三届三次全体会议筹备情况和学习贯彻党的十九大精神宣讲团成立情况的汇报，传达学习省委十一届二次全会精神。

县委第十三届22次常委会议 12月1日在无棣召开，县委书记丁海堂主持会议并讲话。会议传达学习全国全省推开国家监察体制改革试点工作动员部署会议精神。

县委第十三届23次常委会议 12月7日在无棣召开，县委书记丁海堂主持会议并讲话。会议专题研究县深化国家监察体制改革试点工作实施方案。

县委第十三届25次常委会议 12月21日在无棣召开，县委书记丁海堂主持会议并讲话。会议听取县“两会”召开筹备情况，传达学习中央有关文件精神、市推开国家监察体制改革试点工作动员部署会议精神。

县委第十三届28次常委会议 12月29日在无棣召开，县委书记丁海堂主持会议并讲话。会议听取2017年调整收入预算说明、2018年财政预算安排情况、社会经济发展计划草案、国民经济和社会发展计划指标制定情况及《政府工作报告》情况的汇报，传达中央环保督察组向山东省反馈督察相关工作情况。

（吕　军）

【全县重要工作会议】 **全县违法建设治理行动动员会议** 1月4日在县政务中心会议室召开。会议传达《关于深入开展全县违法建设治理行动的实施方案》，县委副书记郑振亮讲话，县委常委、县委办公室主任王福瑞主持会议。县直有关部门、各园区及各镇（街道）负责人参加会议。

县委常委班子专题民主生活会 1月23日在无棣召开。会议按照中央、省委、市委安排部署，以学习贯彻党的十八届六中全会精神为主题，围绕“两学一做”活动要求，重点对照《关于新形势下党内政生活的若干准则》《中国共产党党内监督条例》，结合思想和工作实际，开展批评和自我批评，推动全面从严治党向纵深发展。

县委工作会议 2月4日在政务中心第一会议室召开。县委书记丁海堂讲话，县委副书记、县长姜凌刚主持会议并传达全市经济工作会议精神，县委副书记郑振亮宣读表彰决定。全县在职县级领导干部，县老龄委各副主任、各镇（街）党（工）委书记、镇长、办事处主任，县直各部门单位、各园区管委会主要负责人，重点规模以上企业主要负责人参加会议。

省派农村党组织“第一书记”工作座谈会 3月21日在政务中心会议室召开。县领导丁海堂、姜凌刚等，省派“第一书记”，省直帮扶单位对口部门主要负责人，省派“第一书记”所在镇（街道）主要负责人、组织委员参加会议。

全县教育工作会议 3月28日在无棣召开。会议传达上级教育工作会议精神，安排部署2017年全县教育重点工作，与部分代表学校签订治理乱收费责任状和校园安全承诺责任书，县委常委、副县长许健讲话。县直有关部门单位分管负责人，各镇街主要负责人，教委、中小学、中心幼儿园负责人参加会议。

全县招商引资大会 3月30日在政务中心会议室召开。会议动员全县上下迅速行动，抢抓机遇，再掀招商引资新高潮。市招商局副局长王德军，丁海堂、姜凌刚等副县级以上在职领导干部，县直各部门、各园区、各企事业单位主要负责人，各镇（街道）党政主要负责人、分管负责人，规模以上企业主要负责人，县招商局中层以上干部参加会议。

全县迎接省级卫生县城复审动员暨城市违法建设治理推进会议 4月1日在无棣召开。县委书记丁海堂讲话，县委副书记、县长姜凌刚主持会议并与有关部门单位负责人签订责任状。县住建局、公安局、海丰街道负责人作表态发言。县委副书记郑振亮传达全市城市违法建设治理行动现场推进会议精神，通报全县城市违法建设治理工作有关情况。县委常委、副县长许健宣读县政府办公室《关于印发无棣县迎接省级卫生县城复审工作实施方案的通知》。丁海堂、姜凌刚等副县级以上在职领导干部，县直各部门、各企事业单位主要负责人，海丰街道、棣丰街道党政主要负责人，城中村、城乡结合部村党支部书记参加会议。

全县农业农村及脱贫攻坚工作推进会议 4月1日在无棣召开。贯彻落实上级有关会议精神，总结工作，分析形势，对全县农村与脱贫攻坚工作进行安排部署。县领导丁海堂、姜凌刚等，各园区管委会主要负责人，县直各部门、各企事业单位主要负责人，省、市、县派“第一书记”，各镇（街道）党（工）委书记、镇长（办事处主任）等参加会议。

全县党建工作会议 4月12日在政务中心会议室召开。县领导丁海堂、姜凌刚、陈孟继、郑振亮、王振祥等，县党的建设工作领导小组成员，各镇（街道）党（工）委书记，县直各部门、单位主要负责人，各园区、县直部门党（工）委分管党务负责人，省派“第一书记”及县委组织部全体人员参加会议。

全县环境保护暨县安委会全体（扩大）会议 4月14日在政务中心会议室召开。丁海堂、姜凌刚等副县级以上在职领导干部，县环境保护督察工作领导小组成员单位及县安委会成员单位主要负责人，各园区、镇街党政主要负责人及分管负责人，县环保监管重点企业和安全监管规模以上企业主要负责人参加会议。

全县庆祝“五一”国际劳动节暨首届劳动模范表彰大会 4月28日在县政务中心第一会议室召开。县领导丁海堂、姜凌刚、陈孟继、郑振亮、王振祥、张宝悦等，受表彰的2017年滨州市劳动模范、无棣县劳动模范，县直各部门单位、各镇（街道）及部门企业主要负责人、工会主席参加会议。

全县党内法规暨办公室工作会议 5月11日在政务中心会议室召开。学习贯彻习近平总书记重要指示和上级有关会议精神，安排部署党内法规工作，动员各级办公室人员全力做好新形势下的办公室工作，全面提升办公室系统工作水平。县领导郑振亮、王福瑞、卢鸿、任卫国，县直有关部门及镇(街道)负责人参加会议。

全县老干部工作会议 5月19日在政务中心会议室召开。县委副书记郑振亮讲话，县委常委、组织部部长卢鸿传达《关于进一步加强和改进全县离退休干部工作的实施意见》。县老干部工作领导小组成员单位主要负责人，各镇街党（工）委副书记，部分县直部门分管负责人参加会议。

全县推进“两学一做”学习教育常态化制度化工作座谈会 5月24日在政务中心第一会议室召开。会议主要任务是深入学习贯彻习近平总书记重要指示精神和中央、省委、市委部署要求，对全县推进“两学一做”活动常态化、制度化工作进行安排。丁海堂、姜凌刚、陈孟继、郑振亮、王振祥、张宝悦等在职县级领导干部，县直各部门、各企事业单位主要负责人，各镇街党（工）委书记、副书记、组织委员参加会议。

全县卫生与健康推进大会 6月8日至9日在无棣召开。会议分为现场观摩和集中开会两个阶段。6月8日下午，县健康产业发展领导小组成员单位负责人到新海工业园融川医药、佘家镇中草药种植基地、信阳镇健康促进文化广场、经济开发区大麦体育产业园、海丰街道大齐健康旅游采摘园等5个健康产业重点发展项目进行观摩。9日上午，与会人员在政务中心第一会议室集中开会，县委书记丁海堂出席会议并讲话。县委副书记郑振亮通报全县健康事业和健康产业发展情况，县委常委、副县长许健主持会议并传达全省、全市卫生与健康大会精神。县卫计局、体育局、佘家镇、海丰街道主要负责人发言。王振祥、张宝悦、关莉莉、王福瑞、任卫国、李洪涛，县直各部门、企事业单位主要负责人，各镇街、各园区主要负责人，健康产业相关企业、县直及镇街医疗卫生单位负责人参加会议。

6月13日至14日 无棣县在县委党校举办新进班子成员培训班，各镇街换届后新进班子成员参加培训。县委常委、办公室主任王福瑞在开班仪式上讲话，县委常委、纪委书记任卫国，县委常委、政法委书记李洪涛，山东省农科院可持续发展研究所研究员袁奎明分别对学员进行集中授课。期间，与会人员先后到鑫嘉源、水湾镇西谷刘村、海丰街道宋家社区服务中心接受现场教学。

全县领导干部会议 6月20日在政务中心会议室召开。县委副书记、县长姜凌刚传达省第十一次党代会精神，县委书记丁海堂主持会议并讲话，动员全县上下迅速掀起学习贯彻热潮，提升新境界、激发新动力，更好地推动全县经济社会快速发展。丁海堂、姜凌刚、陈孟继、郑振亮、王振祥、张宝悦等在职县级领导干部，县直各部门单位、各镇街、各园区主要负责人参加会议。

全县扶贫开发领导小组全体（扩大）会议 6月28日在政务中心会议室召开。按照中央和省市委对脱贫攻坚提出的新要求，检查工作，查摆问题，部署任务，不断把脱贫攻坚推向深入。县委书记丁海堂讲话，县委副书记、县长姜凌刚主持会议。副县长王景军传达上级有关扶贫工作会议精神，县委副书记郑振亮通报2016年度退出贫困人口核查工作有关情况。各镇（街道）党（工）委书记、镇长（办事处主任）、分管负责人、扶贫办主任，县扶贫开发领导小组全体成员，县扶贫开发领导小组办公室全体工作人员参加会议。

全县健康产业专题推进会议 7月30日在滨州国际会展中心召开。会议借助“健康无棣·滨州行——颐养悦生汇”展会活动平台，总结回顾无棣县健康产业发展情况，分析形势，安排部署工作任务，动员各级各有关部门、企业进一步统一思想，明确重点，强化措施，加快推进，进一步提升全县健康产业发展质量和水平。县领导丁海堂、许健、邱先明，县促进健康产业发展领导小组成员单位主要负责人，各镇、街道、园区、健康产业相关企业负责人及相关部门负责人参加会议。

全县美丽乡村标准化建设现场观摩推进会议 8月8日在无棣召开。会议目的是进一步提升全县美丽乡村建设水平，确保圆满完成上级下达的目标任务。县领导姜凌刚、陈孟继、崔玉杰，县美丽乡村建设指挥部成员单位主要负责人，县美丽乡村建设指挥部办公室全体人员，各镇（街道）党（工）委书记、分管负责人参加会议。

全县人才科技奖励大会 8月29日在政务中心第一会议室召开。会议主要任务是深入贯彻落实上级有关会议精神，总结工作，表彰先进，动员全县上下进一步树立创新发展理念，深入实施人才优先和创新驱动战略，为“实干兴棣、绿色崛起”提供有力支撑。县委书记丁海堂讲话，县委副书记郑振亮主持会议并宣读《县委办公室、县政府办公室关于全县入选2016年度市级以上高层次人才和人才载体情况的通报》，副县长井庆川宣读《无棣县科技创新和人才引进培养工作奖励名单》，县委常委、副县长许健先后与鲁东大学科技处处长李志大、滨州学院副校长胡波签订合作协议。无棣经济开发区、海丰街道、鲁北企业集团、十里香芝麻制品有限公司负责人作典型发言。

全县河长工作会议 9月5日在无棣召开，贯彻落实上级会议及文件精神，进一步明确目标任务，落实工作举措，推进全县河长制工作快速有序开展。丁海堂、郑振亮、王振祥、张宝悦等县领导，县直相关部门负责人参加会议。

党风党纪知识专题辅导报告会 9月21日举办，邀请市纪委干部监督室负责人就“加强党内监督，推进全面从严治党”作专题辅导报告。县委副书记郑振亮主持报告会，并传达《中共无棣县纪委关于中秋、国庆“两节”期间强化监督执纪问责深入纠治“四风”的通知》。王振祥、张宝悦等，县直有关部门企事业单位主要负责人参加报告会。

全县国有企业改革发展暨支持非公有制经济健康发展工作会议 9月23日在县政务中心会议室召开。丁海堂、姜凌刚、陈孟继、郑振亮、王振祥、张宝悦等，县直各部门单位主要负责人以及各园区主要负责人、分管负责人，各镇街党（工）委书记，县属国有企业主要负责人参加会议。

全县文化产业发展推进会议 9月23日在县政务中心会议室召开。丁海堂、姜凌刚、陈孟继、郑振亮、王振祥、张宝悦等，县直各部门单位、各园区主要负责人，各镇街道党政主要负责人、宣传委员，规模以上文化产业企业主要负责人参加会议。

全县体育产业发展推进会议 10月13日在无棣召开。会议分析形势，部署任务，动员全县上下进一步深化思想认识，以更新的理念、更实的举措，做大做强体育产业，推动全县经济结构再优化、再提升。与会人员先后观摩体育产业园、清波烟雨现场。在县政务中心第一会议室集中召开会议，县委书记丁海堂讲话，县委副书记、县长姜凌刚主持会议。相关部门和企业负责人围绕体育产业发展措施、成效及下步工作思路、推进措施依次发言。各镇（街道）党（工）委书记，各园区主要负责人，县直有关部门、单位主要负责人，县规模以上部分企业和县体育产业有关企业主要负责人参加会议。

全县领导干部会议 10月27日在无棣召开，县委书记丁海堂出席会议并讲话。县委副书记、县长姜凌刚主持会议并传达十九大和省市领导干部会议精神。陈孟继、郑振亮、王振祥、张宝悦等全县副县级以上在职领导干部，担任过副县级以上实职的老干部，各镇街党政正职，各园区和县直各部门单位主要负责人参加会议。

全县创建国家森林城市暨林水会战动员会议 11月1日在政务中心第一会议室召开。县委书记丁海堂讲话，县委副书记、县长姜凌刚主持会议，县委副书记陈孟继宣读《关于推进今冬明春林水会战提档升级工作的实施方案》，县委常委、副县长王春平宣读《关于2016—2017年度全县林水会战考核情况的通报》，并传达全市创建国家森林城市动员大会精神。

十九大精神报告会 11月24日，市委宣讲团党的十九大精神报告会在无棣县举行。市委宣讲团成员、市委改革办副主任陈树春做宣讲报告。县委副书记、县长姜凌刚主持报告会。郑振亮、王振祥、张宝悦等副县级以上在职领导干部，担任过副县级以上实职的老领导，各园区、县直各部门单位、各镇（街道）主要负责人，县党的十九大精神宣讲团成员聆听报告会。

全县党的十九大精神巡回宣讲动员会议 12月1日在政务中心会议室召开。县委书记丁海堂作动员讲话，县委常委、宣传部长关莉莉主持会议并通报党的十九大精神巡回宣讲工作安排情况，县委宣传部有关负责人宣读《中共无棣县委宣传部关于党的十九大精神宣传工作方案》。各镇（街道）党（工）委书记、县直有关部门园区单位分管负责人、全县党的十九大精神宣讲团成员参加会议。

全县交通基础设施现场观摩推进会议 12月15日在无棣召开。与会人员参观205国道拓宽改造工程、小泊头段连村路养护改造及路域环境综合治理工程、孙岔路改造工程、秦滨高速工程及大济路拓宽改造工程，听取有关情况汇报。观摩结束后，在盐业宾馆会议室集中召开会议，县委书记丁海堂讲话，县委副书记郑振亮主持会议，副县长张恩传通报全县基础设施建设有关情况。县交通运输局、公路局、鲁北高新区、棣丰街道、小泊头镇负责人作表态发言。全县各园区、县直有关部门主要负责人，各镇长（街道办事处主任）参加会议。

无棣县残疾人联合会第七次代表大会 12月20日在无棣召开，县委副书记郑振亮出席会议并讲话，副县长高晓勇致开幕词。团县委书记李建强代表团县委、县总工会、县妇联等群团组织向大会致贺辞。县残联执行理事会理事长付荣华代表第六届主席团向第七次代表大会作工作报告。

全县妇女儿童工作会议 12月21日在无棣召开。会议回顾总结“十二五”期间全县妇女儿童工作经验，安排部署“十三五”期间工作任务。县领导姜凌刚、郑振亮、许健、韩翠山，县妇儿工委成员单位主要负责人及各镇（街道）镇长（办事处主任）、妇联主席参加会议。

（吕　军）

督查工作

【重点项目和重大决策部署督查】 2017年，无棣县委督查室对棣发1号文件确定的重点项目、重点工作实行责任单位、责任人员、任务目标、推进计划4个分解落实，实行每月一调度、全年一考评，有效促进重点工作落实。对县委常委（扩大）会、全委（扩大）会作出的重大决策和重要工作部署，按照任务和时间要求迅速落实到责任单位，实行重点督办、全程督查，并及时汇总通报工作进展情况，推动工作落实。做好全市重点项目和重大决策部署督查，组织召开专题会议，一季度一调研、一节点一提报、一阶段一总结，确保市委市政府决策落实。做好2017年市、县科学发展现场观摩筹备工作，精心选择观摩点，安排观摩路线，4个观摩点，观摩行程中均时间分配合理，有序高效完成。

【专项工作督办和考核】 2017年，无棣县委督查室按照县委重点工作部署要求，从重点、难点、焦点问题入手，开展“八项规定”落实、精准扶贫、会风会纪、旱厕改造、气代煤电代煤、移风易俗、省级卫生城市复审、环保督查、林水会战、打击逃废及降不良工作、农村水费及一事一议工作、特困救助基金等专项督查60余次。根据县委、县政府统一安排部署，做好党风廉政责任制相关指标考核工作，考核全程公开透明、严抓细节、紧贴制度，做到数据真实有效，结果公平合理。

【领导批办、交办事项督查和专题调研】 2017年，无棣县接到人民网书记信箱信函10件，办理各类领导批办件30件，办结率100%，做到件件有回音，事事有落实。进行热点难点问题专题调研，开展督查调研活动20次，编发《督查专报》18期、《无棣督查》17期。

【突出问题化解工作】 2017年，无棣县委督查室对重大问题及时督导研判、明察暗访，狠抓督促落实，近450件突出问题情况得到妥善化解，做到急事急报、特事特报、大事快报，不瞒报、漏报、错报和迟报。

（端照鑫）

县委决策服务

【调查研究】 2017年，无棣县委政研室围绕县委中心工作，正确把握上情，深入掌握县情，当好参谋助手，提升以文辅政水平。围绕新旧动能转换、健康产业、全域旅游、脱贫攻坚、体育产业等开展专题调研20余次，一批调研成果进入县委决策，《旅游业供给侧改革中的“无棣样本”》获全省党委政研系统优秀调研成果二等奖。发展健康产业、壮大全域旅游、打造“淬火工程”党建品牌的经验做法分别在《山东通讯》《大众日报》刊发。编发《创新之道》《文化新动能》，为全县企业转型发展提供有力借鉴。撰写县委全委（扩大）会议、县委工作会议以及各级领导到无棣等重要会议、重要活动讲话、汇报、发言等各类文字材料500余篇。

【信息服务】 2017年，无棣县委办公室发挥政研室与信息室合署办公的优势，参与各类专题调研。与县政府办公室信息室建立信息共享长效机制，实现党委信息与政务信息紧密衔接。在巩固11个镇街基层信息队伍的基础上，选取农业、民政、教育、旅游等重点部门，建立健全点题报送约稿机制，确保信息报送主题鲜明、精准及时、挖掘到位。

信息报送。提炼总结全县创新做法和典型经验，及时向上级业务部门报送。2017年，上报党委信息865篇，被市委采用112篇，被省委采用56篇，中央办公厅采用9篇，县委办公室、棣丰街道获评全市党委信息先进单位，7人被评为全市党委信息工作先进个人。提报的《无棣县科学谋划创新举措推进医药卫生体制改革驶入快车道》被《滨州信息（专报）》单条采用，《无棣县三“链”融合促进重点行业转型升级》被《山东信息》单条采用；《无棣县做好结合文章培植健康产业新优势》《无棣县五个注重做大做强全域旅游》《无棣县加快新旧动能转换打造经济升级版》等得到省委、市委领导重视，其中，市委领导批示2篇，县委领导批示3篇。县委领导先后4次专门对党委信息工作作出批示。

信息机制运行。分析研判省委、市委专题约稿数量多、要求高、涵盖面广的新形势，健全完善大信息网络，畅通各级信息报送渠道，打造业务精通、素质过硬、运转高效的党委信息队伍。协调各部门单位分管负责人，适时向基层部署约稿篇目。2017年，高质量完成省委、市委专题约稿226篇，收到市委办公室感谢信，得到省委、市委领导高度肯定。

紧急信息采写报送。高度重视重大事项、紧急要情报送工作，与县政府应急办及公安、安监等县直相关部门协作，制定印发《关于切实做好重要事项、紧急要情报送工作的通知》，加强对紧急情况的督促调度。认真研究紧急信息报送内容、时限、方式等相关要求，增强敏锐性和大局意识，对出现突发事件和事故，做到24小时密切跟踪，第一时间汇报上报。2017年报送紧急信息11篇。

【服务改革】 2017年，无棣县扎实推进健康产业、文化产业、全域旅游、医疗卫生、基础教育等试点项目改革，"医共体"、社会信用体系建设等走在全市、全省前列。向市改革办报送改革典型材料11件，信息采用4件，改革专项报道1件，组织承接市改革工作督导检查3次。

【综合协调】 2017年，无棣县委办公室坚持综合服务抓规范、促高效，全面提升各项工作水平。梳理完善内部制度50项，印发《工作手册》和《制度汇编》，构建制度体系，以制度规范化促进管理规范化，推动各项工作高效运转。围绕办文、办会、办活动、机要保密等各方面工作，邀请市委办公室领导对全室人员进行系统培训。在后勤保障上，严格落实重要来宾报告、接待审批制度，明确接待范围、标准，进一步完善全县"大接待"格局，高质量完成上级领导和重要来宾接待任务35次。在组织会议、活动上，组织县党代会、市县观摩会、县委工作会、常委会等重要会议70次，承办、协办重大活动28次，服务质量进一步提高。公文处理，认真做好公文接收、管理工作，共制发各类文件235份，传阅文件材料3000多份。机要保密，及时收报、办报894份；严格落实24小时值班制度，强化文电规范管理，确保密码工作安全畅通；严格落实保密工作制度，没有发生失泄密问题。党内法规工作，设立党内法规室，推动全县建立县、镇（街道）党政一体化的法律顾问制度，聘任县委法律顾问4名。认真做好规范性文件审核报备和清理工作，全年制发报备22件、清理100余件。

【服务全县重点工作】 2017年，无棣县委办公室紧紧围绕县委中心工作，突出要务，服务重点工作、重点项目。派出精干力量，盯上靠上，积极参与全民健身中心、新档案馆建设、棚户区改造、扶贫等重点项目和重点工作，圆满完成承担的各项任务。加快美丽乡村建设，建成省级示范村4个、市级示范村3个、县级示范村22个、提升村85个、示范片区3处。深入推进城乡环卫一体化工作体制改革，9个镇街获评全市"十佳乡镇"。实施农村无害化卫生厕所改造工程，完成改厕33631户，顺利通过省全覆盖验收，受到省委、省政府表彰。

【维稳协调工作】 2017年，无棣县充分发挥维稳协调作用，加强调度排查、汇总研判、预警上报，为领导及时决策提供可靠保障。组织召开各类维稳协调会议28次，强力推进各项维稳措施落实，圆满完成十九大、各级党代会、"两会"等重要敏感时期的安保维稳任务，确保全县大局持续稳定。稳步开展稳评工作，组织开展评估项目39个，做到县级重大决策事项"应评尽评"。

【民生诉求服务】 2017年，无棣县畅通"6312345"为民服务热线电话，听民声、纳民意、解民忧，受理群众诉求2777件，解答群众咨询2110件，办结率100%，群众满意度97%。做好联系贫困户工作，县委办公室科级以上党员干部联系贫困户56户，累计入户走访112次、解决困难问题26件，赢得群众广泛好评。

（高金明　马文洁）

组　织

【概况】 2017年，无棣县有36个基层党（工）委，其中镇街党（工）委11个，109个党总支，1147个党支部，21711名党员。牢树"抓党建就是最大的政绩"新理念，党员干部思想政治建设、组织建设、党员教育管理、村集体经济增收等工作走在全省、全市前列。制定《关于加强基层党组织建设的意见》，配套5个具体方案，明确7大类29项重点任务，重点解决党的领导弱化、健全工作机制、落实经费保障等问题。县领导带头"联村联企联行业"，43名县级干部联系172个基层党组织，帮助化解问题232个，探索建立机关党组织五星级管理、非公企业"红歌快闪"等新机制、新载体，打造以鲁北企业集团党建引领、县医院"两前两先"为代表的一批过硬支部典型。编印农村集体经济"资源库""龙头企业清单"和"涉农政策清单"，推广"2+N"发展模式，销号集体经济薄弱村95个。在保证村均9万元运转经费的基础上，配备城市社区工作人员233人，落实专项工作经费455.4万元。党(工)委书记签订党建工作目标责任书，制定"党建工作日历"和书记责任清单，建立月调度、半年推进、年终述职考核的闭环式落实体系。探索实施党员积分制管理，用好“主题党日 E 线通”平台，规范党的组织生活。

【思想政治建设】 “两学一做”。2017 年，无棣县委落实领导干部上讲台制度，县委常委带头到所在支部参加学习、带头集体研讨、带头上党课、带头蹲点调研，各级党组织书记率先垂范，层层示范，逐级推动，夯实理论根基，打牢做的基础。规范开展“主题党日”活动，印发《党费证》，在微信公众号“事业家油站”开办《学习进行时》专栏，运用齐鲁先锋网、滨州干部网络学院等开展在线学习，实现组织活动具体化、党费收缴规范化、学习教育常态化制度化。举办学习习近平总书记系列讲话精神等各类培训班 12 期，培训干部 3800 余人次。

“共产党员淬火工程”。2017 年，无棣县建立和恢复镇街党校，面向基层支部和广大党员，创新实施以抗大精神、整风精神为旗帜，以锻造合格党员、建设过硬支部为目标，以增强党性、锤炼作风为重点，以集中教育、自我教育为手段的“共产党员淬火工程”，作为书记项目全力推进。探索“一个阵地（镇街党校）、三项原则（坚持问题导向、坚持严实标准、坚持分类施策）、五大板块（强化理论武装、锤炼党性观念、发扬党内民主、严格组织生活、培树优良作风）的党员集中教育新路径。有计划地对党员以支部为单位进行小班化、封闭式教育，每年不少于 30 学时，通过读原著、学原文、学唱革命歌曲、重温入党誓词、过组织生活，武装思想、增强党性、锤炼作风；生活上实行军事化管理，过集体生活，吃大锅饭、睡行军床、开展军事训练和文体活动。通过“淬火”，广大党员实现情感、纪律、组织和身份回归，密切上级党委和基层党员的联系，党员切身感受到组织温

2017 年 2 月 16 日，无棣县学习贯彻党的十八届六中全会精神培训班

（供稿　邵媛）

暖，党员之间加强沟通，化解矛盾，增进团结；发现优秀中青年骨干，储备干部，成为破解基层选人难问题的有效途径，夯实基层根基。全县举办集中教育 30 期，培训党员 2000 余人。这一做法被《人民日报》《中国组织人事报》、人民网、《山东通讯》《大众日报》《滨州日报》《滨州信息》等 20 余家媒体报道。

“三亮三树”活动。2017 年，无棣县窗口单位全部设立党员示范岗，农村党员家庭户挂牌亮责、无职党员认岗定责，机关党员承诺践诺。党组织和党员干部在化解各类突出问题中当先锋，“党员先行·聚力扶贫”现场捐款，副科级以上党员干部定期联系走访贫困户，县委常委带头联村联企联行业，积极领创示范支部。

（徐志星）

【干部选拔任用】 2017 年，无棣县根据全县领导班子和领导干部队伍建设的实际需要，完成 4 批成规模干部调整，调整干部 184 人，其中提拔 78 人、重用 27 人、平级交流和内部职务调整 79 人，涉及女干部 20 人、少数民族干部 2 人、非党干部 7 人、35 岁以下年轻干部 21 人，有 9 名“第一书记”和 18 名在重点工程、重点工作一线干部得到提拔重用。为新成立的县财金投资集团和综合行政执法局配备充实领导班子。开展专题调研，强化分析研判。开展 2 轮专题调研。2 月，对全县 81 个县直部门单位开展专题调研，了解掌握各部门单位领导班子和领导干部有关情况，同时推荐掌握 195 名优秀中青年干部。6 月，到各镇街开展干部专题调研，全面深入了解换届后各镇街领导班子的运行情况和班子成员的履职表现。着眼下次换届，参照 2016 年县乡换届政策，对县乡班子进行认真分析，对下次换届结构性干部盈缺情况进行全面预测，研究制定结构性干部培养规划，按照年度将培养选拔工作具体化，落实到具体时间节点，落实到具体人，进一步提高结构性干部培养选拔的精准性。注重培养锻炼，提升能力素质。多岗位培养锻炼干部，不断增进与省直部门的沟通交流，建立选派干部到上级部门挂职锻炼长效机制。2017 年，

2017 年 10 月 20 日，县委组织部召开干部遴选座谈会
（供稿 县委组织部）

从 8 个县直部门选派 10 名优秀中青年干部到省市对口部门单位挂职锻炼，丰富阅历、增长才干，一年一轮换。各挂职干部能够积极发挥作用，对接项目，争取资金，在半年时间里对接项目 4 个，多争取补助资金 42 万元。建立选派优秀中青年干部到信访部门挂职锻炼长效机制，从 2017 年开始，定期从县直部门单位和镇街选派优秀年轻干部到县信访局挂职锻炼。

【干部监督管理】 2017 年，无棣县探索建立干部选拔任用问责机制，研究制定《干部选拔任用工作推荐提名责任追究办法》，列出在干部推荐提名工作中“单位主要负责人擅自改变单位党委（党组）作出的干部推荐提名决定，与被推荐提名人选搞人情推荐、许诺推荐、权钱交易”等需追究单位主要负责人责任的 5 种具体情形。通过明晰责任，传导压力，进一步压实单位主要负责人的推荐提名主体责任，切实把好干部选拔任用“源头关”。扩宽监督渠道，形成监督合力。不断加强与纪检、审判、检察、公安等部门的沟通联系，健全完善定期通报机制，建立干部负面信息库，及时掌握各成员单位对干部的立案决定、处分决定、立案侦查等有关情况，对干部有关问题及其性质、程度等进行会诊辨析、筛查甄别，作出判断，及时预警。2017 年，共接到纪检部门报送立案调查决定书 91 件、处分决定 85 件，法院报送判决书 5 件，有 2 名干部因违纪问题在动议环节被及时中止选拔任用程序。坚持标本兼治，加强执纪问责。2017 年 10 月召开全县干部监督工作专题会议，对全县单位主要负责人和组织人事科长就干部监督方面常见问题进行专题辅导，印发工作手册，对组织工作风险点专门进行强调，从源头上杜绝因不熟悉政策导致的一些违规问题。11 月，对全县有关部门单位就中层干部配备、工资关系、在企业兼职（任职）等组织工作落实情况进行督导检查，通过督导检查推动各单位形成遵规守纪的行动自觉。积极运用监督执纪“第一种形态”，将谈话提醒作为干部监督管理工作的有力抓手，研究制定《关于对乡科级领导干部进行提醒的实施办法》，不断加大提醒、函询和诫勉力度。2017 年，组织部门共提醒 43 人、函询 1 人、诫勉 1 人，有效防止“小毛病”演变成“大问题”。认真贯彻落实上级容错免责、能上能下两个办法，结合全县实际，细化流程，明确程序，在全县努力营造能者上、庸者下的良好氛围。有 2 名干部因不适宜担任现职，被免去领导职务。

【干部教育培训】 无棣县把学习贯彻习近平新时代中国特色社会主义思想和党的十九大精神作为首要政治任务，2017 年，举办党的十九大精神学习班 50 多期，培训 3000 余人次，实现科级干部全覆盖。把建设马克思主义学习型政党作为一项重要任务抓实抓好，深入开展社会主义核心价值体系学习教育，举办首期建设马克思主义学习型政党中青年干部理论学习读书班，各镇街、部分县直单位共 45 人参训。根据培训主体精准设置培训内容，举办镇街新进班子成员、党务干部、党外干部、农村党支部书记、企业家等 9 期主体培训班，培训学员 1952 人次。针对金融财税、美丽乡村建设、健康产业、全域旅游、农业与农村经济等重点难点工作，举办各类专题讲座和外出培训 7 批次，累计培训干部 1200 余人次。严格贯彻落实领导干部上讲台制度，8 名县委常委分别以开班动员、专题讲座、讲党课等形式上讲台，其他县党政领导班子成员上讲台 31 人次，累计培训 2784 人次。

（杨寿浩）

【机关党建】 2017 年，无棣县围绕“走在前、做表率”的总体要求，以五星级标准化建设为重点，实施“旗手引领工程”。注重分类施策，强化政治引领，印发《关于推行五星级管理深化机关基层党组织标准化建设的实施意见》，制定科学合理、简便易行的指标体系，对机关党组织实施星级管理考核。进一步明确过硬支部建设标准，紧跟督导推进，将党建工作融入机关各项工作中，培育出县畜牧兽医局、人民医院、教育局、检察院等党建工作典型。突出阵地建设，在县政务中心建设高标准党员活动室1处，为机关党建标准化建设提供标杆，为政务中心内办公用房较为紧张、无独立党员活动室的机关单位提供阵地。抓党建促脱贫攻坚。2017年，全县新选派76名优秀机关干部到村担任"第一书记"，实现软弱涣散村、扶贫重点村"第一书记"全覆盖。县委组织部牵头，先后举办"第一书记"培训班3次、座谈会10余次，印发《涉农政策汇编》，制定《"第一书记"管理制度》，督促指导"第一书记"懂业务、守纪律、干工作。做好党员干部联户工作，所有副科级以上党员干部带头联系贫困户，每月走访一次，与镇街包村干部、村干部共同帮助分析制定脱贫方案、明确帮扶内容、落实帮扶措施，切实为群众解决最直接、最现实、最迫切的困难和问题。

【农村党建】 2017年，无棣县稳步开展村"两委"换届选举，实施"强筋壮骨工程"。开展"村级组织大调研"活动，建立连选连任村、按期换届村和换届困难村3个台账，编印《村"两委"换届选举大家谈》，对28个软弱涣散村，落实县级领导联系帮包、"第一书记"驻村帮扶工作机制，全部配齐村党组织书记。抓实村级民主管理，制定《关于进一步严肃村级民主管理有关事项的通知》，出台《关于开展村级财务审计工作的通知》，研究印发《农村基层党组织召开专题组织生活会并民主评议党员工作的方案》，提升村务财务公开水平，规范开展组织生活，民主评议党员，为换届打好基础。成立村"两委"换届选举工作领导小组及办公室，研究制定实施意见、宣传方案及严肃换届纪律通知等有关文件，12月19日，全县村"两委"换届选举工作动员部署会议和骨干培训会议召开，换届选举工作正式启动。深化"双百工程"，力促农村集体经济增收。突出集体经济空壳村、薄弱村重点，搞好培训提升，邀请寿光市东斟灌村党支部书记李新生为全县村党支部书记进行培训。整合资源重点扶持，43名县级领导带头联系，76名"第一书记"驻村帮扶，3万元以下村全部落实镇街领导班子成员帮包，建立《工作台账》，明确增收方案。加快6个扶持村级集体经济试点村项目推进，打造10个教学示范点，推广"2+N"（"廊道绿化工程收益分成""土地流转发展合作社"两种基本模式与强弱对接、飞地经济等多种发展路子相结合）发展模式。2017年12月底前销号3万元以下村95个。落实财政补助村级组织运转经费。规范村党支部书记、村委会主任、村会计补贴发放机制，落实村党支部书记绩效补贴，同步提高村主任、会计补贴，村均经费保障达到9万元标准并足额拨付。

【"两新"组织党建】 2017年，无棣县理顺"两新"组织党建工作领导体制，撤销依托县民政局设立的中共无棣县委社会组织工作委员会和依托县工商联设立的中共无棣县委非公有制经济组织委员会。依托县委组织部设立中共无棣县委非公有制经济组织和社会组织工作委员会。设立书记1名，由县委组织部副部长兼任；设立副书记4名，其中专职副书记1名，其他3名副书记由县工商联、县民政局、县市场监督管理局相关负责人兼任。实施"红帆领航工程"。坚持"党建引领、凝聚力量、推动发展、共筑和谐"，建立完善"利益联结促动力、组织联建促覆盖、党企联动促发展、责任联带促落实"的"四联四促"党建工作机制。5月26日，组织收看全市"千名干部联千企"活动动员会议，成立无棣县"千名干部联千企"活动领导小组，活动全面铺开；9月15日，协助市委组织部成功举办"千名干部联千企"政策宣讲报告会；选派17名熟悉党务工作、责任心强的科级干部到部分企业担任党建指导员。

（刘国辉）

【人才工作】 2017年，无棣县立足新旧动能转换现实需要，以深化人才发展体制机制改革为主线，以人才工作新理念新思想新战略为引领，强力推进全县人才工作"争一流、上水平"。加强统筹协调，落实党委联系专家制度，全面提升党管人才水平。制定《无棣县2017年人才工作要点》，定期调度通报。召开全县人才科技奖励大会，总结工作，分析问题，表彰先进。注重人才与产业融合，招商引资与招才引智同步发展。积极引导"项目＋人才"方式双招双引。坚持高端引领，着重集聚创新创业人才。抢抓全省泰山产业领军人才工程和急需紧缺人才项目实施机遇，动员企业积极引进领军人才团队。引进省部级以上高层次人才10人。泰山产业领军人才有效申报到省5人，其中鲁北企业集团吕天宝、卢斯得机械公司教授袁波2人成功入选，占全市总数的二分之一；有效申报千人计划专家1人；1人入选山东省急需紧缺人才项目。60家规模以上企业与中科院、中国工程院、中国农科院、清华大学、山东大学等30余家高校院所建立长期合作关系。举办招才引智活动21次，签订54份企业合作协议、12份政府合作协议，3个院地合作项目顺利获批。注重各类科技人才平台建设，新增国家级平台1家，新增省级平台6

家、市级平台19家。以党建综合体为载体，与省农科院农产品所共同成立海丰健康产业研发中心，并配套建设高标准实验室、人才公寓、培训基地等设施。突出整体开发，统筹各类人才队伍建设。全面提升企业家队伍建设水平，推进“双创”企业家队伍建设工程。依托海丰街道西城工业园，重点扶持壮大成长型中小企业家队伍。依托经济开发区、新海工业园区，培养创新型企业人才，打造“高精尖缺”创新创业团队。依托鲁北高新区，重点扶持壮大规模以上骨干企业，提高杰出贡献企业经营管理人才管理水平。举办各类培训班29期，716名企业家参训。

（侯永伟）

【科学发展综合考核】 2017年，无棣县科学发展综合考核工作全面对接省市考核工作精神，贯彻落实市县重大决策部署，严格落实责任，有效跟踪反馈，进一步突出考核的导向、激励和约束作用。市对县考核工作水平不断提升。进一步分解压实各市级指标责任，实现工作任务、目标要求、责任领导、责任部门、责任人“五个明确”，确保责任落实横纵到底，不留死角。建立完善“月督查分析，季调度通报”工作机制，对排名靠后的，尤其是亮“红灯”的指标，督促整改提升。5月、10月组织开展2次市管干部“德能勤绩廉”群众评议。2017年全县《“淬火工程”锻造党性之魂》《打造全市首家国家全域旅游示范区》2个项目入选全市“优秀成果”。全县综合考核工作进一步完善。全面对接省市考核工作要求，对考核办法、指标体系进行修订完善，新增新旧动能转换指标，提高脱贫攻坚、信访稳定、环境保护、安全生产等指标权重。进一步压缩实地考核项目，能通过平时工作掌握的一律不准年底实地考核，切实减轻镇街、部门负担。考核结果运用进一步加强。充分发挥考核激励奖惩作用，对镇街、县直部门、企业和金融单位考核成绩采取会议印发成绩通报的形式进行公开，督促部门单位在全县科学发展的“坐标系”中找准定位，对标树标，推动各项工作再上新台阶；科级干部考核等次以书面形式向部门单位主要负责人反馈，调动干部干事创业的积极性。

（郭崇洋）

【党员教育与党建信息化管理】 2017年，无棣县远程教育工作立足于服务组织工作和全县工作大局，以党员教育为中心，努力把远程教育建成党员教育和党建宣传的主阵地。管好用好“灯塔—党建在线”综合管理服务平台。按时完成全县“灯塔—党建在线”综合管理系统党组织目录树和党员信息采集，所有党支部开通山东e支部功能，所有党员完成注册。指导各党（工）委进行系统信息录入工作，不断完善系统信息，对管理员进行各子系统的使用培训，更好服务和推进党的建设和组织工作。积极协调县广播电视大学开展农村“两委”成员学历教育工作，至2017年底，2015级农村“两委”学历教育学员完成三学期教学任务及第四学期的2次面授。配合市电视台《渤海先锋》党建频道工作，及时提报新闻稿件和党建典型素材,2017年，无棣县共上报并配合拍摄《渤海先锋》党建专题片14部，提报县党建动态新闻17条。对全县101名农村中华人民共和国成立前老党员进行集中采访和“抢救式”影像资料摄制工作，组织拍摄中华人民共和国成立前老党员系列专题片9集，完成纪录片《信仰的力量》的拍摄制作，做法在《大众日报》《山东组工信息》《滨州组工信息》等媒体报道。

（徐世军）

宣 传

【概况】 2017年，无棣县宣传思想文化工作围绕县委、县政府工作中心和全县宣传思想文化实际，强化理论武装、加大新闻宣传、化解网络舆情、加强文明创建、推动文化发展，为全县经济社会发展提供精神动力和智力支持，宣传思想文化工作取得显著成效。2017年蝉联第三届全省“四德工程”建设示范县，并在2017年12月召开的全省四德工程建设座谈会上，代表全市作典型发言。第三届山东省文化强省建设先进县考评工作完成，山东省文化体制改革和发展工作领导小组办公室公示第三届山东省文化强省建设先进市县名单，无棣县入选。

【理论武装工作】 2017年，无棣县委宣传部制定印发《2017年全县乡局级党委（党组）中心组理论学习安排意见》，每月编发党委中心组理论学习参考资料《领导参阅》，全年编印《领导参阅》15期，推荐学习理论文章40余篇；举办无棣县2017年理论骨干培训班，对各镇街宣传委员、全县意识形态工作联席会议成员单位负责人和各镇街、县直部门单位的党委（党组）理论中心组学习秘书等100余人进行理论培训。落实意识形态责任制，把理论武装和舆论引导作为意识形态工作内容纳入《无棣县2017年工作要点》和年度考核目标中，明确包保领导、责任单位和责任人。组织镇街、县直部门单位20余名宣讲团成员开展“中国梦·党在心中”基层宣讲，筛选优秀宣讲人员参加省市宣讲比赛活动，取得滨州市一等奖2个、二等奖2个、三等奖1个，2人代表滨州市参加山东省宣讲比赛，取得全省一等奖2个。

【党的十九大精神学习宣传贯彻】 2018年10月18日上午，无棣县在县政务中心第一会议室设立分会场，组织全县副县级以上领导干部和部分县直部门主要负责人集中收听收看党的十九大开幕会，并在大会闭幕后召开全县领导干部会议及时传达党的十九大主要精神。中共无棣县委十三届三次全委会通过《中共无棣县委关于深入学习贯彻党的十九大精神的决议》，按照《中共无棣县委关于深入学习宣传贯彻党的十九大精神的通知》精神，县委宣传部印发《关于党的十九大精神宣传工作方案》，县电视台开设“深入学习贯彻党的十九大精神，加快建设富裕文明美丽幸福新无棣”专栏，《无棣大众报》设立“学习贯彻党的十九大精神，建设富裕文明美丽幸福新无棣”“以十九大精神为指针，坚持科学发展不动摇”“做好结合文章，深入学习宣传贯彻党的十九大精神——‘一把手’谈发展”系列专栏，县人民广播电台设立党的十九大报告解读专栏，集中报道全县学习宣传党的十九大精神系列活动。县城区有关单位在办公大楼或营业厅等公共场所、公交车电子显示屏滚动播放党的十九大精神宣传口号，城区主要街道、交通干道，镇街重要部位点、出入无棣的显要路口设置大型宣传板，制作张贴悬挂宣传党的十九大精神宣传标语，学习宣传党的十九大精神。

经县委常委会研究，组织9个部门的11名理论宣讲骨干和理论工作者，成立学习贯彻党的十九大精神县委宣讲团，县委书记丁海堂作动员讲话，县委宣讲团成员深入11个镇街、4个园区和住建、交通、教育、卫计等18个县直部门宣讲党的十九大精神。按照县委常委宣讲党的十九大精神活动安排，11名县委常委分别到干部培训班、“联村为民”活动联系村（蹲点调研联系村）或各自分管系统开展宣讲。设立分会场，集中收听收看中央、省委宣讲团的集中宣讲报告。按照市委统一部署，组织市委宣讲团党的十九大精神宣讲报告会。在全县集中开展“党的十九大精神第一讲”活动，各级领导干部按照县委《关于进一步完善领导干部上讲台制度的意见》，带头宣讲。全县累计宣讲50余场次、受众12780余人。

（王殿斌）

【基层思想文化阵地建设】 至2017年，无棣县建成李山美术馆、张铸纪念馆、王仲武艺术馆、非遗展厅、历史文化展厅、千年书画展厅、尼山书院等“三馆三厅一院”，公共文化设施完备、文化服务体系完善，均对外免费开放。基层公共文化服务体系建设进一步加强，至2017年，全县11个镇街综合文化站建设完成，建成村级综合性文化服务中心476个，其中113个省定贫困村全部完成，基层综合性文化服务中心覆盖率达到83%。以文化惠民工程为抓手，夯实文化阵地建设。2017年8月14日，首届无棣县文化惠民消费季动员部署及启动仪式暨青年歌手电视大奖赛决赛，在县人民广场阳光舞台举行。此次消费季以“享受文化、品味生活”为主题，设计了艺术精品欣赏、新兴时尚采撷、文化旅游揽胜、传统工艺体验、数字文化畅享、人文素养提升等6大板块活动，历时3个月在县乡村联动开展，全民共同参与，共享文化资源，为全县广大城乡居民奉上一场场精彩纷呈的文化盛宴。全面实施“一村一年一场戏”“一村一月一场电影”工程，坚持送文化下乡。群众性文艺演出活动精彩纷呈，制定《2017年县级政府购买公益性文艺演出服务实施方案》和《无棣县文化馆2017年文化下乡演出安排表》，完成文化下乡演出活动500余场次，为基层群众送去丰富多彩的文化大餐。积极推进农村电影放映工程建设，全年在村级放映电影达6828场次，包括社区广场送电影活动522场次，省直“第一书记”帮包村公益电影放映活动119场次，其他放映活动275场次。完成“送

2017年9月22日，全县“新农村新生活”培训暨红白理事会工作推进会议

（供稿　县委宣传部）

电影进福利机构”公益电影放映活动305场次。

（李晓冰）

【重大主题宣传】 2017年，无棣县委宣传部对“两学一做”、健康产业、文化产业、精准扶贫、全域旅游、无棣好人、现代农业等情况进行重点报导。其中，《无棣古邑展新姿》《小吴码头村村庄治理经验》《大型鳗鱼养殖项目落户山东无棣》《重治“散乱污”促发展》《润春农场南果北种》《健康无棣进滨州》《一个家庭农场的盈利模式》《校园足球特色学校》《扶贫西瓜熟了》《山海古邑创意无棣》等重点稿件，在新华社内参、新华社通稿平台，《人民日报》《经济日报》《光明日报》《大众日报》等国家级通讯社、国家和省级党报刊登。《农田变游园》《吹响全城旅游冲锋号》《兰桂飘香》《水沟那片海》《无棣拆除29家砖窑场》等稿件，分别在《农村大众》头版头条和《大众日报》整版刊发。《无棣现代农业富农》《鑫嘉源芹菜按棵卖》《无棣小学生气象日玩大炮》《无棣农机田间舞》等20余篇富有无棣地域特色的稿件分别在《人民日报（海外版）》及海外网、中新社、《中国日报（境外版）》发表。

2017年3月，县委宣传部配合新华社调研组到碣石山镇小吴码头村进行为期一周的深入采访，高质量的完成基层党建调研任务。2017年，全县在新华社发通稿12篇。《中国农村重现大喇叭》《小吴村的民主治村经验》等稿件，以大篇幅在新华社内参发表。《无棣古城流光溢彩》《无棣春盐丰收》《无棣盐雕独树一帜》《开学第一天练国粹》等稿件在新华社分别以通稿形式刊发，先后有近百家网站、报刊转载。

（高士东）

【对外宣传】 2017年，无棣县委宣传部突出“实干兴棣、绿色崛起”发展主题，全方位多角度宣传推介全县重大决策部署，在市及市以上党报党刊发稿900余篇，其中国家级发稿51篇、省级172篇（其中《农村大众》头版头条7个）、市级715篇（《滨州日报》头版头条6个），上报市委新闻科重要新闻线索12条，外宣工作继续位居全市前列。在报纸、电视开辟“两会报道”“健康无棣”“省级卫生城复审我们在行动”“生态环境保护，功在当代利在千秋”“移风易俗，传承文明”“空中看无棣”“健康无棣滨州行”“身边人、身边事”“身边的榜样”和“无棣好人榜”等专栏，大力营造积极作为、干事创业的发展氛围，《无棣大众》共出版正刊91期、副刊45期，记者参加县领导出席的政务活动800余次。

拓展宣传渠道，展示新形象。11月27日至29日，邀请新华社、《光明日报》《大众日报》《农村大众》《滨州日报》等中央、省、市级主流媒体记者，深入海瓷、海盐文化企业，车王镇桑椹产业、佘家镇中草药、西小王镇棉花产业基地，开展“文化产业看无棣”采访活动，全面宣传在文化产业发展和新旧动能转换等方面的工作亮点。配合新华社完成农村基层党建专题采访，完成新华社通稿9个。

借助新兴阵地，凝聚正能量。利用《滨州·无棣》手机报向全县智能手机用户推送新闻信息，发布和传播无棣“正能量”，打造新闻信息宣传新媒介。举办乡镇、县直部门新闻通讯员培训班6期，壮大全县新闻通讯员队伍。

（高士东）

2017年无棣县在省以上重点党报党刊发稿情况一览表

表2

报刊名称	发表时间	标题	作者	刊登版面	稿件类型（头版头条、头版其他稿件、重点稿件、一般稿件、简讯）
人民日报	1.16	现代农业富民	高士东	11	重点稿件（大图）
人民日报	1.16	两起乌龙大不同	商　旸	16	重点稿件（评论无棣例子）
新华社	1.18	假信封装满真爱	席　敏		重点稿件（大图）
大众日报	1.12	无土草莓受欢迎	卢　鹏　高士东	9	一般稿件
大众日报	1.12	滨州现代海洋产业初步形成	杜文景	10	一般稿件
大众日报	1.17	善意诺言令人感动	孙秀岭	1	头版稿件
大众日报	1.19	滨州攻坚破难谋发展	杜文景	4（滨州版无棣黄河岛片）	一般稿件

续表 2

报刊名称	发表时间	标题	作者	刊登版面	稿件类型（头版头条、头版其他稿件、重点稿件、一般稿件、简讯）
大众日报	1.22	绿色食品热销	蒋惠庆　刘连坤	6	一般稿件
人民日报	2.12	现代农业富民	蒋惠庆　刘连坤	11	重点稿件（大图）
新华社	2.8	流光溢彩迎元宵	陈子庆		重点稿件（大图）
大众日报	2.1	大年三十的温暖	李剑桥　蒋惠庆	2	重点稿件
大众日报	2.2	救人的英雄找到了	李剑桥　蒋惠庆	2	重点稿件
大众日报	2.6	支持农民致富创业	蒋惠庆	14	图片
大众日报	2.7	兰桂飘香晋京展演	刘电辉　李剑桥	18–19 通版	重点稿件（大图）
大众日报	2.20	休闲农业乐农家	蒋惠庆　巴秀剑	7	重点稿件（大图）
大众日报	2.27	古城雪景惹人爱	卢　鹏　高士东	6 版	一般稿件小片
大众日报	2.28	盐碱地里开新花	卢　鹏　高士东	头版大片	重点稿件（大图）
人民日报	3.15	法律宣讲到船头	王占军	6	重点稿件（大片）
支部生活	3	小泊头一网网天下	蒋惠庆　史建馥	40–40 页	重点稿件大文
大众日报	3.1	徐尚武不当俘虏	蒋惠庆　张海鹰	12	重点稿件（半版）
大众日报	3.2	鱼苗搭上电商快车	卢　鹏　王婧卓	6	重点稿件（大片）
大众日报	3.17	文化教下乡重爱国教育	卢　鹏　高士东	9	重点稿件大片
大众日报	3.30	全省首例苜蓿小麦套种在棣启动	卢　鹏　高士东	2	重点稿件大片
大众日报	3.8	无棣农商行携手通联打造支付新标杆	王　旺	11	普通稿件
大众日报	3.21	货车严重超载压断 120 吨地磅	蒋惠庆	9	普通稿件
大众日报	3.22	无棣农商银行“进社区、赶大集”开展电子银行现场营销	王　旺	15	普通稿件
人民日报	4.16	润春农场无公害蔬菜	蒋惠庆	11	重点稿件（大图）
大众日报	4.13	农业托管成时尚	卢　鹏　高士东	2	重点稿件
大众日报	4.13	治安联度会解纠纷	李剑桥　蒋惠庆 刘连坤	5	一般稿件
大众日报	4.16	一农家女 27 年敬老不辍	李剑桥　蒋惠庆 张红梅	5	重点稿件
人民日报	5.20	演练守护校园安全	蒋惠庆　王占军	6	重点稿件（大片）
人民日报	5.29	边防派出所为企业送烧子	徐　烨	4	重点稿件
新华社	5.20	无棣春盐丰收	范长国		重点稿件

续表 2

报刊名称	发表时间	标题	作者	刊登版面	稿件类型（头版头条、头版其他稿件、重点稿件、一般稿件、简讯）
新华社	5.22	无棣盐雕独树一帜	范长国		重点稿件
新华社	5.6	中国农村重现大喇叭	白丽萍　席　敏		新华社重要内部稿件
大众日报	5.4	油菜花开游人来	卢　鹏　高士东	10	重点稿件（大片）
大众日报	5.8	全省首家海盐博物馆开馆	李剑桥　高士东	7	普通稿件
大众日报	5.14	水沟那片海	卢　鹏　高士东	7	重点稿整版
大众日报	5.17	无棣苜蓿开镰	卢　鹏　高士东	2	重点稿件大片
大众日报	5.19	源图农场生产忙	李剑桥　蒋惠庆	8	重点稿件（大片）
大众日报	5.25	春盐丰收	李　勇　高士东	11	普通稿件
人民日报	6.1	砺兵	蒋惠庆　王占军	11	重点稿件
人民日报	6.7	远离毒品 珍爱生命	郑宪伟	6	要闻版重点文字稿
人民日报	6.21	学急救防溺水	蒋惠庆　王占军	6	要闻版重点文字稿
人民日报	6.23	润春农场南果北种	蒋惠庆	4	要闻版重点文字稿
光明日报	6.1	教娃娃防拐骗	蒋惠庆	15	重点稿件
经济日报	6.9	重治“散乱污”促发展	曹红艳	6	要闻版重点文字稿
新华社	6.5	小吴码头村村庄治理经验	白丽萍　席　敏		新华社重要内部稿件
新华社	6.12	大型鳗鱼养殖项目落户山东无棣	高士东		文字通稿
大众日报	6.7	农商行党建带扶贫	王　旺	15	一般稿件
大众日报	6.8	牛王庄光伏并网发电	卢　鹏　高士东	9	重点稿件
大众日报	6.12	扮村姑摘黄杏	卢　鹏　高士东	23	重点稿件
大众日报	6.14	梁郑王第一书记改造村水管	蒋惠庆	18-31	重点稿件（滨州专版）
大众日报	6.16	坚定文化自信强化文化担当	赵　琳	2	重点稿件
大众日报	6.16	我省首个线装书博物馆无棣面世	卢　鹏　高士东	9	重点稿件
大众日报	6.17	源图农场西红柿红了	蒋惠庆　巴秀剑	5	一般稿件
大众日报	6.20	交通模拟演练	蒋惠庆　杜承燕	9	一般稿件
大众日报	6.22	动能转换打造龙头企业	卢　鹏　高士东	13	重点稿件
大众日报	6.22	进社区防溺水	蒋惠庆	9	一般稿件
大众日报	6.28	农商行高考志愿服务	王　旺	15	一般稿件
人民日报	7.6	校园足球特色学校	刘电辉　蒋惠庆	18	重点稿件（大图）

续表 2

报刊名称	发表时间	标题	作者	刊登版面	稿件类型（头版头条、头版其他稿件、重点稿件、一般稿件、简讯）
人民日报	7.14	暑假课堂送关爱	王占军　谢非凡	6	重点稿件（大图）
人民日报	7.16	扶贫西瓜熟了	蒋惠庆　张家斌	11	重点稿件（大图）
人民日报	7.18	爱鸟护鸟	蒋惠庆　王占军	6	重点稿件（大图）
大众日报	7.2	“上有老下有小，我怎忍心舍下他们”	赵　琳	3	重点稿件
大众日报	7.15	扶贫西瓜熟了	蒋惠庆　张家斌	6	重点稿件
大众日报	7.27	取缔锅炉 408 台	杜文景　郭文江	11	普通稿件
大众日报	7.27	原型试验室健康运转	卢　鹏　高士东	10	普通稿件
大众日报	7.30	健康无棣进滨州	李剑桥　蒋惠庆	5	重点稿件（大图）
人民日报	8.22	海疆边防书屋	蒋惠庆　王占军	8	重点稿件（大图）
大众日报	8.1	葡萄长廊引客来	蒋惠庆　刘连坤	11	重点稿件
大众日报	8.3	新材料建材受欢迎	卢　鹏　高士东	10	普通稿件
大众日报	8.16	青贮演示在无棣召开	高士东	3	重点稿件
大众日报	8.16	普及金融常识	王　旺	15	一般稿件
大众日报	8.29	滨州 62.1 万农户厕所应改尽改	李剑桥	3	一段文字
大众日报	8.31	扶贫葡萄熟了	蒋惠庆	14	一般稿件
人民日报	7.8	让环保守法成为常态	刘　毅	9	一般稿件
人民日报	6.7	山东盐碱地如何变成大粮仓	王　沛	10	一般稿件
经济日报	9.4	农民期盼理财好帮手	初宝瑞	15	重点稿件
新华社	9.1	开学第一天练习点子拳	高士东	通稿	重点稿件
大众日报	9.3	李衍军：打工仔经营吸水石盆景	蒋惠庆　徐增虎	7	重点稿件
大众日报	9.5	日情即报　落实办理	李剑桥	3	重点稿件
大众日报	9.7	奥森麻业山口国外	蒋惠庆　王永港	14	普通稿件
大众日报	9.7	黄三角落户无棣	杜文景　刘光良	14	普通稿件
大众日报	9.6	肖棣获会运会柔道冠军	李　勇	12	重点稿件
大众日报	9.12	滨州模式启示录	李剑桥	8月9日	重点稿件
大众日报	9.22	山海古邑创意无棣	李剑桥　蒋惠庆 高士东	13	重点稿件（整版）
大众日报	9.23	一粒盐如何增值 800 倍	李剑桥　蒋惠庆	2	重点稿件

续表 2

报刊名称	发表时间	标题	作者	刊登版面	稿件类型（头版头条、头版其他稿件、重点稿件、一般稿件、简讯）
大众日报	9.23	无棣为 101 位老革命存史留痕	李剑桥　蒋惠庆	6	重点稿件
大众日报	9.27	无棣道圆　堪比三藏	郭云鹰　蒋惠庆	19	重点稿件
经济日报	10.25	启航新时代 整装再出发	蒋惠庆	15	重点稿件
大众日报	10.3	“超级假日”山东人更爱去哪玩	高士东	3	重点稿件
大众日报	10.6	鑫嘉源田园国际音乐节	高士东	2	重点稿件
大众日报	10.9	双节假日，山东揽客超 7000 人次	高士东	3	重点稿件
大众日报	10.9	双百谈安全生产	吕天宝	15	重点稿件
大众日报	10.11	淬火出真金	李海青	21	重点稿件
大众日报	10.12	休闲会上的“老书迷”	蒋惠庆	7	一般稿件
大众日报	10.12	无棣：秋盐收获正当时	蒋惠庆	23	重点稿件
大众日报	10.23	车王镇连片治理	刘连坤	7	一般稿件
大众日报	10.23	滨州构架全域旅游大格局	刘　兵	10	重点稿件
大众日报	10.27	机采棉丰收了	蒋惠庆	7	一般稿件
人民日报	11.6	强筋骨，让涣散班子强起来	卢　鸿	11	重点稿件
大众日报	11.2	服务业特色小镇系列报道	蒋惠庆	11	一般稿件
大众日报	11.2	县域经济转型为滨州“强筋健骨”	许文强	2	重点稿件（新旧动能转换）
大众日报	11.6	无棣纪委推介“清风无棣”公众号	蒋惠庆	7	一般稿件
大众日报	11.7	盐碱地成功试种短季棉	高士东	3	重点稿件
大众日报	11.9	海忠公司海底动态立管出口马来西亚	高士东	13	重点稿件（新旧动能转换）
大众日报	11.14	我省首座镇学校流动科技馆投入使用	高士东	2	重点稿件
大众日报	11.14	县纪委对村级扶贫专账监督检查	蒋惠庆	6	重点稿件（扶贫）
大众日报	11.16	河山机械产品直供新能源汽车厂	蒋惠庆	15	重点稿件（新旧动能转换）
大众日报	11.19	田野里“长”出现代雕塑	高士东	8	重点稿件
大众日报	11.21	无棣县车王镇药菊基地采摘季	高士东	10	重点稿件
大众日报	11.3	引智工程让无棣企业强身健体	蒋惠庆	14	重点稿件（人才）

续表 2

报刊名称	发表时间	标题	作者	刊登版面	稿件类型（头版头条、头版其他稿件、重点稿件、一般稿件、简讯）
人民日报	12.15	寒冬送暖	蒋惠庆	重点稿件	重点稿件
人民日报	12.20	校园科技馆投入使用	蒋惠庆	重点稿件	重点稿件
新华社	11.27	坚持不懈推进“厕所革命”努力补齐影响群众生活品质短板	陈子庆		重点稿件 6 张
新华社	12.5	山东无棣海洋贝瓷：从贝壳到艺术	朱　铮		重点稿件 6 张
新华社	12.9	山东无棣：产业扶贫显成效	朱　铮		重点稿件（扶贫类）1 张
新华社	12.11	无棣县卫生计生系统：以党建引领中心工作	范雪红　蒋惠庆		重点稿件 1 篇
新华社	12.12	现代农业结硕果	朱　铮		重点稿件 3 张
新华社	12.22	科技馆感受魅力	刘玉和		重点稿件 3 张
新华社	12.5	光伏扶贫惠民生	朱　铮		重点稿件（扶贫类）2 张
新华社	12.28	传统非遗进课堂	刘玉和		重点稿件 8 张
经济日报	12.23	唤醒土文化做成大产业	管　斌		重点稿件（千字文 + 图）
光明日报	12.18	要用实际行动带领群众建设美好家园	新华社通稿		重点稿件
光明日报	12.27	十九大精神入户	郭俊锋		重点稿件
大众日报	12.3	县纪委与老党员一起学习十九大精神	蒋惠庆		一般稿件
大众日报	12.7	采收朝天椒	高士东		重点稿件
大众日报	12.13	农村网店迎战“双十二”	高士东		重点稿件
大众日报	12.13	扶贫蘑菇	蒋惠庆		一般稿件
大众日报	12.14	“渤海粮仓”渐成粮袋子	周　艳		重点稿件（大图 + 举例）
大众日报	12.17	驻村先修路 致富有毛驴	蒋惠庆　刘连坤		一般稿件（扶贫类）
大众日报	12.21	光伏发电	周　艳　蒋惠庆		重点稿件（扶贫类）
大众日报	12.21	滨州贝壳堤	周　艳		一般稿件
大众日报	12.25	鲜花产业富民	卢　鹏　高士东		重点稿件
大众日报	12.28	省内唯一海藻产品两旺	卢　鹏　高士东		一般稿件
大众日报	12.3	无棣打造文化产业小镇集群	李剑桥　蒋惠庆　高士东		重点稿件

2017 年无棣县在面向境外的媒体及境外媒体发稿一览表

表 3

时间	媒体名称	标题名称	作者	备注
1.20	人民日报海外版	无棣现代农业富农	高士东	单幅
2.7	海外网	鑫嘉源芹菜按棵卖	高士东	单幅
2.8	新华社境外	无棣古城流光溢彩	陈子庆	组照
3.14	中国日报图片网	黄粉虫成致富虫	陈子庆	组照
3.21	中国日报图片网	学生气象日玩大炮	陈子庆	组照
3.25	路透社	无棣小学生气象日玩大炮	陈子庆	组照
3.29	中新社境外	400 名学生集体诵读	陈子庆	组照
3.29	中国日报图片网	400 名学生集体诵读	陈子庆	组照
4.29	中新社境外	华夏海盐博物馆开馆	陈子庆	组照
4.29	中国日报图片网	华夏海盐博物馆开馆	陈子庆	组照
4.29	中国日报图片网	小娃娃学生绘	陈子庆	组照
5.15	全球发散网（web）	农机田间舞	高士东	单幅
2.20	新华社境外	又到一年收盐季	范长国	组照
6.5	人民日报海外版	环保宣传进校园	王占军	单幅
6.13	海外网	大型鳗鱼项目落户无棣	高士东	组照
6.20	中新社境外	农民办起红色展览馆	陈子庆	组照
9.1	新华社境外	开学第一天练国粹	高士东	组照
10.17	中新社境外	全国机采棉在无棣举行	陈子庆	组照
10.17	中国日报图片网	全国机采棉在无棣举行	陈子庆	组照
10.29	中新社境外	乡间办起国际田园展	陈子庆	组照
10.29	中国日报图片网	乡间办起国际田园展	陈子庆	组照
11.23	中国日报图片网	乡间兴起流动科技馆	陈子庆	组照
11.27	新华社境外	改厕所补短板	陈子庆	组照
12.2	新华社境外	现代农业结硕果	刘玉合	组照
12.23	人民日报海外版	感受科技魅力	刘玉合	组照

2017 年无棣县在《滨州日报》刊发重点稿件一览表

表 4

时间	标题名称	作者	备注
1.16	渤海粮仓种出四个全国第一	高士东　李德新	3 版头条
2.4	自助餐式扶贫为贫困户开心暖胃	高士东　郭文江	头版头条

续表 4

时间	标题名称	作者	备注
2.20	全域旅游全景无棣回眸	蒋惠庆　李文明	6 版整版
2.21	大健康开启无棣新未来	高士东　孙长洪	6 版整版
3.7	全国首例葵花和高油酸花生轮作试验田	高士东　张家斌	头版大片
3.16	方以忠期盼把个人爱好变成民族品牌	高士东　蒋惠庆	5 版半版
5.3	无棣全力打好环保攻坚战	高士东　张建明	3 版头条
6.23	鑫嘉源全力打造一站式旅游新家园	李　默　高士东	6 版半版
7.20	无棣取缔燃煤锅炉 408 台	高士东　王　彬	头版压题
7.14	享受水沟渔村风情	李　默　高士东	6 版半版
7.21	无棣四新经济促四化发展	县委书记署名文章	头版重点
7.31	健康无棣进滨州	蒋惠庆　高士东	2 版要闻
8.15	无棣县城美容迎复查	蒋惠庆　刘金鑫	头版头条
8.4	探访吴式故居	刘　震	6 版半版
10.18	县委书记丁海堂县长姜凌刚访谈	丁海堂　姜凌刚	4 版重点
10.18	鲁北循环经济的拓荒者	蒋惠庆　张振来	5 版整版
11.7	无棣在基层实施共产党员淬火工程	庞振国	3 版重点
11.14	无棣营养餐获专家点赞	陈子庆	头版压题
11.21	鲁北葫芦王觅玄机	李振平　高士东	8 版半版
11.22	无棣投资 9000 万创城	李荣海　高士东	头版压题
11.24	无棣电商轻骑兵带出草根创业集团军	高士东　康树彬	头版压题
11.28	德国博士助力无棣机器人生产	蒋惠庆　蔡宝沾	头版重点
12.15	协会专家支招无棣化工业	裴庆力　蒋惠庆等	头版重点
12.19	总理为四位无棣人点赞	于长銮　吴宝章	7 版半版

【网络宣传管理】　2017 年，无棣县积极做好舆情监控。在市县“两会”、省党代会、党的十九大、中央环保督查等重大活动、重点工作期间，安排人员盯上靠上，24 小时实时监控，认真做好舆情监测、信息汇总、分析研判，对负面舆情及早发现，及早协调引导与处置，把舆情处理在萌芽状态，期间没有发生较大舆情。

网络舆情安全维护。全年引导处置新闻网络舆情 150 余起，接待新闻媒体记者 260 余人次，编辑《网络舆情动态》18 期，新闻网络负面舆情主要涉及生态环保、维稳安全、公路交通、城市管理、医疗教育等方面，通过及时有效疏导和处置，均较快得到平息。针对突发事件、负面舆情，指导协调相关涉事单位，通盘研判、科学应对、妥善引导，主动化解处置。

网络舆情处置能力提升。制定出台《无棣县重大舆情防范化解工作实施办法》《无棣县环境保护类重大舆情管理应急预案》；强化对宣传领导干部和网络评论员的业务培训，举办全县网络舆情引导处置培训班和无棣县网络舆情应对工作培训班，邀请省市网信部门领导、网络媒体专家授课，有效提升全县“网军”队伍素质。

良好舆论氛围营造。 坚持舆论引领、弘扬正能量。《年三十大营救——无棣好人群体破冰砸车救人》《“归还”无棣环卫工人工资》等网络新闻信息经积极引导、推送，得到快速转发扩散，中央电视台新闻频道《身边的感动》及国内各大新闻媒体、微博、微信公众号及朋友圈纷纷转载报道，无棣网友的爱心、破冰救人的义举正能量信息被广泛传播，无棣被国内外所关注，引领和营造了良好的网络舆论氛围。《山东：无棣古城庙会元宵灯会“引爆”旅游市场》被新华社发了通稿；《天下无棣》《无棣之恋》两首MV歌曲，无棣中秋诗文咏诵会、古筝音乐晚会等在新媒体推送，朋友圈转发，有力地宣传了无棣的文化和旅游。对全县微信公众号进行备案登记，共备案账号91个，有效地规范微信公众号运营，净化全县网络空间环境。

（闫青山）

统一战线

【概况】 2017年，无棣县委统战部组织统战干部和全县各级、各阶层党外人士、党外知识分子学习党的十九大精神。在全县党外知识分子中开展践行社会主义核心价值观主题征文活动，鼓励党外知识分子撰写正能量文章，进一步加强团结，强化对党外人士的思想政治引领。推动“大部制”相关工作，在对涉及单位进行全面调研基础上，借鉴先进地区经验，制定《大部制工作模式实施意见（草案）》，推进统战部、民宗局、工商联等部门合署办公，同时申请成立隶属县委统战部的新的社会阶层人士管理服务中心。

【政党协商】 2017年，无棣县委统战部把政党协商纳入统战工作重点，进一步健全协商机制，制定《2017年政党协商计划》，出台《关于加强政党协商的实施意见》，进一步丰富协商内容，召开各类党外人士协商会3次、党外人士通报会3次，向党外代表人士通报县委全委会精神、全县党风廉政建设等工作情况，保证党外代表人士有序政治参与，听取党外人士意见建议，主动接受民主监督。

【党外代表人士统战工作】 2017年，无棣县委统战部把党外代表人士培训纳入全县干部教育总体规划，召开党外科级干部学习十九大精神专题培训班和民族宗教事务培训班，培训学员120人次。积极为党外干部成长搭建舞台，在海丰街道西城园区党建综合体建立党外代表人士实践锻炼基地，有计划地组织党外干部到基地挂职锻炼，主动参与中心工作，抽调2名党外干部到新海工业园区、新城棚户区改造指挥部等重点园区和县委、县政府中心工作一线锻炼。

【非公有制经济领域统战工作】 2017年，无棣县完成县级工商联换届工作，建立《县级党政领导与重点非公有制企业代表联系制度》，召开全县支持非公有制经济健康发展工作会议，将非公经济健康发展摆在全县经济社会发展的战略高度进行安排部署。健全完善青年企业家创业、电子商务等5个行业商会，充实调整11个镇街商会。加大非公经济党建工作力度，新建圣豪、佳圆2个非公企业党支部，吸收一线职工党员6名。创新工作载体，与县委组织部、县文广新局共同组织在非公企业中开展党员“红歌快闪”活动，有效发挥基层党组织的战斗力、凝聚力和号召力。参与“同心扶贫”，18家企业纳入全市“百企帮百村”精准扶贫活动。协助市委统战部开展“泛海助学山东行活动”，为全县58名贫困大学生发放泛海助学金29万元。

【基层统战工作】 2017年，无棣县加强对换届后新任统战委员的业务培训，召开全县统战委员培训班，对新任统战委员，及时发放统战业务书籍和统一战线知识手册，提高业务水平。开展基层统战工作大调研，利用5天时间对全县11个镇街的统战工作开展调研，按照工作机制规范化、工作触角广泛化、工作成果特色化要求，夯实基层统战工作网络和阵地建设，在统一规范的基础上，各镇街按照自身实际和特色加强工作创新，抓重点，出亮点，出成果。

【联谊交友】 2017年，无棣县把联谊交友作为与党外人士联系的重要方式，县委、县政府主要领导干部带头与党外人士联谊交友，召开非公经济代表人士和新的社会阶层代表人士座谈会，了解情况、解决困难。利用春节、少数民族开斋节等重大节日机会多次到党外代表人士、非公有制经济人士、民族宗教等代表性人士家中走访慰问，加强联谊，增进感情。根据人员变动情况及时调整县委常委联系党外代表人士名单，县委常委联系党外代表人士更加常态化、规范化。

【统战干部队伍建设】 2017年，无棣县把党外干部队伍纳入全县干部队伍建设总体规划，建立健全统战部、组织部在党外干部选拔、使用方面的协调机制，逐步落实党外领导干部配备要求，年内提拔党外正科级干部4名，副科级干部1名。全县有党外领导干部37人，其中副县级6人，正科级13人，副科级18人。创新开展新的社会阶层人士统战工作，召开全县新的社会阶层人士统战工作会议，制定《关于加强新的社会阶层人士统战工作的实施意见》。建立157人的新的社会阶层代表人士队伍，推荐省级新的社会阶层人士联谊会会员1名，市级16名。成立无棣县新的社会阶层人士联谊会，吸纳会员120人。

【民族宗教工作】 2017年，无棣县民族宗教工作围绕各民族“共同团结奋斗，共同繁荣发展”主题，完善少数民族村庄基础设施建设，强化服务管理，严格依法行政，全县呈现出民族团结、宗教和睦、经济发展、社会和谐稳定的良好局面。2017年，无棣县第一中学、小泊头镇人民政府被评为全市民族团结进步创建活动示范单位。

落实民族工作政策。投资30万元建设五营社区民族团结进步文化长廊，开展“听阿訇讲经、忆红色征程、享民族风情”等特色民族民俗活动。争创民族团结进步创建示范单位，推荐无棣县一中和小泊头镇为全市民族团结进步示范单位。8月23日，代表全市迎接全省民族团结进步创建“互观、互检”活动。省伊协先后带领济南市、枣庄市伊协到无棣参观学习清真寺管理和清真食品管理情况，市政协对无棣县少数民族移风易俗工作进行调研，对民族宗教工作取得的成绩给予充分肯定。帮扶少数民族经济发展，争取少数民族发展资金130万元，帮扶少数民族村全面脱贫。申请160万元的粪污无害化处理设施综合循环利用项目资金，用于少数民族村惠民特色养殖产业园建设。协调北京育英学校与无棣县开展民族教育帮扶三年规划项目，帮扶资金27万划拨到位。12月25日，滨州市民族学校帮扶项目启动仪式在五营回民学校举行。

宗教事务。依法管理宗教事务，加强对宗教政策法规的宣传，发放《宗教事务条例》1000余册，依托五营清真寺等载体，规范开展宗教活动，组织开展“宗教政策法规学习月”活动。加强对全县宗教场所的规范化管理检查，注重对重大节日、重大活动的安全检查，与公安局等部门联合，开展宗教活动场所大检查和聚会点清理整治规范工作，引导群众向善向美、和睦互助，维护全县宗教领域和谐稳定。

（王　苗　索文靖）

机构编制

【行政审批制度改革】 2017年，无棣县严格按照《山东省行政权力清单动态管理办法》，承接落实好上级取消、下放的行政权力事项，精准协同放权。至2017年底，共承接行政权力80项，对应取消73项，调整50项，新增35项，暂停实施4项，改变管理方式8项，落实国务院决定调整或明确为后置审批事项134项。行政审批事项由267项削减为240项，削减率10%；中介服务收费项目由36项削减为17项，削减率53%。

【事业单位分类改革】 2017年，无棣县按照中小学校长职级制度改革要求，县编办参与制定《无棣县校长职级制改革工作实施方案》《无棣县中小学教师队伍管理体制改革实施方案》等制度文件，取消全县29所公办中小学（含特殊教育学校，不含职业学校、幼儿园）学校和校长及其他管理人员行政级别。县编办会与县教育局通过自然过渡、公开竞聘等方式，完成27所公办中小学（不含2所高中）校长职级评审工作，及时兑现薪酬工资。

【政府机构改革】 2017年，无棣县根据省编办、省委统战部、省政府法制办公室、省宗教事务局《关于进一步加强县级宗教工作机构建设的通知》精神，结合无棣实际，将县民族宗教事务局由县委统战部管理调整为与县委统战部合署办公，同时列入县政府工作部门序列，切实保障县级宗教工作机构具备行政执法主体资格和必要工作力量，有效履行部门职责。

【政府职能转变】 2017年，无棣县持续深化简政放权，推进政府职能转变，研究制定《无棣县深化放管服改革进一步优化政务环境实施方案》，经县政府常务会议、县委常委会议研究通过，以县委办公室文件印发，细化44项具体任务，逐项确定责任主体、推进措施和时间进度。县编办从组织层面、协调层面、督导层面推动改革开展，建立工作台账，倒排工期、挂图作战，半月一调度，会同县政府督查室对各项目标任务落实情况定期进行专项督查，督查结果由县政府通报。发挥政府监管职能，创新监管方式，编制完成并公布公开《无棣县县直有关部门（单位）随机抽查事项清单（2017）》，涉及31个部门（单位）随机抽查事项246项，2017年全县开展“双随机”抽查281次，抽查对象3151个，实现随机抽查全覆盖。简化优化公共服务流程，提升服务效能，方便基层群众办事创业，编制完成《公共服务事项目录清单》和《服务指南》，涉及61个部门（单位）1804项公共服务事项，梳理出证明、盖章类材料目录事项143项，年检政府指定培训事项18项，梳理出“零跑腿”事项9项，“只跑一次”事项123项。

【机构编制日常管理】 机构编制总量控制。在机构设置上，坚持“撤一建一、增减平衡”，做好县应急用车保障中心、旅游信息中心、健康产业服务中心设立等工作；在编制管理上，坚持“只减不增、减调结合”，统筹使用编制资源，完成党委巡察机构设置核编及全县行政事业机构控编调编工作。加强与组织、人社、财政等部门协调配合，消化、收回34名机关工勤空余编制。

清理“僵尸”事业单位。县编办对照清理标准，将主要职责消失且已无工作人员、符合“僵尸”事业单位特征的鲁北高新技术开发区人民医院无棣分院纳入清理范围，与主管部门研究制定清理方案，撤销鲁北高新区人民医院无棣分院建制。

破解中小学“大班额”问题。在机构总量限额内新设第三高级中学等5所中小学校，进行“扩班减额”，缓解班级规模过大问题。同时，重新核定全县中小学教职工编制，压缩出150名编制设立临时周转编制专户，用于招聘急需的专任教师，缓解结构性缺编问题。

【事业单位监督管理】 2017年，无棣县完成事业单位2016年年度报告339个，对不涉密单位的法人年度报告进行公示。全年办理事业单位登记事项101家，其中：设立登记4家、变更登记95家、注销登记2家，对注销的单位按程序收缴印章和证书。受理党政群机构的统一社会信用代码赋码办证8家（含垂管机关），完成率100%。2017年，将全县339家事业法人单位全部纳入绩效考核范围，实现考核全覆盖，确定A级单位51家，B级单位288家。按照“试点先行、以点带面、全面推开”的思路，在全县114家事业单位开展业务范围清单化管理试点。

【规范部门机构设置】 **修订部门“三定”规定。**将部门“三定”规定修订与简政放权职能转变、综合行政执法体制改革、工勤编制消化等工作相衔接，对照市级部门新“三定”、四张清单、本部门旧“三定”、省市下放取消的行政审批事项清单及相关法律法规，界定好市县两级事权关系，合理划分同级部门职责边界，完善协调配合机制，优化机构数量、领导职数、人员数额与职数结构比例，盘活挖潜机构编制资源，完成审计、科技、水务、农业、统计5个部门“三定”规定修订工作。

规范单位机构设置。根据机构编制管理有关规定，对县委办公室，县综合检验检测中心、接待服务中心、疾控中心、文化馆及财政局下属事业单位等部门单位的内设机构进行调整、规范，明确主要职责，提高整体效能。

【信息宣传和信息化建设】 2017年，无棣县推进机构编制科研宣传工作，组织开展市编办第三届调研成果申报，上报科研成果9项。制定实施机构编制信息宣传工作管理办法，2017年发表信息64条。以机构编制综合管理信息系统为载体，推进机构编制信息化建设，提高机构编制管理水平。结合全县机构编制与人员调整情况，在机构编制文件印发5个工作日内完成机构、编制、领导职数等数据更新及文件上传，在10个工作日内完成人员信息数据更新，做到系统数据即时维护与机构编制动态调整相同步。将信息系统运用于机构编制审批、使用、检查全过程，严格规范用编计划申请、增员入编、减员出编等环节操作流程，开展网上业务办理，夯实实名制管理工作基础。

【综合行政执法体制改革】 2017年，根据市政府办公室《关于无棣县综合行政执法体制改革方案的批复》，印发《关于建立无棣县综合行政执法体制改革工作部门联席会议制度的通知》，建立联席会议制度，协调解决改革中的难点问题。制定《关于印发无棣县综合行政执法体制改革实施意见的通知》，实行跨部门跨领域和部门领域内综合执法，理顺执法体制。组建县综合行政执法局、综合行政执法大队，设立镇（街道）综合执法办公室；完成交通运输领域执法队伍整合，全县保留“1+7”支执法队伍，构建“综合执法＋专业执法”新模式。完成县住建局、人社局、卫计局、国土资源局、环保局、市场监管局、公安局、油区办8个单位625项（行政处罚608项，行政强制17项）拟划转权力事项反馈确认工作，会同县政府法制办做好相对集中行政处罚权报批。制定《无棣县综合行政执法体制改革有关事项的工作方案》，配齐县级综合执法机构领导班子，牵头做好涉改机构撤并、人员划转、资产移交等工作，2017年11月底前完成各项改革任务。

【党委巡察工作机构设置】 2017年，无棣县根据省委《关于建立市县党委巡察制度的意见》和省编办《关于设立市县党委巡察工作机构的通知》精神，县编办启动党委巡察机构设置相关准备工作，分析研判全县机关部门行政编制、实有人员及部门职责等实际情况，制定专题拟办意见提请县编委会议研究通过后，3月底前完成县委巡察办公室及5个巡察组的机构设置、编制划转等工作。

【公证机构体制改革】 2017年，无棣县根据省司法厅、省编办、省财政厅、省人社厅《转发司法部中央编办财政部人社部〈关于推进公证体制改革机制创新工作的意见〉的通知》

精神，推进全县公证机构体制改革工作，经县编委研究决定并报请市编办审核同意，将县公证处由县司法局内设副科级行政机构调整为副科级公益一类事业单位，进一步优化公证机构工作机制。

【公立医院法人治理结构建设】 2017年，无棣县确定县人民医院、县中医院为县公立医院法人治理结构建设试点单位。2家公立医院按程序组建理事会、管理层和监事会，落实医院用人自主权，召开首届理事会第一次会议。改革人事薪酬机制，落实院长年薪“343薪酬制度”（基础工资30%、职能工资40%、绩效工资30%），制定副院长、中层、职工竞争上岗制度与绩效考核办法。

（张　健）

对台工作

【对台经贸工作】 2017年，无棣县加强对台经贸工作，广泛收集对台经贸信息，吸引台胞、台商到无棣投资兴业。2017年，积极开展海峡两岸文化经贸交流，参加“海峡两岸孙子文化论坛”活动，宣传推介无棣县经济文化发展成果，突出经贸招商重心，牵线搭桥，推动县内海瓷、盐雕等特色产业与台商接洽合作。

【交往联络工作】 2017年，无棣县根据省、市台办部署，精心选择有代表性、有特色、基础条件好的车王镇孟家村，作为与台湾基层社区联系点，并被授予“滨台基层联系点”匾额。推动赴台交流考察，全年先后有8批次20余人赴台进行农机、畜牧、渔业、乡村游方面的学习考察以及经贸洽谈活动。在宣传推介无棣的同时，学习台湾在农业、旅游等方面的发展理念和管理经验。

【台属工作】 进一步掌握台属家庭实时情况，更好地为台胞、台属服务。2017年，无棣县委台办在全县范围内开展台情普查，进一步完善台情档案。县、镇（街道）、村三级联动，相关部门配合，全面摸底。根据普查情况，对涉台档案进行核对、整理、登记建档。同时，宣传涉台政策。联合县扶贫部门摸清贫困户中台属底数，建档立卡，动态管理，分析致贫原因，分类进行生活救助或生产、技术扶持，实现脱贫。

（崔朝晖）

县直机关党的工作

【概况】 至2017年底，中共无棣县委县直机关工作委员会下辖4个机关党委（34个支部），16个党总支（67个支部），61个独立党支部，有党员3121人。2017年发展新党员37名，转正预备党员32名，接转党员组织关系460人。

【思想政治建设】 2017年，无棣县直机关党工委抓好党的十九大和习近平总书记系列重要讲话精神、《中国共产党章程》《中国共产党廉洁自律准则》以及《中共无棣县委组织部2017年工作要点》的学习。班子集体在学习政治理论的同时，坚持学习法律、领导科学、市场经济等知识，多渠道、多层次汲取营养，更好地开展工作。机关工委领导班子，多次深入基层党支部，征求意见，开展调查研究，主动向普通党员干部学习，真正达到受教育的目的，为新形势下抓好党建工作打下坚实基础。

【基层组织建设】 2017年，无棣县直机关党工委在县直机关党组织中开展“推行五星级管理，深化机关基层党组织标准化建设”活动。根据实施方案，机关党工委选定12个单位作为党建工作示范单位，召开2次观摩调度推进会议。11月，对全县机关事业单位党建工作进行星级评选审报和评选。在基层党组织中开展“党员承诺制“活动，认真落实“三会一课”制度，定期召开党小组会、支委会、支部党员大会，每季度党课辅导不少于1次。坚持民主评议党员，严格落实每月2次“主题党日”活动制度，建立党组织和党员承诺管理台帐，实行动态管理，接受党员群众评议。按照党员发展和管理工作新要求，认真执行发展党员“十六字”方针，以“三步走”抓好发展对象考察工作，严审入党材料，严格考察程序，抓好谈话提醒，确保发展党员质量。全年发展新党员37名，转正预备党员32名。规范党费收缴工作，利用“主题党日”活动，组织党员认真学习《中国共产党党费收缴、使用和管理的规定》，增强党员意识和党性观念，各基层党组织按照规定严格执行专账管理、专人负责制度及时足额收取，确保每个党员按时足额缴纳党费。根据县委组织部的统一安排，保质保量按时完成县直机关工委下辖159个党支部3129名党员的信息采集、注册工作，为灯塔—党建在线、E线通系统正常使用奠定良好基础。做好每个月2次的主题党日活动的通知及督促工作，确保党工委下辖各支部按照要求开展好“主题党日”活动。重视党员日常管理工作的信息化和规范化建设，选派专人按照《全国党员管理信息系统（基层版）》的要求和规范做好信息采集、录入工作，实行动态管理，及时更新、维护。充分发挥信息库在党员统计中的作用，高标准做好数据审核、汇总工作，确保按时高质量完成2017年党内统计工作。按照党组织关系接转工作程序，办理流动党员接转工作，全年接转党员组织关系500人。

【党风廉政建设】 2017年，无棣县直机关党工委认真落实党风廉政责任制，明确党工委主要负责人是党风廉政建设的“第一责任人”，层层签字背书，与159个基层单位党组织书记签定责任清单，将党风廉政建设责任进行细化，纳入考核内容，严格实行“一票否决”制。将党风廉政教育作为入党积极分子培训班必训课，集中培训，统一考试考核。开展“家风家训”征集评选活动，从各基层党组织报送的家风家训中评选出30条优秀家风家训推荐上报市级相关部门。通过打造廉政文化长廊，布置廉政文化宣传栏、廉政警示标语牌、廉政典故宣传画，利用门户网站、LED显示屏宣传廉政文化内容等多种形式，指导和推动县直机关基层党组织开展形式多样的廉政文化进机关活动。

【县直机关武装工作】 2017年，无棣县直机关武装部根据县政府、人武部会议精神，结合县直机关实际，按照民兵整组程序、内容和要求制定方案，组织县直机关应急分队、基干民兵、普通民兵完成民兵整组和点验任务。按照县政府、人武部2017年夏秋季征兵命令，深入县直机关各部门单位、一中、二中、县职业中专调查摸底，广泛宣传发动，严格程序要求，2017年县直机关多名适龄青年体检、政审合格，完成全年征兵任务。

（徐子红）

党校教育

【教学工作】 2017年，无棣县委党校按照县委组织部、县委党校《2017年教育培训工作计划》，联合县委组织部、县委宣传部、县委统战部、县直机关党工委等部门共同举办无棣县基层党组织书记培训班、全县纪检监察干部综合业务培训班、全县镇街新进班子培训班、十八届六中全会培训班、全县理论骨干培训班、县直机关入党积极分子培训班、全县党外科级干部及统战干部学习党的十九大精神专题培训班等16期培训班。党的理论教育和党性教育达到总课程的90%以上。

坚持“开放式办学”思路，通过调整班次设置进行精准化培训，提高培训的针对性和实效性。继续开通“党校直通车”，办好“流动党校”，实现“送教上门”“送教下乡”。县委党校教师先后到市场监管局、卫计局、检察院、鲁北高新区、水务局等部门送教21次，宣讲十八届六中全会精神、党章、十九大精神等。同时，2名教师参加县十九大精神宣讲团，到柳堡镇、团县委、水务局等镇、部门进行宣讲。派出精干力量配合并积极参与埕口镇、碣石山镇、柳堡镇基层党校建设，参与教学管理服务，实施“共产党员淬火工程”6期。

【科研工作】 2017年，无棣县委党校教师发表省级论文4篇；完成山东省党校系统调研课题5项，滨州市党校系统调研课题7项；撰写调研报告12篇；有12项科研成果被县领导签批，其中有1篇被县委书记批示；申报山东省党校系统党的十九大精神专项课题研究6项，包括：建设美丽无棣、推进绿色发展研究、批评和自我批评历史经验研究、习近平总书记全面从严治党思想研究、关于建立党员干部创新工作容错纠错机制研究、中国共产党从严治党的经验研究、发展壮大无棣县健康产业研究。

【队伍建设】 2017年，无棣县委党校加强内部机构建设，设立科研处，

2017年6月29日，县委党校举办县直机关、园区新发展党员“共产党员淬火工程”培训班 （供稿 邵媛）

按一正一副配备。加强基础设施建设，筹划建设新党校，完成建设效果图，占地46亩。加强党校队伍建设，年内2名教师被聘任为高级讲师。2017年通过公开事业编招录，招聘年轻教师1名。强化人员培训，十九大会议之后，选派2名教师参加中央党校举办的十九大精神研讨班，选派5名教师先后参加山东省委党校和市委宣传部举办的学习十九大精神培训班和骨干宣讲员培训班等。

【机关建设】 2017年，无棣县委党校积极参与县委组织部“共产党员淬火工程”，配合恢复和建立镇街党校。组织党校优秀青年干部和教师全程参与，对广大基层党员开展“两学一做”活动为主要内容的集中轮训。明确职责定位，聚焦主课教育。认真贯彻落实“党校姓党”根本原则，坚定政治方向，坚持实事求是、质量立校、从严治校，突出主课地位，重点加强对所辖党员的理论教育和党性教育。加强对基层党校的业务指导，积极参与全程教学管理和服务，党校选派优秀教师对基层党校教育培训工作进行指导。

（邵　媛）

党史研究

【概况】 2017年，无棣县委党史研究室围绕县委的中心工作，发挥党史部门“以史鉴今、资政育人”作用，《无棣县地方史》修订本（1932—1978）出版，抓好市、县改革开放发展实录编辑、县委书记口述史征集编写等工作，党史资料征集和研究成效显著。

【市、县改革开放实录编写】 2017年，无棣县委党史研究室完成市委党史研究室关于《滨州市改革开放发展实录》6篇稿件的3次校稿，对全县改革开放以来各方面的重要资料、重大事件、重要探索和重大成就进行系统收集和整理。

按照中央党史研究室、省委党史研究室和市委党史研究室关于开展改革开放实录征集编研工作的部署，开展《无棣县改革开放实录》征编工作，全面系统收集改革开放以来全县各方面的重要资料，客观记述各镇街、各部门（单位）改革开放以来重大事件、重要探索和重大成就，形成系列性专题研究成果，共征集到85个单位的实录，完成《无棣县改革开放实录》（第一辑）样书编印。

【《县委书记口述史》征编】 2017年，无棣县委党史研究室根据省市关于深入开展“县委书记口述史”征编工作要求，在充分挖掘已有成果基础上，全面、系统、深入、细致地搜集社会主义建设时期县委书记的回忆文章和署名文章，对社会主义建设时期重大事件、重大运动、英模人物、典型做法、先进经验的回忆，总结成败得失，资政育人。2017年，高质量完成市委党史研究室交办的任务。

【红色接班人工程】 2017年，无棣县委组织部、共青团无棣县委、县关工委、县委党史研究室联合，在第三实验学校组织实施“红色接班人工程”，开展赠书促学、“红歌快闪”等活动，向县第三实验学校发放《海风战旗红》《无棣党史大事记》《无棣县地方史》等党史书刊近1000册。

（杨娟娟）

信访工作

【概况】 2017年，无棣县信访工作着力构筑三个“1+4”信访工作模式，全面实施“厚德无棣，阳光信访”工程，创新举措，狠抓责任落实，信访秩序持续好转。全年受理群众到县上访435批4217人次，受理群众网上信访1036件，受理群众来信70件，接待劝返到市上访50批268人次，接待劝返到省上访50批89人次，接待劝返进京上访95人157人次。到省以上信访事项办理“四率”中，受理率和办理率均达到100%，对信访部门及责任单位的评价率分别为88.68%及80.20%，对信访部门及责任单位的满意率分别为97.87%、93.83%。各级“两会”“一带一路”论坛、党的十九大等重要敏感节点，均未因信访工作发生有影响的问题。

2017年11月3日，无棣候访大厅建成投用　（供稿　县信访局）

无棣县先后被省委、省政府评为全省信访工作先进集体和党的十九大维稳安保先进县区。

【信访工作机制建设】 2017年，无棣县调整充实维护稳定领导小组、联席办成员单位，进一步完善信访工作领导体系。坚持每季度研究一次信访稳定工作，遇有重大信访稳定问题，随时召开专题会议进行研究。2017年，县委听取信访工作汇报和部署信访任务4次，较大规模政法信访维稳工作会议8次，尤其是8月以后，连续3次召开全县政法信访维稳工作会议，县委主要负责人安排部署十九大期间信访稳定工作。对全县涉军群体及40件市级交办信访积案全部落实县级领导干部包案化解，不定期召开推进会议、协调会议，促进信访积案化解整治工作。

【信访积案化解】 2017年，无棣县成立信访积案化解整治“清仓见底”工作领导小组，制定工作方案，对全县开展全方位不稳定因素排查，并筛选重点信访问题向责任单位交办。县信访联席办对排查的重点信访问题逐案落实县级领导包案，明确稳控化解责任单位党政负责人任工作组组长，相关责任人为成员的工作专班，逐案落实“五个一”工作措施及成员名单，建立完备详实的“清仓见底”工作台账，明确化解时限。县委、县政府成立5个专项工作督查组，到重点镇街、部门单位开展信访督查，实行重点挂牌督办，召开推进会议，同责任部门共同分析信访问题、研究化解方案，协调相关部门调查处理，促进信访积案办结化解。2017年市交办的40件信访积案全部化解，有效化解率100%。

【信访基层基础建设】 2017年，无棣县规范信访基础业务，解决信访事项受理办理不规范问题，统一印制各类受理告知书，严格按照上级政策法律法规和文件要求，全部实行规范告知，所有来信、来访及网上信访案件均达到规范化要求。投资216万元对接访中心进行改造升级，新建的候访大厅于11月3日正式投入使用，大厅建筑面积400平方米，设置登记室、候访大厅、网上信访自助服务区及功能区，安装大型LED显示屏，扩建后的接访中心总建筑面积近3000平方米，新建停车位22个，新增绿化面积900平方米，为群众提供良好的信访环境。12月6日，省专项督导组到县接访中心督导视察，对信访基础设施建设给予充分肯定。加强信访文化建设。依托新建候访大厅，安排专项资金打造信访文化宣传阵地，制作各类宣传画、宣传牌30余套；依托镇街、村居文化广场，县直部门单位机关宣传栏、重要路口节点开辟信访宣传专栏，通过宣传标语、信访漫画等形式广泛宣传信访政策法规。

【信访长效机制创新】 2017年，无棣县深化矛盾纠纷排查调处，发挥全县500多名信访信息员作用，全方位做好不稳定因素排查化解，摸清底数、掌握动态。县信访局将镇街及县直部门划分为5大责任区，由5名副科级干部分块负责，对案件进行调度、协调、督办。对排查出的问题，逐一明确“五个一”工作措施，成立专班盯靠处理。全年共排查信访隐患和矛盾纠纷685件，逐一落实工作措施，化解率达到90%以上。严格落实首办责任制，认真执行初信初访工作办法，确保信访问题在第一时间得到妥善解决，全年初信初访化解率70.59%。2017年，涉及恒农合作社非法集资、集中关闭砖窑厂、高速路占地、齐星职工等群体性事件连续发生，通过做耐心细致的工作、成立多部门参与的工作专班调查处理，集访事态得到有效控制。有效处置到市集体访12批，到县集体访29批。建立调解联动机制，导入法律工作者参与信访工作，矛盾纠纷调处中心年内受理信访问题92件，化解78件，化解率84.8%。

【网上信访】 2017年，无棣县全面推行网上信访，更新信访局官网，开

2017年8月，县信访局开展宣传活动　　（供稿　县信访局）

展网上投诉受理，开通无棣E访微信公众号、无棣信访头条号，部门、镇街建设网上信访自助服务区，将所有诉求数据统一解析到网上受理投诉平台，实现多渠道受理，一个系统办理、反馈的大数据格局，有效减少群众走访频率。年内，受理群众网上信访件1036件，占信访总量的67.23%，超过省定50%的指标要求。

【规范领导接访】 2017年，无棣县委办公室印发《进一步规范全县领导干部大接访工作的通知》，进一步规范接访内容、接访形式、接访责任、督导检查等，每月3日为市、县领导接访日，县委、县人大、县纪委、县政府、公安局、检察院、法院主要负责人、分管负责人以及县直有关部门单位主要负责人在群众来访联合接待中心公开接访。每月27日，包镇街县级领导干部、县直有关部门单位主要负责人和分管负责人带案到所包镇街进行下访、约访，镇街党政班子成员开展公开接访。各级“两会”“一带一路”论坛、党的十九大等重要活动期间，县委、县人大、县政府、政协等几大班子领导每天轮流到县接访中心公开接访，各镇街党政一把手每天确保有1人在镇驻地值守，党政班子成员轮流在驻地带班接访，倾听群众呼声、解决群众难题。年内开展大接访工作12次，县级领导干部参与接访200余人次，接待群众162批426人次，化解149件，化解率91.9%。

【依法处置违法信访】 2017年，无棣县通过县电视台连续播放打击非访宣传片和《关于依法打击信访活动中违法犯罪行为的通告》。县政府副县长、公安局局长张庆华发表打击非访电视讲话。在电视台、报社开辟“依法处理违法信访行为，打造规范文明信访秩序”专栏，在交通要道、镇村社区张贴滨州市、无棣县《关于依法打击信访活动中违法犯罪行为的通告》10000余份。落实市委“2+2”驻京值班模式，确保常年驻京值班人员公安干警不少于2人、信访干部不少于4人，驻省值班不少于2人。

（李　洁）

保密工作

【概况】 2017年，无棣县保密局从抓好保密工作规范入手，注重细节，加大管理和检查力度。成立由县保密委牵头的自查工作领导小组，加强对自查自评工作的领导。抽调专门人员进行集中培训，提高涉密干部的保密意识和工作水平。明确责任，按照“谁主管、谁负责、谁自查”的原则，主要负责人作为自查自评第一责任人，对本部门的自查自评工作负总责。

【监督检查】 2017年，无棣县保密局对做好信息公开保密审查和办公计算机保密管理进行清理整顿，4月，开展专项检查活动，对非涉密网络和非涉密计算机保密管理进行清理检查，检查120个单位、1800多台计算机，对出现隐患的单位下达整改通知书。纠正违法违规行为，编写《常见的保密安全问题及整改措施》。

【技术防范】 2017年，无棣县保密局加强保密技术专用防护系统建设，政务协同办公内网电脑和涉密电脑实现防护系统全覆盖，对纳入防护系统的计算机进行重点检查，登记造册，消除安全隐患。同时，督促各保密要害部门建立《涉密计算机管理制度》《涉密文件清理销毁制度》等相关制度。

（冯晓华）

档案工作

【概况】 2017年，无棣县档案工作坚持为全县经济和社会发展服务，开展方言语音档案征集录制，做好档案保护和开发利用，编辑出版档案书籍，加强民生等档案管理和党的机关规范性文件材料清理工作，抓好新档案馆建设。以“国际档案日”为契机，通过张贴宣传标语、宣传短信、微信等形式，开展档案工作宣传。是年，县档案局被省档案局评为全省档案宣传工作先进集体。

【无棣方言语音征集录制】 2017年，无棣县档案局根据语音发音不同和方言的区别，将全县划分为6个区域分别录制。至2017年底，语音（方言）档案录制编写共完成3000条方言词汇，录制音像13个小时，完成2个区域的方言语音录制工作。这一新的档案门类，丰富了县档案馆馆藏。

【馆藏地契档案保护及开发利用】 无棣县档案馆馆藏清代地契150卷（盒）、民国时期地契164卷（盒）；解放初期地契4卷（盒）。该批档案已列入国家重点档案保护目录。2017年8月，国家档案局拨款50万元，县财政拨款5万元，作为该批档案的保护和开发利用资金。是年，县档案局聘请专业人员，对该批档案全部进行仿真复制，投资31万元。在对档案进行高像素扫描和异地备份的基础上，进一步加大对该批珍贵档案的保

2017 年 6 月 9 日，国际档案日宣传活动　　（供稿　县档案局）

护力度。为便于群众阅览和了解这批地契档案，制作了展板，在古城进行展出。并利用地契档案材料，编写了由省档案局主编的“齐鲁记忆·山东档案珍品丛书《清代无棣地契档案》”。同时，投资 9 万余元，编辑出版《无棣县档案馆馆藏地契汇编》1000 册。

【《无棣县档案馆指南》编纂】　2017 年初，无棣县档案局启动大型工具书《无棣县档案馆指南》编纂工作。至年底，基本定稿。该书共有 3 章 13 节，另有前言、附录、图片等内容，计 43 万字。主要介绍县档案馆（局）的基本情况及各立档单位情况，包括机构设置、历史沿革、所存档案的卷数及基本内容等。

【民生档案进馆工作】　2017 年，无棣县档案馆努力建设覆盖人民群众的档案利用体系，改善馆藏结构，加快民生档案进馆工作。在 2016 年进馆 6 个镇、街道农村土地承包经营权确权登记颁证档案 45207 卷后，全面完成 2017 年 5 个镇的 47901 卷档案进馆。

【党的机关规范性文件材料清理】　无棣县档案局高度重视党的机关规范性文件材料清理工作，成立清理工作领导小组，下设办公室。出台《党的机关规范性文件清理工作方案》，配备 5 名工作人员，专门负责需要清理文件的筛选、目录抄写等工作。至 2017 年底，共清理规范性文件 444 份，废止 161 份，失效 177 份，继续有效的 106 份（其中 12 份需要修改）。

【档案馆新馆建设】　无棣县新档案馆规划面积 10450 平方米，总投资 9500 万元。至 2017 年底，新馆建设已全面完成前期立项、规划、可研、土地、图纸等手续的办理。国家财政下拨奖补资金 400 万元。2017 年底完成投资 220 万元。

（商学明）

离退休干部管理与服务

【老干部政治生活待遇落实】　2017 年，无棣县委老干部局结合春节和重阳节等重大节日，组织有关单位走访慰问离休干部，向老干部通报全县经济社会发展情况及本单位工作情况。9 月，为全县 128 名离休干部进行健康查体。10 月，在对离休干部遗属基本情况进行摸底调查的基础上，制定《无棣县特殊困难离休干部及遗属帮扶救助实施办法》，对因身体患有严重疾病或子女下岗失业、丧失劳动能力等造成生活困难的 10 名遗属进行救助，救助资金 4.4 万元。

老干部体育活动　　（供稿　县委老干部局）

【老干部党组织建设】 2017年，无棣县制定《关于进一步加强离退休干部党组织建设的实施意见》，对离退休干部党支部设置、班子配备、活动开展提供指导性意见。至2017年底，全县共有离退休干部党支部41个，离退休干部党员1976人。8月，县委配备1名党工委专职副书记。11月，协调县财政局将41个离退休党支部工作经费和26个党支部书记补贴分别按每年2000元、1200元的标准列入2018年财政预算。结合“主题党日”活动，在全县离退休干部党支部中开展“畅谈十八大以来变化，展望十九大胜利召开”“建言十九大”“老干部谈家风”等系列活动。

2017年10月16日，喜迎“十九大”老年书画展　　（摄影　王晶晶）

【老干部文体活动】 2017年，无棣县组织老干部书画、摄影展4次，举办大型门球比赛3次；组织老年书画家到企业、农村、古城、机关举办书画创作7次；“七一”期间，举办“夕阳无限好”老年专场文艺演出，300多名老年人参演；重阳节期间，举办太极拳剑展演活动，400多名太极爱好者参演。编辑出版《无棣当代书画作品集》，收录88位无棣籍书画名家209件书画篆刻作品。发挥老干部文艺骨干队伍作用，组织京剧协会、书画协会、民族音乐促进会开展文化下乡活动，2017年，到农村、企业、社区演出27场次。

【关心下一代工作】 2017年，无棣县在全县机关、企事业单位组建关工委组织。县关心下一代工作办公室联合县教育局、司法局组织全县中小学生参与普法知识竞赛、演讲比赛，开展“法律知识进校园”“我是小法官”等系列活动，增强青少年的法律意识和法制观念。在第三届“关爱明天·普法先行”青少年普法教育活动中，无棣县被中国关工委、司法部表彰为全国青少年普法教育示范区。

（王晶晶）

无棣县人民代表大会

综　述

【概况】　2017年，无棣县人民代表大会常务委员会（以下称县人大常委会）深入学习贯彻落实党的十八大和十九大精神，坚持党的领导、人民当家做主、依法治国有机统一，保持政治定力，强化使命担当，忠实履职尽责，创新人大、活力人大、作为人大建设取得新进展。全年召开常委会会议8次，听取审议工作报告12项，作出决议决定26项，发出审议意见13期，组织视察检查13次，依法任免国家机关工作人员64人次，为推进民主法治建设、促进经济社会发展发挥了重要作用。2017年2月，县人大常委会办公室被市人大常委会办公室评为全市人大系统宣传信息工作先进单位；9月，被省人大常委会办公厅评为2017年度山东人大工作宣传工作先进单位、2017年度《人民权利报》宣传工作先进单位。

2017年，县人大常委会加强政治建设，严守政治纪律和政治规矩，牢树“四个意识”，坚定“四个自信”。召开全县人大工作会议，认真分析人大工作面临的新形势新任务，促发展、推法治、惠民生、谋创新成为自觉行为。加强作风建设，坚持“两学一做”活动常态化、制度化，创新开展“主题党日+”活动，常委会党组、离退休和机关党支部建设不断加强。坚持不懈转作风、反“四风”，严格落实“八项规定”精神，持续推进作风建设。坚持求真务实，干实事、求实效、勇担当，常委会各主任积极参与创城复审、联企服务、项目建设、环保治理、“河长制”等各项工作。

加强制度建设，根据形势任务需要，出台专题询问、定向联系基层人大代表、专委会运行等7项规范性文件，修订常委会组成人员守则、人事任免办法，为人大工作创新发展提供制度保障。加强履职创新，完善从议题确定到落实票决的“全程闭环式”监督机制，邀请代表和专家参与预算草案初步审查，提前介入规范性文件备案审查，在媒体公开代表建议提出和办理情况，推行县镇人大工作联动模式，初步实现“有创新才能激发活力、有活力才能展现作为、有作为才能彰显权威”建设目标。

【重要文件】　无棣县人民代表大会常务委员会关于表彰优秀县人大代表建议的决定（2017年1月6日无棣县第十七届人民代表大会常务委员会第43次会议通过）

无棣县人民代表大会常务委员会关于表彰优秀县十七届人大代表的决定（2017年1月6日无棣县第十七届人民代表大会常务委员会第43次会议通过）

无棣县人民代表大会常务委员会组成人员定向联系基层县人大代表实施意见（2017年2月14日无棣县第十八届人民代表大会常务委员会第1次会议通过）

无棣县人民代表大会专门委员会工作规则（2017年6月15日无棣县第十八届人民代表大会常务委员会第3次会议通过）

无棣县人民代表大会常务委员会专题询问办法（2017年9月8日无棣县第十八届人民代表大会常务委员会第5次会议通过）。

无棣县人民代表大会常务委员会关于预算审查前听取县人大代表和社会各界建议的办法（《县人大代表预算审查监督联络员工作制度》《无棣县人大常委会预算审查监督专家咨询委员会工作制度》）（2017年12月26日无棣县十八届人大常委会主任会议通过）

【重要会议】　**无棣县第十八届人民代表大会第一次会议**　2017年1月16日至19日在无棣县城召开。会议听取审议县政府代县长姜凌刚所作的《政府工作报告》、县人大常委会常务副主任王振祥所作的《县人大常委会工作报告》、县人民法院院长常清利所作的《县人民法院工作报告》、县人民检察院代检察长温健所作的《县人民检察院工作报告》；印发县人民政府《无棣县2016年国民经济和社会发展计划执行情况与2017年计划草案的报告》《无棣县2016年财政预算执行情况和2017年财政预算草案的报告》，并分别通过各项报告的决议和关于设立专门委员会的决定。会议选举产生新一届县人大常委会、县政府班子成员和法院院长、检察院检察长，以及出席滨州市第十一届人民代表大会代表，表决通过专门委员会组成人员人选名单。新当选人

2017 年 1 月 19 日，在无棣县十八届人民代表大会第一次会议上，新当选人员向宪法宣誓　　（供稿　王文炎）

员进行宪法宣誓。

县十七届人大常委会第 43 次会议　1 月 6 日在无棣县城召开，县人大常委会常务副主任王振祥主持会议。会议审议通过关于表彰优秀县十七届人大代表的决定和关于表彰优秀代表建议的决定；审议县选举委员会关于县镇人大换届选举工作情况的报告；听取审议县十七届人大常委会代表资格审查委员会关于县十八届人民代表大会代表资格的审查报告，确认丁宝顺等 209 名当选代表的代表资格；听取审议县人大常委会关于设立无棣县人民代表大会专门委员会的决定（草案）的说明；听取县人大常委会关于县十八届人大一次会议筹备工作情况的汇报；审议通过关于召开县十八届人大一次会议的决定、会议议程（草案）、主席团和秘书长名单（草案）、议案审查委员会名单（草案）、预算审查委员会名单（草案），并决定提请县十八届人大一次会议预备会议通过；审议通过县十八届人大一次会议列席人员范围；听取审议县人大常委会工作报告（讨论稿）；研究人事任免事项。

县十八届人大常委会第 1 次会议　2 月 14 日在无棣县城召开。县人大常委会主任王振祥主持会议，会议审议通过关于成立无棣县第十八届人大常委会代表资格审查委员会的决定、关于表彰 2016 年度全县执法责任制工作优秀执法单位和优秀执法个人的决定、无棣县人大常委会 2017 年工作要点、关于在全县各级人大代表中开展建功立业活动的实施方案、县人大代表履职守则、县人大常委会组成人员定向联系基层县人大代表实施意见，补选市人大代表，研究人事任免事项。

县十八届人大常委会第 2 次会议　4 月 7 日在无棣县城召开，县人大常委会主任王振祥主持会议。会议听取审议县政府关于基础教育综合改革工作情况的报告、县法院关于民事执行工作情况的报告、县人大常委会执法检查组关于检查劳动法和劳动合同法贯彻实施情况的报告，听取审议县人大常委会关于接受高菊惠辞去县十八届人大常委会委员职务请求的说明并作出批准决定，研究人事任免事项。会议期间，以电子表决方式通过有关事项。

县十八届人大常委会第 3 次会议　6 月 14 日在无棣县城召开，县人大

2017 年 3 月 10 日，全县人大工作会议召开　　（供稿　王文炎）

常委会主任王振祥主持会议。会议听取审议县政府关于镇域经济发展情况的报告；听取审议县政府关于2016年度县级财政决算草案情况的报告，并作出批准决定。听取审议县政府关于2016年度县本级财政预算执行和其他财政收支情况的审计工作报告；听取审议县政府关于2017年地方政府债务限额的报告，并作出批准决定。听取审议县检察院关于查办和预防职务犯罪工作情况的报告。审议通过《无棣县人民代表大会专门委员会工作规则》《无棣县人大常委会人事任免办法》，研究人事任免事项，举行宪法宣誓仪式。

县十八届人大常委会第4次会议 7月26日在无棣县城召开，县人大常委会主任王振祥主持会议。会议听取审议县政府关于无棣县2017年上半年国民经济和社会发展计划执行、财政预算执行情况的报告，研究人事任免事项，举行宪法宣誓仪式。

县十八届人大常委会第5次会议 9月8日在无棣县城召开，县人大常委会主任王振祥主持会议。会议听取审议县政府关于社会治理创新情况的报告、关于扶贫开发工作情况的报告，审议通过《无棣县人大常委会专题询问暂行办法》及有关事项，研究人事任免事项，举行宪法宣誓仪式。

县十八届人大常委会第6次会议 10月10日在无棣县城召开，县人大常委会主任王振祥主持会议。会议根据《中华人民共和国全国人民代表大会和地方各级人民代表大会选举法》规定，按照《滨州市人大常委会办公室关于补选滨州市第十一届人民代表大会代表的通知》要求，补选产生滨州市第十一届人民代表大会代表1名。

县十八届人大常委会第7次会议 11月2日在无棣县城召开，县人大常委会主任王振祥主持会议。会议听取审议县政府关于县人大代表建议办理情况的报告、关于无棣县2017年度环境状况和环保目标完成情况的报告，审议通过《无棣县人民代表大会常务委员会组成人员守则》《无棣县人民代表大会常务委员会关于加强预算决算审查监督的决定》，审议县人大内务司法委员会关于全县物业管理工作情况的调研报告，研究人事任免事项，举行宪法宣誓仪式。

县十八届人大常委会第8次会议 12月27日在无棣县城召开，县人大常委会主任王振祥主持会议。会议听取审议县政府关于2017年财政预算调整方案的报告，并作出批准决定；听取审议县人大常委会人代工委关于县十八届人大一次会议以来代表建议、批评和意见办理情况的汇报；审议通过关于召开县十八届人大二次会议的决定及相关事项，审议人大常委会工作报告（讨论稿）；研究人事任免事项。

【重要活动】 5月25日，市人大常委会副主任吕德章带领检查组到无棣县对《中华人民共和国海域使用法》《山东省海域使用管理条例》实施情况进行执法检查。

6月14日，市人大常委会副主任傅成栋带领调研组到无棣就新型化工产业发展情况进行调研。

7月4日，市人大常委会副主任吕德章到无棣调研脱贫攻坚工作。

7月13日，市人大常委会副主任傅成栋带领视察组到无棣视察脱贫攻坚工作。

8月9日，市人大常委会副主任刘凤到无棣调研重点项目建设情况。

8月31日下午，市人大常委会党组副书记、副主任、秘书长王文禄带领调研组到无棣调研基层人大工作情况。

8月29日，省人大常委会委员、农业与农村委员会副主任委员宋玉山到无棣调研海洋与渔业发展情况和“海洋牧场”建设等情况。市人大常委会副主任吕德章陪同调研。

9月28日，市人大常委会傅成栋带领调研组到无棣对“五大千亿级产业集群”发展情况进行调研。

【人事任免】

无棣县第十七届人民代表大会常务委员会第43次会议

根据县政府代县长姜凌刚的提请，决定任命：

马风刚为无棣县交通运输局局长；张令忠为无棣县市场监督管理局局长；李智武为无棣县财政局局长。

免去：程玉春的无棣县财政局局长职务；李强的无棣县交通运输局局长职务；马风刚的无棣县市场监督管理局局长职务。

无棣县第十七届人民代表大会常务委员会第43次会议

根据县人大常委会主任会议的提名，任命：李洪晨为无棣县人大常委会老干部工作室主任。

免去：仝春晓的无棣县人大常委会城乡建设农村经济工作委员会主任职务；张华友的无棣县人大常委会财经工作委员会主任职务；文学伟的无棣县人大常委会老干部工作室主任职务。

无棣县第十七届人民代表大会常务委员会第43次会议

根据县人民法院院长常清利提请，任命：

邱海泳、梁敏、赵连辉、蒲妍君、刘广飞、商锋、蔡长松为无棣县人民法院审判员。

无棣县第十八届人民代表大会常务委员会第1次会议

根据县人民政府县长姜凌刚的提请，决定任命：杨景朋为无棣县人民政府办公室主任；朱金勇为无棣县发展和改革局局长；马云忠为无棣县经济和信息化局（商务局）局长；杨风彩为无棣县教育局局长；邢呈军为无棣县科学技术局局长；张庆华为无棣县公安局局长；李文凯为无棣县监察局局长；于清勇为无棣县民政局局长；闫景华为无棣县司法局局长；李智武为无棣县财政局局长；于大勇为无棣县人力资源和社会保障局局长；李玉涛为无棣县国土资源局局长；杜守国为无棣县住房和城乡建设局局长；马风刚为无棣县交通运输局局长；商涛为无棣县水务局局长；赵玉成为无棣县农业局局长；刘建军为无棣县海洋与渔业局局长；董昭武为无棣县文化广电新闻出版局局长；袁清水为无棣县卫生和计划生育局局长；田翠萍为无棣县审计局局长；李荣海为无棣县环境保护局局长；蒋述潭为无棣县统计局局长；张令忠为无棣县市场监督管理局局长；李瑞龙为无棣县安全生产监督管理局局长；王健伟为无棣县食品药品监督管理局（无棣县食品安全委员会办公室）局长（主任）。

无棣县第十八届人民代表大会常务委员会第2次会议

决定：接受高菊惠辞去无棣县第十八届人民代表大会常务委员会委员职务的请求，报无棣县第十八届人民代表大会第二次会议备案。

无棣县第十八届人民代表大会常务委员会第2次会议

根据县政府县长姜凌刚的提请，决定任命：高菊惠为无棣县人民政府办公室主任。

免去：杨景朋的无棣县人民政府办公室主任职务。

无棣县第十八届人民代表大会常务委员会第2次会议

根据县人民法院院长常清利提请，任命：刘海燕为无棣县人民法院立案一庭庭长；杨安坤为无棣县人民法院刑事审判庭庭长；付丽云为无棣县人民法院民事审判第一庭庭长，审判委员会委员；杨秀伟为无棣县人民法院民事审判第二庭庭长，审判委员会委员；田新民为无棣县人民法院审判监督庭庭长；马志强为无棣县人民法院小额债务法庭庭长；秘杰云为无棣县人民法院碣石山人民法庭庭长；吴会岭为无棣县人民法院水湾人民法庭庭长；张建武为无棣县人民法院审判委员会委员；杜金亮为无棣县人民法院执行一庭庭长；王友辉为无棣县人民法院执行二庭庭长；田成燕为无棣县人民法院审判委员会委员。

免去：刘海燕的无棣县人民法院审判监督庭庭长职务；战敏的无棣县人民法院刑事审判庭庭长职务；杨安坤的无棣县人民法院民事审判第二庭庭长职务；付丽云的无棣县人民法院水湾人民法庭庭长职务；杨秀伟的无棣县人民法院小额债务法庭庭长职务；田新民的无棣县人民法院民事审判第一庭庭长职务；马志强的无棣县人民法院碣石山人民法庭庭长职务；吴会岭的无棣县人民法院少年审判庭庭长职务；张建武的无棣县人民法院执行二庭庭长职务；杜金亮的无棣县人民法院立案一庭庭长职务；王友辉的无棣县人民法院执行一庭庭长职务。

无棣县第十八届人民代表大会常务委员会第3次会议

根据县人大常委会主任会议的提名，任命：王文章为无棣县人大教科文卫委员会委员。

无棣县第十八届人民代表大会常务委员会第4次会议

根据县政府县长姜凌刚的提请，决定任命：王春平、高晓勇为无棣县人民政府副县长（挂职）。

无棣县第十八届人民代表大会常务委员会第7次会议

根据县政府县长姜凌刚的提请，决定任命：邹宁为无棣县人民政府科技副县长（挂职）。

无棣县第十八届人民代表大会常务委员会第7次会议

根据县政府县长姜凌刚的提请，决定任命：张磊为无棣县环境保护局局长。

免去：李荣海的无棣县环境保护局局长职务。

无棣县第十八届人民代表大会常务委员会第8次会议

根据县人民法院院长常清利提请，免去：吴会岭的无棣县人民法院水湾人民法庭庭长职务；秘杰云的无棣县人民法院碣石山人民法庭庭长职务；付金良的无棣县人民法院碣石山人民法庭副庭长职务。

人大监督

【法治监督】 2017年，县人大常委会牢牢把握维护宪法和法律权威这一重要任务，开展审查检查，加强法律监督，组织开展劳动法和劳动合同法执法检查，配合市人大开展海域使用法和省海域使用管理条例执法检查。推进执法责任制标准化，推动政府部门标准化管理、规范化执法，加快法治政府建设。加强规范性文件备案审查，逐条审查8件规范性文件的合法性和可行性，确保规范性文件合规制、能管用。推进公正司法，维护公平正义，全力支持司法体制改革，依法对员额法官、员额检察官进行备案。抓住社会高度关注、群众反映强烈的执行难问题，对民事执行实施省市县镇四级联动监督。县法院坚持信用惩戒、联动执法、调解化解多措并举，“基本解决执行难”成效显著。

对查办和预防职务犯罪工作进行监督并提出建议，支持检察机关加大打击力度，开展源头预防，实现法律效果、政治效果和社会效果的有机统一。强化宪法意识，督促抓好国家宪法日集中宣传教育，推动“谁执法谁普法”责任落实，推进宪法法律宣传教育。发挥国家机关工作人员带头学法、模范守法引领作用，对提请常委会任命人员严格任前法律知识考试，公开宪法宣誓。高度关注、积极参与信访维稳和矛盾化解，督促依法加大对非访案件打击力度，推动通过合法渠道解决诉求。始终如一参与联合接访，妥善处理群众来信来访17件25人次。

2017年3月28日，县人大常委会执法检查组开展贯彻实施劳动法和劳动合同法情况检查 （供稿　王文炎）

【经济监督】　2017年，县人大常委会高度关注宏观经济运行，在深入调研的基础上，及时听取上半年国民经济和社会发展计划执行情况报告并提出建议，进一步强化形势研判，加强政策研究，正确处理生态环保与经济发展的关系，推动更有质量、更有效率、更可持续发展；跟踪监督审批服务，提出公开审批时间、提高审批效率等建议，推动发展环境持续优化；听取审议镇域经济发展情况报告，就特色发展、差异发展、融合发展提出建议；围绕推进板块引领工程实施，组织板块经济发展情况视察，就解决问题、提档升级、激发内力和全力做好化工园区评估认定工作提出建议，五大板块科学发展、规范发展、健康发展步伐加快，凝聚力和支撑力持续增强；围绕推动全市“五大千亿级产业集群”发展，开展专题调研和市县联动视察，激发产业集群发展新动力；聚焦大抓项目、抓大项目，组织对重点项目建设、招商引资工作进行视察，凝聚大招商、大发展合力；坚持监督参与、服务支持，常委会各主任在园区规划建设指挥部和牵头负责的重点项目中，尽责担当，协调调度。机关招商引资取得新进展，森岳化工、体育产业园、中电电力设备检测中心等项目加大投入、快速推进。强化健康转型监督，推动产业转型升级。组织对中草药种植、智能制造等产业发展情况进行视察，全力支持做大做强健康经济。立足于推动旅游开发，分别组织市、县人大代表开展调研、视察，就综合改革、基础配套、宣传推介、全市一体发展提出建议，推动加快形成全域旅游发展新格局，全力支持争创全国全域旅游示范区。

【预算监督】　2017年，县人大常委会健全完善预算审查制度，作出加强预算决算审查监督的决定，建立审查前听取代表和社会各界意见、审计整改向人大报告等制度，组建专家咨询委员会和预算监督联络员队伍，全口径预决算审查监督迈出实质性步伐。听取财政决算、预算执行情况报告，依法批准2016年县级决算，审查批准2017年债务限额和预算调整方案，督促细化预算编制，严格预算执行，优化资源配置，切实提高财政资金使用效益。

【环保监督】　2017年，县人大常委会围绕群众关切问题，全力推进生态建设、社会治理和民生改善，加强生态环保工作监督，听取审议全县环境状况与环保目标完成情况报告，县政府坚持“绿水青山就是金山银山”理念，突出抓好环保综合治理、督查问题整改，全县环境与空气质量进一步改善。常委会各主任认真落实“河长”职责，积极参与迎接环保督查检查、省级卫生县城复审、农村环境综合整治、城乡环卫一体化等工作，加快推进美丽无棣建设。

【民生监督】　2017年，县人大常委会从完善社区服务和管理功能入手，听取审议社会治理情况报告，深入调研物业管理情况并提出建议，进一步创新管理模式，完善服务体系，健全考核体制，充分发挥社区在和谐社会构建中的作用，监督支持解决突出问题，督促提高社会治理的科学化水平。高度关注、持续监督扶贫开发，听取审议专项报告，现场查看扶贫项目建设运行情况，建议县政府及有关部门把扶贫与扶志、扶智结合起来，树牢长远思想，激发内生动力，完善项目运营，全力做好精准扶贫、精准脱贫。机关干部积极对接54户贫困户，真帮实扶。聚焦“学有所教”，审议基础教育综合改革情况报告，视察解决“大班额”工程和师德师风建设情况，推动办好人民满意教育。聚焦“老有所养”，督促推进养老服务中心建设，推动探索新的养老模式。聚焦民生实事，加大视察督办力度，老旧小区和危房改造、农村饮水质量提升、农村公路养护等民生实事取得积极进展，群众幸福感和获得感进一步提升。

视察检查

【贯彻实施劳动法和劳动合同法情况检查】 3月28日，县人大常委会组成执法检查组对贯彻实施劳动法和劳动合同法情况进行检查。对存在的问题，检查组要求不断加大宣传力度，增强宣传针对性，注重形式的灵活性，营造“两法”贯彻实施的浓厚氛围。强化执法检查，加大检查力度，切实促进“两法”贯彻实施。进一步加强微观服务和宏观服务，加快推进自助终端查询系统与园区和企业的连接覆盖，不断提升为企业和职工的服务水平。研究解决好园区所在地城镇规划和公共设施配套问题，优化外部大环境。

【健康产业发展情况视察】 6月7日，县人大常委会对全县健康产业发展情况进行专项视察并提出建议。视察组要求发展健康产业，突出重点，突出特色，做好产业规划；通过招商引资引进合作伙伴，引进智力、人才，充分发挥优势资源；通过龙头企业带动，培育龙头企业，打造样板和品牌。

【旅游开发情况视察】 7月25日，县人大常委会组织部分市县人大代表对全县旅游开发情况进行视察并提出建议。视察组要求做好旅游规划完善、基础设施配套，发挥市场主体作用，吸引民间资本投资旅游开发；以争创国家全域旅游示范县为抓手，进一步提高旅游吸引力，提升景区档次水平；处理好投入与效益的关系，深入研究市场需求问题，确保逐步实现效益回报；采取多种方式，进一步强化宣传推介，扩大无棣旅游影响力；充分利用微信等手段，加快推进智慧旅游全覆盖。

【招商引资工作情况视察】 9月6日，县人大常委会组织部分市县人大代表对全县招商引资工作情况进行视察。视察组针对要素制约仍然突出、工作进展不够平衡、服务环境不够优化等问题提出建议，要求切实加快审批服务，优化服务流程，进一步优化发展环境；把招商引资与新旧动能转换有机结合，把握环保治理、安全管理所带来的发展新机遇；树立服务意识，落实完善好代办、限时办结、跟踪台账等制度；进一步增强创新意识，拓展招商引资新路子、新方式。

【重点项目建设情况视察】 10月16日，县人大常委会组织部分市、县人大代表对全县板块引领和重点项目建设情况进行视察。视察组要求，政府、园区、企业积极转变观念，规范发展，科学发展，全力推动全县经济发展；突出重点，把精力转移到谋划园区发展和重点项目建设上，全力做好园区建设工作；加大招商引资工作力度，瞄准新兴产业，做好项目储备；加大“放管服”工作力度，规范审批范围，建立政府审批公开平台，加大“一站式”服务工作力度。

【执政为民“八件实事”完成情况视察】 11月23日，县人大常委会组织部分市、县人大代表对全县执政为民“八件实事”完成情况进行视察。视察组要求科学做好工程扫尾，解决好工程款结算、工程质量等后续问

2017年8月31日，市人大常委会调研组到无棣调研基层人大“两室一站”建设情况（供稿　王文炎）

题；深入细致调研，科学谋划好论证好2018年民生实事；做好梳理总结，实事求是向群众和代表做好宣传解释；强化创新意识，转换工作思路，积极向上级反映，有效破解资金等困难问题，确保实事办实办好。

代表工作

【概况】 2017年，县人大常委会建立健全并认真落实常委会组成人员定向联系和半年调研走访代表制度，常委会各主任直接联系42名县人大代表，常委会委员联系91名县人大代表，通过走访、电话、微信等方式密切与代表的交流。完善激励约束机制，制定代表履职守则，评选表彰上届30名优秀代表，45名代表向600多名选民代表进行述职，切实增强代表履职的责任感和使命感，充分发挥代表的桥梁纽带作用。

优秀县十七届人大代表名单

海丰街道：丁树华　马文勇　张清池
棣丰街道：王玉涛　李　永
信 阳 镇：李鸣华　庞玉华
车 王 镇：刘宝祥　从立建　宋光胜
碣石山镇：吴文奎　邢宝英
小泊头镇：任树华　高文俊　李雪田
埕 口 镇：李式俊　吴玉萍
柳 堡 镇：朱延民　杜其发　胡有恩
西小王镇：高立明　张云增
佘 家 镇：马士东　张爱民　刘志彬
水 湾 镇：吴宝阁　刘学国　邓茂林
县直代表小组：董昭武　冯秀彩

【代表履职】 2017年，县人大常委会力促代表活动常态化，组织新任代表进行学习培训，提高代表履职能力。紧扣全县中心工作，开展建功立业主题活动，科学划分代表小组，加强代表活动室和代表接待站标准化建设，搭建代表履职平台，代表参加视察、检查等活动120余人次。服务和组织驻棣市人大代表到沾化区开展跨选举单位调研活动。自觉接受上级人大指导监督，配合省市人大开展立法调研、视察检查、联动监督等活动9次。注重加强同基层人大的工作联系，出台加强镇街人大履职规范化建设的意见，培养典型，检查指导，推动依法履职、规范履职水平提高。探索实行监督议题联合确定、监督工作联手推进、代表活动联动开展、规范建设联系指导模式，全县人大工作整体优势和效应进一步显现。

【代表建议办理】 县十八届人大一次会议期间，代表共提出建议59件，全部由县人民政府办理。闭会期间，县人大常委会组成人员集中调研走访代表和定向联系代表，收到建议55件（其中向县委建议1件，县政府单独承办51件，县法院单独承办1件，县检察院单独承办1件，县政府、县人民法院、县人民检察院共同承办1件）。代表所提114件建议中，农林水方面16件，占14%；工基交财税方面42件，占37%；文教卫生方面11件，占10%；城建环保方面18件，占16%；政法方面6件，占5%；其他方面21件，占18%。至12月底，114件代表建议均由承办单位答复代表。

重视代表建议办理。对代表建议的提出和办理，县委高度重视，提出创新建议办理、增强督办实效的明确要求。县人大常委会将提高建议办理质效作为做好代表工作的重要抓手，进一步摆上重要日程，加强总体安排部署和组织领导。县政府把办理工作当作"一把手工程"，主要领导多次做出批示，将其作为县政府常务会议、县长办公会议的重要议题进行研究部署；分管领导召开专题会议，定期进行督导调度，及时研究解决问题和困难。县人民法院、县人民检察院对办理工作做了大量富有成效的工作。

完善提出和办理机制。注重从提出和办理两端发力，完善机制，加大力度，切实促进建议有效落实。在提出方面，建立学习培训、代表活动、宣传激励等制度，指导引导代表提出高质量的建议。2017年，采取专题培训、外出学习等方式，培训代表300余人次；建立县人大常委会组成人员定向联系基层人大代表制度，开展半年集中走访活动，邀请代表参加人大常委会活动120余人次，指导各镇街开展调研视察和代表小组活动20余次，拓宽代表知情知政渠道；对上届优秀人大代表进行表彰，公示公开代表建议提出情况，提高代表履职积极性。在建议办理方面，县人大常委会完善集中交办、审议催办、视察督办、满意度回访等机制，推动办理工作从答复型向落实型转变。县政府继续采取ABC分类办理机制，切实解决事关全县经济社会发展和代表反映集中、群众普遍关注的问题。

密切与代表沟通。将加强与代表联系沟通作为必要环节，了解代表提出意图，邀请领衔代表参与办理，及时向代表答复，代表满意率逐年提高。把代表建议督办与视察检查相结合，邀请领衔代表参加重点代表建议视察督办、参与相关视察检查，让代表了解建议办理过程。各承办单位积极与代表联系沟通，进一步征求代表意见建议，切实提高代表满意度。

加大办理力度。县政府承办的建议中，A类（已经解决或基本解决）

和B类（正在解决或已列入规划解决）建议占总数的88%，比上年增加11个百分点，代表建议越来越多地转换为促进经济社会发展的成果。关于加强城建规划、解决和改善城区环境及道路交通拥堵问题的建议，借助迎接省级卫生县城复审契机，县政府组织实施老区菜市场升级改造、无棣商城改造、老区棣新二路和三路雨污分流及道路拓宽、清波河及幸福河清淤整治、县城区公厕完善配套、老旧小区升级改造等一系列环境整治专项工程，有效解决了老城区环境脏乱差、交通拥挤等问题，城区人居环境明显改善，城市品质全面提升。

2017年无棣县“两会”期间人大代表建议目录一览表

表5

编号	建议标题	类别
1801001	关于实施白杨支沟清淤及完善水闸配套的建议	农林水
1801002	关于实施开发八路西排水沟清淤及桥涵水闸配套建设的建议	农林水
1801003	关于衬砌白杨河余家邓王段，打造旅游观光带的建议	农林水
1801004	关于开发整理车王镇刘家洼、李什洼万亩土地的建议	农林水
1801005	关于规范少数民族区域养殖业发展的建议	农林水
1801006	关于信阳镇接通县城自来水的建议	农林水
1801007	关于建设水循环体系，保障新海工业园健康运行和柳堡镇群众生产用水的建议	农林水
1801008	关于疏通王山支沟与小开河之间引排水渠道的建议	农林水
1801009	关于改善三角洼水库自来水水质的建议	农林水
1801010	关于在马颊河黄瓜岭处修建桥梁的建议	农林水
1801011	关于大力发展苜蓿振兴无棣草业的建议	农林水
1801012	关于县、镇加大投入力度，治理田间疏通工程的建议	农林水
1801013	关于加快推动县交通基础设施建设的建议	工基交财税
1801014	关于加强城市公交基础设施建设的建议	工基交财税
1801015	关于实施水柳路北延工程（更名为棣埕大道），打通鲁北高新区与县城人流通道的建议	工基交财税
1801016	关于在星湖六路与239省道交叉路口安装监控的建议	工基交财税
1801017	关于加快荣乌高速逯庙高架桥改造的建议	工基交财税
1801018	关于给予水湾镇蔡河路、棣邓路等占地补助的建议	工基交财税
1801019	关于尽快整修养护水柳路刘李至穆王段的建议	工基交财税
1801020	关于加大资金投入，对农村危桥维修的建议	工基交财税
1801021	关于实施大济路碣石山镇区段改线工程的建议	工基交财税
1801022	关于实施车泊路北段拓宽升级改造工程的建议	工基交财税
1801023	关于对车泊公路拓宽改造升级的建议	工基交财税
1801024	关于公交路线更名的建议	工基交财税
1801025	关于提高无棣北出口形象的建议	工基交财税

续表 5

编号	建议标题	类别
1801026	关于修建信河路、棣邓路连接线的建议	工基交财税
1801027	关于解决大济路埕口段堵车问题的建议	工基交财税
1801028	关于埕口驻地企业加大对被征地村帮扶力度的建议	工基交财税
1801029	关于实施柳河路北延工程的建议	工基交财税
1801030	关于加快建设鲁冀大桥的建议	工基交财税
1801031	关于解决鲁北工业园区道路瓶颈问题的建议	工基交财税
1801032	关于提高环卫工人待遇的建议	工基交财税
1801033	关于在海丰十三路和棣新二路、三路交叉路口安装红绿灯的建议	工基交财税
1801034	关于在新海路与柳堡镇希望小学交叉路口安装安全标识的建议	工基交财税
1801035	关于解决农村缺医少药问题的建议	文教卫生
1801036	关于增设公办幼儿园的建议	文教卫生
1801037	关于促进留守儿童健康发展的建议	文教卫生
1801038	关于提高幼儿教师待遇问题的建议	文教卫生
1801039	关于解决老城区停车难问题的建议	城建环保
1801040	关于实施清波河东段污水整治、衬砌美化的建议	城建环保
1801041	关于加强白杨河下游污染治理的建议	城建环保
1801042	关于加强农村环卫一体化工作的建议	城建环保
1801043	关于加大环境污染治理联合执法力度的建议	城建环保
1801044	关于加大治污减排工作力度的建议	城建环保
1801045	关于规范完善城乡环卫一体化管理运行体制的建议	城建环保
1801046	关于蔡河路东侧通信线路整改维修的建议	城建环保
1801047	关于加强综合执法力度，整治河道水污染的建议	城建环保
1801048	关于严禁在城区露天焚烧垃圾的建议	城建环保
1801049	关于打造古城荷花湾“文化品牌”的建议	其他
1801050	关于加快发展民办养老服务机构的建议	其他
1801051	关于加强镇街基层工作力量的建议	其他
1801052	关于加快碣石山饮马湖开发的建议	其他
1801053	关于围绕碣石山镇打造县域经济文化次中心的建议	其他
1801054	关于制定渔网产业长期发展规划的建议	其他
1801055	关于加强渔网加工业规范化管理的建议	其他

续表 5

编号	建议标题	类别
1801056	关于加强中草药产业发展的建议	其他
1801057	关于解决县域中小企业招工难问题的建议	其他
1801058	关于加快生物质能源开发建设的建议	其他
1801059	关于加强农村殡葬改革的建议	其他

无棣县十七届人大代表优秀建议目录一览表

表 6

编号	建议领衔人	题　目
1701015	丁树华	关于加大对农田水利设施建设资金投入的建议
1701018	徐海霞	关于加大对农机专业合作社资金扶持的建议
1701025	李　强	关于尽快启动棣丰街道九年一贯制义务教育学校建设的建议
1701026	董昭武	关于收回县人民医院管理权的建议
1701036	杨富国	关于加快建立中小企业融资平台的建议
1702011	李雪松	关于对车泊路与泊山路进行升级改造的建议
1702021	丁树华	关于加强乡村公路养护的建议
1702024	马文勇	关于富路大街东段升级改造的建议
1702032	李洪涛	关于全面提升碣石山景区水平的建议
1703002	赵吉义	关于对全县自来水管网进行改造的建议
1703014	杨富国	关于建立农民工工资保障机制的建议
1703015	胡建国	关于加大对农村环境综合整治帮扶力度的建议
1703024	张金明	关于修建坡竟公路的建议
1703036	张　健	关于落实县城新区房屋土地证的建议
1703039	张清池	关于加大对省级特色产业集群光电子产业集群政策支持的建议
1704010	肖广兰	关于对车王镇五营洼、朱高洼土地开发整理的建议
1704011	宋光胜	关于对农民专业合作社进行优化管理、提升发展空间的建议
1704015	仝春晓	关于对城区重点路段进行升级改造的建议
1704017	吴文奎	关于化解村级债务的建议
1704033	张爱民	关于移动、联通、电信等通讯部门线路架设和改造要统一规划、有序安装的建议
1704039	杜其发	关于加快新海工业园污染治理的建议
1706009	吴文奎	关于加强我县“四大工业板块”建设的建议

续表 6

编号	建议领衔人	题　目
1706010	曲锋	关于加大对农村困难群众帮扶力度的建议
1706018	李新峰	关于发展城市公共交通，缓解交通拥堵的建议
1706019	高寿元	关于加快完善馨安、馨怡安置小区基础设施建设的建议
1706029	杨风彩	关于加快县城区幼儿园建设的建议
1706030	杨风彩	关于进一步加大对乡村教师支持力度的建议
1706031	高立明	关于加强食品药品监督管理的建议
1706045	朱延民	关于进一步提升全县环卫一体化工作水平的建议
1706054	王中涛	关于优化无棣大众创业环境的建议

无棣县人民政府

综　述

【2017 年县政府主要文件目录】

棣政发

16 号　无棣县人民政府关于印发《无棣县土壤污染防治工作方案》的通知（5 月 4 日）

17 号　无棣县人民政府关于政府向社会力量购买服务的实施意见（5 月 15 日）

21 号　无棣县人民政府关于全面推进标准化建设的意见（7 月 10 日）

22 号　无棣县人民政府关于加快推进品牌建设的意见（7 月 10 日）

23 号　无棣县人民政府关于印发《无棣县新型职业农民认定管理办法（试行）》的通知（7 月 11 日）

28 号　无棣县人民政府关于促进全县驴产业发展的实施意见（8 月 3 日）

29 号　无棣县人民政府关于印发《无棣县离休人员医疗管理办法及实施细则》的通知（8 月 4 日）

36 号　无棣县人民政府关于进一步健全特困人员救助供养制度的实施意见（9 月 14 日）

40 号　无棣县人民政府关于进一步降低实体经济企业成本的实施意见（10 月 10 日）

47 号　无棣县人民政府关于印发《无棣县综合行政执法工作实施方案》的通知（11 月 22 日）

棣政办发

1 号　无棣县人民政府办公室关于印发《无棣县人民政府 2017 年度规范性文件制发计划》的通知（2 月 3 日）

6 号　无棣县人民政府办公室关于进一步强化投资项目联审联批联察工作机制的意见（3 月 28 日）

7 号　无棣县人民政府办公室关于加快推进全县煤炭清洁高效利用工作的实施意见（3 月 29 日）

8 号　无棣县人民政府办公室关于印发《无棣县迎接省级卫生县城复审工作实施方案》的通知（3 月 31 日）

9 号　无棣县人民政府办公室关于印发《无棣县高龄特困老年人救助金管理办法》的通知（4 月 5 日）

10 号　无棣县人民政府办公室关于印发《无棣县城乡困难群众医疗救助管理办法》的通知（4 月 5 日）

12 号　无棣县人民政府办公室关于印发《无棣县创建省级食品安全先进县工作方案》的通知（2 月 28 日）

14 号　无棣县人民政府办公室关于印发《无棣县 2017 年老旧住宅小区整治改造和物业管理实施方案》的通知（5 月 17 日）

17 号　无棣县人民政府办公室关于印发《无棣县中小学幼儿园安全管理办法》的通知（5 月 25 日）

18 号　无棣县人民政府办公室关于印发《无棣县人民政府启动重大行政决策 程序工作规定、无棣县重大行政决策目录管理办法》的通知（6 月 4 日）

21 号　无棣县人民政府办公室关于印发《无棣县人民政府法律顾问管理办法（试行）》的通知（6 月 15 日）

25 号　无棣县人民政府办公室关于印发《无棣县农村公路养护改造实施方案》的通知（6 月 30 日）

26 号　无棣县人民政府办公室关于印发《无棣县公路沿线环境综合治理实施方案》的通知（6 月 30 日）

29 号　无棣县人民政府办公室关于印发《无棣县县级公物仓管理暂行办法》的通知（7 月 11 日）

30 号　无棣县人民政府办公室关于印发《无棣县人民政府法律顾问工作规定（试行）》的通知（7 月 10 日）

31 号　无棣县人民政府办公室关于印发《无棣县国有企业职工家属区“三供一业”分离移交工作方案》的通知（6 月 30 日）

32 号　无棣县人民政府办公室关于印发《气化无棣“镇镇通”“户户通”建设工程实施方案》的通知（7 月 27 日）

37 号　无棣县人民政府办公室关于印发《无棣县地方史志事业发展规划纲要（2016-2020 年）》的通知（8 月 4 日）

38 号　无棣县人民政府办公室关于印发《2017 年无棣县政务公开工作要点》的通知（8 月 1 日）

40 号　无棣县人民政府办公室关于提高全县社会救助标准的通知（9 月 5 日）

49 号　无棣县人民政府办公室关于印发《无棣县人民政府规范性文件备案审查程序规定》的通知（10 月 25 日）

50 号　无棣县人民政府办公室关于印发《无棣县政务服务中心建设

工作方案》的通知(10月30日)

53号 无棣县人民政府办公室关于印发《无棣县医疗服务共同体建设实施方案(试行)》的通知(7月12日)

58号 无棣县人民政府办公室关于印发《无棣县加快推进政务信息系统整合共享工作方案》的通知(12月20日)

62号 无棣县人民政府办公室关于印发《无棣县省级卫生县城长效管理机制实施方案》的通知(12月28日)

【县政府常务会议】 **第1次常务会议** 3月27日上午在县政务中心1706会议室召开。会议审议《2016年度法制政府建设工作情况报告》,研究《无棣县中小学幼儿园安全管理办法》《无棣县离休人员医疗管理办法及实施细则》《无棣县城乡困难群众医疗救助管理办法》《无棣县高龄特困老年人救助管理办法》。县长姜凌刚主持会议。

第2次常务会议 5月24日下午在县政务中心1706会议室召开。会议研究《无棣县县级政府投资项目预算管理办法》《无棣县县级公物仓管理暂行办法》《无棣县新型职业农民认定管理办法(试行)》。县长姜凌刚主持会议。

第4次常务会议 8月21日上午在县政务中心1616会议室召开。会议传达学习上级有关环保工作文件和讲话精神,研究实施无棣县河网水系综合治理工作。县长姜凌刚主持会议。

第5次常务会议 9月14日上午在县政务中心1706会议室召开。会议研究全县环境保护突出问题综合整治攻坚工作,传达全省脱贫攻坚工作推进会议精神,研究县城区冬季清洁取暖改造、《无棣县深化放管服改革进一步优化政务环境实施方案》《关于进一步健全特困人员救助供养制度的实施意见》、国有企业职工家属区"三供一业"分离移交、全县三年禁毒人民战争等事宜。县长姜凌刚主持会议。

第6次常务会议 10月24日上午在县政务中心1616会议室召开。会议研究《关于进一步深化居民基本医疗保险支付方式改革的意见》《关于落实公立医院综合改革财政扶持政策的意见》《无棣县县级公立医院院长(法人)年薪制实施方案(试行)》、基层现代公共文化服务体系建设、全县金融工作等。县长姜凌刚主持会议。

第7次常务会议 11月10日上午在县政务中心1706会议室召开。会议研究部署社会组织管理制度改革、规范性文件清理、综合行政执法和集中行政处罚权方案、房地产市场调控等工作事宜。县长姜凌刚主持会议。

【县长办公会议】 **第2次县长办公会议** 2月17日上午在县政务中心1616会议室召开。会议专题研究全县环保、"地条钢"清理整治以及孙岔路、柳河路升级改造工作。县长姜凌刚主持会议。

第5次县长办公(扩大)会议 4月11日上午在县政务中心第四会议室召开。县政府班子成员、相关职能部门负责人以及各镇(街道)镇长(办事处主任)参加会议。会上传达省环保督察组现场督察情况反馈意见,副县长、县公安局局长张庆华介绍2017—2018京津冀及周边地区大气污染防治强化督查工作要求等相关情况,县长姜凌刚主持会议并对全县环保问题整改工作做安排部署。

第6次县长办公会议 5月24日下午在县政务中心1706会议室召开。会议研究县住房和城乡建设局、食品药品监督管理局暂借执法执勤车辆、农村公路和铁路重点项目建设、《无棣县农村公路养护改造实施方案》《无棣县公路沿线环境综合治理实施方案》、全县新旧动能转换及重点项目推进等事宜。县长姜凌刚主持会议。

第8次县长办公会议 7月7日上午在县政务中心1616会议室召开。会议研究全县环保、土地例行督察反馈问题整改、《关于促进无棣驴产业发展的实施意见》、5处城区新建学校班子组成及教职工调整方案、融鑫集团出资建设无棣县光伏扶贫项目、无棣县结对帮扶祁连县阿柔乡、全县化工产业安全生产转型升级专项行动、散煤清洁化治理财政补助、西港经济园区基础设施建设财政支持和落实市委、市政府重大决策部署等工作。县长姜凌刚主持会议。

第9次县长办公会议 7月17日上午在县政务中心1616会议室召开。会议研究迎接省级卫生县城复审工作和县政府领导工作分工事宜。县长姜凌刚主持会议。

第10次县长办公会议 7月25日上午在县政务中心1706会议室召开。会议研究公务用车采购、特巡警大队辅警招录等工作。县长姜凌刚主持会议。

【2017年县政府任免工作人员情况】

2月7日,县人民政府决定,任命:于杰民为无棣县粮食局局长,免去其无棣县统计局副局长职务;秦林胜为无棣县农机局局长,免去其无棣县滨州港西港经济园区管理委员会主任职务;赵荣春为无棣县滨州港西港经济园区管理委员会主任,免去其无棣县招商局局长职务;郭庆文为无棣县招商局局长(试用期一年);杨莉莉为无棣县公共行政审批服务中心主任、无棣县公共资源交易中心主任(试用期一年),免去其中国国际商会无棣县商会常务会长职务;孟德义为无棣县监察局副局长;李现柱为无棣县综合检验检测中心主任（试用期一年），免去其无棣县食品药品监督管理局（无棣县食品安全委员会办公室）副局长（副主任）职务；李大海为无棣县食品药品监督管理局（无棣县食品安全委员会办公室）副局长（副主任），免去其无棣县监察局派驻食品药品监督管理局（食品安全委员会办公室）监察室主任职务。

免去：张令忠的无棣县粮食局局长职务；朱洪东的无棣县农机局局长职务；曹守国的无棣县监察局副局长职务；费永刚的无棣县发展和改革局副局长职务；李智武的无棣县财政局主任科员职务。

2月22日，县人民政府决定，任命：刘宝泉为无棣县教育局副局长（列副局长第一位）、无棣县人民政府教育督导室主任。

免去：高延华的无棣县教育局副局长、无棣县人民政府教育督导室主任职务。

任命：邱景作为无棣县财金投资集团有限公司董事长，免去其无棣县财政局副局长、无棣县经济开发投资服务中心（无棣县棚户区改造资金管理中心）主任、无棣县中小企业投资服务中心主任职务；李文祥为无棣县财金投资集团有限公司总经理（试用期一年），解聘其无棣县经济开发投资服务中心（无棣县棚户区改造资金管理中心）副主任职务；付俊刚为无棣县政府投资项目代建管理中心主任，免去其无棣县盐化集团离退休人员服务中心主任职务；葛军为无棣县国家海域动态监管中心主任，免去其无棣县渔业生产综合服务中心主任职务。

聘用：吴元周为无棣县政府投融资管理中心副主任，解聘其无棣县经济开发投资服务中心（无棣县棚户区改造资金管理中心）副主任职务；刘全顺、李金泉为无棣县政府和社会资本合作中心副主任，解聘其无棣县中小企业投资服务中心副主任职务；王凤彬为无棣县财政预算评审中心副主任，解聘其无棣县政府投资评审中心副主任职务。

任命：李文祥为无棣县财金投资集团有限公司副董事长；

孟德坡、田福芸、李鹏为无棣县财金投资集团有限公司董事；

杨国为无棣县财金投资集团有限公司总经理助理。

免去：王玉真的无棣县林业局局长职务。

4月6日，县人民政府决定，任命：李学敬为无棣县林业局局长（试用期一年）；王自银为无棣县林业局主任科员，免去其无棣县枣业生产管理办公室主任职务；韩振虎为无棣县枣业生产管理办公室主任（试用期一年），免去其无棣县林业局副局长职务；李洪波为无棣县林业局副局长；王世镇为无棣县湿地保护管理中心主任（试用期一年）。

免去：于淼的无棣县区域发展战略推进办公室副主任职务。

6月12日，县人民政府决定，任命：邵洪星为无棣县电子政务中心主任（试用期一年），解聘其无棣县人民防空办公室副主任职务；马跃峰为无棣县综合执法应急用车保障中心主任（试用期一年）；崔玉科为无棣县发展和改革局副局长（列李相龙之后），免去其无棣县监察局派驻发展和改革局监察室主任职务；邓永强为无棣县公安局正科级侦察员；赵怀东为无棣县公安局副科级侦察员，免去其无棣县公安局交通警察大队大队长（升格前）职务；李连江为无棣县公安局交通警察大队大队长（升格后，试用期一年）；刘国锋为无棣县公安局交通警察大队副大队长（升格后，试用期一年），免去其无棣县公安局副科级侦察员职务；徐文国为无棣县公安局治安管理大队大队长（试用期一年），免去其无棣县公安局副科级侦察员职务；刘连锡为无棣县公安局城区派出所所长；张义栋为无棣县公安局公安检查站站长；于福智为无棣县公安局油区治安大队大队长（试用期一年）；胡博林为无棣县人力资源和社会保障局主任科员；冯鲁飞为无棣县人力资源和社会保障局副主任科员；关晓冬为无棣县住房和城乡建设局主任科员；吴文华为无棣县园林处主任（试用期一年）；张金勇为无棣县安全生产监督管理局副局长，免去其无棣县监察局派驻安全生产监督管理局监察室主任职务；刘志胜为无棣县安全生产监督管理局副主任科员，免去其无棣县安全生产监督管理局副局长职务；吴忠水为无棣县农村供水总公司经理，免去其无棣县芦家河子水库管理所所长职务；门洪春为无棣县芦家河子水库管理所所长（试用期一年）；冯兆田为无棣县计划生育协会会长（正科级），免去其无棣县鲁北高新技术开发区人民医院院长职务；王清泉为鲁北高新技术开发区人民医院院长（试用期一年），免去其无棣县中心医院院长职务；韩卫东为无棣县体育局主任科员；张元泽为无棣县农机局副局长（列孙明星之后）；张曰照为无棣县农机局主任科员，免去其无棣县农机局副局长职务；贾婷为无棣县地震局局长（试用期一年）；陈瑞山为中国海监滨州贝壳堤岛与湿地国家级自然保护区支队支队长（试用期一年）；王树庄为无棣县商业协会会长，免去其无棣县供销合作社联合社监事会主任职务；刘正军为鲁北高新技术开发区管委会规划建设局局长（试用期一年）。

免去：吴新英的无棣县财政局副主任科员职务；孟令岐的无棣县公安局副科级侦察员职务；王海勇的无棣

县园林处主任职务；吴绍焕的无棣县计划生育协会会长职务；崔吉明的无棣县商业协会会长职务，保留正科级领导干部待遇；商希忠的无棣县盐业生产办公室主任职务，保留正科级领导干部待遇。

聘用：石婧为无棣县电子政务中心副主任（试用期一年）；刘东星为无棣县人民防空办公室副主任（试用期一年）；刘建春为无棣县公共就业和人才服务中心副主任（列副主任第一位），免去其无棣县劳动就业处主任职务；孙富君为无棣县房产行政管理局副局长、无棣县城镇住房制度改革领导小组办公室副主任（试用期一年）；李树寅为无棣县人民政府防汛抗旱指挥部办公室副主任，免去其无棣县农村供水总公司经理职务；李胜芳为无棣县优生兴业综合服务中心副主任（试用期一年）；罗建军为滨州贝壳堤岛与湿地国家级自然保护区管理局副局长（列副局长第一位），解聘其无棣县滨州港西港经济园区管理委员会副主任职务；蔡宝沾为山东无棣经济开发区管理委员会组织宣传与人力资源管理办公室副主任（试用期一年）；董立志为无棣县新海工业园管理中心经济发展办公室副主任（试用期一年）。

解聘：高海生的无棣县规划办公室副主任职务；刘志国的无棣县人民政府防汛抗旱指挥部办公室副主任职务；王文章的山东无棣经济开发区管理委员会组织宣传与人力资源管理办公室副主任职务；韩志民的无棣县供销合作社联合社监事会副主任职务，保留副科级领导干部待遇。

7月27日，县人民政府决定，解聘：张吉柱的无棣县扶贫开发领导小组办公室副主任职务。

9月13日，县人民政府决定，任命：张从敬为无棣县公共行政审批服务中心主任，免去其无棣县红十字会常务副会长职务；张春霞为无棣县红十字会常务副会长（试用期一年）；周兴坤为无棣县机关事务管理局局长；吴明星为无棣县监察局派驻财政局监察室主任；吴国东为无棣县教育局主任科员；乔承云为无棣县教育局副主任科员；冯汝光为无棣县人民政府教育督导室主任（试用期一年）；孙惠峰为无棣县交通运输局副局长（试用期一年），免去其无棣县交通运输局副主任科员职务；王敏青为无棣县铁路工作办公室主任，解聘其无棣县农村公路管理局副局长职务；李长江为无棣县交通运输监察大队大队长（试用期一年）；郭庆东为无棣县财政局副局长（试用期一年），免去其无棣县财政监督局局长职务；吴金瑞为无棣县政府投融资管理中心主任（试用期一年），免去其无棣县政府采购办公室主任职务；刘全顺为无棣县政府和社会资本合作中心主任（试用期一年）；史东辉为无棣县市场监督管理局副局长（试用期一年），免去其无棣县市场监督管理局经济开发区市场监督管理所所长职务；范宪华为无棣县市场监督管理局经济开发区市场监督管理所所长（试用期一年）；李秀鹏为无棣县市场综合执法大队大队长（试用期一年）；高明亭为无棣县经济和信息化局（商务局）副局长（正科级），免去其无棣经济开发区组织宣传与人力资源管理办公室主任职务；任志东为无棣县科学技术局副局长（试用期一年）；张元江为无棣县统计局副局长（列王金行之后，试用期一年），免去其无棣县住房和城乡建设局副主任科员职务；徐呈英为无棣县中小企业局副局长；张胜林为无棣县中小企业局主任科员，免去其无棣县中小企业局副局长职务；程梅岭为中国国际商会无棣县商会会长；秦清刚为无棣县疾病预防控制中心主任（试用期一年），免去其无棣县医疗保险事业处主任职务；游丽霞为无棣县文物管理局局长（试用期一年）；张世杰为无棣县环境监察大队大队长（试用期一年）；刘树刚为鲁北高新技术开发区管委会安全生产与环境保护管理中心主任（试用期一年），解聘其无棣县招商局副局长职务。

免去：杨莉莉的无棣县公共行政审批服务中心主任职务；马振山的无棣经济开发区资产运营管理中心主任职务；李永玺的无棣县人力资源和社会保障局副局长职务；杨风荣的无棣县科学技术局副局长职务；葛汝涛的无棣县经济和信息化局（商务局）副局长职务；刘宝泉的无棣县人民政府教育督导室主任职务，保留正科级干部待遇；王金龙的无棣县教育实业总公司总经理职务；王金波的无棣县市场综合执法大队大队长职务；刘震的无棣县文物管理局局长职务；李玉峰的无棣县农产品质量检测中心主任职务；杨宝义的无棣县机关事务管理局局长职务，保留正科级干部待遇；张炳怀的无棣县疾病预防控制中心主任职务，保留正科级干部待遇。

聘用：吴洪芳为无棣县农村公路管理局副局长（试用期一年）；孙刚正为无棣县体育中学副校长（试用期一年）；刘占勇为无棣县文化市场综合执法局副局长，解聘其无棣县商业协会副会长职务；南兆新为无棣县商业协会副会长（试用期一年）；孙殿报为无棣县供销合作社联合社监事会副主任（试用期一年）；杨洪喜为鲁北高新技术开发区管委会安全生产与环境保护管理中心副主任（试用期一年）。

解聘：王宝海的无棣县人民政府教育督导室副主任职务；杨树玉的无棣县体育中学副校长职务，保留副科级干部待遇。

10月21日，县人民政府决定，任命：韩德忠为无棣县环境保护局副局长（试用期一年），免去其无棣县环境保护局副主任科员职务；孙青春为无棣县环境保护局副主任科员；曹占阁为无棣县监察局派驻食品药品监督管理局监察室主任，免去其无棣县监察局派驻环境保护局监察室主任职务。

免去：崔朝晖的无棣县环境保护局副局长职务。

解聘：董淑君的山东鲁北企业集团总公司副总经理职务。

11 月 30 日，县人民政府决定，任命：徐文国为无棣县综合行政执法局局长（试用期一年）、无棣县城市管理局局长（兼），免去其无棣县公安局治安管理大队大队长职务；赵富亭为无棣县综合行政执法局副局长（试用期一年）；高振宇为无棣县城市管理局副局长（试用期一年），免去其无棣县住房和城乡建设局副主任科员职务；张永华为无棣县综合行政执法大队大队长（试用期一年），免去其无棣县城市管理执法局副局长职务；刘建平为无棣县综合行政执法大队副大队长，免去其无棣县油区稽查大队大队长职务；王勇为无棣县综合行政执法大队副大队长；牛志强为无棣县住房和城乡建设局主任科员，免去其无棣县城市管理执法局局长职务；王民泽为无棣县建设监理事务所所长，解聘其无棣县建筑工程管理局副局长职务；路用身为无棣县公安局正科级侦察员；王树房为无棣县粮食局副局长（正科级，列高德华之后）；王长春为无棣县粮食局主任科员，免去其无棣县粮食局副局长职务；崔新民为无棣县医疗保险事业处主任（试用期一年）；王风新为无棣县司法局副主任科员，免去其山东省无棣县公证处主任职务；隋野为无棣县经济责任审计办公室副主任，免去其无棣县政府投资项目审计办公室主任职务；李玉让为无棣县政府投资项目审计办公室主任（试用期一年）；汪立胜为无棣县体育中学校长（试用期一年），免去其无棣县体育局副局长职务；王颖为无棣县体育局副局长；李长江为无棣县交通运输执法监察大队大队长，免去其无棣县交通运输监察大队大队长职务。

免去：李国强的无棣县城市管理行政执法大队大队长职务；李树忠的无棣县体育中学校长职务；韩云云的无棣县体育局副主任科员职务；张乐如的无棣县建设监理事务所所长职务，保留副科级干部待遇；马金华的无棣县卫生和计划生育局卫生监督所所长职务，保留副科级干部待遇。

解聘：赵海英的无棣县居民医疗保险管理服务中心副主任职务，保留副科级干部待遇。

任命：张克禄挂职为无棣县林业局副局长。

（高翔博）

政务督查

【概况】 2017 年，无棣县政府督查室围绕县政府重要决策和重大工作部署，做好上级和本级政府重要文件、县政府常务会议、专题会议、县长办公会议议定事项的督办，并及时报告执行情况；开展上级和县政府领导重要批示和交办事项督查落实工作，注重抓好政府系统承办的人大代表建议、政协委员提案的督查、落实及答复和省长信箱的办理和答复工作；参与全县科学发展综合考核工作，牵头组织对全县枣业生产、林水会战、农村公路管护等工作的督查考核等。

【重点工作督查】 2017 年，无棣县政府督查室按照“挂图作战、标旗推进”要求，把《政府工作报告》目标任务分解为 82 大项 95 小项年度重点工作，具体推进落实由县政府主要领导牵头负责，分管领导分工负责，责任部门、单位具体落实，把责任细化到具体单位、具体责任人，并实行项目责任上墙、任务办结挂旗，每季度督查通报推进落实情况，建立压力层层传导、责任逐级落实的强力督查推进机制。结合《政府工作报告》季度督查通报，县政府定期召集专题会议分析原因、调度进展情况、解决困难，确保县政府年度目标任务完成。

【专项督查】 2017 年，无棣县政府督查室把督查力量向县政府重大决策部署落实上倾斜，突出抓好县政府常务会议、县长办公会议等会议议定事项的专项督查。2017 年，围绕环保督政、安全生产、创城复审、民生实事等重点工作开展督导调度 121 次，编发《无棣政务督查》52 期。

【建议提案办理】 2017 年，无棣县政府督查室逐一对来件登记、核实，适时召开现场交办会议并邀请人大代表对重点代表建议进行现场督办，全面提升部门办结率和群众满意度。2017 年，办理县人大代表建议 111 件、县政协委员提案 103 件，市人大代表建议 1 件、市政协委员提案 3 件，均做到及时、快捷、高质量答复。

【领导批示事项办理】 无棣县政府督查室探索建立“六时工作法”（及时收文、即时转办、限时办理、按时呈报、适时督办、定时考核），将市、县政府领导批示件第一时间转办，并进行跟踪督办，确保做到件件有回音、事事有着落。2017 年办结国务院第四次大督查热线电话 7 件，市、县政府主要领导批示件 8 件。

（宋 博）

政务决策服务

【综合文稿】 2017年，无棣县政府调研室撰写公文及各类会议汇报、讲话、文件等近3000篇。起草全县环境保护督察自查自纠工作会议讲话、全县打击取缔非法加油站点专项整治行动会议讲话、全县环境保护暨县安委会全体（扩大）会议主持讲话、全县“平安行·你我他暨‘四项整治’”行动推进会议讲话、全县农村集体产权制度改革会议讲话、全县清河行动现场推进会议讲话、全县干部职工自查申报个人违法建设集中整改推进会议讲话、全县公路沿线环境综合治理推进会议讲话、全县妇女儿童工作会议讲话、全省中小学幼儿园安全管理工作电视会议讲话、全县高中教育教学工作会议讲话、全县创建省级健康促进示范县推进会议讲话等重要讲话190余篇。

制定审核《关于建立无棣县应对传染病疫情联防联控工作机制的通知》《关于印发无棣县农村集体资产清产核资工作指导意见的通知》《关于做好2017年秋季水费征收和一事一议筹资筹劳工作的通知》《关于印发无棣县京津冀及周边地区2017年大气污染防治工作方案实施意见的通知》《关于印发无棣县散煤清洁化治理实施方案的通知》《关于建立无棣县未成年人社会保护（农村留守儿童关爱保护）工作联席会议制度的通知》《关于印发无棣县打击取缔非法加油站点专项整治实施方案的通知》《关于迎接省级卫生县城复审工作的实施方案》《关于印发无棣县加快推进政务信息系统整合共享工作方案的通知》等文件270余篇。

起草无棣县“河长制”工作情况汇报、无棣县违法用地整改工作进展情况汇报、无棣县城乡环卫一体化工作情况汇报、无棣县道路危化品运输车辆本质挂靠经营和运输介质不符整治工作开展情况汇报、无棣县深入开展消防安全大排查大整治工作开展情况汇报、迎接国家三类城市语言文字工作评估汇报会议汇报、省政府研究室领导到无棣调研医改工作汇报、无棣县政务信息系统整合共享督查情况汇报、无棣县迎接省级卫生县城复审工作情况汇报等重要汇报90余篇。

【调查研究】 2017年，无棣县政府调研室紧扣经济社会发展热点、难点问题和县委、县政府决策部署开展专题调研，以“参到点子上、谋到关键处”为目标，站在发展和大局的高度及时建良言、献良策。通过带题调研，深入部门、镇街、重点企业等一线，开展加快新旧动能转换、发展职业教育、壮大健康产业等调研活动，撰写一大批科学性、操作性强的调研报告，直接进入县委、县政府决策。发挥无棣县作为省政府调研基地作用，邀请省政府研究室领导到无棣就医改工作进行专题调研。撰写的山东海瓷集团创新发展调研报告《小贝壳开发大产业》上报省政府研究室；《无棣深挖文化资源潜力打造文化产业强县》被省政府研究室《决策参阅》采用。根据县政府领导安排，选派人员赴庆云、滕州、荣成三地调研学习不动产登记与交易工作，为全县不动产登记与交易工作奠定基础。2017年，调研成果《关于加快发展海洋渔业经济的调研报告》获全市二等奖，《关于无棣县健康产业发展情况的调研报告》获全市三等奖。

【政务信息】 2017年，无棣县政府办公室强化政务信息服务，紧紧围绕新旧动能转换、医改、扶贫等全县中心工作和群众关注的热点问题，深挖特点亮点，发挥信息导向作用，有效满足领导多视角信息需求。2017年，编发《领导参阅》20期，领导签批4期；编发《普刊》24期。做好政务信息上报，全年采写上报信息900余条，其中被市级以上采用388条，1篇信息在全省政务信息联系县（市、区）第二十八届网络年会上获一等奖；18篇信息得到国家、省领导批示。《无棣县探索“互联网+农村公路养护”新模式破解农村公路养护难题》《无棣县疏堵结合集中治理“散乱污”环境污染顽疾》《无棣县“四体合一”推动县域医共体建设发展》3篇信息被省政府办公厅《专报信息》采用，其中，《无棣县探索“互联网+农村公路养护”新模式破解农村公路养护难题》得到副省长王书坚批示；《无棣县实施“煤改气”工程全力推进冬季清洁取暖改造》《无棣鑫岳化工打造循环经济发展新模式》2篇信息被市政府办公室《领导参阅》采用，副市长郝吉虎、曹玉斌分别作出批示。

（傅金奎）

应急管理

【概况】 2017年，无棣县严格履行应急值守职能，不断加强应急体系建设，应急联动机制更加健全，应急队伍建设更加有效，应急自救能力明显提高，全年未发生较大以上突发事件。至2017年底，全县建成市级应急管理示范点4处，市级应急避难场所7处。

【值班制度落实】 2017年，无棣县、镇街两级实行24小时值班和领导带班制度，积极延伸值守深度，遇有重大突发事件及重要活动、重大会议等敏感时期，实行双人双岗，办公室负责人 24 小时轮流在岗带班。

【突发事件监测报告】 2017 年，无棣县探索建立突发事件监测、报告体系，通过多种渠道，及时收集和发布突发事件信息及相关社会动态。全年接报各类突发公共事件预警和前兆信息 50 多条，全部及时进行报告和妥善处置。

【应急救援队伍建设】 至 2017 年，无棣县有兼职应急救援队伍 22 支，实有应急救援队员 1145 人，全县各类应急救援队伍 876 支，队员 6000 余人，救援范围涵盖公共卫生、社会安全、事故灾难和自然灾害等方面，并建立健全相应物资储备体系。

【应急演练及宣传】 2017 年，无棣县开展应急演练 200 余次。“5·12”防灾减灾日活动期间，组织开展“防灾减灾暨应急处置”宣传活动，发放各类宣传材料 7000 余份，接受群众咨询 800 余人次。开展“安全生产月”咨询日活动，参与群众 900 多人次，发放宣传材料 2600 余份，张贴标语 210 余张。定期或不定期举办应急管理人员和救援人员培训班，提高应急管理和应急处置能力。2017 年培训各类应急人员近 1000 人。

（李海波）

电子政务

【概况】 2017 年，无棣县电子政务中心做好全县电子政务建设的规划、指导、管理培训和县政务中心网络机房、全县政务外网、政务协同办公网的建设及运行维护，加强“中国·无棣”政府门户网站建设、维护和更新，推进、指导、协调、监督全县政务公开工作开展，全县政府信息“一点通”建设、管理和维护更新、无棣政务微博、政务微信管理与维护水平不断提升。

【政务服务】 *政府部门网站普查*。把政府网站普查作为常规工作，召开专题会议进行安排部署，加强监督检查和日常监测，每月通报情况，及时督促整改问题，对措施不力、维护不及时、存在严重问题的部门网站，严格按照程序实施关停。至 2017 年底，全县 31 家接受普查的网站除县公共资源交易中心外全部关停。在 2017 年国办抽查中，无棣县纳入全国政府网站信息报送系统管理的网站全部合格。

政务信息资源梳理和目录编制。根据“三定方案”确定的政务职权、工作依据、行使主体、运行流程、对应责任，大力推动政务信息资源梳理和目录编制工作。2017 年 9 月 28 日，召开全县政务信息资源目录编制工作会议，传达全市会议精神，邀请技术人员进行现场培训，明确任务分工，落实部门责任。2017 年 10 月底，全县 50 个单位的信息资源目录导入工作全部完成，录入目录 1983 条，其中无条件共享 539 个、有条件共享 1334 个，初步建立起全县统一、动态更新、共享校核、权威发布的政务信息资源目录体系。建立健全长效管理机制，及时更新政务信息资源目录。

政务协同办公系统优化升级。撤并关停部门自建的办公系统和互联网邮件办公方式，全县统一启用政务协同办公系统，建成横向到各部门单位，纵向到各镇（街道）、站所的政务协同办公系统。2017 年，建成无棣移动办公系统，实现公文签批和流转移动办理，为推行无纸化办公，提高机关办公效率提供重要平台支撑。

【政务公开】 *完善政务公开机制*。及时调整充实全县政务公开领导小组，由县电子政务中心政务公开办公室具体负责工作的组织、协调和督促检查。各镇（街道）、部门成立相应领导机构，明确兼职或专职人员。同时，在原有政府信息审核流程、发布、保密审查、考核、社会评议等 11 项制度的基础上，制定出台《无棣县政府信息公开工作考核办法（试行）》，定期开展季度、年度考核。

加大政务公开力度。制定《关于全面推进政务公开工作的实施方案》《2017 年无棣县政务公开工作要点》等文件，进一步明确职责分工，强化责任落实，对个别部门重点领域的政务公开情况不定期进行督查，形成一级抓一级、层层抓落实的工作格局。2017 年，全县政务公开信息数量 18391 条。

拓宽政务公开载体。依托“中国无棣”政府门户网站、“一点通”“儒风无棣”政务微博和“无棣政务”政务微信，及时发布群众关心关注的热点问题，保障群众知情权。2017 年，上传、转发信息 5000 余条，制作各类专题报道 6 个，督促相关部门在规定时间内回复“县长信箱”“部门信箱”“监督投诉”等各类网民信件 70 余件，办件率 95% 以上。开展在线访谈活动 13 期，答复各类问题 130 余条。

重视依申请公开工作。对于公众申请公开的政府信息且不涉及国家机密的，均依法向申请人公开；对不能公开的做好解释，并在规定时限内予以答复。2017 年，全年依申请公开 19 件，其中当面申请 2 件、网络申请 12 件、信函申请 5 件，全部按期答复。

2017年无棣县政务信息公开工作情况统计表

表7

统计指标	单位	统计数
一、主动公开情况		—
（一）主动公开政府信息数（不同渠道和方式公开相同信息计1条）（不同渠道和方式公开相同信息计1条）	条	18672
其中：主动公开规范性文件数	条	8
制发规范性文件总数	件	8
（二）通过不同渠道和方式公开政府信息的情况		—
1. 政府公报公开政府信息数	条	12
2. 政府网站公开政府信息数	条	2100
3. 政务微博公开政府信息数	条	1396
4. 政务微信公开政府信息数	条	627
5. 其他方式公开政府信息数	条	300
二、回应解读情况（不同方式回应同一热点或舆情计1次）		—
（一）回应公众关注热点或重大舆情数（不同方式回应同一热点或舆情计1次）	次	8
（二）通过不同渠道和方式回应解读的情况		—
1. 参加或举办新闻发布会总次数	次	7
其中：主要负责同志参加新闻发布会次数	次	2
2. 政府网站在线访谈次数	次	13
其中：主要负责同志参加政府网站在线访谈次数	次	13
3. 政策解读稿件发布数	篇	374
4. 微博微信回应事件数	次	20
5. 其他方式回应事件数	次	70
三、依申请公开情况		—
（一）收到申请数	件	19
1. 当面申请数	件	2
2. 传真申请数	件	—
3. 网络申请数	件	12
4. 信函申请数	件	5
5. 其他形式	件	—
（二）申请办结数	件	19
1. 按时办结数	件	13

续表 7

统计指标	单位	统计数
2. 延期办结数	件	6
（三）申请答复数	件	19
1. 属于已主动公开范围数	件	12
2. 同意公开答复数	件	4
3. 同意部分公开答复数	件	—
4. 不同意公开答复数	件	2
其中：涉及国家秘密	件	—
涉及商业秘密	件	—
涉及个人隐私	件	—
危及国家安全、公共安全、经济安全和社会稳定	件	—
不是《条例》所指政府信息	件	2
法律法规规定的其他情形	件	—
5. 不属于本行政机关公开数	件	—
6. 申请信息不存在数	件	—
7. 告知作出更改补充数	件	—
8. 告知通过其他途径办理数	件	1
四、行政复议数量	件	—
（一）维持具体行政行为数	件	—
（二）被依法纠错数	件	—
（三）其他情形数	件	—
五、行政诉讼数量	件	1
（一）维持具体行政行为或者驳回原告诉讼请求数	件	—
（二）被依法纠错数	件	—
（三）其他情形数	件	1
六、被举报投诉数量	件	—
（一）维持具体行政行为数	件	—
（二）被纠错数	件	—
（三）其他情形数	件	—
七、向图书馆、档案馆等查阅场所报送信息数	条	18672
（一）纸质文件数	条	—

续表 7

统计指标	单位	统计数
（二）电子文件数	条	18672
八、开通政府信息公开网站（或设立门户网站信息公开专栏）数	个	1
（一）县（区）政府门户网站	个	1
（二）乡镇政府（街道办事处）门户网站	个	—
九、县（区）政府公报发行量		—
（一）公报发行期数	期	12
（二）公报发行总份数	份	708
十、设置政府信息查阅点数	个	28
（一）县（区）政府及其部门	个	17
（二）乡镇政府（街道办事处）	个	11
十一、查阅点接待人数	次	335944
（一）县（区）政府及其部门	次	233975
（二）乡镇政府（街道办事处）	次	101969
十二、机构建设和保障经费情况		—
（一）政府信息公开工作专门机构数	个	59
（二）设置政府信息公开查阅点数	个	28
（三）从事政府信息公开工作人员数	人	118
1. 专职人员数（不包括政府公报及政府网站工作人员数）	人	59
2. 兼职人员数	人	59
（四）政府信息公开专项经费（不包括用于政府公报编辑管理及政府网站建设维护等方面的经费）	万元	6
十三、政府信息公开会议和培训情况		—
（一）召开政府信息公开工作会议或专题会议数	次	5
（二）举办各类培训班数	次	4
（三）接受培训人员数	人次	480

【政务网络建设及运维】 **电子政务外网建设**。2016 年 11 月，实施政务中心核心机房升级改造。2017 年 3 月，建成县级政务外网网管中心；6 月，互联网出口带宽由 200M 扩容至 800M，基本满足各级各部门网络需求。至 2017 年底，全县有县直部门 80 余处，镇（街道）11 处接入电子政务外网，实现镇（街道）全覆盖、部门基本覆盖，电子政务外网支撑服务能力显著提升，电子政务网络数据安全、连续、高效运行。

政务内外网管理维护。政务中心大楼共有内、外网信息点 700 余个，网络和服务器设备 60 余台。电子政务中心及时解决各单位出现的网络技术问题，做好各类设备的定期检查、保养、维修和数据备份工作，保障政务中心大楼网络平台正常运转，确保政府文件上传下达。保障全县政务协同办公系统正常运行，健全各项信息安全制度，以规范的制度、严格的管理，提高政务协同办公系统安全保障水平。

（石　婧）

外事侨务

【概况】　2017年，无棣县外侨办围绕县委、县政府工作目标，充分发挥职能作用，重新修订无棣县涉外突发事件应急预案。做好因公出国管理、涉外事务管理和侨务管理，较好地完成各项任务，1人被省侨办记三等功。

【因公出国管理】　2017年，全县办理因公出国6批13人次，其中自组团4批11人次，随团2批2人次。出访的国家主要包括阿联酋、法国、德国、印尼、澳大利亚、巴西等。

【涉外事务管理】　2017年，无棣县外侨办为卢斯得等企业审核呈报邀请F（访问签证）签证3批4人次。为山东天顺药业办理APEC商务旅行卡1人次。

【侨务工作】　2017年，无棣县外侨办促成“侨爱工程——送温暖医疗队暨侨爱光明行到无棣义诊活动”。省侨办组织11名归侨侨眷医疗专家，带一辆手术复明车，利用2天时间到车王镇和车王镇翟家村为群众义诊，并为翟家村和后挂口村贫困群众赠送6000多元药物。期间，成功免费做白内障复明手术7例。活动期间，受益群众630多人。

结合“第一书记”帮扶工作，争取海外捐赠项目，为车王镇翟家村和后挂口村向香港应善良基金会争取修路资金46万元，修建村级道路5.29公里。

【涉外渔船管控】　2017年，无棣县外侨办同县海洋与渔业局协助省渔船管控工作督导检查组到水沟村检查，做好全县涉外渔船管控工作，确保全县远洋渔船无一例违规违纪事件发生。

【人才引进】　2017年，通过领导出访进行产业板块推动和人才引进，成功将德国慕尼黑应用科学大学教授袁波作为泰山产业领军人才引进无棣。袁波教授作为卢斯得公司“新能源汽车混合动力变速器先进技术研发项目”技术带头人，负责混合动力DHT技术科研攻关，同时帮助公司抓好研发团队建设。

（李淑梅）

行政审批管理

【概况】　2017年，无棣县公共行政审批服务中心围绕“便民、高效、廉洁、规范”服务宗旨，深化“放管服”改革，推行互联网+政务服务，优化政务环境、提高工作效能、提升服务质量。全年办理行政服务事项3.2万件，办理企业注册资本金13.2亿元，收取税费1.86亿元。2017年，县公共行政审批服务中心被评为市级文明单位。

【互联网+政务服务】　2017年，无棣县公共行政审批服务中心积极推进政务服务平台建设，全面推行“一网办理”。全县具有行政许可和公共服务职能的50个部门单位、11个镇街的行政许可和公共服务事项全部纳入政务服务平台，将事项办理程序、申请资料、办理时限、收费标准等在网站全部公开，群众和企业足不出户实现网上申报、示范文本下载和在线咨询投诉。加快推进网上政务服务向基层延伸，实现省、市、县、乡四级政务服务互联互通。在县政务服务大厅设立EMS专用窗口，为办事群众免费提供邮寄服务，打造“最多跑一次腿”品牌。

【项目代办】　2017年，无棣县公共行政审批服务中心发挥联审联批联察工作机制在全县固定资产投资项目建设中的作用，加快项目实施进度，

县政务服务中心窗口工作人员为群众办理审批业务　（摄影　牛贵利）

把“项目代办”作为提高行政效能、优化投资环境的重点，优化、简化办事流程，最大限度方便外商、方便群众。县政府出台《关于进一步强化投资项目联审联批联察工作机制的意见》，成立投资项目落地评审领导小组和投资项目代办领导小组，扩大项目代办队伍，加强对代办项目跟踪服务，全面掌握代办项目工作进度，适时进行调度协调，保证项目代办有序、高效、顺利开展。2017年，县公共行政审批服务中心为电力安全设备检验检测中心、铭海机动车检测中心、锐恒住宅工业产业化等40个项目实施免费代办服务，总投资9.6亿元。

【中介超市】 2017年，无棣县公共行政审批服务中心规范政府投资和使用国有资金项目选取中介行为，防止市场外操作、化解“红顶中介”现象，建立无棣县“中介超市”，与市中介超市并网运行。县公共行政审批服务中心同县财政局联合印发《关于规范政府投资和使用国有资金项目选取中介服务机构的通知》，将政府投资和使用国有资金项目中委托中介服务机构开展技术性服务（包括技术性审查、评估、鉴定、咨询报告或意见书等），其中中介服务费在50万元（勘察、设计类30万元）以下的项目全部纳入“中介超市”选取范围。印发《关于规范政务服务类中介服务公开选取的通知》，严格政务服务类中介服务“两必进”。2017年，完成中介选取项目14个，总成交价190.91万元，节约国有资金38.41万元，节支率16.75%。

【标准化建设】 2017年，无棣县公共行政审批服务中心印制《无棣县政务服务中心服务标准》《无棣县政务服务中心流程图表汇编》《无棣县政务服务中心窗口表格汇编》、窗口一次性告知书等服务手册1万余册，规范政务服务大厅服务标准和办事指引，将各窗口单位的权力清单、收费清单、业务流程、业务电话、监督投诉电话等信息进行全面公开公示，确保业务受理、咨询、投诉等工作有效衔接，让办事群众找得到、看得懂、会使用、能监督。落实大厅值班长责任，严肃工作纪律，落实考勤制度，提升窗口人员服务水平。在大厅购置擦鞋机、轮椅、急救箱等便民服务设备，提供免费文印服务。

2017年11月1日，县政务服务中心建设工作会议召开 （影摄 牛贵利）

【新大厅建设】 2017年，无棣县公共行政审批服务中心新政务服务大厅加快建设。大厅共分三层，规划面积7700平方米。成立建设领导小组，负责对新大厅建设搬迁工作进行综合部署协调，组织人员到济南、临沂、厦门等先进地区学习考察，为新大厅的布局设计及装修方案提供大量参考信息。组织召开全县政务服务中心建设工作会议，印发《无棣县政务服务中心建设方案》，明确责任分工，有序推进新大厅建设。

（田荣祖）

公共资源交易管理

【概况】 2017年，无棣县公共资源交易中心落实“放管服”改革举措，立足规范化、电子化、标准化、制度化建设目标，全年完成交易项目338个，交易额16.6亿元。其中建设工程项目43个，成交金额10.13亿元，节约资金1.16亿元；政府采购项目254个，成交金额4.5亿元，节约资金2465万元；产权交易项目12个，成交金额3700万元，溢价41万元；土地交易项目29个，成交金额1.92亿元，节支1.4亿元，增收42万元。2017年，县公共资源交易中心先后被评为滨州市市县“一体化”云平台建设优秀交易中心、2017年度全国公共资源交易平台整合优秀基层单位。

2017年无棣县公共资源交易项目成交情况统计表

表8

项目类别	项目数（个）	交易金额（万元）	节约金额（万元）	增值金额（万元）
工程建设类	43	101328	11552	—
政府采购类	254	45077	2465	—
土地交易类	12	371	—	41
产权交易类	29	19236	—	1
合计	338	166012	14017	42

【全面放开中介市场】 无棣县公共资源交易中心深化“放管服”改革，根据《滨州市公共资源交易中心代理机构管理暂行办法》规定，2017年6月1日，全面放开中介市场，中介选取由原来项目单位随机抽取方式改为自行委托、随机抽取、定价抽取、竞价比选或组织采购方式确定代理机构。

【设计招标时限查询】 2017年，无棣县公共资源交易中心根据《招标投标法》《政府采购法》《招标投标法实施条例》《政府采购法实施条例》等法律法规，细致梳理公开招标、邀请招标、竞争性谈判、竞争性磋商、询价、单一来源等各类交易活动的程序环节和时限。在此基础上，设计招投标时限动态查询系统运行，即可自动生成各阶段最早完成时间，计算完成交易活动所需最短时间，项目单位可以根据项目具体情况，对各环节办理时间进行调整，方便项目单位提前了解交易活动所需时间，准确安排、检查和调整工作进度计划。

【保证金安全便捷退付】 2017年，无棣县公共资源交易中心印发《关于规范保证金代收代退工作的通知》，从保证金代收代退范围、收退时间、收退流程等12个方面进行规范，保证金在退付材料齐全的条件下当日或次日即可完成“原路”退付。同时为方便保证金收退情况查询和监控，中心利用excelVBA编程软件设计保证金管理系统，对保证金收取、审批、退付情况在系统中全程记录，实现各项数据一键查询，并对超期退付情况进行监控和预警。

【取消涉企收费和诚信保证金】 2017年，无棣县公共资源交易中心根据《山东省公共资源交易平台管理暂行办法》《关于建设工程交易服务费有关问题的通知》《国务院办公厅关于清理规范工程建设领域保证金的通知》等文件要求，自2017年1月起全面取消公共资源交易收费，取消除投标保证金外的所有保证金项目，清退涉企保证金81万元。

【自主开展远程异地评标】 2017年11月，无棣县公共资源交易中心自主开展跨县区远程异地评标项目，为全市首创。项目评标主场地设在县交易中心，副场地设在沾化区交易中心，5名专家分别在两地交易中心评标室，通过计算机网络和语音视频系统实现远程讨论和同步评标，评标结束后系统自动汇总结果、电子签章。整个评标过程音视频全程监控，网上操作全程留痕，可控可查。

【服务重点项目】 2017年，无棣县公共资源交易中心对县内重点工程和民生项目，主动服务、全程跟踪，不断提高服务质量和效果。2017年，完成全县解决城镇普通中小学大班额项目的24所学校、G205山深线无棣绕城段改建工程和县全民健身活动中心项目（二期）游泳馆、体育馆工程施工等重点项目的招标工作。其中无棣县第三初级中学建设项目工程（一标段教学楼、实验楼以及综合楼等）节约资金2348.17万元，无棣县全民健身活动中心项目（二期）游泳馆、体育馆工程施工项目节约2176.32万元。

（高连超）

人事人才管理

【公务员工作】 录用培训。2017年，完成公务员招录、考察政审等工作，录用公务员（含参照公务员法管理人员）47人，并完成新录用公务员（含参照公务员法管理人员）初任培训。做好年度公务员在职培训工作，2017年参加培训1545人。

公务员登记。做好公务员日常登记管理工作，2017年为45人办理公务员、参照公务员法管理人员登记手续。

年度考核。严格考核程序、严格控制优秀比例、严格审核备案材料，高标准、高质量完成年度考核工作。2017年考核公务员、参照管理人员1507人，优秀等次比例17.45%。同时为各部门优秀人员办理记功或嘉奖手续。

【事业单位人员管理】 公开招聘。按照事业单位公开招聘工作人员笔试首次全省同步的工作部署，坚持公开、公平、竞争、择优原则，研究更加科学合理的招聘方式，进一步提高事业单位公开招聘工作科学化水平。

全县事业单位新进人员除国家政策性安置、按干部人事管理权限由上级任命等确需使用其他方法选拔任用的人员外，全部实行公开招聘，县综合类、教育类、卫生类岗位分别发布招聘计划19个、77个、56个。

岗位设置和聘用。2017年，根据事业单位岗位设置情况和岗位空缺情况，部分事业单位工作人员开展竞聘上岗，新发放聘书372个。进一步完善事业单位岗位设置改革，为1个新建或改组的单位核准岗位设置方案。

年度考核。坚持平时考核和定期考核相结合、定性考核和定量考核相结合，强化结果运用，合理设定优秀等次比例，完成年度事业单位人员考核工作。2017年全县考核8130人，优秀等次比例15.4%。

【离退休管理】 2017年，无棣县为270名机关事业单位职工办理退休手续；为900多名企业退休职工审核办理退休手续。

【机关事业单位工资管理】 2017年，全县为300多名2012、2013、2014、2015、2016年度考核称职及以上的机关公务员办理从2017年1月起晋升一个级别工资变动手续，为200多名2015、2016年度考核称职（合格）及以上的机关工作人员办理从2017年1月晋升一个级别工资档次工资变动手续，为8700多名2016年度考核结果合格及以上等次事业单位人员办理从2017年1月增加一个薪级工资变动手续，为300多名机关事业单位晋升行政职务、提高技术职务人员办理工资变动手续。

【军转干部安置】 2017年，无棣县接收自主择业军转干部3人。加强对企业军转干部和自主择业军转干部的管理服务工作，更新企业军转干部数据库，对人员信息实行动态管理，做到不遗漏单位和个人，确保数据采集工作覆盖全面。

【职级并行管理】 2017年，无棣县根据《市委办公室、市政府办公室印发<关于县以下机关建立公务员职务与职级并行制度的实施意见>的通知》，对符合条件人员进行审报，县委组织部和县人社局根据各自管理权限，集中开展档案审核、职级晋升审批、工资变动审批等工作。县委组织部、人社局共审批公务员职级晋升24人，其中，科员晋升副科级12人，副科晋升正科级8人，正科级晋升副县级4人。

【带薪年休假管理】 2017年，按照国家、省、市上级文件精神规定，各部门、单位科学合理制定休假计划，抓好休假制度的落实。第一季度下发通知，各部门单位上报全年休假计划，第三季度末对各单位前三季度年休假安排计划执行情况进行督导，督促未休人员及时休假，保证带薪年休假制度落实到位。

【人才工作】 专业技术人才。2017年，无棣县组织6124名专业技术人员参加《全面深化改革与社会发展战略》《“互联网+”与互联网思维》《努力践行社会主义核心价值观》《中国共产党好干部标准的历史解读》《消防安全知识》为内容的继续教育公共科目培训，全部取得合格证书。组织各系列各级专业技术职务评审452人次，各类考试报名685人次。开展无棣县有突出贡献的专业技术人才评审选拔工作，推荐选拔10名无棣县有突出贡献专业技术人才。

2017年无棣县获得市级荣誉称号的专业技术人员一览表

表9

姓名	荣誉称号	申报单位
吴永庆	滨州市青年学术技术带头人培养人选	无棣县人民医院
卢淑珍	滨州市青年学术技术带头人培养人选	无棣县第二实验学校
孟维彬	滨州市青年学术技术带头人培养人选	无棣县畜牧兽医局

2017年无棣县获得县级荣誉称号的专业技术人员一览表

表10

姓名	荣誉称号	申报单位
刘国利	无棣县有突出贡献的专业技术人员	无棣县小泊头镇农业综合服务站
赵忠魁	无棣县有突出贡献的专业技术人员	山东卢斯得机械有限公司

续表 10

姓名	荣誉称号	申报单位
袁金亮	无棣县有突出贡献的专业技术人员	山东鲁北企业集团总公司
陶　涛	无棣县有突出贡献的专业技术人员	无棣县建筑质量检测站
王海燕	无棣县有突出贡献的专业技术人员	无棣县档案馆
步宝坤	无棣县有突出贡献的专业技术人员	无棣县计划生育妇幼保健服务中心
吴庆永	无棣县有突出贡献的专业技术人员	无棣县人民医院
卢兰英	无棣县有突出贡献的专业技术人员	无棣县第三实验学校
崔晓雪	无棣县有突出贡献的专业技术人员	无棣县第二实验学校
孙俊荣	无棣县有突出贡献的专业技术人员	无棣县第一中学
侯锦程	无棣县有突出贡献的专业技术人员	中共无棣县委党校

高技能人才。2017年，为鲁北集团、鑫岳化工等4家企业选拔考评高技能人才269人，年内新增高技能人才275人；完成第八届县首席技师选拔评选；加强省级以上高层次人才评选，万德集团李宏身入选2017年齐鲁首席技师。至2017年底，全县累计120余人分别获得省、市、县首席技师称号。

2017年无棣县获得省市级技师人员一览表

表 11

年度	姓名	荣誉称号	单位
2017	李宏身	齐鲁首席技师	山东万德酒业股份有限公司

海外智力引进项目。2017年4月，无棣县组织县内10家企事业单位参加中国国际人才交流大会，开展政策推介、人才引进活动，达成人才合作意向8个。加强与高端人才机构合作，与北京环球英才交流促进会签订合作意向协议。引进外国专家13人，申报市级引进国外智力项目10家（获批5家），推荐滨州市友谊奖9个（获批1个）。

2017年无棣县海外智力引进项目一览表

表 12

年度	人数	专家姓名	单位
2017	2	袁波、Heinz-Dieter Schneider	山东卢斯得机械有限公司
	1	韩青有	山东一航制动科技股份有限公司
	1	Oded Zmora	山东海城生态科技集团有限公司
	1	周治平	山东利德金融电子器具有限公司

（冯鲁飞　于树坤　张长永　张凤武　张　凤）

油区工作

【概况】 2017年，无棣县油区工作办公室坚持“协调、管理、指导、服务”职能，围绕“服务油田开发建设，促进地方经济发展”中心，主动破解油价总体低位难题，积极应对环保整治、安全等形势影响，创优油区服务，创新企业管理，推进油地共建共赢，油区事业健康持续发展。油田钻井走出低谷，全年完成钻井10口，比上年增加9口，原油年产量增长到24万吨，年产天然气1100万立方米，油田企业年上交税收6000万元，同比增长50%；县油区办所属企业创新经营促进转型升级，全年上缴税收1026万元，同比增长81%。

【油区综合整治】 2017年，无棣县油区工作办公室以建设全省平安油区先进县为目标，多方联手，开展油区治安综合整治行动，协调公安和油田企业对全县油区进行全面清查，制订《无棣县油区治安暨输油气管道整治行动工作方案》。5月，创新油区治理宣传新模式，印制3万条油区治安宣传围裙发放给油区镇村群众。查处涉油案件1起，处置犯罪嫌疑人7人，查扣被盗原油2.1吨，涉油犯罪大幅下降，全县油区治安形势持续稳定。

【工农服务工作】 2017年，无棣县油区工作办公室服务油田企业开发建设，组织协调油地联席会议，适度调整工农工作中心，把工作重心下移到油区镇村。协调国土部门完成2005年至2007年的油井发证和2008年至2011年油田占地手续报件审批工作。按照《胜利油田无棣油区服务协议书》《钻井工程地方工作包干协议》和省、市、县有关政策规定，坚持“政出一门”，凡涉及油地关系问题，由县油区办集中协调国土等职能部门，一口对外，完善油地联席会议制度，重大事项随时协商解决，从油区规划、勘探、钻井、采油、搬迁等方面实行超前、跟踪和善后服务，及时化解油地双方矛盾纠纷，确保油田勘探开发工作顺利进行。

2017年8月2日，县油区办开展“维护油区治安稳定，建设平安和谐油区”宣传活动 （供稿 关山林）

【油地共建共赢】 2017年，无棣县油区工作办公室创新工作方法，在基础设施、公共服务、社会管理和文化创新等方面与油田企业展开良好合作，积极搭建油地合作平台，促进油地优势互补、合作共赢。全年协调油田企业支持油区镇村基础设施建设，双方修筑共建路3.5公里，新建大小桥涵7座，改造输电线路15公里，完善油区水、电、路、桥、涵、闸等配套设施；组织参加全市“勠力同心油地共建文明城”演讲比赛，取得第四名的成绩；参与东胜公司股份制运营，协调企业上缴税收6000万元，为县财政争取分红368万元，较上年增长10.5%。6月，县油区办坚持抓党建，促扶贫，油区发展成果惠及油区镇村。党组成员、“第一书记”、各企业制定扶贫工作方案，不定期与联系村或帮包户进行对接，有针对性进行帮扶。年内，县油区工作办公室派出“第一书记”帮包油区镇村整修村委会办公室，更换路灯70个、绿化街道3000米，并积极对接油田省派驻棣“第一书记”工作，协调有关镇村提供生活便利，为双方工作牵线搭桥，协调油田资金110万元，新建蔬菜大棚4个，年增收10余万元。

【油气管道保护监管】 2017年，无棣县油区工作办公室落实《中华人民共和国石油天然气管道保护法》，严格落实部门监管责任和管道企业主体责任，开展专项普查、日常巡护、重点摸排、全面整治等工作。2月，联合县住建、安监、国土及山东中油公司等单位，召开全县燃气管道隐患整治工作会议，专门研究和妥善解决沧淄管道无棣支线与恒丰国际住宅小区安全距离不足问题。3月，参与沧州至淄博输气管道泄漏应急救援演练。根据滨州市油区办《关于深入开展油气输送管道安全大检查工作方案》要求，制订《无棣县集中整治油气田及输油气管道生产治安秩序专项行动实施方案》。4月，参加山东省油气管道完整性管理培训。6月，组织干部职工参加全县“安全生产宣传月”燃气用气安全宣传活动，协调油田驻棣企业及公安、消防、安监、交通等部门，开展应急救援演练活动，12月，顺利通过全市输油气管道安全评比检查。全年出动专业人员巡护管道30余次，组织专项检查10次，对城区内调压站、阀井、输气管网和调压柜进行安全运行专项检查，对发现安全隐患进行整改。

【燃气集中供气】 2017年，“气化无棣”工程继续被确定为全县重点项目。无棣县油区工作办公室积极推进农村“煤改气” “户户通”工程。全年完成投资1600万元，铺设中压管网11.17公里，完成德邦旺角、文豪世家、东方花园、银座宿舍楼、正海御苑等14个小区天然气配套工程，安装供气设施1744户。8月，实施农村“煤改气” “户户通”工程，涉及海丰、棣丰2个街道87个村14000余户，至12月底，完成安装14000户，通气点火12590户，工程制卡11343户。根据县政府安排，配合全县节能减排整治工作，为无棣县高新区、西城工业园兴泰环保、星一皮革、六和饲料等15家企业安装燃气锅炉近50吨；完成其他公服用户煤改气改造35家，日供气量由年初每天10万立方米增长到30万立方米，取暖季满负荷达到每天40万立方米，年售气量首次突破5000万立方米，是2016年的2.3倍。11月，全长10公里的“气化滨州”阳信至无棣LNG高压支线工程顺利完工。全年对城区9797户燃气用户进行安全检查，下发整改通知书405份，隐患告知书144份，发放安全用气、安全知识宣传单20000余份，组织职工消防培训12次，实战演练4次，对463户私接热水器用户进行整改。

【油区企业】 2017年，县石油开发公司实现销售收入3181万元，上缴税金752万元，实现利润500万元。3月，县亿通物流有限公司从县石油开发有限公司剥离，9月，所属企业全部车辆资产划归县亿通物流有限公司，整合企业资产和人力资源，培育企业专业化、规范化经营管理，为油田企业提供原油运输、生产生活用水等服务，公司全年实现收入1017万元，利润35万元。7月10日，根据县政府安排，无棣县中科现代农业工程有限公司划归油区办管理后，县油区办对接中科院、山东农业大学等科研院校，完成5000多亩玉米生产管理收获、土地平整、小麦播种和冬灌等工作，创新经营发展葡萄种植、蚂蚱养殖等，发展高效生态循环农业，调整公司产业发展方向。7月，无棣大众汽车销售服务有限公司资产遗留问题审计清查完成，资产总额1240万元，经县国有资产管理局批准，通过公开招标出售方式，向社会公开拍卖出售油气开发集团公司所持有的55%的国有股份。8月，县燃气供气有限公司根据环保督查整治要求，实施清洁采暖“气代煤”改造工程，受惠城乡居民87个村共14000余户，公司全年售气量首次突破5000万立方米，实现销售收入11000万元，利润400万元，税金201万元。12月，无棣优取商贸有限公司成立，经营农副产品批发、零售等。

油区所属企业创新经营，推动企业新旧动能转换，公司效益大幅提升，上缴税收1026万元，同比增长81%，实现利润从2016年的-600万元增长到2017年的2400万元。

（关山林）

2017年7月6日，县油区办开展油区治安法制宣传活动 （供稿 关山林）

机关事务管理

【概况】 2017年，无棣县机关事务管理局内设办公室、房产基建股、安全保卫股、综合管理股。3月，增设综合执法应急用车保障中心，为副科级公益一类事业单位，编制3人。县政务中心设有餐厅、卫生室、理发室、超市服务网点，监督管理中建物业公司无棣项目部。服务政务中心承担53个单位800余人的餐饮、保洁、安保、水、电、暖、办公、各种设备设施维护，以及全县的办公用房、公共机构节能、公车管理。机关事务管理局被授予滨州市文明单位、县事业单位考核A级单位等称号。

【机关办公用房管理】 2017年，无棣县出台《关于县直行政事业单位空闲房产使用管理办法》，对所有行政事业单位公房进行整合测量核实，建立台账，根据整改腾退情况，对海洋与渔业局、纪委、农机局、环保局等单位办公用房进行合理化调整。分别对海丰街道办事处、司法局、纪委、食品药品监督管理局等单位申请办公用房，海丰集团申请租赁办公场所，县教育局、农机局、综合行政执法局启用新区办公楼的请示进行批复，并合理设置有关单位办公用房，整合资源，提高效率，促进办公用房合理运行。

【机关公共机构节能管理】 2017年，无棣县机关事务管理局抓好能耗统计、既有办公建筑节能改造、废旧商品回收、示范单位创建等重点工作，在全市公共机构节能考核中获第1名。完成能耗统计监测工作，网上能耗统计上报率100%。2017年人均综合能耗、单位建筑面积能耗和人均水耗同比分别下降2.5%、2.2%和3.5%，完成2017年度既定节能工作目标。创建节约型公共机构示范单位，指导县一中、水湾镇、西小王镇、住建局4个单位成功创建市级节约型公共机构示范单位，指导水湾镇成功创建省级节约型公共机构示范单位。利用节能宣传周，以“节能有我，绿色共享”为主题，组织节能宣传活动，开展“低碳进校园”活动，组织自行车环骑到各镇街，发放节能宣传彩页、印有节能知识的笔记本各2000余份，组织大型签名活动，全方位、多角度宣传公共机构节能工作。

【公务用车改革与管理】 2017年3月，无棣县成立综合执法应急用车保障中心，负责行政执法用车的监管、日常接待调研用车的管理以及应急任务用车的调度管理等，制定《保留用车暂行规定》《公车平台管理细则》等文件制度。40辆公务用车纳入公车保障中心管理，其中机要通信和应急用车24辆、行政执法用车14辆、接待调研用车2辆。在全市率先成立公车平台的基础上，运用网上智能管理系统，平台车辆全部安装北斗定位系统，实行用车网上申请，网上调度派车，实现“管理平台化、平台信息化、车辆标识化”，做到便捷派车、高效用车、透明管车、有效督车，公车平台车辆全年安全运行3000余次。规范公车管理，全县保留车辆除涉密车辆外全部统一喷涂公车标识和监督电话，实行公车标识化管理，提高公车使用透明度，主动接受社会监督。规范处置取消车辆，严格按照规定，遵循集中统一、规范透明、避免浪费的原则，统一组织对取消车辆的评估鉴定和公开拍卖，拍卖收入全部缴入国库。严格审批车辆配备更新，按照《党政机关公务用车管理办法》，对超标车辆进行封存停驶处置，车辆统一采购、统一调剂配备。全县保留车辆实行编制管理，建立公车管理台账。

【机关后勤保障】 2017年，无棣县机关事务管理局对县委、县政府老居民区、干休所和老人大居民区进行环境整治和设备更换，其中路面铺油5500余平方米、停车位硬化2600余平方米，翻新健身广场、清理地沟400余米，更换盖板500余块，楼道刮瓷10000余平方米，夏季楼顶防水1500余平方米。干休所拆除公厕1处，修建菜地围栏160米。冬季供暖管道保养维修，入户维修50余户。450余户居民冬季采暖得到有力保障。对政务中心东西两侧停车场花砖进行重新铺设。打造优质服务环境机关餐厅，改善餐饮服务和就餐环境，确保食品卫生安全，机关餐厅服务满意率达到98%以上。设备维修保养通过年检，实现全年安全无事故。做好安保维稳工作，第一时间把上访人员情况及时呈报有关领导，发送短信320余条；同时与公安、信访、维稳和应急部门密切配合，疏导群众上访120余起、670余人次。严格落实人口和计划生育管理工作，所辖范围无早婚、早育和非政策性生育情况。 接待大小会议630余次，接待大型活动20多次。

（陈树斌）

史志工作

【概况】 2017年，无棣县地方史志工作按照国务院、省政府关于地方史志工作的两个条例和各级地方志事业发展规划纲要及上级有关会议精神和工作部署，制定出台《无棣县地方史志事业发展规划纲要（2016—2020）》，围绕国家、省、市史志工作“三全目标”要求，推进年鉴编纂、方志馆建设、地情网建设、读志用志工作，高质量完成《山东年鉴（2017）》《滨州年鉴（2017）》供稿任务，全县史志工作成绩显著。

【志鉴编纂】 2017年初，无棣县以县委办公室、县政府办公室文件印发组稿方案，对《无棣年鉴（2017年）》编纂工作做出安排部署。为提高年鉴编纂质量，在学习借鉴优秀年鉴的基础上，对内容的分类设置等进行较大调整。按照市制定的编纂方案，结合无棣实际，进一步进行修改，印发补充通知，使年鉴脉络更清晰，布局更合理，分类更科学，内容更充实。《无棣年鉴》（2017）为已出版的第六部年鉴，9 月由九州出版社出版发行，全书 46.7 万字、239 幅彩色图片，首次采用四色印刷。该书全面记述了 2016 年度无棣县政治、经济、社会等方面所取得的成就。本卷年鉴设特载、大事记、无棣概况、中国共产党无棣县委员会、无棣县人民代表大会、无棣县人民政府、中国人民政治协商会议无棣县委员会、中国共产党无棣县纪律检查委员会、人民团体、军事、法治、经济管理与监督、农业和农村工作、工业和信息产业、商贸服务业、交通・邮政・电力、城乡建设、资源管理・环境保护、财政・税务、金融、园区建设・对外开放与合作、科学技术、教育、旅游、文化・传媒、卫生和计划生育、体育、社会管理・人民生活、人物、镇（街道）概况、附录 32 个类目。

《徐杨村志》出版，《人大志》进入最后审核阶段。继续抓好县地名志、县医院志、五营村志的编修指导工作。

【方志馆建设】 2017 年，无棣县史志办与各地史志部门进行志书交换 40 余种 500 余册。2017 年，新方志馆建设工作前期手续基本完成，进入建设招标阶段。

【图片资料搜集整理】 2017 年，无棣县史志办搜集整理图片 800 余幅，并进行分类、加注图片说明。至 2017 年底，共搜集整理图片 2 万余张。

2017 年 7 月 16 日至 21 日，山东财经大学学生在无棣进行社会调研

（供稿　曹瑞宁）

【为现实服务】 2017 年，无棣县史志办为 5 家企业和单位的地理标志产品、产品老字号办理提供资料查询服务。

【全市史志工作座谈会】 8 月 11 日，全市史志工作座谈会在无棣县召开。无棣县副县长高晓勇致辞，各县（区）史志工作负责人汇报交流县区史志工作情况，并对《无棣年鉴》2017 卷进行评审。市史志办主任王占锋对全市史志工作进行全面总结，部署工作。

【大学生实践基地共建】 2017 年 7 月 17 日，无棣县史志办与共青团山东财经大学委员会签订大学生实践基地协议书，共同实施人才培养工程，开展“读县志，懂中国”暑期读书调研实践活动和其他实践活动，提升山东财经大学在校学生的实践层次和培养质量，提高学生实践创新能力，培养学生人文情怀，促进校地合作。该社会实践基地命名为“山东财经大学社会实践基地”。

【“读县志、懂中国”大学生社会实践活动】 山东财经大学“读县志、懂中国”大学生社会实践活动团队 13 人于 7 月 16 日至 20 日到无棣进行实践活动。实践活动团队参观了碣石山、盐雕展馆、海瓷艺术展馆和海瓷生产企业、无棣古城、吴式芬故居等，撰写了《历史文化名山—碣石山》《精工细作渤海魂》《名家辈出吴家院——吴式芬故居》《枣乡无棣醉人枣》等调研报告。

（刘长雨）

中国人民政治协商会议无棣县委员会

综述

【概况】 2017年，中国人民政治协商会议无棣县委员会（以下称县政协）把“懂政协、会协商、善议政，守纪律、讲规矩、重品行”作为政协不懈追求，多措并举，不断增强政协工作活力。协商民主作为政协年度重点工作，围绕重点协商课题，与县内外32个单位深入交流和协商讨论，并将协商报告提交政协常委会议专题审议，提出48条有针对性、建设性的建议。借助蹲点调研、走访慰问等活动，及时收集、反映社情民意，向省市政协、党委政府或有关部门报送信息36篇。全力参与经济工作，按照“千名干部联千企”及包保重点项目要求，帮助企业解决实际问题。积极创建“五星级”基层党组织，在政协机关建成“党员之家”。深入推进“两学一做”活动，扎实开展“主题党日”活动；对政协党组、全体会议、主席会议等规则、制度及运行机制重新进行修订完善。梳理、规范政协全体会议程序、内容，专门制作政协会刊汇编，进一步提高政协履行职能的制度化、规范化、程序化水平；进一步充实专委会力量，加强镇街政协委员联络室建设，指导开展形式多样的履职活动，棣丰街道在全省基层政协工作座谈会上作交流发言。

【重要会议】 **县政协九届一次会议** 县政协九届一次会议于2017年1月15日至18日召开。县委书记丁海堂，县委副书记、县长姜凌刚等县领导出席会议。委员们围绕发展健康产业、全域旅游、城乡统筹等问题，提出意见和建议。会议审议通过县政协主席张宝悦代表八届县政协常委会所作的工作报告和县政协副主席孔繁亮代表八届县政协常委会所做的提案工作报告，同意其他报告。会议通过充分酝酿协商，选举产生政协第九届无棣县委员会主席、副主席、秘书长和常务委员，圆满完成各项议程。

县政协八届20次常委会议 1月9日在政务中心会议室召开。 会上听取关于九届县政协委员名额、界别设置和人选建议名单等情况；审议通过关于召开县政协九届一次会议的决定等有关事项。县政协主席张宝悦讲话。

县政协九届1次常委会议 2月20日在无棣县城召开。会议分组讨论审议有关事项；听取各组组长对讨论审议情况的汇报；通过组织机构和人事任免事项；通过九届县政协会议规则、工作制度、工作要点和委员主题实践活动实施意见；部分委室负责人表态发言。县政协主席张宝悦讲话。

县政协九届2次常委会议 6月1日在无棣县城召开。会议通报提案办理工作情况，县政协主席张宝悦主持会议并讲话。副主席孔宪军、张国华、韩翠山、孟德辉、张荣德、高延华，秘书长李政出席会议。

县政协九届3次常委会议 8月24日在无棣县城召开。会议听取县委常委、副县长许健所作全县上半年经济社会发展情况通报；听取县政协副主席韩翠山所作县政协上半年走访委员情况报告；听取《无棣县协商议政全域旅游调研报告》《转变镇街政府职能提升服务能力调研报告》起草情况说明，分组讨论两个报告，并听取各小组讨论情况汇报。县政协主席张宝悦讲话，县政协副主席张国华主持会议。

全县政协工作会议 5月10日在无棣县城召开。县领导丁海堂、张宝悦、张国华、孔宪军、韩翠山、孟德辉、张荣德，县政协机关干部、部分县政协委员、各镇街政协委员联络室主任参加会议。县委书记丁海堂讲话。

全县政协提案办理督办会议 6月1日在无棣县城召开。县政协副主席韩翠山主持会议，县政协提案委负责人通报提案工作情况；县委常委、副县长许健，县政协主席张宝悦分别讲话。县委督查室、县政府督查室、县政协各委室主要负责人，部分提案委员会委员，各承办单位分管负责人，各镇街委员联络室主任参加会议。

构筑新型养老体系专题协商会 8月9日在无棣县城召开。会议围绕构筑新型养老体系进行专题协商，县政协副主席韩翠山、高延华出席会议。会议听取县民政局、人社局、卫计局、老龄办等部门工作情况汇报，委员们围绕“发展健康养老产业”“提供居家养老配套服务”等内容进行讨论。

《关于转变镇街政府职能提升服

务能力调研报告》座谈会　8 月 17 日在无棣县城召开。县政协副主席张国华、孟德辉及有关部门、镇街负责人参加会议。会上，与会单位、镇街分管负责人围绕调研报告提出意见建议。

【重要活动】　3 月 27 日，日照市岚山区政协副主席孙树诺带领考察组到无棣考察学习。县政协副主席张国华、韩翠山陪同考察。考察组先后到无棣贝瓷展厅、古城、海盐文化产业基地进行考察，并听取相关情况汇报。

3 月 29 日，省政协秘书长张心骥一行到无棣调研基层政协委员队伍建设、发挥委员主体作用、推进人民政协监督工作、委员联络室运行等情况。市政协无棣县主席张兆宏、副主席商玉昌，无棣县县长姜凌刚、政协主席张宝悦陪同调研。张心骥一行先后到贝瓷展厅、古城恢复扩建项目、无棣海盐文化研究中心、棣丰街道办事处进行调研，听取相关情况汇报。

4 月 18 日，市政协副主席吴国瑞带领部分市政协委员，到无棣调研解决城镇普通中小学大班额问题。县委书记丁海堂陪同调研。

4 月 19 日，枣庄市山亭区政协副主席牛逸群带领考察组，到海丰街道大齐村考察学习精准扶贫工作。县政协副主席张国华陪同考察。

2017 年 3 月 29 日，省政协调研组到无棣调研　（供稿　曾华）

5 月 25 日，市政协副主席侯学锋一行到无棣调研政协工作，看望驻棣市政协委员，开展无主题社情民意日活动，走访有关企业。侯学锋一行到山东河山机械、德克曼装饰材料有限公司、十里香芝麻有限公司、无棣博爱乐苑养老服务中心进行调研，召开社情民意日座谈会。县政协主席张宝悦主持会议，县政协副主席张荣德汇报县政协工作情况。

6 月 6 日，市政协副主席万永格到鑫岳化工有限公司调研，县政协主席张宝悦陪同调研。

2017 年 6 月 28 日，市政协视察组到无棣视察重点项目建设情况　（供稿　曾华）

6 月 28 日，市政协副主席商玉昌带领部分市政协委员到无棣视察重点项目建设情况。县领导丁海堂、张宝悦等陪同视察。委员们先后到水湾镇西谷刘社区、山东河山机械有限公司、大麦体育产业园、张镈纪念馆、李山美术馆视察，听取情况汇报。

7 月 11 日，市政协副主席商玉昌带领市政协文史委有关人员到无棣调研《滨州故事》征编情况。县领导张宝悦陪同调研。

7 月 25 日，市政协副主席史东就“加强治理，减少大气污染”课题到无棣调研。市气象局党组书记、局长吴书君，县领导张宝悦陪同调研。

9 月 26 日，市政协副主席万永格一行到无棣就少数民族村居移风易俗工作开展情况进行调研。县领导张宝悦陪同调研。万永格一行先后到五营清真寺、中共无棣县第一个支部革命业绩陈列馆调研，听取相关情况介绍，召开座谈会。

10 月 19 日至 20 日，市政协组织住县区市政协委员进行跨县区视察活动。县政协主席张宝悦，其他驻棣市政协委员参加活动。

各专门委员会

【经济委员会】 2017年，经济委员会围绕供给侧结构性改革、新旧动能转换、健康产业等开展调研视察活动，撰写调研视察报告，为县委、县政府决策提供依据；开展“社情民意日”活动，参加对棣丰街道河西营村困难户的扶贫工作，为贫困户送去衣服、油面、大米等，为群众解决具体困难；开展联系走访委员活动，联系本届别委员，沟通思想、交流工作、反映委员诉求和意愿。努力为委员办实事、做好事，7月，对部分镇街驻地委员进行走访，在委员所在镇街召开座谈会，听取委员的意见和建议。

【科教委员会】 2017年，科教委员会完成调研活动3次，组织部分县直政协委员座谈1次。做好提案跟踪督办工作。3月中旬，按照县政协《关于做好提案调研工作的通知》要求，由科教委牵头，深入车王、信阳镇和食品药品监督管理局，对委员提出的《关于加强农村环卫一体化工作的建议》《关于加强食品药品监管能力的建议》进行调研并形成建议案。开展“旅游项目运行和管理”协商议政活动。做好联系委员工作，8月，到佘家镇对政协委员进行走访座谈，听取委员履职情况汇报，围绕全县发展大计和百姓关注的重点热点问题提出意见和建议。

【法制委员会】 2017年，法制委员会组织开展协商民主活动。根据无棣县《2017年协商工作计划》要求,2017年3月至5月期间，由副主席张国华、孟德辉带领调研组，分别深入县内镇街及沾化县滨海镇等地开展调研活动。通过听取汇报、实地考察、查阅资料、座谈协商等形式，形成调研报告。开展调研视察活动，全面了解全县依法行政情况，维护公平正义，对专题协商依法治县提出意见。进一步推进依法行政进程，4月25日对依法治县进行视察，并形成专题调研报告。组织开展民主评议活动，9月，对部分部门进行民主评议。

【学习文史委员会】 2017年，材料文史委员会协助研究室做好各项会议、调研视察报告的起草撰写工作。在《无棣大众》发表《无棣古老的祭海仪式》等文章4篇。做好文史工作，参加全省文史工作会议，《“指”慧人生》手工业发展专辑获三等奖。《无棣文征》《家乡味道》印刷完成。完成市政协《滨州故事》专辑10万余字资料提报。

【人口资源环境委员会】 2017年，人口资源与环境委员会围绕民生改善开展调研。围绕关于构建新型养老服务体系等专题开展调研活动，撰写《关于构建新型养老服务体系协商议政报告》。拓展联谊活动新空间，到鲁北化工、开发区部分委员企业，了解委员企业发展状况，为委员企业排忧解难，服务委员企业发展。参与接待市政协企业污染整治调研活动。到青岛市南区、邹平县、滨城区政协开展友好联谊活动。提升协商民主能力，配合市政协组织开展《减少大气污染防治》视察工作。

【民族宗教委员会】 2017年，民族宗教委员会狠抓理论学习，积极参加政协组织的各项学习活动，系统学习党章、党的纪律处分条例和党员保障条例。加强建筑与房地产行业以及公司破产等方面的相关法律法规和政策的学习。认真履行职能，抓好镇街政协委员实绩备案工作，全面掌握和了解全县政协委员开展参政议政情况，参与招商引资，奉献爱心以及开展“我为政协事业添光彩”活动情况。

【提案委员会】 2017年，提案委员会创新提案交办、督办、公示、宣传等工作机制，共征集提案116件，立案113件，及时交46个县直部门单位办理。3月，县委办公室、县政府办公室转发《县政协办公室提案办理工作意见》。6月，县委、县政府、县政协联合召开全县提案办理督办会议。编辑出版《县政协九届一次会议提案工作资料汇编》。采取重点提案县委、县政府主要领导批办、政协领导领衔督办、会议督办、联合督办、媒体督办等举措，一批重点提案得到有效办理。至2017年7月底，立案提案全部办复，办复率100%，满意和基本满意率98%，《联合日报》《无棣大众》多次刊登提案工作创新作法。对全县全域旅游、产业扶贫工作进行专题调研，撰写《无棣县协商议政全域旅游调研报告》《关于全县“产业扶贫”工作的调查》2篇调研报告，县委、县政府主要领导作出批示，所提意见建议被县委、县政府及相关部门采纳。

无棣县政协2017年提案目录

1. 关于加强农村环卫一体化工作的建议（提案者　李玲）

2. 关于老城区建设的建议（提案者　韩振波）

3. 关于搬迁老城区菜市场的建议（提案者　韩振波）

4. 关于加强食品药品监管能力的建议（提案者　王健伟）

5. 关于成立“无棣画院”的建议（提案者　闫辉）

6. 关于加快非公立医院发展的建议（提案者　鞠培青）

7. 关于加快发展民办养老服务机构的建议（提案者　刘学鑫）

8. 关于提倡和扶持农村互助养老、缓解当前养老困局的建议（提案者 孟维敏）

9. 关于加快发展全域旅游的建议（提案者 郭文江）

10. 关于县内景区全部开通公交车的建议（提案者 徐景江）

11. 关于发挥大觉寺、海丰塔在无棣经济发展中的作用的建议（提案者 鞠培青）

12. 关于加大碣石山推介力度、助推全域旅游的建议（提案者 苟洪静）

13. 关于规范部门联动机制建设、打造无棣良好营商环境的建议（提案者 杜守国）

14. 关于做好非法集资预防工作的建议（提案者 李翼）

15. 关于提高农民就业和创业能力、加快农村富余劳动力转移步伐的建议（提案者 蔡欣昌）

16. 关于做好食品安全监督、为民生提供安全保障的建议（提案者 孟哲）

17. 关于加强农村食品安全监管的建议（提案者 王瑞莉）

18. 关于建设绿色蔬菜配送系统及社区果蔬便民亭的建议（提案者 朱洪昌）

19. 关于打造无棣食品放心环境、建设食品检测中心及追溯体系的建议（提案者 任长博）

20. 关于扶持发展节能环保产业、促进全县工业转型升级的建议（提案者 马振礼）

21. 关于深入推进节能减排工作、积极改善人居环境的建议（提案者 邢呈军）

22. 关于整治城区露天烧烤油烟扰民的提案（提案者 从延鹏）

23. 关于建设城区停车场解决停车难问题的建议（提案者 张春杰）

24. 关于大力发展现代农业的建议（提案者 王玉伦）

25. 关于加强城区交通管制的建议（提案者 从延鹏）

26. 关于加强城区交通管理的建议（提案者 郭廷桥）

27. 关于规范车辆停放管理解决停车难题的建议（提案者 王玉真）

28. 关于在棣新三路和205国道交叉路口设置红绿灯的建议（提案者 吴向军）

29. 关于变更城区公交车有关路线的建议（提案者 程立强）

30. 关于星湖六路与239省道交叉口安装监控的建议（提案者 刘君义）

31. 关于完善无棣古城道路交通网、缓解棣新一路交通压力的建议（提案者 杜军芝）

32. 关于规范出租车行业、促进文明县城建设的建议（提案者 冯秀丽）

33. 关于治理城区出租车不打表计费的建议（提案者 张春杰）

34. 关于治理汽车夜间乱使远光灯的建议（提案者 姜永生）

35. 关于治理新区道路车辆乱停乱放的建议（提案者 张永超）

36. 关于对西城园区十字路口植物进行整改的建议（提案者 李玲）

37. 关于减少大济路交通事故的建议（提案者 从恩永）

38. 关于缓解239省道鲁北工业园区段交通拥堵现象的建议（提案者 姜花桐）

39. 关于解决大济路冯家庄段堵车问题的建议（提案者 邵洪武）

40. 关于对大济路无棣至埕口段交通拥堵进行治理的建议（提案者 杨学武）

41. 关于解决大济路与荣乌高速无棣站交叉路口拥堵问题的建议（提案者 刘月刚）

42. 关于优化小微企业融资环境的建议（提案者 王瑞莉）

43. 关于解决县域中小企业招工难问题的建议（提案者 从恩永）

44. 关于加大小微企业人才培训的建议（提案者 孙殿峰）

45. 关于解决小微企业集中管理生产和发展的建议（提案者 杨振波）

46. 关于促进我县电子商务上行工作的建议（提案者 程立强）

47. 关于发展农村电子商务的建议（提案者 王树森）

48. 关于加快农村电子商务发展的建议（提案者 张爱农）

49. 关于激发非公有制经济活力的建议（提案者 吴向军）

50. 关于发展生态农业的建议（提案者 杨方斌）

51. 关于发展食用菌产业、增加农民收入的建议（提案者 陈志滨）

52. 关于无棣县发展现代农业问题的建议（提案者 张雪）

53. 关于加强农药使用指导、保护农村生态环境的建议（提案者 赵连胜）

54. 关于加大对农业供给侧改革地方政策支持的建议（提案者 郎吉忠）

55. 关于强化"土地整治+"理念、推进土地生态整治工程的建议（提案者 李玉涛）

56. 关于加大对土地流转支持的建议（提案者 郎吉忠）

57. 关于加强农业知识培训、帮助农民增产增收的建议（提案者 李雪峰）

58. 关于加强中草药产业发展的建议（提案者 唐志强）

59. 关于对车王镇刘家洼、李什洼万亩土地开发整理的建议（提案者 唐志强）

60. 关于加强住宅小区物业管理的建议（提案者 商艳兰）

61. 关于加强农村宅基地管理的建议（提案者 周荣庚）

62. 关于实施"人才工程"、促进无棣跨越式发展的建议（提案

者 杨景亮）

63. 关于支持大学生回乡创业的建议（提案者 张玥）

64. 关于积极推进本县企业向优秀企业学习的建议（提案者 孟哲）

65. 关于利用众筹模式、打造无棣县现代化物流园的建议（提案者 程立强）

66. 关于充分发挥科技作用、增强自主创新能力的建议（提案者 王风光）

67. 关于加强对渔网加工业规范化管理的建议（提案者 刘月刚）

68. 关于加强政策导向、提高资源回收循环利用能力的建议（提案者 韩振）

69. 关于加快现代服务业发展的建议（提案者 郭庆文）

70. 关于夯实体育发展基础、推动“健康无棣”建设的建议（提案者 李树忠）

71. 关于加快发展体育产业、促进体育消费的建议（提案者 田翠萍）

72. 关于加快推进孙岔路北延及升级改建的建议（提案者 马风刚）

73. 关于尽快整修养护水柳路刘李至穆王段的建议（ 提案者 蔡海峰）

74. 关于实施开发八路西侧排水沟清淤治理及桥涵水闸配套工程建设的建议（提案者 高金杰）

75. 关于给予水湾镇境内蔡河路、棣邓路等道路占地补偿款补助的建议（提案者 蒋海军）

76. 关于加快荣乌高速逯庙高架桥下道路改造的建议（提案者 李建波）

77. 关于对农村危桥由县财政出资维修的建议（提案者 刘军健）

78. 关于实施白杨支沟清淤治理及完善水闸配套工程的建议（提案者 马建春）

79. 关于清波河东段衬砌美化的建议（提案者 马兆宏）

80. 关于建设拦河大闸、保障鲁北工业园区工业淡水资源利用的建议（提案者 姜花桐）

81. 关于马颊河黄瓜岭处修建桥梁的建议（提案者 邵洪武）

82. 关于大济路碣石山镇区段实施改线工程的建议（提案者 吴立剑）

83. 关于加快碣石山、饮马湖开发的建议（提案者 吴立剑）

84. 关于公交路线更名的建议（提案者 杨洪波）

85. 关于车泊路北段拓宽升级改造的建议（提案者 袁玉珂）

86. 关于建设无棣北出口的建议（提案者 赵强）

87. 关于加强白杨河下游污染治理的建议（提案者 周明）

88. 关于加强属地自媒体监管的提案（提案者 王波）

89. 关于加强通信管道线路共享管理的建议（提案者 王波）

90. 关于规范少数民族区域养殖业发展的建议（提案者 从荣明）

91. 关于县城清真寺列入古城开发延伸景观的建议（提案者 从延华）

92. 关于为宗教教职人员发放生活补助金的建议（提案者 于文普）

93. 关于将少数民族聚居区纳入县全域旅游规划的建议（提案者 张磊）

94. 关于开展移风易俗倡新风活动、提高市民文明素养的建议（提案者 郭世贵）

95. 关于建立健全现代公共文化服务体系、推动我县文化大发展大繁荣的建议（提案者 郭云鸽）

96. 关于以书法为抓手、促进我县文化事业发展的建议（提案者 陈晓昀）

97. 关于在我县中小学校中增加开设国学经典课程的建议（提案者 从金花）

98. 关于县镇财政划拨义务教育阶段学校工会经费的建议（提案者 李雪峰）

99. 关于落实教师值班加班补贴、促进我县高中教育健康发展的建议（提案者 蒋会涛）

100. 关于改善 VISION 第一爱心小学环境的建议（提案者 刘玉芬）

101. 关于整顿规范幼儿园、小区、商场等场所保安员队伍的建议（提案者 孙建国）

102. 关于坚决停用非法接送幼儿车辆的建议（提案者 宋光君）

103. 关于规范无棣理赔外部环境的建议（提案者 冯秀丽）

104. 关于加大对埕口镇卫生院扶持力度的建议（提案者 邵洪武）

105. 关于加强基层卫生服务能力建设的建议（提案者 荀洪静）

106. 关于“全面二孩”政策实施后加强妇女劳动权益保障工作的建议（提案者 高乐乐）

107. 关于加快推进我县社会工作发展的建议（提案者 郭香）

108. 关于在城区居民小区安装监控的建议（提案者 从延鹏）

109. 关于增加“天网工程”监控探头的建议（提案者 李连江）

110. 关于依法严厉打击非访维护社会稳定的建议（提案者 张振华）

111. 关于发挥基层组织在反邪教活动中基础作用的建议（提案者 李连江）

112. 关于对建筑工地现场强装强卸行为进行治理的建议（提案者 朱海斌）

113. 关于加强野生动物保护的建议（提案者 李淑梅）

中国共产党无棣县纪律检查委员会

综　述

【概况】　2017年，无棣县纪检监察机关认真贯彻落实中共十九大精神和省市纪委及县委决策部署，忠实履行职责，强化监督执纪问责，全县纪检监察工作取得新成效。至2017年底，县纪检监察机关下设办公室、组织部、宣传部、党风政风监督室、信访室、案件监督管理室、第一纪检监察室、第二纪检监察室、第三纪检监察室、案件审理室10个内设机构，下属无棣县纪委监察局信息中心1个事业单位，其中组织部、案件监督管理室和信息中心为正科级机构，其他部室为副科级机构。2017年12月，顺利通过2017年度省级文明单位复审，被授予2017年度省级文明单位称号。

【纪检监察体制改革】　（参见“全面深化改革”P31）

【重要会议】　**中国共产党无棣县第十三届纪律检查委员会第1次全体会议**　1月13日在无棣召开，县纪委委员参加会议。会议选举新一届县纪委常委和书记、副书记，任卫国当选书记，李文凯、赵连胜当选副书记，翟爱东、曹守国、张炳昭、徐新璐当选纪委常委。任卫国、赵连胜、张炳昭、翟爱东、曹守国、徐新璐、孟德义、高菊惠、李文凯、张青松、马宁、范义章、孟维海、路用身、张洪坡、彭秀芳、王新华、张超、王洪忠、陈健、陈铁军、刘洪中、袁金亮、高福月、王华胜、曹占阁、万兴华当选为纪委委员。新当选的县纪委书记任卫国讲话。

中国共产党无棣县第十三届纪律检查委员会第2次全体会议　2月4日在无棣召开，县委常委、县纪委书记任卫国主持会议。会议传达十八届中央纪委七次全会、省纪委十届八次全会和市纪委八届九次全会精神，县委书记丁海堂出席会议并讲话。县委、县人大、县政府、县政协领导班子成员，副县级以上在职领导干部，第十三届县纪委委员，各镇街党（工）委书记、纪（工）委书记，县委各部门主要负责人，县直各部门单位党委（党组）书记，各园区党工委书记，各国有企业党委书记，各派驻纪检组长（纪工委书记），县直各部门单位纪检组长（纪委书记），各国有企业纪委书记，县纪委机关副科级以上干部参加会议。

全县纪检监察干部队伍建设工作会议　3月17日在无棣召开。会议传达省市纪检监察干部队伍建设会议精神、全市纠正“四风”加强党内问责工作会议精神，县委常委、纪委书记任卫国讲话。县纪委常委、机关副科级以上领导干部，镇街纪委书记、副书记，派驻纪检组组长，县直各部门纪检组长，国有企业纪委书记参加会议。

全县纪律审查安全工作会议　4月17日在无棣召开。会上就纪律审查安全工作进行培训，对全县纪律审查工作中存在的问题及整改要求做说明和安排，县委常委、纪委书记任卫

2017年2月4日，中共无棣县纪委十三届二次全会在县政务中心召开
（供稿　陈铁军）

国讲话。各镇（街）镇长（办事处主任）、派驻纪检组组长及委局机关全体人员参加。

全县反腐败工作协调小组联席会议 4月21在无棣召开，县委常委、县政法委书记李洪涛主持会议，县委常委、纪委书记任卫国讲话。县检察院、法院、审计局、公安局等部门单位负责人60余人参加会议。

十三届无棣县委第一轮巡察动员部署会议暨业务培训班 6月28日在无棣举行。县委常委、组织部部长卢鸿传达上级纪委关于巡察工作精神，县委常委、纪委书记任卫国讲话。

全县执纪审查安全工作会议 9月19日在政务中心第二会议室召开。会议传达省纪委、市纪委关于执纪审查安全事宜的有关要求，县委常委、纪委书记任卫国对执纪审查安全提出具体要求。参加会议的有：县纪委委局班子成员、各纪检监察室、案管室、党风室全体人员；各镇街纪（工）委书记、副书记；各派驻纪检组长（纪工委书记）。

中国共产党无棣县第十三届纪律检查委员会第3次会议 11月9日在政务中心第二会议室召开。出席全会的纪委委员25人，会议由县纪委常委会主持。会议学习传达党的十九大、省纪委十一届二次全会、市纪委九届二次全会、县委十三届三次全会精神，对全县各级纪检监察组织学习贯彻党的十九大精神作出安排部署，会议通过《中共无棣县第十三届纪律检查委员会第三次全体会议公报》。县纪委委员出席会议，未担任县纪委委员的监察局班子成员，未担任县纪委委员的各镇街纪（工）委书记、各派驻纪检组组长（纪工委书记），委局机关部、室（中心）主要负责人列席会议。

无棣县县级党政领导班子成员向县纪委全委会述责述廉会议 11月30日在政务中心第三会议室召开。县委书记丁海堂主持会议，市纪委领导、县委各常委、县政府各副县长、县纪委委员、述责述廉领导小组成员参加会议。县级领导班子成员依次向县纪委全委会做述责述廉报告，县纪委委员向述责述廉对象提出质询问题，并对测评对象进行测评。

2017年11月30日，县级党政班子成员向纪委全会进行述责述廉

（供稿　陈铁军）

【重要活动】 **市纪委副书记刘冠明到无棣调研** 1月5日，市纪委副书记刘冠明到无棣调研，县纪委各书记、常委、局长及棣丰街道、车王镇、信阳镇纪委书记参加座谈，市纪委副书记刘冠明对无棣县纪委工作提出要求，会后到信阳镇谈话点进行实地查看。

市纪委书记李元忠到无棣调研 7月7日，市委常委、市纪委书记李元忠到无棣调研，参观县纪委走读式谈话场所、海丰街道走读式谈话场所，在政务中心第四会议室听取县委书记丁海堂关于履行全面从严治党主体责任情况汇报，并召开由县纪委常委、部室负责人、各镇街纪（工）委书记参加的座谈会，任卫国汇报县纪委纪检监察工作情况，市纪委常委侯清峰、孟华分别针对纪律审查及案件办理中存在的问题提出具体要求，李元忠讲话。

市纪委常委侯清峰到无棣调研 9月14日，市纪委常委侯清峰到无棣调研，走访慰问车王镇贫困户，查看车王镇纪委走读式谈话场所建设情况，在政务中心821会议室召开座谈会。县委常委、纪委书记任卫国参加活动。

市纪委副书记牟春雁到无棣调研信访工作 10月20日，市纪委副书记牟春雁到无棣调研信访工作。在棣丰街道办事处进行调研，召开由县纪委班子成员、信访室全体人员参加的信访工作座谈会。

纪检监察

【“两个责任”落实】 2017年2月，无棣县纪委印发《县纪委监察局班子成员联系镇（街）落实党风廉政建设“两个责任”工作制度》，联系督导镇（街）党（工）委落实党风廉政建设主体责任的职责，联系督导镇（街）纪（工）委落实党风廉政建设监督责任的职责，督促“两个责任”落实。4 月，印发《关于在全县镇（街道）党（工）委书记、县直部门单位党委（党组）书记中实行落实党风廉政建设主体责任工作写实制度的通知》和《关于在全县纪（工）委书记、纪检组长中实行落实党风廉政建设监督责任工作写实制度的通知》，要求党委（党组）书记和纪委书记（纪检组长）对落实党风廉政建设主体责任和监督责任进行写实，工作全程留痕，县委和县纪委定期监督检查，对弄虚作假、消极应付的严肃问责，倒逼“两个责任”落实。5 月，经县纪委常委会同意，县纪委印发《问题线索处置结论通报暂行规定》，督促全县各级党委、纪委认真落实主体责任和监督责任。围绕“两个责任”落实，修订完善《2017 年度全面从严治党责任书》，将党风廉政建设工作任务分解细化，与 11 个镇街、82 个县直部门单位、4 个园区党组织签订责任书。组织开展县级党政领导班子成员和下级党（工）委书记向县纪委全委会述责述廉工作，17 名县级班子成员和 24 名基层党（工）委书记参加述责述廉。县纪委常委与镇街党政主要负责人和县直部门单位主要负责人共 108 人次进行廉政谈话。对全县各级党组织落实主体责任情况进行监督检查，强化落实“一岗双责”，逐级逐层传导落实主体责任，督促各级党（工）委（党组）做表率、树标杆，推动落实管党治党责任。强化追责问责，全年共实施党内问责 43 起，对 46 名党员干部、18 个党组织以批评教育、责令作出书面检查、通报、诫勉谈话以及党政纪处分等方式进行责任追究。

【专项整治】 2017 年，无棣县开展整治和查处扶贫领域侵害群众利益的不正之风和腐败问题专项活动。县纪检监察机关坚守职责定位，聚焦重点问题，突出重点人员，紧盯重点区域和部门，强化监督，铁面执纪，为全县扶贫攻坚工作顺利开展保驾护航。对发生在群众身边的超标准超范围筹资筹劳、摊派费用、贪污挪用土地征收和惠农资金、虚报冒领、截留私分扶贫款物等不正之风和腐败问题，严肃追责问责，2017 年共查处 28 起，处理 79 人，给予党政纪处分 20 人，并对扶贫领域腐败问题典型案例通报曝光。

【纠治“四风”】 2017 年，无棣县纪检监察机关落实习近平总书记关于进一步纠正“四风”、加强作风建设批示精神，坚持暗访、查处、追责、曝光“四管齐下”，查处违反中央八项规定精神问题，不断巩固拓展落实中央八项规定精神成果。2017 年，查处违反中央八项规定精神问题 44 起，处理 85 人，给予党纪处分 32 人。对受到党纪政纪处分以及被追究责任的，通过电视、报纸、网络、微信平台通报曝光。

【纪律审查】 2017 年，无棣县注重抓早抓小，动辄则咎，以警告、严重警告等纪律轻处分为主，从而达到治病救人的效果。2017 年，谈话函询 32 人，批评教育 55 人，诫勉谈话 62 人。聚焦主责主业，紧盯精准扶贫、惠农民生、信访维稳、安全生产、污染防治等重点领域，强化问责，科学运用监督执纪“四种形态”，扎实推进纪律审查工作，推动全面从严治党向基层延伸。2017 年，全县纪检监察机关处置问题线索 635 件次，立案审查 286 件，处结 279 件，给予党政纪处分 279 人。健全完善问题线索移送机制，发挥反腐败协调小组作用，召开 2 次反腐败工作协调小组联席会议，4 次全县执法部门纪律审查协作配合工作会议，6 次案件协作配合专题工作会议。编印《监督执纪工作流程汇编》《执纪审查安全制度汇编》，规范执纪审查工作。投资 90 余万元，新建县级走读式谈话场所 1 处。

【教育宣传】 2017 年，无棣县开办“廉洁教育大讲堂”，先后到车王镇等 22 个部门单位上廉政课，2000 多

2017 年 7 月 6 日，县委第一轮巡察第三巡察组动员会议（供稿　陈铁军）

名党员干部受教育。8月，组织副科级以上党员干部收看警示教育片《永不停歇的征程》，警示和教育党员干部时刻绷紧廉洁自律弦。组织5批次45名拟提拔任用科级领导干部参加任前廉政考试，并出具廉政考试成绩证明。2月15日，县纪委撰写的《党内政治生活必须增强政治性》被中国纪检监察报刊发。

【巡察工作】 2017年5月，县委成立中共无棣县委巡察工作领导小组，下设办公室和第一至第五5个巡察组，设在县纪委，均为正科级机构。印发《中共无棣县委巡察工作实施办法》，制定《无棣县委巡察组巡察工作流程（试行）》等13个相关文件以及《巡察组巡察工作方案（模板）》等29个方案模板类文件。印发《关于推荐县委巡察工作人才库人选的通知》，将有关部门单位推荐的104名业务骨干纳入人才库。6月29日至8月29日开展第一轮巡察工作，采取“一托二”方式，分别对县农机局等5个县直部门和车王镇等5个镇街开展巡察，发现突出问题104个、移交问题线索75条。9月22日至10月底，开展扶贫领域专项巡察工作，对县住建局等4个部门、11个镇街、100个村开展巡察，发现重点问题150条、移交问题线索27条。11月23日至12月下旬，对物价局等5个部门、单位开展巡察，发现突出问题80个、移交问题线索19条。

【队伍建设】 2017年，无棣县选调、招录、转隶41名优秀干部进入县纪委（含巡察机构18名、县检察院转隶14名），向系统外交流干部5名，新提拔重用干部10名，完善纪检监察干部队伍科学流动机制。年内组织全县纪检监察干部综合业务能力培训班和集中教育月活动，邀请市纪委和县直部门单位有关人员、安排县纪委有关室主任进行授课讲解，累计培训260余人次。实行纪（工）委书记、纪检组长月报告、季交流、年述职制度，制定出台《无棣县纪检监察干部规范使用微信、微博等自媒体的规定》，不断健全内控措施，强化自我监督。2017年9月，无棣县纪委监察局机关成立党总支，下设第一至第五党支部和老干部党支部，进一步加强对机关全体党员的教育管理。编印《无棣县纪检监察系统规章制度汇编》，涵盖各项制度规定22项。

（陈铁军）

2017年2月9日，县纪委举办全县纪检监察业务培训班（供稿 陈铁军）

人民团体

无棣县总工会

【概况】 2017年，无棣县总工会坚持“党建带工建，工建服务党建，党工共建”方针，抓建会数量，抓建工会组织规范化提升。调整充实县党建带工建、党工共建联席会议制度领导小组，以重点企业建会为引领，先后建起三岳、盛发科工贸、绿风农牧、齐星等在全县影响较大的企业工会，对小微企业，以园区和镇街总工会为载体，建立联合工会，实现工会组织全覆盖。在广泛征求职工意见确定人选基础上，将人员情况进行公示，广泛听取意见，真正把职工信任的人选拔进工会班子。狠抓工会干部培训，选派24人参加市总工会组织的培训班，举办6次工会干部业务知识培训班，参训人员860人次。企业工会按标准完善工作档案。2017年，全县新建工会组织32个，行业工会6个，发展会员2084人。按照市总工会要求，上报8个活力基层工会，在12月活力工会验收中，得到市总工会高度认可。

【社会主义核心价值观宣传教育】 2017年，无棣县总工会组织开展“中国梦·劳动美”主题宣传、法治和道德建设、群众性精神文明创建等实践活动，宣扬社会正能量、引领社会风尚。全面加强企业文化建设，组织职工开展文艺展演、演讲比赛、摄影展、传统武术培训班、书画展等文化体育活动，组织全县职工参加滨州市文化艺术节系列活动，成立职工艺术团，丰富职工精神文化生活。

【劳模评选】 2017年，无棣县总工会开展首届劳动模范评选工作，推荐评选滨州市劳动模范8人，评选表彰首届无棣县劳动模范20人。

【“查保促”集中行动】 2017年，无棣县总工会以深化“查保促”活动为抓手，进一步健全完善群众性安全隐患排查治理长效机制。县总工会扎实开展“查保促”群众性安全生产活动，2017年2次代表全市接受省总工会“查保促”活动验收，得到省总工会领导高度评价。

【职工技术创新竞赛】 2017年，无棣县总工会开展“万众创新争一流、促进发展上水平”劳动竞赛活动，教育、医疗卫生、建设等10个行业、122个项目、2000余人次参与，营造职工学业务、比技能、争一流浓厚氛围。

【经费审查】 2017年，无棣县总工会规范工会经费管理使用，保障工会经费与工会资产安全完整，对全县事业单位工会、企业工会及乡镇工会2016年度、2017年度的2个财务年度的工会经费管理使用情况以抽查形式进行审查审计，全年审计机关单位工会19个。

【女职工“关爱行动”】 2017年3月，无棣县总工会开展“法律护我行——女职工维权知识答卷”活动，收到答卷622份，答卷正确率96.8%，营造有利于维护女职工合法权益和特殊利益的舆论氛围和良好环境。

【帮扶工作】 2017年，无棣县总工会对“四季服务”项目扩面提标，“冬送温暖”标准由每人500元提高到1000元。开展盛夏送清凉活动，筹集资金3.1万元，为190名高温作业的企业职工送去清凉健康物品，并为盛夏坚守岗亭的交警送去清凉伞。开展金秋助学活动，实行“劳模与困难学生一对一跟踪助学”及“规模以上企业与困难学生一对一跟踪助学”，每学期末组织1次座谈交流，听受助学生期末学习总结，提供学生有效高效学习方法和解决生活中遇到困难的方法，让学生少走弯路险路，顺利高水平完成学业。全年救助困难职工子女入大学28人次，救助资金11.32万元。开展冬送温暖活动，元旦、春节前夕，慰问困难职工296人次，发放慰问金30万余元。慰问十九大期间安保执勤民警，送去饮用水、月饼等慰问品。对困难职工（农民工）实施大病、意外灾害临时救助，实施临时救助33人，发放救助资金8.2万元。全面梳理全县困难职工档案，深入开展入户调查摸底，从1032名困难职工核实确定265人，大大提高帮扶困难职工精准度。

【工人文化宫建设】 2017年，无棣县总工会对工人文化宫进行清理整改，完成办公楼和沿街楼的门窗更换，办公楼楼梯整修、大暖安装、墙面刮瓷、院内地面硬化等，重新规划工人文化宫办公场地，改建交流活动室。

【金桥创业行动】 2017年，无棣县实施“金桥创业行动”，从创业者培训、项目推介、“双创”孵化基地建设、资金扶持、优惠政策落实、经营活动跟踪等方面，整合政府和社会资源，为创业者搭建创业桥梁。县委专门成立“金桥创业行动”领导小组，由县总工会牵头，县人社局、县教育局、团县委联合制订《无棣县职工创业精准扶贫612（金桥创业行动）工程实施方案》，即计划三年内培训600名创业者，培养100名小老板，带动2000人就业。2017年强化培训学员110名。通过免费提供创业基地、设立丰厚创业基金、提供销售渠道、提供小额贷款担保贴息和创业补贴等方式，创造良好创业环境。35人申请小额担保贴息贷款340万元，22人申请创业补贴2.2万元。培育了山东大麦体育产业有限公司、伍思网络商城、山东昂泰农副产品加工有限公司等12家公司，其中山东大麦体育产业有限公司完成投资6600余万元。3名创业学员根据行业特点结成创业合作小组，组织无棣首届‘腊’酒节暨2017年无棣首届品酒会，现场成交19.3万元；2名创业学员在网上发起“百人融资”做餐饮项目，收购停业饭店，56人加入创业，共融资28万元。成立无棣县职工心连心公益协会，会员发展到116人，实现创业带动就业，创业学员公司吸纳下岗职工再就业584人，其中困难职工283人。

【企业工会与行政沟通协商机制建设】 2017年，无棣县总工会组织开展企业工会与行政沟通协商集中行动，按照“以点带面、先易后难”的原则，在全县100人以上的建会企事业单位建立沟通协商机制，12家企业召开企业工会与行政沟通协商会议，解决职工诉求70个，职工满意度达到95%。至2017年底，全县建立企业工会与行政沟通协商单位数达到80个，完成总任务数的100%。

【工资集体协商集中要约】 制定《无棣县总工会开展工资集体协商集中要约行动方案》，以规模以上企业为重点，整体推进、扩面提质，维护职工经济权益。2017年，3名工资集体协商专职指导员在欧亚木器有限公司、天顺药业有限公司、鲁北化工有限公司、鑫岳化工有限公司等企业开展工资集体协商工作。

（胡　勇　王景栋）

中国共产主义青年团无棣县委员会

【概况】 至2017年底，共青团无棣县委下辖团委38个，基层团工委2个，团支部870个，团员18643人，专职团干部3人，兼职团干部369人。2017年，共青团无棣县委被评为滨州市红旗团委。

【团组织建设】 2017年，共青团无棣县委召开专题团建会议6次，研究部署团建工作，确定团建工作要点9项，扎实推进“智慧团建”“青年之家”、教育实践等团建重点工作。坚持团员发展标准，严格团员发展程序，2017年新发展团员1719人。在全县共青团员中开展“三亮三强”活动，通过亮明身份、亮出职责、亮出行动增强团员光荣感、责任感和使命感。起草《关于加强团员青年培训工作的实施方案》，经县委同意后印发实施，通过开展培训，提高团干部的理论素养和工作能力。常态化开展“1+100”工作，线上发布话题、线下开展活动，促进团干部联系青年扎实有效。对学校、镇街、企业和青年文明号团组织分类管理，从严从实加强组织建设。以“智慧团建”工作为抓手，逐步实现团内基本信息动态管理。在全县村“两委”换届选举实施方案中明确村

2017年5月4日，共青团无棣县委举行“团员青年培训基地”揭牌仪式

（摄影　田永青）

级团支部书记配备要求，印发《致广大团员青年的一封信》，发动团员青年依法依规参加选举，加强农村团组织建设。

【红色团建阵地建设】 2017年，共青团无棣县委深入开展“两学一做”活动，组织实施“学习总书记讲话、做合格共青团员”教育实践，各级团组织认真组织自学、上好主题团课，集中开展组织生活会、团员志愿服务等活动。依托县委党校建立团员青年培训基地，依托红色资源建立青少年爱国主义教育基地，各镇街全部建立共青团工作“门店”，不断丰富基层活动场所内容。设计无棣共青团卡通形象——“小棣”，制作小公仔、微信表情等与青少年开展线上线下互动，围绕预防校园欺凌制作青少年喜闻乐见的动画视频，让广大青少年对共青团的认知形象化、具体化。加强舆论阵地建设，创刊《团旗飘飘》并内部交流发行，倡树时代青年楷模典型。

【关爱青少年健康成长】 2017年，共青团无棣县委组织志愿者深入脑瘫儿童家庭进行课业辅导、心理辅导和送温暖活动，看望走访聋哑学校学生，累计捐赠物资12万余元。组织农村留守儿童到县科技馆、消防大队等地参观，帮助孩子们拓宽视野，陪伴他们快乐成长。组织“青年文明号”单位主动结对11所小学，为175名贫困少年儿童发放心愿物品，总价值5万余元。年内组织两场“共同托起明天的太阳”大型公益活动，累计900余人参加活动，关注青少年心理健康，畅通青少年与家长和老师之间的沟通渠道。

【金色岗位建功行动】 2017年，共青团无棣县委在学生、机关、农村、企业、青年社会组织团员中分别开展“青春领航”“岗位建功”“助力脱贫”“技能创新”“志愿服务”行动，调动团员立足岗位建新功的积极性。在全县评选出10名“最美青年”，涉及武警、医生、教师、公安等行业，邀请青年代表深入企业、机关单位开展“奋斗的青春最美丽”青春故事分享，传递青春正能量。招募志愿者与140名建档立卡贫困老年人结对，定期到老人家中开展助老志愿服务。

【绿色健康行动】 2017年，共青团无棣县委响应建设“大美无棣”号召，向全县广大青少年发出“助力省级卫生县城复审”倡议，组织志愿者对占道经营、车辆乱停、垃圾乱扔等不文明行为进行劝导，积极参与城市环境改善，争做文明市民。开展“小手拉大手·争做绿化小能手”“我陪小树一起长大”等公益植树活动，为青少年统一配发绿色徽章，宣传“青春绿色行动”和“小手拉大手”活动内容。走进学校开展“青年之声·低碳进校园”线下宣传活动，动员学生争做节能降碳绿色信使，将低碳生活理念传递给家长，提高全民环保意识。

2017年7月1日，共青团无棣县委举办“永远跟党走”——无棣县少儿文化艺术节 （摄影 田永青）

【蓝色青春创业】 2017年，共青团无棣县委联合职业中专组织3县140余名学生，围绕焊接技术、护理技能、会计电算化等18个比赛项目进行比拼，激励广大青年学生立足岗位、学练技能、成长成才。组织全县电力行业18支队伍参加青年职工技能大赛，调动青年职工投身新旧动能转换、服务经济发展的积极性。组织45名创业青年通过实地参观、名师讲解、项目路演等形式加强培训，组织“华翔”创业大赛获奖选手分享创业经验，不断提升创业人员技能和素质。召集人民银行、邮储银行、农商银行等6家金融单位与创业青年面对面，宣传金融产品，讲解金融知识，帮助创业青年解决创业初期资金难题。

【紫色圆梦行动】 2017年，共青团无棣县委组织开展“青春有约”交友嘉年华、青年歌手电视大奖赛、“行动点亮青春、激情成就梦想”朗诵比赛、庆国庆青年集体婚礼、新兴青年群体与人大代表政协委员面对面等系列活动，增进共青团与青年的感情，切实发挥团组织在关注青年、关心青年、关爱青年成长中的作用。开展圆梦行动，争取助学金15.3万元，帮助27名贫困学生圆梦。围绕建党96周年、助力省级卫生县城复审、全域旅游文化提升等主题，举办系列少儿

2017 年 12 月 12 日，共青团无棣县委举办“爱心助扶贫 圆梦微心愿”活动仪式（摄影　张学良）

文艺活动，少儿演员 900 余人参加演出，现场观众人数突破 2000 人次。开展“法律进校园”宣讲活动 12 次，直接受教育青少年 6000 余名。在第三实验学校试点开展“红色接班人培养工程”，采取编特色教材、唱革命歌曲、看红色电影、讲英雄故事、抓仪式教育等形式，营造浓厚红色教育氛围，对中小学生进行爱国主义教育和革命传统教育。

（张　玥）

无棣县妇女联合会

【“她创业”系列行动】 **举办女性就业招聘会。**3 月，举办“巾帼筑梦·春风送岗”女性就业专场招聘会，帮助妇女实现就近就地居家灵活就业。联系 30 余家企业提供女性工作岗位 600 余个，300 余名妇女应聘，60 余名女性与用工单位达成就业意向。

开办创业就业培训班。在县妇女创业就业服务中心举办为期一周的家政培训班，邀请市职业学院专业讲师团授课，培训妇女 52 人，并颁发相关证书，择优推荐上岗。联合县总工会举办职工创业培训班，培训学员 60 多名，其中女学员 20 名。与县民政局联合举办养老护理员培训班，受益人数 200 余人。对全县农村妇女进行“新农村新生活”培训，提升农村妇女的综合素质，采取组建讲师团轮训的方式，在 11 个镇街开展创业就业、健康知识、维权知识、家庭教育等全方位培训 68 期，受益人员 4500 余人。

扶持农村淘宝项目提档升级。帮助 40 余个农村淘宝村级服务站集中办理工商登记，完成农村淘宝电商服务站转型升级，推进孵化小微企业、促进电商创业及电商脱贫。

召开居家创业现场会。扶持发展巾帼居家创业就业基地建设，创建省级“大姐工坊”5 个，市级 1 个，县级 5 个，协调争取巾帼居家创业就业扶持金 3 万元。投资 3 万元在海丰街道大齐村省级“大姐工坊”打造“杏福驿站”项目。6 月，召开“她创业行动”——无棣县巾帼居家创业就业助力脱贫现场推进会议，各镇街巾帼创业带头人到惠民县及县内 5 个妇女创业示范点观摩，现场授牌并发放创业扶持金 2 万元。与魏桥集团对接，8 月，在西小王镇建成一处家纺加工示范基地并正式运营，由魏桥集团派送订单并提供技术指导，辐射带动更多的加工基地，带动更多妇女实现“家门口”就业。

2017 年 6 月 29 日，县妇联举办全国巾帼文明岗授牌仪式（供稿　王秀铎）

【关爱妇女儿童活动】 *农村妇女“两癌”免费筛查*。联合县卫生计生部门开展农村妇女“两癌”免费检查工作，率先在全市完成年度检查任务，全县51850名妇女接受检查。健全完善贫困患病妇女长效救助机制，2017年协调上级妇联和县民政局、卫生计生局及社会资金21万元，救助患“两癌”贫困妇女45名。

巾帼志愿服务活动。“三八”节期间，邀请浙江大学教授余知行到无棣举办“快乐工作，幸福生活”大型心理健康讲座；开展“庆三八、走基层、送温暖”慰问活动，走访贫困患病妇女、女企业家代表及妇女先进集体；在电视、报纸开设“巾帼展风采”专栏，宣传各层次巾帼模范；启动“姐妹相约·网上过节”和“最美是我家”征文活动。“六一”期间，各妇儿工委成员单位走访慰问留守孤困儿童，筹集“爱心”资源折款12万元。完善孤困儿童数据库，举办“快乐成长·放飞梦想”爱心畅游活动，44名孤困儿童得到帮助。8月，与县职业中专联合举办“情暖寒门”技能助学行动，7名贫困孩子顺利入学。重阳节，各级妇联组织在全县开展“敬老助老·巾帼志愿者在行动”志愿服务活动。

维护妇女儿童权益。建立为妇儿办实事项目库，征集到解决大班额、广场舞免费培训、建设“妈妈小屋”等10余个项目，并编印成册。建立妇女维权与心理咨询服务中心，专门接待来访妇女群众，开通12338服务热线，与县司法局联合成立婚姻家庭矛盾调解委员会，邀请知名律师作为法律顾问，无偿为广大家庭提供法律帮助。2017年，共接待办理来电来访26件。

【巾帼文明行动】 2017年，无棣县妇联组织举办“展示妇女风采·打造健康无棣”全县女干部职工庆“三八”趣味运动会，设置7个比赛项目，30支代表队、267名运动员参赛。国庆前夕举办“巾帼心向党·喜迎十九大”无棣县女干部职工风采展示会演，16支队伍180名选手参加会演。

通过广泛推荐、网络投票、专家评审、命名表彰等，开展寻找“最美家庭”主题活动。评选出“最美是我家”优秀获奖征文62篇，在《无棣大众》、无棣妇联微信公众号、无棣妇女网站上连载宣传。3月，新评选县级卫生文明家庭200户。4月，举办“不让毒品进我家——走进希贤学校”主题教育活动，开展现场做答卷、听讲座、承诺远离毒品签名活动。5月，组织家风文化传承报告会，邀请省老干部理论宣讲团成员做专题报告。8月，举办“最美家庭”揭晓暨故事分享会，对发掘出的20个“最美家庭”、5个“最具人气家庭”、30个“最美家庭”提名家庭进行表彰和宣传。开展“平安家庭”创建活动，无棣县被省妇联和省综治委联合授予山东省“平安家

2017年8月31日，县妇联举办“最美家庭故事”分享会（供稿　王秀铎）

2017年5月27日，县妇联召开“寻找最美家庭”启动会　（供稿　王秀铎）

庭”示范县荣誉称号。

5月，全面启动“美丽乡村·清洁庭院——巾帼在行动”活动，召开全县专题会议，发出倡议，发动妇女，带动全民，在美丽乡村县级以上示范村、提升村中开展“一院整洁”活动。在全县创建巾帼文明示范街33条，打造精品街11条，评选文明卫生示范户620户，县妇联出资在11条精品创建街安装高标准宣传牌110块，助推全县美丽乡村建设。

全国“巾帼文明岗”创建活动20周年之际，县妇联推荐的县计生妇幼保健服务中心获全国“巾帼文明岗”荣誉。开展“巾帼建新功、共筑中国梦”活动，创建国家级“巾帼文明岗”3个、省级5个、市级29个、县级31个。

【妇女儿童发展“十三五”规划颁布实施】 无棣县被推选为滨州市唯一实施妇女儿童发展“十三五”规划省级示范县。7月，《无棣县妇女发展“十三五”规划》和《无棣县儿童发展“十三五”规划》正式颁布。12月，召开全县妇女儿童工作会议，对“十三五”期间两个规划的责任落实、推进实施进行安排部署。

【妇女儿童阵地示范项目建设】 2017年，确定妇女儿童活动中心建设项目为省级示范项目。开展陪伴式、体验式亲子教育以及公益实践活动，建立和谐的亲子关系，县妇联筹资5万元在县妇儿活动中心新建“亲子秀吧”1处，举行无棣县“亲子秀吧”揭牌仪式暨“小小演说家”风采展示活动，吸引广大家长和孩子踊跃参加。全县建立省级妇女儿童家园3个、市级2个、县级2个。

【村妇代会改建妇联在全市率先完成】 2017年，全面完成“会改联”工作，配备镇街、村妇联专兼职干部、执委4161人，最大限度地把热心公益、创业女能手等优秀女性凝聚到妇联组织中，基层妇联组织力量得到壮大。

（王秀铎）

无棣县科学技术协会

【概况】 2017年，无棣县科学技术协会围绕县委、县政府工作中心，巩固无棣县全国科普示范县（2016—2020）创建成果，深入实施《全民科学素质行动计划纲要》，推进科协系统改革，在科普宣传、科普设施、科普示范、精准扶贫、提高全民科学素质等方面取得新进展，2017年9月，在全市全民科学素质工作推进会议上，无棣县做《全民科学素质行动计划实施方案（2016—2020）》落实情况典型发言。

科普宣传。围绕《全民科学素质行动计划纲要》工作主题，县科协组织开展科普之春、“三下乡”、科技活动周、全国科技工作者日、全国科普日等集中科普活动和世界结核病防治日、青少年安全教育科普展、食品安全宣传周、安全生产月等主题科普活动。

科技培训。聘请农业、林业、畜牧业专家，对全县科普宣传员、农村科普带头人、实用技术带头人、示范户1200余人进行分片培训，讲授冬枣种植、棉田管理和畜牧养殖等实用技术；与县委组织部、县农业局、县林业局等单位联合，组织开展农民科学素质行动和新型农民科技培训工程，对全县科普宣传员和广大群众进行分片培训和辅导教学，下乡举办专题培训班20场次，培训人员1.1万人次；推进“精准扶贫专家行动”，组织扶贫专家对3个镇8个贫困村开展集中技术培训36次，帮扶贫困群众2500人次。

科普示范。抓好以农技协、示范基地、科普带头人和科普示范社区为主题的科普示范体系建设，新增全民科普行动计划受表彰单位2个，加强先进单位和个人的宣传，不断培植先进典型，及时总结示范技术和管理经验推进科普教育示范基地发展，进一步挖掘全县科普教育资源，小泊头镇小学、西小王镇中学等被命名为滨州

县科协“开展科普之春”暨“三下乡”宣传活动　　（摄影　王海洋）

市科普教育示范基地。

科技服务。110热线电话科技咨询服务不断深化，2017年无棣县科协科技咨询服务“110”热线电话收到各乡镇、村、户咨询电话500余次，联系组织农业、林业、畜牧、水产专家深入田间地头、养殖场现场服务90多次，解决技术难题200余个，创造、挽回经济损失近500万元。

科普场馆。推动农村科普场馆建设，11月，山东省首个农村“校园流动科技馆”落户无棣县水湾镇中心小学，省、市、县领导参加启动仪式；完善科技馆功能，投资20余万元更新常设展厅“3D打印机”“运动中的骨骼”展品和运动科学展板13块，向公众开放中国科技馆“主题科普巡展”项目；完成“流动科技馆进校园”在全县11个镇（街道）中小学的巡展活动，提高青少年学生学科学爱科学的热情。

【科普惠农“四个一”建设】 “一站”：不断完善科普工作站软硬件设施，充实科普功能，向全县各村发放《山东科技报》《农村大众》《农村经济导刊》等科普报刊、杂志3000余份，充实各科普活动站科普资源。“一栏”：发挥“科普村村通”宣传栏和科普文化广场的阵地作用，进一步规范管理，在全县近600个村更新科普挂图4期、3.6万余张，科普文化广场更新6期200余块版面。“一员”：对全县科普宣传员进行分片培训和辅导教学，成为农村科普组织的中坚力量。“一通”：全年新增数字科普扶贫终端50余台，积极落实二期申请的20台扶贫终端，实现省级贫困村全覆盖。规范数字科普终端管理工作，对全县数字科普终端逐一落实管理员，签订协议书。

【科普示范基地建设】 2017年，无棣县科学技术协会推动现代设施农业发展，完善县现代立体生态农业培训示范基地无土栽培项目，2017年新引进第三批蔬果栽培新品种10余个，并试验成功。2017年继续加强基地基础设施建设，对池塘进行改造重砌和路面硬化，引进滨州首例新型藻类养殖。在池塘内白莲藕种植实现丰产。县科协充分利用智能温室的示范培训功能，广泛开展培训活动，推广农业生产新技术和先进管理模式，联合县职业中专开设职业科普教育实践课程。9月，被命名为滨州市科普教育示范基地。

枣业专家下乡进行技术指导　　（摄影　王海洋）

【科协系统改革】 2017年，制定《无棣县科协系统深化改革实施方案》，深入推进无棣县科协系统改革；打造小中心、大外围的科技社团智库体系。5月27日，全国科技工作者日前夕，组织召开全县科技工作者工作会议，对全县涉农、涉企、工程、卫生、教育等领域具有中级以上职称科技工作者建立统一专家库。建立起以田方文、刘国利、姚海燕、高寿元、刘海波为成员的基地顾问队伍；推进“创客之家”培育工作，“无棣县职业中等专业学校创业广场”向省科协申请“创客之家”。

（王海洋）

无棣县工商业联合会

【概况】 2017年，无棣县工商联深入开展非公有制经济人士理想信念教育，抓好基层商会建设，充实镇街商会，发展行业协会，服务全县中心工作。加强非公培训，组织非公企业家参加市县举办的各种培训班，累计60多人次。通过各种会议、参观学习、实地考察等，开展工商联会员培训100余人次。

【商会建设】 2017年，无棣县工商联深入探索基层商会建设的新形式、新方法，建立长效工作机制。无棣县青年创业企业家商会和无棣县电子商务行业商会被省工商联授予先进商会称号。进一步健全完善渔网、房地产等5个行业商会，充实调整11个镇街商会。多次组织班子成员考察镇街基层商会、金融电子商会、环渤海丰年虫卵行业协会、珍贝瓷业科技有限公司等多家会员企业，通过互相参观交流，学习成功民营企业的先进管理经验。

【服务中心工作】 2017年，无棣县工商联以服务民营企业为宗旨，依法维权，帮助企业协调关系、化解矛盾，构建和谐劳动关系。先后帮助无棣滨海家居有限公司、昊源创投有限公司、绿康生态农牧有限公司等非公企业协调解决各类问题矛盾12个。抓好招商引资，组织外出招商3次，引进外资1700万元。组织非公企业积极开展“慈心一日捐”，56家企业参与精准扶贫活动，其中18家企业纳入全市“百企帮百村”精准扶贫活动，帮扶资金和物品550余万元。

【非公企业党建工作】 2017年，无棣县工商联及非公党工委加强所属10个非公企业党支部班子、队伍、制度建设，新建2个非公企业党支部（圣豪购物中心、佳圆公司），吸收纳新非公企业一线职工党员4人。创新丰富党员活动，与县委组织部、县文广新局在圣豪购物中心等企业，开展企业党员“唱红歌快闪活动”。

（马霄山）

军　事

无棣县人民武装部

【概况】 2017年，无棣县人民武装部（以下称县人武部）以强军目标为统揽，深入推进政治建军、改革强军、依法治军，强化核心意识，坚持聚焦中心，注重军地融合，单位建设呈现出稳定发展的良好势头。县委书记、县人武部党委第一书记丁海堂被推荐为全省党管武装好书记，2名镇委书记被市委表彰为全市党管武装好书记；1个单位、1名街道党工委书记被表彰为全市关心国防建设"双十佳"。

【思想政治建设】 2017年，县人武部扎实开展"两学一做"活动，组织全体党员认真学习党章党规和习近平系列讲话，开展党员干部测评，人人签订承诺书，针对存在问题不足，进行认真整改。制定《"两学一做"常态化制度化实施方案》，"两学一做"活动贯穿年度工作，不断增强勇于担当、干事创业、务军兴武、履职尽责的使命担当。认真组织"维护核心，听从指挥"主题教育，把主题教育作为举旗铸魂、凝聚士气、支持改革的重要举措，精心研究实施方案，科学制定教育计划，引导干部职工适应军队改革新形势，自觉树立"四个意识"，以实际行动拥护支持改革。注重加强军营文化建设，广泛开展"文化强军、文化建部"活动，积极参加军分区组织的"强军路上斗志扬"文艺汇演活动，参演的《山海恋歌》在汇演中受到一致好评，被省军区评为"优秀创作奖"，为军分区唯一获此殊荣的节目。在军分区举行的全市国防教育演讲比赛中，2名选手分获一、二等奖。

【练兵备战和军事训练】 2017年3月，县人武部组织36名基层专武干部进行封闭训练；组织民兵教练员、民兵骨干40人开展防暴、通信等专业训练；4月，组织40名人工影响天气分队队员训练；在人武部改革任务重、转业干部多的情况下，安排训练骨干组织县职业中专600名春季新生及秋季3100多名高中新生开展军训，严格按照大纲要求完成年度训练任务。适应征兵工作新形势新任务新要求，组织兵役登记、网上报名，加大征兵宣传力度，把好体格检查关、政治考核关、役前教育关，坚持优中选优，为部队输送高学历、高素质兵员，实现连续多年无责任退兵。

【从严治军和安全管理】 2017年，县人武部严守安全底线，确保部队安全稳定，强化安全意识和底线思维，定期组织安全法规和条令条例学习，把住安全稳定这条底线。突出防范重点，组织学习《中央军委国防动员安全工作检查考评暂行细则》，结合实际加强安全文化建设，提高人防技防水平，紧盯"人车枪弹密"管理重点，加强干部职工、预备役人员管理和经费物资、伙食管理。加强教育引导，搞好廉洁从政、遵纪守法教育，组织作风纪律整顿，教育干部职工知敬畏、守法纪、严要求，共同创造安全稳定、军地和谐的良好环境。

【军地共建】 2017年，县人武部强化融合发展，提升融合层次，参与

2017年，县民兵高炮分队进行防雹降雨作业训练　　（摄影　苏银东）

中心、服务大局。县委、县政府高度重视国防动员建设和武装工作，从人力物力财力等方面，给予大力支持，人武部全面建设得到巩固和发展。县委书记丁海堂参加全县基层武装工作座谈会并讲话，“八一”期间，带队走访慰问驻军单位和军分区机关。着眼多样化军事任务要求，积极构建“平战一体”的组织指挥体系、“建用一致”的后备力量体系、“军地联动”的综合保障体系。先后动用民兵500余人次，担负“两会”“两节”“一带一路”国际合作高峰论坛期间的安全保卫以及应急救援、防洪防汛和维护稳定等任务。参与中心工作，人武部领导包镇街、包卫生城迎查等重点工作，牵头做好四片区迎创工作，抽调5名干部职工成立工作小组，组织6个责任部门，划分责任区域，按照整改技术要求逐项落实。2名干部职工和5名专武干部先后被抽调到建设一线、重点工程和驻村任职。开展扶贫帮困工作，先后与埕口镇、佘家镇、水湾镇4个村结成帮扶对子，协调资金10万元帮助贫困村发展乡村旅游、特色种植项目和环境整治。做好军人军属维权、退役士兵信息统计和就业培训等工作。

【民兵应急分队建设】 2017年，县人武部按照省军区、军分区《关于抓好民兵应急分队组织整顿工作的通知》要求，结合全县民兵组织整顿和无棣县情实际，抓好常备、阶段性常备和遇有任务临机拉动三种模式民兵分队建设。依托棣丰街道、海丰街道，编配40人的常备应急分队；依托信阳镇、水湾镇，编配60人的阶段性常备应急分队；依托县住建局编配80人遇有任务临机拉动应急分队，并加强训练演练，全面提升应对多种安全威胁、完成多样化军事任务的能力，确保遇有情况能够反应及时、行动迅速，能够遂行应急维稳任务，成为全县维稳处突的一支重要力量。

【《山海恋歌》获省军区优秀创作奖】 2017年10月，县人武部政委崔建国作词、县音乐家协会主席王宝峰作曲的歌曲《山海恋歌》，在省军区举办的庆祝建军九十周年“强军路上斗志扬”文艺汇演中，获评优秀创作奖，也是全市唯一获此殊荣的文艺作品。

（苏银东）

武警无棣县中队

【概况】 2017年，县武警中队圆满完成武装押解勤务、全国“两会”和十九大期间进京检查站警戒设卡勤务、中队看守勤务，安全管理实现“四五”（无严重违纪、无等级事故、无刑事案件、无失泄密）目标。中队作为无棣“慈善义工”的分组织，常年资助孤寡老人、困难户、军烈属，开展捐资助学。

【“亲子圈”走进武警中队】 2017年8月5日上午，无棣“亲子圈”30个家庭走进无棣县武警支队，让孩子亲近社会、开阔眼界，提高孩子的综合素质，增强孩子学习意识和吃苦耐劳精神，培养孩子顽强的学习毅力、勇敢的生活态度，懂得国防现代化对于保障国家迅速发展的重要作用。中队指导员介绍中队的历史，让孩子了解自己的家乡。参观寝室内务，学习叠被子，由战士和家长或者小朋友开展叠被子比赛。观摩队列、军体拳、对抗表演，开展“我是小军人”体验活动，学唱军歌，开展队列练习，学习军体拳和投弹。亲子圈孩子们向驻军官兵赠送系红领巾、慰问品等礼物。

（周中宇）

人民防空

【概况】 2017年，无棣县人民防空办公室认真贯彻国家及省市党委、政府、军分区《关于深入推进人民防空改革发展的实施意见》及国家、省、市人民防空会议精神，以做好人防军事斗争应急准备为目标，抓住防空防灾一体化建设重点，积极推进融合式发展，充分利用人民防空战备资源服务经济、服务社会、服务民生。

【“两建同步”“两防一体”】 2017年，无棣县人员掩蔽工程顺利实施，完成主体工程验收和室内装修，实现单建人防工程“零”突破。按照国家有关要求对城区内防空警报器进行升级改造，新安装警报器2台，建立起灵敏可靠的警报通信指挥体系，预警报知能力进一步提高，城区内16台警报器状态良好，实现城区音响覆盖率85%以上。北斗导航定位系统建设顺利实施，并投入使用。

【法制建设】 2017年，无棣县人防办严格依法行政，坚持“以建为主，以收促建”，规范执法程序，加大执法力度，加强防空地下室易地建设费征缴和管理力度。创新思维方式和工作方法，建立健全建设项目预审机制，对建设项目提前介入，主动跟踪服务，确保项目能够按照人防防护要求建设。

【宣传教育】 2017年，无棣县人防办开展进机关、进企业、进社区、进学校、进网站宣传教育活动。以

“5•12”防灾减日、“9•18”警报试鸣日、“12•4”法制宣传日等重大节日、活动日为契机，充分利用政府门户网站、县电视台、无棣大众报等媒体宣传人防知识，提高全社会对防空防灾的认知度。在人员较密集的人民广场播放《居安思危、警钟长鸣》科教片，利用手机平台播发人防知识宣传口号等方式，进行人防知识宣传教育。推进防空防灾知识进学校规范化建设，建成2处人防电教室，配备多媒体、防化服、防毒面具、教学光盘、防空防灾知识挂图等设施，为学校开展防空防灾教育提供平台。联合县教育局、地震局，组织全县所有中小学结合“9•18”防空警报试鸣，在第三实验学校设立主会场，开展人员应急疏散演练。

【“准军事化”建设】 2017年，无棣县人防办坚持“政治坚定、业务精湛、纪律严明、作风过硬、廉政高效”的人防机关建设标准，深入开展“准军事化”建设。2017年，参加省人防办组织的培训学习，并到临沂、东营等地学习借鉴人防行政审批、指挥平台建设等经验，全面提高干部职工队伍的整体素质和业务水平，努力打造业务素质过硬的人防生力军。

（刘东星）

法治

政法和社会综治工作

【概况】 2017年，无棣县以“发案少、秩序好、社会稳定、群众满意”为目标，深入开展打黑除恶、打霸治痞、打击涉众型经济犯罪、扫毒禁毒等严打整治专项行动，始终保持“零容忍”和高压态势。2017年，破获各类刑事案件326起，查处治安案件1918起，抓获各类犯罪嫌疑人302人，治安拘留532人，判决执行329人。“两无”创建成果进一步巩固，无命案镇街数量10个，占全县镇街总数的90.9%；436个村居刑事案件“零”发案，占全县村居总数的76.8%。

推进立体化治安防控体系、“一村（网格）一警”“雪亮工程”建设，壮大群防群治队伍，织密社会面巡逻防控网络，扁平化指挥调度、网格化布警、警情引导巡防等工作机制不断健全，社会治安防控水平显著提升。强化重点防控，对危险化学品、安全生产、道路交通、食品药品及校园安全等重点单位、重点区域及要害部位，加强巡逻保卫，健全应急预案，加强应急演练，严防重大安全生产事故和治安灾害事故的发生。密切关注敌情、政情、社情动态，加强对重点人员的防控，在全市率先完成“敲门行动”，完成率、合格率全市第1。

开展打击非法集资、金融诈骗、电信诈骗、传销等专项整治行动。在全县范围内开展打击逃废银行债务和农商银行降不良专项行动，保持对各种不良贷款的严打高压态势。开展专项执行行动7次，拘传被执行人42人，拘留16人，抓获犯罪嫌疑人6人，清收不良贷款1174.5万元。开展建筑装卸市场与建筑领域民工工资拖欠问题集中整治专项行动，严厉打击强装强卸、强揽工程、欺行霸市等违法犯罪活动。全年开展联合检查5次，收缴民工工资保证金1187.4万元，办结投诉案件31起，涉及金额675万余元。开展平安校园创建，抓好校园人防、物防、技防建设，开展校园及周边安全专项治理，确保校园安全稳定。加强油区治安整治，全年查处、破获各类涉油案件18起，打掉犯罪团伙3个，抓获犯罪嫌疑人26人。开展严重精神障碍患者专项排查，安排网格员入户走访，全面摸清、掌握患者底数。2017年，137名危险性评估3级以上严重精神障碍患者全部纳入以奖代补范围，签订奖补协议，提高奖补标准，按照每人每年2400元的标准执行。

创新社区治理，深化“四型”社区建设，“三化”全面铺开，社区建设成效明显。全县成功打造星湖、幸福7个城市“四型”标准社区和52个农村“四型”标准社区，占全县社区总数的80%，基本实现全县城乡社区全覆盖和“四型”社区的大面积覆盖。健全完善网格化运行管理机制，调整充实全县网格化管理服务领导小组，印发实施意见，全县7个城市社区和66个农村社区全部实现三级“网格化”管理全覆盖。各级网格配备1名网格直接责任人和第一责任人，优先选择当地居民（村民）、退役军人担任网格员作为直接责任人，对网格化管理的各项工作负全责。全县划分一级网格11个，二级网格73个，三级网格568个，四级网格3686个，共安排4338名网格员，其中安排52名退役士兵担任社区网格员。推进信息化建设。以综治中心建设为抓手，依托政法信息网络，搭建多位一体服务信息平台。建立电子台账，录入人口信息和重点人员信息，方便查询管理，服务管理效率明显提高。

将综治中心标准化建设工作纳入《2017年全县政法综治工作要点》，制定出台《关于推进全县镇（街）、村（社区）综治中心标准化建设与管理指导意见》，指导县、镇街、村（社区）综治中心标准化、规范化、实体化建设。按需整合司法、信访、民政、人社等部门资源、人员、设施，充分运用信息化技术，建成规模合理、层次清晰、功能定位明确的县综治中心，依托公共安全视频监控系统，实现横向与公安部门、纵向与11个镇街互联互通；11个镇街、201个村综治中心建设完成，机构设置健全，人员、设施、制度配备完善，覆盖率分别达100%、35%。

2017年，全县568个村居、73个社区均建立调委会，成立专业性、行业性调解组织5个，企业调解组织45个，有调解人员2344名，排查各类矛盾2268余起，调处2222起，成功率达98%。在十九大安保维稳、205国道绕城、大济路大口河至埕口段改建等重点工作中，针对可能出现的矛盾纠纷，坚持提前介入、全面排查、集中化解，有效保障各项工作顺利推进。县法院诉调对接中心升级改造并投入使用；县检察院在全省率先探索将人民调解机制引入派驻检察室轻微刑事案件办理；县公安局建立完善公安机关特邀人民调解员、“警民联调”等制度，做到“能调则调”“多调少罚”；加快访调对接机制建设，引导信访人到调解中心处理纠纷，确保信访问题有效化解。开展排查安全隐患防范四类风险专项行动。围绕重点领域，尤其是非访、越级访、集体访和有滋事苗头的人员，以及可能引发群体性事件和极端事件的不稳定因素，常态化全面排查。对排查出的不稳定因素，逐案登记造册，制定调处方案，及时予以解决。2017 年，排查群体性事件、安全事故、个人极端事件、暴力恐怖事件等各类隐患 1636 起，调处 1473 起。

【基层社会治理法治化建设】 2017 年 10 月，无棣县被推选为全省法治创建先进县，碣石山镇小吴码头村为全国民主法治示范村，海丰街道东辛村为全省民主法治示范村。一村（社区）一法律顾问全覆盖工作，45 名律师和基层法律服务工作者与 11 个镇街 568 个村全部签订顾问协议，村（社区）法律顾问实现 100% 覆盖。2017 年，法律顾问入村填写顾问单位基本情况调查表 568 份，发放各类法治宣传材料 20000 余份，组织群众填写法律需求调查问卷 1600 份，开展法治宣传讲座 50 余次，接受群众法律咨询 1500 余人次。公共法律服务体系建设，全县 11 个镇街在全市率先全部建成公共法律服务工作站，568 个村建成司法行政工作室，12348 法律服务热线日趋规范，网络平台各项数据录入基本完成，三大平台法治宣传教育、解答群众咨询、保障民生权益、规范服务市场效能日益显现。法律援助、司法救助工作，在县老龄办、妇联、残联、看守所和 11 个镇街设立法律援助工作站，568 个行政村建立法律援助联系点，拓宽法律援助案源渠道。在各律师事务所、法律服务所设置法律援助联系点，解决法律援助案件指派难问题。全年办理法律援助案件 229 件，挽回经济损失 420 余万元。加大司法救助力度，2017 年，县委政法委共协调救助当事人 36 人，发放司法救助款 38 万元，实现案结事了人和。

【执法司法监督】 2017 年，无棣县创新监督工作方式，严格落实错案追究，倒逼执法司法部门提升司法办案质量。2017 年，县委政法委组织开展政法巡视活动 2 次，案件评查 2 次，民主评议案件 125 件，当事人评案 1752 起。县法院坚持每月公布案件评查通报、长期未结案件通报等各类评查信息；加大司法公开，符合直播条件的全部直播公开审理，符合上网公开的生效裁判文书一律上网公布；通过设立院长信箱、举报电话、邀请人大代表、政协委员观摩庭审等方式，自觉接受社会监督。2017 年，发布各类评查信息 42 次，上网公开裁判文书 3659 篇，邀请人大代表、政协委员等观摩庭审 120 余人次。县检察院建立《刑检案件结案前全案审查制度》，成立全案审查组，严把案件质量关；全面深化检务公开，不断畅通外部监督渠道。全年发布案件程序性信息 1192 条、重要案件信息 2 条、法律文书 116 份，开展检察宣告、检察开放日活动 22 次。

【司法体制改革】 2017 年，无棣县完成首批员额法官、检察官宣誓活动，人员分类定岗、单独职务序列改革、绩效考核奖金发放等全部落实到位。制定出台《关于院庭领导办理案件的规定（试行）》，规范院庭长审判办案职责，实现让审理者裁判，由裁判者负责。2017 年，院领导结案 314 件，庭长结案 2981 件，院庭长办案数量占结案总数 55%。牵头召开公检法联合打击拒执罪联席会议，明确职责分工，密切协同配合，做到及时搜集固定证据、快速移送拒执罪线索、快速侦结审执案件。建立执行指挥中心，成立新型执行团队，实现统一管理、统一指挥、统一协调。开展“百日执行攻坚”专项活动，全年开展集中行动25次，入村查找280余户，拘传 212 人，拘留 156 人。9 月，网易新闻、闪电新闻、滨州网 3 家直播媒体对县法院的执行“利剑行动”进行全程现场直播，累计 18 余万人次观看。将律师值班经费纳入财政预算，设立律师值班室，抽调优秀律师到公、检、法参与接访。探索将涉法涉诉信访案件导入法律援助工作机制，提高依法解决涉法涉诉信访案件的法律效果和社会效果。2017 年，律师参与接访案件 13 件，全部得到有效化解。

【普法阵地建设】 2017 年 7 月 7 日，无棣县召开县法学会第一次会员代表大会，选举产生第一届理事会和领导机构。9 月，重新调整配备 1 名副科级专职秘书长，配合市法学会完成全县 114 名法学会会员的审核工作。在县委党校成立县法学会会员培训基地，设立县法学会大讲堂，在海丰街道成立县法学会海丰分会，在县信访接待中心“老蔡调解室”成立县法学会会员示范岗，进一步充实无棣县法学研究力量，提升服务工作水平。建设普法阵地，县法治文化公园成为全省法治文化建设示范基地，6 个镇街建成法治文化广场，80% 以上的村庄完成“普法一条街”建设。创新普法载体，借助“无棣普法”“埕口司法”

等微信公众号、头条号，对法规政策、群众关心的热点问题进行每日推送。全年推送文章500余篇，普及法律知识5000余条，累计阅读量达10万余人次。成立由律师、法律服务工作者及行政执法人员组成的普法宣传队，在“3·8”妇女维权周、“3·15”消费者权益保护日、“12·4”国家宪法日期间，开展普法宣传教育。2017年，全县开展各类普法活动370余次，发放宣传资料8万余份。

（高立刚　张泽宇）

法治政府建设

【概况】 2017年4月14日，无棣县召开政府法制工作会议，县政府与镇街、执法部门代表签订责任状，落实执法责任。举办2017年度全县行政执法人员公共法律知识培训班，邀请县法院行政庭负责人为执法人员做行政应诉知识讲座。对县交通运输、国土资源、市场监管、财政等部门开展“小班制”对口培训，培训行政执法人员1000余人次。上报各类政务信息112篇，市法制网站发布33篇，省法制网站发布9篇。组织11个部门开展法治政府建设宣传活动，发放宣传彩页5000余份，以案释法，为群众解疑答惑。

年初制定《无棣县2017年度规范性文件制发计划》。按照规范性文件“三统一”制度，落实规范性文件法律审核、可行性调研、专家评审等程序。全年出台规范性文件8件，全部按时向市政府和县人大备案，合法率100%。开展规范性文件清理，清理规范性文件57件，其中继续有效的43件，废止的5件，拟修改的9件。

成立无棣县行政执法监督局，开展行政执法监督。制定出台《无棣县行政执法全过程记录制度》《无棣县行政执法公示制度》《无棣县重大行政执法决定法制审核制度》。开展行政执法主体清理，确认法定行政执法主体37个，法律法规授权的行政执法主体26个，并分类向社会公告。依托山东省行政执法监督平台开展2017年度行政执法证件审验工作，审验执法证件510人，其中4年年审305人参加网上考试，全年清理执法人员48人，81人通过参加市政府法制办组织的培训和考试取得行政执法证件。开展执法案卷评查，重点抽查20个部门的行政处罚和行政许可案卷73卷，邀请国土、烟草、卫生计生、市场监管等部门法制室主任，集中召开案卷评审会。

【重大决策程序完善】 2017年，制定《无棣县人民政府启动重大行政决策工作规定》和《无棣县重大行政决策目录管理办法》。在法定范围内确定全县2017年度重大行政决策事项目录，并通过“中国无棣”门户网站对外进行公布。2017年列入目录的事项5件，均严格按照重大行政决策程序实施。2017年出具合法性审查意见书36份，有效确保政府决策合法性。

【法律顾问队伍建设】 2017年，无棣县建立党政一体法律顾问制度，并延伸到镇（街道）。制定出台《无棣县人民政府法律顾问管理办法》《无棣县人民政府法律顾问报酬管理办法（试行）》，对政府法律顾问各项工作机制进行明确规定。法律顾问费纳入县财政预算，定期拨付，案件代理费根据实际情况据实拨付。2017年，法律顾问参与县政府各类诉讼案件16起，其中行政诉讼13起，参与其他各类涉法事务40余项。

【法治服务】 行政复议监督。依托行政复议办案平台，实现行政复议案件的信息化管理。制定出台《无棣县行政复议纠错和行政诉讼败诉报告制度》，加强对具体行政行为的监督。全年收到行政复议申请53起，不予受理24起，立案受理29起，其中维持11起、驳回1起，确认违法1起，撤销1起、终止13起、审理中2起，维持率37.9%，综合纠错率51.7%。

出庭应诉。在县长办公会议上专题汇报无棣县行政应诉工作情况，县政府主要领导提出要求，做到行政机关负责人出庭应诉率和履行法院生效判决率2个100%。制定出台《关于进一步加强行政应诉几项重点工作的意见》《无棣县行政应诉工作沟通协调制度等六项工作制度》，加强对各部门行政应诉工作的监督指导。

服务重点工作。协调解决“急、难、险、重”问题。参与县领导交办的新区棚户区改造、古城拆迁征收、黄大铁路沿线拆迁征收等纠纷30余起，审核各类决策事项、合同协议36件。

（孙　凯）

公　安

【概况】 2017年，无棣县公安部门将十九大安全保卫作为2017年工作重点，县公安局安保维稳指挥部统筹指挥，昼夜值守，定期研判，完成网上舆情导控任务74起，落地核查重点线索61条74人；41名重点人员管控到位，抓获涉稳人员4人，行政拘留非访人员8人11次，化解信访积案8起9人次、起诉1人。维稳安保工作多次受到县委、县政府表扬，受到省公安厅通报表彰。

开展打击“盗抢骗”“三打击一整治”等一系列专项行动，年内发生的5起命案、八类暴力犯罪案件全部破案，历时110天成功侦破“左某飞抢劫杀人抛尸案”；破获各类刑事案件388起，破案率53.5%，同比上升16%；抓获犯罪嫌疑人470名，抓获杀死3人在逃5年的公安部督捕A级逃犯信某举和在逃18年的命案逃犯李某香，省公安厅、市公安局专门发贺电祝贺。查处行政案件2227起，行政拘留751人，同比分别上升25.3%、40.7%。最大限度地屯警街面、动中备勤，街面“两抢”案件“零发案”。

以平安无棣建设为目标，加强立体化治安防控体系建设，“天网”工程在全县形成“一区两环三线辐射村居”的总体格局，在打击犯罪、服务管理等方面发挥重要作用。全县重点区域、要害部位、公共复杂场所和重要路口基本实现全覆盖。

抢抓基层基础三年攻坚战机遇，17大项58小项建设任务完成94.8%，一批民警充实派出所，“一标三实”基础信息采集平稳推进；打造“智慧型警务”，加大科技投入，建设信息化“四大平台”，即：规范执法数据平台、平安建设数据平台、智能交通监控平台、可视指挥综合平台，发挥大数据在维护稳定、治安防控、打击犯罪、行政管理、服务群众等领域的实战应用。

落实市公安局《简政放权优化服务三十条》，集中为92名无户口人员解决户口问题，在县政务服务中心设立户籍、出入境窗口，刑事技术室通过检验检测机构资质认定现场评审和全国一级技术室等级评定，辅警改革走在全市前列。

加强素质能力建设，狠抓执法思想、执法作风、执法素质、执法能力大提升大培训，建成法制考试中心，落实执法民警“一月一培训”“一月一考试”制度，组织培训4次，开展3期执法考试，民警参加省公安厅、市公安局组织的各种培训，常态开展实景测警，制定《执法动态监督考评实施办法》《十佳办案能手评选办法》等办法规定；4人被提拔到正科级领导岗位，3名副科级干部得到重用，41人得到提拔，53人交流岗位，队伍的活力、凝聚力、战斗力不断增强。

【网络安全管理】 2017年，无棣县公安部门落实经营性上网场所安全技术措施，落实率100%，加强网络安全保卫，完成舆情导控任务74起，网上舆情持续稳定。

【110接警服务】 公安局110接警服务中心坚持昼夜24小时值班制度，随时受理公民的报警和危急求助，在提升110指挥职能、完善突发事件处置、创新110报警服务新举措、策应专项斗争服务实战等方面做了大量工作。严格履行“有警必接，有难必帮，有险必救，有求必应”的承诺，严肃、认真对待每一次接警，全面提高人民群众对公安机关打击犯罪、保障人民群众生命财产安全的满意率。

2017年110接警情况统计表

表13

报警情况	起数	有效报警	刑事案件	治安案件	受理求助	举报线索	交通事故	其他警情
110 122 电话	67571	34987	540	4030	5068	213	25152	4168

【户政管理】 2017年，无棣县常住人口452302人，户籍综合管理服务大厅13个。全面深化户籍制度改革，贯彻落实《滨州市公安局简政放权优化服务三十条》、窗口服务“十个一”要求，认真执行实施人才落户“零门槛”和投资经商落户新的户籍便民政策。临时身份证办理，由县级公安机关下放到派出所，1个工作日办结。省内户口迁移审批工作，由派出所一站办理。代办、代送、邮寄业务5600余次、异地办理居民身份证751个，网上迁移1368人。推进执法规范化建设，通过预约服务、靠前服务、上门服务，为群众发放明白纸9300余份，预约服务210余次、上门服务350余次，为无户口人员补录户口119人。

加强流动人口、重点人口、出租房屋管理。按照滨州市人民政府《关于加强流动人口服务管理工作的通知》，全县组织开展流动人口、出租房屋清理整顿专项行动，排查登记流动人口7075人，清理出租房屋1206户，抓获犯罪嫌疑人5名，抓获逃犯3人，印发《无棣县公安局致流动人口的一封信》1万余份。通过开展清查整治，摸清全县流动人口和出租房屋底数，全面了解掌握流动人口和出租房屋基本情况，做到“人来登记，人走注销，来明情况，走知去向”；对重点人口刑满释放人员贯彻落实“双列管”管控工作，年内走访重点人口363人。按照了解掌握基本情况，对所有流动人口、重点人口、出租房屋落实管控措施，实施重点管理、动态管控，切实做到“发现得了，控制得住”。

2017 年无棣县户籍人员变动情况统计表

表 14

单位	总人口	村	出生	死亡	迁入	迁出
城区	38436	—	1063	220	114	276
海丰街道	46073	79	936	410	49	100
棣丰街道	24119	35	549	345	27	34
水湾镇	57872	85	1472	598	73	150
碣石山镇	26770	37	622	236	47	106
小泊头镇	44122	52	994	405	110	273
埕口镇	25458	30	565	149	87	87
信阳镇	34889	57	667	346	47	70
车王镇	55622	74	1215	548	80	218
柳堡镇	37553	38	870	318	39	110
西小王镇	22848	31	506	194	15	54
佘家镇	38540	55	849	334	33	121
合计	452302	573	10308	4103	721	1599

【出入境管理】 2017 年，无棣县公安部门受理因私出入境3962人次，其中护照2072人次、港澳通行证1534人次、大陆居民往来台湾通行证356人次，较上年增长40%，答复申请人咨询10000余人次。受理期间无申请人投诉情况发生，申请人均能在预定的期限内提前领到证照。年内“双备库”资料变动更新国家工作人员1856人，法定不准出境人员366人，录入的信息数据全面、翔实、准确，数据采集和录入率100%，确保了“双备库”数据的质量。

2017 年无棣县公民出入境基本情况统计表

表 15

数量 年份	护照	往来港澳通行证	往来台湾通行证
2017 年	2072	1534	356

【道路交通管理】 2017 年，无棣县交警大队以深化道路交通“平安行·你我他”行动为载体，在全县范围内开展路面交通违法行为整治行动，着力提升道路交通安全综合治理能力和水平，全力以赴“防事故、保安全、保畅通”，全县道路交通安全形势持续稳定。全年查处各类违法行为为24万起，行政拘留69人，办理刑事案件152起，其中酒后驾驶1154起，超员257起，超载2522起，涉牌涉证2954起，非法载人50起，事故4项指数同比分别下降7.6%、14.48%、33.3%和8.1%。

综合整治。坚持协同共治，综合治理机制更加健全。充分发挥交安办组织协调作用，每月召开不同形式的联席会议，交安委平台功能更加完善。全年推送道路交通安全隐患326处，隐患车辆5380辆，重点驾驶人360人，终生禁驾2人。联合县经信局、交通运输局和农机局以“四项整治”活动开展为契机，形成常态化合成作战机制，先后组织开展“六大亮剑行动”“大排查快整治严执法”“变型拖拉机整治”“超限超载治理”等专项行动，始终保持高压严管态势。与交通运输局联合开展超载超限违法车辆查处行动，累计检查各类运输车辆2400余辆，卸货16000余吨；对全县25家维修企业（一类1家、二类12家、三类12家）进行一次性摸底检查，针对维修企业的营业执照、维修许可证、厂房设施、维修场地、维修工具、安全生产、安全隐患、管理制度、经营情况进行检查登记。围绕春运安全管理、各级“两会”安保、十九大安保、全运会安保、“三个不发生”创建活动等重点工作，以春雷行动、飓风行动等专项行动开展为契机，严查严纠各类交通违法行为。与农机局开展农机安全“打非治违”行动，开展变型拖拉机清理，全年清理辖区内变型拖拉机1011台，收缴号牌328副，灭失证明683份；市内县外665台，收缴29副，灭失证明636份，本市县外的变形拖拉机全部清零。基层交通安全管理网络进一步完善。全县11个镇街全部建立交通安全管理站，招录交通安全管理员195名，经费全部纳入财政预算，保障率100%；建设服务室568处，劝导站293处，基本建立横到边、竖到底、覆盖全县的基层交通安全管理网络；加强对基层交通安全管理网络建设的指导，开展“三员”培训。年内出动“三员”900余人次，排查交通安全隐患40处，劝导交通违法行为8000余起。9月8日，全市基层交通安全管理网络建设现场会在无棣召开。

车辆及驾驶员管理。交警大队以争创全国一等车管所为目标，按照部、省、市车管工作重点和考核项目等级评定标准要求，充分谋划、科学研判，不断创新、争先创优。2017年，办理机动车业务89882笔，其中，注册登记6846笔，转移登记6234笔，变更登记1423笔，抵押登记4514笔，注销登记20113笔，转入业务684笔，补换牌证合格标志3403笔，车辆年检39496笔，其他7169笔。办理驾驶人业务23766笔，其中，申领业务（初次申领、增加申领）124笔，补证2384笔，换证6768笔，转入35笔，驾驶人审验4026笔，异地审验2笔，满分学习16笔，注销登记47笔，科目一考试6246笔，其他4118笔。

安全隐患排查整改。对辖区内G205线、S239线、S327线等重点路段进行拉网式重点排查和整治。组织召开多次现场调度会，对隐患整治工作进行现场调度。投资60余万元对大济路进行安全隐患整改，安装弹性防撞柱，将事故多发路段建设成全市典型的“平安路”“畅通路”。对普通国省道中央隔离护栏开口进行整治，排查国省道60公里，对涉及6个镇街的113处开口4288米进行封闭；排查道路交通安全隐患326处，全部整改完毕，整改率100%；道路交通隐患整治全市排名第2；组织公路、交通、安监、质监等部门，对改建的S320新海线进行方案评审，严格落实“三同时”（同时设计、高时施工、同时投入使用）制度。

交通事故处理。建立事故处理台帐，严格依法办理交通事故案件，实行案件主办制，确保案件质量，推行警务公开，公正、公平、公开依法办结案件，保证执法质量，民警依法办案意识不断加强，案卷质量不断提高，执法行为进一步规范。年内共接警6567起，出警2152起，辖区发生逃逸事故85起、侦破81起，其中死亡逃逸事故9起、侦破9起，刑事拘留54人，行政拘留6人，移诉案件82起。

交通安全宣传。以“四个创建”活动开展为契机，相继开展“五进”、交通安全宣传攻势战、“青年文明交通之星”评选、交通安全知识大奖赛、“122交通安全日”等活动，在电视台、广播电台、报纸、微博、微信公众号（“平安无棣”“无棣交警”）等媒体开辟宣传专栏。年内，发放“一封信”“提示卡”等宣传资料5万余份，制作悬挂宣传横幅400余条，利用微信、微博、短信平台发送安全提示8万余条，发表省级以上新闻稿件89篇，市级新闻稿件498篇。

交警大队严格按照《公安机关人民警察纪律条令》等相关规定，强化管理措施，加强纪律作风建设。在执法中做到教育与处罚相结合，执勤纠违与巡逻管控相结合，专项整治与日常治理相结合，切实做到执法公正、严格、规范、文明，并将交通安全教育贯穿于执勤执法全过程。年内，交警大队“平安行·你我他”行动考核荣获全市第1名，在全市公安交警系统综合考核中排名第1，交通秩序管理、事故处理、车驾管工作在全市均列第1，其它多项业务工作走在全市前列，交警大队被省公安厅评为先进集体，记二等功，25名民警立功受奖。

2017年无棣县道路交通安全事故统计表

表16

年份＼情况	122接警起数	受理起数	受伤人数	死亡人数	经济损失（万元）
2017年	6567	2152	896	61	245

2017年无棣县机动车保有量统计表

表17

车辆类型	大型汽车	小型汽车	挂车	低速车	摩托车	小型新能源汽车	合计
保有量（辆）	7181	88310	4989	3192	1638	176	105486

2017 年无棣县驾驶人保有量统计表

表 18

驾驶证类型	A1	A2	B1	B2	C	其他	合计
保有量（人）	1005	5193	355	11536	104666	3612	126367

【看守管理】 2017 年，看守所共羁押刑事涉案人员 548 人，月均关押量 120 人，投劳执行 75 人，有效保证刑事诉讼活动的顺利进行，确保监所安全和稳定。看守所围绕维护监管秩序、保证监管安全、保障在押人员合法权益及“五化建设”工作重点，坚持依法、严格、科学、文明管理。对在押人员实行人性化管理、面对面管理，既规范在押人员行为，又保障在押人员的合法权益，实现监所 31 年安全无事故。拘留所以确保监所安全为核心，深入推进规范执法、矛盾化解、管理创新三项重点工作，年内，共收拘 823 人，同比增加 76.2%，深挖犯罪 3 起，化解矛盾 20 起。十九大安保期间梳理排查各类隐患 15 条并全部整改到位。完善应急处置预案 8 项，联合武警中队进行应急演练 2 次。其间收拘 166 人，成功化解矛盾纠纷 5 起，规劝息访 3 人，深挖犯罪案件 1 起。

【边防管理】 2017 年，边防大队狠抓党的建设、反恐维稳、教育管理和服务保障等工作，圆满完成党的十九大安保和各项应急处突任务，不断实现边防辖区和部队内部两个稳定。埕口边防派出所被山东公安边防总队表彰为基层建设先进单位、被滨州边防支队表彰为优秀基层党组织、荣立 2017 年度集体三等功；大口河边防派出所被滨州边防支队评为 2017 年度安全先进单位。

综合执法。开展陆上严打严治。以“固边系列”专项整治行动为契机，开展“缉枪治爆”、打击“盗抢骗”等专项行动，辖区保持平安稳定态势。年内接处警 900 余起，立刑事案件 7 起，破获 7 起；受理治安案件 96 起，查处 57 起；办理边防行政案件 26 起；打击处理违法犯罪嫌疑人 127 人。其中，破获 1 起系列跨省盗窃案，带破盗窃案件 16 起。海上严防严管。开展“净海 2017”航运管理整治行动和伏季休渔期“护海行动”，联合海事、渔政、港务集团等涉海部门开展“三无”船舶清理整治、海上秩序整治等联合执法行动 28 次，召开联席会议 3 次，构建涉海管防立体化体系，有效防范打击涉海违法犯罪活动，工作成效得到省打私办充分肯定。节点严查严控。建立完善重大活动安保期间大队主官分工包片、机关干部服务基层等 5 项工作机制，积极参与环京护城河行动，守好山东北大门，出色完成党的十九大、全国“两会”“一带一路”高峰论坛、省党代会等边防安保任务以及“环京护城河”公安检查站安检任务。

警民共建。民警进企入厂，走村串户，走访群众 7200 余户近 2.5 万人，警民双向熟悉率不断提升；落实分类抓建，推进“一村一警务助理”工作机制，24 个行政村配齐警务助理；深化村居“理事”调解站作用，调处各类农村纠纷 140 余起，协同有关部门化解企地矛盾纠纷、劳资经济纠纷 34 起；打造“规范、高效、严格”服务窗口，推出微信公众号，为群众做好事解难事 100 余件，户政服务满意度不断提升。

队伍建设。扎实推进“两学一做”活动，贯彻民主集中制原则，抓好全体党员讲党课、主题党日等活动，增强官兵党性修养。实行 7 项组织生活实例和流程图、支部会议记录调阅、党务督察等举措，推动基层组织生活规范执行、模范落实。发挥党委核心作用，依靠集体带部队，依靠制度抓建设，保持班子团结、政策延续、工作推进。持续完善重点工作策划制度，务虚谋划全面工作，确定 3 项所队亮点项目、7 项年度重点工作、9 项为基层办实事项目，实现务虚制度与中心任务的深度融合。出台干部绩效考评办法、战时刚性问责意见，创新推出党委工作督办、主官约谈等措施，有效激发队伍活力和工作执行力。经常性开展大队指导、所支部学习交流活动，促进大队、所两级资源共享。完善帮扶工作机制，组建政工服务队、法制服务队、基础业务服务队，先后 6 次对各所进行全面帮扶。建立新学员到县公安局大队执法实践基地跟班实习机制，推动执法培训纳入公安机关“五同”，26 人次参加公安机关培训 3 期；探索建立“一线两面三点”的精细化执法管理模式，执法水平和执法公信力明显提升。县公安局将埕口所确定为执法实践教育基地，并抽调该所民警为全局民警开展 110 接处警培训。该所处置“3•28”寻衅滋事案的执法程序，赢得副市长、市公安局局长赵永生“规范、专业”的高度评价，其做法被市公安局以简报的形式刊发。处置过程作为示范片先后在总队和市县公安机关交流。

【消防管理】 2017 年，无棣县消防大队参加各类执勤保卫任务 23 次，圆满完成消防安全保卫任务。认真落实火灾隐患函告、报告、通告“三告”制度，建立完善消防工作领导、责任机制。创新“1345”消防安全网格化管理模式，对全县 11 个“大网格”、72 个“中网格”、620 多个“小网格”、1000 余名基层网格员进行消

社区消防演习 （供稿 县公安局）

防管理培训。检查单位5163家次，发现火灾隐患或消防违法行为7234处，督促整改火灾隐患或消防违法行为6781处，对145家单位和个人进行行政处罚，罚款122.86万元，行政拘留73人，对79家单位实施“三停”，对149家单位实施临时查封。全年接警出动1251次，出动消防车辆2500台次，有效扑救火灾1016起，参加各类抢险救援和社会救助113起，抢救遇险人员118人，保护价值近6200万元，没有发生亡人火灾和大的火灾事故。

（杨丙辰 曾现树）

检 察

【概况】 2017年，无棣县人民检察院坚持党建统领，全局谋划，以司法办案为中心，着力做大做强法律监督主业、着力深化改革创新、着力推进高素质专业化检察队伍建设，各项工作取得新进展。在省检察院社情民意调查中，群众满意率98.73%，同比提高9个百分点，居全市检察机关首位；13个集体和个人受到县级以上表彰，先后荣获山东省档案工作科学化管理示范单位、滨州市妇女儿童工作先进集体、全市青少年普法教育工作先进单位、青年文明号、青年文明号标兵单位等称号，连续14年保持省级文明单位称号。

【查办职务犯罪】 2017年，无棣县人民检察院贯彻中央反腐新要求，坚持惩腐肃贪节奏不变、力度不减。突出查办党委政府关注和发生在群众身边、损害群众利益的案件，立查各类职务犯罪案件12件13人，其中，严惩民生领域职务犯罪7件9人，占立案总数的70%。

【打击刑事犯罪】 2017年，无棣县人民检察院积极参与平安无棣建设，充分发挥审查逮捕、审查起诉职能，与公安、法院密切配合，坚决打击各类严重刑事犯罪。全年受理审查逮捕案件122件174人，批准逮捕86件108人；受理审查起诉案件316件394人，提起公诉252件304人。正确适用宽严相济刑事政策，对初犯、偶犯、过失犯等情节轻微的刑事案件公开审查、检察宣告46件次，不捕、不诉81人，促成刑事和解7件。开展排查安全隐患防范四类风险专项行动，依法妥善处置群众来信来访124件次。突出加强未成年人司法保护，在中小学开展“人生万里·法律铭记”巡回宣讲，打造“棣检·爱”未检品牌，落实“捕诉监防”一体化办案模式，办理未成年人刑事案件28件35人，

2017年6月21日，县检察院、公安局、市场监督管理局对校园周边文具店开展专项检查 （摄影 李广健）

对5名未成年人作出不起诉决定，开展涉案未成年人心理咨询活动23次。注重延伸办案实效，在办案环节为群众挽回损失60余万元。加强对弱势群体的关注，为14名生活确有困难的刑事被害人或其近亲属提供救助金5.5万元。

【民事行政检察】 2017年，无棣县人民检察院积极构建多元化监督格局，审查民事行政申请监督案件56件，发出检察建议50件，采纳率100%。贯彻绿色发展理念，与公安、环保等部门互动联动，办理生态环保领域案件5件，启动公益诉讼诉前程序6件，办理的丁某滥伐林木案，通过启动诉前程序督促监管部门责令其复植林木3320株，林木生态资源得到修复。对法院正确的判决、裁定，成功息诉罢访7件。

【刑事执行检察】 2017年，无棣县人民检察院持续强化刑罚执行和监管活动监督，审查减刑、假释、暂予监外执行案件3件，对无继续羁押必要的建议变更强制措施21人，对判处实刑未执行罪犯监督收监2人。探索建立重大案件侦查终结前讯问合法性核查机制，由刑事执行检察人员对侦查机关是否存在非法取证行为进行核查，核查结果作为判断证据收集合法性的重要依据，核查案件6件，该做法被《检察日报》刊载。切实履行驻所检察职责，派驻县看守所检察室被评为全国二级规范化驻所检察室。

【诉讼监督】 2017年，无棣县人民检察院不断加强对侦查机关刑事执法活动的监督和制约，开展破坏环境资源和危害食品药品安全犯罪专项立案监督等4个专项活动，切实提升监督品质。监督立案撤案10件，追捕追诉犯罪嫌疑人20人，提请抗诉2件，法院均采纳抗诉意见。适应以审判为中心的刑事诉讼制度改革，实施公诉环节自行补充侦查工作机制，充分发挥审前主导和过滤作用，启动自行补充侦查程序17次，退补数量同比下降47%；建立刑事案件结案审查制度，由业务精通的检察官组成全案审查组，在刑检案件结案前对案件全案进行审查把关，同时，参与重大疑难复杂案件的讨论和重点案件的质量评查工作，审查案件26件。

【检察技术】 2017年，无棣县人民检察院利用大数据服务检察工作。以省检察院“六型”基层院建设为契机，建成刑民事检察综合办案区，改变非羁押案件“提讯无固定场所，人员无固定席位，过程无监控录像”状况，保障办案规范安全。建设云存储平台、办案研判中心和掌上检务中心，“一平台两中心”信息化建设格局初步形成，智慧检察提档升级。强化对检察人员的监督管理，客观反映每名干警的真实工作业绩，自主研发检察人员司法实绩电子档案，借助可视化数据实时动态准确反映每名检察官、检察辅助人员和司法行政人员履职情况，为绩效考核提供主要参考。

【派驻检察室工作】 2017年，无棣县人民检察院发挥检察室深入基层、贴近群众的便利条件，与“五进两服务”大走访、下派“第一书记”有效结合，围绕村两委换届、扶贫攻坚等举办法治宣讲20场次，化解矛盾纠纷28件，帮助群众解决实际困难32个。

【案件管理】 2017年，无棣县人民检察院以案件质量为中心，持续开展规范司法行为专项整治，依托全国统一业务软件，对司法办案全流程动态管控。组织案件质量评查、以案促改等7次92件，建立不规范司法行为约谈制度，发现问题限期整改，案件瑕疵率降低26%，批捕、起诉准确率均保持100%。改进检委会工作，建立内部人员过问案件记录和责任追究制度，增强对办案重要环节的刚性约束。借助门户网站和微博、微信平台，公开各类检察信息1752条，法律文书122份，提升司法办案透明度和公信力。

【职务犯罪预防】 2017年，无棣县人民检察院结合办案抓预防，着力构建不敢腐、不能腐、不想腐的反腐防线，提供行贿犯罪档案查询2010次。注重预防工作的主动性和前瞻性，在大型国企建立互联网+检察网站，线下活动与线上教育相结合，提供个性化法律服务；探索建立预防约谈制度，打好廉政“预防针”，增强防腐“免疫力”；结合“五进两服务”大走访，开展警示教育宣讲进基层活动，开展法治教育89场次，将廉政预防触角延伸到社会各个角落；启动“预防职务犯罪邮路”，把廉政文化和法治理念通过邮政绿色通道送进千家万户，形成独具特色的预防教育模式。

【涉检改革】 2017年。无棣县人民检察院顺利完成人员分类管理改革，95%的入额检察官配置在办案一线，90%的检察人员配置到业务部门，业务部门人员比例上升40%。制定《入额院领导办案周实施意见》，入额院领导办理各类案件43件，在全省较早实现入额院领导办案常态化。积极运行新的检察办案模式，建立10个检察官办案单元，92%以上的案件由检察官独立做出决定，侦监、公诉人均办案同比增加11%、

2017 年 5 月 26 日，县检察院举办“检察开放日”活动　（摄影　李广健）

16%，办案周期平均缩短 1.5 天、9 天，民行结案率提高 26%。支持和配合国家监察体制改革，顺利完成案件线索清理与移交，机构、职能、人员转隶等工作。

【服务大局】　2017 年，无棣县人民检察院围绕服务全县新旧动能转换，打造检察“服务端”，研究制定《办理涉企案件经济影响评估制度》《关于充分发挥检察职能依法保障和促进科技创新的实施意见》，先后妥善办理涉企案件 37 件，县委主要负责人作出批示。促进非公经济发展，实行精准办案、精准服务、精准预防同等保护模式，依法严惩各类侵害企业权益犯罪 26 件 31 人。实施“双定向”联系机制，与检察官联系重点项目等活动有效融合，与古城复建等 12 个县重点项目建立常态化保障途径，与辖区内 35 名省市人大代表搭建起联系直通车，帮助解决涉法问题 57 个，《检察日报》等媒体刊载交流。

【党建工作】　2017 年，无棣县人民检察院以十九大精神为指引，扎实推进党的建设，打造“检之魂”党建品牌，并在全县党建工作会议上做经验交流。突出抓好党组自身建设，研究制定《关于进一步加强党组自身建设的意见》，党组成员率先垂范，在“讲党性、重品行、建新功”方面为全体干警树立标杆。夯实组织建设根基，顺利完成机关党委和 5 个党支部改选，设计建成以“不忘初心，牢记使命”为主题的党建文化长廊和标准化党员活动中心，以此为阵地，健全党的组织生活，开展形式多样的“主题党日”“三会一课”等活动 71 次。结合“两学一做”活动，加强干警党性信念教育，通过举办专家讲座、检察长上党课、全员政治培训、重温入党誓词、参观革命烈士纪念馆及红色基地等系列活动，激励干警历练党性修养，找准精神坐标。狠抓从严治检不放松，开展“警示、承诺、严管”专项活动，层层签订廉政承诺书 63 份，组织专项督察 21 次，教育引导干警守住底线、不越红线、筑牢防线，确保无违法违纪、无责任事故发生。

【队伍建设】　2017 年，无棣县人民检察院以打造担当改革要求的队伍为目标，确立“统一规划、分类培养、整体推进”的原则，根据个人不同特点、人岗匹配程度实施“差异化”管理培育。加强业务骨干培养，制定《业务技能考核办法》，遴选首届业务尖子 9 名，开展以岗代训等练兵活动 12 次，业务骨干培养初见成效。建成网上网下实绩展示平台，评选月季度标兵 39 人次，对中层负责人实行业务、队伍管理能力“双考评”和“优差双评”机制，引导树立有为有位、争先创优

2017 年 8 月 4 日，县检察院举办第一届业务尖子评审会（摄影　王海华）

氛围。成立青年工作委员会，“两省三地”青年干警联合会，为青年干警自我管理、自我教育、自我培训提供平台。凝练院训、锤炼“棣检精神”，开展“找差距、鼓干劲、补短板、树目标”大讨论等专题活动，建成检察文渊长廊，开设知行讲堂，开展各类研学沙龙活动19次，干警职业尊荣感日益增强。对7个综合部门进行职能整合，打破“一人一岗、一人一线、各干一行”的条线分割，促进行政事务高效化运转。

（王　慧）

2017年5月27日，县人民法院举行首批员额法官宣誓仪式

（摄影　房建龙）

法　院

【概况】　2017年，无棣县人民法院围绕“努力让人民群众在每一个司法案件中都感受到公平正义”这一目标，认真履行审判职责，大力加强自身建设，各项工作取得显著成绩。全年受理案件6024件，审执结案件5801件，结收比达96.29%。

【刑事审判】　2017年，无棣县人民法院审结各类刑事案件257件339人，其中9人被判处5年以上有期徒刑。依法严惩杀人、抢劫、故意伤害等严重暴力犯罪，判处58件73人。坚决惩治腐败，审结贪污、贿赂、渎职等职务犯罪15件16人。加强人权司法保障，对具有法定从轻情节的被告人依法从宽处罚，对2名严重违反监督管理规定的缓刑人员依法收监执行，切实做到宽严有据、罚当其罪。同时，加强未成年人案件审判，完善社会调查、社区矫正机制。

【民商事审判】　2017年，无棣县人民法院审结各类民事案件2641件，调撤率37.85%。审结各类商事案件1318件，结案标的额4.86亿元。助力稳健的金融秩序构建，快速审结金融借款纠纷175件，标的额1.24亿元。扎实推进家事审判改革，综合运用心理辅导干预、家事调查、离婚冷静期等方式，婚姻、继承、抚养类案件调撤率54%。积极推动“绿色崛起”，加大对环境污染犯罪、涉环保行政非诉案件的处理力度，主动承担起守护绿水青山的责任。

【行政审判】　2017年，无棣县人民法院审结各类行政诉讼案件58件，较上年增长61.25%。支持行政机关依法行政，审查并裁定准予强制执行非诉案件118件，执结社会抚养费征收、工商、环保等行政处罚类案件93件，执行到位320万元。助力法治政府建设，配合古城开发、新城棚户区改造、贝壳堤岛风景区改造等重点项目，提出法律建议，协助完善相关法律手续。规范行政执法行为，邀请40余名行政机关负责人观摩庭审，选派资深法官到行政执法部门授课4次，受众300余人，推动行政机关执法水平有效提升。

【案件执行】　2017年，无棣县人民法院把“基本解决执行难”作为必达目标，执结各类案件1293件，实际到位金额1.62亿元。向县委专题汇报基本解决执行难工作，推动召开全县执行工作会议，县委办公室、县政府办公室印发《关于支持人民法院基本解决执行难的通知》，综合治理执行难工作格局逐步形成。继续加强失信联动惩戒，运用网络、报纸、电视、户外显示屏曝光失信被执行人869名，237人在融资信贷、资质认定、高消费等方面受到限制。实行类型化、系列化案件专项执行，疑难案、“骨头案”重点执行，开展集中行动62次，入村入户搜寻被执行人589件次，拘留176人。建成执行指挥中心，实现对被执行人财产的一体化网络查控，网上查询银行存款、支付宝余额等3656件次，查扣财产7982万元。开展网络执行直播活动，累计 18 万网友在线观看，积极营造执行震慑氛围。

【司法改革】 2017 年，无棣县人民法院认真落实司法体制改革总体部署，遴选 34 名员额法官，招录 24 名司法辅助人员，按照“1+1+1”标准化配置组建 19 个权责清晰、分工明确、运转高效的审判执行团队。法官人均办案数量达 171 件，比改革前增长 37.25%，平均审限缩短 13 天。推进院领导回归审判一线，自 5 月份推行以来，院领导结案 397 件，充分发挥积极的示范带动作用。加强法官职业保障，建立符合司法职业特点的法官单独职务序列和工资制度。完善主审法官、合议庭办案责任制，规范裁判文书签署印发权限，取消层层审核把关，实现“让审理者裁判，由裁判者负责”。

【信访工作】 2017 年，无棣县人民法院不断加大涉诉信访化解力度，推进网上申诉和视频接访，信访数量逐年下降。积极参加并组织每月进行大接访活动，参与县里联合接访 12 次。完善信访案件跟踪、督办机制，坚持在法治轨道上、法律框架内化解矛盾。扎实开展防范四类风险专项行动，保障打好防范化解重大风险攻坚战。十九大、“一带一路”高峰论坛、省党代会期间实现非访“零”登记。

【审判监督】 2017 年，无棣县人民法院加强案件监督管理，实行流程节点控制，建立有问题案件复查、错案责任追究等机制，不断提升审判管理水平。落实“阳光司法”要求，在中国裁判文书网公开裁判文书 4151 份，通过“一网两微”、主题开放日活动、庭审观摩活动等，不断深化司法公开。向县人大常委会专题报告民事执行工作，认真办理人大代表、政协委员的建议和提案，主动邀请人大代表、政协委员实地视察、旁听庭审。畅通群众监督渠道，向当事人发放执法监督卡 4674 份。依法接受检察监督，高度重视检察机关提出的检察建议，共同维护司法公正。

（胡长泽）

2017 年 4 月 17 日，学生在县人民法院参观 （摄影 房建龙）

司法行政

【概况】 2017 年，无棣县司法行政工作坚持法治引领，强化为民服务，开展进位争先，3 月，被山东省委、省政府表彰为全省妇女儿童工作先进集体，11 月，被中华全国人民调解员协会评为 2017 年度人民调解宣传工作先进集体，12 月，被滨州市关心下一代工作委员会命名为滨州市“五好”关工委。

【普法依法治理工作】 **普法阵地建设。** 2017 年，全县大多数镇街完成法治文化公园（广场）建设，80% 以上的村（社区）完成普法一条街建设，

普法进校园活动 （摄影 张爱荣）

三级法治文化阵地逐步搭建，新增法治宣传设施20余处；编印《中国梦与法同行》，以图文结合方式阐述常用法律知识；编辑《普法工作简报》17期；运用无棣普法、无棣司法、埕口司法等微信公众号、头条号推送普法信息1万余条。

普法活动开展。由律师、法律服务工作者及行政执法人员组成普法宣传队，在“3•8”妇女维权周、“3•15”消费者权益保护日、清明、国庆、重阳节、“12•4”国家宪法日期间，开展各类普法宣传活动。国家宪法日前后，在全县范围内组织开展宪法知识竞赛，近千人参加。全年开展各类普法活动370余次，发放宣传资料8万余份。高度重视青少年这一重点普法对象，3月和9月，与关工委联合组织开展法治宣讲进校园活动。全年举办法治报告会100余场次，直接受教育学生1万余人次。2017年，无棣县被授予全国青少年普法教育示范区称号，被命名为全省民主法治创建先进县，碣石山镇小吴码头村被命名为全国民主法治示范村，海丰街道东辛村被命名为全省民主法治示范村，县司法局等6个单位被评为全市青少年普法教育先进单位。

【律师工作】 2017年，无棣县加强律师工作管理，推进律师参与政府涉法涉诉信访工作，正确引导当事人依法理性表达诉求，积极参与社会矛盾纠纷调解工作。全年各律师事务所办理刑事辩护及代理案件485件，民事案件450件，解答法律咨询和代写文书900余件，参加法律宣传、公益事业和社会活动23次，办理法律援助案件174件，与全县568个行政村（居）、50个社区签订法律顾问聘用合同。

2017年无棣县律师事务所基本情况一览表

表19

名称	主任	服务范围	地址
山东正鉴律师事务所	冯建新	讲授法律知识，解答法律咨询，代理参加诉讼，调解仲裁活动，办理其他非诉讼法律事务等	无棣县中心大街115号
山东易安律师事务所	梁富治		无棣县棣新四路121号

【法律顾问】 2017年9月，无棣县司法局按照省司法厅、市司法局《关于开展一村（社区）一法律顾问工作的实施方案》要求，出台《开展“一村（社区）一法律顾问”工作实施方案》，无棣县召开“一村（社区）一法律顾问”工作启动大会暨海丰街道“一村（社区）一法律顾问”签约仪式，县司法局相继在其他10个镇街召开“一村（社区）一法律顾问”启动仪式。

至9月19日，全县568个村全部聘请法律顾问。按照法律顾问遴选要求，县司法局从县正鉴律师事务所和易安律师事务所聘请19名律师，从基层法律服务所聘请16名基层法律服务工作者，另外通过滨州市“一村（社区）一法律顾问”人才库调配律师10名，为“一村（社区）一法律顾问”工作的开展配备高素质人才队伍。法律顾问入村填写顾问单位基本情况调查表568份，发放各类法治宣传材料2000余份，组织群众填写法律需求调查问卷1600份，开展法治宣传讲座50余次，接受群众法律咨询1500余人次。

【法律援助】 2017年，全县受理法律援助案件229件，办结174件，其中民事案件169件、刑事案件32件、非诉讼案件28件，为受援人挽回经济损失330余万元。办结案件补贴，按照《滨州市市级法律援助案件办案补贴发放办法》规定标准，推行办案补贴一案一发，一季度发放一次，全部足额发放到位。5月，无棣县开展“残疾人法律援助月”活动，接待残疾人法律咨询70余人次，办理残疾人法律援助案件4件。7月，出台《“法律援助拥军维权月”活动实施方案》，组织开展法律援助拥军活动，历时31天，开展法律援助拥军活动11次。10月，无棣县法律援助中心组织律师、法律服务工作者开展“法律援助老年人援助月”活动。11月，法律援助中心选送的“任某华离婚案”“齐某波故意伤害案”“高某荣劳务受害责任纠纷案”“王某瑞故意杀人案”被评为2017年全市法律援助优秀案例。

【人民调解工作】 2017年，无棣县完善人民调解、行政调解、司法调解联动工作体系，成立医患纠纷调委会、劳资纠纷调委会、电力纠纷调委会和物业纠纷调委会等多个部门参与的专业性、行业性调委会。全县建立568个村调委会，87个社区调解委员会，48个企业建立调解组织，建立专业性行业性调解组织3个，全县有调解人员2344名。2017年3月、8月，县调解中心调解的《莫让老人再独孤》和《亲兄弟明算账，手足情孝为先》相继在滨州电视台《百姓调解》栏目播出。5月，县司法局在人民调解员中开展“争当人民调解能手”等系列活动，杨新勇被评为全国模范人民调解员、李永坤被评为全省优秀人民调解员。4月至6月，县司法局在全县开展矛盾纠纷大排查大调处百日专项行动，印发《关于在全县开展矛盾纠纷大排查大调处百日专项行动实施方案》，开展矛盾纠纷大排查大调处活动，全面准确掌握矛盾纠纷情况并记录在案，做到“排查无死角”“调解无缝隙”“登记无遗漏”。2017年，全县共调处矛盾2519起，成功调处2515起，化解成功率99.8%。其中，县矛盾调解中心调处重大疑难案件20余起。

车王司法所警示教育活动 （摄影 王红芳）

【社区矫正】 至2017年12月，全县累计接收社区服刑人员1071人，累计解除社区服刑人员744人，迁出14人，收监10人，死亡4人，在册297人。全年接收社区服刑人员230人，解除社区服刑人员165人，撤销缓刑1人，迁出4人。全年完成各类委托评估50件，其中判前社会调查29件，释前调查评估17件，诉前社会调查4件。

2017年，无棣县开展社区矫正监管安全提升年活动。5月，对社区服刑人员、安置帮教对象开展全方位拉网式排查走访活动。6月，县司法局联合县检察院对西小王、车王、水湾、海丰等司法所社区服刑人员开展警示教育活动。8月，市人民检察院刑事执行检察局局长魏俊强一行对无棣县社区矫正和安置帮教安全隐患专项整治活动进行检查，给予充分肯定和高度评价。9月中旬，省司法厅、省检察院对无棣县社区矫正工作进行专项检查。10月，县司法局开展十九大期间社区矫正和安置帮教安全稳定工作，确保全县社区服刑人员无一人参与上访，无一人脱管漏管。11月组织开展全县社区矫正案卷评查活动。2017年12月，县司法局被评为全省司法行政系统安全保卫工作先进集体，成为全市唯一获此殊荣的单位。2017年，在全市社区服刑人员交接、手机定位、服刑在矫人员信息核查及预释解人员回执发送情况通报中，均名列前茅。

【安置帮教】 至2017年底，无棣县累计接收刑满释放人员1309人，其中帮教期满517人，在册792人。2017年接收刑满释放人员223人，其中刑满释放人员58人，解除社区服刑人员165人。

【基层基础建设】 2017年，无棣县加大基层基础建设力度，以省级规范化司法所创建活动为载体，坚持设施正规化、制度科学化、队伍专业化、业务效能化，规范化司法所创建工作走在全市前列。无棣县公共法律服务中心以及全县11个镇街公共法律服务工作站全部建成使用，运转良好。

公共法律服务站 （摄影 刘文慧）

建成村司法行政工作室568个，司法行政工作室成为司法行政服务基层、服务群众的阵地。

【基层法律服务】 2017年，无棣县有基层法律服务所8家，基层法律服务工作者30名，及时完成对全县基层法律服务工作者年检注册工作。年初对无棣县法律服务中心进行年度报告公开，按时完成事业单位法人证书换发。无棣县司法局对全县基层法律服务工作者是否有违法犯罪情况和是否存在学历造假等情况进行全面核查，进一步规范基层法律服务执业队伍。

2017年无棣县基层法律服务所基本情况一览表

表20

法律服务所名称	主任	地址	服务范围
无棣证民法律服务所	高新华	山东省无棣县院前街邮政局家属院院内	担任法律顾问。代理参加民事、经济、行政诉讼活动，代理非诉讼法律事务，主持调解纠纷，解答法律询问，代写法律事务文书
无棣富民法律服务所	张占林	山东省无棣县院前街194号	
无棣海丰法律服务所	从金平	滨州市无棣县棣新四路（人才交流中心楼三楼306室）	
无棣秉政法律服务所	孙　峰	山东省无棣县院前街地税局往西临	
无棣棣丰法律服务所	孟纯霞	山东省无棣县院前街与棣新五路交叉口南50米	
无棣恒威法律服务所	李　彬	山东省无棣县中心大街72号	
无棣志诚法律服务所	范本华	山东省无棣县车王镇政府车王司法所	
无棣水湾法律服务所	阚立芬	山东省无棣县水湾镇蔡河西路水湾司法所	

【公证服务】 2017年，无棣县公证处有执业公证员4名，办理各类公证事项332件，其中民事公证事项235件，经济公证事项5件，涉外及港澳台公证事项92件，接待来访来电咨询1200余人次。6月，按照市司法局和公证行业协会要求，开展公证质量检查活动，自查互查卷宗263卷，全部合格，优秀率达到95%。6月23日，市司法局集中检查抽查，县公证处无一例错证、假证、不合格卷宗。

【司法鉴定】 2017年，无棣县司法鉴定所完成鉴定案件512件，其中道路交通事故人身伤残鉴定440件，占85.9%；劳动工伤伤残鉴定49件，占9.6%；保险重大疾病残疾鉴定15件，占2.9%；人体损伤程度鉴定案件8件，占1.6%。以上鉴定结论在审判程序中提出重新鉴定的1件，维持、采信率99.2%。是年未接到投诉案件。鉴定所免费接待咨询、解答群众在劳动、务工及生活中造成的有关人身伤害等方面的询问近200人次，其中120人次咨询后，受害人明确了自己的伤情、责任人明确了应承担的责任，达到双方和解的效果。是年6月，鉴定所顺利完成司法部组织的能力验证考试，新增司法鉴定人1名。12月，完成鉴定所计量认证资质证书到期复审工作，并重新获取新证，新增司法鉴定人2名。

（娄晓霞　王英雪）

农业和农村工作

综　述

【概况】　2017年，无棣县争取项目17个，共计资金8605万元。农产品补助项目建设顺利完成并通过省市验收，建设冷藏库138座，烘房4座，总储藏量4020吨。粮食高产创建平台项目成效显著，项目区平均亩产559.38公斤，比非项目区提高107.68公斤。实施基层农技推广补助项目，为全县700名农业科技示范户免费发放68吨复合肥。开展农业脱贫攻坚，对贫困户落实项目物化补助政策，累计投入资金109万元，为1624户贫困户发放化肥509.85吨，惠及贫困人口3481人。培育发展市级以上龙头企业、合作社示范社、家庭农场示范场等经营主体，发展农产品初加工和精深加工，延长产业链条，提升产品附加值。完成农村土地承包经营权确权登记颁证工作。扎实作好耕地地力保护补贴工作，核定小麦种植面积，落实补贴资金。全面开展政策性农业保险工作。强化土地承包纠纷仲裁调解体系建设。

【农村改革】　（参见“全面深化改革”P30）

【农业结构调整】　2017年，全县小麦种植面积32.2万亩。玉米种植面积38.37万亩。棉花种植面积16.01万亩。蔬菜种植面积1.96万亩，比2016年增加0.62万亩，增幅46.3%。大中拱棚数量有所增加，设施蔬菜种植面积扩大。2017年中草药种植面积2.3万亩。种植中草药种类增加，主要有蛇床子、薄荷、丹参、木香、金银花、板蓝根等。小杂粮种植面积1.61万亩，比往年有所提高。

【强农惠农政策落实】　政策性农业保险。2017年，全县冬小麦保险承保冬小麦16.07万亩，涉及317个村、16152户，签单保费241.04万元，农户自缴费保费比例20%，保费47.72万元，中央财政补贴比例42.5%，保费84.36万元，省财政补贴比例32.5%，保费96.9万元，市财政补贴比例5%，保费12.054万元，冬小麦损失每亩赔偿最高保额375元。2017年冬小麦受灾面积1.34万亩，赔款金额273.36万元，涉及村组116个。2017年，全县承保玉米27.57万亩，涉及487个村、19165户，签单保费413.57万元，农户自缴保费比例20%，保费82.51万元，中央财政补贴比例42.5%，保费175.77万元，省财政补贴比例32.5%，保费134.61万元，市财政补贴比例5%，保费20.68万元，玉米损失每亩赔偿最高保额350元。2017年，玉米受灾面积2.11万亩，赔款金额220.26万元，涉及村组265个。2017年，承保棉花9.37万亩，涉及215个村、5426户，签单保费281.04万元，农户自缴保费比例20%，保费57.19万元，中央财政补贴35%，保费98.36万元，省财政补贴比例35%，保费98.58万元，市财政补贴比例5%，保费14.05万元，县财政补贴比例5%，保费14.05万元，棉花损失赔偿每亩最高保额500元。

农业支持保护补贴政策。2017年，小麦种植，落实农业支持保护补贴资金4661.94万元，受益人群达5.02万人；审定2017年种粮大户789户，

大棚蔬菜种植　　（摄影　高士东）

种植面积 10.53 万亩，其中小麦种植面积 10.47 万亩，水稻种植面积 0.06 万亩，向大户发放化肥补贴 762.55 吨。

【现代农业示范区建设】 2017 年，无棣县市级现代农业示范区以乡镇（街道）为主体，实行整建制推进，发展农业生产特色鲜明、主导产业突出、生产技术先进的特色优势产业聚集核心区、农业改革与创新实验区、城乡经济社会一体化发展先行区，是市惠农政策和项目扶持的重点区域。至 2017 年，全县打造了信阳肉鸡、小泊头经济林、西小王棉业、水湾枣业、海丰街道多功能园区等现代农业品牌，初步实现农业功能多元化、结构合理化、技术高新化、经营产业化。至 2017 年底，市委、市政府认定无棣县 5 个市级现代农业示范区整建制镇街，分别是海丰街道、水湾镇、小泊头镇、信阳镇和西小王镇。

【农业新型经营主体培育】 至 2017 年底，全县建设农民合作社 1376 个，家庭农场 648 个。全年新增市级现代农业示范园 2 家，市级现代农业示范园总数达到 16 家；新增省级农业产业化重点龙头企业 2 家，总数达到 11 家，省级农业产业化重点龙头企业数量在全市名列前茅。至 2017 年底，组织、申报和认定县级示范社 51 家，示范场 40 家。市级示范社 29 家，示范场 15 家。省级示范社 8 家，示范场 3 家。国家级示范社 5 家。

【农产品质量安全】 **监管体系建设**。县委、县政府成立农产品质量安全县创建工作领导小组，将该项工作列入全县重点工作，并纳入县政府绩效考核体系中。县编办批复成立县农业综合执法大队和农产品质量安全监管办公室，编制 8 人，各镇街均内设农产品质量安全监管办公室，每个镇

蔬菜农药残留检测　　（供稿　县农业局）

街配备专职人员 3 人，每个村设 1 名监管员，负责农、畜、渔种养全过程的管控和信息上报。县、镇街、村三级农产品质量安全监管体系网络初步建成。

全过程追溯管理。县财政投入资金 330 余万元，在县农业局、畜牧局、海洋与渔业局建立 3 处县级监管追溯平台，购置 3 台特殊检测专业用车；在 11 个镇街全部建立农、牧、渔综合检测室，在 15 个农产品生产基地和 28 个农业投入品门店设立追溯点，统一配备检测仪器设备。与省、市两级对接，构建农产品质量安全监管和追溯网络，实现农产品生产各环节的可追溯管理。

规范农资经营秩序。以农业投入品监管工作为重点，加强源头治理，开展农业投入品专项整治行动。落实农药管理两项制度，坚决杜绝甲胺磷、1605 等 41 种国家禁用农药的经营和使用。同时对全县 6 家高毒高风险农药定点经营单位，进行重点监督管理，严格做到专柜销售、实名购买、专账记载，实现可追溯管理。

农业标准化生产。严格按照“五要”标准抓基地建设与管理，全面推行标准化生产。通过农产品质量安全县创建项目，基地建立农残快速检测室，配备检测仪器，培训检测人员，蔬菜上市前进行自检。引导农业经营主体开展“三品一标”认证，提升品牌知名度。至 2017 年底，全县共取得“三品一标”认证 36 个，其中绿色食品 31 个、无公害农产品 2 个、有机食品 3 个。3 个蔬菜生产基地通过省级标准化认证。

农产品质量检测。无棣县农产品质量检测中心编制 3 人，有固定的办公场所，电脑、化验仪器等办公设施完备，化验室、办公室和档案室总面积 900 平方米，建立会议、学习、资产等管理制度，有力保证按照核准登记的宗旨及业务范围开展工作。2017 年，完成省、市、县 334 个农产品质量检测任务，分析检测化验 10000 余项次，编写农产品质量分析报告 8 份。

【农业科技与推广】 2017 年，无棣县实施基层农技推广补助项目，建设小麦、玉米、棉花等 3 个现代农业科技试验示范基地，培育农业科技示范主体 301 个，基层农技人员通过信

息化手段，开展农技推广服务的比例超过70%，分批分层次集中培训县、乡基层农技人员70名，基层农技人员进村入户开展技术指导服务时间超过100个工作日，初步建立农科教、产学研一体化农技推广联盟。2017年，全县农业主推技术到位率超过98%，农业科技贡献率达到62%，基层农技推广服务水平明显提高，农业科技示范主体抽样满意度超过95%，农业技术推广公共服务对象抽样满意度超过90%。

2017年，实施小麦重点推广技术，包括：秸秆还田、深耕深松、宽幅精播、规范化播种、播后镇压、“一喷三防”、病虫草害综合防治等。主要推广品种有临麦2号、临麦4号、济麦22号、鑫麦296、良星99等优良品种。玉米主推技术包括：玉米单粒精播技术、“一防双减”、病虫害综合防治技术、测土配方施肥技术、玉米适时晚收技术。主推品种有浚单20、郑单958、登海605、伟科702等。

【农产品品牌培育】 2017年，无棣县通过参展参会、申报知名品牌等形式，培育“名优特”农产品品牌，提升农产品品牌的知名度和美誉度，增强品牌拉动力。2017年，万德福食品有限公司的阿胶蜜枣、金丝小枣获第二批“山东省知名农产品企业产品公用品牌”。在北京举办的第十五届中国国际农交会上，万德福食品有限公司生产的枣星牌阿胶蜜枣获得农交会金奖，全省仅9个产品获此殊荣，是滨州市唯一获此奖项的品牌。山东省在中国国际农交会期间举办山东省名优农产品品牌发布，选出5家第二批山东省知名农产品品牌体验店，十里香公司在哈尔滨“鲁誉香油山东省知名农产品品牌体验店”榜上有名，为滨州市唯一获此奖项的企业。

【高效生态农业】 至2017年底，无棣县建成县级以上高效生态农业示范园区69个，其中市级园区16个，县级园区53个，包括设施栽培、立体种植、工厂化海水养殖、种植养殖—精深加工加一体化、一二三产有机融合、农林牧渔综合开发、光伏新能源农业、休闲观光农业等多种产业生产运营模式，促进传统种植、养殖业向集约化、规模化、专业化及高科技方向发展，通过科技交流、技术培训、参观展示等园区功能的发挥，加快农业结构调整步伐，示范带动全县现代农业快速发展。

扶贫工作

【概况】 2017年，无棣县对扶贫工作重点倾斜、优先扶持。根据工作需要，不断调整充实县、镇街扶贫办力量，县扶贫办工作人员20人，各镇街扶贫办工作人员3至5人，全县选派76名“第一书记”驻村开展“抓党建、促脱贫”活动，抽调1879名县、镇街干部结对帮扶贫困户，构建起各级党委政府主抓、各有关部门单位配合、社会广泛参与的“大扶贫”格局。

2017年5月至7月，对2016年已脱贫的1.16万人进行逐户核查，按程序筛选出不稳定脱贫的671人继续进行帮扶。多次组织公安、交通、农机、市场监管、人社、住建、民政等部门进行信息核实比对，为贫困户是否继续享受政策、脱贫、返贫、新纳入提供依据。对在国家系统中的4.03万建档立卡贫困人口进行7轮数据信息清洗修正。9月，对3963名贫困人口进行逐户摸底调查，为能否脱贫掌握真实情况。11月至12月，开展扶贫对象动态调整工作，对2014年以来22062户建档立卡贫困户、2017年度2062户未脱贫户，以及档外贫困人口逐户调查核实，确保应退尽退、应纳尽纳。新识别及返贫298户、624人，全县享受扶贫政策人口15167人。各镇街对2017年度扶贫对象动态调整中识别纳入、脱贫退出程序进行全面复查，确保精准识别退出。

2017年，全县实施扶贫项目62个，完成金融扶贫贷款3.3亿元，3963名贫困人口脱贫、26个贫困村摘帽，现行标准下两年脱贫攻坚任务基本完成。连续两年代表市委、市政府接受省级考核，滨州市2017

光伏发电扶贫项目　　（摄影　高士东）

年扶贫考核在全省名列前茅，无棣县在全市扶贫考核中被评定为“优秀”等次。

2017年，无棣县本级财政安排财政扶贫资金1256.5万元，实际拨付1417.2万元，专项用于脱贫攻坚。先后制定《关于统筹整合使用财政涉农资金支持脱贫攻坚的实施意见》《无棣县统筹整合使用财政涉农资金支持脱贫攻坚实施方案》，进一步健全统筹整合机制。2017年，全县共统筹整合涉农资金2286万元，全部拨付到位。县审计、财政、扶贫部门组成工作组，对2015年以来扶贫资金使用情况进行审计核查，严格实行销号管理制度，对发现的问题全部整改到位。

【金融扶贫】 2017年，无棣县将金融服务与扶贫开发融合，制定出台《关于推进金融扶贫工作的实施意见》，将小额信贷风险金规模扩大到1440万元，创新实行金融扶贫包干服务机制，对精准扶贫给予金融政策支持。2017年发放富民生产贷7250万元、扶贫再贷款2.49亿元。带动贫困户1598户，贫困户受益320万元。落实光伏扶贫贷519户、2595万元，完成光伏扶贫放贷1150万元。

【扶贫协作】 2017年，无棣县推进跨县区扶贫协作，临淄区2017年一期投资200万元援建300千瓦光伏扶贫项目，带动210个贫困户每户年均增收2000元。同时组织实施二期300万元援建项目。

【产业扶贫】 2017年，无棣县组织财政、发改、国土、农业等相关部门专家，开展产业扶贫项目评审工作。各级财政产业扶贫资金2060万元，确定建设9个项目，其中有6个镇街1372万元统筹整合，投入县财金集团，发展无虫蔬菜合作种植项目。

【扶贫项目管理】 2017年，无棣县实施扶贫项目62个，其中，投资分红类23个、光伏发电类34个、实体项目5个。投资分红类项目主要投向规模大、效益好的大企业、现有农业龙头企业以及当地优势产业、合作社。光伏类扶贫项目由县统一招标、统一施工、统一验收、统一运维，运维管护由无棣县弘业电气有限责任公司负责，定期安排工作人员和专业维护车辆进行巡检。实体项目主要包括种植项目、养殖项目和旅游项目等。

【项目收益分配管理】 2017年，无棣县充分发挥扶贫产业项目的带动作用，建立完善项目收益分配机制，制定出台《无棣县扶贫资产管理及收益分配办法》，持续带动贫困户增收。2017年，全县产业扶贫项目实现结算收益636.6万元，分配贫困户471.5万元，带动贫困户4731户、8364人。

【行业扶贫政策落实】 2017年，无棣县落实贫困生资助政策，发放各类助学金194万元，为155名贫困学生落实“雨露计划”补助46.5万元。实施扶贫安居工程，通过修缮、重建、购置、与子女同住、社会抚养、政府兜底建设等方式，解决1175户贫困家庭住房安全问题，改造危房793户。实施健康扶贫工程，医疗救助减免1553人、69.4万元，大病救助惠及贫困人口828人，为14438名贫困人口办理特惠保险。推进扶贫线和低保线“两线合一”，将符合条件的722名贫困人口纳入低保范围。对全县113个省定贫困村和17个省重点贫困村“五通十有”缺项和村集体收入低于3万元情况进行全面逐一排查，本着缺什么补什么的原则，落实责任，快速推进，逐一销号。

【督查整改】 2017年，无棣县围绕“扶持谁、谁来扶、怎么扶、如何退”四个关键环节，从贫困户信息采集、动态调整、项目建设、资金监督、行业政策落实等方面入手，进行不间断督查整改。其中，对2015年以来的产业扶贫项目整改60个。2017年8月至9月危房改造期间，县扶贫办会同市扶贫办、县住建局，在县对各镇街加大调度力度的同时，对各镇街危房改造工作进行6轮督查，确保按时完成任务；11月至12月的动态调整工作中，市、县督导组对各镇街进行7轮巡回督查。对督查出的问题和市审计核查反馈的66个问题进行梳理，建立问题台账，明确整改时限和责任人，按要求全部整改到位。由县纪委、组织部、审计、财政、农业、扶贫部门有关人员组成2个工作组，督促问题整改落实。县纪委成立4个工作组，查处扶贫领域违纪问题，对相关人员作出处理。

（马荣振）

种植业

【粮食生产】 小麦生产。2017年，全县小麦种植面积32.2万亩，增长6.6%，总产12.89万吨。主要品种有临麦2号、临麦4号、济麦22号、鑫麦296、良星99等优良品种。

玉米生产。2017年，全县玉米种植面积38.37万亩，增长30.9%，总产16.79万吨。主要品种有浚单20、郑单958、登海605、伟科702等。

【棉花生产】 2017年，全县植棉16.01万亩，减少30.01%，总产皮棉1.19万吨。推广抗虫棉高产优质栽培技术、旱薄地棉田防早衰栽培技术、棉花轻简化栽培技术等，主要品种有

小麦种植　　　（摄影　刘长雨）

鲁棉研 36 号、鲁棉研 37 号、K836、鲁棉研 28 号等。

【蔬菜瓜果食用菌生产】　2017 年，全县蔬菜栽培总面积 1.96 万亩，比 2016 年增加 0.62 万亩，增幅 46.3%。总产量 6.52 万吨，总产值 6490 万元。主要为露地栽培，有少量设施栽培。栽培品种主要有白菜、萝卜、黄瓜、西红柿、辣椒、大葱、西瓜、甜瓜等。食用菌总产值 340 万元。栽培品种以平菇、香菇、双孢菇为主。

【测土配方施肥】　2017 年，无棣县农业局依托测土配方施肥补贴项目实施，进一步修订完善全县主要作物的施肥指标体系，形成主要农作物减肥增效集成技术模式，强化测土配方施肥技术指导服务，加快技术普及应用，推动化肥减量增效。全年完成测土配方施肥技术推广面积 113 万亩，其中小麦 33 万亩、玉米 45 万亩、棉花 30 万亩、枣园 5 万亩。通过测土配方施肥补贴项目的实施，项目区小麦亩节本增收 33.2 元，全县小麦收益累计 1075 万元；玉米亩节本增收 48 元，玉米总收益 2160 万元；棉花亩节本增收 25.6 元，全县棉花收益 820 万元；枣树亩节本增收 193.1 元，总收益 768 万元。全年总节本增效 4003 万元。

【无棣盐碱地上试种短季棉成功】　无棣绿风农业集团与山东省棉花研究所合作，在盐碱地上试种短季棉，经过连续 3 年试验，2017 年试种成功。棉花研究所选育的“鲁 532”短季棉新品种将棉花生长期缩短到 105 天，有效避开黄河下游农业用水高峰期和一、二代棉铃虫发生期，实现每年棉花一熟到棉花、小麦两熟的转变。棉田一年两熟新模式，既改变了当地农民单一的种植结构，增加农民收入，也为盐碱地改良和提高盐碱地附加值做出积极探索。与春季棉和夏播棉相比，“鲁 532”短季棉具有吐絮畅、利于机采、生育期短、耐盐碱等优势。

（赵国亮）

农业开发

【概况】　2017 年，无棣县农业综合开发围绕促进农民持续增收目标，发展现代高效农业，创新开发机制，规范项目管理，提高开发效益，各类项目均完成建设任务和目标。全县各类农业综合开发项目投资 3050 万元，其中争取上级财政资金 2797 万元。全年建设或在建高标准农田 1.95 万亩，扶持农业综合开发产业化经营项目 4 个。

【高标准农田建设】　2017 年，无棣县国家农业综合开发高标准农田建设项目投入资金 2567 万元，其中争取上级财政资金 2517 万元，改善农田基础设施 1.95 万亩，其中竣工 0.95 万亩，在建 1 万亩。

2016 年度土地治理项目通过市级验收。2017 年 4 月底完成项目建设工作，6 月份完成自查自验，7 月份通过市级验收。（1）车王镇、柳堡镇高标准农田建设项目，完成投资 781 万元，新建混流泵站 8 座，离心泵站 1 座，简易泵站 4 座，维修泵站 1 座，新建地上土渠 0.8 公里，新建蓄水库 1 处，开挖蓄水沟 0.5 公里，开挖疏浚沟渠 68.6 公里，动土 67 万方，新建、维修各类渠系建筑物 89 座，新建一般生产路（土路）63.5 公里，砂石路 4.4 公里。（2）鲁垦种植专业合作社 2500 亩高标准农田建设项目，完成投资 386 万元，新建离心泵站 1 座，并完成输变电线路及设备配套等，铺设 UPVC 管道 3 公里，管道灌溉覆盖面积 1500 亩，开挖疏浚支沟 4 条、斗沟 8 条、农沟 4 条，土方 21.6 万立方米，新建、维修各类配套建筑物 21 座。新修建沥青路面 0.84 公里，土路 9 公里，植树 4184 株。

2017 年度农业综合开发项目建设。2017 年，无棣县承担高标准农田建设项目 2 个，全年完成工程量的 85% 以上。（1）碣石山镇 4000 亩高标准农田建设项目，计划投资 600

“四位一体”方田工程　　（摄影　田晓燕）

万元，新建混流泵站1座，离心泵站1座，并完成配套电力设施；规划项目区内2600亩为低压管道输水灌溉，铺设管道8056米；开挖、疏浚沟渠16条，清淤土方17.02万立方米；新建桥、涵等建筑物21座；项目区新建田间道路15条，营造农田防护林网4000亩。（2）柳堡镇6000亩高标准农田建设项目，投资800万元，新建离心泵站1座，并完成配套电力设施；规划项目区内3500亩为低压管道输水灌溉，铺设管道10284米；开挖、疏浚沟渠14条，每50米清挖条田沟1条，共清淤土方37.73万立方米；新建桥、涵等建筑物33座；项目区新建田间道路17条，营造农田防护林网6000亩。

【农业产业化经营项目建设】　2017年，无棣丰水水产养殖专业合作社80亩水产养殖基地新建项目，投资203万元，其中争取上级财政资金70万元，建设养殖池6个，新建保鲜、冷藏库各13.5平方米，并购置设备。无棣大草原养殖专业合作社200头肉牛养殖扩建项目，投资140万元，其中争取上级财政资金70万元，新建牛舍2栋，建筑面积1056平方米，业务用房240平方米，消毒池10平方米，消毒通道40平方米，改造净道、污道700平方米。争取贷款贴息项目2个，分别为山东神力企业发展有限公司和无棣县华兴畜牧有限公司争取贷款贴息资金77万元、63万元。

【高标准农田建设模式创新】　无棣县不断探索农业综合开发工作新路径，2017年，争取高标准农田建设模式创新试点项目，无棣县农业综合开发高标准农田建设模式创新试点项目成功竞争立项，争取各级财政资金2800万元，其中1680万元开发10000亩高标准农田，建设万亩芝麻种植基地；1120万元补贴山东十里香芝麻制品有限公司3000吨芝麻深加工及产品销售项目。通过试点项目实施，引进和培育优质芝麻品种，扩大种植规模，全面提升加工能力和工艺水平，建设国内最高水平的芝麻加工企业。项目计划2018年建成。

（丁宝冲）

畜牧业

【概况】　2017年，无棣县畜牧业围绕“增强综合生产能力、建立绿色发展机制、打造畜牧业千亿级产业集群、夯实产业安全发展基础”工作目标，以畜牧业供给侧结构性改革为主线，加快推进畜牧业转型升级，强化安全监管，畜牧业持续健康发展。全县鸡存栏1128万只，出栏5013万只；生猪存栏19.2万头，出栏21.5万头；牛存栏4.6万头，出栏6.9万头；羊存栏9.6万只，出栏21.7万只；肉类总产量10.9万吨。在全市年度畜牧工作考核中，无棣县获2017年度考核第2名。

【现代畜牧业发展】　制定《无棣县畜牧业“十三五”发展规划》，进一步优化畜牧产业布局，重点发展牛、驴、猪、地方畜禽等产业。推进种养结合，开展“粮改饲”试点，经验登上央视《新闻联播》。黄河三角洲（滨州）草业科技创新联盟在无棣成立，无棣县牧草产业发展迈上新台阶。出台无棣县《关于促进全县驴产业发展的实施意见》，做好品种资源保护及开发利用，推进驴产业一二三产有机融合，打造无棣驴产业品牌。培育发展新动能。多措并举，培育渤海黑牛、骏驰驴业、龙港农业、智诚鸭业等企业，其中智诚鸭业种鸭存栏量逾110万只，居全国行业第3位。争取高产苜蓿示范项目、现代畜牧业示范平台项目、“粮改饲”项目及基础母牛扩群项目资金近千万元，各项重点项目有序推进。大力发展品牌畜牧业。引入现代要素改造提升名优品牌，通过政策引导、强化服务等措施推动品牌畜牧业发展。完成无公害认证2个，组织10余家企业参加2017年山东省

2017年4月10日，省畜牧兽医局调研组到无棣调研畜牧业发展情况
（供稿　孟维斌）

第32届畜牧业博览会，品牌影响力进一步增强。

【畜牧业支撑保障能力建设】 2017年，无棣县积极争取国家及省以上财政资金1000余万元，实施高产苜蓿示范项目、现代畜牧业示范平台项目、“粮改饲”项目及基础母牛扩群项目，扶持畜禽养殖、苜蓿种植等企业20余家。在提高养殖水平的同时，带动企业实施标准化生产，规范养殖管理，提升畜禽及病死畜无害化处理能力。与北斗翔晨合作，建设畜牧业监管平台，实现全行业实时监管。

【重大动物疫病防控】 2017年，无棣县按照“加强领导、密切配合、依靠科学、依法防治、群防群控、果断处置”的方针，以防控高致病性“禽流感”“口蹄疫”等重大动物疫病为重点。全年免疫禽1316万只、牛8.3万头、羊21.3万只、猪23.6万头，免疫密度100%。在春秋两次重大动物疫病集中免疫结束后，及时组织技术人员开展免疫质量抗体监测，对抗体检测不合格的，及时实施补免，确保免疫质量。无棣县连续11年未发生重大动物疫情和畜产品安全事件。

【畜产品质量安全监管】 2017年，无棣县以创建食品安全先进县为契机，以专项整治为抓手，以监督检测为支撑，以从严执法为保障，落实网格化监管措施，全县畜产品质量安全形势整体平稳。加强兽药饲料等投入品监管。对全县25家饲料生产企业、35家兽药经营企业全部建立信息档案，做到“一企一档”，同时开展投入品专项整治，严厉打击违法违规行为。完善畜产品卫生质量监测体系，加大畜牧生产、加工、销售各环节监测力度，搞好产地和屠宰检疫，检疫率100%。对养殖、运输、屠宰、销售环节等各个环节定期进行抽样检测，合格率100%。推动屠宰行业转型升级。通过政策引导和市场手段，全力做好撤点并厂，关停3家小型生猪屠宰点，推进“分销配送、冷鲜上市”品牌运营模式。

【畜禽污染防治】 开展“三区”划定，推进关闭搬迁。根据有关法律法规和要求，2017年，无棣县对2014年的畜禽养殖规划布局进行进一步调整优化，出台《无棣县畜禽养殖区域划定方案》，制定颁布《无棣县畜禽养殖禁养区养殖场（户）关闭搬迁工作实施方案》，9月，全县禁养区内的24个养殖场全部搬迁完毕。加快设施配建，将畜禽养殖废弃物无害化处理和生态养殖模式推广列入全县畜牧业主推技术。加快主体培育，建成无害化处理厂，无棣县益民病死畜禽无害化处理厂通过省畜牧兽医局验收，处理系统和收集系统基本完善，每天处理病死畜禽5吨。

【神内山东农牧结合经营示范中心】 2017年，神内山东农牧结合经营示范中心全面建成高产优质苜蓿示范基地，苜蓿生产田面积3150亩，同时搞好牧草基地生产管理和科技示范，大力推广人工种草技术和良种，全年收获苜蓿4茬，苜蓿干草平均亩产量达902公斤，生产的苜蓿草产品经青岛谱尼测试有限公司检测，均达到国家标准1级以上，各项指标均达到高产优质苜蓿质量标准。与无棣国风奶业有限公司签订苜蓿草长期供应合同，供应的奶牛存栏规模达2500头，通过饲喂该示范区的苜蓿产品，其生鲜乳品质明显提高，乳蛋白含量达到3%以上，乳脂肪达到3.5%以上。

规范苜蓿生产，制定苜蓿生产技术规程，对示范区生产人员及周边苜蓿种植户进行技术培训58人次，示范区生产人员全面掌握苜蓿种植与生产技术规程、苜蓿病虫害防控技术。示范推广测土配方施肥技术、种子包衣与根瘤菌接种技术、土壤改良技术等集成配套技术，提高苜蓿产业生产技术水平。推行“合作社+基地+农户”模式，示范带动周边农民发展苜蓿生产，为农民提供技术支持和农业机械化服务，有效提高当地苜蓿种植及生产技术水平，促进无棣县苜蓿产业向专业化、标准化、规模化、集约化发展。

【“黄河三角洲（滨州）草业科技创新联盟”成立】 2017年8月11日，“黄河三角洲（滨州）草业科技创新联盟”成立大会暨草业发展研讨会在无棣县举行，全国畜牧总站草原处副处长洪军与省畜牧兽医局畜产品质量安全处处长朱发成为“黄河三角洲（滨州）草业科技创新联盟”揭牌。草业联盟的成立，标志着无棣县草业迈上新台阶，对于发展黄河三角洲地区牧草产业具有里程碑意义，促进黄河三角洲牧草产业创新发展，实现种养一体化的有机融合，建立产学研结合的技术创新组织、实现有法律保障的合作关系，整合产业技术创新资源，引导创新要素向优势企业集聚，保障科研与生产紧密衔接，实现创新成果的快速产业化，促进技术集成创新和产业结构优化升级。

【无棣成为山东省苜蓿生产第一县】 无棣县是全国农区苜草生产示范区、山东省首批“粮改饲”示范县。自2016年开始，无棣县通过转调结合、夯实服务保障、强化资源保护等措施，攻克“粮改饲”中调产难、收贮难、环保难“三个难题”，“粮改饲”顺利推进。2017年，全县“粮改饲”总面积达6万亩，其中规模化种植苜蓿4.3万亩，春季新植中原“804”苜蓿0.5万亩，成为全省苜蓿生产第一县。

【优质牧草选介】 无棣苜蓿是在当地土壤盐碱、贫瘠、干旱的生长条件下，经过长期的自然选择形成的优良地方品种，据史料记载已有400余年的种植历史。

无棣县苜蓿生产以及苜蓿种子培育历史悠久。宋史考：“沧州景城郡无棣县，草原广袤，秦水（秦口河）西，鬲津南，萧米至朱龙间马（颏）河地域，五谷蕃茂，轮播苜蓿，五王庄迤南蓿草尤盛。”“沧州之军马草粮场设古棣。码头大庄子、药工山神庙（置马谷山南北）为草料场辖地，馆里有驿站酒肆。”

无棣当地温润的气候，充足的光照，半沙化的土壤及历史延遗等因素，造就了无棣种植的特产作物——苜蓿，无棣也被誉为“齐鲁苜蓿第一县”。

无棣苜蓿产量高，抗逆性强，叶量多，品质优，能在含盐量0.3%以下的土地上正常生长。在当地条件下，生育期123天，年生长天数长达227天，一年可收获3次至4次，亩产鲜草达3000公斤以上，在灌溉施肥条件下，可亩产鲜草5000公斤以上，年收获干草1500公斤。无棣苜蓿为多年生草本、根系强大、最高可以长至1米以上；茎直立或匍匐，光滑多分枝；叶子互生，复叶具三倒卵状长圆形小叶，叶色翠绿；叶腋生总状花序，花色正紫；螺旋形黑褐色的荚果，无毛；黄褐色肾形种子。生长期一般有5年至12年，因品种和气候而异。可适应不同的气候和土壤条件，吸收土壤中的矿物质和其他营养，在旱季亦可生存；作为牧草因其营养价值高，适口性好，易消化，而被称为“牧草之王”，主要饲喂草食动物马牛羊及其他畜禽类动物。

其典型特性表现在丰产性（对比实验较其他品种平均增产12.5%）、品质好（品种分析测定其植株蛋白含量在18.5%～20.5%，一般在20%）、抗逆性强（在本地气候条件下生长较好，表现为抗寒、抗旱且耐盐碱性较好）等特点。

1990年无棣县人大常委会通过将苜蓿定为“县草”的决议。规定每年8月4日为县“种草节”，鼓励农民垦荒拓边，种植苜蓿，发展经济。根据该县自古就有种植无棣苜蓿的实际情况，无棣县大力实施了以苜蓿种植为重点的草场改良和中低产田改造。

1993年，无棣苜蓿被国家牧草品种审定委员会正式审定命名。开发生产的紫花牌草捆、草粉系列产品在1992年首届农业博览会上获得银质奖，在1997年全国农业博览会和1999年、2001年国际农业博览会上

2017年8月12日，黄河三角洲草业联盟成立大会在无棣县召开

（供稿　孟维斌）

无棣苜蓿 （摄影　张令进）

获得名牌产品奖。

至 2017 年底，无棣县在海丰街道、西小王、柳堡、佘家巷、小泊头、大山等镇街分别建成万亩以上的无棣苜蓿种植基地。全县种植面积达到 6.8 万亩，年产苜蓿干草 7 万吨。从事苜蓿种植的农户达 420 户，年均苜蓿收入在 2000 元以上。同时，为实现无棣苜蓿加工增值和出口创汇，审批成立了苜蓿生产龙头企业——山东绿风农业集团有限公司。该公司开发生产的“绿风”牌草捆、草粉、草块等产品，畅销国内鲁、京、津、苏、沪、广等省市和中国香港等地区，并出口韩国等国家。

【重点畜牧企业选介】 **山东智诚农牧发展科技股份有限公司** 创立于 2007 年，是一家集种鸭养殖孵化、商品鸭养殖服务、饲料生产销售为一体的农业产业化省级重点龙头企业。2016 年 7 月 29 日，智诚股份在新三板挂牌上市（股票代码：839100）。至 2017 年底，智诚股份在全省 11 个县区拥有多处养殖场、孵化厂、饲料厂、商品鸭场、1000 多名员工及多个合作家庭农场，种鸭存栏量 100 多万只，年向社会提供优质商品代鸭苗 1.5 亿只，出栏商品鸭 600 万只，生产饲料 25 万吨。

山东荣昌育种股份有限公司 创建于 2008 年，是一家原种猪培育和品种改良的现代农业产业化省级重点龙头企业，资产 4.5 亿余元，职工 220 余人（研究生及以上学历 8 人，大专以上学历 100 余人）。2014 年 7 月 17 日在北京新三板正式挂牌上市（证券代码 :430762)。拥有 5 家种猪育种公司：山东荣昌育种股份有限公司、山东华特希尔育种有限公司、滨州市恒利源种猪育种有限公司、滨州市华辰种猪育种有限公司、滨州市华麟牧业有限公司，1 家依托网络在线交易平台开展 B2C 业务的天猪科技（北京）有限公司及 1 所荣昌畜牧职业培训学校。公司基础母猪存栏 10000 余头，年提供优秀原种种母猪 30000 余头，原种种公猪 15000 余头，二元母猪 60000 余头，商品猪 100000 余头。其中山东华特希尔育种有限公司为农业部批准的国家生猪核心育种场。

无棣县华兴畜牧有限公司 成立于 2008 年 4 月，位于无棣县车王镇五营生态养殖园区，占地面积 300 余亩，总资产 9803 万元，其中固定资产 6335 万元，注册资金 1000 万元，有职工 172 人，其中技术人员 35 人。公司下有山东无棣华兴渤海黑牛种业股份有限公司、无棣振鑫渤海黑牛原种有限公司和无棣华兴畜牧养殖专业合作社，是一家集渤海黑牛品种保护、品种改良、繁育、肉牛屠宰加工及饲草种植加工为一体的民营企业，是国家级畜禽养殖标准化示范场，国家级渤海黑牛保种场、山东省渤海黑牛原种场，山东省农业产业化重点龙头企业，山东省农业科学院渤海黑牛科技示范基地，省级最具成长型企业，山东省“食安山东”全省畜牧行业品牌引领企业，市级农业产业化重点农民专业合作社，市级先进中小企业、市级信用民营企业，省体育训练中心优秀运动员牛肉专供基地。2012 年 12 月，旗下子公司山东无棣华兴渤海黑牛种业股份有限公司股权在山东齐鲁股权托管交易中心挂牌交易成功。

无棣龙港农牧开发有限公司 公司注册资金1000万元，占地800余亩，养殖场有标准化驴舍 16 栋，青贮池 10 个，存栏无棣驴 1114 头。公司以无棣驴繁育为主、育肥为辅，通过扩群增量，逐步发展成为鲁北地区最大的无棣驴养殖基地。公司投资建设龙港膳园，开发驴肉火锅等餐饮产品，实现肉驴产业链条式发展。

无棣海滨驴社旅游开发有限公司 成立于 2016 年 5 月，注册资金 1000 万元，是无棣县财金投资集团的全资子公司，占地 242 亩。公司按照“一馆、一堤、两环、三园、四片区”的空间结构进行总体规划，依驴肉膳食为核心，驴文化为助力，带动驴产品生产销售，逐步树立品牌形象，扩大企业规模，形成可复制的商业模式。公司以商业经营和生态休闲相结合，构筑水陆互动的空间体系，建设综合性乡村旅游产品体系，发展生态休闲园区。养殖区规划占地120亩，一期建筑面积12800平方米，养殖规模达5000头无棣驴；二期建筑面积7000平方米，达到总规模8000头无棣驴，并带动周边农民养殖无棣驴4000头以上。海滨驴社公司通过山东省畜牧休闲旅游示范园审核。

（孟维彬　张令进）

林　业

【概况】　2017年，无棣县积极推进以生态林业和民生林业为重点的生态文明建设，紧紧抓住“造林绿化、枣产业提升、湿地建设、林业有害生物防治、涉林企业安全生产及林业行政执法”等五大重点，实现民生林业和生态林业同步发展。9月，无棣县林业局被山东省林业厅评为全省第九次森林资源清查工作先进单位，10月，被山东省林业厅评为山东省林业科技工作先进集体。

【林业改革】　2017年，无棣县完善集体林权制度主体改革和深化无棣县集体林权制度配套改革。依法依规，规范森林资源流转。按照《山东省集体林权制度改革工作方案》要求，探索森林资源流转制度，疏港路、新海路、高速路等国省道两侧林地及惠丰林场、碣石山林场等部分森林资源实现流转，全县规范森林资源流转面积4.5万亩。推进林业合作经济组织建设。新组建各类林业合作经济组织50个。与金融部门对接，开展林权抵押贷款。与农村信用合作社、邮政储蓄银行等金融部门联合，以林权作抵押，为企业或承包大户提供贷款服务。

【林业产业化】　2017年，无棣县枣产量21.5万吨，总产值12.49亿元。其中冬枣产量12.8万吨，产值9.01亿元；小枣产量8.7万吨，产值3.48亿元。2017年全县完成枣园流转1300亩，嫁接改良枣树1100亩，发展大棚冬枣340亩，完成疏密间伐4200亩。举办各类型培训51余场次，受训枣农0.56万人次，印发各类技术意见4.2万份。制定出台《无棣县冬枣保险试点工作实施方案》，全县冬枣入保2304.6亩。成功举办中国枣乡（无棣）第十二届赛枣大会。列入市委市政府重大决策部署的“枣标准化生产技术应用”工作排名全市第1。和圣高效生态农业科技有限公司被省林业厅授予2017年度省级林业龙头企业称号。

冬枣密植园　　（摄影　刘长雨）

【花卉种苗产业】　2017年，无棣县有观赏苗木78公顷，食用及药用类36公顷。其中花卉市场13个，花卉企业8个，花店37家，合作社19个。全县苗圃1832处，苗圃可育苗90870亩，品种多为白蜡、国槐等阔叶树种。

【植树造林】　2017年，无棣县完成成片造林2.46万亩，新建农田林网4.5万亩，完成干线道路绿化工程提升53.1公里，县乡道路绿化63.2公里，水系绿化56.5公里，发展林下经济0.5万亩，超额完成市委、市政府重大决策部署规定的各项任务目标。创建“森林乡镇”“森林村居”工作和林业产业体系建设取得成效，棣丰街道被省林业厅评为2017年度山东省森林乡镇，棣丰街道王白杨村、水湾镇后坡徐村、水湾镇西谷刘村、佘家镇王官庄村被省林业厅评为2017年度山东省森林村居。

【林业有害生物防治】　2017年5月17日，无棣县对全县重点区域开展美国白蛾飞机防治。历时10余天，出动飞机550架次，喷洒无公害药剂25.82吨，防治作业面积55万亩。2017年林业有害生物防治工作成效显著，监测覆盖率、防治率均达到100%。

【湿地建设和保护】　依据2012年山东第二次湿地资源调查结果，无

冬枣种植技术人员传授疏枝技术　　　　　　（摄影　高士东）

棣县湿地资源 69385.21 公顷，包括面积为 8 公顷（含 8 公顷）以上的近海与海岸湿地、沼泽湿地、人工湿地以及宽度 10 米以上、长度在 5 千米以上的河流湿地。其中近海与海岸湿地类面积 29306.34 公顷，占全部湿地面积的 42.24%；河流湿地类面积 2900.36 公顷，占全部湿地面积的 4.18%；人工湿地类面积 37178.51 公顷，占全部湿地面积的 53.58%。无棣县有国家级湿地公园 1 处（黄河岛国家湿地公园）、省级湿地公园 2 处（饮马湖省级湿地公园和秦口河省级湿地公园）。

【林业执法】　2017 年，无棣县林业局完善林业公共服务事项目录及服务指南，制定随机抽查事项清单，规范审批程序，简化办事流程，并向社会公布。严厉打击破坏森林资源的违法犯罪行为。2017 年，查处滥伐林木刑事案件 1 起，接受法律咨询 100 余人次，调节涉林纠纷 30 余起。

【企业安全生产】　2017 年，无棣县林业局开展涉林安全生产检查，集中对各镇街、各园区的木材加工企业进行 2 次安全生产大检查，对存在的问题，督促企业进行整改。开展森林防火宣传活动，广泛普及森林防火法律法规和防火知识，提高全社会参与野外火源管理的积极性和主动性，全县年内未发生森林火灾。

【林业科技工作】　2017 年，无棣县林业局组织开展“爱鸟周”“湿地日”“野生动物保护宣传月”等活动，印发各类科普资料 15000 份。黄河岛湿地科普馆功能进一步完善，新增声光控系统、科普小课堂、多媒体、自动监测仪等宣教设施，荣获国家级林业科普示范基地称号。

（刘振涛）

渔　业

【概况】　2017 年，无棣县有水产品养殖面积 30413 公顷，渔船总动力 8067 千瓦，水产品总产量 141870 吨。

2017 年无棣县渔业生产基本情况统计表

表 21

一、水产养殖面积（公顷）	30413
海水养殖面积	29043
淡水养殖面积	1370
二、机动渔船	—
艘数	249
总吨位（总吨）	3544
功率（千瓦）	8067
三、水产品总产量（吨）	141870
海洋捕捞	27402
海水养殖	106573
淡水捕捞	555
淡水养殖	7340

【现代渔业】　2017 年，无棣县海洋渔业部门以承担现代渔业发展平台、“海上粮仓”等项目建设为契机，实施标准化池塘改造、工厂化养殖、种业提升等工程，推动渔业发展提质增效。年内完成标准化生态池塘改造 5100 亩，改造后对虾养殖亩产由原来的 25 公斤提高到 150 公斤以上；底播型“海洋牧场”项目进展顺利，建设高清度牧场观测网，购置全省首

增殖放流　　（供稿　赵娟）

个多功能监测平台，达到“可视、可测、可控”要求；实施渔业资源修复行动，共放流中国对虾、半滑舌鳎、海蜇、梭子蟹等苗种超过2.2亿单位，确保渔业资源持续稳定。

【渔业科技】　2017年，正海旅游公司创建省级海洋科技协同创新中心，通过省海洋与渔业厅和省发改委验收。注重深化高校、科研院所与地方合作，县政府与大连海洋大学就提升海洋与渔业技术水平签署战略合作协议。县内规模渔业企业全部确立本企业的技术协作单位，与海洋科研院所建立合作关系。新品种养殖试验开展顺利，金刚虾、小龙虾（克氏源螯虾）、扇贝、毛蚶、牡蛎、海肠子（单环刺螠）、珍珠石斑鱼等多个水产新品种引进试验养殖取得较好效果。

【水产养殖】　2017年，无棣县海水养殖面积29043公顷，工厂化养殖面积20万平方米，主要养殖品种为南美白对虾、半滑舌鳎、海参等。全年海水养殖总产量106573吨，总产值168796.33万元。全县淡水养殖面积1370公顷，工厂化养殖面积8.5万平方米，主要养殖品种为南美白对虾、草鱼、黄颡、泥鳅等。2017年淡水养殖总产量7340吨，总产值13896.93万元。

2017年，放流中国对虾1.85亿尾，三疣梭子蟹稚蟹Ⅱ期1200万尾，海蜇2500万头，半滑舌鳎34万尾。

【捕捞渔业】　2017年，无棣县有渔船249艘，其中捕捞船104艘，养殖船145艘。捕捞渔船作业类型为流刺网、定置网或张网，出海率95%，作业时间大约每月15天，同比减少0.5%。作业区域主要在48/2渔区、48/3渔区，主捕种类有梭鱼、半滑舌鳎、海蜇、毛虾、爬虾、鹰爪虾、虾蛄、贝类、中国对虾、梭子蟹等，其中海蜇、对虾、梭子蟹产量有所增加，同比增加1.2%，梭鱼、毛虾、虾蛄等产量有所减少，同比减少1%。单船产量一般在16吨～20吨，同比减少0.5%，单船产值一般在14万元～18万元，同比减少0.05%，扣除燃油、人工以及网具等成本约6万元～10万元，捕捞渔船单船利润一般在8万元～10万元之间，同比减少1%，中小马力渔船90%处于盈利状态。

【水产品加工】　2017年，无棣县在成功创建农业部渔业健康养殖示范县的基础上，以省级农产品质量安全县、省级食品安全先进县创建为契机，加强无公害养殖基地建设，扩大健康养殖规模，在此基础上，推动海产品精深加工业的发展。重点发展丰年虫卵、渔业饲料、海洋微藻以及经济水产类的精深加工，以山东省友发水产有限公司、山东天顺药业有限公司等企业为龙头加快开发即食食品、海洋功能性食品、海洋保健品、海洋药品，加快发展水产加工业，延伸产业链条，提高产品附加值。

【渔政执法】　2017年，无棣县海

渔政执法　　（供稿　赵娟）

洋与渔业部门严格按照省、市、县统一部署和要求，全面落实各项管理规定，扎实开展陆地和海上执法，查处违法违规渔船14艘，收缴罚没款30余万元，足额上缴财政，确保全县渔业生产秩序持续稳定。无棣县外检和年审渔船249艘，外检和年审率均达到100%。开展水生野生动物保护专项执法行动，对全县各超市、市场及养殖户进行检查。开展清理整治违规渔具、涉外渔船管控、涉渔“三无”船舶清理专项行动，对违规渔具、渔法进行彻底清理，对涉渔“三无”船舶采取双向清查模式进行清查、统计和处置。

【渔业安全生产】 2017年，无棣县海洋与渔业部门与全县249条渔船船主全部签订安全生产责任书，明确渔船主的安全生产主体责任和管理部门监督管理主体责任。开展商渔船防碰撞、渔业安全大检查专项行动，逐船进行登船检查，不留死角。执行24小时值班制度和带班制度，加强信息调度，及时将天气预警信息通过渔船安全短信平台、传真等方式通知到位，全年共发送各类预警信息近2万条。给全县249条渔船全部配发新的渔用对讲手机，为渔民提供持续可靠的安全保障。

【名优水产品选介】 **无棣半滑舌鳎**。学名半滑舌鳎，盛产于渤海湾近海。无棣县渔民俗称鳎麻、鳎米。因其口味鲜美、营养丰富受到消费者的喜爱。无棣半滑舌鳎的名声由来已久，最早可追溯到明朝时期，距今已有400多年历史。“伏吃鳎麻冬吃鲤”“开河鲤鱼冻河梭，伏天吃鳎麻”等渔谚也是从那时流传至今，当地人人皆知。由于无棣半滑舌鳎适应性强，生长速度快，抗病力强，养殖中病害少等特点，规模化、规范化养殖生产半滑舌鳎产业发展迅速，成为无棣渔业养殖的“黄金产业”。

半滑舌鳎是一种暖温性近海大型底层鱼类，终年生活栖息在中国近海海区，具广温、广盐和适应多变的环境条件的特点，适温范围3.5℃～32℃，最适水温14℃～24℃，适盐范围14‰～33‰。无棣县地处渤海湾沿岸，温暖的近海海域和适宜的水质条件等为无棣半滑舌鳎的生长提供了得天独厚的自然条件。

无棣半滑舌鳎营养丰富，含有较高的不饱和脂肪酸，蛋白质容易消化吸收。以鲜品分析，可食部分每100克含有蛋白质19.5克至20.8克、脂肪7.5克至9.2克、锌0.42毫克至0.51毫克、钙65毫克至71毫克，营养价值很高，对防治心脑血管疾病、增强记忆力和保护视力颇有益处，味道鲜美，肉质细嫩，深受广大消费者喜爱。

无棣县加大投资力度，加强基础设施建设和苗种的技术研究，进行无棣半滑舌鳎原种保存、选育、提纯及苗种繁育养殖技术研究，推动无棣半滑舌鳎养殖业健康发展。

滨州金蚝。滨州境内海域自古盛产牡蛎，主要生长在漳卫新河、马颊

无棣半滑舌鳎 （摄影 何荣海）

牡蛎（滨海金蚝） （摄影 何荣海）

河、套儿河等多条江河与渤海湾的交融之处半咸半淡的内湾浅海上。“蚝”是牡蛎的别名，由于滨州近江牡蛎壳色多金黄色，在当地多称之为“金蚝”。2017年8月，研究员张国范以国家贝类体系首席科学家和国家贝类产业技术研发中心的名义，给山东省委书记刘家义写了一封《关于对滨州近江牡蛎礁生态系统进行恢复重建的建议》的信。信中三次提到“滨州金蚝”，因此，“滨州金蚝”名称开始在滨州叫响，在国家贝类产业技术体系中开始走俏。

独特的颜色是滨州金蚝最突出的特点，除此之外，滨州金蚝外壳呈圆形、卵圆形或三角形等。右壳外面稍有不平，环生同心鳞片，幼体者鳞片薄而脆，多年生长后鳞片层层相叠，内面白色，边缘有时淡紫色。滨州金蚝长期生长在半咸半淡的内湾浅海上，因此，它的数量比其他品种相对较少，同时它的经济价值及食药价值也较高。蚝肉蛋白质含量超过40%；含18种氨基酸、肝糖元、B族维生素、牛磺酸和钙、磷、铁、锌等营养成分，素有"海底牛奶"之称。中医认为生蚝味咸、涩，性微寒，具有平肝潜阳，镇惊安神，软坚散结，收敛固涩的功效。所以常吃生蚝，有滋补强壮、宁心安神、益智健脑、益胃生津、强筋健骨、细肤美颜、延年益寿等益处。

20世纪七八十年代，无棣沿海在入河口海淡水交汇处，常发现有大批的牡蛎相互固着堆积在一起，沿海渔民称之为“蛤蜊山”。渔民根据蛤蜊不同形状，起名叫“鞋底蛤蜊”“橛子蛤蜊”“马蹄蛤蜊”等（学名为“近江牡蛎”）。但随着工业化进程的加快导致生态环境被破坏，“蛤蜊山”消失。直到2017年4月，在滨州套尔河口等地发现一定数量的近江牡蛎。科学家认为在滨州发现近江牡蛎很难得，应保护好这一重要资源，加快繁育群体，恢复或重建该处的牡蛎礁，开展河口绿色生物治理，并形成滨州区域性品牌。

滨州文蛤。滨州是全国三大文蛤产区之一，帘蛤科，为蛤类上品。“滨州文蛤”是滨州最知名贝类种类，品相精美，花纹美观，肉嫩味鲜，个体大，肉质细腻，素有“天下第一鲜”的美誉。历代《无棣县志》中都有关于“文蛤”或“蛤”的记载。

滨州沿海海洋资源独特，水域滩涂广袤，水生动物种类繁多、资源丰富，17种常见贝类占潮间带生物总量的三分之一以上，正常年份贝类年产10万吨左右，产值逾8亿元。丰富独特的海洋环境资源，造就了品质独特的“滨州文蛤”。滨州地区的鲜文蛤肉含有丰富的蛋白质、微量的脂肪以及多种维生素和微量元素，营养价值高于其他地域文蛤，蛤肉含蛋白质10%，脂肪1.2%，碳水化合物2.5%及多量钙、磷、铁等。除食药用价值外，世界三大贝壳堤岛之一的滨州无棣贝壳堤岛位于无棣，其中文蛤就是其最重要的物源之一。作为世界上唯一保存最完整，新老堤并存的贝壳堤岛——滨州无棣贝壳堤岛，贝壳总储藏量达3.6亿吨。以贝壳为主要原料生产的高档海洋贝瓷，2011年作为国礼赠送与美国总统奥巴马。

20世纪80年代，由于缺乏生态保护意识，大肆无序开采海洋贝类，文蛤资源遭受极大破坏。2004年、2008年，滨州市相继成立滨州贝壳堤岛与湿地国家级自然保护区、马颊河文蛤国家级水产种质资源保护区，实行立法保护。同时，实行人工苗种干预，共底播苗种4.2亿单位以上，文蛤资源得以有效恢复，资源储量约逾2000吨，呈快速上升趋势。至2017年底，“滨州文蛤”已生态修复7万多亩，累计投入种苗7亿多粒。2018年无棣县计划再投入10亿粒种苗进行修复。根据发展规划，无棣县将每年进行种苗投放，实现修复面积达到40万亩的目标。

（何　娟　李海洋　王振友）

滨州文蛤　（摄影　何荣海）

水　利

【饮水安全工程建设】 白杨支沟治理工程。白杨支沟位于棣丰街道、海丰街道境内，连接幸福河与小开河，总长12.88公里。白杨支沟治理工程通过白杨支沟将小开河的水引至幸福河，再通过幸福河向无棣县三大水库（三角洼水库、月湖水库、明湖水库）供水，小开河成为以上三大水库的第二水源，提高无棣县供水保障能力。投资3701.08万元，清淤河道12.88公里，衬砌河道600米，新建贯流泵站1座、公路桥梁5座、节制闸22座、倒虹吸1座、引水闸2座。泵站安装口径800全贯流潜水电泵6台，单泵功率200千瓦，扬程6.0米，总装机容量1200千瓦。

三角洼水厂饮用水深度处理工程。工程于2016年3月份开始实施，动用土方4.28万立方米，砌体2239.06立方米，混凝土9654.80立方米。深度处理工程包括建设中间水池1座，提升泵房1座，结构类型为地下式钢筋混凝土结构，卧式双吸离心泵6台套，深度处理间1座，臭氧发生间1座，日处理能力6.5万立方米，极大改善农村供水水质。2017年工程完工试运行。

芦家河子水厂饮用水深度处理工程。工程投资1102.5万元，日供水规模为2.5万立方米，建设中间水池1座，提水泵站1座，深度处理间1座，臭氧发生间1座，动土方1.97万立方米、砌体1080立方米、混凝土4456.06立方米。

【高标准农田项目建设】 碣石山镇高标准农田项目，投资600万元，建设面积4000亩，采用低压管道灌溉模式，新建混流泵站、离心泵站各1座，铺设管道8056米，管道灌溉覆盖面积2600亩，新建各类田间建筑物32座。柳堡镇高标准农田建设项目，投资800万元，建设面积6000亩，新建离心泵站1座，清淤土方37.91万立方米，铺设管道10284米，管道灌溉覆盖面积3500亩，新建各类田间建筑物50座。项目于2017年9月份开工建设，年底完工。埕口镇、信阳镇和小泊头镇高标准农田建设项目，投资3000万元，建设完成以沟路渠配套和田间沟渠清淤为主的高标准农田项目1.5万亩。车王镇高标准农田建设项目，投资1800万元，建设高标准农田2万亩，完成工程沟路渠配套和田间沟渠清淤。

三角洼饮用水深度处理工程　　　（摄影　田晓燕）

【高效节水灌溉项目建设】 该项目位于车王镇五营中村，投资1000万元，建设面积4000亩，建成离心泵站1座，配套机组4台套，铺设管道8500米。投资770万元实施节水灌溉扶贫项目，年底实现17个贫困村2.1万亩农田节水灌溉全覆盖。

【引黄灌区治理工程建设】 簸箕李引黄灌区条渠清淤工程，投资280万元，土方开挖9.3万立方米，完成土方4.54万立方米。小开河灌区沉沙池清淤工程，投资220万元，开挖土方40万立方米，清淤2公里，完成土方35万立方米。

【“渤海粮仓”项目建设】 山东“渤海粮仓”无棣核心示范区引排水一期项目，投资3545.14万元，总面积9865.33亩，其中灌溉面积8879.80亩，新建灌溉泵站1座，铺设管道38.11公里，平整土地5276.31亩，新建道路13.96公里，林带沟开挖、换土71.75公里，植树6979株，填筑地堑476.52公里，完成总工程量的90%。

【千亿斤粮食项目建设】 项目区总面积34895亩，总投资4500万元，分为佘家镇东北部和水湾镇中部2个片区。疏浚排水沟23条，总长32公里；完善项目区配套设施，新建盖板涵3座、管涵91座、防洪闸3座，田间道路硬化混凝土机耕路13413米，新修砂石机耕路1185米，新建泵站15座，总装机容量1807千瓦，总引水流量18253立方米/秒。新铺设输水管道全长198088米，其中干管34657米，支管163431米。建设完成后灌溉水利用系数提高30%，年增总效益515.80万元。

【市级“四位一体”标准化方田建设项目】 项目投资60万元，建设高标准农田3000亩，主要以沟渠清淤、田间道路整修为主，及配套建设部分田间建筑物。清淤沟渠12公里，整修田间道路6.0公里，修筑田间建筑物3座。全年完成总工程量的90%。

【“清河”行动】 2017年，无棣县建立健全县镇村三级“河长制”组织体系，积极推进“清河行动”。制定《无棣县清河行动宣传方案》《关于进一步加大清河行动宣传工作的通知》，完成“河长制”公示牌安装。组织开展入河排污口和国省公路沿线河道环境专项整治行动，完成清波河、幸福河城区段清淤工程及白杨支沟综合治理工程。从10月27日开始，按照省、市“青河行动”的安排部署，以马颊河清理整治为重点组织开展巡河行动，全县4条省级河道、4条市级河道、9条县级河道发现问题765处，清理整治完成653处，完成任务总数的85.4%。对存在的问题区分不同情况、违法情节轻重，对涉及个别民生项目镇街、园区给予适当补偿。开展督导指导，建立周督导制度，县河长办、县政府督查室成立联合督导组，每周定期开展督导检查，督促工作进度。建立联动执法机制，抽调县水务、综合执法等部门及有关镇街人员成立联合执法组，实行联合执法。

【水利安全生产】 2017年，无棣县水务局落实“党政同责”“一岗双责”，调整安全生产领导小组，明确安全生产职责。年初，水务局与系统各单位签订安全生产责任书，年底对系统各单位进行安全生产工作责任目标落实情况进行年度考核，对安全生产年度考核不合格的单位实行“一票否决”。召开安全生产会议6次，组织安全生产学习培训4次。加强安全生产监督检查，督促系统各单位做好风险管控和隐患排查治理。对水利勘察设计室、监理公司、水利工程总公司、德惠马颊河道管理段、水资源管理办公室、水库管理所、供水公司等单位进行安全生产检查，特别是加强汛前、汛中，“两节”“两会”等重要节点的安全检查，彻底消除隐患。

【防汛抗旱】 抗旱工作。2017年，无棣县统筹考虑引蓄黄河水，积极向上级申请引黄指标，加大黄河水引蓄及调配力度，优先保障群众生活用水，调配工农业生产用水。全年引黄水量1.18亿立方米。

防汛工作。落实防汛抗旱各级行政首长责任制、部门责任制和水利工程防汛岗位责任制，调整县防汛抗旱指挥部和各分工责任体系组成人员。组织开展防汛大检查，确保防汛物料、队伍落实到位。全县组织防汛常备队3388人，抢险队8249人，后备队20241人。按照防汛物资储备定额的要求，县防指编报防汛物资补充、更新计划上报县政府审核批复。各镇街落实群众号料工作，筹备救生衣1540件，草袋8.15万条，麻袋11万条，编织袋54.16万条，编织布15.45万平立米，土工布11.7万平立米，铅丝18.75吨，木料6.2271万立方米，块石7.69万立方米，砂石料92720立方米，秸料13.57万立方米。抓好河道骨干沟渠疏浚、水毁工程整修、闸坝除险加固及田间“四通”排水等工程建设，投资50万元，对漳卫新河小泊头闸实施维修、改建，县财政投资对马颊河工程岁修和维修养护、3座大闸进行岁修；对马颊、德惠新河涵闸进行改建维修加固和维护保养；对防汛物料进行补充购置。修订《无棣县防汛应急预案》《无棣县沿海防台风暴潮工作预案》《无棣县城市防洪预案》，督促在建工程施工单位制定度汛应急预案。对重点低洼易涝片制定安全度汛措施。加强防汛会商系统、雨情遥测系统维护管理工作，提升防汛信息化水平，防汛视频会商系统运行良好。

2017年无棣县水库一览表

表22

序号	水库名称	总库容（万立方米）
1	三角洼水库	1400
2	埕口水库	1400
3	月湖水库	500
4	明湖水库	300
5	芦家河子水库	980
6	王山水库	750
7	碣石山水库	500
8	胜利水库	976
9	桃花岛水库	973
10	赛尔水库	980
11	飞龙水库	200

（田晓燕）

农业机械

【农机购置补贴】 2017年，无棣县争取到中央农机购置补贴资金1160万元，市补贴资金30万元，补贴各类农机具955台（套），受益群众442户。全年补贴大中型拖拉机127台，玉米联合收获机90台，小麦联合收获机52台，深松机75台，茎穗兼收机19台，粮食烘干机3台，其他农机具589台（套），申请下拨各级购置补贴资金1166.414万元，完成补贴资金任务的98.02%。6月28日，组织召开全县农机购置补贴工作会议，印发《无棣县2017年农机购置补贴实施方案》，成立无棣县2017

机械收割　　（摄影　刘长雨）

年农机购置补贴工作领导小组。2017年购机补贴实行“先购机，后补贴”和“去经销商化”新政策，在具体操作程序上，进一步增强购置补贴工作的规范性和透明度，县农机部门通过广播、电视、报纸、编发小册子等方式宣传农机购置补贴政策及具体操作程序，让广大农民群众更好地了解政策。县农机部门加强对补贴机具的信息核查，建立购机补贴档案，按要求进行信息录入和上报，在补贴资金兑现前，对符合补贴要求的农民个人和组织进行张榜公示，对补贴机具进行现场再核实，保证惠农政策落到实处。

【农机监理】　2017年，无棣县新挂发拖拉机号牌135副，联合收割机号牌143副，考核驾驶员117人次，检验拖拉机、联合收割机265台。申报“平安农机”示范合作社3个，“平安农机”镇街2个，与农机合作社、乡镇农机管理站及运输公司签定安全生产责任书46份。

变型拖拉机清理整治。2017年，根据省市关于加大力度清理变型拖拉机工作的要求，制定《无棣县变型拖拉机专项清理整治行动工作方案》，建立7个机制，成立领导小组。根据省市清理整治方案，对全县变拖情况进行重新摸排，多次召开领导小组联席会议、专题会议、农机物流公司会议，组织农机监理人员到济南、枣庄、德州、东营、博兴等地开展车辆管理和变拖清理；加大联合执法力度，建立公安、交通、农机部门联动机制，全年清理变型拖拉1737辆。

农机安全生产宣传。发挥广播、电视、报纸、杂志、网络等传媒作用，宣传农机安全生产常识和法律、法规，提高农民群众和机手的安全意识。利用“三夏”“三秋”生产季节，将农机安全生产注意事项印成宣传单，下发到广大农机户；“三夏”“三秋”期间农机监理站组织技术人员到农机专业合作社及农机大户现场检修农机具，讲解法律、法规及安全生产知识，指导规范操作，检查排除事故隐患；农机监理站积极参加各级组织的安全生产宣传活动，出动宣传车、设立咨询台，发放农机安全材料200余份，为农机手解惑答难100余条。

【农机维修管理】　**技术培训**。2017年举办各类培训班7期，培训农机手335人，完成职业技能鉴定22人次。5月19日全市农机手职业技能选拔赛在邹平县进行，无棣县4名农机手进入十强，获得进入全省比赛资格，县农机局荣获2017年滨州市农机技能职业技能竞赛“团体优胜奖”；9月11日，滨州市举办农机修理工职业技能大赛，县农机局荣获2017年滨州市农机修理工职业技能竞赛第3名；农机手路永亭参加省农机修理工职业技能大赛，荣获全省个人竞赛第2名。

技术服务。“三夏”“三秋”期间，县农机修配站提前组织对跨行政区域作业的联合收割机进行安全检查，并对操作人员进行安全生产宣传教育。组织有较强技术势力的农机维修技术网点成立联合专业维修服务队，深入重点农机合作社以及田间、场院等农机作业现场，开展维修服务，全年检修脱粒机92台次，检修拖拉机及联合收割机116台次，检修其他机具135台次。

农机打假。抓住春耕、“三夏”“三秋”农忙季，开展农机执法打假宣传活动，动员群众参与，公布农机打假监督电话，发放识别农机假冒伪劣产品宣传材料2000余份。组织农机修配站、农机监理站等执法人员成立检查组，到车王镇益源农机维修网点、荣超农机维修部、碣石山镇宝顺农机维修网点等15个农机维修网点开展安全生产隐患排查，加大农机假冒伪劣产品查处力度。

农机维修行业监管。将全县农机维修网点纳入管理，严格农机维修技术合格证审核发放，提高农机维修服务网店持证率，加强对农机维修经营活动的事中、事后管理，开展“星级文明农机维修网点”创建活动，营造规范有序农机维修市场，推动农机维修网点提档升级。2017年新注册登记发放技术合格证4家，换发技术合格证5个。

【农机推广】　实施农机深松整地作

棉花生产全程机械化推广　　（摄影　高士东）

业补助试点项目。2017年，全县农机深松整地作业面积20万亩，其中补助面积12万亩，财政补贴资金420万元，全部在秋季实施。投入“1204”以上大型拖拉机133台，对作业质量和作业面积全部实行信息化监测。补助试点项目由山东东城建设咨询有限公司负责组织投标、评审，最后确定无棣牧禾农机专业合作联合社等6家农机合作社作为2017年农机深松整地作业补助试点项目作业主体，并通过无棣县农机局官方网站进行公告，成立深松整地作业领导小组和督导小组，加强对深松整地作业工作的领导和监管。

推进棉花生产全程机械化技术提档升级。2017年，立足农机农艺融合创新机制，加快推进棉花生产全程机械化进程。4月18日，在柳堡镇召开棉花高产创建及机采棉播种现场会，各镇街农机站站长、种棉大户、重点合作社100余人现场观摩机采棉新机具演示。争取农业部棉花生产全程机械化技术示范项目资金30万元，在西小王镇、柳堡镇、佘家镇建立机采棉示范基地9个，核心示范面积1.36万亩，辐射周边发展机采棉5万亩。4月28日，中科院院士陈学庚带领农业部主要农作物生产全程机械化推进行动专家指导组到无棣调研机采棉全程生产机械化建设情况。10月17日，全国棉花生产全程机械化推进活动在无棣县西小王镇小屯河北村机采棉基地召开。

【农机服务组织建设】 2017年，无棣县依托农机合作社调结构促供给，发挥农机服务组织在加快农业供给侧结构性改革中的引领作用。3月19日，无棣牧禾农机联合社作业现场在央视《新闻联播》头条播放。4月18日，市农机局到无棣景国农机服务专业合作社进行“全国农机合作社示范社”授牌仪式。6月底，举办新型职业农民中职培训班，40名新型职业农民参加培训。至2017年底，全县登记注册农机合作社104家，其中市级合作社示范社7家，省级合作社示范社3家，国家级合作社示范社4家。

【基层农机推广体系改革与建设】 2017年，无棣县争取财政资金40万元，推进基层农机推广体系改革与建设，制定《无棣县2017年基层农机推广体系改革与建设项目实施方案》，依托无棣牧禾农机服务专业合作联合社等5家重点农机合作社，试验示范主要农作物高效植保机械化技术、苜蓿生产全程机械化技术、棉花机采种植模式机械化生产技术、主要农作物秸秆综合利用机械化技术和小麦深松分层施肥精播机械化技术等8项机械化技术，并制定发布技术操作规范。每个示范基地面积不低于1000亩，辐射带动40个科技示范户，由科技示范户带头使用新机具、农机化新技术、服务周边农民，协助农机技术员做好技术推广、技术信息采集和项目评价。安排专家和农机技术员对示范户进行技术指导，采取集中培训、分户指导、实地考察、观摩交流等形式，指导科技示范户应用、推广新机具、农机化新技术，

玉米秸秆机械青贮　　（摄影　高士东）

提高科技示范户的服务能力和发展水平，增强辐射带动能力。邀请省农机推广站专家对基层农机技术推广人员、科技示范户进行业务培训，全年累计110人参加各种形式的脱产培训。与青岛农业大学签订合作共建协议，建立农机技术推广联盟，多种形式开展全面合作，共同构建产学研联盟创新体系。充分利用学校的技术、人力等资源以及先进成熟的技术成果，实现科研成果转化。

（王丽丽）

2017年无棣县农业动力机械拥有量统计表

表23

指标名称	单位	2017年	2016年
一、农业机械总动力	千瓦	610899	887082
1. 柴油发动机动力	千瓦	546303	799066
2. 汽油发动机动力	千瓦	39390	53039
3. 电动机动力	千瓦	25206	34977
二、拖拉机及配套机械	—	—	—
（一）拖拉机	台	16239	16123
	千瓦	264281	258997
1. 大中型	台	4039	3923
	千瓦	104941	99657
2. 小型	台	12200	12200
	千瓦	159340	159340
（二）拖拉机配套农具	部	15276	15276
1. 大中型	部	2080	2080
2. 小型	部	13196	13196
三、种植业机械	—	—	—
耕整机	台	299	222
机引犁	台	310	310
旋耕机	台	2881	2881
深松机	台	296	269
机引耙	台	2483	2483
播种机	台	5013	4956
化肥深施机	台	145	145
地膜覆盖机	台	2279	2279
排灌动力机械	台	16103	16103
	千瓦	117826	117826
农用水泵	台	29302	29302

续表 23

指标名称	单位	2017 年	2016 年
节水灌溉类机械	套	5	5
机动喷雾（粉）机	台	25701	25701
	千瓦	39390	39390
联合收获机	台	1078	935
	千瓦	57047	49550
割晒机	台	2499	2499
其他收获机械	台	322	243
机动脱粒机	台	1259	1259
四、农产品初加工机械	—	—	—
（一）农产品初加工动力机械	台	10300	10300
	千瓦	67270	67270
其中：柴油机	台	8497	8497
	千瓦	55740	55740
电动机	台	1803	1803
	千瓦	11530	11530
（二）农产品初加工作业机械	台	722	722
其中：粮食加工机械	台	285	285
油料加工机械	台	107	107
棉花加工机械	台	330	330
五、畜牧养殖机械	台	556	468
	千瓦	2863	2410
六、渔业机械	台	635	635
	千瓦	26511	26511
七、林果业机械	台	60	60
	千瓦	412	412
八、运输机械	台	—	—
其中：农用运输车	台	—	25838
	千瓦	—	312193
农用挂车	台	15142	15142
九、农田基本建设机械	台	371	371
	千瓦	26426	26426

工业和信息化

综 述

【概况】 2017年，面对国家“2＋26”城市大气污染综合防治、“差评”化工企业关停的形势，无棣县科学调度，及时准确把握工业经济运行态势，增强运行分析的时效性、前瞻性、针对性和指导性，确保全县工业经济运行稳定。2017年，全县有规模以上工业企业122家，实现工业总产值338.07亿元，增长20.73%，全年实现主营业务收入331.64亿元，增长20.64%；利润18.14亿元，利税23.03亿元，分别增长34.10%、32.08%。全年规模以上工业增加值累计增长6.5%，列全市第4位。全年完成工业投资91.13亿元，增长28.1%。

2017无棣县重点企业主要经济指标完成一览表

表24 单位：亿元

企业名称	总产值	同比±%	主营业务	同比±%	利润	同比±%	利税	同比±%
鲁北化工	103.26	37.74	103.16	37.59	7.55	15.56	9.06	31.60
大唐发电	10.93	10.74	10.93	10.74	0.15	−50.78	0.56	−52.50
鑫岳化工	142.93	103.66	143.42	104.54	6.82	161.79	8.65	112.44
星一皮革	4.38	−89.02	4.28	−89.19	0.17	−88.33	0.18	−88.8
天顺药业	7.50	−43.66	7.32	−43.66	0.55	−50.74	0.59	−48.85
华宜生物	0.51	4.32	0.59	19.20	0.09	14.34	0.10	13.66
卓星化工	3.14	13.81	3.17	12.90	—	—	0.04	260.28
利德金融	1.28	−68.12	1.54	−61.77	0.03	−70.22	0.06	−66.58
天颐康	4.60	17.04	4.88	12.58	0.38	330.32	0.39	311.27
万德酒业	0.45	−6.36	0.21	−3.46	−0.12	—	−0.08	—
盛发科工贸	1.66	80.80	1.47	60.21	0.02	−39.51	0.05	−6.64
卢斯得	0.68	8.75	0.54	4.94	0.04	29.38	0.08	92.37
河山机械	0.41	−15.66	0.41	−17.19	0.03	436.76	0.03	374.15
卓佳电子	1.18	−7.06	1.18	2.86	0.17	−12.47	0.17	−11.75
绿嘉木塑	1.50	34.35	0.70	−42.62	0.13	12.65	0.13	12.15
海忠软管	0.78	3008.60	0.78	32047.7	0.10	—	0.11	—
合计	338.07	20.73	335.90	21.14	16.66	23.11	21.55	23.58

【工业经济运行监测】 2017年，无棣县加强企业调研和运行分析，每月、每度做好对骨干企业、重点产业的运行统计、分析、预测工作。加强重点企业运行监测。在继续抓好列入全市百强的9家企业生产数据报送工作和12家电子制造业数据报送的同时，实时掌握企业生产经营中出现的新情况、新变化，确保企业生产经营稳定。组织企业外出参观考察，对标学习省内先进企业发展经验和发展理念，促进传统制造业转型升级、提质增效。

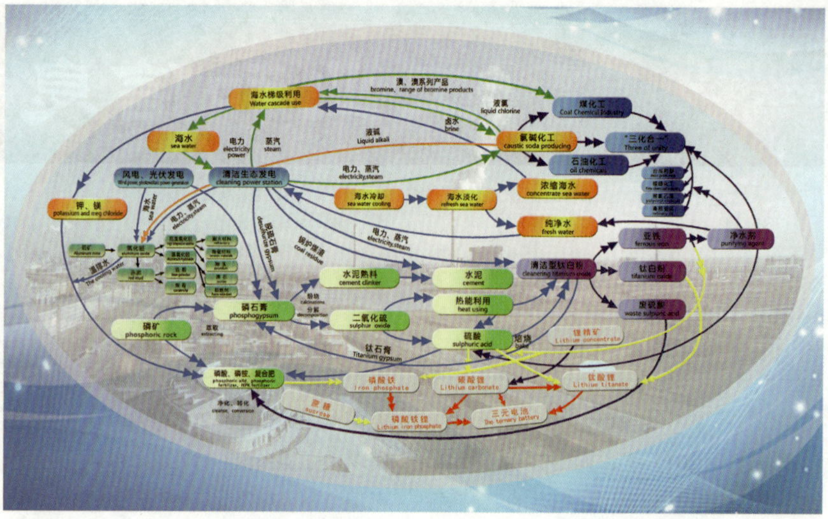

循环经济产业链

（供稿 郭崇冰）

【技术改造与创新】 2017年，无棣县积极发展新业态，推进新兴产业规模化，加强重点项目建设，围绕滨州市建设“五大千亿级产业集群”目标，瞄准产业高端，找准转型方向，拉长产业链条，新上一批大项目、好项目。鲁北企业集团氧化铝转产化学品铝、沸石分子筛、氯化法钛白粉技术改造工程，森岳化工油品清洁工程项目，融川医药化工公司与上海延安药业合作建设原料药项目等项目进展顺利，全县年内实施投资过千万元项目26个。鲁北化工石膏与废硫酸资源化综合利用、卢斯得制动盘自动化生产线改造等5个项目列入全省企业技术改造导向目录，2017年完成技术改造投资91.13亿元，增长28.1%，增幅全市第2，工业技改投资占工业投资比重为71.79%。

2017年，全县新增10余家企业与中科院、省农科院、复旦大学、青岛大学等高等院校和科研所达成战略合作，山东北方创信有限公司被认定为省级企业技术中心，花园食品、融川医药等5家企业被认定为市级企业技术中心，鸿远新材料、亨立不锈钢等5家企业被认定为市级工业设计中心。至2017年底，全县有省级企业技术中心11家、市级13家，省级工业设计中心1家、市级9家。天顺药业药品创新项目列入2017年第一批省级技术创新项目。鲁北集团董事长吕天宝被评为省泰山领军人才传统产业创新类领军人才。

【工业化和信息化融合发展】 2017年，无棣县通过积极引导和典型培养，以点带面，促进企业信息化工作，组织县内鲁北、珍贝、鑫岳等10家企业参加滨州企业走进京东活动和网络信息安全培训活动。推报水湾镇为全省“信息化扶贫示范镇”，是全市2家获得此称号的镇之一，获得30万元省级奖补资金支持。

【循环经济和节能降耗】 2017年，印发《2017年无棣县节能工作重点》，分解落实节能任务目标。开展“全国节能宣传周”和“全国低碳日”宣传活动。突出抓好重点用能企业，推动全县工业节能。对列入省千户节能低碳行动的鲁北海生生物、鑫岳化工、大唐鲁北发电等3家企业，实施能源利用全过程管理，并健全完善节能管理长效机制。鲁北企业集团氧化铝单位产品综合能耗330公斤标准煤，同比下降16.9%。各相关企业通过强化技术创新，加快淘汰落后产能等措施，不断降低综合能耗。鲁北企业集团石膏烘干采用新型气流干燥机；鲁北盐场采用海水养殖—发电冷却—海水淡化技术；鑫岳化工投资1.8亿元用于热力厂锅炉补水取热、废热利用等项目技术改造等，大大降低煤电等能耗。

【2017年中国石油和化学工业联合会专业协（学）会工作联系会议在无棣召开】 12月13日上午，国资委行业协会党建工作局局长张涛结合贯彻十九大精神，作加强行业协会党建工作和社会团体改革的专题报告。与会人员参观县海瓷展厅、无棣古城。县委副书记、县长姜凌刚，中国农药工业、氮肥工业、硫酸工业、磷复肥工业、氯碱工业、纯碱工业、橡胶工业、涂料工业、染料工业、化学试剂工业等专业协（学）会负责人参加会议。13日下午，中国石油和化学工业联合会会长、党委书记李寿生作学习贯彻十九大精神主题培训报告；中国石油和化学工业联合会副秘书长赵志平传达上级部门有关文件精神，通报联合会巡视整改工作；中国石油和化学工业联合会人力资源和会员部主任阮新通报2016年专业协（学）会年检结果及有关情况，通报2016年

联合会系统评估结果及部署 2017 年评估。14 日上午，召开中国石油和化学工业联合会县域（无棣）化工产业转型升级研讨会。与会领导、专家先后到新海工业园，鲁北高新区鲁北化工 30 万吨磷铵 / 年副产磷石膏制 40 万吨硫酸联产 60 万吨水泥项目，鑫岳化工、大口河参观。在鲁北企业集团召开研讨会，观看无棣县发展情况介绍专题片，县委副书记、县长姜凌刚汇报全县经济社会发展以及化工产业发展情况，鲁北企业集团、鑫岳化工负责人发言，石油和化学工业规划院院长助理李志坚介绍《无棣县化工产业发展规划》编制情况，中国石油和化学工业联合会专家对无棣县县域化工产业转型升级提出建设性意见和建议，中国石油和化学工业联合会副会长兼秘书长、党委副书记赵俊贵作总结讲话。

（董长星　高明亭　邱景广）

化工产业

【山东鲁北企业集团】　山东鲁北企业集团是一家横跨化工、轻工、建材、电力、有色金属、新能源、新水源、新材料等 12 个行业的大型国有控股企业，固定资产 200 亿元，拥有年产 100 万吨氧化铝、21 万吨钛白粉、100 万吨复合肥、30 万吨磷铵、40 万吨硫酸、60 万吨水泥、100 万吨原盐、1 万吨溴素、200 兆瓦发电、600 吨供热规模，是目前世界上最大的磷铵、硫酸、水泥联合生产企业。2017 年，实现工业总产值 104 亿元，上缴税金 1.82 亿元，经济效益创建厂 40 年来历史最好水平。“十三五”以来，鲁北集团成功跨出“混改—转型升级—创新发展”三大步，摆脱传统产业的束缚，引入先进的管理理念和管理模式，生产经营步入良性发展轨道，融资环境进一步改善，企业信誉度明显提升。

山东鲁北企业集团生产调度中心　（供稿　郭崇冰）

【无棣鑫岳化工有限公司】　无棣鑫岳化工有限公司是一家以石油化工和氯碱化工为主的大型石化企业，占地 3000 余亩，固定资产 80 亿元，管理、技术人才 600 余人，拥有鑫岳化工、众诚供热、鑫凯达物流、本本鼎建材、科亿化工、信诺公司、德信化工七大子公司，与北京盛荣集团合资成立鑫岳燃化有限公司、森岳（无棣）国际能源化工有限公司，形成年产环氧氯丙烷 12 万吨、环氧丙烷 30 万吨、氯碱 60 万吨、原油加工能力 240 万吨、聚醚多元醇 30 万吨、H 酸 1 万吨的大型化工生产基地，环氧丙烷和聚醚行业中居全国前列。2017 年，实现工业总产值 142 亿元，上缴税收近 4 亿元，创历史新高。

【山东三岳集团有限公司】　山东三岳集团有限公司是由江苏三木集团在山东无棣全资投资的大型企业，占地 2700 余亩，总投资 40 亿元，下辖山东三岳化工有限公司、山东三木化工有限公司、无棣众诚供热公司三岳热

鑫岳化工氯碱厂电解槽车间　（供稿　郭崇冰）

三岳化工生产设施（供稿　郭崇冰）

电、无棣三木建材有限公司、鲁北凌霞污水处理有限公司等10个子公司。年产24万吨环氧丙烷、33万吨烧碱、10万吨PMA、5万吨合成树脂、4千吨光引发剂等化工项目建成投产。同时，配套热电联产、污水处理厂、水厂、建材、物流、设备制造等公用设施。2017年，实现工业总产值26亿元，上缴税金1.01亿元，比2016年翻一番。

（郭崇冰）

【无棣融川医药化工科技有限公司】 无棣融川医药化工科技有限公司2009年6月开工建设，公司占地100亩。2016年与上海延安药业合作，完成无棣融川在建项目，通过GMP认证，并获得药品生产许可。在此基础上，有肠多糖（国药准字H12021225）、阿昔洛韦（国药准字H20058008）等11种药品落户无棣融川并进行生产，项目总投资将1.5亿元以上。竣工投产后，年销售收入将达到4亿元，年利税1.5亿元，可解决就业岗位500多个。

【滨州中科化工催化技术有限公司】 滨州中科化工加氢催化剂生产项目总投资1.75亿元，年产加氢催化剂5000吨。公司生产技术先进，实现生产设备大型化、过程连续化、控制自动化、生产清洁化、单元模块化。生产的加氢催化剂具有孔体积大、比表面积高、酸性适中、活性金属利用率高、机械强度好、加氢脱氮活性高、稳定性好等特点。

【山东金润化工有限责任公司】 山东无棣金润化工有限责任公司成立于2013年，位于无棣县新海工业园内。占地2016亩，注册资本3000万元，有员工90余人。公司一期项目投资4亿元建设一套年产能16万吨的液化气综合利用装置，主要产品是异辛烷，副产少量正丁烷和异丁烷。2017年，实现销售收入3.6亿元，上缴利税350万元。二期项目计划投资10亿元建设MTP项目，主要产品为丙烯和乙烯。全部项目建成投产后，可实现销售收入45亿元，税收1.5亿元。

（南长亮）

机械加工制造产业

【概况】 至2017年，经过培育孵化，无棣经济开发区汽车零部件加工制造业快速发展，并逐步壮大成为主导产业之一，主要企业有山东河山机械有限公司、山东卢斯得机械股份有限公司2家产业龙头企业及多家产业相关配套服务企业。

【山东河山机械有限公司】 山东河山机械有限公司成立于2011年3月，5月开工建设，总投资2.2亿元，总建筑面积8万平方米，项目一期于2012年4月份建成投产。企业以济南钢铁联盟，济宁金牛重工和济宁运河机械为依托，采用国际领先技术，引进国外先进的设备，产品定位于高端市场。生产的精密铝合金压铸件成为奔驰、福特、马自达等国际尖端汽车生产企业供应商。履带产品成为中国一拖、福田雷沃、山东力士德等国内外重型机械生产企业主要配套产品，年生产精密压铸件6000吨、生产履带20万条和精密压铸模具170套，年产值12亿元。

【山东卢斯得机械股份有限公司】 山东卢斯得机械股份有限公司成立于2011年7月，总投资1.8亿元，总建筑面积1.6万平方米。公司拥有铸造环形线，80吨/小时砂处理生产线，2吨/小时中频炉，Q4810抛丸清理室，ZH8415冷芯盒射芯机，ZH750热芯盒射芯机，台湾友嘉加工中心、数控车床、铣床等先进设备并配有先进的动平衡检测仪，打标机等。公司拥有完善的检测设备，包括光谱分析仪、万能强度拉力试验机、HB3000B布氏硬度计、全电脑金相显微镜、高频碳硫分析仪、分光光度计以及全套型砂检测仪器。2014年10月，公司被省政府评为“山东省高新技术企业”。公司主要生产乘用车制动盘、商用车制动盘、乘用车制动鼓，年产制动盘2万吨。载重车后盘式制动器项目在建。项目全部建成后，年可生产载重车后盘式制动器15万套，主要为国内载货汽车生产企业、客车整车企业OEM生产和供应零配件。至2017年，项目获得铸造车间空气净化质量装置、新式刹车盘加工定位装置、轮廓样板测量装置、清洗线过滤装置、喷漆工装等27项国家专利。

海洋贝瓷 （供稿　刘娜）

海瓷文化产业

【概况】　海洋贝瓷以无棣县储量丰富的贝壳砂为主原料，辅以长石、石英、粘土等陶瓷原料，使用洁净的天然气为燃料，采用二次烧成工艺和无匣明焰快烧的方法，能耗和污染极低，是典型的绿色环保企业。主要产品有酒店用瓷、出口瓷、套装礼品瓷、保健办公瓷、工艺美术瓷等5大系列。贝瓷产品“薄如纸、白如玉、声如磬”，为世界最好瓷种之一。贝瓷中富含天然珍珠成分，对人体有保健作用，长期使用有益于身体健康，成为新一代“绿色健康”瓷。公司已在北京、上海等18个大中城市设立办事处和代理商，依靠过硬的产品质量和完善的销售网络，远销美、日、韩、欧洲等十几个国家。

【山东珍贝瓷业有限公司】　山东珍贝瓷业有限公司是国家高新技术企业、山东省高新技术企业、市重点工业企业。1997年获中国轻工业科学技术进步二等奖，2001年获国家技术发明二等奖，2005年获山东名牌产品，2006年获国家免检产品，自主研发的“办公瓷系列产品”获国家4项发明专利。2017年，山东生物海瓷与美的签署战略合作协议，将生物海瓷技术与美的洗碗机联合，改变人们对于餐具清洗的传统习惯。

木器加工产业

【山东绿嘉木塑有限公司】　山东绿嘉木塑有限公司总投资18亿元，一期投资5.7亿元，于2009年开工建设，2012年投产，建成集成材、防弹高档实木门窗及木梁木屋生产线。二期投资1200万欧元，从德国引进全长210米，亚洲首条加工能力最大的木梁生产线，实现高度机械自动化、远端网络控制化，填补国内超大型集成材木构件的空白。公司与南京工业大学合作共同成立木结构设计研究所，初步形成研发、生产、销售、安装的跨地域网络化管理格局，填补国内木质结构胶合部件的研究和设计的空白。2016年5月，在全国中小企业股权转让系统（新三板）挂牌上市。项目全部建成达产后，年可加工集成材12万立方米、高档门窗3万平方

山东绿嘉木塑结构股份有限公司木材加工 （摄影　高士东）

米、木梁木构件7万立方米、木屋别墅60件套，年可实现销售收入15亿元，利税1亿元。

【滨州嘉和佳美木业股份有限公司】 滨州嘉和佳美木业股份有限公司是一家集生产销售于一体的木器生产企业，成立于2007年10月，注册资金1000万元，总投资3000余万元，建有现代化生产车间20000平方米，有专业技术人员20多名，员工60余人。创立了办公和室内系列家具自主品牌——“柏世缘”。包括办公家具、民用家具、套装门、壁橱、橱柜等整木家装系列产品，全国各地经销商百余家。公司通过ISO 9001质量管理体系、ISO 14001绿色环保标准体系认证，先后获得中国驰名品牌、国家权威检测质量合格产品、中国绿色环保产品、全国质量服务信誉AAA级企业等多项证书和称号。

（刘　娜）

盐　业

【盐业体制改革】 无棣县盐务局为正科级事业单位，负责全县盐业行业管理、盐政执法及食盐专营等行政管理工作。山东无棣海丰（集团）有限责任公司负责对全县盐业“五统一”管理企业的综合管理工作。

无棣县盐务局（1958年成立）与山东无棣海丰（集团）有限责任公司（1996年成立）、无棣盐业公司（2003年成立），实行一套班子、三块牌子的管理体制。1998年至2001年11月11日，无棣县盐务局为无棣县人民政府下属正科级事业单位。1999年，全省实施盐业管理体制改革，2001年11月12日起，盐业公司上划为山东省盐务局（盐业总公司）直属企业，加挂无棣县盐务局牌子，山东无棣海丰（集团）有限责任公司保留为县属国有企业。

2014年10月，无棣盐业公司主营业务划归山东省盐业集团鲁盐经贸有限公司管理，县盐务局管理体制不变。2016年4月，无棣盐业公司主营业务划归山东省盐业集团有限公司，为集团公司二级企业；无棣县盐务局盐政执法、食盐专营、行业管理职能按原隶属关系履行。2017年11月14日，山东省推进盐业体制改革工作电视电话会议召开，解除山东省盐业集团（山东省盐务局）对所属县区无棣盐业公司（盐务局）的管理关系，无棣盐业公司（盐务局）承担的盐业行业管理、盐政执法和食盐专营行政职能，整体移交无棣县人民政府管理，安全生产、信访稳定等职责同步移交。2017年12月1日，无棣县人民政府与滨州市国资委正式签订移交协议，人财物移交无棣县人民政府。

【盐业生产与销售】 至2017年，无棣县滩田面积203万公亩，塑苫面积9.2万公亩，国营盐业企业2家，原盐设计生产能力200万吨，溴素生产能力6600吨，养殖面积123万公亩，拥有职工1815人。是年，无棣县原盐产量76.19万吨。2017年，新开发河南、山西2个用盐客户，原盐销量大增。无棣原盐销售区域有山东、河北、天津、山西、内蒙古等省、直辖市、自治区。

【华夏海盐文化产业园】 2017年4月29日，山东无棣海丰（集团）有限责任公司所属华夏海盐文化产业园开园运营。产业园驻地埕口镇政府围绕该产业园设计打造“盐族小镇”特色旅游项目，将产业园纳入埕口镇旅游建设内容；滨州市旅发委将该产业园二三楼宾馆作为全市主要的“特色主题酒店”项目，帮助申请扶持资金；县委组织部将产业园确定为全县“红色教育培训基地”，当年为全县“淬火工程”培训党员干部1500余人，埕口镇党校在此挂牌。11月29日，鲁东大学副校长邹海林一行到海盐文化产业基地调研视察。

【无棣盐雕】 无棣盐雕是无棣县特色文化艺术品。无棣盐业公司于2012

无棣华夏海盐博物馆　（摄影　高士东）

年9月开始研发新型海盐文化工艺品，得到中盐协会、天津海湖盐中心及山东省盐务局等单位的大力支持。研发中心于2013年8月18日正式运营，有职工25人，占地4000平方米，集海盐文化产品及康体盐、生活用盐研发于一体，内设办公区、展厅和生产区。其中生产区占地1800平方米，按照生产工艺流程划分成多个小功能区，包括计量、配料、成型、定型、修饰、包装等功能区。有梦幻场景式展厅200平方米，成为当地旅游的重要看点。另有仓储及辅助功能区面积2000平方米。

无棣盐雕是以集中于环渤海南岸地区的高纯度海盐为原料，经科学配方和特殊工艺精制而成，研发的产品有历史人物、佛像、动植物、浮雕牌匾、室内美化摆设等10多个系列近200个品种。无棣盐雕的特点是洁白如玉、晶莹圆润，绿色环保，具有向空气中释放负离子的功能，且洁白高雅，沉稳大气，气质高雅，蕴含艺术的优雅意境，成为弘扬中国历史文化和盐文化的高档艺术陈列品。

盐雕作品“孔子圣像”获2012年山东省外事礼品展优秀奖。2013年5月9日，无棣盐雕成功走进中国科技馆长期展出，《光明日报》、新华社、《大众日报》《经济日报》《山东画报》、路透社等国内外媒体纷纷报道。全国关工委主任顾秀莲、中盐协会理事长董志华、中盐总公司董事长茆庆国等领导对无棣盐雕所包含的文化价值给予充分肯定。2014年9月15日，无棣盐雕艺术作品《海丰塔》获山东省泰山文艺奖民间艺术类作品三等奖。2014年12月，无棣盐雕系列获得山东省旅游商品设计大赛金奖。

海盐研发中心的建成，有力地促进无棣盐雕产品的规模化生产，加大了盐业文化产品和多品种盐研发的力度，为无棣盐雕真向市场，弘扬海盐文化提供了有力保障。同时，海盐研发中心被打造成无棣县新的文化旅游景点。

无棣盐雕——鸿运万里　　（供稿　寇黎红）

无棣盐雕项目以生产盐雕工艺品为主，同时生产特色旅游文化产品，其中孔子圣像、玉白菜等产品外观设计获得国家专利。该项目投资50万元，新上一条大型多维立体全智能电脑雕刻生产线，用于盐雕、木雕、石雕、玉雕等多种材质工艺品雕刻生产，年产各种雕刻工艺品2万件，年产值1500万元。基地计划引进日本技术，着重解决无棣盐雕色彩单一问题；与清华大学工艺美院合作，解决产品外观设计和社会宣传问题。

【非盐产业】 2017年，无棣盐业公司成为中华老字号、四川名酒“江口醇”的省级代理商，发展日照市五莲盐业公司和滨州市邹平贸易公司2家代理商，所属酒水部全年投入市场推广经费近50万元，通过为零售商提供门头牌、货架、酒柜等方式，新开发县内零售商110家。

2017年，港棣液化气有限公司销售液化气2716吨；祥瑞嘉园房地产开发项目3栋楼主体建设竣工，进行后期装修，预计2018年5月份竣工。是年，无棣盐业公司在做好相关盐产品销售工作的同时，继续利用食盐配送渠道，代理食用油、洗洁精等产品。

【盐业企业选介】 **山东鲁北盐化有限公司** 山东鲁北盐化有限公司是上市公司山东鲁北化工股份有限公司的全资子公司，是国家海洋科技产业基地、国家大型优质盐生产基地、国家重点出口盐基地、国家100家最大采盐业企业、山东省海洋化工10强企业。公司前身为山东鲁北盐场，由原山东省计委于1988年12月批复开工建设，1991年1月依托150平方公里的潮间带滩涂及荒碱涝洼地建成投产。公司有职工680人，其中专业技术人员260人，下设10个制盐分场、3个溴素厂和2个35千伏变电站，拥有10万亩规模化养殖水面和1万平方米大型产业化海珍品养殖基地，具有年产100万吨原盐、5000吨溴素、10000吨海产品的生产能力，年创产值5亿元，利润1.5亿元。2017年生产原盐60.18万吨、溴素2229.42吨。

山东无棣海丰集团 山东无棣海丰集团组建于1996年，与无棣县盐务局、无棣盐业公司实行三块牌子、一套班子的管理体制。集团核心企业为山东无棣海丰（集团）有限责任公司，有成员企业16家，其中原盐生产企业9家（含部分北海新区制盐企业），企业总资产15.6亿元，从业人员3000余人，年销售工业用盐120万吨。集团内盐业企业拥有宜盐滩涂面积188万公亩，结晶面积10万公亩，设计原盐生产能力120万吨，溴素及其他盐化工产品生产能力1.5万吨，年销售收入逾13亿元，年实现利税8000多万元，是无棣县支柱企业之一。

2017年，集团企业生产原盐42万吨，生产溴素2795吨；销售原盐62万吨、各类食盐产品157343吨；销售液化气2716吨、酒水114481瓶、盐雕工艺品4222件、热敷盐20158件。集团核心企业通过ISO 9001：2000国际质量管理体系认证，经营领域主要有海盐、食盐、多品种生活用盐、盐化工产品、盐雕及木雕工艺品、电子商务、酒水销售、海水养殖、宾馆餐饮、房地产开发、物流运输及液化气销售业务。

山东车网城盐化有限责任公司 山东车网城盐化有限责任公司前身是无棣县车网城盐场，是一家集水产养殖、制盐、盐化工于一体的大型股份制民营企业。公司位于渤海之滨，东依马颊河，西临大济路，占地3.2万亩，其中直接生产面积16.5万公亩，塑苫面积41500公亩，现拥有5个制盐工区、4个养殖场、1个工厂化养殖区，注册资金5660万元，固定资产5亿元，职工680人，其中专业技术人员100多人。通过ISO 9001：2000国际质量和ISO 14001：2004环境管理体系认证，年上交税金1000余万元。公司现形成以原盐生产、盐化工、水产养殖为主，水产冷藏加工、苗种培育、土方工程为一体的多产品、多行业相结合的多元化产业结构的综合性企业。年设计生产能力原盐20万吨、溴素1000吨、氯化镁3万吨。

海丰集团半滑舌鳎养殖车间　　（摄影　何荣海）

山东无棣丰源盐化有限公司 山东无棣丰源盐化有限公司前身系无棣县第二盐场，始建于1990年3月，2005年改制为山东无棣丰源盐化有限公司。企业注册资金3000万元，是一家民营盐化养综合生产企业，主要从事海水制盐、盐化工及海水养殖生产与销售。有从业人员350人，其中专业技术人员150人。

山东无棣丰源盐化有限公司位于滨州港西港工业园区内，地处渤海湾南岸，是环渤海经济圈的中心地带和天津滨海新区的辐射带，是“黄蓝”两区的叠加区，交通运输条件优越，滩涂广阔，降水量少，蒸发量高，生产条件得天独厚。拥有宜盐滩涂面积50万公亩，其中蒸发面积42.4万公亩、结晶面积3万公亩、养殖面积4.6万公亩。塑苫率100%，设计原盐生产能力35万吨，溴素及其他化工产品2000吨，丰年虫卵80吨，鱼、虾、贝等水产品680吨，企业总资产3.9亿元，是无棣县支柱企业之一。其主导产品海盐质量高于氯碱行业离子膜生产工艺用盐标准，比井盐、矿盐和湖盐具有明显的优势；溴素产品指标达到国家标准，产品销往国内10余家大型化工企业；卤虫卵产品主要出口东南亚各国。

（寇黎红）

中小企业

【概况】 2017年，无棣县民营经济各类企业总数7475家，增长29.52%。从业人员70218人，增长为29.14%，注册资金4365068万元，增长27.37%。其中规模工业中小企业121家，从业人数10861万元，主营业务收入260068万元，增长7.26%，无棣县中小企业运行监测企业50家。

【双创基地培育】 2017年，无棣县完善中小企业创业辅导基地、创业创新基地的孵化功能。完善基础设施、规范综合服务，提升创业创新孵化能力。推荐省级利德金融电子小企业辅导基地申报成为第3批国家小型微型企业创业创新示范基地。加大对中小微企业研发科技载体的支持力度，对省级、市级认定的“一企一技术”研发中心分别给予20万元和5万元的奖励。两项工作成为全市中小企业系统创新性工作亮点。2017年中小企业工作在市级考核中位列第4位。

【转型升级】 2017年，无棣县加大“专精特新”和“一企一技术”企业培育力度，打造一批“创新升级优胜”企业和“隐形冠军”企业。山东北方创信防水材料有限公司和无棣海忠软管有限公司被认定为首批山东省中小企业创新转型优胜企业。无棣海忠软管有限公司被认定为山东省“四新”经济示范企业。2017年新增省级中小企业“隐形冠军”2家。省级以上“一企一技术”研发中心和创新企业2家，省级中小企业创新转型优胜企业3家、省级“四新”经济发展示范企业1家。省级中小企业先进企业1家。

【企业家素质提升】 2017年，无棣县组织自主培训和参加省、市培训28期，培训人数601人。7月底，在浙江大学举办骨干企业培训班，组织40家企业负责人开展为期1周的讲座学习和参观考察培训活动。组织无棣县中小企业营销专题研修班8期，无棣县中小企业30家企业的负责人及高管共300人次人参加学习培训。组织6名企业中层以上管理人员参加山东理工大学总裁培训班。通过有效培训，提高全县中小企业管理团队素质，提升全县中小企业管理水平。

【管理询咨服务】 2017年，无棣县开展中小企业管理咨询服务。推荐4家企业参加省中小企业管理协会组织的“一企一策”活动，请山东省德鲁克公司教授周雷、博智网络营销教授张良辉等知名咨询服务专家，为企业做管理诊断、管理咨询服务，帮助中小企业改善管理，支持培育管理样板企业，组织5家企业参加全省“一企一策”标杆企业参观学习活动。

【调研宣传】 2017年，无棣县围绕事关中小企业发展全局和长远问题以及经济运行的焦点、热点问题，进行调查研究，加强综合分析和判断，及时发现趋势性问题，有针对性地提出对策建议。联合县政府办公室，开展2017年无棣县中小企业节后用工情况，企业用电用能成本高的主要因素、面临的突出问题，人力成本高的主要环节、遇到的突出问题，小微制造业企业目前面临的问题，中小企业电子商务发展情况等多项专题调研工作，进行专题经济形势分析判断，为领导进行经济决策提供依据。加强与省、市级媒体的合作，充分利用广播电台、电视台、报刊杂志、网络平台等社会媒体，宣传发展中小企业的各项方针政策，树立典型。组织2家企业、平台（无棣县绿风农业有限公司、鲁北创业创新园）参加山东广播电台《山东中小企业之声》专访。

（李生宏）

电信业

【中国移动通信集团山东有限公司无棣分公司】 2017年，公司完成运营收入1.6亿元，同比增长8%，客户规模达到32.6万户，有线宽带达到6万余户，专线项目收入完成120余万元。

“智慧无棣”建设。 无棣移动着力打造“专线+移动办公+智能终端”的平台推广信息化应用。搭建政务信息化平台，与司法局、交通局等单位合作，提供政府公共管理系统，以社会管理为平台主题，加强政务智能管理，实现资源整合、智能管理。建设智能办公平台，为全县180余家新农合网点打造个人健康管理服务平台，为终端用户和医疗机构之间搭建起沟通桥梁；与50余家物流企业签订数字化物流平台协议。2017年，开通专线260余条，专线累计达到900余

无棣移动公司营业厅　　（供稿　王建国）

条，为“智慧无棣”城市建设奠定网络基础。

提速降费。无棣移动加快数字家庭业务增速，以“50M起步、100M领跑”为主线，以1000M示范小区为指引，提升高带宽产品推广。所有10M带宽用户完成提速处理，至2017年底，20M带宽用户占比16%，50M用户2.6万户，占比69%，100M用户0.75万户，占比15%。全网用户取消漫游费，并针对用户语音和高流量需求，推出不限量和天王卡特惠套餐，同时对流量及语音资费大幅进行下调。

打造高端精品网络。至2017年第三季度末，完成LTE 4G基站建设128处，完成5G基站建设30余处，开通宽带热点190余处，新建LTE.F频段基站18处，NB物联网窄带基站35处，沿海基站6处，2G基站达313处，3G基站112处，4G基站494处，实现全县（含北海新区）98%以上的4G全覆盖；新建宽带热点小区75处、农村144处，有线宽带热点累计618个，全县总小区覆盖达96%、农村覆盖达95%以上；传输杆路2059公里，皮长6477公里，管道288公里，管孔528公里；全年无重大安全事故和通信事故发生，网络维护工作综合排名全市第2。用户满意度达98%，4G网络排障工作及基站退服整治竞赛，位列全市第1。

履行社会责任。根据改进工作作风十项要求，整改制度类9项22处，优化服务处理流程，提升窗口服务水平。开展“慈心一日捐”募集善款9700元，开展扶贫救困，打造有爱企业。优化城区和村级渠道建设，形成城区、镇驻地、村级以下等三级市场营销体系，建设各类合作渠道700余家，达到“一村一点”，参与服务人员1800余人。提供便民窗口，为用户提供手机终端、配件一站式服务。2017年窗口类投诉6300余件，处理率100%，用户满意度99.9%。

（王建国　庞俊仙）

【中国联合网络通信有限公司无棣县分公司】 2017年，中国联合网络通信有限公司无棣县分公司（以下简称无棣联通公司）下设1部2中心和7个营销服务中心：综合部、市场营销中心、建设维护中心、棣丰营销服务中心、海丰营销服务中心、政企营销服务中心、东部营销服务中心、西部营销服务中心、鲁北营销服务中心、北海营销服务中心；营业场所包含1个县城营业厅、12个镇街营业厅，共13个自有营业厅，营业范围覆盖全县。至2017年底，无棣联通开通移网4G基站28个，各类专线80条，新开PON口35个，至滨州宽带出口扩容20G；完成PONLAN改制，下电PON设备120台；完成县公司机房ODF及6处光交接箱资料整理录入；完成反包铁塔基站113处和自有基站10处的维护。2017年，无棣联通公司主推4G、宽带、智慧沃家、IPTV4项业务，并推出“政务钉钉”“等保测评”“智慧课堂”“智慧工厂”等信息化产品。

2017年，无棣联通公司推出全新“政务钉钉”管理和营销模式，开展“腾讯王卡百日营销”等营销活动，实施“移动宽带领先与一体化创新”及互联网+战略，全面整合全业务资源，提升运营效率，为用户提供更加完善便捷的移动、固定网以及办公产品服务，推动全县通信、信息化发展。开展“服务质量年”活动，从营业前台受理到装维移修服务，全部落实标准化动作，提升服务质量和客户感知。在用户不方便办理业务时，提供送货上门服务。

（王　涛）

【中国电信股份有限公司无棣分公司】 2017年，中国电信无棣分公司（以下简称无棣电信公司）推进网络智能化、业务生态化和运营智慧化，加快4G网络和千兆光宽建设进度，落实提速降费，推出不限量套餐，持续提升信息化建设能力和服务水平，全业务收入完成率全省排名第2位。

4G网络和宽带建设。2017年，按照“互联网+”和集团转型3.0战略，

县联通公司举办“政务钉钉”培训班　（供稿　王涛）

持续提升网络供给能力，对光纤网络进行改进和升级，率先实现千兆超高速率引领、百兆普及的宽带服务能力，打造家庭宽带市场行业标杆，满足各行各业和百姓的高品质互联网业务需求。1.8G4G 网络实现市区、县城区和镇街驻地及重点村庄信号全覆盖，800M4G 网络基本实现境内全覆盖，为布局新一代物联网 NB-IOT 和实现 VoLTE 打下网络基础。

提速降费。2017 年，无棣电信公司加快高速宽带普及，有线宽带接入速率较上年提升 95.6%，宽带资费进一步降低。5 月 1 日起，大幅降低国内用户拨打国际及港澳台地区长途通话费，降费覆盖北美、欧洲、东南亚、港澳台，以及“一带一路”沿线共计 73 个国家和地区，平均降幅达 90%。8 月 10 日，在全市率先推出省内不限流量套餐。9 月 1 日，提前实现全面取消国内手机长途和漫游通话费（不含港澳台）。

智慧无棣建设。2017 年，无棣电信将天翼网关、天翼高清机顶盒及智慧家庭 APP 作为智慧生活三大入口，以智能组网、天翼高清、家庭云、视频通话、智能家居、智能音箱等业务为基础形成生态闭环，推进智慧家庭生态圈建设。依托网络优势打造“云网融合”优势产品，助力“企业上云”推进；聚焦物联网、云和大数据、“互联网 +”等领域，广泛参与智慧城市、智慧民生、智慧产业建设，加快行业信息化应用普及推广，助力“一座城市 + 一张图”的“智慧城市”快速推进。

宽带服务承诺。2017 年，无棣电信公司打造“快速服务体系”，5 月 17 日，发布“当日装、当日修、慢必赔”三大服务承诺。在具备电信资源的区域，对接入方式为 FTTH 的公众客户和天翼高清客户的装机和修障在当日 16：00 前受理或报修的，提供当日 24：00 前上门服务，在与客户约定时间内未能完成安装或修复，根据装机或修障超时工单自动进行补偿。

信息安全保障。2017 年，无棣电信公司加强信息安全防范工作，每日通过大数据分析和短信息关键字扫描字段，对高度疑似涉嫌诈骗、IP 地址恶意指向等用户和网站进行关停，有效降低信息安全风险。

（李芳萍）

商贸服务业

综　述

【概况】　2017年，无棣县获得市以上商贸扶持资金21.95万元，其中十里香芝麻制品有限公司获得“老字号”追溯体系建设补助资金15万元。无棣县华兴畜牧有限公司的“宏振”牛肉被评为第四批“山东省老字号”，获得县级财政品牌企业费用补贴20万元。完成圣豪购物中心、海景生态园酒店、无棣县袁氏海鲜城3家商贸企业旅游厕所新建改建验收，获得省补助资金2.7万元。加强全县2家典当企业和二手车市场日常监管，促进典当和二手车行业健康发展。加强市场运行调控监测和安全生产监管，指导监测企业及时做好数据报送，监测系统数据及时率、报送率达到100%。抓好企业安全运营，对圣豪购物中心、海城酒店、瑞丰商厦、铭仕二手车交易市场、丰泽和瑞丰2家典当行等重点商贸企业和特种行业的安全生产进行督导检查，确保商贸流通企业安全。2017年，无棣县实现服务业增加值107.3亿元，增长10.1%，占生产总值的40.5%，与上年同期相比提高2.26个百分点。实现社会消费品零售总额98.43亿元，同比增长10.1%。服务业实现税收7.84亿元，其中，实现地方税收3.38亿元，占全部地方税收入的49.2%。

【重点项目建设】　2017年，无棣县抓好上级资金扶持项目的争取和跟踪服务工作。2013年至2017年，全县获得省级及以上服务业发展引导资金扶持1432.18万元，其中国家资金610万元，省级资金770万元。对2016年国家服务业发展引导资金项目——经济开发区科技孵化园一期科技研发中心项目和2016年省服务业发展引导资金项目——山东万德酒业集团科技研发中心建设项目现场进行调研。按照省市要求，做好2014年至2016年省市资金项目的竣工验收，鲁北大学生电子商务创业园、中小型制造企业信息化智能化公共管理服务平台项目2个项目通过竣工验收。做好25个市服务业重点项目的调度。围绕旅游、养老、商贸流通、研发等领域筛选25个总投资46亿元的市级服务业重点项目，2017年全年完成投资18.83亿元，完成年度投资计划的130%。打造创业创新项目。组织企业参加全市服务业创业创新大赛，无棣县起点体育入围决赛并获得三等奖以及创业基金。培育特色小镇建设。做好盐族小镇、光电子小镇、棣求村农庄小镇、本草之乡颐养小镇、桑榆小镇、古城夜宴特色小镇、健康绿色康润苗木小镇、鑫庄园休闲农庄小镇、西小王锦棉纺小镇、网具特色小镇等特色小镇的储备申报工作。

【人才创新引领】　2017年，无棣县围绕泰山产业领军人才申报政策，积极申报山东中喜旅游开发有限公司郑州大学教授杜书云滨州黄河岛·国家级滨海运动休闲度假区建设项目，山东一航制动科技股份有限公司德国亚琛应用科技大学汽车技术学院主任、德国GIF吉孚动力总研发部门主任Heinz-Dieter Schneider（施耐德）教授汽车零部件与机油智能供应及销售系统研发项目，山东海瓷艺术文化股份有限公司景德镇陶瓷学院陶瓷美术学院院长何炳钦教授海瓷艺术生态文化开发及应用项目3个人才项目申报工作。同时做好省服务业专业人才、渤海英才十佳滨务业州现代服务业人才的储备工作。

【重点行业发展】　2017年，无棣县重点推进文化旅游业、商贸流通业、科技信息业、房地产业等重点服务业行业。加快推动金羚华城、新区广兴德大酒店、鑫岳家苑、名士豪庭、正海御苑、月湖蓝湾等房地产项目建设。不断推广鑫嘉源绿色农业旅游、佘家镇秦口河旅游、黄河岛旅游、古城旅游等本地文化旅游品牌，推进正海贝壳堤岛旅游、十里香芝麻种植基地采摘观光旅游项目建设，提升全县文化旅游行业发展水平。鼓励北方创信防水、卢斯得机械、友发水产等生产性企业二三产分离，推动科技研发专业化，壮大全县科技信息服务业。

（蔡冠涛　王景娟）

电子商务

【概况】　2017年，无棣县把发展电子商务作为新旧动能转换的重要举措和战略性新兴产业来抓，加快园区和农村电商体系建设，积极发展大商务平台在无棣入驻，在淘宝、天猫、1688、京东等电商平台开设网店1万多家，销售产品200多种。积极搭建县内交易平台，鼓励青年创业就业，伍思商城、无棣易淘、棣求村等交易平台建成运营。京东无棣馆开工建设。鲁北电商、微创空间2家电子商务创业园区，入驻企业和个人电商100余家，年网上销售额8000万元以上。建成阿里巴巴无棣特色馆，入驻产品达到20余个门类、500多个品种。加大培训力度，举办全县电子商务发展培训班，对各镇街重点电商企业和重点业户进行培训。举办初级班、中级班、高级班、综合班4期电商扶贫培训，培训80余人次。先后引入申通、韵达、汇通、中通、圆通、顺丰等快递公司10余家，建设邮政电商仓储中心，建立起全方位、多层次、宽领域网络营销运送体系。活跃全县电商氛围，"双十一"当天组织全县电商企业、电商个人及快递企业，举办红歌快闪活动。2017年，全县实现电子商务交易额155.66亿元，农村电商网络零售额2.01亿元。

【电商业发展】 *企业电商发展*。2017年，珍贝瓷业、万德酒业、十里香、海丰集团等28家限额以上商贸流通企业通过淘宝、京东、1688、酒仙网等平台销售，网上交易比重稳步提升。利德公司与济南大学管理学院合作，在淘宝、天猫等电商平台开设网店30多家，成为全省电商促进会会员，被评为电子商务示范企业。十里香芝麻制品公司通过微信客户端、百度推广等载体，与淘宝、慧聪网合作，年实现网上交易500万元。万德酒业成立专门电子商务公司，建立网上微商城分销平台，月均网上销售额50多万元。无棣盐业公司新开设4个淘宝店铺，以洗化盐、热敷盐、盐雕为主导，打造线上盐产品专营超市。部分苇帘加工企业在阿里巴巴网站上联系销售苇帘。大部分金融器具、服装等中小企业或个体业户通过B2B（企业对企业）、B2C（企业对个人）等方式发展电商业务。

农村和个人电商起步。无棣县建成农村淘宝县级服务中心1处，村级服务站达到110个，邮政村级服务站378个，实现日均交易单量超过1200件、交易额10万元。一些农村青年尝试开网店获得成功，开展黄金杏、苇帘、渔网等农产品在线销售，大大提高农副产品销售量和经济效益，形成示范带动效应。棣丰街道王白杨村村民韩兴华，2010年在家开网店销售金丝小枣、银耳、小米等特色农产品，淘宝店升级为"四皇冠"店铺。车王镇三高村村民李光华通过在阿里巴巴网站在线销售渔网，年交易额上千万元，带动当地50多家渔网加工户应用电子商务平台，实现从渔网生产、加工、网上交易、物流配送一条龙服务。

【电商产品研发】 2017年，无棣县电商的发展，与之相配套的产业快速兴起，在冬枣、渔网、苇帘等传统产业发展的基础上，带动发展热敷盐、菜板等新兴产业。积极开发盐系列产品，抓住"海盐热敷"做文章，研发专供网络销售的"御盐堂"牌热敷盐，利用线上、线下相结合模式实施批量营销。设立电子商务部，成立网络销售中心，在淘宝、工商银行融e购商城等网站开设店铺；在微信平台建立"御盐堂"牌热敷盐三级分销体系，公开招聘网络分销商22家。与北京一公司合作进行"御盐堂"二次元动漫形象元素设计，申请国家发明专利，利用专利保护产品的合法知识产权，不断开发新产品，丰富产品种类，打造海盐健康品牌，推进无棣海盐品牌形象的整体提升。

【"互联网+"品牌建设】 2017年，无棣县举办全县互联网+品牌建设培训班，组织20多家企业参加"京东集团走进滨州综合招商会"，多家企业和京东集团洽谈。组织参加全省"互联网+品牌高峰论坛暨服务资源对接会"，十里香、无棣盐业公司等2家企业被选入全省200家互联网品牌库。在2017齐鲁电商节系列评选中，山东省十里香芝麻制品股份有限公司荣获优秀互联网品牌，山东云商网络科技有限公司南兆臣、无棣县电子商务行业协会程立强荣获山东电子商务双创之星。十里香、盐业公司、雷威户外被认定为全市电子商务示范企业，棣丰街道被认定为全市电子商务示范乡镇（街道），海丰街道前桥村被认定为全市电子商务示范村。与德州百仕达地标产业有限公司联系策划，对盐产品、特色农产品进行包装，申请地理标志产品，打造区域公共品牌，把小产品做成大产业，认证10家农产品生产企业"三品一标"17个，农产品标准化生产示范基地45万亩，姬家花园花生油、大齐黄金杏、十里香香油、妙迪金酱、岳里西瓜等特色农产品创成品牌。无棣驴成为地理标志证明商标。金丝小枣入选山东省首批十大知名区域公共品牌，丰香园芝麻制品走进伦敦国际食品博览会，出口日本、澳大利亚等14个国家。加快推进互联网+体育建设，对大麦健身器材、雷威户外装备等产业包装，推动体育装备制造、健身指导、体育传媒等多元化业态发展。

（路广建）

粮食流通

【托市收购】 2017年，无棣县市场小麦价格低于国家最低收购价，粮食部门按照托市收购有关规定，腾并仓容，开展人员培训，做好托市收购准备工作。向中储粮山东分公司提出开展托市收购申请后，在县粮食收储公司水湾一分库和县粮食收储信阳分公司设收购点，以国家保护价3.36元/公斤向农户敞开收购，共收购三等以上硬质白小2000吨。全县小麦托市收购工作8月15日开始，9月20日结束。

【地方储备粮建设】 至2017年底，无棣县粮食收储有限责任公司总仓容79526吨，县级地方粮食储备规模7000吨，国家托市小麦24000吨。2017年，经县政府批准，县粮食收储有限责任公司新增县级地方储备5000吨，县级地方储备粮规模达到12000吨。

【粮食产业发展及放心粮油工程】 2017年，无棣县粮食总产量达到30.4万吨，其中小麦产量12.9万吨，玉米产量16.8万吨，粮食产量较2016年同比增加23%。规模以上粮油加工企业12家，主要从事面粉加工、饲料加工和芝麻加工。2017年，粮食加工转化总量29万吨，总产值12.85亿元。粮食产业观光、体验式消费、主食产业化等新型业态开始起步。

2017年，无棣县粮食部门按照省、市粮食部门“放心粮油”建设的要求，筹措建设资金，开展“放心粮油”建设工作。至2017年底，全县有放心粮油示范店29家，放心粮油配送中心2处。

（郑洁函）

供销合作商业

【概况】 2017年，无棣县供销社加快综合改革，抓实社有企业管理，盘活闲置资产，推进各项工作上水平。

综合改革。构建新型为农服务体系。县供销社独家出资500万元设立无棣县供销农业服务有限公司，以该公司为出资平台，全年新建和改造乡镇级为农服务中心6家，全部完成工商注册登记，注册资金200万元～500万元，县供销农业服务有限公司出资35%，社会专业合作社出资65%。超额完成年度市社分配的建设5家为农服务中心的任务。同时为新建为农服务中心争取省级直供土地指标100亩。对为农服务中心全部进行功能规范和门头标志统一设置，年内建成村级为农综合服务站80家，全部挂牌运营。创新基层组织体系。经县编制部门批准，无棣县农民合作社联合社正式成立，事业单位性质，与县供销合作社联合社并行，两个机构，一套人马。在此基础上，以各乡镇基层供销社为发起人，联合社会上专业合作社共同出资，设立乡镇级农民合作社联合社。全年完成注册12家，实现了包括北海开发区在内的12个镇街全覆盖、全运营。其中，基层供销社出资20%，2个以上龙头级专业合作社出资80%，加入联合社的合作社、服务性加工性公司等经济实体组织达到120家，农民个体5432个，同时领办创办专业合作社55家。联合社在劳动合作、土地合作、资本合作等方面进行探索创新，内部管理、监督和利益分配机制逐步建立和规范。农村现代流通网络体系建设，通过开展全县农村电商平台、村级服务网点建设，发展综合服务网点93处，其中日用品连锁网点40家，放心农资店53家，组建农资配送中心3处，日用品直营店10处。全年农资系列产品销售额达2.2亿元，农资商品直供配送率达到70%以上。结合为农服务中心和乡镇电子运营中心建设，为农服务覆盖到全县568个行政村，设立村级服务社568家，实现全县村级全覆盖。由无棣县供销农业服务有限公司与无棣牧禾农机服务专业合作社联合社共同发起成立无棣县供销电子商务有限公司，成为供销e家的县级运营平台，投资100万元建设运营农资配送综合电商平台——欢乐供销网。相继成立12家镇级电子运营中心，完成供销e家网络县域全覆盖。

无棣供销为农服务中心 （供稿 孙殿报）

社有企业管理。2017年，县供销社加强对翔宇烟花爆竹公司、新合作超市管理，把安全工作放在首位，全年召开各种安全专题工作会议6次，参加安全法制宣传5次。组织全系统安全大检查8次，隐患整改率100%。理顺翔宇公司合营管理体制和监管机制，对新合作超市扩大电商业务，提升马山子供销社与社会专业合作社的联合效益。2017年社有企业实现销售收入2823万元，同比增长12%。

资产盘活。加强资产监管，对社有土地资源和存量资产进行全面调查登记，搜寻权属证据补充资料佐证，建立健全明细台账和电子档案。对收回的经营性资产，按照公平、公开、公正的原则，重新优化配置，实现资产利用最优化，经营效益最大化。

维稳工作。2017年，根据县棉纺厂改制需要，县供销社按照县委、县政府统一安排，承担了原棉纺厂生活区的管理工作，抽调4名机关干部，成立棉纺厂生活区管理工作小组，筹资3万余元，对生活区进行化粪池边沟清淤、盖板铺放等整改。认真开展维稳隐患排查，把不稳定苗头控制在内部。配合县有关部门，开展离休遗属困难情况调查，落实困难补助政策，开展退役士兵基本情况调查，落实相关安置政策。

【党建带社建 村社共建工作】 2017年，无棣县供销社开展党建带社建、村社共建工作，在夯实本系统党建工作的同时，积极主动与省派"第一书记"和所包村"两委"联系，提出村社共建的建议，发展特色农业经济，制定精准脱贫方案，明确扶贫工作目标，助力贫困户就业、创业，拓宽脱贫致富渠道。全年村社共建项目16个，成立9家专业合作社，带动贫困户经济增收达10万余元，实现村社共建，村社共同发展。

【为农服务中心建设】 2017年，全县建设为农服务中心6家，分别是：信阳镇为农服务中心、信阳镇吴季李为农服务中心、西小王镇为农服务中心、西小王镇黄庄子为农服务中心、柳堡镇常家为农服务中心、小泊头镇为农服务中心。各为农服务中心实现土地托管服务面积31万亩，新型为农服务体系累计销售各种化肥3.65万吨，农药13余吨，测土配肥8万多亩，统防统治作业面积31万亩，面积覆盖率达38%，其中飞防服务跨区作业20余万亩，粮食烘干3.4万吨，粮食仓储能力达到4.7万吨，整合农业机械45套，农机深松作业面积5.7万亩，为农服务中心技术人员送货下乡，为农民做义务技术指导和培训2万人次。

【精准扶贫】 2017年，按照《县供销社精准扶贫攻坚实施方案》，6名机关干部对水湾镇关家村、侯家村、后坡徐村，棣丰街道河北村的24户贫困户计45人进行精准帮扶，全年共5次到所帮扶的贫困户进行走访慰问，有针对性地落实低保、残补、养老金及劳动力到为农服务中心打工等措施，年内全部实现脱贫。其中，河北村"第一书记"孙殿报成立了"河北村困难群众救急基金"，从个人工资中拿出1000元注入基金。

（孙殿报）

商业协会

【职工服务保障】 2017年，无棣县商业协会在春节、"七一"、国庆、重阳节期间，走访慰问4名离休干部、111名下岗困难职工、10名困难党员，对其中特别困难者进行救助。为3名职工办理大病医保、16名工作人员办理工会救助，对122名困难职工进行低保复核，新增低保3人。开展"阳光助学"与"金秋助学"，救助学生6人。为25名退伍志愿军人续缴"两险"，续缴资金28万余元。成立工会组织，开展2次内部职工文体比赛活动。做好离休干部、军转干部免费查体工作。

【服务重点工作】 2017年，无棣县商业协会参与盛隆嘉苑及沿街楼项目建设，完成招商引资1200万元。开展扶贫帮扶，分别对埕口、水湾3个村9户10人未脱贫者以及柳堡镇2个村50户已脱贫者，进行建档立卡、走访慰问，进行生活救济。派出4名工作人员参与古城建设、"第一书记"派驻工作。对五金公司家属院进行改造建设，协助交通运输局对酱菜厂家属院内垃圾进行清理，修建水泥路面400平方米。

【党建工作】 2017年，无棣县商业协会开展"两学一做""主题党日"活动，为179名党员进行"灯塔—党建在线"实名注册，对离退休干部党组织进行统计，利用山东3个党支部的E支部，组织党员关注微信号，完善"E线通"资料。抓好"抓商业稳定、促社会发展"争一流上水平项目、特殊党员实行"微信群+电话短信"管理、党委书记突破项目、"党支部微信活动平台"党委书记创新项目，组织全体机关党员加入"事业家油站"微信，完成党员干部"齐鲁在线"学习任务。完成179名党员全年党费缴纳，调整3个党支部班子，发展1名预备党员，完成15名党员网上关系转接。完成2017年度党员旗帜软件电子统计。完成廉政谈话、汇报及每月党内问责工作开展情况报表。对1名失信党员进行组织审查、通报处理。配合全县打击不良贷款行动，对1名担保公职人员进行约谈、动员、催缴。

（南兆新）

物资协会

【扶贫工作】　2017年，无棣县物资协会帮扶水湾镇宗王东村8个困难户，制定帮扶计划，对困难户每月进行一次走访，了解每一户情况，包括土地面积、房屋情况、子女情况、身体状况、困难情况、收入支出等详细情况，帮助贫困户制定脱贫措施，落实扶贫政策。

【机关服务】　2017年，无棣县物资协会为物资家属北院争取老区改造资金5.2万元，修缮院内楼房，2幢楼房安装楼宇门，更换玻璃，楼内进行粉刷。协调维修物资家属南院内电路，确保职工基本用电。为4名困难职工办理大病救助金1万元，为2名困难职工办理“金秋助学”金1万元，为46名困难职工核查低保救助。

（杨　霄）

食盐专营

【食盐销售】　2017年，无棣盐业公司继续开展“食盐安全进万家”活动，对全县593个自然村进行拉网式入户走访，逐户对村民家中的劣质食盐进行置换。完善用户档案，维护配送渠道。同时做好食盐专柜铺设工作。在全县选取49家食盐销售网点进行专柜铺设，并在全省选取销售价格在1.5元到6元不等的小包食盐10余种投放市场，丰富群众食盐购买选择空间。2017年食盐部销售各类食盐产品16145吨。12月20日，中国盐业协会第七届四次理事会扩大会议暨盐行业信用体系建设推进会在京召开，无棣盐业公司被授予县级食盐批发企业信用评价AAA级信用企业。

【盐政稽查】　2017年，无棣县盐务局盐政稽查大队依法开展盐政执法活动。开展“3•15”消费者权益日和“5•15”全国第24个防治碘缺乏病日活动，与县疾控中心、市场监管局及新闻媒体等单位联合开展现场宣传活动，在城镇街道、学校、集贸市场等地方宣挂标语、条幅56幅，制作展板17个，发放《致全县人民的公开信》和碘盐知识等宣传材料2万余份，接受和解答咨询上千人。

2017年，盐政执法人员累计出勤5030人次（公安干警450人次），车辆1200余车次，联合清理市场10次，累计查处涉盐违法案件249起（其中大案22起，移交公安机关案件1起，刑事拘留1人），没收私盐26吨（其中，非法经营食盐小包装0.8吨），罚没收入61000元，食盐市场得到有效整治。

（寇黎红）

烟草专卖

【概况】　无棣县烟草专卖局（营销部）负责全县2个街道办事处、9个镇及滨州北海经济开发区的的专卖管理、卷烟销售工作，下设综合办公室、财务科、营销科、专卖监督管理科、法制科、内部专卖管理监督工作派驻组等6个部门和1个稽查大队（含5个稽查中队），从业人员85人。辖区有1998户卷烟零售客户。2017年，无棣县烟草专卖局（营销部）被滨州市烟草专卖局（公司）授予全市烟草系统先进单位，被中共滨州市烟草专卖局（公司）委员会授予先进基层党组织，被中共无棣县委、无棣县人民政府授予“富民兴棣”先进企业，被

2017年3月14日，县烟草专卖局开展“3·15”国际消费者权益日维权普法活动。

（摄影　崔婷）

无棣县人大常委授予全县执法责任制工作优秀执法单位等荣誉称号。

【专卖管理】 强化内管外打，全面提高市场监管能力。2017年，县烟草专卖局（营销部）与全员签订规范经营责任书，落实责任到每个环节、每个岗位，开展规范经营知识培训，组织全体干部职工进行规范经营自查自纠；开展烟草市场治理“齐鲁之盾”（2017）、节日市场整治、依法严管违法违规卖烟大户等专项行动，以“3・15”消费者权益日、“12・4”宪法日宣传、与行政相对人面对面交流等形式开展烟草专卖法律法规宣传，推进专销协同，依托环鲁检查站，加强对卷烟市场的有效管控。全年查获各类违法涉烟案件203起，同比增长46%；查获卷烟138.13万支，查获案值92.02万元，查获万元以上大要案24起。

【卷烟销售】 2017年，无棣县烟草专卖局（营销部）销售卷烟1.61万箱，列全市系统第1位，实现毛利8640万元，创利税7657.82万元，上缴税金868.5万元，全县零售客户平均盈利2.94万元。2017年，无棣县烟草专卖局（营销部）以稳量提档为目标，科学合理进行目标分解，调整策略，开展网络终端提升、品牌上柜、阶段性劳动竞赛等活动，力促营销队伍职能转型升级。12月，全省系统卷烟营销网建工作会暨滨州无棣营销基础工作现场会在无棣召开。

【精益管理】 2017年，无棣县烟草专卖局（营销部）突出管理创新要求，推进精益管理工作。无棣县烟草专卖局（营销部）认真分析研判2017年度生产经营、专卖管理和企业综合管理情况，完善管理创新相关激励政策，鼓励全员从决策运行、费用管理、制度执行等方面开展精益管理课题研究；将中层干部年度内每人至少完成1项精益课题研究作为硬性要求，制定完善工作进度配档表及奖惩措施，全年研究精益课题18个，其中卷烟营销类2个，专卖管理类9个，物流配送类3个，财务管理类1个，综合管理类3个。严控管理费用，向细节管理要效益，实现成本效益最大化，将精益管理工作与“两学一做”活动、科技创新相结合，撰写科技论文7篇，思想政治工作课题研究成果3个，其中《如何加强烟草边缘零售市场监管》被评为山东省烟草学会2017年度交流论文，《浅谈加强和改进新形势下思想政治工作》获得全市系统一等奖。

（崔 婷）

医药经营

【概况】 2017年，山东无棣医药公司有职工44人，设质量管理部、信息部、采购部、储运部、销售部、财务部、行政事业部共7个职能部门和药品批发配送中心，零售药店66个。从事质量管理人员12名，验收、养护人员14名；有执业药师5名，药学专业技术人员42名，占公司总人数的95%。无棣医药公司投资成立山东无棣瑞福医药连锁有限公司，注册资金300万元，经过连锁加盟，2017年底，在滨州已拥有66家门店，其中无棣37家，沾化23家，北海6家。

【医药购销】 2017年，无棣医药公司不断提升国有医药企业的活力和市场竞争力，购进药品以市场需求为导向，坚持勤进勤销、以销定进的原则，做到市场有需、公司有货、最大限度满足群众用药需求，把质量放在选择药品和供货单位条件的首位，优选进货单位，降低购进成本。药品销售人员从提高服务质量入手，延长营业时间，降低药品价格，联单送货到医院、门诊、药店，市场覆盖到无棣、沾化、北海等县区。

2017年山东无棣医药公司经营情况统计表

表25

年度	购进（万元）	销售（万元）	利税（万元）	利润（万元）
2017	936.00	1200.00	12.80	3.60

（鲁全泉）

石油供应

【概况】 2017年底，无棣县石油公司下设18座加油站，其中：无棣县境内16座，北海经济开发区境内2座。2017年底从业人员128人。

【石油经营】 2017年，受新沙路、大济路修路影响，无棣部分省道加油站处于停业、半停业状态。无棣石油公司开展“多卖一吨油”、加油卡“五进”活动，积极推介中国石化加油卡和全国柴油联名卡，制定多种营销措施，实行“一站一策”和“一户一策”营销策略，做好市场营销。申请上级公司对无棣8座加油站为汽油“限时优惠”站，柴油4座站为“点对点”竞争站，抵制社会站低价低质恶意竞争，维护客户权益和油品市场稳定。加强规范化服务培训，落实新加油“八步法”，努力提高员工服务水平和营销技能，创建维护中石化山东服务品牌。做好中石化长城润滑油、海龙燃油宝、海龙牌尾气处理液等汽服产品推介，增加车用产品，提供增值服务。争取上级公司优惠政策，多设优惠营销网点，开展“点对点”竞争。推出中国石化山东石油分公司和中国石化山东滨州石油分公司微信公众号，通过关注、注册、绑卡（中石化加油卡）等形式，增加中国石化山东石油分公司微信关注客户。省市石油公司定期发布价格变动和营销优惠措施，方便客户享受优惠政策。利用网络、媒体、第三方合作等形式开展营销活动，发展客户，推广优惠政策。利用网上营销厅充值圈存，方便客户；通过百度地图、“自由一族”第三方合作等形式，发展、培养、维护客户。2017 年，无棣石油公司实现轻油纯枪销售总量 54029.38 吨，其中：汽油 16662.8 吨，柴油 37366.57 吨。小额配送 838.8 吨，直分销 1370.5 吨。非油品销售共计 1773.57 万元，发卡 13159 张，充值 9737 万元。

【质量、安全、环保管理】 2017 年，无棣县石油公司严格执行省公司《质量管理办法》，落实责任追究制度，县石油公司经理与站长、站长与员工层层签订数质量管理目标责任书。加油站严格落实各项操作规程，公司经理及管理团队每月进行 4 次检查，通过查阅监控、明察暗访等形式监督检查各加油站加油、卸油环节操作规程的落实情况。县石油公司对加油站在用加油机每月进行一次自检，每季度接受计量监督部门的强行检定，确保计量误差在国家允许范围之内，并给加油站核发检定证书和强检标识；对加油机主板、传感器、计量器等重要部位施打铅封，防止作弊行为的发生。落实安全生产风险分级管控与隐患排查治理两个“体系”建设，推行 QHSE 安全环保管理体系；坚持“安全第一、预防为主”原则，强化风险排查和隐患治理，做好风险预测、安全评价、隐患排查和环保工作。落实“三级”安全教育培训制度，加强安全检查和预案演练，组织员工学习安全生产禁令，提高员工消防灭火和逃生自救能力。加强现场安全管理，及时纠正不安全行为，杜绝“三违”现象发生，全年未发生安全环保数质量等级责任事故和媒体曝光事件。根据国家对“2+26”城市环保要求，自 6 月份开始进行国（Ⅵ）油品置换升级工作，9 月底提前完成油品升级工作。

【财务管理】 2017 年，无棣县石油公司落实《资金管理办法》，加油站员工营业款及时投入保险柜，手持现金不超 500 元；加油站营业款及时缴存银行，并提高各站营业款预存额度，降低资金风险，提高资金周转率。更新开票设备和系统，严格发票管理，落实卡机联动，保持开票机与加油机联网，落实发票实名制，禁止套开、虚开、乱开发票；对于补开、作废发票建立登记台账，规范发票管理。

（张海清）

对外贸易

【概况】 2017 年，无棣县向企业分解下达进出口指标任务和考核办法，落实中小企业国际市场开拓资金、各级政府外贸扶持资金、国家出口信用保险优惠等一系列政策措施，鼓励进出口企业积极创新，加大科技投入，主动转型升级，增强市场核心竞争力。组织辖区外贸企业参加美国五金展、中东涂料展、千叶食品展、沙特食品展、春秋季广交会、华交会等各类国际展会，努力稳定欧美、日韩、东南亚国家等传统市场，积极开拓“一带一路”沿线国家、中亚、美国家等新兴市场。全年实现进出口总额 154905 万元，同比增长 60.08%，完成计划的 140.82%。其中，出口 71907 万元，同比增长 46.18%；进口 82998 万元，同比增长 74.46%。外贸进出口同比列全市第 1 位。

【重点出口企业】 2017 年，无棣县重点出口企业有：山东鲁北企业集团总公司、山东金海钛业资源科技有限公司、无棣鑫岳燃化有限公司、山东三岳集团有限公司、无棣鑫合皮业有限公司、滨州世旭塑木有限公司、山东友发水产有限公司、无棣星一皮革有限公司、无棣格润皮革有限公司、山东省无棣县通源水产有限公司 、无棣县高升工艺品有限公司、山东德克曼装饰材料有限公司、无棣科峰不锈钢制品有限公司、滨州市尚品工贸有限公司、无棣鑫龙对外贸易有限公司、无棣聚鑫不锈钢制品有限公司、无棣海力五金有限公司、无棣润鑫不锈钢制品有限公司、无棣县龙腾苇帘有限公司、无棣牧人神进出口有限公司、无棣欣广化学有限公司、无棣县龙达塑料母粒有限公司、滨州永泰不锈钢制品有限公司、无棣华祥水产有限公司、滨州泽郦精密金属科技有限公司、山东河山机械有限公司、无棣海忠软管制造有限公司、山东一航制动科技股份有限公司、无棣县奇艺商贸有限公司、滨州海锦工艺品有限公司、山东滨州鲁丰不锈钢制品有限公司。

2017年无棣县企业进出口情况统计表

表26　　单位：万元

企业名称	进出口总额	进出口同比%	出口总额	出口同比%	进口总额	进口同比%
山东鲁北企业集团总公司	45868	350.61	—	—	45868	350.61
山东金海钛业资源科技有限公司	33906	305.28	33906	305.28	—	—
无棣鑫岳燃化有限公司	12318	—	—	—	12318	—
山东三岳集团有限公司	11773	-31.05	—	—	11773	-31.05
无棣鑫合皮业有限公司	5374	62.75	—	—	5374	62.75
滨州世旭塑木有限公司	4399	221.56	4399	221.56	—	—
山东友发水产有限公司	3723	79.16	3138	92.52	585	30.58
无棣星一皮革有限公司	3415	-71.08	477	-90.62	2938	-56.31
无棣格润皮革有限公司	3256	—	1233	—	2023	—
山东省无棣县通源水产有限公司	4144	2294	3601	513	543	2807
无棣县高升工艺品有限公司	2628	83.65	2628	83.65	—	—
山东德克曼装饰材料有限公司	2625	-40.69	2625	-30.92	—	-100
无棣科峰不锈钢制品有限公司	2175	2507	2175	—	—	—
滨州市尚品工贸有限公司	1446	6.48	1446	6.48	—	—
无棣鑫龙对外贸易有限公司	1393	58.48	1393	58.48	—	—
无棣聚鑫不锈钢制品有限公司	1327	-5.08	1327	-5.08	—	—
无棣海力五金有限公司	1314	7.18	1314	7.18	—	—
无棣润鑫不锈钢制品有限公司	1225	24.37	1219	23.76	6	—
无棣县龙腾苇帘有限公司	1208	3164.86	1208	3164.86	—	—
无棣牧人神进出口有限公司	1128	-3.01	1086	-4.65	42	75
无棣欣广化学有限公司	1116	-18.6	298	-65.23	818	59.14
无棣县龙达塑料母粒有限公司	996	8.97	970	8.14	26	52.94
滨州永泰不锈钢制品有限公司	882	94.27	882	94.7	—	-100
无棣华祥水产有限公司	856	-52.94	856	-51.75	—	-100
滨州泽郦精密金属科技有限公司	827	—	827	—	—	—
山东河山机械有限公司	767	33.86	767	33.86	—	—
无棣海忠软管制造有限公司	727	—	668	—	59	—
山东一航制动科技股份有限公司	607	—	—	—	607	—

续表 26

企业名称	进出口总额	进出口同比 %	出口总额	出口同比 %	进口总额	进口同比 %
无棣县奇艺商贸有限公司	575	4007.14	575	4007.14	—	—
滨州海锦工艺品有限公司	514	-21.04	514	-21.04	—	—
山东滨州鲁丰不锈钢制品有限公司	472	-27.27	472	-27.27	—	—
无棣县鹏飞塑料母粒有限公司	402	351.69	394	342.7	8	—
无棣春程煜进出口有限公司	340	—	340	—	—	—
无棣大洋工贸有限公司	321	-43.88	321	-43.59	—	-100
无棣欣享钜金属科技有限公司	226	479.49	226	479.49	—	—
无棣盛强不锈钢制品有限公司	221	402.27	221	402.27	—	—
无棣苏美特金属制品有限公司	213	0.47	213	0.47	—	—
无棣腾飞农产品有限公司	203	48.18	203	48.18	—	—
无棣锐新医药有限公司	181	191.94	152	145.16	29	—
无棣丰香园芝麻食品有限公司	170	93.18	170	93.18	—	—
无棣骏得不锈钢制品有限公司	117	3.54	117	3.54	—	—
无棣县工艺品有限公司	100	-90.22	100	-90.22	—	—
无棣精益不锈钢制品有限公司	97	24.36	97	24.36	—	—
山东珍贝瓷业有限公司	88	-43.95	88	-43.95	—	—
无棣瑞利康生物工程有限公司	81	350	81	350	—	—
山东卢斯得机械有限公司	36	-12.2	28	-31.71	8	—
无棣卓诚五金有限公司	30	100	30	100	—	—
山东省十里香芝麻制品有限公司	26	—	26	—	—	—
无棣昌盛铸业有限公司	18	-10	18	-10	—	—
无棣县万泰钢结构有限责任公司	15	—	15	—	—	—
无棣县华龙食品有限公司	12	-68.42	12	-68.42	—	—
无棣万胜工贸有限公司	10	—	10	—	—	—
无棣永佳不锈钢制品有限公司	10	-60	10	-60	—	—
山东悦翔生物有限公司	5	—	5	—	—	—
山东绿嘉木塑有限公司	2	-93.33	—	—	2	-93.33

（刘晓勇）

经济管理与监督

发展和改革

【概况】 2017年，无棣县坚持“稳中求进”的工作总基调，持续深化供给侧结构性改革，全县经济社会发展平稳。全年实现生产总值275亿元，增长6.5；一般公共预算收入14.77亿元，增长1%；规模以上工业增加值增长6%；城镇、农村居民人均可支配收入分别达到31825元、15359元，增长7.4%、8.2%。

【经济运行】 2017年，无棣县标准化建设成效显著，农产品标准化生产示范基地达到45万亩，全县“三品一标”认证数量达到35个；农业产业化加快推进，创建省级生态休闲农业示范园1处，新增省级农业龙头企业2家，达到11家。工业转型提速。鲁北化工石膏与废硫酸资源化综合利用、卢斯得制动盘自动化生产线改造等5个项目列入全省企业技术改造导向目录，完成技改投资82.9亿元，同比增长46.1%。重点企业自主创新能力增强，利德金融电子器具有限公司获批第三批国家小型微型企业创业创新示范基地，北方创信、融川医药等5家企业分别创建省级企业技术中心、省级工程实验室等省级创新平台。全县新增规模以上企业17家，实现高新技术产业产值105亿元，占规模以上工业总产值比重33%。服务业水平提升。全年实现服务业增加值107.8亿元，同比增长12.4%，占生产总值比重达到39.2%，较上年提高0.2个百分点。无棣阿里巴巴农村淘宝县级运营中心建成，村级服务站点达到110个。十里香芝麻制品有限公司、盐业公司2家企业入选全省200家互联网品牌库。

【投资消费】 2017年，无棣县推进黄大铁路、滨港铁路二期、205国道绕城段改建等基础设施重点工程建设，大济路大口河至埕口段改建、新海路大修工程竣工通车，沿海高等级公路前期工作全面启动。高技术产业投资42.4亿元，增长61%。全年实现社会消费品零售总额97亿元，增长9%。住房等传统消费总体稳定，全年商品房销售面积达到40.5万平方米，增长72.8%，商品房销售额17亿元，增长92%。文化、旅游、信息、健康等新兴消费增长迅速，全县旅游消费21.2万元，增长20%。全年实现进出口总额15.49亿元，增长60.1%。新增备案企业15家，新增实绩企业2家，鑫岳燃化成品油销售许可证获商务部批准。

【新旧动能转换】 2017年，无棣县大力推进新旧动能转换，打造一批优势产业、优势企业和优势产品。鲁北企业集团与杭州锦江集团达成合作，共建高端新材料研发中心，打造锂电池新材料基地。鑫岳化工与美国UOP公司和丹麦拓普索公司合作，升级改造240万吨清洁油品加工项目。海忠软管与大连理工大学共建研发中心，取得技术专利39项。珍贝瓷业运用纳米技术，生产“不用洗洁精的瓷器”和“抗菌抑菌的瓷器”。北方创信公司研发的新型cx-SSE喷涂速凝橡胶沥青防水涂料享誉全球。卢斯得机械引进德国教授袁波，开展新能源汽车混合动力变速器先进技术研发和新能源混合动力及电动汽车锥环无级变速器研发。全县60家规模以上企业分别与中科院、中国工程院、中国农科院、清华大学、山东大学等30余家高校院所建立长期合作关系，达成产学研合作30余项。深化与省科学院全面合作，3个院地合作项目顺利获批，获省科学院与县政府“产学研协同创新基金”支持200万元，省工业节能研究中心无棣分中心、省科学院情报研究所文献情报服务站顺利运转。与鲁东大学、滨州学院签署战略合作框架协议，积极争取与山东大学全面合作。

【改革开放】 2017年，无棣县推进“三去一降一补”落实。煤炭消费总量控制成效明显，全年压减煤炭消费较上年同期减少14.64万吨。全县商品房库存面积20.2万平方米，库存去化周期6个月，整体处于合理区间。政府债务率下降0.7%，债务水平稳步降低。基础设施、民生领域短板有效提升，全年民生支出25.6亿元，同比增长87.5%。重点领域改革。“放管服”改革深入推进，取消行政权力73项，清理规范中介服务收费项目19项。公立医院综合改革，完成法人治理结构改革，推进县域医共体试点工作。社会信用体系建设取得新突破，公共信用信息交换共享平台和“信用无棣”网站一期工程基本建成，计划2018年1月正式启动，守信激励、失信惩戒格局基本形成。改善金融环境，贷款余额较年初增长16.5亿元，清收不良贷款1700余万元。新增“新三板”挂牌企业1家、齐鲁股权挂牌企业5家。开放型经济格局优化。融入京津冀协同发展，引进的京津冀地区项目实际到位资金17.98亿元。全年实际利用县外资金40.05亿元，超额完成市下达任务目标。总投资7亿元的河北鑫港海源物流有限公司输油管道工程项目等项目成功落户。

【民生保障】 2017年，无棣县累计投入财政扶贫资金1256.5万元，较上年增长14%。全县3963贫困人口在现行标准下脱贫退出，26个省定贫困村实现摘帽。扎实推进金融扶贫，落实发放富民生产贷6950万元、扶贫再贷款2亿元、光伏扶贫贷2600万元。提升基本公共服务水平，顺利通过县域义务教育均衡发展国家验收，推进“大班额”“全面改薄”项目建设，23所学校28.7万平方米的教学楼、综合楼等主体竣工。整治老旧小区、农村危房改造21个、1453户。社会保障能力，全年新增城镇就业4065人，城镇登记失业率1.85%。积极推进全民参保登记计划，全县基本养老保险、医疗保险参保人员分别达到27.3万人、42.3万人。城乡低保标准分别提高到每人每月525元和350元。医保支付方式改革正式启动，医疗费用节约总计186.7万元，群众负担减少80.7万元。推进“河长制”，河湖环境进一步改善。工业污染源排污口规范化整治成效显著，省级以上河流断面、集中式饮用水水源地水质全部达标。畜禽养殖“三区”划定方案制定实施，禁养区养殖业户搬迁全面完成。

无棣县2017年市重点建设项目一览表

表27 单位：万元

序号	项目名称	建设单位	建设起止年限	建设规模	建设进度	行业	总投资	2017年计划投资	1–12月份完成	累计完成投资	完成比例
1	无棣县体育局无棣县全民健身活动中心项目	无棣县体育局	2016年3月至2018年12月	总建筑面积35710平方米，建设体育馆、综合游泳馆、体育场、室外活动场地及配套设施	续建	社会民生	50000	10000	10110	20110	100.11%
2	无棣县洁能加气有限公司年产500万立方米生物天然气工程项目	无棣县洁能加气有限公司	2017年4月至2018年9月	年产500万立方米生物天然气，主要建设秸秆仓储及预处理设施；水解池、厌氧发酵罐、固液分离车间、有机肥生产车间、净化提纯车间及配套设施；建设在线计量和远程监控智能平台	新开工	生态环保	10997	6000	6020	6020	100.03%
3	无棣县人民医院住院二部（内科病房楼、综合服务楼）项目	无棣县人民医院	2016年8月至2018年7月	总建筑面积26057.4平方米，主要有内科病房楼，规划床位524张，药库，静脉配置中心，透析中心	续建	社会民生	7800	5800	6140	7140	105.86%
4	森岳（无棣）国际能源化工有限公司2×60万吨/年丙烷脱氢制丙烯项目	森岳［无棣］国际能源化工有限公司	2016年6月至2018年6月	年产丙烯120万吨、氢气4.5万吨、C4+：4.4万吨、C2−：2.48万吨	续建	生态环保	768928	437100	458920	493091	104.99%

续表 27

序号	项目名称	建设单位	建设起止年限	建设规模	建设进度	行业	总投资	2017年计划投资	1–12月份完成	累计完成投资	完成比例
5	清洁油品加工工程项目	无棣鑫岳燃化有限公司	2017年1月至2018年6月	年产丙烯16.48万吨、丙烷3.34万吨、苯9.58万吨、甲苯22.10万吨、混合二甲苯38.31万吨、焦炭18.70万吨、液氨0.71万吨、浓硫酸20.61万吨、正丁烷5.99万吨、液化气20.57万吨、92#汽油157.83万吨、95#汽油36.50万吨、柴油131.59万吨	新开工	生态环保	462486	343000	352120	366820	102.65%
6	滨州市公路管理局S239大济线大口河至埕口段改建工程	滨州市公路管理局	2017年3月至2018年12月	建设项目全长23.574公里，省道一级公路标准	新开工	基础建设	49355	25000	49300	49300	197.20%
7	无棣县博翱职业中等专业学校续建项目	无棣县博翱职业中等专业学校	2016年3月至2018年9月	占地面积56695平方米，主要建设教学楼3座、综合实训楼2座、图书馆1座、学生公寓3座、餐厅1座、实训楼2座以及足球场、篮球场、乒乓球场等体育活动用地	续建	社会民生	23800	5000	5520	17520	110.40%
8	加氢催化剂生产项目	滨州中科催化技术有限公司	2016年3月至2017年11月	建设规模11563平方米，主要建设生产车间、仓库及配套辅助设施，年产催化剂1万吨等	续建	先进制造业	17500	16400	16560	17660	100.97%
9	山东鲁北高新技术开发区海水淡化工程	山东鲁北碧水源海水淡化有限公司	2017年6月至2018年6月	该项目总建筑面积44398平方米，主要建设取水池、海水淡化车间等设施以及其他配套辅助设施，购置主要生产及辅助设备197台（套），形成5万立方米/天海水淡化工程规模	新开工	生态环保	42118	30000	30120	30120	100.40%
	合计						1432984	878300	934810	1007781	106.43%

（王树玲）

粮食行政管理

【流通管理】 2017年，无棣县粮食部门按照《粮食流通管理条例》等法律法规要求，开展粮食流通市场监督检查、社会粮食统计、粮食品质检测、入市收购资格审核。县粮食行政执法大队抓好粮食监督检查工作，选派执法人员参加省粮食局及县法制办举办的执法培训，至2017年底，县粮食局执法人员有3人取得省粮食局颁发的粮食监督检查证，2人取得省政府法制办公室颁发的山东省行政执法证。

【行政许可】 2017年，无棣县粮食部门加强对县内粮食购销、加工及转化用粮企业管理，按照《粮食流通管理条例》《行政许可法》等法律法规要求，办理粮食收购许可证1家，粮食收购资格延续或变更3家，无依法注销情况。办理粮食收购许可证的企业全部纳入社会粮食统计范围。严格按照规定标准和程序开展工作，有效规范全县粮食流通市场秩序。

【监督检查】 2017年，无棣县粮食部门按照《粮食流通管理条例》及上级粮食部门有关检查的要求，开展粮食行政执法监督检查工作，开展夏粮、秋粮等专项检查，规范县内用粮企业粮食购销行为，维护粮食流通市场秩序。开展全国粮食清仓查库工作，对地方储备粮情况进行核查，全县7000吨县级地方储备粮账账相符、账实相符、数量真实、质量完好，顺利通过上级业务部门检查验收。

【粮食安全目标责任制落实】 2017年，无棣县粮食部门落实粮食安全责任制考核牵头单位职责，分解落实粮食安全责任制工作任务，把市政府的考核任务具体分解落实到各个责任部门，加强与有关部门联系协调，抓好责任落实。2017年，无棣县在全市粮食安全责任考核中获得优秀等次。

（郑洁函）

物价管理

【概况】 2017年，无棣县物价部门围绕中心、服务发展、促进和谐工作大局，发挥物价部门的职能作用，加强收费事中事后监管，切实履行收费监管职能，强化价格监管和监督检查，坚持依法行政，全面履价格认证职责，做好农本调查和价格监测。2017年无棣县物价局被国家发改委评为全国价格宣传工作表现突出单位。

【收费监管】 2017年，无棣县物价部门根据市物价局《关于报送全面清理规范涉企收费政策措施情况的通知》要求，全面开展清理涉企收费工作，修改编制《无棣县行政事业性收费目录清单》《无棣县涉企收费目录清单》《无棣县政府定价或政府指导价经营服务性收费清单》等，制定《自2015年1月1日以来取消和暂停的收费项目明细表》，对国家、省、市下发的明令取消、停征、减免的收费政策文件，及时通知各相关部门单位。完善收费公示制度，各收费单位在醒目位置公示所有的收费项目、收费依据、标准及范围。推进县级公立医院综合改革试点工作。根据《市委办公室、市政府办公室印发〈关于进一步深化医药卫生体制改革的实施意见〉的通知》，结合市委市政府重大决策部署安排的承办事项，同县发展和改革局、财政局、人力资源和社会保障局、卫生和计划生育局联合出台无棣县《关于取消药品加成理顺部分医疗服务价格有关问题的通知》，取消药品加成，进一步理顺部分医疗服务价格。做好环境保护综合整治相关价格政策落实，与财政、住建部门联合印发关于加强污水处理收费标准调整的文件（县城、重点建制镇污水处理费征收标准调整物价部门为居民每吨0.85元、非居民每吨1.2元），在电视台和无棣大众报进行宣传公告。做好全县两部制热价及阶梯水价实施

2017年3月15日，县物价局开展明码标价宣传活动　（摄影　孙洪云）

方案出台的前期工作。按照县统一部署，加快全县清洁取暖工作推进，落实“电代煤”“气代煤”中电、气价格，加强燃气价格监管。

【价格监管和监督检查】 2017年，无棣县物价部门发挥12358价格举报电话作用，认真受理价格举报案件，做到举报案件有报必查，有查必果。全年处结价格违法案件9起，行政处罚1起。5月，对举报车王镇某客车服务区违反明码标价规定的案件处理，受到社会各界的广泛赞誉。开展涉农、涉企收费专项检查，在全县范围内组织开展涉农、涉企收费专项检查工作，重点检查市场监管、教育、卫生、交通、农机、畜牧等部门的收费情况，对乱收费行为视情分别进行处理。加强房地产市场监管，抓好《无棣县商品房销售明码标价规定实施细则》的贯彻落实，联合县住建局召集各房地产开发企业负责人、各银行金融部门分管负责人参加加强房地产市场监管专项工作会议，明确商品房销售价格申报备案有关事项，对房地产市场进行检查。下半年对全县各房地产企业进行价格监督检查，对发现的问题及时进行提醒告诫，对部分房地产企业违反明码标价规定的行为给予相应的处罚。加强节假日期间价格监管，组成检查小组，对全县各大超市、农贸市场、旅游景区门票价格、粮油经销店、主要消费服务场所明码标价情况、群众生活必需品价格变动情况以及节日期间价格欺诈等进行检查。“十一”假日期间，结合古城文化旅游节活动，发放商品明码标价宣传材料和生产经营者提醒告诫函3000余份。对检查中出现的商品标价不规范、虚高标价等问题，按规定责成限期整改，并给予相应处罚。

2017年国庆期间，县物价局开展物价大检查　　（摄影　孙洪云）

【价格认证】 2017年，无棣县认定结论书167件、案值815万元，其中刑事案件58件、行政案件108件、违纪案件1件。按协助提出机关分：公安局160件、纪委1件、法院1件、农业局1件、盐务局2件、德惠新河管理段2件。加强价格采集和市场调查，在原油、苗木、机电、监控、家电、挖掘机械配件、车辆修理等采价点的基础上，增加3到5处新的涉案财物采价点。建立采价联络员队伍，探索建立包括实体店、网店和价格认定专家库“三位一体”的价格采集和市场调查机制，逐步与滨州各市县完善资源共享平台。规范价格认证档案管理。4月，县价格认证中心参加全市价格认证案卷评比活动，被市物价局评为档案管理一等奖，并代表滨州市参加全省价格认证案卷评比。8月24日省价格认证中心副主任孙延昌到无棣价格认证中心调研，对三年来的案卷进行现场评查，听取工作汇报，对县价格认证中心的工作给予高度评价。

【农本调查和价格监测】 2017年，无棣县物价部门定时对小麦、玉米、棉花三大农产品的成本收益以及农民种植意向、农户存粮情况、农资购买情况进行调查。《2017年无棣县主要农产品成本预测调查》《2017年无棣县小麦生产成本及收益情况调查报告》等重点农调成果，分别被《中国经济导报》《山东价格信息》等国家和省相关媒体采用。完成《无棣县生猪养殖及市场情况专题调研报告》《无棣县夏粮生产及价格情况专题调查报告》等调研成果，被《山东价格信息》、中国滨州网采用。规范价格监测工作流程，做到监测数据详实准确。在全面完成价格监测数据“及时、准确、客观、全面”上报的基础上，2017年，通过县政府网站、“中国无棣”等发布“价格信息快递”40余期；报送省、市各类价格监测成果材料500余套；扩大“物价信息发布平台”手机短信发送范围，在原来向县、镇街党政主要县直部门主要负责人发送的基础上，新增“两代表一委员”、经济企业界重要人士。2017年，发布重要价格信息35000余条，让群众及时了解民生价格信。

（孙洪云）

国有资产管理

【教育系统资产配置标准制定】 2017年5月，无棣县依据教育系统各单位职能及工作性质，按完成职能的最低限度和最优标准配置资产，专门针对教育系统制定专用设备配置标准。在财政国库集中支付系统中设立国资局审核模块，由国资局对单位资产购置进行把关。

【“公物仓”制度建立】 2017年7月11日，制定《无棣县县级公物仓管理暂行办法》，在全市率先建立县级“公物仓”制度，推进非经营性国有资产整合与共享，打破部门行政化分割，构建共享平台。建立资产共享共用与资产绩效、资产配置、单位预算挂钩的联动机制，避免资产重复配置、闲置浪费。对行政事业单位超标准配置、低效运转或者长期闲置资产，建立调剂机制，有效盘活存量资产，实现高效利用。县级“公物仓”主要负责县级行政事业单位集中管理物资的调剂与利用，凡是党政机关举办大型活动及组建临时机构的物资设备，均优先在“公物仓”中调剂借用或租赁。市财政局对无棣建立“公务仓”制度进行专题调研，省、市财政系统内部信息网进行了宣传，财政部网站《新闻联播》栏目对此进行报道、推广。

【闲置办公用房集中统一管理】 2017年2月，无棣县制定《县直行政事业单位闲置办公用房集中统一管理办法》，将县直行政事业单位闲置办公用房纳入县机关事务管理局统一管理平台，集中调配、使用、管理。

【国有资本投资运营平台建设】 2017年，经无棣县人民政府批准，对无棣县经济开发投资公司进行公司制改制，按照现代企业制度要求，由自收自支事业单位改制为有限责任公司，于6月22日成立无棣县财金投资集团有限公司。公司承担县级重大基础设施和重点项目融资、国有资本运营、县级股权投资引导基金管理及县政府授权管理的股权投资，成为全县重要的国有资本投资运营平台。

【经营性国有资产集中统一监管】 2017年，无棣县贯彻落实中央、省、市关于深化国企、国资改革精神，推进经营性国有资产集中统一监管工作，优化国有资本布局结构和规模整合，增强县财金集团国有资本运营功能，提高国有资本配置效率。按照稳妥推进、分步实施的原则，2017年下半年，将县交通运输局下属的无棣泰达交通工程有限责任公司、县水务局下属的无棣县水利工程总公司、县住房和城乡建设局下属的大无棣大地园林工程有限公司3家企业的国有产权无偿划转给县财金投资集团有限公司，国有资产集中统一监管工作迈出实质步伐。

【国有企业混合所有制改革】 2017年，无棣县整合、发展企业现有产业，优化国有资本配置，增强企业经济活力，实现国有资产保值增值，促进企业健康可持续发展。山东鲁北企业集团总公司下属全资子公司山东金海钛业资源科技有限公司混合所有制改革工作，锦江集团对山东金海钛业资源科技有限公司进行增资，增资额35132.94万元，锦江集团持有金海钛业34%的股份，2017年4月完成增资工作。

（刘建平）

审计监督

【概况】 2017年，无棣县完成审计项目64个，其中：完成年度计划审计项目46个，查出问题金额81267万元，促进财政增收节支1618万元，提出审计建议110条，移送违规违纪线索6项，处理8人；完成上下级联动项目13个、29人次（其中配合审计署特派办1个、省审计厅8个、市审计局4个）；完成县委县政府交办项目5个、15人次。参与市委巡察等重点工作3人次、154个工作日。

【政策措施落实情况跟踪审计】 2017年，无棣县审计部门按照审计方案，积极对接市神计局相关科室，建立“目标细化、分工明确、责任到位”工作机制，实行审计组长负责制，将审计任务分解到人，完成上级审计机关安排的政策跟踪审计项目3个，参与上级审计机关组织的政策跟踪审计项目9个。对审计发现的问题边审计边整改，促进政策落实。

【财政预算（决算）执行审计】 2017年，无棣县财政预决算审计项目完成7个，审计部门、单位、企业19个，查出问题金额36518万元。上半年结合县级现代预算管理制度改革情况专项审计调查，完成县本级财政预算执行及其他财政收支情况审计，审计4个部门单位预算执行情况；县审计局代表县政府对2016年度财政本级预算执行情况向县人大常委会做工作汇报。对县级财政预算执行及其他财政收支情况审计结果在县政府门户网站进行公开。对地税征管情况进行审计，延伸审计11个纳税企业，审计查补税款99万元。下半年完成对余家镇、西小王镇2016年度财政决算审计。

【规范政府投资项目审计】 2017年，无棣县审计部门严格落实《审计署关于进一步完善和规范投资审计工作的意见》，坚持依法审计，认真履行审计监督职责；坚持突出重点，切实提高投资审计工作质量和效果；严格遵守审计纪律，加强廉政风险防控。2017年，完成政府投资建设审计项目5个，节省政府财政资金1538万元。

【经济责任审计】 2017年，无棣县完成经济责任审计项目30个，提交审计报告60篇，提出审计建议75条，查出问题金额18662万元。在领导干部经济责任审计中重点关注被审单位“三公”经费支出情况、领导干部遵守“八项规定”精神情况、重大经济决策特别是民生资金的决策等情况，增强监督实效。探索完善经济责任审计配套制度和工作机制，实现对科级干部的监督关口前移，变离任后审计监督为常态化审计监督，逐步形成以任中审计、离任审计为主导，以领导干部任前经济责任告知、年度报告、离任交接相配套的审计监督新模式。

【民生项目审计】 2017年，无棣县以扶贫审计为切入点，重点关注民生资金的使用与管理情况，加大民生资金审计力度，督促管好用好公共资金，推动各项惠民政策的落实。自2月起，按照上级统一部署及年度审计计划，对全县精准扶贫政策落实及资金管理使用情况进行多轮次、不间断全覆盖审计，边审边促边整改。至11月底，完成全县11个镇街5000余万元的专项扶贫资金和50余个扶贫项目的审计，促进增收节支及规范资金管理400余万元，向纪检监察部门移送问题线索3起，处理8人，向县领导提报审计专报3次，审计结果得到县委、县政府主要领导多次批示，县扶贫领导小组办公室根据审计建议督促有关部门建章立制5项。

【专项审计和专题培训】 2017年，无棣县审计局承办（或参与）县委、县政府领导交办的投资公司资产负债及财务收支审计、扶贫审计等5个项目。省审计厅抽调县审计局1名工作人员以干代训一年协助工作；市审计局抽调1人挂职锻炼，长期抽调2人协助工作；市审计局抽调1人参加为期2个月的省管干部经济责任审计；市委办公室抽调1人参加为期1个月的“八项规定”精神落实情况督查；市委巡察组抽调1人参加为期6个月的两轮巡察工作；参与县委办公室“八项规定”精神落实情况督查2人次。开展专题培训。5月，聘请市审计局经责审计专家对全县党政机关、事业单位、镇街主要负责人、财务负责人进行经济责任审计工作专题培训，培训260余人次，有效提升领导干部履行经济责任水平。

（李玉让）

统计管理

【概况】 无棣县统计局下设办公室、综合业务统计室和副科级事业单位——社会经济调查办公室，下辖经济开发区统计分局及11个镇街统计站，共有干部职工45人。2017年，县统计局围绕全县中心工作，不断提高统计数据质量和统计服务水平，发挥参谋助手作用。被省人社厅、省统计局、省公务员管理局评为全省统计系统先进集体，被省1%人口抽样调查工作协调小组办公室评为全省1%人口抽样调查先进集体，被推荐为农业普查工作省级先进集体，20人被评选或推荐为省市先进工作者。

【统计调查】 2017年，无棣县统计部门根据《统计报表制度》的行业划分和统计信息搜集整理渠道和方法，开展政府综合统计和部门统计工作，内容包括综合核算统计、农业统计、农经调查统计、工业统计、能源统计、固定资产投资和房地产统计、建筑业和交通统计、商贸和服务业统计、财政和金融统计、文教卫生和劳动工资统计以及各项抽样调查等。开展统计调查工作，以周期性普查为基础，以经常性抽样调查为主体，以必要的统计报表、重点调查、综合分析为补充，全面完成基本统计资料的搜集、整理。

【统计信息咨询服务】 开展调研分析。将月度简要分析与季度深入分析相结合，数据分析与实地调研相结合，扎实做好经济运行动态监测分析和预测预警分析。从数据提供的时效性和实用性方面入手，定期撰写高质量分析报告，为县委县政府决策提供统计保障。全年完成统计调研报告2篇，统计分析30余篇，统计工作信息100余条。加强统计产品开发。编辑印刷无棣县《统计月报》《无棣统计年鉴》《无棣县2017年国民经济和社会发展统计公报》等有关统计信息资料。《利用大数据提高统计工作质量与效率的创新方法研究》，作为滨州市唯一的山东省统计科研重点研究课题，顺利通过专家鉴定，准予结项。

【统计法制工作】 2017年，无棣县统计部门贯彻习近平总书记关于防范统计数据弄虚作假的重要批示、《中共中央办公厅、国务院办公厅关于深化统计管理体制改革提高统计数据真实性的意见》，把对统计数据质量的新要求和统计法律法规列为领导干部理论学习内容。开展对基层报表单位普法宣传活动，按照“谁执法谁普法”的要求，建立健全普法宣传长效机制。积极宣传统计法、《统计法实施条例》《山东省统计管理条例》等法律法规。借助统计年报会、培训会以及各类普查、调查，组织开展法律法规知识培训，扩大统计法的普及率和知晓率。建立统计执法检查常态化工作机制，加大对基层统计工作和数据质量的执法检查，集中力量针对重点行业、重要数据及重点普查调查工作开展统计执法检查，坚决制止代填代报、授意填报、干扰上报、虚报瞒报等违法行为。完善推广“双随机一公开”抽查制度，严肃查办统计违法案件。全年开展统计执法4次，对30余家企业进行执法检查。

【统计基层基础建设】 2017年，无棣县统计部门加强基层队伍建设，强化对统计报表企业业务指导和专业知识培训频次，督促调查单位严格执行统计工作流程和统计调查制度，建立健全统计台账、原始报表和统计资料档案管理制度，确保数出有据，从源头上保障基础数据质量。全年开展业务知识培训20余场，累计完成对300余名基层统计人员的业务专项培训。做好基本单位名录库更新维护工作。严格按照“先进库、后出数”原则，充分利用市场监管、民政、质检等部门基础资料，结合深入企业实地巡查工作，集中开展单位名录库规范与核查活动，加强对新增单位的跟踪监测，全面及时动态更新企业名录库，提升名录库维护与管理水平。加强“四上”企业梯队建设。把好“四上”企业列统工作，做好列统企业申报，组织各镇街和县直有关部门专门召开全县列统企业申报工作会议，把“四上”企业净增数作为重点难点，牵头组织好业务培训，部门之间主动沟通、做好对接，全力控减量、提增量，稳步推进“四上”企业培育工作。

【统计改革和重点调查】 2017年，无棣县推进固定资产投资统计改革。通过加强部门联动，建立每月投资项目信息共享制度，促进全县重大项目入库力度。核查5000万元以上投资项目，将在库项目同“一套表”单位、基本单位名录库进行全面对照梳理，及时组织专业与名录库管理人员、相关单位合作，完成入库资料申报工作。开展专项调查。按照构建现代统计调查体系新要求，创新统计调查方法，优化抽样调查手段，完善基础数据库。全年完成1%人口抽样调查、劳动工资调查、城乡住户样本轮换调查、科技年报和企业创新调查、粮食产量抽样调查、规模以下工业调查、规模以下服务业调查、县域社会经济基本情况调查、“黄蓝两区”监测、文化产业监测、“三新”专项统计调查以及“四众”企业专项调查等统计监测工作。

（杨向东）

市场监督管理

【概况】 2017年，无棣县市场监督管理局按照“简政放权、放管结合、服务发展”改革要求，全面落实商事制度改革措施，大力推进质量强县和品牌建设，持续加大监管执法力度，全力实施“能力提升工程”，不断提高市场监管和服务水平。2017年底，县市场监督管理局有在职人员86人，其中公务员49人、工勤人员2人、参公人员11人、事业人员24人。

【商事制度改革】 2017年，无棣县全面推进“多证合一”改革。自2017年9月1日起，在“5证合一”的基础上，将涉及公安、住建等11个部门的26项涉企证照整合到营业执照上，实现“31证合一”。全年核发“一照一码”营业执照7608份，换发“多证合一”营业执照1866份，换照率100%。积极推行企业登记全程电子化改革，有序推进企业名称登记改革，通过企业名称数据库向申请

2017年1月20日，县市场监管局为山东名牌产品企业颁发证书

（摄影　郭虹）

人提供有关筛选信息，减少企业“起名难、效率低”问题。严格履行“双告知”制度，促进登记信息互联互通，不断推进商事登记便利化。全年新登记各类企业1962家、农民专业合作社233家、个体工商户4566户，市场主体总量27930户，同比增长29%，市场主体呈现良好发展态势。全面实行企业简易注销登记改革，进一步降低退出成本，减少市场主体不良存量，提高市场主体活跃度，全年办理简易注销登记112户。

【非公有制经济发展】 2017年，无棣县贯彻落实省委、省政府《关于支持非公有制经济健康发展的十条意见》和市委、市政府《关于在新旧动能转换中支持非公有制经济健康发展的意见》要求，制定出台《无棣县市场监督管理局深化放管服改革支持非公有制经济健康发展的意见》。认真落实“多证合一”“一照一码”、企业简易注销、企业登记全程电子化等改革，提高行政审批效率。下放企业登记权限，在碣石山镇设立行政审批二室，方便北部碣石山镇、小泊头镇、埕口镇和柳堡镇4个镇及鲁北高新技术开发区、新海工业园2大园区经营者就近办理登记注册事宜。分别与工商银行、农业银行建立服务企业战略合作关系，增设企业注册代办点7个，拓宽服务渠道，提升“政务+金融”服务水平。全年新发展私营企业1944家，注册资本（金）890466万元，从业人员7946人；农民专业合作社233家，注册金额60838万元，从业人员1451人；个体工商户4566户，注册金额36580万元，从业人员8760人。全县非公有制经济市场主体总量达27480户。

【企业信用监管】 2017年，无棣县以企业信用监管为核心，通过实施市场主体信息公示、双随机抽查、经营异常名录管理等制度，强化信用约束，引导全县市场主体诚信自律。采取发布公告、电话催报、上门指导、定期通报等措施，引导市场主体开展年报公示工作，企业年报率99.08%、农民专业合作社年报率99.82%、个体年报率99.74%。全面推行“双随机、一公开”监管，建立随机抽查事项清单、检查对象名录库和执法检查人员名录库，制定随机抽查工作细则。制定《2017年度“双随机”抽查检查工作实施方案》，对照13大类43项抽查事项，对省工商局随机抽取的694户市场主体的年报信息和经营行为进行“全面体检”。依法履行企业经营异常名录管理职责，加强企业信息公示管理，将22家未按时报送年度年报和抽查中存在未按规定期限公示、失联企业依法列入经营异常名录，强化信用约束机制。

【质量强县战略实施】 2017年，无棣县建立质量强县工作联席会议制度，全年召集全县政府质量考核工作专题会议2次。加强质量宣传，开展“全国质量月、3·15”国际消费者权益日、食品安全周”“计量日”“标准日”等质量宣传活动10场次。扎实开展“三个一批”质量提升行动，组织“万千百十”质量管理知识培训、“三个一批”质量提升对标学习交流现场会、标准化知识培训等6场次，参训企业400余家。确定“示范引领一批”企业2家、“巩固提升一批”企业9家、“规范整治一批”产业集群1个，加大工业产品质量抽检力度。山东鲁北企业集团的“鲁北”牌复合肥料和磷酸二铵、无棣华兴畜牧公司的“宏振”牌冷冻调理牛肉3个产品成功争创为山东省名牌产品。全县5家工业产品生产许可证获证企业的12批次产品经检验全部合格。2017年县级政府质量考核工作达到B级。

【商标培育管理】 2017年，无棣县开展“一村一标”“一企一标”“一所多标”活动，进行商标知识宣传，全年举办商标知识专题培训2次，走访企业14家，组织对标学习活动1次。开展“商标助企大走访”活动，通过走访调研、协助查询、组织代理机构上门办理等方式，深挖商标资源潜力，

2017年7月27日，县政府质量考核部署会议召开 （摄影 郭虹）

县市场监管局注册窗口为企业高效服务赢得赞誉　（摄影　郭虹）

指导企业申请注册商标。推行商标联络员制度，联合商标代理机构开展上门指导，帮助企业申报中国驰名商标、马德里国际注册商标，实现企业自主品牌快速升级。全年新申请注册商标458件、新增注册商标384件，全县拥有有效注册商标1402件；新增马德里国际注册商标2件、申报中国驰名商标1件。加强商标保护工作，以驰（著）名商标、涉外商标、地理标志商标保护为重点进行深入排查，严厉打击和防控侵权假冒行为。加大网络经营主体排查力度，严厉打击互联网和电子商务领域商标假冒侵权违法行为，排查各类业户69户，未发现违法行为。

【广告市场监管】　2017年底，无棣县实有户外经营业户89户，从业人员288人，广告经营额740万元。抓好广告法律法规培训，举办《广告法》和《互联网广告管理暂行办法》培训班，全县传统媒体单位、网站网店经营者、广告发布经营者、市场监管局工作人员共300余人参加培训。利用国家工商总局大数据监测平台，加大对辖区电视、广播等媒体广告和户外广告及互联网广告的监测力度，加强广告宣传监测，发现违法广告线索8条。加强广告整治监管，以医疗、药品、食品、保健品、房地产、金融等广告为重点，从教育、查处和曝光三个关键环节入手，严厉打击各类违法广告行为，规范广告市场经营秩序。认真受理群众投诉举报，对受理的涉及广告投诉举报，涉嫌违法的，及时依法调查处理。

【标准化管理】　2017年，无棣县政府出台《关于加快推进标准化建设的意见》，提出明确的资金支持，标准化工作由部门行为上升为政府行为。山东鲁北企业集团参加起草的《制品用过硫磷石膏矿渣水泥混凝土》行业标准于4月12日发布。山东华之业新材料科技有限公司参加起草的《市政工程及建筑用石英塑复合板材》行业标准于9月30日发布。6月30日，无棣县网具协会T/WDWJ 001-2016刺网通用技术条件和T/WDWJ 002-2016泡沫塑料浮子聚氯乙烯鼓形2项团体标准正式发布。7月31日，山东省质量技术监督局发布《关于印发2017年度“山东标准”建设行动计划的通知》，山东无棣华兴渤海黑牛种业股份有限公司的无棣渤海黑牛养殖农业标准化示范点、山东鑫嘉源绿色产业开发有限公司的山东鑫嘉源休闲旅游服务标准化试点和山东华之业新材料科技有限公司的粉煤灰高附加值利用循环经济标准化试点入选“山东标准”。12月26日，山东鑫嘉源休闲旅游服务标准化试点入选国家级服务业标准化试点项目。

【计量认证管理】　4月1日，国家取消全部强制检定收费。无棣县市场监督管理局持续抓好强制计量器具检定工作，全年共检定强制检定的计量器具19346台件，其中检定加油机1086枪次、压力表3810块、电子秤158台、衡器112台、出租车计价器228台、电表397块、燃气表13472块、天平56件、环境温湿度设备43台。做好“气代煤”工程检定工作，通过政府购买服务方式完成13472块燃气表检定工作。强化对全县安全防护计量器具使用单位和涉及环境监测计量器具的企业的监督检查，全年共抽查企业43家。开展计量惠民“三进”服务行动，在各大市场、超市、社区内发放计量宣传彩页和“计量与民生”手册530份，接受现场咨询65人次。利用手机APP管理模式，对全县7家检验检测机构和无棣县计量测试检定所进行全覆盖检查，并对全县质量、环境、职业健康管理体系认证企业进行重点检查。

【特种设备安全监管】　2017年，无棣县市场监督管理局办理压力容器499台、压力管道727条、电梯108台、起重机械53台、场（厂）内机动车辆13台、锅炉46台、车用气瓶145台的特种设备备案登记。开展安全生产“大快严”集中行动，通过法律宣传、知识培训、应急演练、隐患排查等方式，加大特种设备安全监管力度。开展“安全生产月”宣传，举办特种设备安全知识培训3次，指导企业应急演练27次。按照“管行业必须管安全、管业务必须管安全、管生产经营必须管安全”和“谁主管、谁负责”的原则，加强特种设备安全监管，对全县10蒸吨以下小型燃煤锅炉全部取缔。开展涉氨制冷企业、气瓶充装单位、危化品生产企业特种设备安全专项检查，检查特种设备使用单位156家，发现安全隐患81处。对检查发现的安全隐患依法下达责令整改指令书，到期对隐患进行复查，督促企业整改；对预期未整改的，依法立案查处，形成闭环管理。

【网络市场监管】 2017年，无棣县市场监督管理局以儿童老年用品、电子产品、装饰装修材料为重点商品，对全县网络交易平台（网站）和经营主体开展全面检查，出动执法车辆15台次，执法人员26人次，网上检查网站、网店270户次，核查非法主体网站5个、平台网店151个，实地检查网站、网店经营者18户次，维护网络商品交易秩序。手动建档23条网络经营主体数据，研判建档1582条网络主体信息，建档时间段内研判建档率100%。

【重点领域专项整治】 成品油市场监管。2017年，无棣县市场监督管理局加大成品油质量的抽检力度和抽检频次，全年开展成品油质量抽检9次，抽检成品油样品356批次，实现加油站点和每站油品100%全覆盖，对销售不合格油品的9家加油站依法进行行政处罚。9月26日，召开无棣县市场监督管理局大气污染防治工作会议，及时传达大气污染防治和成品油市场监管工作精神，督促指导加油站扎实做好油品升级工作，确保

2017年3月，县市场监管局开展成品油市场专项抽检 （摄影 郭虹）

自2017年10月1日起全县范围内全部供应符合国VI标准的车用汽、柴油，禁止销售普通柴油。召开全县散煤治理工作会议，指导全县散煤经营业户在经营场所显著位置统一悬挂《营业执照》《公开承诺书》《无棣县禁燃区名单》，公开承诺、亮照经营。全年开展4次流通领域煤炭质量抽检，抽检煤炭样品63批次，对抽检不合格的2家煤炭经营业户依法进行查处。深化“红盾护农”行动，开展流通领域农资商品质量抽检2次，抽取农资样品37个，对抽检不合格的3家农资经营单位依法进行查处，维护农资市场经营秩序。

【行政执法】 2017年，无棣县市场监督管理局通过开展“质检利剑”专项整治、打击假冒伪劣商品专项行动以及成品油、农资市场专项整治等活动，查办无证照生产肥料、无证生产水泥等各类违法案件71件。其

2017年5月20日，县市场监管局开展加油机专项计量检定（摄影 郭虹）

中，成功查处1起生产冒用他人厂名厂址产品质量不合格农资案，当场查扣不合格复混肥料9.6吨。落实秋冬季大气污染综合治理职责，加强成品油生产企业质量溯源管理，经抽检，鑫岳燃化油品合格。加强成品油、散煤、农资等重点市场监管，加大质量抽检力度，严厉打击销售质量不合格商品的违法行为。全力配合做好全县H7N9流感防控工作，查封关闭全县8个经营市场29个活禽经营户，取缔1户，有效预防疫情发生。联合公安等部门，做好预防电信网络诈骗宣传工作，并积极调查处理“三农贷”“e联贷”涉嫌非法集资非法吸筹等案件。做好省级卫生县城迎审工作，抽调15名执法人员参加全县集中执法行动，做好个体商户办照亮照以及创城标语亮化和华益、商城和馨怡3处农贸市场的升级改造。

【消费维权】 2017年，无棣县整合12315、12365两个投诉平台，对群众来电统一接听、统一受理、统一分流、统一回访，实现一个平台解决公众诉求处置“一体化”。严格落实24小时值班制度，推行消费维权受理投诉快、咨询解答快、调解办结快、转办答复快“四快服务”，确保群众投诉举报件件有回音、事事有着落。全年接受消费者咨询688人次，调解处理消费申诉、投诉、举报306件，处理回复市长、县长热线50余起，为消费者挽回经济损失20余万元。进行“3•15”主题宣传，开展消费维权知识“五进”活动，全年开展消费宣传进社区和进市场活动2次，发放宣传材料300余份。突出重点消费侵权行为专项整治，开展建筑钢筋质量监管严惩“瘦身”钢筋等违法行为专项行动、联合整治预付卡违规经营专项行动、消防产品质量专项整治、电气火灾综合治理、消费侵权案件专项检查、“放心消费”“中老年健康消费”等专项行动，维护广大消费者合法权益。

【技术机构建设】 无棣县计量测试检定所占地面积1368平方米，拥有实验设备86台（套），固定资产137万元，配备中级工程师2人、助理工程师4人、聘用技术人员2人。全县计量建标项目涉及力学、热学、电学、化学、光学5大类，包括燃油加油机检定装置、二等克组砝码检定装置、二等毫克组砝码检定装置、三等大砝码检定装置、精密压力表检定装置、衡器检定装置等20项社会公用计量标准和质量、体积、长度、计数4项定量包装商品净含量检验检测项目。

（郭　虹）

2017年无棣县“守合同重信用”企业一览表

表28

企业名称	公示年份
无棣建丰市政工程有限公司	2017年
山东无棣金润化工有限责任公司	2017年
山东万里市政工程建设有限公司	2017年
无棣新拓路桥工程有限公司	2017年
山东明炬电子科技有限公司	2017年
山东飞跃光电科技有限公司	2017年
无棣县馨雅教学仪器设备有限公司	2017年
无棣大地园林工程有限公司	2017年
无棣龙祥建筑有限公司	2017年
齐鲁振远保安服务有限公司	2017年
无棣瑞丰商厦有限责任公司	2017年
山东万顺设备安装有限公司	2017年
山东北方创信防水技术有限公司	2017年
山东华东九鼎油业有限公司	2017年

续表 28

企业名称	公示年份
山东兴达建筑工程有限公司	2017 年
山东万德酒业集团有限公司	2017 年
无棣圣豪购物中心有限公司	2017 年
滨州正兴有限责任会计师事务所	2017 年
无棣县鑫泰物业管理有限公司	2017 年
无棣县基立建筑工程有限公司	2017 年
无棣县水利工程总公司	2017 年
山东卫测地理信息科技有限公司	2017 年

2017 年无棣县驰名商标一览表

表 29

企业名称	注册商标	产品	认定年份
山东鲁北企业集团总公司	鲁北及图	肥料	2013 年

2017 年无棣县地理标志证明商标一览表

表 30

企业名称	商标	产品	认定年份
无棣县渤海黑牛良种繁育协会	无棣驴	驴（活的）	2011 年
无棣县渤海黑牛良种繁育协会	渤海黑牛	牛（活的）	2013 年

2017 年无棣县各级质量奖一览表

表 31

获奖者	奖 项	认定年份
山东万德酒业集团有限公司董事长兼总经理　王照勇	2014 年度滨州市市长质量奖个人奖	2014 年
山东珍贝瓷业有限公司董事长兼总经理 郭春森	2016 年度滨州市市长质量奖个人奖	2016 年

2017 年无棣县“山东名牌”产品一览表

表 32

产品	注册商标	生产企业名称	认定年份
cx-SSE 喷涂速凝橡胶沥青防水涂料	耐沃特	山东北方创信防水技术有限公司	2016 年
冷冻调理牛肉	宏振	无棣县华兴畜牧有限公司	2017 年
复合肥料	鲁北及图	山东鲁北化工股份有限公司	2017 年
磷酸二铵	鲁北及图	山东鲁北化工股份有限公司	2017 年

2017 年无棣县地方标准目录一览表

表 33

标准编号	地方标准名称	实施日期	起草单位
DB37/T 2620-2014	海洋贝瓷	2014 年 11 月 10 日	山东珍贝瓷业有限公司、山东省无棣县质量技术监督局
DB37/T 2638-2014	石磨芝麻香油制作加工技术规范	2015 年 1 月 15 日	济南大学、山东省质量技术监督局机关服务中心、山东十里香芝麻制品有限公司

2017 年无棣县国家地理标志保护产品目录一览表

表 34

产品名称	核准企业	认定年份
无棣金丝小枣	山东无棣万德福食品有限公司 无棣安德食品有限公司	2006 年
无棣贝瓷	山东珍贝瓷业有限公司	2008 年

安全生产监督管理

【概况】 2017 年，无棣县坚持“安全第一，预防为主，综合治理”工作方针，认真贯彻落实上级安全生产工作会议精神，狠抓隐患治理、执法监察、教育培训，取得明显成效，有效防范各类安全事故发生。

安全生产工作领导。2017 年，召开县委常委会、县政府常务会议、县安委会扩大会议等 13 次会议进行专题研究部署；对县安委会及 15 个专业安全生产委员会进行调整充实，强化职能；根据换届和人员变动情况，对全县生产经营单位重新排查，明确具体监管责任人，完善“网格化、实名制”监管体系。严格落实领导干部督导检查制度，县、镇街负责人定期下基层检查安全生产工作，督促各项安全措施落实。

安全生产宣传教育。县安监局持续推进“职工安全课堂教育”活动，督促企业以车间、班组为单位，对职工进行岗位安全生产特点、危险因素、操作规程、应急防范措施等培训教育，培训职工 2 万余人次。开通微信公众号“无棣安监微信群”，宣传安全生产政策法规、安全常识、经典案例等。借助“安全生产月”，开展安全咨询日、强化企业安全生产主体责任落实“3+3”、安全宣讲、事故警示教育等宣传教育活动。

政府监管责任落实。县政府安委会办公室充分发挥安全生产工作综合监管、指导协调作用，确保安全生产各项措施落实到位。安委会下设的 15 个专业委员会认真履责，共同做好全县安全生产工作。各级各部门“一把手”为安全生产第一责任人，亲自抓，负总责，对安全生产工作常议、常抓，常督促、常检查；分管领导集中精力具体抓，做到重大任务部署到位、重大整治督促到位、重大检查带队执行到位；其他领导干部按照“一岗双责”要求，抓好分管工作范围安全生产，确保安全工作措施落实。

安全生产主体责任落实。把企业作为安全生产工作的主体，企业负责人作为安全生产的主体责任人，各级

2017 年 1 月 24 日，无棣县开展安全大检查 （供稿 庞栋）

各部门单位在抓好安全检查的同时，有针对性地对企业做好指导服务，对于企业安全生产基础建设等薄弱环节，进行重点指导，帮助企业建立健全各项安全规章制度，落实防护措施，提高安全管理水平。同时督导企业开展自查自纠，及时发现问题并纠正，加强安全管理。

【安全生产基层基础建设】 2017年，无棣县推进“安监云”信息平台建设与应用，694家生产经营单位全部纳入监管。全县16家有重大危险源的企业安装预警预报系统，并与“安监云”信息平台进行实时对接，增强安全监控能力。开展“机械化换人、自动化减人”专项行动，全县30家企业86个重点危险工艺岗位设置自动化控制系统。积极为镇街、园区安全监管人员落实岗位津贴。

【安全生产应急救援能力提升】 2017年，无棣县加强应急救援预案评审、报送和备案工作，帮助、指导企业严格按照法律法规要求对应急救援预案进行评审，留下影音材料，及时将应急预案备案。2017年，全县备案市级27家、备案县级8家，修订各类应急预案80余份。举办“应急演练周”活动，开展各类应急演练40余次，出动消防车13辆，参加演练人员2671人。

【安全生产执法检查】 2017年，无棣县采取镇街园区属地检查、部门专项检查、企业自查自纠等方式，开展“大快严”集中行动、百日攻坚、安全大检查、百日整治、打非治违等活动，全面排查风险隐患。成立两个安全执法督导检查小组，一个小组负责园区、一个小组负责镇街，持续开展督导检查。对检查发现的问题隐患，全部建立隐患整改台账，明确责任人和时限，跟踪督促指导企业认真彻底进行整改。针对安全生产重点行业、重点部位，全面推进危化品领域、道路交通领域、消防安全领域、建筑施工领域、烟花爆竹领域等重点行业领域综合整治。

【危险化学品企业安全监管】 2017年，无棣县对全县162家化工企业进行摸底排查。成立6个督导检查组，分别由1名县领导带队，采取分组包企业方式，对全县危化品企业开展集中执法检查。聘请专业安全技术公司，对全县所有危化品生产企业进行专家会诊。实施“科技兴安”，推进“机械化换人、自动化减人”专项行动，在重要部位、关键环节装备自动化控制系统，全面提升安全水平。

2017年6月4日，鲁北高新技术开发区开展应急演练　（供稿　庞栋）

【工矿商贸企业安全监管】 2017年，无棣县加强建设项目安全设施“三同时”监督管理，开展专项执法检查，推进生产经营单位完善安全设施“三同时”手续；开展烟花爆竹专项整治，对经营业户安全条件进行重新审查确认；开展涉氨涉气、涉粉尘领域专项整治，提升安全生产水平。加强镇街工业园区整治力度，消除安全隐患。

【职业卫生监管】 2017年，无棣县围绕打造职业卫生领域“精品工程”，深化职业病危害专项治理，狠抓职业卫生源头治理。加强职业卫生监管队伍的业务指导和执法能力培训，邀请市安监局领导授课，重点对执法程序、文书制作等内容进行讲解，全县安监系统干部职工60余人参加培训；依托县聘安全专家及安和技术服务机构，对企业涉尘岗位进行工艺升级改造，解决粉尘产生环节超标问题，进一步改善工作环境；开展职业病危害因素检测及职业健康检查工作，对53家用人单位进行职业病危害因素检测。

（庞　栋）

食品药品监督管理

【概况】 2017年底，无棣县有食品生产企业49家，食品流通企业1612家，餐饮服务企业1018家，小作坊139家，小摊贩263家，保健食品生产企业1家，保健食品经营企业26家，化妆品生产企业1家，化妆品经营企业21家，药品生产企业2家，药品

县食品药品监督管理局执法人员现场为群众讲解真假酒鉴别方法
（供稿　田雪丽）

批发企业1家，药品使用单位239家，药品连锁企业5家（下设130家门店），单体药店19家，医疗器械经营企业31家。棣求村餐饮服务有限公司驴产品加工生产项目等进行高标准建设，驴产品加工项目顺利通过食品生产许可现场审核，并取得食品生产许可证。融川医药化工科技有限公司药品生产许可证审批和2次9个品种的增项工作顺利完成，重点实验室通过审批，院士工作站顺利挂牌。

【药品安全监管】　2017年，无棣县创新监管方式，加强药品监管。在无棣万盛堂药店连锁有限公司2个门店试点的“药诊店”获得成功，全面推广“互联网＋药品经营”模式。坚持目标导向与问题导向相结合，实施精准化监管，加强城乡结合部、农村小药店、诊所、加盟药品零售门店的药品监管。全年通过认证药品零售企业22家，上报药品不良反应812份，医疗器械不良事件75份，查处药品、医疗器械案件19起，有效保障群众健康安全。药械监管方面，以药店（包括零售连锁总部）、诊所（包括村卫生室）、第三类医疗器械经营企业为主要整治范围，以执业药师是否“挂证”兼职、购销渠道是否合法、贮运质量管理是否到位、岗位人员管理及培训是否符合要求为整治重点，在全县范围内开展药械安全专项整治，进一步落实和规范药械安全主体责任和经营行为。出动执法人员726人次，执法车辆155台次，检查药品经营使用单位276家，疫苗接种单位12家，医疗器械经营使用单位43家。

【化妆品保健食品安全监管】　2017年，无棣县食品药品监督管理局对化妆品、保健食品监管企业建立一企一档，实行动态化管理，及时更新监管档案信息，将监管档案与生产经营许可、日常监管等工作有机衔接，及时把握生产经营企业动态变化，增强监管工作针对性。5月，对化妆品、保健食品进行抽检，抽检合格率达100%。7月，对化妆品、保健食品经营企业开展专项监督检查，检查业户56家次。

【“食安山东”品牌创建】　2017年，无棣县创成“食安山东”食品生产加工示范企业1家，餐饮示范街1条。发挥“食安山东”品牌引领作用，构建“横向到边、纵向到底、责任到人、不留死角”的基层食品安全组织网络，对食品生产、流通、餐饮服务企业进行拉网式监督检查。组织开展“食品快检进超市”“学校食堂开放日”“透明工厂体验日”等活动，出动执法人

2017年11月，县食品药品监督管理局执法人员为学生讲解食品安全知识
（供稿　田雪丽）

员3212人次，执法车辆1104台次，查处违法案件162起。

【技术支撑体系建设】 2017年，无棣县建设800平方米的综合检验检测中心，配备工作人员4人，购进60余万元的实验室设备，安排预算400万元用于实验室设备购置及改造装修，确保中心逐步具备基本检验检测能力。11个镇街食品药品监管所全部设立快检室，均配备价值30余万元的检测设备。2017年，完成本级食品抽验1424批次，不合格65批次，食品快检2246批次。组织药品重点监督抽检18批次，地方监督抽检55批次，不合格药品6批次，药品快检224批次。对不合格食品、药品均进行及时查处。

【专项整治】 食品监管方面，2017年，无棣县食品药品管理局开展羊肉及其制品、农村食品安全、农产品批发市场及农贸市场、大中型商场连锁超市等10余项专项整治。检查食品生产经营企业2675家，督促办理各类食品经营许可或备案1368家，张贴统一公示牌2672张，下达监督意见书1232份，责令整改31家，劝导关闭14家，取缔3家，立案83起，移交公安机关案件1起。

【依法行政工作】 2017年，无棣县建立法制员工作机制，在各镇街食品药品监督所确定1名具有一定法律专业知识、文字能力和协调能力的人员作为法制员，各镇街监管所办理行政处罚和行政许可等与法制有关的事宜时先由法制员审查把关，进一步规范执法行为，提高案卷质量。全体执法人员开展法律法规集中学习培训活动，县监管局各科室负责人分别结合各自监管的职能职责，通过解读相关法律法规，讲解监管的重点和难点，分析典型案例等方式，对如何加强食品安全监管、防控监管风险等进行讲授。做好行政处罚案件审核工作，对案件办案程序、适用法规等进行认真审核，推动法制工作水平全面提高。

2017年7月，县人大代表、政协委员、学生家长代表、新闻媒体记者参观姬家花园学生营养餐加工车间　（供稿　田雪丽）

【农贸市场监管】 2017年，无棣县按照高起点规划、高标准建设的原则对老区菜市场进行改建，新建仿古式建筑，科学设置销售摊位，统一牌匾标识。严格落实食品安全管理制度，完善食品检测室建设，派驻驻场监管人员，农贸市场食品安全长效管理机制逐步完善，食品业户经营行为得到全面规范。

【健康产业展会活动】 2017年7月，2017年，无棣县举办“健康无棣·滨州行——颐养悦生汇”活动，万德酒业、十里香等企业参加，取得良好效果。8月，组织12家健康产品企业参加第22届世博威·中国国际健康产业博览会，促成中农晟桑有限公司与外商达成合作意向。

（田雪丽　李大海）

招商引资

【概况】 2017年，无棣县围绕“大招商、招大商”，坚持产业链招商、专业招商、精准招商、以商招商，改善投资环境，营造浓厚招商氛围，全县招商引资工作保持良好态势，全年实际利用县外资金82亿元。

【招商政策制定】 2017年3月，无棣县委、县政府召开招商引资大会，对全县招商引资工作进行全面安排部署，压实各级招商引资责任。制定出台《关于进一步加强招商引资工作的实施意见》《关于进一步强化投资项目联审联批联察工作机制的意见》《关于修改完善全县招商引资考核办法的通知》《关于下达2017年招商引资目标计划的通知》等一系列文件，全面分析国家在土地、税收、财政金融扶持等方面的相关政策，在法定权限范围内，出台符合无棣实际的招商引资激励政策，进一步降低企业投资和运营成本，营造招商洼地。学习借鉴先进地区招商引资考核办法和经验，进一步完善《无棣县招商引资工作考核办法》，在招商落户项目个数上增加激励措施，加大经费补助力度，并在招才引智方面提出明确标准和要求。

【招商活动开展】 2017年，无棣县强化信息搜集和追踪落实，加强与各类协会、办事处和大企业集团的联系，发挥驻外窗口作用，建立起辐射发达地区的招商网络。坚持“捕捉信息、积极联系、登门洽谈、实地考察、巩固跟进”五步法，加强“一对一”“点对点”定向定点招商，精心筛选，精准对接，促成项目落地。县级领导干部带头外出招商，先后赴北京、天津、河北、内蒙古、广东、上海、江苏、浙江、新疆、深圳、西安等地开展项目对接。积极参加中央、省、市组织的各类招商推介活动，先后参加在上海召开的滨州市长三角招商推介会、在济南召开的中国民营企业500强年会和第九届华商企业科技创新合作交流会。邀请云南红塔集团、上海保集集团、上海棕榈旅游开发公司、中国环球网等单位到无棣考察。

【招商项目引进】 2017年，无棣县外出招商260人次，邀请外商到无棣考察130人次，对接项目54个，达成意向22个。河北鑫港海源物流有限公司输油管道工程项目总投资7亿元，建设规模为原油输送量2200万吨/年，项目达产后年可实现税收5000万元；无棣沃达化纤科技有限公司年产10万吨再生涤纶差别化纤维项目总投资4.1亿元，项目达产后年可实现税收2210万元；山东泰科电气有限公司充电桩及电力器材项目总投资3亿元，建设6万平方米生产厂房及基础配套设施，项目达产后年可实现税收2000万元；北京美嘉腾装饰材料公司投资1.7亿元的展柜生产项目，项目达产后年可实现税收5000万元。

【招商环境营造】 2017年，无棣县进一步改善投资环境，营造洼地效应，增强招商引资吸引力，建立投资项目联审联批联察工作机制。制定出台《关于进一步强化投资项目联审联批联察工作机制的意见》，明确项目联审联批范围、工作流程、时限要求等，在充分考虑环保、安全、节能、土地等方面的基础上，将项目的落地政策咨询改为集中落地评审。创新“专人代办服务、同步办理、限时办结、统一反馈”模式，提升审批效率，缩短审批时限。全年分4批次对新引进的“晟蒙”SMXT无机保温板、锐恒工业化住宅、龙达塑料色母粒等15个项目进行落地评审论证，其中10个项目通过评审落户，投资额达40亿元。无棣县联审联批联察的做法在《滨州日报》《滨州市招商动态》《无棣大众》等多次刊发，受到社会各界好评。

【项目建设督导】 2017年，无棣县对落户的外商投资项目，有针对性地成立由县级领导任组长，有关园区、镇街和部门为成员的项目推进机构，落实好“五个一”保姆式跟踪服务机制，做到招商项目落地快、批准项目建设快、建设项目见效快。实行县级领导分包、有关部门负责、项目单位承办的“三位一体”责任制，配备专门工作人员定期蹲点调研，与项目实行“全天候”“零距离”接触，随时掌握企业发展和项目建设进展情况，完善落实要素保障制度，为企业和项目建设协调解决各种困难。实行半月一督查、一月一调度、一季一通报的定期调度机制。对即将开工项目进行加紧督促，建立招商引资项目档案，搞好投资项目统计工作，查找问题不足，提出对策建议，确保项目建设顺利推进。

（付青华）

交通·邮政·电力

公路建设

【概况】 至2017年底，无棣县域高速公路通车里程达52.27公里，其中，荣乌高速46.17公里，滨德高速公路无棣段6.1公里。国、省干线公路通车总里程219.96公里，其中国道205线19.16公里，省道大济路72.65公里，新海路43.88公里，东张路34.51公里，东滨路49.77公里。无棣县农村公路总里程1834.5公里，其中县道133.9公里，乡道184.9公里，村道1515.7公里。

2017年无棣县干线公路一览表

表35

路线名称	路线全称	路线编号	行政等级	起止地点	起止桩号	路线长度（公里）	技术等级	里面宽度（米）	车道数
荣乌高速	荣成—乌海	G18	国道	沾化北陈村至无棣县姬家	570.986-574.01	3.02	高速	23.5	4
				邓王互通至无棣小泊头	576.003-619.146	43.14		28	6
				小计		46.17			
长深高速	长春—深圳	G25	国道	邓王互通至无棣小泊头	1204-1247.123	重合荣乌	高速	28	6
滨德高速	滨州—德州	S12	省道	沾化界至阳信界	5.847-11.947	6.1	高速	23.5	4
山深路	山海关—深圳	G205	国道	庆云界至阳信界	475.101-494.256	19.16	一级	21	4
东滨路	滨州港—滨城	S237	省道	滨州港至沾化界	0+000-49.765	49.77	一级	24	4
大济路	大口河—济阳	S239	省道	大口河至埕口	0+000-24.750	24.75	二级	9	2
				埕口至大山	24.750-33.135	8.39	一级	23	4
				大山至无棣	33.135-59.600	26.47	一级	18	4
				无棣至阳信界	59.600-71.848	12.25	一级	24	4
				埕口至河北界	179.959-180.761	0.8	一级	12	4
				小计		72.65			
东张路	东风港—张连普	S311	省道	东风港至东滨路口	0.000-7.800	7.8	一级	24	4
				东滨路口－北海新区	7.800-15.000	7.2	一级	40	8
				北海新区至张连普	15+000-34+513	19.51	二级	12	2
				小计		34.51			
新海路	新河—海兴	S320	省道	秦口河至海兴	210.279-254.156	43.88	二级	15	2

2017 年无棣县县乡村公路一览表

表 36

路线编号	路线名称	行政等级	技术等级及里程（公里）				
			合计	二级	三级	四级	等外
	全县合计		1807.4	87.4	95.5	1622.7	1.7
	县道合计		133.8	69.13	8.75	55.86	—
X002	蔡古路	县道	28.8	18.63	—	10.1	—
X003	信河路	县道	24.87	24.87	—	—	—
X017	车泊路	县道	23.29	1.73	—	21.56	—
X018	棣邓路	县道	17.1	7	5	5.1	—
X019	柳河路	县道	31.6	12.5	—	19.1	—
X020	孙岔路	县道	8.15	4.4	3.75	—	—
26 条	乡道合计	乡道	185.1	7.21	49.65	128.24	—
		专用路	25.5	—	—	25.5	—
	农村公路	村道	1463	11.03	37.1	1413.09	1.7

【重点项目建设】 2017 年 11 月，完成总长 23.58 公里，投资 4.94 亿元的 S239 大济线大口河至埕口段改建工程，工程全线采用双向四车道一级公路标准，路基宽 24.5 米，设计时速 80 公里，工程自 2017 年 6 月 10 日开始施工，11 月份竣工通车。2017 年底完成 S320 新海线无棣段大修工程，工程全长 43.76 公里，二级公路，路基宽 16.5 米，路面宽 15 米，投资 1.9 亿元，工程自 6 月 3 日封路施工，年底竣工通车。G205 山深线无棣绕城段工程，全长 21.26 公里，采用双向四车道一级公路标准，设计时速 80 公里，路基宽 25.5 米，预算总投资 6.03 亿元，项目于 7 月 9 日签订施工合同，8 月 30 日项目部全部进场，计划 2018 年底建成通车。协助市公路局做好秦滨高速公路无棣段工程建设，工程总长度 36.05 公里，双向四车道，设计时速 120 公里，征地总面积 3336.07 亩。工程建设平稳有序推进。协助上级部门做好 G228 丹东线滨州段工程（沿海高等级公路），工程采用一级公路标准，工程完成社会资本方招标，成为全省首个正式签约的普通国省道 PPP 项目。

省道大济路树木补植 （供稿 贾永敏）

G205 山深线无棣绕城段改建工程。 2017 年 11 月 5 日，无棣绕城段改建工程正式启动。工程推荐方案线路长 21.14 公里，其中新建 12.32 公里，加宽改造蔡河路 6.06 公里，改造利用 S519 约 2.76 公里。工程计划 2018 年 5 月底完工。

【公路养护】 干线公路养护。县公路部门坚持建、养、管并重，开展精细化、预防性道路养护，加大资金投入，完善管养机制，重点做好日常养护工作，养护质量不断提高。2017 年，维修伸缩缝 30 米，维修护栏 1000 米，更换道口桩 900 根，维修边沟 250 米，维修路缘石 800 米，更换标志牌 40 块，完成路面挖补 3048 平方米、刷油 40417 平方米、灌缝 43000 平方米、贴缝 30000 平方米、铣刨 14370 平方米，确保沿线公路设施完善、技术状态良好。按时间节点完成国省道绿化补植及新植工程。2017 年，补植白腊 7678 株、小龙柏 4000 株、扶芳藤球 200 株、黑松 1050 株，新植格桑花 64000 株，并做好后期抚育及病虫防治工作，进一步提升公路绿化美化水平。做好桥梁管理工作，落实桥梁养护"四个一"，加强日常巡查力度，确保桥梁安全。2017 年，对东张路小开河桥进行危桥改造。

县乡村公路养护。县交通部门创新农村公路养护管理新模式，建立"政府出资、养护公司负责养护、交通运输局负责监督考核"的体制，将连村路纳入环卫一体化集中管理，形成县、乡、村路网全覆盖、无缝隙、网格化管理的新模式，9 月 30 日 2 家养护企业、88 名养护员全部到岗到位开展工作。打造拥有自主知识产权的"无棣智慧交通（互联网 + 农村公路养护）"APP，实现公路路况、维修、养护实时传送。农村公路养护管理方面的新经验、新做法，得到交通运输部的关注，10 月 28 日，无棣县交通运输局作为全国唯一一家基层单位代表，在全国农村公路管理培训班上作经验交流。经验以专报的形式上报省委、省政府，副省长王书坚作出批示。

公路交通管理

公路管理

【路政管理】 2017 年，无棣县公路部门加强路政管理，全年查处路政事案 50 起，回收路产损坏赔偿费 33.91 万元，巡查里程 160857 公里，依法审批涉路工程 2 件，收取国有资源有偿使用收入 10 万元。开展违法涉路经营清理整治活动，全年针对沿路洗车加水点、流动摊点开展联合执法活动 5 次，清理乱搭乱建 45 处、违法非公路标志 10 块、经营摊点 90 余处、堆积物 50 余处，全面遏制非法涉路经营，提高国省道畅通水平。开展国省道路域化工产业安全隐患排查、危化品和金属高温液体运输整治等专项行动，有效维护路产路权，确保道路安全畅通。加强散煤清洁化治理，在进出县域国省道口设立检查站，加大查处力度，防止不符合标准的煤炭进入县内市场。加强公路抛洒治理，对运输沙石、煤炭、渣土等散装材料的车辆采取覆盖措施，发现抛洒污染现象及时制止，责令整改。开展法律法规宣传活动，以"路政宣传月"活动为契机，开展公路法律法规宣传。全年出动宣传车 136 台次，散发宣传品 15000 余份，沿街悬挂宣传标语 20 幅。加强学习培训与考核，开展路政执法队伍整顿及大练兵活动，每月用 1 天的时间进行理论业务知识集中培训，推进业务培训工作科学化、规范化、制度化，打造"反应迅速、装备精良、规范执法、文明服务"的路政品牌。

【公路环境治理】 2017 年，无棣县公路交通部门把公路沿线环境综合治理与美丽乡村建设、城乡环卫一体化、违建拆除、省级卫生县城复审、"四好"农村路创建相结合，打造"畅、安、舒、美"的路域环境。县公路部门开展"国省道扬尘治理"和"国省道路域环境综合治理"活动。按照省级卫生县城复审及环保工作部署，加大投入，配备洒水清扫车，对易发生扬尘的路段加大清扫、冲洗频率，确保路面清洁无扬尘。对料场采取覆盖措施，严格落实施工扬尘治理

违法占路经营集中清理 （供稿 贾永敏）

“六个百分百”，同时结合城乡环卫一体化的推进，实施公路沿线环境综合治理，全面提升公路路域环境质量。县交通部门投入机械500余台次，人员1800余人次，调用土方15万立方米，清理杂草500余公里，清理柴草堆7281处，清理各类垃圾1万余立方米，拆除路边违章建筑、危险建筑8000余平方米，清理路肩476公里，切割灌缝20万米，修补坑槽2万余平方米，保障全县国、省、县、乡、村道整洁美观、安全畅通。

【公路安全生命防护工程】 2017年，无棣县公路部门开展安全设施整治提升行动。对全县所辖国省干线公路不符合规范标准的中央隔离开口实施封闭，全面提升安全保障能力。2017年，大济路、新海路安全生命防护工程与大济路大口河至埕口段改建工程、新海路大修工程同步设计、同步建设、同步投入使用。对国省道平面交叉路口、穿城镇等重点隐患路段全面、彻底梳理排查，更新基础台账，列出整改清单，对安保设施遗失损毁的，及时修复，将公路安全设施纳入养护范围，根据公路安全设施使用年限定期维护更新，确保安保设施保持良好技术状况。

【行政效能建设】 2017年，无棣县公路部门以建设“五型机关”为目标，强化服务观念，增强服务意识，提倡文明办公，狠抓制度落实，营造良好政务环境，机关行政效能建设成效明显。组织党的十九大精神和习近平新时代中国特色社会主义思想的学习，提高为民服务的主动性。按照规范化、法制化、科学化要求，完善管理和工作制度。建立分工明确的岗位责任制、服务承诺制，公开服务项目、内容，承诺服务质量和完成时限。全面推行行政执法责任制，进一步理清机关工作职能，提高办事效率。实行政务一次性告知制，并按承诺时限，及时优质完成承办事项。将办事程序公告上墙，明确责任人、办理时限和监督电话，提高机关工作效率。加强对效能建设活动的组织和日常协调工作，发挥效能建设监察员作用，加强内外监督，及时发现和纠正问题。

突发事件应急演练　　（供稿　贾永敏）

交通管理

【交通执法】 2017年，无棣县交通部门做好公路货车超限超载运输整治工作。全年处理超限超载运输车辆1400余辆、卸货1.8万吨，做好客、货运市场整治，聚焦重点区域、重点时段，不定期开展打击黑出租专项整治行动，查出黑出租43辆，收缴非法营运标志50个；取缔不符合要求的运输企业4家。

【交通安全管理】 2017年，无棣县公路部门完善管理制度，健全安全体系，落实安全生产“一岗双责”制，全员签订安全目标责任状。加强日常安全隐患排查，抓好重点时段和重点环节安全工作。积极开展“安全生产月”“安全连万家，平安你我他”等主题活动，利用电子屏、宣传栏、条幅等工具宣传安全知识。依法进行全员安全培训，提高安全工作水平。加强应急管理，提高应急响应能力。修订完善各类应急预案，加强应急队伍建设和应急物资储备，开展应急预案培训，定期进行预案演练，提高应急响应和处置突发事故的能力，公路安全形势持续稳定。

县交通部门抓好危险化学品运输企业安全生产，开展危化品运输企业安全隐患“大快严”整治行动，对全县11家危险品运输企业和331辆危险品车辆严格检查，做到“一企一档”“一车一档”，对每一部车辆拍照存档，危险品车辆647名从业人员全部进行专业技能考试；对市、县联合检查组检查发现的120项隐患，逐条逐项，销号管理，限期整改，全部隐患整改到位。

【“四好”公路示范县创建】 2017年，无棣县交通部门做好“四好农村路”示范县创建工作，县交通部门从小修、养护、路域环境等方面入手，争创“四好农村路”示范县，被推荐为2018年省级“四好农村公路”示范县，成为全省27个示范县之一，在此基础上，积极争创国家级“四好农村路”示范县。

交通运输业

【概况】 2017年，无棣县有营业性机动货运车辆970辆，出租车218辆，城区公交车78辆，公交线路5条，城乡公交车71辆，公交线路14条，城际公交车19辆，公交线路2条。有客运企业5家，等级客运站场1处；各类汽车维修业户24家，其中一类维修企业1家，二类维修企业13家；全县已许可驾校4家。

【城区公交】 2017年，无棣顺达公交有限公司有人员63人，其中管理人员14人，驾驶员49人；车辆76部（其中燃油6部、燃气10部、电动60部），开通线路5条，运行线路优化升级，日均运营里程6600公里，实现县城区域内15分钟公交圈。优化线网布局，针对新建校区和社区，优化线网结构，合理规划路线，适时增加公交线路和站点，实现全方位覆盖；对偏远区域做线路延伸，力求做到走向更合理，市民乘坐和换乘更方便。

2017年无棣县城区公交线路一览表

表37

线别	起始站	途经站点	发车时间
1路公交车（13.6公里）	新车站—公交南站（老车站）（共25站）	新车站—朝阳家园—职专—三实—广电大厦—政务中心—丽景庄园—馨宇小区—瑞泰美景—泰和苑—水榭花都—恒丰国际（馨安小区）—盛世嘉园—商贸城—中医院—海丰办—老县医院—防疫站—市政—工行—人民广场（一实）—农行—新世纪超市—龙腾花园—公交南站（老车站）	夏 6:35——8:05 冬 6:35——17:35 每15分钟一班
2路公交车（12公里）	新车站—馨园小区（共20站）	新车站—朝阳家园—馨怡社区西门—明湖小区西门—彩虹小区南门—新区医院—杏林家园西门—滨海华庭西门—政务中心东—政务中心西—恒丰国际—文化中心（盐百购物中心西）—阳光家园西门—信誉楼（二中）—老职专—工行—比特达大厦（老民政局）—教育局（鑫通驾校）—公交南站（老车站）—馨园小区	夏 6:40——18:10 冬 6:40——17:40 每15分钟一班
3路公交车（15.2公里）	新车站—公交总站（运管处）（共30站）	新车站—朝阳家园—职专（三实）—湖左岸—彩虹小区西门—新区医院—杏林家园西门—滨海华庭西门—政务中心东—政务中心西—交通大厦（国土大厦）—棣州大街西首—转盘—中医院—海丰办—老县医院—步行街—新世纪超市—龙腾花园—公交南站（老车站）—教育局（鑫通驾校）—老广电局—安康医院—国税局—城区派出所—田园小区—金羚华府—7天优品酒店—热电厂—公交总站（运管处）	夏 6:30——18:00 冬 6:30——17:30 每15分钟一班
6路公交车（10.5公里）	清华园学校—公交总站（运管处）（共22站）	清华园学校—新车站—朝阳家园—馨怡社区西门—明湖小区西门—彩虹小区南门—新区医院 -- 盐百购物中心—镜湖公园—盛世嘉园—信誉楼（二中）—老职专—市政—防疫站—步行街—农行—人民广场(一实)—联通公司—电信公司—7天优品酒店—热电厂—公交总站（运管处）	夏 6:35——18:05 冬 6:35——17:35 每15分钟一班
7路公交车（15公里）	新车站—公交南站（老车站）（共25站）	新车站—明湖小区北门—东方花园—滨海华庭南门—杏林家园西门（新区医院西）—阳光家园东门（盐百东）—鲁北通力国际商贸城—和顺汽车（上海大众）—金羚华府—海丰派出所—盛隆家园—信誉楼（二中）—中医院—锦绣城—北海电力（海丰医院）—华龙食品—荣昌站—一中（馨韵小区）-- 古城北门—老县医院—步行街—新世纪超市—大觉寺（古城南门）-- 第三初级中学—公交南站（老车站）	夏 6:30——18:00 冬 6:30——17:30 每15分钟一班

【城乡公交一体化】 2017年，无棣县有电动新能源公交车66辆，实行公车公营管理模式，开通并延伸公交线路，提高公交覆盖率和可达性。全县公交车达到101辆，公交线路18条。2017年完成公交候车亭（站）建设35个、招呼牌设置350余个。

【出租车】 2017年，无棣县有出租车公司2家，分别是无棣县顺达交通运输服务中心、无棣县永兴出租有限公司。2017年，县交通运输局按照国家、省、市有关客运出租汽车行业管理的法律法规、规章办法和制度，加强县内出租汽车日常管理和监督检查工作，及时查处和制止扰乱出租汽车市场的行为，及时受理出租汽车经营者在运营中发生的服务质量投诉、举报，开展出租汽车行业质量信誉考核，加强客运出租行业服务质量、经营行为和车容车貌的监督、检查，与物价、市场监管部门联合对客运出租汽车运价、客运出租汽车计价器的使用情况进行监督。

2017年无棣县出租汽车企业一览表

表38

名称	车辆数
无棣县顺达交通运输服务中心	208
无棣县永兴出租有限公司	10

【客货运输】 2017年，无棣县公路客运量313656人次、旅客周转量6586.27万人公里。县交通运输管理部门在汽车站设立驻站管理办公室，配备4名驻站人员加强对客运车辆的安全检查，加大对站外黑出租的打击力度，妥善处理好客运车辆纠纷和旅客投诉案件。圆满完成2017年度"十一"黄金周、春运等节假日期间旅客运输保障工作。对全县43辆班线客车进行年度审验。完成对全县1家客运企业的质量信誉考核工作。2017年，完成公路货运量828万吨、货运周转量116748万吨公里。2017年，水路运输和港口生产稳步发展，港口吞吐量909万吨，货物周转量5480万吨公里。

铁路 港航

【铁路建设】 2017年，铁路建设投入资金3.7亿元，黄大铁路建设稳步推进，滨港铁路二期工程建设顺利进行，沧港铁路鲁北支线项目签订框架协议，展开方案研究。

【港航管理】 2017年，无棣县有航运公司1家，港口企业6家。一千吨级散货码头4家，三千吨级散货码头2家。国内省际航运公司有山东荣福航运有限公司1家，运输船舶4艘，总运力11455载重吨。

2017年，套尔河港区取缔非法卸砂点1处4家，查处超航区运营船舶1艘。大口河港区取缔非法卸沙点6家，协助边防派出所拆解无出海手续的船舶电子图2个。非法卸砂点堆存的砂石料全部清理，罚没收入35万元。港口环保设施建设高标准完成。按照《滨州市大气和水污染防治技术导则》要求，督促全县6家港口企业严格按照标准建设配备环保设施，布设10米高防尘网2600延米，堆场和港区道路硬化1000米，配备雾炮、喷洒系统、沉淀池、洗车台、清扫车和扬尘检测系统，货物全部用覆盖网苫盖，港口码头大气和水污染得到有效防治。

（贾永敏 杜承燕）

铁路建设 （供稿 杜承燕）

邮 政

【概况】 2017年，无棣县邮政行业业务总量累计完成2.56亿元，同比增长19.3%；业务收入累计完成3573万元，同比增长9.01%。全县快递服务企业业务量累计完成49.2万件，业务收入累计完成255万元，同比净增88.36%。其中电商小包46万件；全年累计投递包裹快件54.75万件。

【行业转型升级】 普服提质增效。构建形成覆盖全县、网络共享、功能集成的邮政普遍服务网络，至2017年底，建制村实现村村直接通邮，邮政普遍服务满意度位居全县公共服务前列；缩短农村地区邮政普遍服务邮件寄递时限，提升城市地区投递服务水平及功能适应性和城乡均衡性；创新邮政普遍服务提供方式，推动建立社会参与和分工协作机制；整合村邮站、邮政三农服务站、便民服务站等服务设施，叠加服务功能，推动建立邮政综合服务平台；修订邮政普遍服务标准，实施邮政普遍服务均等化水平，提升工程和农村电商邮政寄递网工程。

快递转型升级。构建形成普惠城乡、安全高效的快递服务网络；推动行业向更加注重科技进步、劳动者素质提高、管理创新的质量效益型发展转变；拓展产业链、供应链和服务链，向综合性快递物流运营商转型；加强物联网、移动互联网、大数据技术应用，服务线上线下互动消费；打造“工业品下乡”“农产品进城”双向流通渠道。

行业绿色发展。推广环保应用。促进邮件快件包装的减量化、绿色化和再利用，企业设计应用新型包装、简约包装，推广使用电子运单，企业使用环保包装袋及填充物，减少塑料胶带使用量，加强包装废弃物的回收处置管理，建立健全快递包装回收体系。推动节能减排。在干线运输环节，企业统筹运用铁路、公路、民航和水路等多种运输方式，促进结构性减排；在中转运输和末端配送环节，推广使用新能源车辆。企业优化生产作业流程，推广使用中转箱、笼车等设备，提升作业效率。推广应用节水、节电、节约材料等技术工艺和产品装备。

【寄递安全监督】 2017年，无棣县邮政公司严格执行《山东省邮政行业安全生产主体责任规定》《山东省邮政行业安全生产规范化管理指导手册》的有关规定，加强寄递安全社会普法宣传，组织寄递企业进行安全培训，开展安全隐患排查整治和危化品寄递专项整治。完善应急管理体系，全县组织寄递企业安全培训16次、应急演练10次。圆满完成全国“两会”、G20峰会、“双11”期间寄递安全保障任务。配备安检机1台，联合综治、公安、安全等部门认真落实“收寄验视+实名收寄+过机安检”三项安全制度。

【基础能力建设】 2017年，无棣邮政建成县级电商运营中心1个、村级电商服务站330余个。各镇街、重点村庄邮政快递网点实现全覆盖，镇街网点覆盖率100%。至2017年底，全县有员工178名，邮路4条，投递段道38条，邮路总长度250公里，全县所有行政村均实现村村通邮。全县有投递员40名，服务行政村594个，服务人口44余万人。

（张廷磊　刘金峰）

电　力

【概况】 国网无棣县供电公司是国有中型（二）供电企业，在册职工230人，担负着无棣县11个镇街、571个行政村、43万人的供电任务，供电区域1357平方公里。公司下设办公室、党建工作部、党委组织部、发展建设部、财务资产部、安全监察质量部、监察审计办公室、电力调度控制分中心、综合服务中心9个职能部室，运维检修部（检修工区）、营销部（客户服务中心）2个业务支撑和实施机构，海丰、棣丰、信阳、车镇、大杨、大山、小泊头、柳堡、西小王、庞集10个供电所。有110千伏变电站8座、35千伏变电站9座，主变总容量96.49万千伏安，110千伏线路18条总长262.23公里，35千伏线路17条总长180.59公里，10千伏线路74条总长1833.89公里。2017年完成售电量10.29亿千瓦时，同比提高8.2%；平均电价635.79元/千瓦时。综合电压合格率99.91%。供电可靠率99.92%。

供电工程施工　　（供稿　徐玲玲）

2017年，县供电公司通过省级精神文明单位复审，公司党委获评省公司先进基层党委。

【电网发展】 2017年，无棣县供电公司开展县域电网诊断分析，完成“十三五”电网规划滚动修编，顺利通过省公司审查。完成10期中低压项目可研评审，争取项目储备资金1.3亿元。

2017年取得星湖、高王、大赵等7项输变电工程可研批复及项目核准；完成工业园站、曾家站增容及店子输变电工程，年内累计投资8677万元。完成中心村项目1个、常规项目11个、大修技改项目57个，改造贫困村107个，累计投资1.3亿元，农村户均配变容量提升至1.78千伏安。10千伏配网绝缘化率87%、互联率82%，台区停电次数同比减少58%。完成动力电不足、机井通电项目改造工程。完成2条过境特高压线路建设属地化。具体实施项目：工业园110千伏变电站1号主变增容工程，总投资1336万元，年内投资1336万元，更换主变及站内设备；东黄110千伏变电站主变增容工程，总投资5239万元，年内投资2000万元，更换主变及站内设备；曾家35千伏变电站主变增容工程，总投资352万元，年内投资352万元，主变增容20兆伏安，扩建6个10千伏间隔；店子110千伏输变电工程，总投资6989万元，年内投资4989万元，新建110千伏线路42.6公里，安装2台主变压器及站内设备；农网工程，总投资1.3亿元，年内投资1.3亿元，新建10千伏线路267公里、0.4千伏线路120公里，安装配变342台。

【电网安全运行】 **输电专业**。以防外破，控跳闸为目标，严格落实市公司《输电线路跳闸专项整治行动方案》工作部署，将大型机械普查、通道治理，隐患歼灭战等工作落实到位，全面完成“三跨”治理，积极协调市公司完成海丰站35千伏配出工程建设，消除35千伏付台站单线、单电源隐患，超额完成市公司预控的无棣输电线路跳闸5条次以内的目标。

变电专业。以抓反措，提健康为目标，结合改扩建工程的实施，全面完成110千伏东黄、工业园站精益化改造；完成35千伏柳堡、付台站综自系统改造、35千伏信阳站隔离开关、断路器更换等8项技改工程。在信阳站试点安装智能通风系统，逐步开展局放、在线监测等监控手段，确保年度变电设备“零”故障运行。

电力运行监测 （供稿 徐玲玲）

配电专业。以牢基础、规范化为目标，对巡视、消缺流程进一步完善并固化，同时加强监督考核机制，各项工作落实到位，做到有迹可查。

【配网运维】 2017年，无棣县供电公司按照《无棣县供电公司2018年电网提质实施方案》要求，全面消除线路、设备无标示或标示不清隐患。制定集束线、老旧无钢芯裸导线及未改造台区改造升级计划，并逐步实施，彻底消除因集束线家族性缺陷造成的安全隐患，解决剩余0.4千伏老旧无钢芯裸导线故障频发现象，提升未改造台区供电可靠性和电能质量。积极开展县城中心区及经济开发区电缆线路路径普测，有效降低电缆外破事件发生。完成4000基预应力水泥杆更换，逐步消除电网本质缺陷。全面完成中低压改造及各项大修、技改工程，10千伏配网联络率达100%，互供能力提升至40%以上，主干线绝缘化率达90%。户均容量提升至2.18千伏安，使因光伏接入造成的重过载处于可控状态，低压客户居民电压合格率维持在99.97%，彻底消除低电压。

推行带电作业。县供电公司巩固带电作业能力，提炼10千伏配电线路全线带电检修经验，完善各所具备带电作业资格人员与配电班配合工作流程，形成以供电所独立完成地电位作业，配合配电班完成等电位作业的工作模式。完成不低于1800次带电作业任务，最大程度避免台区停电，减少频繁停电投诉及报修工单的发生。

提高运维质量。县供电公司持续

推进"五个一"标准化抢修，创星级抢修站点。提高运维质量和标准，保证抢修数量50%的降幅。规范供电所运检管理的各项规程、标准，明确专业工作清单，解决供电所运检能力不足问题，确保专业工作末端融合，有效落地。

【安全生产】 2017年，无棣县供电公司落实《中共中央国务院关于推进安全生产领域改革发展的意见》《国网公司安全职责规范》及公司《强化本质安全提升工作实施方案》，突出预防为主、源头治理和过程管控，推进、深化本质安全管理。严格落实各级安全责任，抓好到位监督、查禁违章、统计考核、健全机制4个关键环节，编制岗位责任清单模板，逐级细化各级安全责任书、安全承诺书内容，明确各个层级、每个岗位责任清单，签订安全责任书245份。

开展春季、秋季电力设施保护行动，配合市公司开展电力设施和电能保护集中宣传活动，沿途张贴沿途发放《山东省电力设施和电能保护条例》《电力线路常识解答》《坚持警企联手建设平安电力》宣传挂图等宣传材料14000余份，现场答疑400余人次。

做好施工现场的安全监督，严格现场"三抓一查"，管理人员到位监督450人次，查处违章54起。创新实行安全计分制，达到红线"一票否决"。编制现场安全口诀，强化安全"生命线"意识。组织施工队伍参加安全大讲堂2次，严格执行考评上岗制度，不断提高外包队伍安全能力。

【经营管理】 2017年，无棣县供电公司完成售电量10.29亿千瓦时，同比提高8.20%。完成综合销售电价639.68元/千千瓦时，同比提高12.63元/千千瓦时，电量电价均完成合同指标。

县供电公司逐一摸排县域内4个重点园区，按照"一园一策"原则制定园区风险预控措施。全面推行业扩全流程管控平台应用，实现业扩报装"零障碍"接入和"限时办结"。全年送电11.68万千伏安，同比增长8.8%。开辟光伏并网业务"绿色通道"，支撑精准扶贫政策实施，全年并网光伏发电1449户21753千瓦。积极协调完成企业"煤改电""油改电"项目，超额完成电能替代指标任务，在全市率先完成县级城区公交快充站建设，实现入网运营。

组织开展自有电子服务渠道推广活动，打造全天候网上营业厅，电e宝、掌上电力、彩虹营业厅等自有电子服务渠道覆盖3.7万户，综合注册率居全市前列。开通"同城异地"受理、线上办电、工作协同等功能，进一步拓宽服务渠道，客户服务感知度明显增强。开展营销管控措施60条全员普考，编制《营业厅常用知识一百问》，提高营销人员业务技能和"一柜通"服务效率，持续开展"无投诉"供电所（营业厅）创建活动，狠抓服务违约治理，营销服务投诉持续下降。依托营销服务创新工作室，常态化开展营销服务人员技能培训，不断提升营销服务工作水平，获得市公司营销服务"双十佳"技能竞赛团体二等奖，营销服务普调考全市第1名。

【人才队伍建设】 至2017年底，无棣县供电公司有国网公司十大专业领军人才1人，省公司级专家人才后备1人，地市公司级专家人才6人，地市公司级专家人才后备5人；本科及以上学历119人，专科51人，中等职业教育28人，高中20人，初中及以下12人；高级职称11人，中级职称24人，初级职称147人；技师114人，高级工69人，中级工1人，初级工3人。人才当量密度0.9936，高技能人才比例88.89%。

【党建工作】 2017年，无棣县供电公司落实全面从严治党要求，深入推进"两学一做"活动常态化、制度化，落实党委理论中心组学习、"三会一课""主题党日"等制度，创新性开展十九大精神大学习、大宣讲、大落实工作，深化对十九大精神习近平新时代中国特色社会主义思想的学习和

电力职业技能大赛 （供稿 徐玲玲）

理解。夯实党建基础，创新实施四项党建基础工程。实施“筑堡垒”“壮筋骨”“严履责”“强引领”工程。深化党风廉政建设，加强《履责工作手册》应用，严肃党内政治生活。落实中央“八项规定”精神，严防“四风”问题反弹。加大廉政约谈力度，累计约谈32人，超前预防业务风险。运用监督执纪“四种形态”，发送廉政提醒信息600余条次，组织开展6次明察暗访，充分发挥纪检员和监督员作用，不断强化廉政督查。

【大唐鲁北发电有限责任公司】 大唐鲁北发电有限责任公司注册资金5.4亿元，由大唐山东发电有限公司与山东鲁北企业集团总公司分别按70%和30%的投资比例共同组建，主要从事发电及电量营销、配煤掺烧、对外供汽等，拥有2×330兆瓦发电机组装置，可供蒸气量350吨/小时。2017年实现总产值10.9亿元、税收4376万元。

2017年无棣县供电营业网点一览表

表39

序号	营业厅名称	营业厅地址	营业时间
1	国网山东无棣县公司中心供电营业厅	无棣县中心大街109号	工　作　日：09:00-17:00 周　休　日：09:00-17:00 法定节假日：09:00-17:00
2	国网山东无棣县供电公司海丰供电所营业厅	无棣县富路大街90号	工　作　日：09:00-17:00 周　休　日：09:00-17:00 法定节假日：09:00-17:00
3	国网山东无棣县供电公司棣丰供电所营业厅	无棣县中心大街102号	工　作　日：09:00-17:00 周　休　日：09:00-17:00 法定节假日：09:00-17:00
4	国网山东无棣县供电公司信阳供电所营业厅	无棣县信阳镇信阳一路	工　作　日：09:00-17:00 周　休　日：09:00-17:00 法定节假日：09:00-17:00
5	国网山东无棣县供电公司车镇供电所营业厅	无棣县车王镇大济路西侧，车镇交管所以北50米车镇供电所	工　作　日：09:00-17:00 周　休　日：09:00-17:00 法定节假日：09:00-17:00
6	国网山东无棣县供电公司大杨供电所营业厅	无棣县车王镇张连普西侧500米	工　作　日：09:00-17:00 周　休　日：09:00-17:00 法定节假日：09:00-17:00
7	国网山东无棣县供电公司大山供电所营业厅	无棣县碣石山镇大济路东侧大山供电所	工　作　日：09:00-17:00 周　休　日：09:00-17:00 法定节假日：09:00-17:00
8	国网山东无棣县供电公司西小王供电所营业厅	无棣县西小王乡疏港路与新海路交叉口	工　作　日：09:00-17:00 周　休　日：09:00-17:00 法定节假日：09:00-17:00
9	国网山东无棣县供电公司庞集供电所营业厅	无棣县水湾镇棣邓路与水庞路交界处以北200米	工　作　日：09:00-17:00 周　休　日：09:00-17:00 法定节假日：09:00-17:00
10	国网山东无棣县供电公司泊头供电所营业厅	无棣县小泊头镇镇政府驻地以东100米	工　作　日：09:00-17:00 周　休　日：09:00-17:00 法定节假日：09:00-17:00

（徐玲玲　郭崇冰）

城乡建设

城乡规划

【规划编制】 2017年，无棣县完成新一轮《无棣县城市总体规划（2016—2035年）》编制，在全省率先通过省住建厅大纲评审。启动《控制性详细规划》和《新区中心轴城市设计》编制工作，编制单位完成初步方案。完成《海绵城市》和《地下管廊》专项规划，并批复实施。

【规划管理】 2017年，无棣县召开专家评审会7次、规委会4次、项目审批会20余次，联审各类审批事项260余个。发放建设用地规划许可证35件，总用地面积85.76公顷。发放建设工程规划许可证42件，总建筑面积425348.52平方米，市政管网97公里，输电工程92.88公里。全年完成竣工验收项目17个，综合验收项目5个，垫层验线项目72个，基础分部验收项目49个，主体验收项目49个，建筑面积共计712064.3平方米。

【城乡规划行政执法】 2017年，无棣县先后召开城市违法建设治理行动动员会、迎接省级卫生城复审动员暨城市违法建设治理推进会议、城市违法建设集中整治行动动员会议、干部职工自查申报个人违法建设集中整改推进会，对城市规划执行情况进行检查。至2017年12月底，全县城区共核查存量违法建筑面积16.4万平方米，总治理建筑面积25.55万平方米，完成治理总任务的155.71%，超额完成市要求的60%的年度违法建设治理任务。

城市建设

【城市基础设施建设】 2017年，无棣县投资1300万元，完成老城区棣新二路、三路雨污分流改造和道路拓宽工程，改造合流制管道4.6公里，缓解道路拥堵问题，实现排水管道雨污分流。投资1700万元，实施海丰十三路东延（棣新六路至棣新八路）道路配套工程，建设道路长度1.1公里，铺设管道4.4公里。维修老大济路新城区段严重破损道路3600米；对城区29条道路、人行道和86处小区出入口道路进行维修维护；划设人行道停车位3000余个，解决路上乱停车问题。对青波河3100米的河道进行清淤，并调用黄河水补充更换镜湖、荷花湾、青波河、幸福河等城区水系。

【城市路灯亮化工程】 2017年，无棣县实施海丰五路东延、海丰十三路东延、棣新八路北延、大济路部分路口路灯安装工程，共安装路灯100套，实现新老城区主次干道道路照明全覆盖，城市道路照明装灯率达到100%。针对部分道路路灯灯杆老化锈蚀严重、存在隐患、路灯达不到照明效果的问题，对灯杆、灯头进行改造，保证照明设施完好率95%以上。增加景观效果和照明效果，对镜湖公园、人民广场破损的园灯进行升级改造，在主要出入口安装大型景观灯，

2017年10月12日，全市清洁能源改造现场会召开　　（摄影　刘婷）

更换安装园灯 88 套，景观照明设施完好率 90% 以上。美化城市景观，实施新区镜湖公园及府前河区域、城市桥梁系统、古城景观系统亮化美化，对主要景观点、水体、典型建筑物、行道树进行亮化装饰。在城区 2 条道路安装远程控制系统，600 盏路灯实现智能控制，可以通过手机、电脑控制路灯开关，调整亮灯时间，以及对用电量和线路故障的监测，路灯管理逐步走向智慧化、精确化和科学化。建立夜间巡查、白天维修维护、每月集中检修的日常管理机制，重要路段照明设施重点监控、专人巡逻。利用微信平台随手拍，及时发现隐患，消除故障，确保路灯主干道亮灯率 98% 以上，次干道支路亮灯率 96% 以上。

【城市供热】 2017 年，无棣县新铺设、改造供热管网 4.8 公里，新增用热面积 49.5 万平方米。严格执行新建建筑供热计量管理办法，新建建筑热计量装置安装率 100%。

【便民公厕建设】 2017 年，无棣县采取“新建一批、改造一批、提升一批”的方式，先后投入资金 1500 万元，新建、改建公厕 23 座。县城区对外开放使用的市政公厕有 42 座。主次干道平均每 1000 米有一处公厕。每个公厕均安排专人保洁管理，设置防蝇、防蚊、防鼠设施，内外环境干净整洁。解决城区环卫车辆停放零散、停车难、维护难问题，投资 110 万元，新建环卫车辆停车场 1 处，为环卫车辆提供加油、维修、清洗一站式服务。按照《环境卫生设施设置标准》(CJJ27-2012) 要求，在新老城区 25 条主要道路安装普通垃圾箱 1236 个。

城镇化和村镇建设

【概况】 至 2017 年，无棣县城区规划总面积 27.5 平方公里，常住人口 23.82 万人，城镇化率 58.13%。累计完成农村改厕 85762 户，顺利通过农村无害化卫生厕所改造全覆盖省级验收认定。2017 年完成农村危房改造 1458 户，超额完成年度任务目标。2017 年成功申报埕口镇省级美丽宜居小镇项目。

城区公厕 （摄影 刘婷）

【棚户区改造】 2017 年，无棣县实施老翁陈、时礼村城中村改造项目，涉及居民 510 户，全部签订货币化安置协议。

【住房保障】 2017 年，无棣县公共租赁续租 465 户，发放廉租补贴 288225 元，惠及 168 户低收入住房困难家庭。

12 月底，住建部门通过对住房需求情况进行调查，新城区范围内有可售普通住宅房源 352 套，老城区范围内有可售普通住宅房源 324 套。新城区范围内计划 2017 年至 2018 年开工的普通住宅房源 2368 套，2017 年开工建设 752 套；老城区范围内计划 2017 年至 2018 年开工的普通住宅房源 250 套，2017 年开工建设 130 套，共计 3500 套。

【农村供气工程】 2017 年，无棣县有管道燃气企业 2 家，CNG 加站 11 座，液化气站 2 家。无棣县在全市率先安装数字管网地理信息系统、巡线系统。敷设完成信阳镇至水湾镇次高压管线、城区门站至鲁北支线次高压管线、碣石山镇至小泊头镇中压管线、埕口镇至鲁北工业园区（二期）中压管网、碣石山镇区内中压管网、新海工业园至柳堡、西小王、佘家镇中压管线、水湾镇区中压管网、西港工业园区中压管线。建设完成水湾镇调压计量站、碣石山和水湾镇无人值守站。2017 年新敷设次高压管网 15 公里、中压管网约 100 公里，10 个镇街全面实现通气，佘家调压计量站在建。全长 10.2 公里的中石化银高线无棣支线管线铺设完成，作为冬季清洁取暖工作的一项重要的配套建设，城西门站、中石化输配站和中石油输配站三站合建工程全面开工建设。

2017 年无棣县燃气企业一览表

表 40

1	鲁 201716070001G	燃气经营许可证	燃气经营（管道天然气）	无棣县燃气供气有限公司
2	鲁 201716070002P	燃气经营许可证	燃气经营（瓶装燃气液化石油气）	无棣县港棣液化气有限责任公司
3	鲁 201716070003P	燃气经营许可证	燃气经营（瓶装燃气液化石油气）	无棣县宏达液化气有限公司
4	鲁 201716070004J	燃气经营许可证	燃气经营（汽车加气站 CNG 子站）	滨州国能天然气有限公司
5	鲁 201716070005J	燃气经营许可证	燃气经营（汽车加气站 CNG 子站）	无棣利胜加气有限公司
6	鲁 201716070006J	燃气经营许可证	燃气经营（汽车加气站 CNG 子站）	无棣利胜加气有限公司晟铭分公司
7	鲁 201716070007G	燃气经营许可证	燃气经营（汽车 CNG 加气站）	山东远大经贸有限公司
8	鲁 201716070008J	燃气经营许可证	燃气经营（汽车 CNG 加气站）	山东新洁能燃气有限公司蔡和路加气站
9	鲁 201716070009J	燃气经营许可证	燃气经营（汽车 CNG 加气站）	山东新洁能燃气有限公司滨东路加气站
10	鲁 201716070010J	燃气经营许可证	燃气经营（汽车 CNG 加气站）	山东新洁能燃气有限公司城区加气站
11	鲁 201716070011J	燃气经营许可证	燃气经营（汽车加气站 CNG 标准站）	山东新洁能燃气有限公司
12	鲁 201716070012J	燃气经营许可证	CNG 汽车加气标准站、LNG 汽车加气站	无棣锐恒燃气有限公司
13	鲁 201716070011GJ	燃气经营许可证	燃气经营（管道天然气、汽车加气站 CNG 标准站）	山东新洁能燃气有限公司
14	鲁 201816070013J	燃气经营许可证	燃气经营（汽车 CNG 加气站）	山东新洁能燃气有限公司碣石山加气站

【清洁取暖改造工程】 2017 年，无棣县修编完成《无棣县冬季清洁取暖专项规划》(2017—2035)，按照《滨州市清洁取暖改造实施方案》要求，确定 2017 年清洁取暖改造任务目标为燃煤禁燃区（县城规划区）101 个村 13472 户（其中能够接入集中供热的 185 户，煤改气 13287 户），2017 年全县冬季清洁取暖改造工作整体进展顺利，完成改造 16000 余户，超额完成改造任务；完成村外中压管网铺设 90 公里，村内低压管网铺设 350 公里，中低压管网实现全线贯通，大部分村庄通气。

【城乡环卫一体化】 2017 年 6 月，无棣县制定出台《关于深入推进全县镇村环卫工作的实施方案》，对全县城乡环卫一体化运营办法进行调整完善，总的原则是，在坚持公司化运营模式不变，坚持资金投入来源不变、数额不减的基础上，改变资金拨付方式，压实镇村两级责任，实现责权利的有机统一。由县住建局与保洁公司签订全县的托管协议，各镇街分别与保洁公司签订具体的保洁托管合同，镇街作为合同甲方成立专门的工作机构，会同各管区和各村按照属地管理原则对保洁情况进行监管，并按照考核情况按月拨付托管费用。按照托管资金来源不变、数额不减、上缴下拨渠道不变的原则，把城乡环卫运行经费列入县、镇街两级财政预算，县、镇街、村三级所承担的托管费用及时足额上缴县财政专户，根据县、镇街两级对保洁公司的考核情况定期拨付托管资金。改变垃圾桶购置和管理办法，由镇街统一购置、村居具体管理，每村垃圾桶数量以该村缴纳托管费用的人数（户数）为基数按一定比例配备，所需费用从托管费用中扣除，凡人为损坏或丢失的，由村级负责更换维修，全年更换垃圾桶 5000 多个。调整保洁员配备标准，每村安排保洁员的数量由保洁公司与村级协商后参照该村缴纳托管费用的人数（户数）为基数按合同约定比例予以配备。全县有保洁人员 1479 人（其中保洁员 1361 人，管理员、清运车司机 118 人）。城乡环卫一体化与精准扶贫工作结合，为 200 余个贫困家庭提供保洁工作岗位。保洁公司按合同约定新增 5 台清运车辆，清运车辆达到44部，确保城乡垃圾及时收集清运。

全县日产生生活垃圾310吨左右，其中城区垃圾110吨左右，镇村垃圾200吨左右，生活垃圾及渗滤液全部运至无棣县生活垃圾处理场进行无害化处理，无害化处理率100%。规范垃圾填埋场、中转站运行管理，明确运行规范标准，将垃圾处理场、垃圾中转站运行维护列入每月考核，对发现的垃圾场及中转站存储池不规范、渗滤液排放管损坏造成渗漏等问题，及时通报处理。

城市管理

【城市环境治理】 2017年，无棣县城区有洗扫车4辆，洒水车2辆，雾炮车1辆，高压清洗车2辆。主次干道每天机扫2次至4次，非结冰日洒扫、洗扫4次至6次，县城快速路、主次干路的车行道机扫、洒水率达到90%以上，支路、慢车道、人行道机扫、冲洗率达到40%以上。强化日常清扫保洁，保洁区域内坚持每天2次普扫全日保洁，道路、城区河道可视范围内无明显纸屑、塑料袋等垃圾。

【垃圾收集运输】 2017年，取缔城区23处地下垃圾箱，采用垃圾桶盛装、压缩式垃圾车清运的垃圾不落地清运模式，配套垃圾清运车8辆，餐厨清运车1辆，建立规范的清运管理制度和考核标准，垃圾每天及时清运，做到日产日清。解决县城区建筑垃圾无处倾倒、破坏公共环境的问题，2017年筹建占地面积82.8亩的建筑垃圾受纳场1处，采取填埋的处理方式，总库容量约25万立方，年底投入使用。

【数字化城市管理】 2017年，无棣县推进数字化城市管理信息系统升级改造，完成与市指挥中心的系统对接，系统平台的互联互通，进一步提高城市管理水平和工作效率。指挥中心承办的县公共民生诉求服务电话（6312345）共受理案件143件。12319建设服务热线第一时间受理、派遣、回复机制，做到“管理全覆盖，服务零距离”。执法通手机配备人员115名，实现整个城市规划区域内网格化管理。公安视频监控的接通为市、县平台互联互通提供条件，提高了数字城管处置能力。12319建设服务热线受理案件1650件，巡查员上报案件7446件，处理率均为100%。

环卫机械化作业 （摄影 刘婷）

【园林绿化】 2017年，无棣县投资2500余万元，对原城市苗圃进行提升改造。融入海绵城市理念，实施改造提升，整个园区建设遵循生态为先的原则，利用苗圃南侧120余亩闲置低洼地和垃圾填埋场，内植草沟2.4万平方米，人造湿地4万平方米，水花园0.3万平方米，开挖湖面2.6万平方米，对1200米水系沟渠进行清淤，完善水系建设，蓄水总量7.5万立方米。融入现代园林理念，实施改造提升，突出现代园林设计理念，做到育苗品种多样化。融入儿童娱乐教育理念，实施改造提升，在园区内建设儿童青少年游玩场所、科普教育基地等内容。融入红色教育理念，在园区内规划建设“革命英雄路”和“时代新篇章”，打造青少年红色教育基地。工程于2017年8月完工并投入使用。

建筑业

【概况】 2017年，无棣县有51家建筑企业，其中一级企业2家，二级企业16家，三级企业17家，不分等级企业16家（商品混凝土企业与建筑劳务企业），全县建筑业完成总产值16.89亿元，出省施工产值985万元，完成利税1.13亿元，建筑业从业人员8000余人。

【勘察设计】 2017年，无棣县新建节能建筑开工面积达83.55万平方米，竣工面积12.72万平方米，验收合格率100%，完成绿色建筑推广43.2万平方米，“玉兰花苑”项目被评为省级绿色施工示范项目。

【质量监管】 2017年，无棣县办理监督注册手续168个，建筑面积80.9万平方米，造价162226万元；

办理竣工备案手续24个，建筑面积12.8万平方米，造价15136万元，在建工程受监率100%。

【工程监理】 2017年，无棣县在监房屋建筑项目总建筑面积170多万平方米，市政管网18000米，工程总造价逾34亿元，多个项目获省、市级荣誉奖项。无棣县建设监理有限责任公司在2016年晋升房屋建筑工程和市政公用工程"双甲"资质的基础上，2017年成功增项人防资质，进一步拓宽企业承揽业务的范围，通过一年一度的ISO三体系认证复审。在项目监理中，各类质量验收规范及相应图集、标准执行到位，所有在监项目满足设计要求，实体检测及观感质量达到预期目标，一次验收合格率和业主满意率达到100%。《中国建设报》《大众日报》《滨州日报》等各类专业刊物和党报刊发反映无棣县监理工作的稿件20余篇。

【安全管理】 2017年，无棣县先后组织春季安全大检查、汛期安全检查、上半年质量安全检查、秋季安全大检查、中秋国庆两节安全检查、下半年质量安全检查、打非治违专项检查，下发隐患整改通知单275余份，提出事故隐患1035余条，有效遏制安全事故的发生。开展安全文明、示范工地创建活动，全年创省级安全文明工地4个，市级安全文明示范工地11个，市级安全文明优良工地8个。实行"网格化"管理，划分责任区域，明确具体责任人，切实履行事前预防、过程监控、事故查处等安全监管责任。举办全县建筑施工安全生产管理培训班，学习建设施工项目安全生产管理知识，分析建筑安全生产过程中难点和关键环节、易产生事故的关键节点，落实各方主体责任。参建的各方通过学习事故案列，加强安全生产事故预防。

房地产开发与管理

【概况】 2017年，无棣县从事房地产开发的企业42家，新增房地产投资17.6亿元，新增开发面积44.5万平方米，新增预售面积42万平方米，新增销售40.6万平方米。

2017年无棣县房地产开发企业一览表

表41

序号	企业名称	序号	企业名称
1	无棣华凯房地产开发有限公司	16	无棣万兴酷尔乐房地产
2	无棣金羚置业有限公司	17	无棣鼎立房地产开发有限公司
3	滨州基德置业有限公司	18	无棣通和房地产开发有限公司
4	滨州天威房地产开发有限公司	19	滨州汇泰置业有限公司
5	滨州金鼎源房地产开发有限公司	20	滨州星昊房地产开发有限公司
6	山东齐星房地产开发有限公司	21	山东兴隆置业有限公司
7	无棣富建房地产开发有限公司	22	博兴恒丰置业有限公司
8	无棣意琪房地产开发有限公司	23	滨州正海置业有限公司
9	无棣富成房地产开发有限公司	24	滨州伟峰置业有限公司
10	无棣方圆住宅发展有限公司	25	潍坊华东房地产开发有限公司
11	滨州瑞泰房地产开发有限公司	26	阳信方正房地产开发有限公司
12	无棣金建置业有限公司	27	山东宏远房地产开发有限公司
13	邹平铭嘉置业有限公司	28	滨州承和置业有限公司
14	无棣鼎盛置业有限公司	29	无棣益和置业有限公司
15	无棣德邦置业有限公司	30	滨州金城房地产开发有限公司

续表 41

序号	企业名称	序号	企业名称
31	无棣经发置业有限公司	37	滨州圣钦房地产开发有限公司
32	无棣精大置业有限公司	38	无棣美联建安置业有限公司
33	无棣万城房地产开发有限公司	39	无棣香江置业有限公司
34	无棣玉恒置业有限公司	40	无棣兴滨房地产开发有限公司
35	无棣金都置业有限公司	41	无棣山水置业有限公司
36	滨州凯腾房地产开发有限公司	42	滨州祥龙置业有限公司

【房地产市场管理】 2017年，无棣县成立促进房地产领域平稳健康发展领导小组，强化商品房价格监管，严格商品房销售管理措施，落实差别化信贷政策，积极维护社会和谐稳定，全县房地产市场平稳发展。

【房产交易】 2017年，无棣县商品房交易1769宗，二手房交易706宗，租赁登记299宗，公房上市交易299宗。

【物业管理】 2017年，无棣县有物业企业40家，物业服务项目100个，其中，办公项目18个、住宅项目71个、商业项目11个，服务总面积530万平方米，涉及3万余户业主。收取住宅专项维修资金1000余万元，支出127万元。收取物业质量保修金140万元，支出229万元。

2017年，重点做好老旧小区改造和物业管理。5月17日，县政府办公室印发《无棣县2017年老旧住宅小区整治改造和物业管理实施方案》，采取“政府主导、业主参与、社会支持、企业介入”方式，通过公共财政支持、物业企业服务、原产权单位分担、引导业主自觉缴纳物业费等办法，本着“先易后难、先急后缓、重点突破、统筹兼顾”的原则，择优选择骨干物业企业，与相关街道或产权单位签订《物业管理合作协议书》。物业企业采取“先期介入、先行管理、先行服务，分期分层次整治改造”的办法，先配套安保、环卫设施，开展卫生保洁、秩序维护、门卫执勤等简易物业服务，再配合所在街道办事处或产权单位进行整治改造。

房管大厅绿色通道便民服务　　（摄影　刘婷）

制定物业企业经营激励机制，鼓励物业企业承担老旧住宅小区服务任务。以相关街道、产权单位为单元，将辖区内老旧住宅小区的物业管理整体打包，确定1家骨干物业企业接管，实现规模化经营，降低成本；将物业管理区域内（不含市政道路和政府投资的公共设施）的广告发布权、便民服务亭设置和经营权、停车收费权、快件智能存储柜（物流自提设施）场地租赁收费权等，一并赋予相关物业企业，弥补其物业收费不足；允许物业企业在法律法规范围内，围绕物业服务，自主开展家政、维修、安装、代买代卖、老人陪护、小饭桌等便民服务；对自愿接管老旧住宅小区建筑面积5万平方米以上、签订物业服务合同3年期限以上的骨干物业企业，在参与物业项目投标时其评标总分自动上浮10%；老旧住宅小区的原产权单位，本着对老职工负责、对困难群众负责的原则，在自身财力可负担的范围内，动用企业公积金或事业单位职工福利基金，主动分担部分整治改造费用；供电、通信、广电、供水、排水、燃气、热力等单位将相关老旧住宅小区电力（产权属供电公司的）、通信、有线电视、给排水、供气、供暖（产权属供热公司的）等线路和设施的改造、迁移，优先列入本单位、本系统工程计划，相应安排专项资金，按老旧住宅小区整治改造工作进度同步完成改造或迁移任务；支持老旧住宅小区养老、托幼、公共活动场所等社会公益项目的建设运营。

2017 年无棣县物业企业一览表

表 42

序号	企业名称	序号	企业名称
1	无棣县房产物业服务中心	21	无棣祥和物业有限公司
2	无棣海天物业管理责任有限公司	22	无棣胜旗物业管理有限公司
3	滨州恒达物业管理有限责任公司	23	无棣宏鑫物业管理有限公司
4	无棣金展物业管理有限公司	24	滨州市润滨物业管理有限公司
5	无棣阳光物业管理有限公司	25	滨州瀚海物业管理有限公司
6	滨州市北海新区瑞鑫物业管理有限公司	26	滨州领航物业管理有限公司
7	无棣金羚物业管理有限公司	27	山东伟志物业有限公司
8	无棣新管家物业管理有限公司	28	无棣恒成物业管理有限公司
9	滨州市金磊物业管理有限公司	29	无棣中天物业管理有限公司
10	无棣县鑫泰物业管理有限公司	30	滨州建鑫物业管理有限公司
11	无棣鲁棣物业有限公司	31	滨州腾昶物业管理有限公司
12	山东省中建物业管理有限公司	32	滨州盛佳伟业物业管理有限公司
13	滨州天瑞物业管理有限公司	33	滨州市宜家物业服务有限公司
14	滨州建设物业服务有限公司无棣分公司	34	无棣县丰棣物业管理有限公司
15	无棣瑞棣物业管理有限责任公司	35	滨州市北海新区金建物业管理有限公司
16	滨州北海新区温馨物业有限公司	36	无棣县金泰物业管理有限公司
17	滨州海泰物业有限公司	37	山东丰泽物业管理有限公司
18	无棣东方物业管理有限公司	38	无棣文豪物业管理有限公司
19	邹平县齐星物业管理有限公司	39	无棣县财信物业管理有限公司
20	无棣县佳民物业管理公司	40	无棣皓天物业管理有限公司

（刘　婷）

资源管理·环境保护

国土资源管理

【概况】 2017年，无棣县土地总面积157401.2公顷，其中农用地104406.95公顷（耕地74440.9公顷，含基本农田61344.13公顷），占总面积66.33%；建设用地29239.18公顷，占总面积18.58%；未利用地23755.11公顷，占总面积15.09‰。人均耕地面积0.17公顷。

【耕地保护】 2017年，无棣县高标准完成永久基本农田划定工作。划定永久基本农田面积56257.53公顷，平均质量等别为9.45等，基本农田保护率达100%。

【土地整治】 2017年，无棣县"十二五"期间的高标准基本农田建设任务全面验收入库。2016年度高标准农田建设工程建设完成，总规模1453.33公顷。2017年度高标准农田建设工程开工，总规模886.67公顷，计划新增耕地29.60公顷。佘家镇等4镇东北邓等26村土地整理开发项目，车王镇五营中村等9村土地整理开发项目全面竣工，建设总规模分别为2046.67公顷、386.75公顷。实现新增耕地393.73公顷。

【建设用地管理与土地市场】 2017年，无棣县围绕"调优调准"完成土地利用规划调整完善工作。年内上报城镇建设用地9批次，单独选址项目1个，总面积108.46公顷，其中农转用77.65公顷。完成供地106.26公顷。完成新一轮城镇基准地价更新。6个窑厂复垦治理，复垦总规模40.82公顷，新增耕地40.39公顷。

【地籍管理】 无棣县完成2016年度土地变更调查工作。完成耕地后备资源调查评价成果完善和应用工作。宅基地和集体建设用地使用权确权登记工作基本完成。开展无棣县第三次土地调查的前期筹备工作。

【执法监察】 2017年，无棣县国土资源管理完成国家土地督察济南局驻滨州开展例行督察发现问题整改工作。将年度土地（矿产）卫片执法监督检查与土地变更调查工作有效衔接。开展土地违法违规问题集中整治。2017年度土地（矿产）卫片执法检查工作通过省厅验收。实现违法用地总量和涉土信访总量"双下降"。

【不动产登记】 无棣县国土资源管理部门建成不动产登记业务管理子系统、档案查询、房产数据抽取等子系统，实现档案移交、登记流程再造、业务流程重构、国家数据平台接入。2017年，发出不动产登记证书5600本，证明13200件。

【碣石山地质公园】 2017年，无棣县完成碣石山省级地质公园文化展厅建设，制作完成山东无棣碣石山地质公园宣传片，突出碣石山地质遗迹的保护，提升碣石山品牌形象。

【测绘地理信息】 2017年，在滨州市开展的2016年测绘地理信息绩效评估工作中，无棣县被评为优秀单位。完成全县2017年度大比例尺地形图和航空正射影像图获取和更新工作。开展排查整治"问题地图"专项行动。测量标志管护情况良好。完成2个测量标志点迁建工作。完成"十三五"基础测绘规划和无棣县行政区划挂图编制发行。

【科技创新】 2017年，无棣县获山东省国土资源科学技术进步奖6项，其中黄河三角洲盐碱地林畜一体绿色开发关键技术集成及新型种养模式示范、黄河三角洲耕地休养管理模式对土壤生态影响的技术研究、基于GIS的无棣县耕地地力评价研究、航空摄影测算土方量技术4项获二等奖，无棣县区1:500地形图精准测绘技术措施、鲁北平原土壤墒情及盐分实时监测技术2项获三等奖。获滨州市政府科学技术进步奖3项，其中滨海盐碱地整治生态工程技术获二等奖，柽柳新品种金圣木的选育与应用技术、航空摄影测算土方量技术2项获三等奖。至2017年，在《中国新通信》《科技展望》《科学中国人》《水土保持学报》《农业工程学报》等刊物上发表论文40余篇，申请国家发明专利1项、实用新型专利40余项。

【山东无棣野外科学观测研究基地建成】 2017年6月10日，国土资源部土地利用——山东无棣野外科学观测研究基地建成揭牌。基地建有学术交流中心、观测实验中心、学习培训中心、科普展示中心以及野外观测数据智能采集系统、盐碱地土壤信息传感系统 、生态智能实验室等，投资2000余万元配备电感耦合等离子体质谱仪（ICP—MS）、气相色谱质谱联用仪等先进仪器设备。依托基地，与浙江大学、山东农业大学、山东农科院联合，建成市级滨州市土地修复与改良工程技术研究中心、滨州市滨海土地改良与修复工程实验室和省级山东黄河三角洲土地利用和生态工程技术研究中心。

（陈荣珍）

海洋资源管理

【概况】 至2017年底，无棣县海域总面积43363.49公顷（保护区面积31273公顷），其中：浅海面积27870公顷（保护区面积19970），滩涂面积14928.71公顷（保护区11303公顷）。主要分布情况：埕口北部14019.18公顷，西港园区909.53公顷，河道水域564.78公顷。

【海洋生态建设】 无棣县是省级海洋生态文明示范区，县内有省内唯一的海洋类国家级自然保护区——滨州贝壳堤岛与湿地国家级自然保护区，自然保护区面积占全县海域的66.76%。至2017年的3年间共投资1022万元实施海域、岸线修复项目，有效防止海水入侵。海域一、二类水质占海域面积比重为77.9%，一、二类沉积物质均优于一级标准。分别建成10万吨、3万吨和1万吨的污水处理厂，污水处理率达到90%以上。

【海洋环境监测】 2017年，无棣县海洋渔业部门配合滨州市海洋环境监测站开展近岸海水质量监测、入海河流监测等海洋环境监测工作。分别于3月、5月、8月、10月对近岸海域海水质量进行监测。根据监测数据显示，全县近岸海域海水质量以轻度污染为主，较上年有所下降，主要超标要素为无机氮。

【海洋执法】 2017年，无棣县海洋与渔业局依法履职尽责，共完成天津航标处航标堆场、魏桥物流、长胜船舶物流码头、滨州贝壳堤岛与湿地国家级自然保护区科研宣教平台4个项目用海的评审工作，同时积极配合国家海洋环保督查，严肃查处2起违规用海事件。积极开展春季海上护渔联合执法，清理外地渔船200余艘，并保持该海域护渔执法常态化。伏季休渔期间，查处违法捕捞案件14起。加大对违法用海行为的监督打击力度。开展“碧海2017”“海盾2017”“渤海海域管辖区域溢油监视”“海岛保护执法”“蓝盾专项执法”等专项执法行动，确保全县用海秩序稳定有序。

海洋巡护执法 （摄影 周志浩）

【海洋产业】 2017年，无棣县依托丰富的海洋资源，抢抓省打造半岛蓝色经济区和黄河三角洲高效生态经济区等重大机遇，坚持海陆统筹、区域统筹、产业统筹，以临海、涉海、临港产业为重点，坚持发展海洋经济、开发海洋资源、培育海洋优势产业三位一体，逐步形成装备制造、生物医药、海港物流业、生态渔业、盐业及盐化工和滨海旅游业等海洋经济支柱产业，县辖鲁北集团、友发水产、珍贝瓷业等十几家以发展海洋经济为主的大型企业，构筑起沿海高效生态产业发展格局。

【海洋生态建设宣传】 2017年5月12日、6月8日，无棣县海洋渔业部门分别开展以“科学减灾、依法应对”为主题的防灾减灾日活动和“关注海洋健康、守护蔚蓝星球”为主题的世界海洋日活动，组织人员深入涉海单位进行宣传，把海洋法律、法规手册、宣传纸发放到沿海渔业镇、重点渔村、渔港码头、涉海企业。弘扬海洋文化，广泛普及海洋法律法规，努力营造全社会关注海洋、爱护海洋，依法管海、依法用海氛围，提高广大群众的海洋防灾减灾意识。

（葛　军　王振友　苏玉军）

滨州贝壳堤岛与湿地国家级自然保护区管理

【概况】　滨州无棣贝壳堤岛与湿地系统省级自然保护区位于山东省无棣县北部，渤海西南岸，西至漳卫新河，东至套尔河，北至浅海 -3 米等深线，南至张山子—李山子—下泊头—杨庄子一线。地理坐标为：37° 54′ 30″ ～38° 19′ 10″ N,117° 45′ 08″ ～118° 05′ 37″ E。境内北部分布 2 列古贝壳堤，第 1 列在埕口镇以北，位于张家山子—李家山子—下泊头—杨庄子一线，长近 40 公里，埋深 0.5 米～ 1 米，贝壳层厚 3 米～ 5 米，形成于全新世中期，距今 5000 年左右；第 2 列在埕口镇东北，位于大口河—旺子堡—赵砂子一线，长近 22 公里，由 40 余个贝壳岛组成，岛宽 100 米～ 500 米，贝壳层厚 3 米～ 5 米，属裸露开敞型，形成于全新世晚期，距今 2000 至 1500 年。境内分布着 2 列古贝壳堤，绵延 76 公里，贝壳储量 3.6 亿吨，两堤都与河北省的贝壳堤相连，组成规模宏大的世界罕见、国内独有的贝壳滩脊海岸。

【环境保护】　2017 年，滨州贝壳堤岛与湿地国家级自然保护区管理局（以下称保护区管理局）对保护区内人类活动情况进行严格细致实地核查和自查自纠，发现突出问题 23 个，其中违法违规问题 18 个，历史遗留问题 5 个。至 12 月 31 日，18 个违法违规问题 17 个完成彻底拆除整改，1 个停止违法行为完善相关手续，整改完成率 94%，居全省前列；5 个历史遗留问题，制定详细整改搬迁方案，明确整改时限。保护区被上级环保部门认定为“绿盾 • 2017 国家级自然保护区专项检查”全省 2 个免检单位之一。9 月，在北海区国家级海洋保护区监督检查中，保护区被定为优秀等级。

【科研宣教】　2017 年，保护区管理局开展水鸟调查监测活动，参与亚洲水鸟清查、黄渤海水鸟同步调查 2 次区域性、国际性调查监测活动，形成《2017 黄渤海水鸟同步调查报告》科研成果。5 月，观测发现勺嘴鹬，是山东省首次有照片实证的观测记录，为滨州市首次发现该珍稀鸟类。构建网站、微信、微博三位一体的网络宣教体系，提高保护区的网络知名度。依托“全国海洋宣传日”“防灾减灾日”等主题活动开展宣教活动，打造“全国海洋意识教育基地”品牌。成功举办“神奇贝壳堤 • 美丽保护区”摄影大赛，征集优秀作品 300 余幅，涵盖保护区历史人文、自然风光、生物资源等内容，社会反响良好。

【巡护执法】　2017 年，保护区管理局开展执法示范建设工作，制定年度实施方案，坚持全境巡护执法，全年完成大巡护 30 余次，行程约 6000 公里。坚持“全年无假期、全天不离岗”驻站值班制度，加强保护区一线管护、贝壳堤岛及其物源地和物源生物管护。严格网上巡护，制定《网络巡护制度》，责任到人，实时监控各个重要区域，发现问题及时处理。落实巡护日志、月报、年报的填写、存档工作，统一填写标准，完善填写内容，确保日志的实效性、准确性、参考性。坚持“社区共管”，加强与保护区内村庄、企业、个体户等单位和个人的沟通协调。2017 年，保护区管理局海监支队被中国海警局评为执法示范支队。

【资源档案管理】　2017 年，保护区管理局用 2 个月时间，对保护区内的人类活动进行实地核查，掌握地理位置、活动类型、权属关系等情况，拍摄照片、视频对各资源进行翔实调查掌握。按照一企一档一目录要求，建立涵盖资源现状、历史沿革、所在功能区等详情的资源档案，切实加强资源管理。

【能力建设】　2017 年，保护区管理局委托国家海洋环境监测中心编制《滨州贝壳堤岛与湿地国家级自然保护区总体规划（2016—2025 年）》，并报国家海洋局审批。制定《机关工作制度》《监管站管理制度》《海

贝壳堤岛　　（摄影　周浩）

陆巡护、监管执法程序》等12项制度，行文成册下发到每个工作人员，实现制度化管理。上线运行资源档案管理系统，实现资源档案数字化管理。作为规范化能力建设试点的国家级海洋保护区管理系统平台正式上线运行，该平台涵盖视频监控、科研监测、地理信息等监管、监测内容，实现保护区管理手段数字化、信息化。做好山东省海洋保护区管理系统数据采集工作，整合保护区基础数据，建立门户网站，建设全省海洋保护区管理典范，打造在全国具有影响力和示范作用的优秀海洋保护区。

（周志浩　温孟泉）

水资源管理

【概况】　2017年，编制完成《无棣县地下水综合整治实施方案》《无棣县节约用水规划》《无棣县水功能区划》等相关规划。在“河湖执法检查”的基础上，针对全县水事违法案件发生的特点，认真落实《无棣县水务局水政监察大队执法巡查制度》和《无棣县水行政许可稽查制度》。全年立案31起，结案20起。开展水法律法规宣传，利用“世界水日”“中国水周”活动，落实落实绿色发展理念，全面推行河长制。借助《无棣大众》等平台，做好宣传报道。无棣县水务局被省水利厅评为水政执法规范化建设先进单位。开展汛期河道执法巡查，联合县环保局、公安局、住建局和碣石山镇，对全县河道进行清理规范。

【建设项目水资源论证】　2017年，无棣县把水资源论证作为建设项目立项审批和环评的前置条件，2017年对鲁北高新区、新海工业园2园区和4个企业进行水资源论证。全面落实取水许可制度，对取水许可证换发、新建单位取水许可证办理以及取水许可证吊销严格程序，30家用户取水许可证进行延续，3家取用水单位变更取水许可证法人，8家封井并网单位取水许可证进行注销，并建立取用水单位审批档案，做到一户一档、资料详实规范。全县共发放取水许可证36套。

【地下水开采控制】　2017年，无棣县编制《无棣县地下水三年综合整治实施方案》。2017年，全县完成压减超采量14.5万立方米，封填自备水井40眼。

【水资源与水生态保护】　2017年，无棣县境内重点水功能区水质达标率均达到100%，水质合格。加强入河排污口的监督管理，对1家入河排污口设置论证报告书进行审查。对全县所有河流进行拉网式排查，定期抽查。严格落实饮用水水源保护区制度，依法划定水源保护区，组织开展重要饮用水水源地安全保障达标建设，确保供水水质安全。

【水资源远程监控】　2017年，无棣县对取用水企业安装用水计量及远程抄表监控装置12套，累计新建深层地下水监测站12台套，实现对深层地下水水位、水温、水质的在线动态观测，新建3处入河排污口计量监测站。至2017年，全县较大取用水企业安装用水计量及远程抄表监控装置209台（套），对保护水源地进行视频监控。

【计划、节约用水】　2017年，无棣县对全县取用水较大的206家用水单位全部实施计划用水，对5家企业开展水平衡测试工作。

【农业水价综合改革】　2017年，编制完成无棣县农业水价综合改革实施方案。已安装计量设施的项目区由村委会统一管理，或者由园区所有者进行管理。“无棣县农业水价综合改革信息管理系统”由山东舜水信息科技有限公司与济南大学信息学院（产学研中心）合作开发完成，项目选取碣石山农业园区（0.4万亩）、渤海粮仓科技示范区（0.9万亩）、2015年小农水项目区（2.25万亩）和千亿斤粮食项目区（2.5万亩），实施农业

水法宣传　　（摄影　田晓燕）

水价综合改革系统信息化建设，整个项目区实现计量控制远传全覆盖，对用水时间、用水量、水位、水泵状态、能耗等指标基本上实现信息全控制。

（田晓燕）

环境保护

环境质量

【水环境质量】 无棣县境内有3条海河河道，2条引黄干渠，3条支流河道，设有10个监测段面。2017年，幸福河水质较好，达到地面水Ⅲ类水质标准。小米河、朱龙河、郝家沟等河流的监测断面均达到地表水Ⅳ类水质标准。马颊河、德惠新河、漳卫新河除在丰水期因上游排污COD有超标外，基本能够满足《地表水环境质量标准》中Ⅴ类水质标准要求。其中马颊河胜利桥2017年主要污染物为COD（化学耗氧量）和氨氮，COD年均值为34毫克/每升，氨氮年均值为1.51毫克/每升；漳卫新河2017年COD年均值为35毫克/每升，氨氮年均值为1.07毫克/每升；德惠新河大山桥2017年COD年均值为33毫克/每升，氨氮年均值为1.06毫克/每升。

饮用水水源地状况。全县城区饮用水水源地为月湖水库、三角洼水库和芦家河子水库。每个季度、每个断面监测一次，69个项目，全年监测4次。2017年，全年监测指标均达到地面水Ⅲ类水质标准，符合饮用水的标准。

2017年无棣县地表水（河水）例行监测统计表（一）

表43 单位：毫克/升

断面名称	采样时间	pH	氟化物	电导率（*103）	溶解氧	COD	BOD5	高锰酸盐指数	氨氮	总氮	总磷	六价铬	石油类	挥发酚	总氰	总砷
大山桥	2017-1-15	8.1	0.64	3.08	7.1	30	2.9	3.5	1.62	1.78	0.088	0.002	0.05	0.0010	0.002	0.004
大山桥	2017-2-23	8.09	0.39	2.87	6.2	24	3.6	4.9	1.28	1.44	0.067	0.002	0.05	0.0010	0.002	0.004
大山桥	2017-3-21	7.95	0.82	3.66	5.9	31	2.7	3.8	0.485	1.02	0.225	0.002	0.05	0.0010	0.002	0.004
大山桥	2017-4-27	8.11	0.67	2.67	6.3	38	4.1	2.6	0.77	1.1	0.092	0.002	0.05	0.0010	0.002	0.004
大山桥	2017-5-24	8.12	0.38	2.77	7.4	40	5.3	3.9	0.97	1.35	0.124	0.002	0.05	0.0010	0.002	0.004
大山桥	2017-6-26	8.15	0.29	2.04	6.9	36	3.5	4.1	0.40	0.98	0.071	0.002	0.05	0.0010	0.002	0.004
大山桥	2017-7-31	8.21	0.34	1.21	7.0	23	1.9	2.1	0.438	1.06	0.014	0.002	0.05	0.0010	0.002	0.004
大山桥	2017-8-22	8.02	0.25	1.52	6.9	30	2.8	3.4	0.533	1.47	0.012	0.002	0.05	0.0010	0.002	0.004
大山桥	2017-9-20	8.29	0.33	2.13	6.5	32	3.2	2.8	0.43	1.32	0.033	0.002	0.05	0.0010	0.002	0.004
大山桥	2017-10-23	8.19	0.41	2.56	7.0	30	2.9	2.7	0.921	1.54	0.075	0.002	0.05	0.0010	0.002	0.004
大山桥	2017-11-23	8.11	0.65	2.48	6.7	40	2.5	3.2	0.974	1.67	0.117	0.002	0.05	0.0010	0.002	0.004
大山桥	2017-12-26	8.12	0.54	2.92	6.9	39	3.1	3.7	0.481	1.52	0.098	0.002	0.05	0.0010	0.002	0.004
均值	—	—	—	—	—	33	—	—	1.06	—	—	—	—	—	—	—
Ⅳ类水质各项目参考限值	GB3838-2002	6～9	≤1.5	—	≥3	—	≤6	≤10	—	≤2.0	≤0.3	≤0.05	≤0.5	≤0.01	≤0.2	≤0.1
备注	全市重点污染河流水质改善目标	—	—	—	—	≤40	—	—	≤2.0	—	—	—	—	—	—	—

2017 年无棣县地表水（河水）例行监测统计表（二）

表 44　　单位：毫克 / 升

断面名称	采样时间	pH	氟化物	电导率*103	溶解氧	COD	BOD	高锰酸盐指数	氨氮	总氮	总磷	六价铬	石油类	挥发酚	总氰	总砷
胜利桥	2017-1-15	8.14	0.43	2.98	7.8	34	3.3	4.1	1.49	1.89	0.06	0.002	0.05	0.0010	0.002	0.004
胜利桥	2017-2-23	8.13	0.71	3.53	5.4	25	3.8	3.9	4.58	5.67	0.27	0.002	0.05	0.0010	0.002	0.004
胜利桥	2017-3-21	7.95	0.82	3.29	6.3	33	3.2	5.1	1.26	1.74	0.224	0.002	0.05	0.0010	0.002	0.004
胜利桥	2017-4-27	7.59	0.62	3.04	7.2	39	2.7	3.7	1.09	1.55	0.114	0.002	0.05	0.0010	0.002	0.004
胜利桥	2017-5-24	7.84	0.74	3.26	6.8	35	4.2	2.7	1.93	2.03	0.087	0.002	0.05	0.0010	0.002	0.004
胜利桥	2017-6-26	7.95	0.54	1.29	7.0	34	2.9	3.5	1.39	1.68	0.084	0.002	0.05	0.0010	0.002	0.004
胜利桥	2017-7-31	8.02	0.39	0.68	6.7	27	2.1	2.5	0.369	1.05	0.024	0.002	0.05	0.0010	0.002	0.004
胜利桥	2017-8-22	8.18	0.44	1.20	6.6	40	2.6	2.1	0.452	1.01	0.014	0.002	0.05	0.0010	0.002	0.004
胜利桥	2017-9-20	8.31	0.53	1.85	7.3	36	3.1	3.4	0.45	1.22	0.046	0.002	0.05	0.0010	0.002	0.004
胜利桥	2017-10-23	8.42	0.74	2.68	6.8	39	2.8	4.2	0.883	1.43	0.112	0.002	0.05	0.0010	0.002	0.004
胜利桥	2017-11-23	8.32	0.58	3.11	7.7	35	3.8	3.9	1.05	1.43	0.085	0.002	0.05	0.0010	0.002	0.004
胜利桥	2017-12-26	8.38	0.61	2.87	6.0	36	3.5	4.7	1.05	1.51	0.063	0.002	0.05	0.0010	0.002	0.004
均值		—	—	—	—	34.4	—	—	1.51	—	—	—	—	—	—	—
Ⅳ类水质各项目参考限值	GB3838-2002	6～9	≤ 1.5	—	≥ 3	—	—	—	—	≤ 2.0	≤ 0.3	≤ 0.05	≤ 0.5	≤ 0.01	≤ 0.2	≤ 0.1
备注	全市重点污染河流水质改善目标	—	—	—	—	≤ 40	—	—	≤ 2.0	—	—	—	—	—	—	—

2017 年无棣县地表水（河水）例行监测统计表（三）

表 45　　单位：毫克 / 升

断面名称	采样时间	pH	氟化物	电导率*103	溶解氧	COD	BOD5	高锰酸盐指数	氨氮	总氮	总磷	六价铬	石油类	挥发酚	总氰	总砷
小泊头桥	2017-1-15	8.04	0.71	3.49	5.4	36	3.9	3.5	1.25	1.88	0.129	0.002	0.05	0.0010	0.002	0.004
小泊头桥	2017-2-23	8.29	0.68	3.45	6.3	34	5.2	4.6	1.77	1.96	0.087	0.002	0.05	0.0010	0.002	0.004
小泊头桥	2017-3-21	8.21	0.81	3.25	6.9	27	4.6	2.7	1.85	1.97	0.334	0.002	0.05	0.0010	0.002	0.004
小泊头桥	2017-4-27	8.21	0.75	3.18	6.5	23	5.9	4.3	0.755	1.24	0.142	0.002	0.05	0.0010	0.002	0.004
小泊头桥	2017-5-24	8.01	0.93	3.09	6.4	42	4.4	4.1	0.716	1.31	0.097	0.002	0.05	0.0010	0.002	0.004
小泊头桥	2017-6-26	8.25	0.54	2.11	7.2	38	3.2	2.5	1.30	1.85	0.039	0.002	0.05	0.0010	0.002	0.004
小泊头桥	2017-7-31	8.11	0.37	2.08	7.4	25	2.3	3.1	0.690	1.04	0.021	0.002	0.05	0.0010	0.002	0.004

续表 45

断面名称	采样时间	pH	氟化物	电导率*103	溶解氧	COD	BOD5	高锰酸盐指数	氨氮	总氮	总磷	六价铬	石油类	挥发酚	总氰	总砷
小泊头桥	2017-8-22	8.03	0.42	2.53	6.8	38	2.7	2.8	0.931	1.45	0.016	0.002	0.05	0.0010	0.002	0.004
小泊头桥	2017-9-20	8.45	0.71	2.86	7.2	36	3.1	3.4	0.43	0.97	0.033	0.002	0.05	0.0010	0.002	0.004
小泊头桥	2017-10-23	8.53	0.67	3.18	7.0	39	3.7	4.2	1.01	1.64	0.067	0.002	0.05	0.0010	0.002	0.004
小泊头桥	2017-11-23	8.11	0.62	3.44	6.8	40	4.5	3.7	1.01	1.59	0.087	0.002	0.05	0.0010	0.002	0.004
小泊头桥	2017-12-26	8.25	0.74	3.32	7.1	37	4.8	4.4	0.451	0.96	0.116	0.002	0.05	0.0010	0.002	0.004
均值		—	—	—	—	34.6	—	—	1.07	—	—	—	—	—	—	—
Ⅳ类水质各项目参考限值	GB3838-2002	6～9	≤ 1.5	—	≥ 3	—	≤ 6	≤ 10	—	≤ 2.0	≤ 0.3	≤ 0.05	≤ 0.5	≤ 0.01	≤ 0.2	≤ 0.1
备注	全市重点污染河流水质改善目标	—	—	—	—	≤ 40	—	—	≤ 2.0	—	—	—	—	—	—	—

【大气环境质量】 无棣县 2017 年的监测区域，县城居民区普遍污染较重。其次是工业区，最轻的为清洁区。从污染浓度的季节变化特点看，第一、四季度污染较重，第二、三季度污染较轻。主要原因：冬季为取暖高峰期，煤炭燃烧过程中产生大量烟尘和二氧化硫；春季风沙大，干燥少雨，地面沙尘污染较重。

2017 年无棣县区域环境空气质量统计表

表 46

（克 / 立方米）

月份＼污染物	SO_2	NO_2	PM10	PM2.5
一月	51	55	186	123
二月	52	48	164	107
三月	40	50	144	87
四月	30	41	147	71
五月	39	30	173	69
六月	25	34	106	47
七月	20	25	72	38
八月	15	18	66	34
九月	19	34	103	46
十月	15	44	87	53
十一月	19	41	128	56
十二月	28	44	148	83
均值	29	39	127	67

【声环境质量】 2017 年，无棣县声音环境质量监测结果如下表。

2017 年无棣县区域声环境质量昼、夜间监测结果统计表

表 47 单位 dB（A）

区域	测点个数	监测时间	暴露在不同等级下的测点个数								Leq 平均值
无棣县	115	昼间	0	0	13	65	33	4	0	0	56.0
	115	夜间	12	70	30	3	0	0	0	0	42.6

2017 无棣县功能区噪声监测结果统计表（一）

表 48

区域	居民文教区				商业居住混杂区				工业集中区				交通干线道路两侧				平均超标	
	Ld		Ln		Ld		Ln		Ld		Ln		Ld		Ln			
	均值	超标	均值	超标	均值	超标	均值	超标	均值	超标	均值	超标	均值	超标	均值	超标	Ld	Ln
无棣县	52.0	0	42.8	0	53.8	0	43.6	0	53.6	0	42.4	0	64.2	0	50.6	0	0	0

2017 无棣县功能区噪声监测结果统计表（二）

表 49

区域	居民文教区				商业居住混杂区				工业集中区				交通干线道路两侧			
	Ld		Ln		Ld		Ln		Ld		Ln		Ld		Ln	
	检点数	超标率	检点数	超标率	检点数	超标率	检点数	超标率	检点数	超标率	检点数	超标率	检点数	超标率	检点数	超标率
无棣县	2	0	2	0	2	0	2	0	1	0	1	0	1	0	1	0

2017 年无棣县城市道路交通噪声监测结果统计表

表 50

区域	道路总长（公里）	平均路宽（米）	平均车流量（辆/小时）	Leq				平均值			超过 70 分贝	
				平均值（分贝）	超标率（%）	监测道路		L10（分贝）	L50（分贝）	L90（分贝）	路段长度（公里）	点交通干线总长比（%）
						条	点					
无棣县	8.40	22.2	886	64.9	0	6	18	67.0	63.5	58.2	0	0

污染防治

【大气污染综合治理】 清理取缔“散乱污”企业及燃煤小锅炉。无棣县落实“属地管理”责任，开展拉网式排查摸底，强化部门协作，加大联合查处力度，按照“两断三清”标准，2017 年 7 月底，全县清理取缔类 187 家“散乱污”企业（191 家“散乱污”企业中 4 家升级改造），414 台燃煤小锅炉全部完成清理取缔。推进排污许可制管理。按照《固定污染源排污许可分类管理名录（2017 年版）》及上级环保部门要求，推进火电、水泥、石化、皮革等重点行业企业排污许可证核发，大唐鲁北发电、众诚供热等 5 家火电企业及鲁北化工水泥生产等企业全部取得排污许可证，实现持证排污，其他重点行业企业按照要求进行信息申报。推进燃煤机组超低

排放改造。全县12台燃煤机组全部完成超低排放改造，完成率100%；大唐鲁北发电、众诚供热鑫岳热电厂、众诚供热鲁北热电厂、众诚供热三岳热电厂在全市率先完成超低排放改造绩效验收。积极应对重污染天气。无棣县制定印发《无棣县工业企业错峰生产调控措施实施方案》，按照要求将相关行业企业纳入全县错峰生产名单，严格执行《无棣县重污染天气应急预案》要求，及时启动相应级别的重污染天气应急响应。

【水污染防治】 加强流域污染治理。2017年，无棣县构建分片区、分流域"截蓄导、治用保、管防控"相结合的流域综合治理和安全防控体系，实现水环境质量持续改善。新海工业园累计投入资金近2亿元，全面实施园区污水处理厂升级改造、雨污分流改造及污水"一企一管"建设、污水调集处理自动管控系统建设、园区雨水排水系统建设、企业环保规范化整治等一系列整改工作，全长41公里的"一企一管"污水管网主体工程全部完工并投用，从根本上解决园区内涝问题；污水处理厂实现在线监测数据稳定并达标排放。累计处理园区各类暂存污水15万立方米，园区环境问题全面完成整改。2017年6月29日，环保部正式发文对新海工业园环境问题解除挂牌督办。加强对重点河流断面水质超标整治，对沿河重点污染企业实施工业污染源排污口规范化整治。开展突击检查，县政府主要负责人带队对马颊河等主干河流沿岸重点企业厂区及排污口进行夜查暗访、现场督办，并对企业负责人进行约谈。制定印发《马颊河（无棣段）流域环境综合治理及水质达标工作实施方案》《无棣县境内德惠新河、清波河、车网城路南沟等河流流域综合治理及水质达标工作实施方案》，严格落实"属地管理"责任，结合"河长制"，强化河道污染源集中清理整治。自3月份起，全县3个国控断面、1个省控断面全部达到水环境功能区标准要求。

2017年无棣污水处理厂基本情况统计表

表51

时间	氨氮		化学需氧量		废水排放量（立方米）	累计流量（立方米）
	浓度（毫克/升）	排放量（吨）	浓度（毫克/升）	排放量（吨）		
2017	1.17	9.18	26.2	213	8203304	41112735
平均值	1.17	9.18	26.2	213	8203304	41112735
最大值	1.17	9.18	26.2	213	8203304	41112735
最小值	1.17	9.18	26.2	213	8203304	41112735
累计值	—	9.18	—	213	8203304	—

环境管理

【建设项目环境管理】 2017年，全县纳入省环保违规建设项目库项目共24个，完成23个，剩余1个为无棣众诚热电有限公司三岳热电项目，现状环评报告通过专家审查。高效服务重点项目建设。对全县重点项目逐一进行排查、对接，及时完成京能生物质发电扩能改造项目、滨州海孚水业污水处理厂扩建项目等项目环评审批。规范手续办理。全年累计完成县级环评审批项目211个，实行备案制项目216个，未出现一起"拖办"事件，1—9月份通过环保"三同时"验收项目43个，自10月份起全面推进建设项目委托竣工环保验收。

【环境整治】 在环保问题整治中，县环保、经信、公安、住建等部门全力配合，各镇街、园区作为实施主体全力推进，对各类环保问题建立工作台账，实行销号管理，形成联动长效机制。全年累计整治各类环境问题830个。认真查处环境信访案件，全年收到各类信访案件235件（其中，12369电话举报57件、网络举报57件，省信访平台42件，市信访平台79件），全部按照现场调查、信访回复、反馈信访人办理结果的流程进行妥善处理，信访人对处理结果均表示满意。严厉打击环境违法行为，对环保管理不规范的企业，亮黄牌重点监管指导；对碰触“红线”出现环境违法行为的企业，坚决严惩；对长期违法排污和污染反弹企业从严从重查处。全年开展“零点行动”9次，立案查处环境违法案件251起，收缴罚款1095余万元，移交公安机关34起，行政拘留46人，刑事拘留9人，逮捕2人。

【环境监测】 （1）例行监测。2017年环境监测站按时采样，数据及时上报，资料及时建档备案。完成地表水监测11次，重点污染源及小流域监测各11次；5月和11月完成6条交通干线噪声监测、功能区噪声监测和县城区域环境噪声监测；对污水处理厂进、出口及对存在一类污染物企业的车间排污口和总排污口加密监测，对河流断面和出境断面重点监控和监测，严格把握有毒有害污染物的监测数据；饮用水源地每季度委托监测，共获数据1000多个；其它企业在线监测设备全年进行200余次比对，保证数据可靠性。（2）自动监测。2017年对漳卫新河小泊头自动站、马颊河李辛桥自动站及清波河路杨庄桥自动站每月进行2次以上巡查，建立巡查台帐，记录巡查结果。自动站运行过程中出现的问题，及时和厂商联系沟通，保证自动站正常运行，及时反映河水污染状况，发挥预警和监督作用。无棣县共有无棣县二中和无棣县第三实验学校2座空气自动监测站，2017年自动站运行状况良好，数据上传正常。2017年9月底县二中子站搬迁至希贤学校，于10月4日正常联网。（3）在线监测。2017年，对已安装并实现三级联网的企业，及时做好在线监控记录，建立在线监测超标台帐。对在线超标企业及时调查原因，采取措施，及时上报，年内上报40余次。（4）监测报告、档案及质量管理体系运行。按时完成各种监测数据上报工作；监测站严格按质量管理体系运行，污染源及管理监测数据及时报送有关部门和人员。

【行政执法】 2017年，无棣县环保局印发《无棣县环保局行政处罚自由裁量权行使标准》，把行政执法职责进行分解落实，建立局长负总责，分管局长、内设机构及执法人员职责清楚、责任明确、运作高效的执法管理机制，严格按照法定制度和工作程序办事，确保行政处罚案件的事实清楚、证据确凿、适用法律准确、程序合法、量罚适当。由局办公会集体研究决定所有环保违法案件的行政处罚、应诉和复议，一律按程序审核签批，无一例越权执法和违犯执法程序案件的发生。

【环保宣传】 2017年，无棣县环保局以《中国环境报》《山东环境信息》、山东环境网站、滨州环境网站等与环境有关的宣传媒体为载体，以《大众日报》《滨州日报》《无棣大众》及各级电视台等主流媒体为阵地，开展各种宣传活动。定期整理环保工作开展情况及取得的经验，以工作信息形式及时向省、市、县环保刊物及环保网站做翔实报道。2017年，在各级环境网站上刊发信息10余篇，在县级刊物《无棣大众》上发表稿件20余篇，在县委内部刊物《无棣信息》上刊发信息10余篇。无棣县采取堵疏结合方式，全面根治“散乱污”环境顽疾，经验做法得到环保部认可与表扬，先后在《人民日报》《经济日报》《中国环境报》《第一财经日报》等主流媒体上刊登。

【环保督察巡查整改】 2017年，无棣县委、县政府多次召开县委常委扩大会议、县长办公会议听取情况汇报，研究措施。召开全县环保督察自查自纠工作会议、全县环境保护突出问题综合整治攻坚动员大会等会议做出具体安排部署；成立由县委、县政府主要负责人任组长、有关县级领导任副组长的县环境保护督察工作领导小组，设协调联络办公室及综合协调、现场落实、档案资料等8个工作小组，实行集中办公，加大对全县环保督察工作的组织领导和协调。对国家、省、市等各级环保督查反馈问题，

取缔小塑料生产点　　（摄影　韩振涛）

主动认领、照单全收，督促企业全力彻底整改。中央环保督察进驻山东期间，无棣县成立信访交办组、现场落实组，接到信访转办件后，党政主要负责人第一时间赶赴现场研究部署，相关部门第一时间到达现场进行调查，执法人员第一时间起草调查处理报告，全力保障信访交办件办理工作。中央环保督察组交办的信访件25件（其中，来电7件、来信18件，标“⋆”重点问题10件），全部做到按时办结、按时上报。推进环保部大气污染强化督查反馈问题的整改落实。4月7日环保部大气污染防治强化督查及9月份秋冬季大气污染防治综合治理攻坚行动巡查以来，共反馈问题86个，其中固定源问题52个，环境管理问题34个，全部完成整改，整改率100%。推进大气污染防治省级督查反馈问题的整改落实，无棣县共反馈问题22个，全部整改完成，整改率100%。

（韩振涛）

财政·税务

财　政

【概况】　2017年，无棣县完成一般公共预算收入147729万元，占调整预算的100.8%，同比增长1%。一般公共预算支出294088万元，完成预算的100.5%，增长2%。

【财政收支管理】　2017年，无棣县积极应对经济增速放缓、国家减税清费和环保治污政策等因素对财政收入造成的不利影响，依法加强收入征管，进一步理顺征管体制，完善综合治税长效机制，强化国地税联合办税措施，堵塞征管漏洞，确保税收收入稳定增长。强化对非税收入的监管，着力优化收入结构，提高财政收入质量，促进财政可持续发展。调整支出结构，压减“三公”经费、会议费、培训费等一般性支出，降低行政成本，集中有限财力保重点支出。全年争取各类转移支付资金13.56亿元，财政保障能力得到提到。

【财政政策落实】　2017年，无棣县推进供给侧结构性改革，进行“放管服”改革，落实“营改增”试点政策，全面清理规范各类涉企收费，落实减税降费政策，减轻企业负担。加大财政投入，支持企业实施创新驱动和人才引进战略。深化政府投融资机制。发挥政府投资的引导和带动作用，激发社会投资动力和活力，筹措资金7.81亿元，支持中小学大班额、棚户区改造、公路升级、旱厕改造等县域重点工程项目建设。推进政府和社会资本合作。加快河网水系、全民健身中心和垃圾发电等PPP项目合作进程。做好政府投资项目代建管理。在全市各县区率先实行政府项目“代建制”，通过采用公开招标方式组建代建单位机构库，采用遴选方式从县代建单位机构库中优选代建单位对县档案馆项目和滨州贝壳堤岛与湿地国家级自然保护区宣教平台项目进行代建管理。

【财政管理机制创新】　2017年，无棣县推进预决算信息公开，及时在政府网站专栏向社会公开全县政府预决算、县直单位的部门预决算和“三公经费”预决算，预决算公开的广度和深度明显增加。加强政府“四本”预算统筹衔接。当年政府性基金调入一般公共预算的资金12256万元，国有资本经营预算调入一般公共预算的比例达到37%，增强财政综合保障能力。加强国有资产管理。完善行政事业单位资产配置标准体系，在全市率先建立县级“公务仓”管理制度，财政部和省财政厅网站刊载无棣县经验做法。全面推行公务卡改革，2017年实现县级所有预算单位使用公务卡支付，全年公务卡支付金额870万元，比2016年实现大幅增长。强化预算评审管理。全年完成评审项目50项，审定金额3.6亿元，审减金额7286万元。加强政府采购管理。政府采购向精细化管理延伸，全年完成采购金额4.55亿元，节约资金2574万元。推行绩效评价。将200万元以上的专项资金列为绩效评价管理目标，并在全市县区率先推行第三方机构独立评价，对30项县级、1.94亿元专项资金进行绩效考核评价，将评价结果作为下一年度预算安排的依据。深化国库集中支付改革。在完善县本级国库集中支付改革基础上，全面启动镇街国库集中支付工作。加强对财政存量资金管理。全县盘活财政存量资金6002万元，清缴2008年以前借款2728万元。规范财政专户管理，当年撤销、合并8个财政专户，保留账户均符合上级文件要求。推进政府投融资管理体制改革。深化政府投融资机制，经济开发投资公司转制为财金集团，发挥政府投资的引导和带动作用，激发社会投资动力和活力，强力支持县域重点工程项目建设。

【无棣县财金投资集团有限公司】　2017年6月，经县政府批准，无棣县经济开发投资公司改组设立无棣县财金投资集团有限公司（以下称财金集团），是县管功能性国有独资运营公司。集团下设以能源产业为核心的融鑫板块，以金融为核心的创投板块，以农业、旅游、文化为核心的绿色产业板块，以项目工程建设为核心的城建板块，以港口物流为核心的交通物流板块等5大发展板块。

2017年，财金集团全力支持县域重点工程项目融资工作，先后完成棚户区改造项目、人居环境项目，大班额项目、旱厕改造项目、全民健身活动中心项目、乡村公路项目等融资服务。与中电建、爱康、科诺三家光伏发电企业签订无棣县光伏扶贫项目合作开发协议并出资成立项目公司。2017年，3家公司全部实现并网发电。新星热电公司先后完成炉烟气超低排放改造工程、环保验收工作、排污许可证办理、发电许可证办理、封闭煤棚建设。打造特色现代农业与旅游观光、文化传播与品牌塑造为一体的新型绿色产业。2017年，举办鑫嘉源“春耕文化节”“文化艺术节”等旅游活动，邀请10个国家的19位艺术家，创作21件雕塑作品，将艺术理念和艺术定位融入园区，展现深厚的文化底蕴和独特的田园魅力，鑫嘉源景区知名度、美誉度明显提升；开发符合无棣特色的旅游商品，注册了“马谷山”和“碣石人家”2个商标，开发荷叶茶等特色商品，推动无棣特色旅游文化发展；推进天龙农庄基础设施建设及驴产品深加工，创立“驴小飞”品牌，为全县驴文化、驴膳食树立特色品牌形象，带动全县特色农产品业发展。打造集建设与运营一体化的城市建设集团和第二政府融资平台。2017年，承建大小水利项目40余个，完成西水东调工程、西城工业园管网工程等县重点项目建设。整合县域物流资源，提升物流运营效率，构建以黄河三角洲鲁北综合物流园区为中心，黄大铁路货运站、西港临港物流园区、鲁北物流园区、高铁客货运站等为基点的“1+N”物流产业发展模式。2017年，完成汗马物流合作运营及物流产业园、西港临港产业园、黄大铁路货运站等项目的前期调研工作，为打造区域物流中心打下基础。

事业发展投入

【概况】 2017年，无棣县一般公共预算民生支出25.46亿元，民生支出占比87%。

【教育支出】 教育支出67681万元，增长4.1%。其中：支持教育全面“改薄”建设、学前教育建设、解决城镇中小学大班额问题1.4亿元，拨付3671万元，落实义务教育经费保障政策；为2060名原农村民办代课教师发放教龄补助410万元；足额落实各项学生资助政策，惠及困难学生2140余人；支付校车补助1446万元，惠及1.5万名学生；支付学生营养餐补助资金350万元，惠及全县中小学生8400余人。

【社会保障和就业支出】 社会保障和就业支出41978万元，增长5.2%。其中：居民基本养老保险支出9034万元，全县20余万人受益；残疾人事业费支出1212万元，困难残疾人生活补贴与护理补贴政策全面落实；最低生活保障支出4802万元，城市低保标准由每人每月500元提高到525元，农村低保标准由每人每月315元提高到350元；安排资金7368万元，落实就业补助、自然灾害救助、老年人高龄补贴、孤儿救助、特困人员供养等弱势群体补助及退役安置、优抚对象抚恤补助政策。

【医疗卫生与计划生育支出】 医疗卫生与计划生育支出34830万元，占上年同期的90.3%，下降的主要原因是上年上级下达的公立医院基础设施建设专款较大，剔除该因素，实际增长3%。其中：城乡居民基本医疗保险支出17182万元，政府补助标准由每人每年420元提高到450元，提高居民医疗保障水平；基本公共卫生服务支出2043万元，人均经费保障标准由45元提高到50元，向城乡居民免费提供14大类基本公共卫生服务；计生事业费支出2705万元，计生奖励扶助、死亡伤残家庭特别扶助、免费孕前健康查体、分娩补助、适龄妇女“两癌”免费检查等政策全面落实；支出1091万元，支持县级公立医院改革和建设；乡镇卫生院、村卫生室落实基本药物制度支出4658万元，基层医疗卫生服务水平得到提升。

【农林水支出】 农林水支出59202万元，占上年同期的89.2%。下降的主要原因是上年上级下达的专款较大，剔除该因素，实际增长2.2%。其中：贯彻中央打赢脱贫攻坚战的决策部署，拨付专项扶贫资金3292万元；安排9416万元，支持农业科技转化与推广、病虫害控制、农业资源保护修复与利用、推进农业产业化、农产品质量安全体系建设和发放成品油价格补贴等；水利基础设施建设支出17060万元；农村综合改革支出9471万元，重点支持城乡环卫一体化、美丽乡村等村级公益事业建设，落实村干部报酬政策，提高基层组织运转保障能力等；普惠金融发展支出1072万元，主要用于涉农贷款增量奖励和农业保险保费补贴。

【科技支出】 科技支出3695万元，增长0.8%。其中：拨付资金1980万元，支持企业技术改造、科技创新平台载体建设，促进产业转型升级；拨付资金640万元，支持高层次紧缺人才引进、泰山学者蓝色产业领军人才团队支撑计划等人才建设支出；拨付380万元，用于渤海粮仓示范工程建设；拨付210万元，支持省级品牌创建、科技进步及专利奖励。

【文化体育与传媒支出】 文化体育与传媒支出4361万元，增长9.7%。其中：用于贝壳堤岛旅游景区基础设施建设支出1000万元；公共文化服务体系建设727万元；”三馆“免费开放、布展及图书馆共享工程资金126万元；宣传文化发展支出276万元；体育场馆建设及各级体育比赛经费140万元。

【节能环保支出】 节能环保支出11449万元，增长1%。其中：用于清洁取暖改造支出4191万元；既有居住建筑节能改造支出1480万元；污水处理、雨污外排管网建设支出3381万元；新星热电超低排放改造280万元；废液沼气替代燃煤锅炉综合改造380万元。

【交通运输支出】 交通运输支出7463万元，占上年同期的87.8%。其中：205国道绕城段改建支出2500万元；新能源公交车购置及公交运营补贴支出867万元；马颊河北路升级改造支出765万元；实施公路安全生命防护工程、农村公路及危桥新建、改建项目1825万元。

【城乡社区支出】 城乡社区支出8740万元，占上年同期的99.2%。其中：用于省级卫生城复审、城区市政维护、园林养护2762万元；市政公益性基础设施建设支出1760万元；西港园区建设支出800万元；鲁北高新区基础设施建设支出1309万元。

【住房保障支出】 住房保障支出7708万元，增长83.6%。其中：支出1132万元，支持棚户区住房改造；支出2839万元，支持农村危房及老旧小区改造。

（吴宝轮　张兴国）

国家税务

【概况】 2017年，无棣县国家税务局有10个内设机构、1个直属机构、1个事业单位、6个派出机构，担负着全县12000余户纳税人的税收征管工作。全年组织税收收入125037万元，同比增收35038万元，增长38.93%。其中，中央级收入72660万元，同比增收18375万元，增长33.85%，县级收入51493万元，同比增收15779万元，增长44.18%。总收入和地方收入均创历史新高。落实各项减免税政策，全年办理各类退免税20683.35万元。其中，消费税退税15300万元，资源综合利用即征即退912.26万元，出口退税1409.26万元、免抵调1429.09万元，福利企业即征即退388万元，小微企业免征增值税645万元、企业所得税600万元。确保优惠政策及时落实到位，为企业发展提供政策和资金支持。至2017年，无棣县国家税务局先后被授予全国巾帼文明岗、山东省青年文明号、山东省五四红旗团支部、全省国税系统先进单位等荣誉称号，连续19年保持省级文明单位，涌现出“中国好人”“山东好人”、全省善行义举四德榜“榜上有名”爱德先进英模、全省优秀巾帼志愿者、全省国税系统文明税务工作者等一大批先进个人。

【纳税服务】 2017年，无棣县国税部门以联合办税服务厅为载体合作推出非接触式管理、实名办税、纳税信用评定和自主办税等便民措施，在全市率先将服务模式由“进一家门办两家事”升级到“到一个窗口办国地税所有业务”，联合办税大厅被山东省总工会授予“山东省女职工建功立业标兵岗”称号。在信息共享的基础上，联合地税局对重点税收业务进行统一部署、联合开展，做到执法统一，行动一致，国地税征管数据差异整改率和一致率排名全市第1位。联合开展委托代征业务，在全县设置15个委托代征点，实现对零散税收全税种的全额征收和税收基础服务对全县所有镇街全覆盖，全年零散税收业务代开发票达20058份，入库税款1828.48万元。积极与地税局开展党建共建工作，成立全市第一个国地税联合党支部——无棣经济开发区国地税党支部，实行组织共建、党员共管，开展党员联系税户活动，将国地税合作延伸到联合入户、风险联控等征管领域，促进国地税合作进一步深化，纳税服务效能进一步提升。

无棣国、地税开展党建共建，在无棣经济开发区建立国地税联合党支部

（供稿　盖玉辉）

【依法治税】 2017年，无棣县国税部门深入推进依法治税，认真落实重大案件集中审理、税收执法公开、权力清单运用、案卷评查、法律顾问等制度办法，依法行政水平得到显著提升。认真做好执法督察工作，针对发现的疑点信息认真加以改正，制定相应管理措施，根据规定对有关人员进行责任追究，促进执法责任制有效落实。加强法治税务建设，以法治国税建设为主线，争创法治国税机关建设示范点评选，推荐工业园区分局和柳堡分局为全市国税系统法治国税基层分局示范点申报单位。加大税务稽查力度，全面开展打虚打骗工作，对发票进行专项整治，2017年累计查处发票违法企业88户，查处非法发票1043份，查补入库5655万元。查处重大税收违法案件，立案检查18户，入库税罚款1367万元，滞纳金51万元。稽查局被省国税局、省公安局联合授予打击涉税违法犯罪工作先进单位称号。

【征收管理】 2017年，无棣县国税部门实行集约化管理，将3个偏远分局迁移收缩至县城集中办公，实现管理、服务和风险应对一体化。探索推进税源专业化管理改革，结合深化落实“放管服”需求和“营改增”后基层面临的新形势、新任务，构建符合无棣实际的税源专业化管理、科室实体化运行和风险精准化应对机制，实现对重点税源科学、精准和高效管控。三项实践相互合作、相互促进，构成一个完整高效的征管体系，实现征管资源与税源管理高效契合。改革的思路和做法走在全市、全省前列，得到省国税局充分肯定，被市国税局确定为全市推进征管体制改革工作试点单位。

【行政管理】 2017年，无棣县国税部门以绩效管理为导向，压实管理责任、优化绩效指标、完善考评规则，每季度公开公示绩效成绩，召开讲评会议，有效发挥绩效管理“指挥棒”和“助推器”作用。落实财务核算和支出管理，完善财务制度，强化财务监管，资金使用效率和管理水平得到有效提高，严肃财经纪律，对日常公用开支均严格执行审批和报销手续。加强公务用车管理，杜绝公车私用。严格执行节假日24小时值班制度，确保安全稳定。不断推进政务服务，围绕组织收入、基层党建、税收优惠政策落实等重点工作，加强信息宣传，2017年，在各级媒体共刊发信息70余篇，有效宣传了县国税局工作开展情况。规范网站建设，全年共发布信息180余条，组织开展在线访谈1次，较好地利用新媒体服务全局工作。

县国税局被团省委授予“青年文明号” （供稿 盖玉辉）

【队伍建设】 2017年，无棣县国税部门坚持党建引领，严格落实党建工作责任制，基层党建工作目标层层下达，形成全体党员共同参与的格局，建立党组党建工作联系点制度，促进基层党组织稳定与发展。推进基层组织建设，学习贯彻习近平新时代中国特色社会主义思想和党的十九大精神，严格落实“三会一课”制度，积极组织主题党日活动，以《不忘初心跟党走，做合格共产党人》为题上党课，强化党组和中层干部理论素养，开展“亮身份·做表率”“党建+扶贫”“巾帼送暖”“爱心助扶贫·圆梦微心愿”等活动，县国税局团支部被共青团山东省委授予山东省五四红旗团支部。加强教育培训，依托“岗位大练兵、业务大比武”活动，强化分岗分组培训，提高干部业务能力。

【廉政建设】 2017年，无棣县国税部门牢固树立“不抓党风廉政建设就是失职”的意识，制定完善“两个责任”清单，明确目标，分解任务，传导压力。逐级签订党风廉政建设责任书，将责任分解到每个班子成员，落实到每个科室、每名干部职工。认真贯彻落实中央“八项规定”精神，深入开展正风肃纪工作。加强党风廉政教育，部署开展纪律作风集中整顿和专题警示教育活动，坚持定期谈心制度进行廉政谈话。加强监督制约，认真开展“一案双查”，扎实做好高风险环节廉政风险点排查，严格规范从政行为。严肃问责追究，上下贯通、层层负责。邀请县纪委领导以《守纪律、讲规矩，做清正廉洁的国税干部》为题召开廉政讲座，对典型腐败案件以案例分析的方式进行廉政警示，通过开展中心组学习、观看警示片、明察暗访等活动，进一步强化作风纪律建设，营造了风清气正的部门形象。

（盖玉辉）

地方税务

【概况】 2017年，无棣县地税部门抓收入，强征管，提质效，挖税源，全年组织各项收入6.87亿元，其中：完成地方财政收入6.46亿元，占调整后地方收入计划6.46亿元的100.04%，按可比口径算，增长14.74%，增收4600万元。

【税收征管】 2017年，无棣县地税部门加强与国税部门合作，进行登记数据差异信息整改，涉及数据17371条，解决征管信息不一致产生漏征漏管等问题。及时进行数据质量整改，核实修正税收疑点数据。对总局下发的6批次500余条数据进行整改，严格按照规范，逐条核查问题数据，分析问题原因，在整改中汲取经验，提高效能。加强欠税管理。对欠税纳税人采取税收保全、强制执行、欠税公告、调整纳税信用等级和拟任“两代表一委员”人选、政府有关部门征求意见等环节出具失信说明等多种措施进行清理，全年清理税款80余万元。开展纳税信用等级评定。总体评价单位纳税人3566户，对符合联评条件1240户纳税人进行联合评定，严格限制D级纳税人的社会权利。

开展创新提升，实行税收风险防控网格化管理，构织“三横＋三纵”的网格状治税新体系，即筹建“无棣税务风险防控中心”，实现基层中心所＋“税务风险防控中心”＋稽查局的三横设置和“征、管、查”三纵串联，打造税收风险联防、联动的网格化管理新格局，解决税源分布不均、征管力量不平衡问题。组建评审团队，对鲁北集团、三岳化工等8户企业进行团队评估，追缴入库税款1150万元。进行国地税数据比对分析，风险应对50户次，追缴税款160万元。依托“互联网＋税务”，强化重点行业和重点政策风险管理，入库税款820万元。

2017年无棣县地税收入统计表

表52　　　　单位：万元

项　　目	2017年收入完成情况	2016年收入完成情况	2017年与2016年累计对比	
	1—12月累计	1—12月累计	同比增长	增收额
分级次总计	68732	87551	−21.49%	−18819
中央级	4130	5480	−24.63%	−1350
省级	—	—	—	—
县级	64602	82070	−21.28%	−17469
县级财政口径	64372	81849	−21.35%	−17477
分税种总计	63044	82445	−23.53%	−19401
改征增值税	363	119	—	—
营业税	556	17357	−96.80%	−16801
企业所得税	1378	1171	17.67%	207
个人所得税	4740	4409	7.52%	331
资源税	3423	4025	−14.96%	−602
城市维护建设税	4776	4020	18.81%	756
房产税	2474	1635	51.28%	839
印花税	1498	1227	22.05%	271

续表 52

项　目	2017 年收入完成情况	2016 年收入完成情况	2017 年与 2016 年累计对比	
	1—12 月累计	1—12 月累计	同比增长	增收额
城镇土地使用税	9521	9494	0.28%	27
土地增值税	2573	2144	20.00%	429
车船税	2371	2148	10.37%	223
耕地占用税	25910	31968	−18.95%	−6058
契税	3462	2727	26.94%	735
教育费附加	2805	2416	16.08%	388
地方教育附加	1870	1609	16.18%	260
税务部门其他罚没收入	28	8	254.72%	20
文化事业建设费收入	—	—	—	—
残疾人就业保障金	100	78	27.73%	22
地方水利建设基金	666	780	−14.69%	−115
工会经费	220	214	—	—

【税收执法】 2017 年，无棣县地税部门依托《山东省地方税收保障条例》，争取各职能部门支持，与财政局签订协议书，委托财政局代扣代缴工薪所得个人所得税；派员进驻房产交易大厅，采取申报和评估方式征收房产交易相关税收；向国土部门取得历年全县企业占地数据，据以完善税收征管数据库。与银行系统开展“税银携手·助力小微”活动，以纳税信誉等级评价为基础，对小微企业授信贷款。经与国税局交换征管数据，对国地税登记的 17000 多条信息进行比对，查找出 1901 条差异数据，及时进行数据整改，完善征管数据库。国地税联合邮政局、天勤会计事务所等 7 个单位设置 15 个发票代开网点，强化零星分散税源控管，共代征地方税费 2568 万元，服务纳税人 23658 户次。撰写的《无棣县国地税实现服务一体化管理协同化》文章分别在《滨州日报》和《山东地税》（2017 年第 6 期）发表。

加强与国税稽查部门合作，确定联合检查对象，开展联合检查工作。利用“公安部门进驻国地税工作机制办公室”平台，加强与国税、公安部门沟通协调，在联合检查工作中，统一意见，协调一致。全年联合检查企业 12 户，查补入库各项地方税税款、罚款、滞纳金总计 210 余万元。

县地税工作人员到各镇街园区开展业务指导　（摄影　孙凤云）

【纳税服务】 2017 年，无棣县地税部门贯彻落实《深化国税、地税征管体制改革方案》要求，加快服务型税务机关建设，打造税务系统优质服务品牌，提升纳税人满意度和税法遵从度，开展 2017 年“便民办税春风行动”，打造效能地税、智慧地税、便民地税、公平地税、协作地税，提升纳税人获得感、满意度、遵从度。根据上级有关要求，发挥部门职能作用，采取10项服务措施，整理20条税收优惠政策，印制2000余份宣传彩页和180余份政策汇编小册子，全面准确地落实税收优惠政策，大力支持退役士兵创业就业。

县地税部门采取多项措施，充分听取人大代表、政协委员的意见建议，不断增进代表委员对税收工作的理解、认同与支持，增进社会各界对税收工作的理解和支持。通过新闻媒体、QQ、微信、信函等多种方式，多渠道定期或不定期向人大代表、政协委员宣传推送税收政策、税收工作新闻或重要税收工作信息。实地走访联络沟通，主动上门走访重点税源企业。重点就新开征税种、地方税体系建设、地税部门落实“放管服”、研发费加计扣除、银税互动、高新技术企业税收优惠等税收政策和重点工作进行宣讲辅导和征询意见。

县地税部门充分发挥税收“晴雨表”作用，加强调研，强化以税咨政，积极向县委、县政府报告税收经济运行情况，从助力财源建设角度提出意见和建议。全年向县委、县政府报送调研报告和情况分析19篇，县委、县政府及县纪委等主要领导批示12篇。其中：《关于无棣县西港经济园区税收整治情况的报告》被县政府主要负责人批示，并印发各镇街、园区进行专题学习。围绕社会各界的关切和需求，编印《无棣县适用税种税率表及常用税收政策》，系统简明介绍无棣县各镇街、园区适用税种税率，用详实的案例解读常用税收政策，帮助纳税人和党政领导干部更好地了解税收政策。

【党建工作】 2017年，无棣县地税局党组开展“两学一做”活动，坚持从严治党，查找工作中的不足和存在问题，及时整改，全局落实“两个责任”。开展“六个约谈”工作，对反映党员干部的苗头性、倾向性问题，通过谈心谈话，早教育、早提醒，防止小错酿成大错，全年约谈112人次，有效防范廉政风险。2017年，地税局《无棣地税：实施“一三五”工程加强基层党的建设》被县委主要负责人批示，并在《大众日报》刊发。11月22日，全市地税系统学习宣传贯彻党的十九大精神暨党建工作推进会议在无棣召开，全市地税系统参会人员现场观摩无棣县地税局“双支部”党建工作。

【队伍建设】 2017年初，无棣县地税部门全员签订年度廉洁自律承诺书。事中加大执纪监察力度，完善制度。对工作中发现的问题，运用好“四种形态”，通过批评教育、约谈提醒等方式，从严进行监督执纪，建立“第一种形态”写实记录簿，突出效果。全面落实税收违法案件“一案双查”工作要求，扭转惯性思维，防范执法风险。坚持不懈抓好中央“八项规定”落实，纠治“四风”常态化。紧盯传统节假日及时发布节日提醒，加强教育，做到常提醒、早预防、免犯错。《关于党风廉政建设工作开展情况的报告》被县纪委主要负责人批示。

开展练兵比武，提高人员素质。抓好年度教育培训，分门别类，选派20余名人员，先后参加浙江大学举办的税源管理培训班、重庆西南大学稽查业务培训班、长沙税务专科学校法治专题暨公职律师培训班、上海财经大学国际税收业务培训班等。组织全体干部职工分2期赴鲁东大学参加税收业务素质能力提升班，组织业务骨干参加山东科技大学素质能力提升培训班。积极参加全市“岗位大练兵、业务大比武”活动，按行政管理、纳税评估、纳税服务等5大类进行分岗位学习，加快培养各类税收专业骨干人才。组织精干力量编撰《企业会计核算及涉税解析》税收工具书，提升干部职工综合知识和业务技能。营造浓厚良好的学习氛围，打造学习型、专家型、复合型税务干部队伍。把税收实务和企业会计紧密结合，坚持实务操作性和工作指导性相结合，逐步实现传统粗放型管理向“读表识税收”“向报表要税收”的精细化、现代化税收征管方式转变。

（李树昌　徐文环）

地税业务培训　　（摄影　孙凤云）

金 融

综 述

【概况】 2017年，无棣县有银行金融机构12家，融资性担保公司3家，小额贷款公司2家，民间融资机构2家，农村新型合作金融试点机构5家，证券分支机构1家，主板上市公司1家，新三板挂牌公司5家，齐鲁股权交易中心挂牌公司7家，金融从业人员1500余人。

【信贷融资】 2017年，无棣县加大政策扶持力度，充分发挥财金集团平台作用，对企业流动资金贷款给予过桥支持。全年办理业务88笔、金额10.37亿元，大大降低企业融资成本。组建兴棣、恒发、鑫达3家融资性担保公司，累计为32家企业提供担保服务，获得银行贷款2.22亿元，切实解决企业担保缺失问题。扩大信贷规模，充分发挥金融机构信贷主渠道作用，大力支持实体经济发展。至12月底，全县金融机构本外币存贷款余额分别为214.16亿元、160.36亿元，较年初分别增加19.42亿元、14.74亿元；连续三届全市资本对接大会签约资金到位率100%，第四届全市资本对接大会全县签约77.26亿元，列全市第4位。创新金融产品，工行、农行等6家银行联合为森岳化工量身定做总额52亿元的银团贷款；齐商银行推出专利权质押、海域权质押、股权质押等金融产品，投放信贷资金2900万元；农商行为5家改制企业办理股权质押贷款8100万元。省级集中授信统贷统还和"融易贷"试点工作，采取"政府协调、银行授信、国有创投公司统贷、金融办监管"新模式，分别与农发行、齐鲁银行开展"集中授信统贷统还"和"融易贷"省级试点，授信金额各5亿元，可基本满足全县中小企业的资金缺口。引进域外银行设立分支机构，积极与地方股份制银行对接，吸引更多金融机构入驻，帮助企业破解融资难题，降低企业财务成本。与齐鲁银行、潍坊银行达成意向。

【资本市场利用】 2017年，无棣县按照"储备一批、培植一批、改制一批、辅导一批、上市挂牌一批、最终实现直接融资"的发展思路，全县资本市场利用工作走在全市前列。加快企业规范化公司制改制步伐。对企业改制采取"一企一策"的办法，分类做好指导和服务，协调各部门开辟"绿色通道"；严格执行企业改制挂牌奖补政策，为12家企业落实鼓励企业规范化公司制改制、上市融资等财政奖补资金520万元；全年完成改制企业7家。推动企业挂牌上市。2017年新增"新三板"挂牌企业1家，全县达到5家，挂牌数量列全市各县区第1位，占全市总数的30%；齐鲁股权交易中心挂牌企业5家，全县达到7家。卓佳电子公司于12月28日取得同意挂牌的函。直接融资成效显著。荣昌育种等3家企业实现"新三板"定向增发6次募集资金3.62亿元；卢斯得等5家改制企业在县农商行办理股权质押贷款5笔8100万元；智诚股份与江苏中煤长江集团就中小板IPO合作进行接洽、与红塔集团达成合作获得以每股增值4.32元的6000万元股权投资；鲁北企业集团与聚泽资产管理合作建立2.6亿元新能源产业基金；协调市产业投资引导基金对盛世伟业等6家企业进行融资增信考察。

【金融稳定工作】 2017年，无棣县多方联动，推进打逃债降不良进程。按照"先易后难、先个人后企业、先公职人员后普通群众"的"三步走"工作思路，围绕农商行内部员工清收、国家公职人员清收、企业及个人清收、政策扶持、增加农商行内生动力等五个方面，逐一制定工作措施，层层落实任务目标，扎实开展打逃债降不良专项行动，不良贷款占比保持全市最低。做好十九大金融安保维稳。认真落实省市县关于十九大安保维稳各项工作部署，对涉金融风险问题、非法集资陈案及风险认真进行排查。做好非法集资防范预警。开展金融领域影响社会稳定问题、企业非法集资信息、县域外银行企业在县内放贷情况等调研活动，实行非法集资信息月报制度，出台《无棣县非法集资风险监测管理工作暂行办法》，通过电视、广播、微信公众号、手机短信等，对打击非法集资进行立体式宣传，提高群众防范意识。

（张　玲）

银 行

银行业监管

【概况】 2017年，中国银行业监督管理委员会滨州监管分局无棣办事处（以下称无棣监管办事处）在全县范围内开展为期6个月的“打击逃废银行债务，优化金融生态环境”专项活动。9月召开动员大会，全方位营造良好金融法制环境。优化农村商业银行信贷资产质量，提升农村商业银行支持地方经济发展能力，促进无棣县金融生态环境建设，10月，召开集中开展农村商业银行降不良动员大会，在全县开展农村商业银行降不良专项活动。

【风险防控】 2017年，中国银行业监督管理委员会监测、关注辖区银行业金融机构的经营情况和风险状况及存在的问题，收集县内银行机构的业务统计报表和经营情况分析，对存在的问题进行系统分析，重点关注不良贷款、非应计贷款等数据变化情况，查找存在的问题，及时采取监管措施；督促各银行加强内控制度建设，开展案例教育和职业道德教育，查摆内控管理中存在的问题和薄弱环节。开展员工风险排查、重点客户风险管控、重点账户资金流向监测，管好人、管好钱，严防信贷资金参与、流入民间借贷市场和高利贷市场，严禁利用资源和职权为高利贷借贷方提供方便，从中牟利。加大对直接或间接参与高利贷活动人员的责任追究力度和处罚力度。

【案件防范】 2017年，中国银行业监督管理委员会督促辖内各银行业机构完善案防工作机制建设，夯实案防工作基础，狠抓制度执行，加强对重点机构、重点领域、重点岗位的经常性排查，堵疏防漏，严格整改，切实做好案件防范工作。

【金融服务】 2017年，中国银行业监督管理委员会督促各银行按照银监会《关于小微企业金融服务工作的指导意见》，小微企业贷款实现“三个不低于”，从增速、户数、审贷获得率3个方面全面考察小微企业贷款增长情况，在有效提高贷款增量基础上，实现小微企业贷款增速不低于各项贷款平均增速，小微企业贷款户数不低于上年同期户数，小微企业审贷获得率不低于上年同期水平。

【履职考核】 2017年初，中国银行业监督管理委员会配合滨州分局对辖内各行高管2016年履职情况进行考核，对10个支行13名高管进行客观公正初评和打分，全部称职。

（张景华）

中国人民银行无棣县支行

【概况】 2017年，中国人民银行无棣县支行认真贯彻稳健中性的货币政策，组织实施宏观审慎评估，定期约谈地方法人机构负责人，督促其调控信贷投放节奏；强化应急管理和舆情监测，与县辖金融机构“一把手”签订应急管理责任书，组织金融机构突发事件应急演练，对12家金融机构开展重大事项报告制度执行情况现场检查，对6家金融机构开展统计业务现场检查，对农商银行开展扶贫再贷款现场核查，实现以规范促安全。

【金融精准扶贫】 至2017年底，金融助推脱贫攻坚实施两年中，累计为农商银行发放扶贫再贷款3.59亿元，带动发放精准扶贫贷款136笔、2.43亿元，帮扶3000多名贫困户。农行、农商行发放光伏农户贷178笔、890万元。推动金融产品创新，德州银行率先推出“政保贷”业务，成功发放2笔300万元。组织开展“千名干部联千企”和“互联网+金融扶贫”融资专项活动，成功对接199条、贷款59.48亿元。无棣县人居环境整治、乡村公路升级、全民健身中心等基础设施项目贷款新增7.33亿元。

【普惠金融建设】 2017年，中国人民银行无棣县支行严厉打击逃废债行为，配合法院、公安、金融办、银监办等部门联合发布《关于严厉打击逃废银行债务行为的通告》，与县发改局联合出台《无棣县社会信用体系建设实施意见》，协助农商行收回不良债权1000多万元。全市率先试点建设农村金融综合服务点，在无棣县信阳镇通判一村、马山子镇下泊头村成功打造集助农存取款服务、汇款服务、代理缴费服务、财政直补资金结算服务、残损币兑换服务等“八大功能”于一体的农村金融综合服务点，并对全县6家金融机构优质服务窗口进行授牌。

【金融宣传】 2017年，中国人民银行无棣县支行组织12家金融机构开展“6•14关爱信用记录”文艺汇演，宣传和推进“诚信无棣”建设。组织金融机构开展“进乡村、进学校、进贫困户”集中宣传活动10余次，受益500多人。7月，人行无棣县支行综合服务大厅正式投入使用，安装征信自助查询机，大大提高工作效率，日查询量上百笔。实现国库、账户、征信、人民币等柜台服务“一站式”办理，央行服务更加规范。

2017年无棣县辖内金融机构人民币存贷款统计表

表53　　　　单位：万元

项目名称	本期余额	同比增减		项目名称	本期余额	同比增减	
		2017年	2016年			2017年	2016年
一、各项存款	2141519.77	194179.74	290893.02	**一、各项贷款**	1603572.08	147446.93	138007.36
（一）境内存款	2141456.20	194192.10	290839.64	1. 住户贷款	482796.33	123946.98	62353.90
1. 住户存款	1221006.67	106128.66	132655.38	（1）短期贷款	161254.30	36204.09	18048.49
（1）活期存款	507325.25	44240.08	76858.46	消费贷款	43299.56	18773.80	8959.66
（2）定期及其他存款	713681.42	61888.58	55796.92	经营贷款	117954.73	17430.29	9088.83
2. 非金融企业存款	650861.60	63482.22	113767.16	（2）中长期贷款	321542.03	87742.89	44305.41
（1）活期存款	288296.31	10874.37	72405.09	消费贷款	301160.66	88854.61	48490.00
（2）定期及其他存款	362565.29	52607.86	41362.07	经营贷款	20381.37	−1111.72	−4184.59
3. 广义政府存款	269587.93	24581.21	45617.10	2. 非金融企业及机关团体贷款	1120775.75	23499.96	75653.46
（1）财政性存款	7654.08	121.54	3302.80	（1）短期贷款	827566.85	42194.89	30736.65
（2）机关团体存款	261933.85	24459.68	42314.30	（2）中长期贷款	291208.90	−15597.74	44224.79
4. 非银行业金融机构存款	—	—	−1200.00	（5）各项垫款	2000.00	−3097.19	4697.19
（二）境外存款	63.57	−12.36	53.38	3. 票据融资	—	—	—
二、应付及暂收款	54592.84	−972.58	8550.03	**二、股权及其他投资**	11840.00	—	−800.00
三、各项准备	47616.27	7932.50	−8180.89	**三、联行往来（净）**	439712.83	55267.19	122392.48
四、所有者权益	74724.90	−14995.71	24882.93	其中：境内存放二级准备金	60327.11	−1134.11	26451.12
其中：实收资本	46665.00	—	—	**四、应收及预付款**	10063.75	2930.88	−309.76
五、其他	−221278.57	34675.42	−56839.30	**五、固定资产**	16653.54	−158.65	15.31
资金来源总计	2097175.20	220819.36	259305.39	资金运用总计	2097175.20	220819.36	259305.39

（丁　晖）

中国农业发展银行无棣支行

【概况】　2017年末，中国农业发展银行无棣支行（以下称农发行无棣支行）各项贷款余额11.12亿元，较年初增加4.08亿元；基金项目7个，金额5.05亿元；利润3154万元，较上年增长1041万元，连续3年平均增幅达到92.12%。2017年，被山东省分行评为2017年银牌行；在全市绩效考评获第2名，被市分行评为2017年度先进单位；被县委、县政府评为支援地方经济建设先进单位。

【夏粮收购】　2017年，农发行无棣支行将支持粮食收购作为首要任务，顺利完成夏收工作。全年发放产业化龙头企业粮食购销流动资金贷款2000万元，收购小麦8366.65吨。保证2017年夏粮收购资金及时供应，做好粮食收购资金需求测算，第一时间与粮食部门对接，做好夏收生产形势调研。全年“托市”收购小麦2225吨，收购值534万元。配合地方粮食部门和中储粮直属库对入库托市小麦的质量、数量进行全程监管，达到账账、账实相符。

【项目建设】 2017年初，农发行无棣支行围绕重点建设项目及重大民生工程、“指令性”项目，累计实现投放6.6亿元，其中：无棣县乡村公路升级改造项目工程1亿元；无棣县农村人居环境整治项目5.3亿元；无棣县2016年棚户区改造项目0.3亿元。对存量中长期项目贷款2.39亿元进行地方债券置换，有效减轻县财政还款负担。2017年，全县农业农村基础设施建设贷款余额10.76亿元，较年初增长4.21亿元。

【业务拓展】 2017年，农发行无棣支行积极与县金融办合作，开展融资模式创新，在国有公司担保的基础上，探讨采取国有企业统贷方式支持具备扶贫效应的涉农企业发展。对国有公司担保、国有公司开展土地流转经营进行营销，申报贷款8000万元，该项目报省行并安排调查。

【基础管理】 2017年，农发行无棣支行严格落实上级行条线管理要求，严细管理，促进制度落实。部门主管在对上级行文件进行分类和统计的基础上，利用晨会和周会进行学习和讨论，通过每周一考检验学习成果。建立日常业务复核制度、月度档案交叉检查制度、分管行长抽查和行长点评等制度，分管行长、业务骨干带头落实和执行，工作精细化程度和执行力得到有效提升，2017年度在全市条线考核中位列第2名。

【风险防范】 2017年，农发行无棣支行建立以合规为基础，以提升内控管理水平为核心，内容健全的内控管理体系，深入开展案件风险排查，强化对银行机构的风险管控，努力建立和完善案防工作长效机制。严格落实“两个责任”，深入学习贯彻《准则》《条例》，从严落实中央八项规定，抓好党风廉政建设和反腐败工作。层层签订防范经济案件、安全保卫、安全生产、消防和刑事案件事故责任书，加强安全防范教育和检查督导。规范和抓好安全保卫工作，有针对性开展防盗抢、消防预案演练，突出重点，不断加强安全监督检查。

【银企共建】 2017年，农发行无棣支行及时向县政府汇报信贷支农政策，签订银企共建协议书，进一步规范银企廉政共建工作，加强银企合作关系。定期走访企业，召开座谈会，宣传农发行信贷政策和账户管理各项规定，征求企业意见，了解企业需求；聘任企业法人代表为行风义务监督员，定期召开行风评议会。

（王 跃 张树岐 张春燕）

驻棣商业银行

【中国工商银行股份有限公司无棣支行】 中国工商银行股份有限公司无棣支行（以下称工商银行无棣支行）有服务网点3个、离行式自助银行5处。2017年末，储蓄存款时点余额133957万元，新增8266万元。个人贷款业务累计发放贷款52908万元，较年初新增23828万元，完成任务的133%，其中个人住房贷款累计发放41442万元，较年初新增26504万。机构存款时点余额33094万元，新增4457万元，开立机构账户7户，新增5万元机构客户7户。企业年金账户新增1户，缴费257人，实现缴费金额200万元。金融资产日均5万元客户存量351户，较上年末增长5户；新开对公账户258户，有效户211户，新开有效户完成率117%。实现账户交易类商品收入417万元，完成计划任务209%，全市占比56%。2017年，工商银行无棣支行被县委、县政府评为支持地方经济建设先进单位；被人民银行无棣支行评为信誉信得过金融单位，保持省级文明单位称号。

支持地方重点企业发展。根据企业具体情况，实际需求，适时跟踪服务，扩大授信额度，与鑫岳化工、鲁北化工、正海集团、无棣融鑫集团进一步密切合作关系，为鑫岳化工新增临时授信5亿元，当月开立信用证4.8亿元，增加存款1.2亿元。国际业务取得历史性突破，结售汇业务量、国际结算量、国际业务中收完成率均居全市第1位。发展项目贷款，做好项目贷款的对接和客户拓展，无棣中电建项目1.76亿元，相继储备项目贷款2个，贷款金额3.6亿元。拓展无贷户，利用银企联谊、走访座谈等多种形式，实施各项产品的渗透，带动理财产品、贵金属、财智账户卡、企业年金、企业代发工资、储蓄存款、分期付款等业务发展。化解潜在风险，没有发生不良贷款。

个金业务发展。贯彻落实“高管抓高端”营销理念，开发客户资源，推动私人银行业务的全面发展。私人银行达标客户24户，资产2000万元以上客户11户，私人银行客户总资产59802万元，较年初新增20840万元。信用卡业务，办理汽车分期付款10800万元，并根据发展环境变化和政策调整，及时调整工作方向，逐步向家家乐、公务员逸贷通转型。发展代发工资业务和互联金融业务。代发工资新增21户，710人，新增代发金额235万元。

内控管理。全面推进内控合规基础强化建设，深入排查隐患，夯实管理基础，加强检查力度，严肃查处违章行为。根据《柜面业务操作手册》操作流程监控要点，由运营副主任对重点环节、特殊业务、重点柜员进行流程控制，严防大额现金业务逆向操作和交接环节不叙时、不同步问题；严格把关，有效规避柜员操作失误造成的反交易业务，杜绝案件隐患。

金融服务。利用商友卡俱乐部的相关政策和银行信贷政策，为符合条件的小企业解决融资难问题。跟踪全县重大项目的引进和建设，对基本符合条件的重点项目，尽快进入评估和审批程序，加快重点项目贷款的投放，最大限度地提供支持和服务，促进项目建设。参与全县新农村建设，培育适合工商银行重点支持的农村基础设施建设项目，争取信贷投入，寻找一定规模的农业产业化龙头企业，增加支持力度。加强对服务评价器的使用，修订《2017年无棣支行服务考核办法》，开展“改善服务，促进发展”为主要内容的旺季服务活动，加大奖惩力度，提升品牌形象，不间断巡回检查服务工作，督促落实评价器的使用，客户满意度评价不断提升。

（杨洪新）

【中国农业银行股份有限公司无棣支行】 **贷款业务**。项目贷款。支持县域基础设施建设，上报审批无棣县全民健身活动中心项目贷款总额3.27亿元，年内投放2100万元。2017年，县农业银行为大唐鲁北发电有限公司新增流动资金贷款1亿元；为无棣鑫岳化工有限公司新增流动资金贷款1000万元，新增签发银行承兑汇票4400万元；为山东埕口盐化有限责任公司新增签发银行承兑汇票3000万元；为山东鲁北企业集团总公司新增贸易融资3000万元。个人贷款。2017年，县农业银行积极履行社会责任，把光伏扶贫贷款作为重点工作，组织业务人员，对全县已经安装完成光伏设备的建档立卡贫困户进行全面入户调查，全年调查436户，对符合贷款发放条件的贫困户发放光伏扶贫贷201笔，金额1001万元。做好农民安家贷、农民购建房等惠农贷款发放，全年发放个人住房贷款713笔，金额2.71亿元，个人住房贷款余额5.87亿元，较年初增长2.05亿元。推出个人线上消费贷款和惠农e贷，提升客户体验，全年营销线上贷款121笔，累计930万元，年末余额475万元。

经营转型。推进对公业务转型，通过理念培育、优化分工、氛围营造、考核激励和软硬件配备等手段，对公业务服务能力得到整体提升。做好客户指派，包干到人，建立标准登记薄，依托CCRM系统进行数据分析，不断研究改进工作方法。建立信息共享机制，充分利用微信群等信息平台，分享业绩、交流经验，推动对公服务水平整体提高。深化网点转型，构建全新网点管理模式，制定完善考核激励制度，巩固转型成果。完善贵宾客户分户、管户制度，实施客户管理考核办法，对网点员工管户履职及业绩情况进行专项考核。实施网点转型产品认领和计价分配管理办法，根据各重点产品营销分配特点，采取比例分成、结余调节等指导意见，以营销业绩台账为基础，坚持“谁营销、谁认领、谁受益”原则，实现业绩透明化、报酬最大化、分配科学化。推进“一号工程”，提升普惠金融服务能力。构建全员联动机制，开辟绿色通道，建立专门团队，拓展上下游客户和商户，以惠农通工程和E商管家为切入点，全面布局线上线下一体化金融服务网络。拓展山东鲁北企业集团、山东十里香芝麻制品有限公司、无棣海瓷等10余家电子商务客户。

不良贷款处置。2017年，县农业银行通过打包转让方式处置无棣星一皮革有限公司不良贷款7812万元，协助无棣财金集团以3117万元的价格回购已处置无棣伊德圆电子科技有限公司不良贷款8750万元，有效化解不良贷款带来的隐患和后续风险。通过合理有效防控、压降措施，信贷风险实现基本可控，年末不良贷款率0.19%，不良余额、不良占比降低到最低水平。

机关建设。县农业银行按照“三亮五有十上墙”要求，建设6处标准化党员活动室。落实党建联系点制度，党委成员确定1至2个营业网点作为党建和“两个责任”联系点。落实一级支行纪委书记专职化要求，强化纪委监督执纪责任，加大纪委执纪问责力度。加强纪检监察力量配备，支行所有党支部均配齐纪检委员。开展“创先争优”活动，顺利通过2017年度市级文明单位验收，并上报省行精神文明建设先进单位。开展岗位练兵，提高柜面技术能力、业务素质和服务水平。在市行举办的第十四届业务技术比赛中，县农业银行代表队夺取团体总分第1名。海丰分理处代表省分行参加山东省2017年征信业务劳动技能竞赛，取得团体第2名的成绩。搞好职工之家建设，将原有的县农行大学生宿舍改造升级为青年公寓，配备床铺、桌椅、电视机、空调、宽带等设施。为4处乡镇网点打造标准化宿舍，定期对员工宿舍、小伙房等进行内务清理。为3处城区网点建设休息室，实行中午配餐制度，为城区网点员工中午值班、就餐、休息提供方便。2017年，被评为滨州分行先进职工之家，海丰分理处、北海经济开发区支行被评为先进职工小家。

（王汉峰）

【中国建设银行股份有限公司无棣支行】 2017年末，中国建设银行股份有限公司无棣支行（以下称建行无棣支行）一般性存款余额39.27亿元，余额占比33.18%，较年初新增7.36亿元，新增占比45.74%。各项贷款总额23.75亿元，较年初新增3.91亿元，余额占比26.68%，新增占比

51.08%。对公贷款余额13.86亿元，较年新增占比42.79%。个人类贷款余额7.62亿元，累计发放4.44亿元，新增2.94亿元，新增40.5%占比，其中个人住房余额7.24亿元，新增2.72亿元，个人快贷余额2511万元，新增2200万元，公积金贷款余额5.49亿元，新增17118万元。建行无棣支行被县委县政府评为2017年度支援地方经济建设先进单位，荣获2017年市分行旺季营销综合贡献奖，被省分行评为2017年先进支行和县域强行。

“六大战略”和支行“十大工程”。突出“客户、市场、管理”三大重点，全面实施发展创业“十大工程”，进一步促进营销效率、服务质量和管理水平的提高。做好中高端客户维护与营销，抢抓市场信息源头，提高反应速度，市场份额进一步提升；完善机制和流程，强化执行力提升，提高运行质量和效率，提高员工履岗能力和价值创造能力。

重点战略产品营销。重点产品。销售实物金32.9公斤，销量全市第一，保险3372万元，受经济下行及产品原因，实物金、保险销售低于上年同期。龙支付当年签约1.37万户，ETC安装1356户。信用卡业务快速发展。全年信用卡客户新增11921户，计划完成率125%，家园龙卡1969户，优质商户282户，计划完成率110%，全量分期完成8365万元，计划完成率87%，在四季度组织的商户会战中，营销“慧兆圈”448户，入圈119户，不断探索业务增长点，在保持传统业务的基础上，睡眠户激活、分期通、账单分期成为信用卡业务新的增长点，信用卡各项业务指标完成居全市前列。电子银行。全年新签约手机银行10706户，新签约手机银行存量活跃11214户，移动金融交易量占比86.4%，手机银行签约客户活跃率49.3%、手机银行同步率86.6%，短信签约同步率78.1%，签约3户幼儿园和1户党费云，全部实现活跃，电子银行各项业务占比有较大提升。建网转创。县医院、县中医院银医一卡通项目运转良好；与县相关燃气公司达成燃气村村通缴费项目合作，村村通燃气缴费将通过建行系统实现，对推动建行介入农村、农民市场，打下坚实基础。强化与职能部门合作，向社保局推介建行的裕农通，在全县农村各诊所同步签约150户裕农通。支行自助设备实现集中管理。

内控案防与基础管理。加强对行务运行工作的领导，完善考核办法，促进工作效率提升。落实贷前调查和贷后管理细则，落实规定动作，保证信贷资产安全。强化柜面服务管理，坚持服务抓在平时，强化网点经理与营运主管的日常管理。开展“案例警示教育”活动，提升员工的操守意识和法纪意识。强化检查监督与问题整改，提升案防与安保水平，将“五个确保”落到实处。层层签订安全保卫工作责任书，支行主要负责人对党风廉政建设、案件防控、安全工作负总责。加强信息宣传，编制宣传工作指引，强化考核和引导，定期通报，业务发展与信息宣传相互促进。

（王树军）

【山东无棣农村商业银行股份有限公司】 2017年末，山东无棣农村商业银行股份有限公司（以下称无棣农商银行）各项存款余额56.64亿元，贷款累计投放56.25亿元，新增贷款占比37.80%，存贷款余额和新增占比均居全县金融机构首位；纳税4923万元。2017年，无棣农商银行被省总工会授予“富民兴鲁”五一劳动奖状。

支持地方经济发展。2017年，无棣农商银行千方百计筹集资金，用足、用好、用活贷款审批权限，快办快审快批，不惜贷、不控贷、不压贷、不抽贷，最大限度地减轻企业负担，为企业提供资金支持。至2017年末，各项贷款余额43.90亿元，较年初增长5.57亿元，增幅14.54%，贷款存量和贷款市场占有率均居全县首位；新增市场份额为34.03%，居全县各金融机构第1位。

金融扶贫。2017年，无棣农商银行从人行申请1.57亿元涉农扶贫资金全部投放，用于帮扶全县涉农扶贫企业；累计投放金融精准扶贫贷款共2.08亿元，帮扶贫困户2032人，有效帮助贫困人口脱贫致富。

普惠金融发展。加强电子机具布放力度，延伸服务半径。至2017年末，拓展银联POS机793台，较年初增加134台，布放农民自助终端66台，较年初增加10台。经由农民自助终端办理业务427548笔，累计业务金额31344万元，为490个村庄提供便利金融服务。推进农村金融综合服务点建设。依托农村助农取款点和农村金融消费维权联络点，建设集助农存取款服务、代理缴费服务、财政直补资金结算服务、残损币兑换服务等“八位一体”的农村金融综合服务点。2017年，建成农村金融示范点5处，其中通判钢材市场服务点、下泊头社区服务点被人行、消协等部门评为三星级农村金融综合服务点。

打击逃废债务。将诚信服务、守约践诺纳入公司治理体系，设立信用体系建设领导小组，并将信用体系建设落实情况纳入考核评价体系中。在授信决策和风险管理中，应用“信用中国”“信用山东”、政府职能部门官网等渠道，查询相关信用信息，辅助授信决策和风险管理。严格执行失信黑名单制度，对“老赖”、失信人、逃废债务的行为列入系统黑名单，并按照法律程序进行起诉。开展打击逃废债和降不良专项行动，与党委政府沟通协调，取得县委县政府大力支持，按照“先易后难、先个人后企业、先公职人员后普通群众”的“三步走”工作思路，推动专项行动深入开展。全年清收不良贷款本息合计5130万元。

（高杨　徐琳）

【中国银行股份有限公司无棣支行】　2017年，中国银行股份有限公司无棣支行减少企业保证金存款46451万元。2017年末各项存款余额165078万元，较2016年末下降17501万元，2017年末表内贷款余额168042万元，贷存比101.8%，全年国际结算量达13558.69万美元，占无棣县域机构的60%。重点支持化工、电力、纺织、皮革、瓷业、盐业等行业，在服务好大客户的同时，加大对中小企业的支持力度。2017年，被县委、县政府评为支持地方经济建设先进单位、全县社会治安综合治理暨平安建设先进单位。被滨州分行评为中银优秀集体，被山东省中行评为先进基层党组织。

支持地方经济建设。至2017年底，中行无棣支行分别为鑫岳化工、鑫岳燃化、鲁北企业集团、三岳集团、埕口盐化等骨干企业上报或批复授信近14亿元。支持中、小微企业发展，全年累计向44家中小企业发放贷款约2.72亿元。在国际结算、贸易融资等业务领域发挥作用，支持、推进无棣县外向型经济的发展。

选择符合条件和要求的重点企业推介短期融资券、中期票据、中小企业集合票据等债券融资业务，进一步拓宽企业融资渠道。

化解潜在不良。逐户逐笔细化梳理排查潜在不良，加强日常监控，主动做好向上级行与县政府的联系沟通，制定化解措施，有效遏制资产质量下移。灵活掌握运用不良化解政策，及时与上级行沟通，通过批量转让、核销等措施化解不良。

内控案防。每季度开展内控防案分析会和警示教育、职业道德教育等活动，增强全行员工的风险意识、制度意识和自我保护意识。健全和完善内控机制，狠抓各项制度落实，实行动态管理。加强自查，重点落实内控管理内源性机制建设，解决业务发展和内控防案流程清晰化问题，将防案关口前移，促进各项制度落实。加强党风廉政建设，认真落实党风廉政建设和防案工作责任制，提升防案工作水平。落实“三防一保”各项工作，完善安防体系，落实安全责任，加强安全防范设施标准化建设，确保安全稳健经营。

（丁学君）

2017年11月7日，省中行负责人到无棣支行调研　　（供稿　丁学君）

【中国邮政储蓄银行股份有限公司无棣支行】　2017年，无棣邮储银行有自营网点2处、邮政代理网点14处。各项存款余额达到8.06亿元，增加0.78亿元，增幅12.32%。其中，自营储蓄余额6.51亿元，增加0.34亿元；日均余额6.51亿元，增加0.61亿元。对公存款余额1.1亿元，日均余额1.08亿元，增加0.04亿元。开展代收代付、资金归集业务，全年代收代付交易2.5亿元，交易13万笔。

助农取款服务点建设。解决农村普遍存在的小额提现难问题，在乡镇及以下农村地区选择具有一定经济实力、信誉良好的商户，安装“商易通”固话设备，为农户提供“银行卡助农取款服务”及余额查询服务。开展涉农资金代收付业务，拓展农村服务新领域。开展代收新农保、社保、养老保险等惠农业务。

小微企业贷款。邮储银行围绕“一镇一业，一村一品”工程实施，丰富融资业务种类，优化业务模式，推出农户联保、农户保证、商户联保和商户保证贷款4个产品，为农户、个体工商户和私营企业服务。至2017年底，各项贷款结余达到10亿元，贷款业务自然村覆盖率60%以上。推进涉农贷款产品要素差异化，以标准化产品为基础，在贷款期限、还款方式、贷款额度等多方面进行差异化管理。从小额贷款扩展再就业担保贷款、家庭农场（专业大户）等一批零售涉农信贷业务。与扶贫办合作，发放富民生产贷1180万元，帮扶贫困户240余户。

（侯卫国）

【东营银行股份有限公司滨州无棣支行】 2017年，东营银行股份有限公司滨州无棣支行（以下称东营银行滨州无棣支行）下设营业室、市场营销部、零售业务部，有员工27人，其中26人获得本科以上学历，占职工总数的96%。至12月底，支行存款总量102738万元，其中储蓄存款31860万元，较年初增加5943万元，增幅22%；对公存款61500万元，较年初增加16503万元，增幅36%。完成国际业务结算量26769万美元，较年初增加15435万美元，增幅136%。全年安全运营无事故。

根据国家发展战略部署和产业政策要求，东营银行滨州无棣支行细化市场和客户分类，做好风险管控，依法依规、积极推进分类管理和服务。全年新增5000万元敞口额度。加大国际业务办理力度，促进国际业务产品创新，2017年1季度推出“代融通”业务。服务小微企业发展，为企业职工住房按揭业务提供服务，选取优质客户进行合作，解决小微企业的实际需求。为小微企业职工提供代发工资、网上银行、理财等金融服务。围绕“做零售、抓服务”，推进“大零售”布局。开展为周边14个小区及1个城中村代收供暖费业务。支持当地居民创业，2017年7月与无棣县公共就业和人才服务中心签署合作协议，发放下岗失业人员小额担保贷款，大力支持各类自主创业人群进行创业。

东营银行滨州无棣支行按照税收“营改增”政策要求，积极参加相关部门组织的各类培训，做好电子印章信息采集等，按频率正确计算各税种，及时、足额地缴纳税款，积极配合税务部门，及时发现违背税务法规的问题并予以改正。2017年度共缴纳增值税214.7万元，缴纳增值税附加、个人所得税、印花税、房产税、土地使用税等32.25万元。

东营银行无棣支行在超市宣传金融知识　　（摄影　秦骁勇）

东营银行滨州无棣支行注重文化建设，1月，在总行组织的“零售营销风采展示大赛”中荣获第1名；6月，在无棣县人民银行组织的“6•14关爱信用记录”文艺汇演中，获得第1名。12月，支行员工自导自演的小品《非诚不扰》得到总行认可。

（马迎迎）

【齐商银行股份有限公司滨州无棣支行】 2017年，齐商银行股份有限公司滨州无棣支行（以下称齐商银行滨州无棣支行）设2部1室（综合业务部、市场营销部、营业室），下辖滨州鲁北小微支行，在职员工20人。至2017年底，各项存款总额68483万元，各项贷款余额51747万元，签发银行承兑汇票78740万元，银行承兑

齐商银行滨州无棣支行开展“3•15”金融消费者权益日活动（摄影　张蕊）

汇票贴现13250万元、商业承兑汇票贴现11000万元。2017年荣获县级文明单位、市级巾帼文明岗、省级青年文明号荣誉称号。

业务开展。存款方面，借助授信业务，不断增加归行率和客户的派生存款；充分利用CRM系统，细化分解现有储蓄存款客户，逐户逐笔分析营销；借助分行发卡车，为优质企业办理代发工资卡，争取各类项目资金。零售业务方面，清华园学校“智慧校园一卡通”项目上线运行；为小泊头镇榆树周村办理光伏贷；为清华园学校、瑞丰商厦等单位和企业发卡，为代发工资等业务的开展打基础。国际业务方面，通过对区域内有国际结算业务的企业上门营销，开立外汇结算账户3户。

不良资产清收。到开发区、五营村、鲁北工业园、新海工业园等对授信企业进行专项贷后检查，及时了解企业状况，加强对授信企业风险的预警和把控。根据不良资产压降相关要求，将总分行政策和当地实际结合，搜集信息、开拓思路，采取多种方式压降清收不良资产。

队伍建设。强化党员意识，推进“两学一做”常态化制度化，统一观看中国人民解放军建军90周年大会直播、《巡视利剑》《榜样》以及十九大开幕式实况，提高党性修养，提升党员干部工作执行力和落实力。举行三八妇女节趣味运动会、参加植树节、为贫困儿童送祝福，参加县人行组织的征信文艺汇演、团县委组织的“爱心助扶贫·圆梦微心愿”活动。

（张　蕊）

【无棣中成村镇银行股份有限公司】 无棣中成村镇银行2013年12月27日成立，位于无棣县腾达大街157号，注册资金8000万元人民币，实行“一级法人、统一核算、分级管理、授权经营”的管理体制，有业务发展部、风险管理部、财务会计部、综合管理部、营业部5个部门，1个网点（营业部）。2017年末，各项存款余额8108.38万元，其中单位存款4104.19万元，个人存款4004.19万元；各项贷款余额7255.49万元，其中公司类贷款900万元，个人类贷款6355.49万元，涉农贷款占比达到91.24%，抵押率95.16%，不良贷款余额85万元。营业收入587.66万元，其中利息收入631.21万元，手续费收入0.73万元；累计发生营业支出568.80万元，其中利息支出42.06万元，手续费支出2.22万元，业务及管理费499.39万元，营业税金及附加−0.01万元，资产减值损失69.39万元，利润总额为161.56万元。

（郑　飞）

【德州银行滨州无棣支行】 2017年末，德州银行滨州无棣支行累计存款36792万元，支持企业20余家，发放贷款42198.5万元，无不良贷款余额，企业贷款无逾期、欠息情况。

德州银行滨州无棣县支行服务地方经济发展，积极与当地企业开展授信合作。注重产品创新，根据小企业、个体工商户及个人贷款客户特点，推出快易贷、自主贷、易贷卡、银保贷等授信产品，制定相关的管理办法和操作流程。自主研发“财富通”“周周赢”“即时赢”等结算产品，满足企业及个人客户对资金增值性及流动性的双面需求。

完善信用风险防控机制，强化信用风险防控措施，加大重点风险防控力度和关注流动性风险，持续推动平台贷款风险化解，加强案件风险和操作风险防控，强化声誉风险和信息科技风险管控。严格按照银监会“七不准”“四公开”规定，依法合规经营，通过公开收费标准和信息披露机制，杜绝变相提高利率、附加贷款条件、捆绑销售、不合理收费等行为。推进差异化经营转型，积极理顺管理体制机制，健全完善绩效考核机制，强化内部审计监督职能，加强负债质量管理。持续优化机构网点布局，提升金融服务能力，做好普惠金融服务，降低各类融资成本。

（王建栋　王　程）

【恒丰银行股份有限公司滨州无棣支行】 恒丰银行股份有限公司滨州无

恒丰银行无棣支行　（供稿　吴秀凤）

棣支行于2016年11月28日正式开业，有在职人员12名，设有营业部、业务部、综合部3个部室，其中营业部6人，业务部4人，综合部1人。主要经营范围：吸收人民币存款，发放短期、中期和长期贷款，办理结算，办理票据承兑和贴现，代理发行金融债券，代理发行、代理兑付、承销政府债券，代理收付款项，外汇存款，外汇贷款，外汇汇款，外币兑换，结汇、售汇，资信调查、咨询、见证业务，经中国银行业监督管理委员会批准的其他业务，经国务院银行业监督管理机构批准的其他业务。

至2017年12月31日，恒丰银行滨州无棣支行累计存款总计14.78亿元，其中企业存款12.58亿元，个人活期存款0.38亿元，个人定期1.55亿元，支持企业13家，发放贷款8.3亿元。

（吴秀凤）

财产保险公司服务大厅　（供稿　朱希房）

保险　证券

【中国人民财产保险股份有限公司无棣支公司】　2017年，中国人民财产保险股份有限公司无棣支公司开展三农保险服务，扩大治安保险办理覆盖面，为全县3.3万多户农民的家庭财产提供优质保险服务；继续独家承保人社局授权的全市居民大病保险，全年收取统筹基金2364万元，赔付1838万元，受益6076人次；承接精准扶贫业务，收取精准扶贫基金194万元，至2017年底，赔付62万元，受益1000多人次。

2017年，实现税收1138万元，是全县唯一纳税超千万的保险公司，列全县企业发展综合考核第12名，被县委、县政府评为“富民兴棣”先进企业。

2017年保费收入、赔款支出统计表（不含大病报销）

表54

年度	保费（万元）	赔款（万元）	利润（万元）
2017	8838	5788	−494

（朱希房）

【中国人寿保险股份有限公司无棣支公司】　2017年，中国人民寿险股份有限公司无棣支公司总保费达到1.51亿元。其中：长险首年保费完成6779万元，首年期完成3884万，十年期完成1922万元，短险保费完成770万元，续期保费完成8255万元。公司年度各类理赔金近1000万元，满期返还金5568万元，其中养老金领取620万元。

2017年，无棣支公司推出四朵云、E保、无纸化等科技国寿为客户提供超值服务，做到足不出户就能办理业务，做到方便、快捷服务。开通绿色理赔通道，对金额3000元以下的，手续齐全实时到账当天赔付，对银龄安康的老年人，行动不方便的实行上门服务，得到社会好评。

2017年下半年，无棣支公司在县城新区筹建职场，建立中国人寿保险无棣第二支公司，公司位于山东丰泽物业管理有限公司办公楼九楼，面积1315.29平方米，设500平方米的综合型会议室。

（郭忠雁）

中泰证券无棣院前街营业部开展证券宣传活动　（供稿　马卿）

【中泰证券滨州无棣院前街营业部】 至2017年底，中泰证券滨州无棣院前街证券营业部开立证券账户9568户，其中个人证券账户9544户，机构证券账户24户；交易量累计33亿余元。客户普通A股托管资产市值2.17亿元；新三板托管资产市值17.77亿元，其中流通股份市值6.74亿元，限售非流通股份市值11.03亿元。利用股票质押融资交易等业务为全县企业累计融资7100万元。

中泰证券股份有限公司滨州无棣院前街证券营业部严格执行国家有关反洗钱的法律法规以及中国人民银行、中国证监会的有关规定，将反洗钱工作落实到公司内部控制制度和日常业务运作中。协调政府相关部门对反洗钱工作提供技术支持与保障，报送或者督促公司内部相关部门报送大额和可疑交易数据；组织或督导开展反洗钱法律法规和有关知识的培训和宣传。

（马　卿）

科 学

自然科学与技术

【概况】 2017年，无棣县实施创新驱动发展，加快科技创新，推动新旧动能转换，全县自主创新能力和科技综合实力显著增强，科技对经济社会发展的支撑作用明显提升。全县研究与试验发展经费投入占GDP比重达到2.98%，比上年增长0.02个百分点。年内实施市级以上科技项目2项；申请专利608件，授权专利189件；通过鉴定科技成果6项。国家火炬鲁北海洋科技特色产业基地建设顺利推进。

【高新技术产业发展】 2017年，无棣县实现高新技术产业产值1110653万元，累计占规模以上工业比重32.85%，比年初增长0.39个百分点。新增高新技术企业3家，全县高新技术企业数量达到14家。

2017年无棣县高新技术产业主要指标统计表

表55

区域	高新技术产业总产值		累计占规模以上工业比重（%）	比重比年初增减百分点（个）
	累计（万元）	同比增长（万元）		
无棣县	1110653	6029	32.85	0.39

2017年无棣县高新技术企业一览表

表56

序号	高新技术企业名称	序号	高新技术企业名称
1	无棣海忠软管制造有限公司	8	山东卫测地理信息科技有限公司
2	山东利德金融电子器具有限公司	9	山东无棣金土地开发建设有限公司
3	山东卢斯得机械有限公司	10	山东华之业新材料科技有限公司
4	山东天顺药业股份有限公司	11	山东华特知新化工有限公司
5	山东北方创信防水技术有限公司	12	山东辰智电子科技有限公司
6	山东卓星化工有限公司	13	无棣融川医药化工科技有限公司
7	山东省十里香芝麻制品有限公司	14	山东绿风农业集团有限公司

2017无棣县市级以上重大科技研发项目一览表

表57

序号	项目名称	承担单位	项目级别	经费（万元）
1	新能源汽车混合动力变速器先进技术研发项目	山东卢斯得机械股份有限公司	2017年泰山产业领军人才工程（战略性新兴产业创新类）	200
2	“渤海粮仓”科技示范工程	无棣县内符合条件的实施单位	2017年山东省“渤海粮仓”科技示范工程资金项目计划	25

【科技创新平台建设】 2017年，无棣县新增国家级星创天地1家（无棣俊棣林牧国家星创天地），省级农科驿站1家（山东省无棣县小泊头镇郭马村农科驿站），新备案院士工作站1家，市级工程技术研究中心2家，市级重点实验室1家。至2017年底，全县有山东省院士工作站4家：山东省鲁北企业集团院士工作站、山东省友发水产院士工作站、山东省中科现代农业工程院士工作站、无棣融川医药陈芬儿院士工作站。山东省第二批产业技术创新战略联盟1家：盐田生物产业技术创新战略联盟。山东省工程技术研究中心2家：山东海洋贝瓷工程技术研究中心、山东省深海柔性复合软管工程技术研究中心。滨州市工程技术研究中心10家：滨州市卤虫产业化开发工程技术研究中心、滨州市喷雾剂制药工程技术研究中心、滨州市金丝小枣高值化工程技术研究中心、滨州市工业副产石膏综合利用工程技术研究中心、滨州市海洋柔性复合管工程技术研究中心、滨州市喷涂速凝橡胶沥青防水涂料工程技术研究中心、滨州市土地改良与修复工程技术研究中心、滨州市铝合金制动系统工程技术研究中心、滨州市特色海洋生物资源高值化利用工程技术研究中心、滨州市芝麻全产业链工程技术研究中心。滨州市重点实验室1家：滨州市原料药创新工艺重点实验室。

2017年8月29日，全县人才科技奖励大会召开　（供稿　任志东）

【新旧动能转换】 鲁北企业集团与杭州锦江集团达成合作，共建高端新材料研发中心，打造锂电池新材料基地。海忠软管与大连理工大学共建研发中心，取得技术专利39项，海底软管和移迁式海洋钻井平台填补国内空白。鑫岳化工与美国UOP公司和丹麦拓普索公司合作，升级改造240万吨清洁油品加工项目。珍贝瓷业与河北工业大学合作研发攻关，发展健康瓷、高端瓷，运用纳米技术，生产“不用洗洁精的瓷器”和“抗菌抑菌的瓷器”。北方创信公司研发新型cx-SSE喷涂速凝橡胶沥青防水涂料，以王荣博为首的泰山产业领军人才团队被认定为第四批滨州市优秀创新团队。卢斯得机械与青岛科技大学中德科技学院、省科学院自动化研究所共建研发中心，引进“新能源汽车制动器”自动化组装线，建成全县第一家“数字化工厂”和“绿色工厂”。斯瑞得与北京海风智能科技实现合作，智能机器人博士工作站及生产基地挂牌成立。

2017年4月25日，山东棉花研究中心鲁北试验培训基地成立
（供稿　任志东）

【现代农业科技】 2017年，无棣县抓好“渤海粮仓”科技示范工程实施，推进“无棣滨海盐碱地棉改粮省级农业科技园区”建设，“渤海粮仓”科技示范工程无棣核心区建设成为全

国“棉改粮”示范样板工程，打造“渤海粮仓”科技示范工程全国示范县。滨州环渤海南美白对虾产业发展研究院建设顺利推进，依托正海集团成立贝类研究所。发挥科技人才在脱贫攻坚中作用，贫困村实现科技指导人员全覆盖。省农科院11名科技副职帮扶成果显著，省农科院农产品研究所在佘家镇建设中草药种植示范基地，与海丰街道办事处签署战略合作协议、共建健康产业研发中心，山东棉花研究中心在西小王镇建设鲁北试验培训基地。依托小泊头镇俊棣树木种植合作社，建成“无棣俊棣林牧国家级星创天地”和“山东省无棣县小泊头镇郭马村农科驿站”，建成科技精准扶贫基地500余亩，探索出可复制、可推广的扶贫脱贫新路子，《省农科院与无棣县共建科技精准扶贫农业示范园区》《无棣县实施科技人才精准扶贫坚决打赢脱贫攻坚硬仗》先后在《山东科技扶贫工作通报》刊载。

【科技发展环境】　2017年，无棣县落实《关于鼓励扶持科技创新和人才引进培养工作的意见》《关于加快推进创新驱动发展战略的实施意见》，8月29日，县委、县政府召开高规格全县人才科技奖励大会，发放奖励扶持资金257.6万元。聘请省科技发展战略研究所编制完成《无棣县“十三五”科技创新发展规划》，为全县“十三五”时期科技创新工作确定发展思路和方向。

【科技合作交流】　2017年，无棣县实施产业集群科技创新工程，围绕绿色化工、生物医药、海洋产业、高效生态农业等集群建设，拓宽产学研合作渠道，加快优质科技人才资源的引进和培育，探索建立“1+3+N”的“无棣模式”，即：强化科技人才“1个支撑”，发挥政府、企业、科研院所“3个关键主体作用”，推进“N批成果转化”。至2017年，60家规模以上企业与中科院、中国工程院、中国农科院、清华大学、山东大学等30余家高校院所建立长期合作关系，全年举办专题对接活动30余次，达成产学研合作30余项。深化与省科学院全面合作，3个院地合作项目顺利获批，获省科学院与县政府“产学研协同创新基金”支持200万元，省工业节能研究中心无棣分中心、省科学院情报研究所文献情报服务站顺利运转。县政府与鲁东大学、滨州学院签署战略合作框架协议，积极争取与山东大学全面合作。加快高校院所科技成果转移转化，引导高层次人才及人才团队在无棣开展课题试验、科研攻关，与企业共同实施科技项目，共建创新平台。

知识产权工作

【概况】　2017年，无棣县申请专利608件，授权专利189件，授权发明专利15件，专利行政执法40件，专利权质押融资1件、金额达500万元。

【专利和知识产权企业】　至2017年底，无棣县有中国专利山东明星企业5家：山东鲁北企业集团总公司、滨州市中立不锈钢索具有限公司、山东万德酒业集团有限公司、山东省十里香芝麻制品有限公司、山东华之业新材料科技有限公司。滨州市知识产权示范企业3家：滨州市中立不锈钢索具有限公司、山东珍贝瓷业有限公司、滨州世旭塑木有限公司。

2017年无棣县专利申请、授权情况统计表

表58

年份	专利申请量				专利授权量			
	发明	实用新型	外观设计	小计	发明	实用新型	外观设计	小计
2017	70	491	47	608	15	158	16	189

（任志东）

社会科学

【学术研究】　2017年，无棣县社会科学联合会推选《推进全域旅游发展研究》《解决大班额问题下农村教师专业化跟进提升的机制研究》等5项课题申报2017年度滨州市社会科学规划重点研究课题。以滨州市第二十六次社科成果评选为抓手，推选的《“三力”助推教育均衡发展，四万孩子共沐优质教育》等成果通过审核。

【社科基地建设】　2017年，省社科普及教育基地吴式芬纪念馆通过审核，推荐黄河岛科普馆参评滨州市社科普及教育基地。结合社科普及周，联合县科协、司法局、文化馆，开展“科普之春”、流动科技馆进校园等系列活动，推进社科工作基层化、常态化。组织推荐申报山东省第四批社会科学普及示范乡镇、村。

（王秀丽）

气象事业

【概况】 2017年，无棣县气象部门坚持“公共气象、安全气象、资源气象”发展理念，做好气象预警预报服务、气象防灾减灾、气象现代化建设、安全生产、精神文明创建和党风廉政建设等工作，成功创建全国标准化现代农业气象服务县，先后被《滨州政务信息—领导参阅》《无棣政务信息》宣传报道。在全市气象部门综合目标管理考核中获第1名，被滨州市气象局授予综合目标管理考核优秀达标单位、气象服务先进集体、人工影响天气工作先进集体、气象宣传工作先进单位等荣誉称号，继续保持省级精神文明单位称号。

【气象现代化建设】 2017年，无棣县气象预警中心和人影指挥中心项目完成年度建设目标。观测设备运行稳定，大监站、区域站、土壤水分站传输及时率分别达到99.63%、99.88%、98.6%，地面气象观测质量综合指数达到100%。在县政府门户网站对气象探测环境保护范围及保护标准进行公示。推进大齐村“气象为农服务示范村”建设，新建两要素自动站1套、智慧园丁监测系统2套，气象科普宣传栏3处。开发“无棣天气”微信公众平台，实现国突平台发布预警信息自动推送。与无棣广播电台合作，加强气象信息的实时共享、发布，推进“天气早知道”栏目改版和提升工作，节目时长增加到6分钟。

改版、提升《无棣新气象》内部刊物，内容更加丰富，发放范围进一步扩大。

【气象服务】 2017年，无棣县气象部门以“渤海粮仓”科技示范工程为重点，做好小麦、玉米等粮食作物全生产过程气象服务。与海洋与渔业局和正海集团对接，年内开展需求调研3次，推进水产养殖气象服务示范基地软硬件建设；制定《海水养殖气象服务方案》，做好南美白对虾放苗、养殖期间的大风、降水等气象服务工作。为滨州交运集团无棣分公司、校车公司、公交车公司提供专业气象服务。做好城市防汛气象服务，汛期与县住建局、市政处开展联合会商，遇强降水过程提供全程跟踪服务，有效提升城市内涝防御能力。做好盐业气象服务，通过开展需求调研，增加服务频次等方式，保证服务质量。2017年共发布常规服务产品76期，预警信号112期，农业气象服务、渤海粮仓专题服务等200期，发送手机短信达30万人次。

【人工影响天气工作】 2017年，无棣县开展“人影管理规范提升年”活动。召开专题会议，新出台规章制度5项，开展培训6天，更新室内和炮台安全射界图，高炮安全作业“十不准”室内外上墙，加强弹壳的管控，对作业点负责人进行安全警示教育。对5个作业点炮台进行修缮，所有作业点集中更换高标准炮库门、弹药库门、值班用床、办公椅和设备机柜。在棣丰人影作业点安装激光雨滴谱仪，提高人影现代化水平。全年共作业13次，发射炮弹571发，防护区内未出现冰雹灾害。加强防雷安全管理。县安委会出台专门文件，安排部署2017年防雷安全工作。做好防雷体制改革工作，与住建局进行建设工程防雷许可职责移交。做好气象信息员培训工作，3月份组织开展气象协管员培训，8月份与县民政局联合开展灾害信息员培训。

【气象科研和宣传】 2017年，无棣县气象局1项市气象局自立课题按

2017年6月28日，省督查组到无棣开展人影安全专项督查

（摄影 王明涛）

防灾减灾日科普宣传　　（摄影　王明涛）

期结题，1项省气象局课题在研，在核心期刊发表论文2篇，一般期刊1篇，参加市气象学会交流3篇。在中国气象局网站发表稿件16篇，气象报2篇；省外网11篇，省内网78篇，市局OA系统165篇；市级以上主流媒体3篇。开展“3·23”世界气象日、“5·12”防灾减灾日等科普宣传。县气象局联合安监局、消防大队到鲁北盐场开展安全知识讲座；在老城区广场举办人影装备展，进行人影科普知识宣传；与第一、第三实验学校联合推进开展气象科普进校园活动。

【机关建设】　2017年。无棣县气象局组织党员干部研读党的十九大报告和新党章，以习近平新时代中国特色社会主义思想指导各项工作。召开党风廉政专题会议、细化完善主体责任台账、健全监督责任台账、召开班子恳谈会，增强干部职工遵规守纪的思想自觉和行动自觉。开展第16个党风廉政宣传教育月活动，开展省、市气象局巡查通报问题自查自纠。推进“两学一做”活动常态化和制度化。每月按时开展“主题党日”活动。利用“灯塔—党建在线”、山东E支部等网络媒体，开展党员教育。完成党组织和党员基本信息采集、支部委员补选和支部书记选举工作，1名预备党员按期转正。做好精神文明创建。按照“一书、一讲、一读”的原则，开展“职工大讲堂”活动；以无棣县省级卫生城复审为契机，开展志愿者服务活动；对水湾镇8户贫困户进行走访和帮扶。

（王明涛）

防震减灾

【概况】　2017年，无棣县地震局加强地震监测和预报，完成无棣县地震台网中心暨应急指挥中心行业专网改造，做好日常地震监测数据汇总上报。按照上级部署，完成国家地震烈度速报与预警工程项目初步设计台站信息调查和山东省地震预警示范学校勘选调查工作。协助省、市地震局完成“中国地震科学台阵探测”项目在县内的台站堪选，加快地震应急避难场所建设，建立完善与教育、科协等部门的合作机制，多部门协调配合，开展防震减灾知识进学校、进社区、进农村、进企业、进机关活动，做好“5·12”防灾减灾日等宣传工作。完成2017年度地震监测任务，国家北斗地基增强系统无棣区域一号站建成，投入观测试运行。大山地震台观测资料在模拟地震观测、广饶鲁03井水温两方面获得全省第1名。

【抗震设防监管】　无棣县地震局将建设工程抗震设防要求管理工作纳入基本建设管理程序，将抗震设防要求审定意见作为建设工程项目可行性论证、工程设计、建设审批的必备内容，扎实开展县内建设工程抗震设防监管工作，2017年，开展建设工程抗震设防要求审核11项。加强地震行政审批服务窗口管理，完善服务机制，规范审批行为，提升服务水平。推进农村民居地震安全示范工程建设，加强农村民居建筑抗震技术指导与服务。

【大山地震台】　大山地震台属山东省地震监测台网观测台站和国家首都圈地震观测台网（在山东省境内唯一）台站，是滨州市唯一的专业性地震综合台站。台站坐落于滨州市无棣县境内的碣石山脚下，处在山东地震监测台网、环渤海地震监测台网及首都圈地震监测台网的交汇点上，监测地震地理位置十分重要。

大山地震台观测项目齐全，涵盖测震、电磁、形变、流体及信息传输五大学科。开展的观测项目有测震（数字、模拟）、强震、地磁大核旋、磁通门、大地电场、电离层、电磁波、极低频探地、水位、水温、GPS、气象三要素及信息节点等，观测仪器15台套。所有观测资料在全国、全省台站观测资料质量评比中均保持优异成绩，有62项次进入全省前三名，在大地电场观测资料在国家局评比中，获全国第3名。地震科技成果地震前兆报数连续多年夺的全省第1名，获山东省地震局防震减灾优秀成果二等奖。地震速报连续多年获全省前三名。2017年12月27日，大山地震台工程技术人员对广饶对鲁03井水位仪进行校测，通过校测，仪器运行正常。

【碣石山地震与火山博物馆】 碣石山地震与火山博物馆总投资300多万元，建筑面积923平方米。馆内设有地震监测预报观测室、科普宣传厅、4D动感影院和多种功能报告厅四部分。地震监测预报观测室内布设测震、电磁、流体等专业观测仪器设备，是省内观测项目最全、观测能力最强的观测室之一。科普宣传厅内设有防震减灾知识、过去使用的地震监测预报设备及火山喷发物标本，向参观者宣传地震科普、防震避震、自救互救、法律法规基本知识及地球科学知识。4D动感影院利用现代声光电技术，播放大地震发生、火山爆发、海啸等科普宣传片。多功能报告厅是为地震会商、会议、专家报告及学术交流的配套场所。

（贾 婷 王玉泉）

教　育

综　述

【概况】　2017 年，无棣县有各级各类学校 153 所，教职工 4572 人。其中普通高中 2 所，民办高中 1 所，在校生 7904 人，在职教师 639 人；小学 53 所，教学点 2 处，初中 8 所，九年一贯制学校 9 所，其中民办学校 1 所，在校生 44997 人，公办教职工 3511 人；特殊教育学校 1 所，在校生 115 人，公办教职工 27 人；公办幼儿园 62 所，登记注册民办幼儿园 16 所，在园幼儿 9031 人，公办教职工 259 人。

2017 年 9 月，全县教育系统开展“忠诚党的教育事业，学高身正，立德树人”大讨论活动，全县 4000 名教师进行职业道德测试　（摄影　门连进）

2017 年，无棣县致力于教育教学质量提高，重点解决大班额问题，抓好基础教育综合改革，教育教学工作成效显著。县教育局先后获第三届“关爱明天、普法先行”青少年普法教育活动先进单位、《中国教育报》教育新闻宣传先进单位等称号，10 所学校获全国零犯罪学校，3 所学校获全国青少年校园足球特色学校称号。在世界教育机器人大赛（WER）2017 赛季世界锦标赛中获 2 项世界冠军。县教育局在 2017 年度全县科学发展综合考核中名列社会事业部门（单位）第 1 名，全县机关党建工作和党风廉政建设工作测评中，均获全县第 1 名。

2017 年无棣县各级各类学校基本情况统计表

表 59

学校类别	机构数	年末公办教职工人数	年末在校学生数
一、中学	—	—	—
1. 高级中学	3	639	7904
2. 九年一贯制学校	9	1172	19988
3. 初级中学	8	903	6684
二、职业中专	3	173	3185
三、小学（含教学点）	—	—	—
普通小学	55	1436	18325
四、特殊教育学校	1	28	115
五、幼儿园	78	259	9031

【学校建设与教学装备】 学校建设。2017年，无棣县推进改善学校办学条件等重点工程建设。全县大班额新建、扩建学校26所，至2017年底，第三高级中学等23所学校28.7万平方米的教学楼、综合楼主体竣工，进行内外装饰，竣工率76.7%；无棣一中等3所学校2.9万平方米教学楼主体开工建设，开工率86.7%，完成投资近4.5亿元，计划2018年9月全部实现招生投入使用。投资1418余万元建成13处幼儿园。民办清华园学校投资1000余万元新建学生宿舍楼1栋、教辅设施1300平方米；博翱高中投资4000万元新建宿舍楼2栋；铁路学校成功实现招生。2017年，投资600万元，购买空调1293台、燃气锅炉9台，为4所学校安装变压器，保证中小学、幼儿园师生冬季取暖。

教学装备。2017年第一二季度，无棣县为38处学校规划设计教育装备25个大类，844485件物品，规划投资1.8亿元。至9月，实际完成投资4307万元，完成招标31985件。办公用桌椅柜，办公用计算机，校园网络、校园广播，学生桌椅，多媒体教学系统，学生住宿用具，餐厅用具等教学急需物品完成招标，部分工程开始施工。

无棣县利用薄弱学校改造资金，完成18处中小学老旧微机室改造，采购较高配置计算机823台及电脑桌椅等配套设施，完成投资242.3万元。新建改建实验室21处，仪器室18处，创新实验室41个，音体美专用教室28个，装配多媒体教室78套，微机1430套，教学仪器、音体美器材投入210万元，投资165万元购置55套常态录播设备。2017年，无棣县中小学用于教学仪器设备和信息技术装备的投资4867万元。

2017年11月19日，小泊头镇3名小学生获世界教育机器人大赛2项世界冠军

（摄影 门连进）

县教育局组织参加市教育局组织的创客比赛活动，投资15万元，采购WER比赛用机器人30套，6月23日WER机器人使用培训68人次，7月7日培训150人次。在7月中旬举办的滨州市机器人比赛中，移动机器人项目中学组、小学组均有7支队伍进入前十名。8月5日、6日，WER北方赛区竞赛中无棣县获移动机器人小学组冠亚军，中学组冠、季军，17支队伍获一等奖。在WER上海世界锦标赛中获机器装扮和大赛两项冠军。

【教育经费保障】 2017年，无棣县拨付义务教育保障经费3671.73万元，高中生均公用经费637.74万元，中职生均公用经费855.12万元，两项教育费附加4410万元。从地方政府债券资金安排5112万元，用于化解教育债务，缓解教育偿债压力。推进“全面改薄”和“解决城镇中小学大班额”两项重点工作，争取上级资金2553万元，新增政府债券资金8746万元，用于全县学校建设。加强学校收费管理，从源头上杜绝财务管理漏洞。加强核算中心报账审核，对招待宴请、公务用车、私分财物等单据，一律不予通过审核。反对铺张浪费，依法民主理财，使资金效益最大化。加强对专项资金监管，确保各项免补政策全面落实到位。指导学校合法、合理、科学使用公用经费，按照经费支出范围，优先用于改善办学条件，服务教育教学。

【教育领域综合改革】 **校长职级制改革**。7月上旬，县教育局对全县27名义务教育学段中小学校长进行职级评审，认定一级三等校长8名，二级三等校长14名，三级二等校长5名。落实校长职级薪酬，对全县29名中小学校长、139名副校长、15名书记的职级薪酬进行严格核算，核定校长职级薪酬234.14万元，列入财政预算，12月底，将1月至12月的校长基础性职级薪酬105.98万元发放到位。根据《无棣县教育局中小学校长后备人才库建设实施方案》，选拔83名副校长和中层管理干部组建中小学校长后备人才库。重新核定全县中小学校的教师编制数。出台《无棣县农村特岗教师选聘办法》，在镇街学校设立特岗教师11人。

校长教师交流轮岗。县教育局根据《关于进一步深化中小学校长教师队伍管理体制改革的意见》和县政府办公室《关于转发县教育局等部门无棣县中小学教师队伍管理体制改革实施方案等三个文件的通知》要求，实行全县县管校聘和校长教师交流轮岗改革，8月底9月初，向博翱高中选派38名支教教师，向清华园学校选派53名支教教师，县直学校向农村学校支教13人，共实现教师支教交流104人；学区内交流实现常态化运行，全年学区内部中小学教师交流轮岗71人；跨学区之间的校长教师交流轮岗18人；乡镇学校到县直学校交流轮岗101人；县属学校之间教师交流轮岗15人；外县调入11人。

教师绩效工资改革。2017年，无棣县在棣州希贤学校开展教师绩效工资改革试点基础上，探索实行高中学校教师绩效工资制改革。10月，发放高中教师绩效工资98.71万元。全面落实中小学班主任津贴，并纳入县财政预算。2017年发放全县中小学班主任津贴399.58万元。

【教师教育】 2017年，无棣县教育局组织全县20人参训“一线优秀教师培训技能提升研修项目”“体育美育骨干教师培训”“教师工作坊高端研修项目”等国培计划，3400名教师参加全省统一的远程研修，组织全县贫困村幼儿园园长和教师参加全省“第一书记”驻村贫困村教师培训活动。5名教研员、11名学科骨干教师分别参加省级集中培训和全省学科高研班研修。推进“三名”工程建设，部分骨干教师、骨干班主任、骨干校长参加滨州市第二期“三名”培养工程“名校长”人选集中培训。全县教育系统组织开展“2017滨州最美教师”评选活动。无棣3名教师参加全市最美教师评选。参加“山东省中小学万名骨干教师培训工程——2016年培训项目”。推进“三名工程”——“名校长”人选培养，无棣县高中校长参加全省普通高中校长素质教育专题培训班。

2017年，全县获国家级表彰18项、省级表彰42项，市级表彰116项，市级以上教研成果482项，8名教师获国家级荣誉称号，32名教师获省级荣誉称号，181名教师获市级荣誉称号。

【教育科研】 **教师研训**。2017年上半年，无棣县教育局开展中小学语文、数学、英语、体育等学科基本功比赛，提高教师的教学能力和水平。88人参加比赛，77人分获县级一、二等奖。11人被推报参加市级评选，其中4人获得一等奖，7人获得二等奖。6名教师在市体育基本功比赛中分获一、二等奖，5人分获县一、二等奖。第二届教学基本功比赛，初中语文、数学两个学科60名青年教师参加比赛，评出一等奖16名，二等奖20名。全年组织县级学科教师培训1430余人次，组织教师参加省市级培训1000余人次。

先进表彰。11月28日，全县义务教育学段教学工作会议召开，15个中小学被授予中小学教学工作先进单位，3所学校获教学工作创新奖，21个学科教研组被评为优秀教研组，21个学科组长获优秀教研组长称号，208名教学业绩突出的教师获教学工作先进个人称号。组织召开全县普通高中教学工作会议，授予县一中和二中教学质量优胜奖，授予19个班主任优秀班主任称号，授予9个备课组优秀备课组称号，授予30个优秀教师教学工作先进个人，授予8名管理干部优秀教育工作者。

教学管理。无棣县教育部门修订完善《无棣县教研室关于高中学段学业水平检测工作的实施方案》《高中学段教学工作评价方案及高考任务分配方案》《无棣县初中、小学教学业绩表彰办法》《无棣县中小学学业发展（教学质量）评分办法》《2017年初中学业水平考试优秀生培养方案》等办法和措施，调动各学校抓质量提升的积极性和创造性。

课程创新。无棣县教育部门落实国家课程方案和课程标准，确保国家课程全面实施。开展教学目标细化工作，各中小学全面实施“目标—教学—检测”一体化，推进“国家课程本土化”工程。推进“以目标导学和小组合作学习为主体”的课堂教学改革和阅读教学改革，印发《关于全县义务教育学段开展语文、英语“悦读悦写”行动的实施方案》，分学段分年级建设“悦读悦写”系列课程，推进中小学的语文、英语两个学科的阅读教学改革。开展数学运算能力提升行动。编制与实施《教学导引》，引领教师学科教学。开展单元整体备课（解读），实现课程有机整合，提高课程实施效率。

课题研究。2017年完成省级课题立项11项、市课题立项21项、县级小课题立项91项。省级结题5项、市级结题5项、县级课题结题62项。8个学校被评为滨州市教科研先进单位，10人被评为滨州市教科研先进个人，10项成果被评为滨州市优秀成果；1项课题被评为山东省教育学会优秀小课题，1名教师被评为山东省教育学会教师新秀。2017年，全县116项教科研成果分别在省市获奖。120余人次在省市县执教公开课，198人次作专题发言。全年取得县级教研318项成果。市质量评价工具资源评选中，报送的18项设计，有12项获一二等奖。18人被评为市教学工作先进个人，10个学校被评为市教学工作先进单位。

【教育扶贫】 2017年，无棣县教育局对接扶贫部门做好对建档立卡贫困学生动态调整，做到精准识别、精准资助。2017年对建档立卡贫困学生按各学段资助政策优先保障，全面落实建档立卡贫困学生免除学前教育保教费、普通高中学杂费和补助义务教育非寄宿生生活费的资助政策。实现建档立卡贫困户子女各学段（学前教育、义务教育、中职教育、普通高中、高校）在校生资助全覆盖，没有一名学生因贫而失学，也无一个家庭因学致困。

2017年上半年发放学前助学金1042人、金额61.42万元；下半年发放学前助学金1043人、金额62.58万元。2017年上半年普通高中国家助学金770人，发放金额77万元；免学费266人，发放金额23.94万元。下半年普通高中国家助学金790人，发放金额79万元；免学费人数332人，发放金额29.88万。2017年上半年中职学校257人，发放25.7万元；下半年中职学校161人，发放金额16.1万元。外省及部属高校资助人数8人，发放金额4.31万元。义务教育寄宿生生活补助，2017年寄宿贫困生人数540人，发放金额66.85万。

2017年度生源地助学贷款发放1006笔，发放金额794万元。预结息明细932人，年底自付本息2310笔，本金65.61万元，利息42.81万元，本息合计108.42万元。至2017年底，各年累计回收率99.94%。

【校园足球】 无棣县把校园足球纳入社会发展规划，13处学校运动场地

校园足球活动 （摄影　门连进）

基础部分完成建设，面积10万平方米；16处学校开工建设，面积21万平方米，完成投资近5000万元。建立完善的足球课程体系和竞赛体系，指导学校开展班级、年级、校级三级足球联赛，成功举办“县长杯”校园足球联赛，参与运动员达到1448人。各学校每周开设一节足球课，统一使用教育部统编教材。强化师资培训，重视校园足球文化建设，全年组织68人次参加市级以上足球教练员培训。12月，聘请青岛大学和济宁学院2名足球资深专家到无棣培训5天60人次。成功举办无棣县校园足球冬训营，在2017年“市长杯”校园足球联赛中，无棣县取得各组别2个冠军（职业中专男女队）、2个亚军（小泊头小学女子甲组、车王镇小学女子乙组），1个第3名（无棣一中女子队），1个第4名（第一实验学校小学男子乙组）和1个第5名（第二实验学校男子甲组）的成绩。新增全国校园足球特色学校3所。

2017年无棣县国家级青少年校园足球特色学校一览表

表60

学校名称	学制	通过时间
无棣县第二实验学校	九年一贯制	2015年8月
无棣县第三实验学校	九年一贯制	2015年8月
无棣县佘家镇邱家小学	小学	2015年8月
无棣县小泊头镇中心小学	小学	2017年6月
无棣县第一实验学校	小学	2017年6月
无棣县第二高级中学	高中	2017年6月

基础教育

2017年11月16日，上海教育专家与无棣实验幼儿园的孩子们互动
（摄影 门连进）

【学前教育】 2017年，无棣县有幼儿园253处，在园幼儿25832人，学前三年幼儿毛入园率98.51%。其中公办园62处，公办教师254人，民办教师380人，幼儿6695名；登记注册民办园16处，其中公办教师5人，民办教师179人，幼儿2336名。2017年，无棣县第二期学前教育三年行动计划建设项目积极推进，新建改扩建幼儿园13处，增加学位2210个。

设施设备配备。投资822.3万元超额完成14处幼儿园保教设施设备配备，农村办园条件明显改善。学前教育三年行动计划作为市委、市政府重大决策部署事项，无棣县在县区考核中获得第一名。

非法办园整治。对全县无证幼儿园的70辆非法校车进行登记造册，5月16日向县公安局和县交通运输局送达《关于强化日常监管彻底查处我县非法接送幼儿车辆的函》。6月6日，县政府办公室印发《无棣县无证幼儿园清理整顿工作实施方案的通知》，对全县155处无证园开展拉网式排查，下发整改通知书160余份。根据市教育局安排部署，开展全县幼儿园“大排查、快整治、严执法”集中检查行动。采取幼儿园自查、县教育局检查、市教育局督查的方式，对照《滨州市幼儿园安全隐患检查及整治一览表》，对辖区内所有幼儿园进行重新排查。

幼儿园年检及登记注册。对全县65处登记注册幼儿园的办园资质、教师资格、办园行为、保教质量、收费管理等进行全面检查，58处幼儿园通过年检。对申请登记注册的8家幼儿园进行相关事宜审核，其中准予登记注册5家，暂缓登记注册3家。

学前教育宣传月活动。在第六个学前教育宣传月活动期间，紧扣“游戏——点亮快乐童年”活动主题，广泛宣传，引导幼儿园教师和幼儿家长认识游戏是幼儿特有的生活和学习方式，防止“小学化”现象发生。

区域活动观摩评比。发挥区域活动对幼儿教育的积极作用，提升教师环境创设能力，丰富幼儿园教育教学手段，在全县范围内开展区域活动观摩评比。开展践行“爱心、耐心、童心”，规范办园行为的专项活动，评选身边的“三心”教师47名。

教师培训。3月，组织全县幼儿园园长、教师38人参加在利津县举行的幼儿园区域环境创设与教师专业提升班；4月，组织幼儿园园长、骨干教师98人赴滨州观摩滨州市省级示范园软硬件建设和一日常规活动。9月，组织35名园长参加由中国大爱教育研究院主办的园长公益培训。开展“结对共建、互帮互学”活动，县实验幼儿园同上海市嘉定区清河路幼儿园签订“手拉手”互帮共建协议，2批骨干教师到上海进行跟岗学习；10月30日至11月2日上海嘉定区教育局幼教科负责人带领嘉定区幼儿园园长和骨干教师一行20余人到无棣进行交流指导活动。小天使幼儿园顺利通过省级示范园复评，第二实验幼儿园顺利通过市级一类园幼儿园认定。

2017年无棣县学前教育基本情况统计表

表61

幼儿园名称	公办教师	代课教师	班数	总人数
实验幼儿园	40	27	20	684

续表 61

幼儿园名称	公办教师	代课教师	班数	总人数
无棣县第二实验幼儿园	10	11	6	181
第一实验学校幼儿园	12	27	12	420
第三实验学校幼儿园	8	28	12	399
海丰街道中心园	14	11	6	191
海丰街道馨韵社区幼儿园	10	4	4	139
海丰街道后牛幼儿园	1	—	1	8
海丰街道杨玉亭幼儿园	2	—	2	33
海丰街道洼里宋幼儿园	2	—	2	17
小天使幼儿园	—	38	10	245
棣丰街道中心园	8	10	6	159
棣丰街道韩家幼儿园	—	1	2	18
棣丰街道王白杨幼儿园	2	4	3	42
棣丰街道徐家幼儿园	5	1	2	33
棣丰街道河沟幼儿园	2	2	2	29
华师丽景幼儿园	—	20	10	304
馨怡幼儿园	—	14	7	165
银座英才·阳光宝贝幼儿园	—	12	6	127
鑫淼幼儿园	—	18	12	170
信阳镇中心幼儿园	12	11	8	305
信阳镇车里幼儿园	4	5	3	149
信阳镇花园幼儿园	3	6	3	112
信阳镇店子幼儿园	2	1	2	42
信阳镇范家幼儿园	3	—	2	31
信阳镇郭打绳幼儿园	1	1	1	26
车王镇蒋桥幼儿园	1	11	5	176
车王镇朱高幼儿园	1	10	5	179
车王镇大杨幼儿园	1	7	5	167
车王镇五营幼儿园	—	10	4	129
车王镇邢王幼儿园	1	9	5	158
车王镇芦郭幼儿园	1	5	4	86
车王镇杨中流幼儿园	1	6	3	77

续表 61

幼儿园名称	公办教师	代课教师	班数	总人数
车王镇中心幼儿园	8	18	9	339
车王镇崔什幼儿园	2	13	6	206
碣石山镇中心幼儿园	8	7	5	155
碣石山镇星光幼儿园	1	5	3	75
碣石山镇邱馆幼儿园	—	6	3	64
碣石山镇邱家幼儿园	—	6	3	45
碣石山镇大赵嘉诚幼儿园	—	3	3	43
碣石山镇杰英幼儿园	—	8	3	110
碣石山镇温馨幼儿园	—	4	3	76
无棣县埕口镇幼儿园	—	21	11	304
无棣县希望幼儿园	—	4	2	50
无棣县牛岚幼儿园	—	2	2	31
无棣县乾坤幼儿园	—	3	1	20
无棣县冯家庄幼儿园	—	4	3	55
无棣县水沟幼儿园	—	1	1	5
小泊头镇中心幼儿园	11	11	3	273
小泊头镇第二幼儿园	2	6	3	90
小泊头镇南高幼儿园	—	1	1	13
小泊头镇郭家幼儿园	—	2	2	28
小泊头镇前菜幼儿园	—	1	1	9
小泊头镇第三幼儿园	3	4	3	94
小泊头镇东芦幼儿园	—	2	1	23
小泊头镇罗坡幼儿园	—	2	2	23
小泊头镇榆周幼儿园	—	1	1	20
小泊头镇第四幼儿园	—	6	3	79
柳堡镇中心幼儿园	5	14	7	177
柳堡镇希望幼儿园	1	3	3	40
柳堡镇大苟幼儿园	—	4	3	61
柳堡镇常家幼儿园	2	2	3	28
柳堡镇常青藤幼儿园	—	6	5	133
水湾镇中心幼儿园	29	8	8	217
水湾镇何庵幼儿园	1	3	3	60

续表 61

幼儿园名称	公办教师	代课教师	班数	总人数
水湾镇韩王幼儿园	1	3	3	38
水湾镇路杨幼儿园	6	—	2	34
水湾镇逯庙幼儿园	2	3	3	43
水湾镇郭辛店幼儿园	—	2	2	37
水湾镇南关幼儿园	4	—	1	18
西小王镇中心幼儿园	8	16	7	236
西小王镇小屯幼儿园	—	4	3	48
西小王镇西陈幼儿园	—	6	4	125
西小王镇横王幼儿园	—	4	3	55
西小王镇刘庄子幼儿园	—	4	3	68
佘家镇幼儿园	6	9	6	188
佘家镇邓王幼儿园	1	6	3	65
佘家镇东张幼儿园	1	7	4	87
佘家镇武家幼儿园	1	4	3	42
合计	259	559	332	9031

【义务教育】 2017 年，无棣县出台《关于推进山东省中小学德育课程一体化实施指导纲要工作方案》，推进中小学德育课程一体化建设。开展全县中小学推广综合素质评价工作，德育实践活动基本形成体系，青少年校外活动场所项目完成基础项目建设，进入升级改造阶段，计划 2018 年 3 月份建成投用。以“阳光运动、校园足球”为主题的体育工作促进学生体质健康水平提高。8 月 18 日在无棣县古城举办“校园情 • 古邑风 • 中国梦”大型文艺演出，由山东教育卫视全程录播，9 月 29 日在山东教育卫视黄金时段播出。开展以“健康教育”为主题的学校卫生工作，与卫生部门联合组织 5.3 万余名学生（高中、初中、小学）进行健康查体和麻疹疫苗查漏补种。

全面消除超大班额，严格控制在 60 人以内。做好控辍保学工作，高中辍学率 0.04%、初中辍学率 0.22%，小学无一人辍学。留守儿童工作形成“全力监护，相伴成长”关爱机制，全县建立留守儿童关爱室 20 所，覆盖全县所有中小学。义务教育招生工

2017 年 8 月 18 日，“校园情 · 古邑风 · 中国梦”山东省中小学生校园艺术节走进无棣
（摄影　门连进）

作，2017 年城区招收小学一年级新生 1993 人，初中一年级新生 1454 人。完成初中学业水平考试和高中招生录取工作。2017 年全县有初中毕业生 4634 人，报名参加考试的初三学生 3476 人，初二学生 4128 人。开展文明学校创建工作，鲁北高新技术开发区实验学校等 6 所学校被市教育局命名为滨州市文明校园。2017 年，在全市小学春季义务教育质量抽测中，平均分与优秀率均列全市第 3 名，小学语文和数学均排名第 4。中考全市前 1000 名中，所占人数逐年递增，由 2015 年的 45 人、2016 年的 81 人增加到 93 人，全市前 6000 名中由 2015 年的 453 人、2016 年的 518 人增加到 544 人。中考取得优异成绩，全市排名第 4。

2017 年无棣县九年义务教育基本情况统计表

表 62

学校	学制	学生数	班数
无棣县第一实验学校	九年一贯制	2763	45
无棣县第二实验学校	九年一贯制	3908	62
无棣县第三实验学校	九年一贯制	4086	67
无棣县鲁北高新技术开发区实验学校	九年一贯制	2038	42
无棣县棣州希贤学校	九年一贯制	1605	34
无棣县清华园学校	九年一贯制	1907	51
无棣县车王镇五营回民学校	九年一贯制	623	18
无棣县柳堡镇柳堡学校	九年一贯制	1452	23
无棣县柳堡镇常家学校	九年一贯制	1606	29
无棣县海丰街道中学	初级中学	505	12
无棣县信阳镇中学	初级中学	823	19
无棣县车王镇中学	初级中学	1104	24
无棣县碣石山镇中学	初级中学	554	12
无棣县小泊头镇中学	初级中学	1008	22
无棣县西小王镇中学	初级中学	548	13
无棣县佘家镇中学	初级中学	871	19
无棣县水湾镇中学	初级中学	1271	30
无棣县海丰街道小学	小学	1521	43
无棣县棣丰街道小学	小学	921	28
无棣县信阳镇小学	小学	1904	67
无棣县车王镇小学	小学	2908	67
无棣县碣石山镇小学	小学	1434	42
无棣县埕口镇小学	小学	824	25
无棣县小泊头镇小学	小学	2586	70
无棣县西小王镇小学	小学	1471	43

续表 62

学校	学制	学生数	班数
无棣县佘家镇小学	小学	1771	53
无棣县水湾镇小学	小学	2985	80

【高中教育】 2017 年，无棣县网上报名参加考试 3039 人，实际录取 2770 人，夏季高考设无棣二中 1 个考点，安排考场 85 个，参与高考监考等工作人员 350 余人。高考本科上线 1073 人，首次突破 1000 人大关，比 2016 年提高 16.88%。

在 2017 年的全市普通高中教学质量评价中，县一中荣获教学质量优胜奖、教学质量进步奖、学科教学优胜奖、自主招生优胜奖 4 项市级奖励。县二中荣获春考优胜奖和学科竞赛优胜奖 2 项市级奖励。在 11 月全市高三期中统一考试中，无棣县学生过 A 线的 432 人，位列全市第 4；过 B 线的 1193 人，位列全市第 5。

2017 年无棣县普通高中教育基本情况统计表

表 63

学校名称	学生总数	班级总数
山东省无棣第一中学	3548	64
无棣县第二高级中学	3565	71
无棣博翱高级中学	791	17

【特殊教育】 无棣县聋童学校为九年一贯制学校，2017 年在校学生 115 人。协助县残联建立残疾精准康复服务技术指导组，依托无棣县聋童学校成立残疾人康复服务机构，联合爱心医院建立教育系统残疾儿童康复服务组织。加强学龄前和义务教育阶段残疾儿童特殊教育师资技术培训。县教育局牵头，聋童学校与残疾儿童康复机构“爱心医院”结成帮扶对子。爱心医院的适龄儿童以“爱心第一小学”名义注册学籍，纳入县聋童学校学籍管理，并由聋童学校提供教育服务，39 名残疾学生注册学籍，享受正规义务教育。爱心医院为聋童学校学生提供康复服务，为 15 人次学生提供康复服务。聋童学校承担全县 11 个镇街 40 余名学生送教上门服务工作。

职业教育

【无棣县职业中专】 2017 年，全校有教职工 173 人，其中专任教师 156 人，“双师型”教师 61 人。在校生 2700 余人，44 个班级，开设有会计电算化、机电技术应用、计算机技术与应用、焊接技术应用、化学工艺、学前教育、汽车制造与维修、数控技术应用、护理、餐饮旅游等 10 余个专业。2017 年被认定为山东省优质特色中等职业学校建设工程立项单位，获专项建设资金 1000 余万元，此项目全省有 7 所学校，无棣职专是滨州市唯一入围的学校。同时被列为山东省职业院校现代学徒制试点项目学校。

8 月 23 日至 27 日，2017 世界机器人大会国际公开赛在北京举行。全球 10 个国家和地区的 1017 支参赛队伍、4500 余人参赛，其中国外选手 400 人，累计参与人数超过 1.2 万人。比赛项目包括中国无人机公开赛总决赛、BCI 脑控机器人大赛、格斗机器人大赛、青少年设计竞赛、第一届中国无人船公开赛 5 项。无棣职业中专 4 名学生代表中国参加青少年设计竞赛中的智造大挑战项目比赛，在遭遇自动分拣程序非人为机械故障后沉着应对，获二等奖（总分第 4 名、二等奖第 1 名）。

【无棣县博翱职业中专】 2017 年，全校有教职工 24 人，专任教师 18 人，外聘教师 3 人，后勤人员 4 人，其中双师型教师 4 人，专任教师具有本科学历以上的 18 人。2017 年招生 89 人，2 个班级。开设计算机技术与应用、会计、汽车运用与维修、高铁服务与管理、音乐教育、国防教育等专业。

【无棣县铁路职业中等专业学校】 2017 年，无棣县大成武术职业中等专业学校更名为无棣县铁路职业中等专业学校，教师 14 人。更名后开设铁道运输管理、城市轨道交通运营管理和航空服务等专业，是滨州市唯一的全日制铁道类职业学校，是铁路局订单直签培养单位，当年招生 170 人，3 个班级。

2017 年无棣县职业学校基本情况统计表

表 64

学校数（个）	学校规模（班）	学生数（个）	教师数（个）
3	62	2705	237

成人教育

【自学考试】 2017 年 4 月，无棣县自学考试现场报名共计 105 人次，308 科次；10 月，自学考试现场报名 136 人次，369 科次。上半年办理毕业 2 人次，下半年办理毕业 4 人次。

【成人高考】 2017 年，无棣县成人高考报名人数增长。成人高考主管部门对报名条件或材料进行严格资格审查。2017，全县成人高考网上报名人数 1714 人，现场确认 1305 人，最终网上缴费 1295 人，报名人数和现场确认人数较上年有较大幅度增长。

2017 年成人高校招生报名录取情况统计表

表 65 单位：个

专升本人数			高起本人数			高起专人数			合计		
报名	确认	缴费	报名	确认	缴费	报名	确认	缴费	报名	确认	缴费
896	667	662	28	22	22	790	616	611	1714	1305	1295

民办教育

【概况】 2017 年，无棣县有民办学校 4 所，其中高中 1 所，职业中等专业学校 2 所，九年一贯制学校 1 所，其他各类登记注册的民办教育机构 22 所。各民办学校的招生规模不断扩大，管理日益完善。博翱高中、清华园学校得到社会和家长的认可。经过多次治理，民办教育培训机构办学条件得到进一步改善，规范办学意识进一步增强。

【无棣县清华园学校】 学校位于无棣县经济开发区星湖十路以南、开发二路以东、开发三路以西。是由上海而亦文化有限公司投资、江苏教育集团和无棣县教育局联合，按现代化标准兴建的全县第一所九年一贯制民办公助学校。学校占地约 130 亩，总建筑面积 7.4 万多平方米，总投资 1.6 亿元，一期工程完成，建筑面积 2.8 万平方米，总投资 7700 万元。有教学班 51 个，学生 1900 余名。一线教师 173 人，其中公派教师 53 人，自招教师 120 人。学校坚持寄宿制、小班化、高起点、显特色的办学方向。

（史建馥）

文化·传媒

综　述

【概况】　2017年，无棣县基层公共文化服务体系建设进一步加强，全县11个镇街综合文化站建设完成，建成村级综合性文化服务中心476个，其中113个省定贫困村全部完成，基层综合性文化服务中心覆盖率达到83%；全面实施“一村一年一场戏”和“一村一月一场电影”工程，完成文化下乡演出活动400余场次，电影下乡放映6828场次；扎实推进图书馆、文化馆、博物馆、张铸纪念馆、李山美术馆、吴式芬纪念馆、冯安邦纪念馆、无棣历史文化展厅等公共文化场馆的免费开放。

2017年，少儿舞蹈《苗族娃娃爱绣花》获“党旗下的盛世中国——2017我爱祖国青少年文艺汇演”银奖，常宇宏荣获最佳指导老师奖；县文化馆获山东省青少年艺术节组委会颁发的“优秀表演团体”奖。少儿舞蹈《敦煌》获全国艺术特长优秀作品展示特金奖，常宇宏荣获舞蹈类优秀指导老师称号；7月，获“亚洲星空”全国艺术人才教育成果展特金奖，常宇宏荣获指导老师组名师奖。县文化馆获2017滨州市首届合唱艺术节二等奖、滨州市第三届戏迷大赛优秀组织奖、滨州市第三届青少年舞蹈大赛优秀组织奖。舞蹈《MAMADO》获亚洲星空全国艺术人才教育成果展金奖，杜伟获优秀指导老师奖。县文化馆获中央人民广播电台第五届“夏青杯”朗诵大赛（山东滨州赛区）总决赛优秀组织奖。舞蹈《反弹琵琶》获山东省青少年艺术节舞蹈大赛金奖，常宇宏荣获优秀指导老师奖。原创小品《请假》荣获第四届山东省小品新作大赛三等奖、“中华颂·长丰杯”第八届全国小戏小品曲艺大展铜奖。吕剧《三媳参会》获第七届全国优秀小戏小品展演优秀剧目奖。

【县图书馆】　无棣县图书馆为国家一级图书馆，图书馆面积为3364平方米。购置更新图书馆资源查询设备、AP覆盖、新增图书20000多册，软件方面购置数据库3个，自建数据库1个，完成图书馆微信公众号等多项数字化建设，按照评估标准完成纸质及数字资料的填报工作。8月19日，专家组对县图书馆进行评估验收，专家组通过实地察看详细了解图书馆馆舍条件、免费开放、设施设备等硬件设施建设情况，详细核实资料，对图书馆各项建设工作给予肯定，提出意见。

县图书馆全年向读者开放。2017年，免费办理有效借书证7500多个，外借册次75000册次。各种电子图书、数字图书借阅机、阅报机、儿童学习一体机、数字图书馆、光盘阅读量达91500人次，报刊杂志，地方文献等资料借阅量达30000人次。

开展有特色读者活动，打造服务品牌。举办庆“六一”无棣县革命历史图片展。购买全国最畅销前十名图书，举办“优秀图书推荐展”“迎接党的十九大胜利召开图片展”。文化教育融合发展，县图书馆与县第三实验小学合作，在周六、周日课外时间开展“第四届家委会课外实践等活动”。开展送书下乡、辅

2017年1月22日，中国梦·劳动美全县职工文艺汇演（供稿　县文化馆）

图书馆国学活动　（摄影　文学锋）

导农家书屋、文化惠民图书流动服务18次，送书及文化科普宣传资料2500册，为全县农家书屋、文化站进行业务辅导和制度建设工作，文化信息资源共享工程，向各文化站点发放科技光盘资料120多种。为少年儿童、老年人、残疾人、农民工服务，在“六一”儿童节、暑假、寒假期间，免费向少年儿童开放电子阅览室、儿童阅览室等活动场所，体验和参与丰富的读书活动；为老年人提供阅览室坐席、送书上门等服务，在视障声讯阅览室设立视障人“心声音频馆”、盲人阅读软件等服务项目，为农民工提供科技资料、光盘等资料信息。

（文学锋）

【文化下乡】 2017年初，无棣县文化馆成立领导小组筹备文化下乡准备工作，选拔优秀演出团队、筛选文化下乡节目，制定《2017年县级政府购买公益性文艺演出服务实施方案》《无棣县文化馆2017年文化下乡演出安排表》，与演出团队签订协议。到2017年底，全县组织文化下乡500余场，圆满完成“一村一年一场戏”工程。

【艺术培训】 2017年6月，无棣文化馆艺术培训中心2017年暑假班开始招生，共招生300余人，9月常年班招生达300人。8月，2017年文化馆培训中心暑期班圆满结束后，汇报演出及培训中心少儿书画展相继在老区人民广场及文化馆一楼展厅举行，成果展共编排节目20个，包括爵士舞、中国舞、古筝、电子琴、口才等；展出书画作品100余幅，包括素描、书法、儿童画。

2017年，县文化馆继续开展“订单式公益培训”活动，分别到信阳镇、车王镇等地进行舞蹈和美术培训30场，培训1000人次。11月17日，由无棣县文广新局主办、无棣县文化馆承办的第一期全县新闻写作和文学创作免费培训班开班，各镇、街道文化站站长和企事业单位新闻通讯员及文学爱好者100余人参加培训。

【微电影《两份工资》】 2017年4月27日，无棣电视台和无棣山海文化传媒联合拍摄的微电影《两份工资》电视微信首映。微电影《两份工资》根据2017年初在中央电视台新闻频道播出的发生在无棣县的真实故事改编。清洁工程大爷无儿无女，一直从事清洁环卫工作。一次程大爷因意外丢失3360元工资而晕倒在路旁，在包子铺老板的女儿赵敏的呼吁下，社会上的好心人纷纷献上爱心，帮助程大爷凑齐丢失的3360元工资。同时主人公赵敏与同样有爱心的海归同学德明擦出爱情火花。在媒体帮助下，程大爷丢失的工资也送了回来。《两份工资》在春暖花开的季节温暖全城。8月，微电影《两份工资》获市委宣传部举办的“中国梦·党在心中”百姓宣讲微视频大赛第1名；9月，获市总工会举办的“中国梦·劳动美”微电影大赛一等奖。

（张红梅　高玉慧　吴晓晖　崔永胜　吴新财）

文化市场监管

【概况】 2017年，无棣县文化市场综合执法局开展“绿色网吧”“阳光娱乐”“无小耳朵”社区、整治非法网络视听节目的“绿网·2017”“文明窗口”等系列创建活动，促进文化市场环境改善、经营秩序规范。加强综合执法理论、文化市场管理特别是新兴文化产业的学习研究，制定印发《无棣县文化市场综合执法局2017年工作要点》，出台《无棣县文化市场综合执法局开展“队伍建设年”活动的实施方案》。加强信息调研，向省、市业务部门及县委、县政府报送工作信息30余篇，编辑印发无棣县《文化执法工作快讯》。在全市文化市场综合执法考核中荣获优秀等次，被市精神文明建设委员会评为市级文明单位。

【综合执法】 2017年，无棣县文化市场综合执法局多次联合有关部门深入开展文化市场和出版物市场及学校周边文化环境集中整治专项行动。

加强打字复印店、高速服务区和城区出版物市场检查，定期对歌厅、网吧和印刷企业等文化经营场所进行检查、排查，消除安全隐患。国庆期间，对古城大觉寺文化旅游休闲汇演出活动进行严格监管，保证演出节目质量，未出现违法违规演出活动。结合省级卫生县城复审，推进“创城”制度化建设，对15家网吧、4家歌厅、2家电影院全部整改。为镇街文化站、农家书屋、企业开展送书、法律法规知识宣讲等活动。6月，开展“绿书签”宣传活动，派发“绿书签”600余张，发放《版权小知识》200余张。开展“净网”“清源”“秋风”“固边”“护苗”及“剑网·2017”扫黄打非专项行动，编制印发“扫黄打非”丛书5000余本，清除淫秽色情、反政治类、非法宗教等违法出版物，销毁非法出版物650余册、盗版光碟150余盘、取缔游商地摊12个，对16家存在隐患的经营场所提出整改意见，依法下达《责令改正通知书》，办结行政处罚案件2起。

（张春晓　孙　静）

文学艺术

【专业艺术与创作】　2017年，无棣县实施文艺精品工程，各协会年内创作一批艺术性和思想性较高的文艺作品，获泰山文艺一等奖1件，获市精品工程奖2件，出版作品集2部。

2017年9月，由市、县文联选送、山东海瓷艺术文化传播有限公司申报、滨州画家李玉泉创作的海瓷艺术作品《滨州十大历史名人》荣获第十届山东省泰山文艺奖民间文艺类一等奖。《滨州十大历史名人》在十个巨型海瓷瓶上创作完成，作者把海瓷艺术与滨州历史名人结合，体现了艺术的现代与传统的传承与创新。

海政文工团创作的《天下无棣》《无棣之恋》两首歌曲，以MV形式向社会推介；报告文学《赤子情怀》入选代表全市参加第十二届山东省精神文明建设“文艺精品工程”；1人获评“齐鲁文化之星”。音乐家协会蔡中云作词、张占春作曲的歌曲《国歌响起》获第十一届滨州市精神文明建设“文艺精品工程”优秀歌曲奖。县音乐家协会刘磊创作的《最美的风景》在省音乐家协会主办的2017流行音乐大赛中获原创作品类三等奖。编创的小品《请假》荣获第四届山东省小品新作大赛三等奖；吕剧小戏《三媳参会》荣获第七届全国优秀小戏小品展演优秀剧目奖；编排的舞蹈《敦煌》进京演出荣获全国艺术人才教育成果展全国选拔活动舞蹈类特金奖。

2017年8月，县作协苏银东创作的散文集《梦里炊烟》出版发行。10月出版的《无棣当代书画作品集》由县书法家协会、县美术家协会和老年书画研究会主编，收录无棣县及外地无棣籍88位作者209件作品，包括书法86幅、篆刻4幅、绘画119幅。

【社会艺术】　2017年，无棣县文化部门组织100余场群众文艺活动。组织全县职工文艺会演、传统文化进城表演、古城系列演出、碣石山庙会演出活动。开展“庆七一文艺晚会”“荷风筝韵古筝音乐晚会”“首届无棣县文化惠民消费季动员部署暨启动仪式”“夕阳无限好”老年人专场消夏晚会、“喜迎十九大，中秋庆团圆”诗文朗诵会等群众文化活动。开展实施全域旅游工程、打造文化旅游先进县、丰富双节期间群众文化生活，举办“庆国庆、喜迎十九大”系列活动。10月1日，2017中国无棣古城大觉寺十一文化旅游休闲汇在古城举行。举办4期“党在心中·红歌快闪”活动，制作的“快闪”视频点击率突破10万；参加全市首届合唱艺术节，获二等奖。举办“繁荣棠棣文化，描绘美丽无棣”文化展示交流活动，“缅怀先烈·拥抱未来”清明诗会、端午湖畔诗会，“注重家教家风·培育家国情怀”演讲比赛，“夏青杯”朗诵大赛无棣赛区启动仪式暨朗诵艺术进校园活动，“诵读经典·共筑梦想”走进棣州希贤学校庆五四诗歌朗诵会，“行动点亮青春·激情成就梦想”演讲朗诵比赛；“最美是我家”征文比赛，关爱弱势群众“安康杯”征文比赛；第六届千年古桑旅游文化节“伊安杯”摄影大奖赛、“向日葵杯”摄影大奖赛等活动。各协会在结合“七一”、国庆、中秋、端午、清明等重大节庆日举办相关活动的同时，围绕“全域旅游、绿色崛起”等中心工作，配合有关部门、镇街组织开展摄影、书画比赛、展览及征文等活动。

（徐沛琦　高玉慧）

非物质文化遗产

【概况】　至2017年底，无棣县有省级非物质文化遗产项目2项，市级非物质文化遗产23项、县级非物质文化遗产项目59项（包含省、市级非遗项目）。非遗展厅免费对外开放，全年接待观众2000余人。

2017年无棣县非物质文化遗产一览表

表66

非遗名称	传承人	级别	批复时间
西河大鼓	张宝廷 杨文芝	省级	2009年9月
渤海海盐滩晒工艺	张国梁	省级	2016年3月
武秧歌	秦子景	市级	2007年10月
哈哈腔	张树新 朱会兰	市级	2007年10月
鲁北大鼓	谢洪印	市级	2007年10月
欢喜团	范崇华	市级	2007年10月
苇帘	马振虎	市级	2007年10月
无棣草编	李文超	市级	2007年10月
滨州锅子饼	赵德国	市级	2007年10月
大山烧鸡	李金铎	市级	2007年10月
狮包	李景山	市级	2007年10月
碣石山古庙会	李寿章	市级	2007年10月
疯秧歌	高庆丰	市级	2009年12月
竹马	张宝贤	市级	2009年12月
西路大鼓	于金青	市级	2009年12月
三弦书	朱延安	市级	2009年12月
刺绣（绒绣）	牛国秀	市级	2009年12月
高粱秸秆穿制技艺	徐寿河	市级	2015年5月
埕口虾酱制作技艺	吴元树	市级	2015年5月
清真九大碗制作技艺	从恩浩	市级	2015年5月
塘坊糕点制作技艺	赵玉森	市级	2015年5月
无棣制鼓技艺	仝秀泽	市级	2015年5月
程派高氏八卦掌	刘树行	市级	2015年5月
葫芦刻画（烙画）	方以忠	市级	2015年5月
锡壶制作技艺	王付烈	市级	2015年5月
老会烧鸡	刘希新	县级	2008年5月
大成拳	程立华	县级	2008年5月
三寸金莲鞋	李凤英	县级	2009年4月
油香	从立国	县级	2009年4月
灯笼	毛　氏	县级	2009年4月

续表 66

非遗名称	传承人	级别	批复时间
根雕	崔树增	县级	2009 年 4 月
荷包	李凤英	县级	2009 年 4 月
蒲鞋	杨希琢	县级	2009 年 4 月
苇笠	杨希琢	县级	2009 年 4 月
家纺粗布	郭延花	县级	2009 年 4 月
民间剪纸	王树兰	县级	2009 年 4 月
民间插花	吴忠娥	县级	2009 年 4 月
开斋节	从立国	县级	2009 年 4 月
宗王拳	赵希德 杨希洪	县级	2009 年 4 月
挺杆簸箩	李祥春	县级	2009 年 4 月
信阳古城传说	庞玉华	县级	2011 年 7 月
没尾巴老李的传说	门红泉	县级	2011 年 7 月
东路梆子	张玉忠 朱延元	县级	2011 年 7 月
笤帚制作技艺	史振奎	县级	2011 年 7 月
马扎制作技艺	刘玉春	县级	2011 年 7 月
柳编技艺	霍昭华	县级	2011 年 7 月
醉枣制作技艺	武秀珍	县级	2011 年 7 月
面瘫治疗	王金水	县级	2011 年 7 月
针灸	杨景峰	县级	2011 年 7 月
膏药	冯寿武	县级	2011 年 7 月
猫二头鼓	李文平 杨玉琢	县级	2016 年 4 月
牛岚大秧歌	张式林 孙永华	县级	2016 年 4 月
吴氏形意拳	吴金秋	县级	2016 年 4 月
泊头肘子	文墨忠	县级	2016 年 4 月
芦苇画	吴晓晖 张万奎	县级	2016 年 4 月
走马灯	文建春	县级	2016 年 4 月
水沟插箔	吴国浩	县级	2016 年 4 月
排船	侯宝红	县级	2016 年 4 月
祭海（拨灯）	吴立收	县级	2016 年 4 月

【非遗展演】 2017年，无棣县文化部门组织市级非遗项目武秧歌、疯秧歌、竹马、狮包、宗王拳5个项目，参加全县2017年全县秧歌武术舞狮大赛。县文化馆选送10个代表性非遗项目，参加“欢乐迎春文化荟”——滨州市非物质文化遗产项目展演及传承活动，选送非遗项目《三弦书》参加中国“胡集灯节书会”擂台赛，荣获二等奖。非遗项目三弦书、欢喜团参加无棣县古城元宵灯会展演展卖活动。6月9日，全国“文化和自然遗产日”，在老区广场阳光舞台举办全国第十二个“文化和自然遗产日”展演展卖活动、《无棣县非物质文化遗产名录（第一卷）》书籍发放仪式及照片展览，活动的主题是“非遗保护——传承发展的生动实践”，省、市、县级非物质文化遗产项目代表性传承人等200余人参加，现场观众2000余人。组织曲艺老艺人参加保护工程滨州站活动，无棣县张宝廷、杨文芝、朱延安参加“曲艺老艺人”保护工程的录制。

10月1日至8日，无棣县在古城举办非遗展演。组织省、市级非遗传承人（西路大鼓、西河大鼓、哈哈腔）17人划分3个组，演出创作的反映抗震救灾英雄事迹和尊老爱幼为题材的唱段，以及传统剧目。展示全县非遗项目照片30张，展示省、市、县级非遗实物50件。组织绒绣、欢喜团、葫芦烙画、民间插花、剪纸、高粱秸秆穿制技艺、老粗布等7个项目14位传承人进行现场制作表演。

非遗进校园活动 （供稿 县文化馆）

【非遗知识培训和推荐】 2017年3月10日，无棣县文化部门组织 办全县非物质文化遗产培训班，镇、街道文化站站长及部分非遗项目代表性传承人参加，邀请市非物质文化遗产保护中心专家授课，讲解非物质文化遗产的挖掘与整理、传承与保护、权利与义务，以及省市级非遗项目代表性传承人申报书填写和拍摄申报片注意事项。4月20日，市文化馆组织滨州市市级非物质文化遗产保护中心专家一行4人，分别对水湾镇的葫芦烙画，埕口镇的埕口虾酱、塘坊糕点，小泊头镇的制鼓，车王镇的清真九大碗5个传承人进行现场考察，详细了解项目的历史渊源、主要特征、传承发展及取得的成果等。考察组根据候选人现场考察的表现，最终确定第四批市级非物质文化遗产项目代表性传承人的推荐名单，6月2日，埕口虾酱、塘坊糕点、葫芦烙画、制鼓、清真九大碗被确定为市级非物质文化遗产。10月，申报第四批县级非物质文化遗产项目，各镇上报20项，12月整理修改完成。

非物质文化遗产《竹马》表演 （供稿 县文化馆）

【非遗进校园活动】 2017年，无棣县文化部门开展“非物质文化遗产进校园”活动。非遗项目绒绣、三弦书传承人进校园传授技艺，培养师生对非物质文化遗产传承与保护的兴趣。通过开展非物质文化遗产教育，增强师生对当地非物质文化遗产的了解，更好地传承、弘扬地方非物质文化遗产。

（张洪军　咸胜男）

文物　博物

【概况】　至2017年底，无棣县有各级各类文物保护单位单位37处，其中省级文物保护单位7处，市级文物保护单位7处，县级文物保护单位23处，全县馆藏文物2248件（套）。

【文物管理】　**文物安全保护管理**。完善文物保护员管理制度，签订文物保护安全责任书，每一处文物保护单位都有专门的文物保护员，全年未发生一起文物违法案件。贯彻落实省文物局《关于开展全省文物安全状况大排查行动的通知》和《关于印发〈全省文物安全状况大排查行动实施方案〉的通知》精神，县文物管理局联合市文物局、消防大队对全县建筑类文物保护单位进行安全大检查，逐一排除安全隐患。

文保单位电子测绘工作。5月31日，根据全市文物工作会议部署安排，配合市文物局、测绘公司对无棣县37处文保单位进行电子测绘，测取文物保护单位各点位GPS数据，拍摄高清图片，埋设各点位标示，各项工作全面完成。

开展打击文物犯罪专项行动。7月13日，按照省文物局《关于转发国家文物局＜关于协助做好全国公安机关打击文物犯罪专项行动工作的通知＞的通知》，梳理2016年12月以来的被盗、丢失文物信息，密切配合公安机关打击文物犯罪活动，为打击文物犯罪、加强文物市场监管和文物进出境审核等工作提供信息保障。

文物安全状况大检查　　　　（供稿　县文物局）

文化遗产日活动。6月10日全国“文化和自然遗产日”，根据省市相关文件精神，围绕县域科学发展示范点建设，开展以“文化遗产与一带一路”为主题系列活动，全县多处省级文物保护单位及市级文物保护单位对外免费开放，让群众感受身边的文化遗产，营造全社会关注、参与文物保护的氛围。

【纪念馆、博物馆免费开放】　2017年，无棣县博物馆、冯安邦纪念馆、吴式芬纪念馆、张铸纪念馆以及非国有博物馆北海翰苑博物馆免费对外开放，每周免费开放时间达到国家规定标准48小时，接待观众15万人次。

历史文化展厅、张铸纪念馆深化布展工程、李山美术馆新赠作品二次布展工作全面完成并对外免费开放。5月18日第41个“国际博物馆日”，在县文化中心举办李山美术馆新赠书画作品交接暨张铸纪念馆、历史文化展厅开馆仪式。市、县领导，李山和张铸的部分亲属以及书画爱好者参加开馆仪式。县文广新局配套出版了建筑设计大师张铸的传奇人生《赤子情怀》一书。

2017年5月19日，张铸纪念馆、无棣历史文化展厅开馆（供稿　县文物局）

5月1日至3日，5月28日至30日，10月1日至10月8日古城文化旅游休闲汇期间，县文广新局在冯安邦纪念馆内布展抗战文物，让观众重温抗战历史，接受爱国主义教育。

（游丽霞　贯启东）

文化产业

【概况】 2017年，无棣县着力打造中国海瓷艺术、海盐文化产品、吴氏文化、古城文化、碣石名山与古贝壳堤等文化产业品牌，不断增强文化软实力，先后创成首批文化强省建设先进县、省级社会文化建设先进县。

9月，成立无棣县文化产业发展工作领导小组，召开全县文化产业发展推进会议，海瓷集团、盐业公司、海丰街道、县文广新局作典型交流发言，印发《文化产业发展政策文件汇编》，指导全县文化产业进一步发展；在9月7日召开的全市文化产业发展推进会议上，无棣县委作为唯一县区代表作《深挖文化资源潜力、打造文化产业强县》的大会发言。

开展国家省市级主流媒体"文化产业看无棣"采访活动，邀请《人民日报》《光明日报》《大众日报》及新华社等中央、省市主流媒体记者实地采访海瓷集团、盐雕及华夏海盐博物馆及埕口镇盐族小镇、车王镇桑椹产业、西小王镇棉花产业、佘家镇中草药基地，《大众日报》刊发新闻稿《无棣如何打造文化产业硬实力》及"文化产业专版"《山海古邑创意无棣——无棣县文化产业发展侧记》，《农村大众》《鲁北晚报》连续刊发多期无棣文化产业发展专版，《人民日报》《光明日报》《滨州日报》及新华社先后刊发图文报道。

【文化产业载体建设】 海瓷集团投资3.6亿元、总建筑面积5.6万平方米集生产、展览、体验等功能于一体的省级重点产业园区——海瓷艺术创意产业园，其中，投资7000万元的项目核心工程"艺术展览馆"基本完工；海丰集团投资3800万元、建筑面积1万平方米的全省首个集海盐文化展示、海盐健康体验、特色产品展示于一体的华夏海盐文化产业园一期工程于4月29日开园，一期工程海盐博物馆与海盐文化主题酒店，将海盐文化与现代化的声、光、电相融合，全面、立体展现古老的海盐生产工艺，互动体验生产场景及盐疗、盐浴产品；同时，二期工程"死海漂浮""黑泥浴"等特色体验项目启动，积极打造中国海盐第一镇"盐族小镇"。

2017年9月23日，全县文化产业推进会召开　　（摄影　杨景成）

【文化产品研发】 2017年，无棣县注重创意发展，"互联网+""文化+"、智能机器人、3D打印等新兴业态、高科技成果融入文化产品创意与研发，枣木雕、芦苇画、绒绣、工艺葫芦、高仿画等传统手工技艺和文化旅游工艺品，不断包装策划、研发出新，提高了产品文化品味和附加值；盐洗化、热敷盐等系列产品成为特色产品，海盐文化作品入选全国盐文化大展，进入中国科学技术馆，荣获多项国家、省级大奖，"玉之雅"盐雕生产技术获国家知识产权局技术发明专利证书，成为中国大陆唯一的盐雕特色产品生产基地；海瓷产品在"化贝为瓷"获得国家技术发明二等奖，融入"文化元素"，开创中国海瓷艺术、荣膺国礼的基础上，成功研发具有洁净功效的健康"生物海瓷"，与美的达成战略合作。海洋贝瓷代表滨州市、盐雕代表无棣县入选首批"山东好礼·一城一品"旅游商品。推报的《滨州十大历史名人》海瓷艺术品，荣获第十届山东省泰山文艺奖民间文艺类一等奖，全市首次获得此项荣誉。

【文化会展活动】 8月14日至11月14日，首届无棣县文化惠民消费季活动举办。山东海瓷集团作为重点文化企业签约本次消费季，销售额472万元，占全市总销售额的50%以上，被省文化厅评为最受欢迎的文化消费企业。

坚持"走出去"发展战略，海瓷、盐雕创意产品参加第十三届中国（深圳）国际文化产业博览交易会、第23届鲁台经贸洽谈会、山东省文化产业博览会、中国（北京）国际文化创意

文化产业产品展览　　（供稿　县文物局）

博览会等大型会展。10月20日至22日组织海瓷集团、盐雕厂、真味堂等相关文化企业参加2017济南国际文物装备会，无棣县作为滨州市唯一参加活动的县区，选取海瓷、盐雕、枣木根雕、芦苇画、绒绣等文化特色产品参加此次展销活动。

（徐景江　游丽霞　贾启东）

出版发行

【图书发行】　2017年，山东新华书店集团有限公司无棣分公司征订发行《习近平重要讲话读本》《中国共产党章程》《决胜全面建成小康社会新时代》《十九大文件汇编》《十九大辅导读本》《习近平谈治国理政》《理论热点面对面》《十九大报告辅导百问》《胡锦涛文选一、二、三》等政治读物47576册。发行教材教辅2057万元。

【阅读体验区建设】　2017年，山东新华书店集团有限公司无棣分公司对门店进行升级改造，将原有单一的图书卖场进行合理的空间规划，规划了集团版图书陈列区、重点书和新书推介展销区、读者休闲阅读区、具有地方特色的新文化创意产品（盐雕、贝瓷）展销区、蓝天白云幼儿阅读亲子活动区和新产品视频演示体验区几大经营区域，突出人文、艺术、创意、生活理念，整合资源，打造图书销售、展演活动、艺文空间和文创商品展销多元经营的复合式经营模式。在海丰中学开设第一处校园书店“红荆条书吧”并投入使用，给全校师生的阅读和购买学习资料提供便利。

（王景方）

传　媒

【概况】　2017年，无棣县广播电视统筹把握时政活动、主题主线深度报道和社会新闻宣传，重点参与环保督查、迎接省级卫生城复审、健康产业滨州行、上海展会、中华人民共和国成立前老党员事迹、信访维稳等工作的宣传报道。县广播电台投资87万元对直播间进行升级改造，实现“全端数字化直播”；县电视台新开辟手机APP“掌上无棣”，初步形成以电视传播为主业，互联网相互支撑的多媒体宣传、广告经营和产业拓展多元化经营格局。

（张红梅）

【无棣电视台】　2017年，无棣电视台充分发挥舆论宣传主阵地作用，做强本土节目，做活栏目报道，紧跟

《老家的文化人》演播室　　（摄影　佘崇孟）

宣传主题，创新推进工作。《无棣新闻》围绕县委、县政府中心工作，跟进宣传报道，重点报道不断线、特色报道连续推出，相继推出"记者走基层""重点工程巡礼""创建省级卫生县城"及"身边的好人"等20余个专栏，全方位、多视角、大容量地展现全县经济发展、重点工程建设及推进重点工作开展等方面取得的成就。《民生关注》栏目贴近地气办节目，突出亲民、互动，以鲜明的特色、清晰的定位、多样化的节目形态及贴心的服务功能赢得广大观众好评。

通过深入挖掘报道题材，多渠道、多栏目发稿，一批反映全县重点工作的新闻稿件在中央电视台《新闻联播》《新闻直播间》、山东卫视、滨州电视台等上级媒体播出。全年电视新闻稿件在中央电视台用稿7条，省电视台用稿22条，滨州电视台新闻用稿170条。

（吴树强　张红梅）

广播电台演播室　　（供稿　季彤）

【无棣人民广播电台】 2017年，无棣人民广播电台立足全县新闻工作挖潜提升，全力做好对外宣传，有代表性、有地方特色、有明显示范作用的新闻题材稿件在省市广播电台播发，无棣人民广播电台获滨州市广播新闻宣传先进集体一等奖。

围绕扎根群众、服务人民、贴近城乡的理念，电台在早间新闻《耳听八方》栏目中，增加无棣元素内容，利用手机报等新媒体，挖掘无棣本土特色消息，更多地增加本地消息的质量和数量。与无棣县气象局合作，实现气象预报员与直播间的电话连线，每周两次预报天气变化，指导工农业生产，方便群众生活。

根据县里主要工作和重点工作，适时开辟版块，创作公益广告。开辟《群众满意度——无棣：倾力谱写和谐文明发展新乐章》，创作播出《迎接省卫复审》《共同维护美丽幸福新无棣》《婚丧简办、移风易俗》《缉毒天目行动》等多件公益广告作品，受到听众好评。

（季　彤　郭　璐）

【无线数字化覆盖工程】 2017年7月，由山东省统一规划实施的DTMB地面波无线数字电视地面波信号在无棣顺利发射，覆盖全县大部分区域。信号为两个频点17套节目，包含央视12套节目、山东卫视、齐鲁台、滨州台、无棣台和节目导视。并规划了碣石山、柳堡、西小王3个布点站，计划2018年建成后实现全县无缝隙覆盖。

（张航洲）

【电影管理】 2017年，无棣县文广新局精心组织，科学实施，如期完成农村公益电影服务监管服务平台对接工作，运用科技监管技术，实现对全县农村电影数字化放映的即时监控管理。2017年，省直"第一书记"帮包村放映112场次，福利院社区电影放映317场次，571个行政村放映6668场次。实现"一村一月放映一场电影"的公益目标，继续保持"数字放映机使用率、电影放映覆盖率、群众满意率"三个100%。

无棣圣豪华美国际电影城是无棣首家五星级豪华多厅电影城，面积为1000平方米，建有3个豪华多功能影厅，3块银幕，532个座位，影厅内安装英国杜比CP650(EX)数字处理器、美国JBL音响、德国ISCO一体化镜头、美国QSC数字功放（DCA）、6.1声道杜比数码立体声系统。2017年观影15992人次，放映5677场次，票房收入55.98万元。

（张红梅　张海波）

旅游业

综 述

【概况】 2017年，无棣县按照“全民兴旅、全域旅游、全面改革、全力突破”，以“旅游+”发展的工作思路，全面开展全域旅游示范区创建工作，助推旅游转型升级。

2017年初，原旅游开发指挥部、文化宣传指挥部合并为文化旅游指挥部，行使领导小组日常职能。3月，设立无棣县旅游信息中心，负责全县旅游信息化建设、旅游信息网络建设及旅游宣传、形象设计等工作。8月，召开全县全域旅游工作推进会议，成立由县委、县政府主要负责人任组长的全域旅游创建工作领导小组，印发《关于创建国家全域旅游示范区重点工作的实施方案》。

2017年，举办各类旅游节庆活动，打造“一季一大节，一月一小节，每周末两天固定节”的无棣旅游节汇品牌，成功举办无棣古城旅游休闲汇、第二届滨州市特色旅游商品展评会暨无棣五一文化旅游休闲汇、碣石山镇第三届文化旅游休闲汇、第六届千年古桑旅游文化节、无棣古城景区举办端午节文化旅游休闲汇、2017中国无棣古城大觉寺“十一”节文化旅游休闲汇、鑫嘉源“IP造物”设计邀请赛、鑫嘉源大地艺术节、3D亲子大型多媒体儿童剧、鑫嘉源梦幻灯光秀、田园国际音乐节、2017走进苇荡芦影等一系列节庆活动，营造全域旅游浓厚氛围。

【景区建设】 至2017年底，八大景区基本建成，总投资超过20亿元，实现旅游接待载体的突破和质的提高。

八大景区建设。古城文化旅游区，核心区基本建成，恢复建设吴式芬故居、冯安邦将军府、四城门、荷花湾、无棣印象、曲苑风荷等106处古迹项目，大部分景点对外开放。大口河海滨景区，儿童淡水洗浴、盐浴、赛车提升、人造贝壳堤景观等项目基本建成，人工沙滩、游艇俱乐部及海上渔家一日游项目在建。饮马湖及碣石文化景区，整合碣石山、饮马湖等旅游资源进行景区提升，突出三国文化与休闲健身定位，着力实施好训练营、湖心岛游乐、水上休闲等工程建设，建成省级地质公园和地质博物馆。古桑园景区，引进健康旅游项目入园，推出全桑宴、清真宴、桑茶等特色健康餐饮，设立国医堂、庆跃医学研究院古桑园健康管理中心，多处配备儿童游乐设施，景区与百果园的花山、果山、药山等微地型健康作物栽植连片发展，打造全新健康古桑乐园。黄河岛景区，推进原生态观光、休闲度假、捉蟹垂钓体验等旅游项目建设，建成客运索道。鑫嘉源景区，重点发展乡村体验旅游，新建成景观大门、拱桥、生态餐厅、蒙古包、小木屋、跑马场、太空莲池等，并对景区道路重新修整，打造成现代化农业休闲生态景区。苇荡芦影景区，建成可停放100辆房车的停靠场，配套建设帐篷露营地、集装箱房、垂钓平台、红色文化体验区、汽车创意体验区、可提供住宿餐饮服务的游客接待中心。天龙农庄，以无棣原种驴培育与养殖为依托，添加卡通元素，打造“驴小飞嗨皮园”。整个农庄的标志入口大门、景区主入口大门、停车场、旅社和垂钓池基本完成，建成特色餐厅。

乡村旅游片区建设。11个镇街分别打造的乡村旅游片区各具特色。千年古桑逍遥游乐园、魏王庙旅游开发、水沟村渔家乐等旅游设施不断完善；大齐黄金杏、古家久保桃、吴八里葡萄、岳里西瓜等品牌保持发展势头，知名度不断提升；小泊头俊棣林场、水湾未来农场、信阳吴季李生态园、海丰润春家庭农场等一批旅游项目建成。采摘游、农家乐成为景区旅游的有力补充。工业旅游、健康旅游项目逐步兴起，成为旅游精品线路重要组成部分。

【旅游监管】 2017年，无棣县积极探索“1+6+N”的全域旅游管理模式，加强对涉旅企业的指导与监督。在旅游旺季、重大节假日及汛期等重要时间节点做好旅游安全监管，推进和完善安全应急处置和培训演练工作。9月7日，县旅游局召开全县旅游系统应急安全培训会议，备战“十一”黄金周，邀请山东蓝天救援总队、县安监局、应急救援指挥中心负责人进行现场指导，与会人员进行爆炸防护常识、灭火器使用、火场逃生、绳索打结和逃脱等方面的演练，全县A级景区中层以上管理人员、星级酒店中层以上管理人员、旅行社主要负责人、全县在职导游人员120余

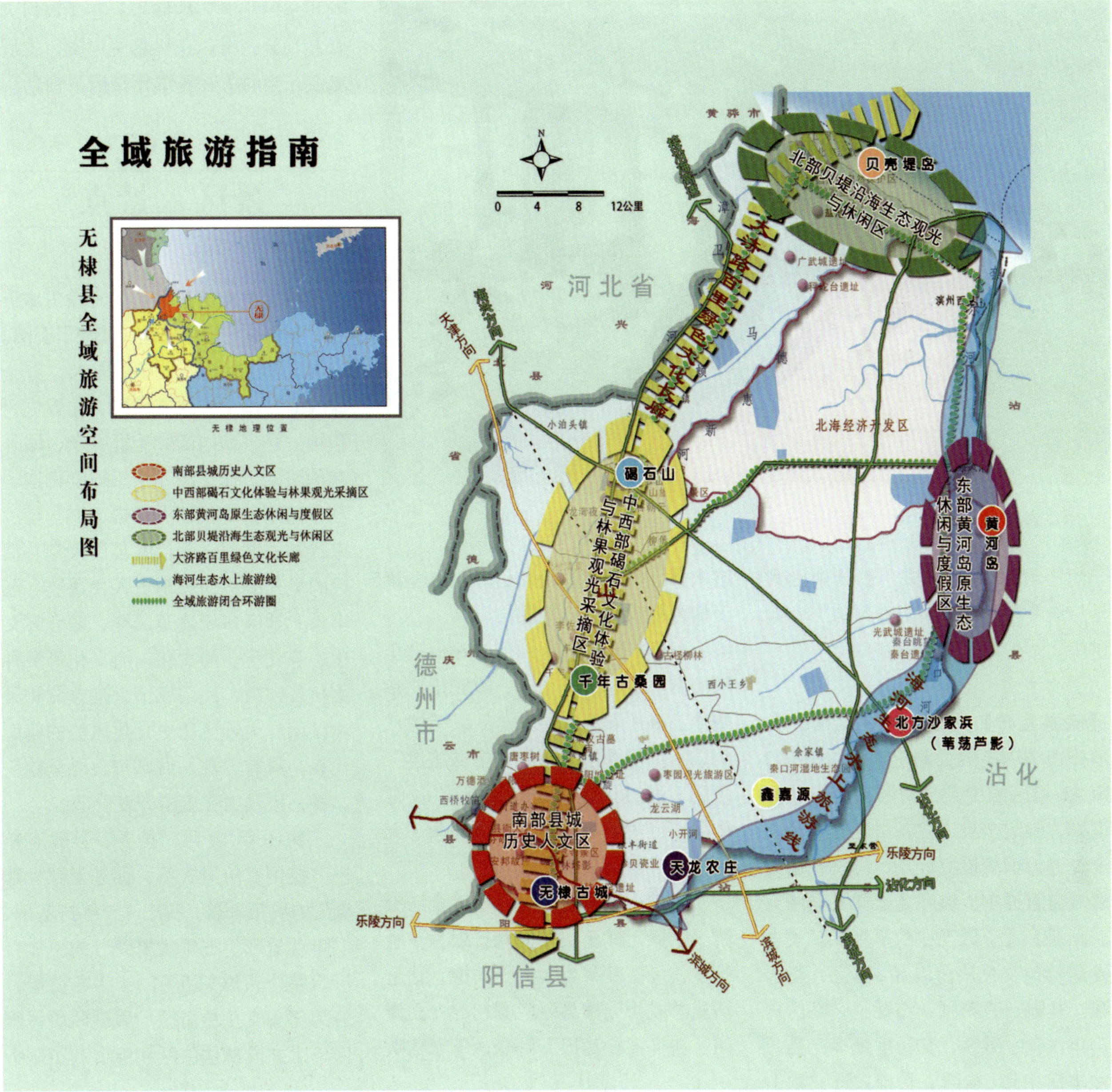

无棣全域旅游规划图　　　　（供稿　徐红霞）

人参加培训。到景区为游客发放无棣公民素质手册、无棣旅游温馨提示等安全宣传读物，利用电视、报纸、网络及手机短信和无棣旅游微信、微博公共平台等宣传渠道开展旅游安全知识宣传。

【旅游培训】　2017 年 3 月 18 日至 24 日，县委组织部、县旅游局组织，青岛丹佛培训中心承办，在中山大学举办全县领导干部全域旅游专题培训班，各镇街党（工）委书记、部分县直部门负责人、重点旅游企业负责人 29 人参加。此次培训，是无棣县干部教育培训第一次举办的异地全域旅游高端培训班，7 名国内知名旅游专家授课。3 月 26 日至 4 月 1 日，县旅游局组织各镇街、各景区及相关企业的 32 名导游和讲解员，在山东旅游职业学院，进行为期 1 周的封闭式培训，就导游服务心理学、导游员讲解艺术及讲解技巧、导游带团技巧及突发事件处理、导游的有效沟通、茶艺鉴赏、葡萄酒品鉴、政务礼仪和形体训练等方面进行培训。山东旅游职业学院旅行社管理系教授、博士、国家级导游大赛裁判、省级优秀教学团队“导游专业教学团队”负责人王煜琴在“天下第一泉”趵突泉旅游景区现场，为全部学员进行“face to face”

旅游从业人员培训　　（供稿　徐红霞）

一对一导游讲解考核。邀请中山大学旅游学院教授何莽做全域旅游专题讲座。

【旅游宣传】 2017年，无棣县在滨州市境内高速公路出口设置全县2家4A景区的中英文对照旅游交通标识牌，制定全县通往各景区的配套旅游交通标识牌设立计划，尝试开通免费旅游直通车。编印《无棣县全域旅游画册》《全景无棣故事集》。大力发展特色文化旅游商品，海瓷、枣木雕、盐雕、芦苇画、布瓦画、高仿真千年古画、绒绣、套色剪纸等产品开发丰富多彩，盐雕、贝瓷入选“到山东最想买的100种特色旅游商品”，盐雕在2017年9月又获评“中国特色旅游商品大赛”银奖。

编制《无棣全域旅游手绘地图》，以“一心一轴、四区一环、两线十一片区”全域旅游发展规划为骨架，融入吃、住、行、游、娱、购旅游六要素，囊括无棣所有旅游景点、老字号美食、特色旅游商品、旅行社信息、八大景区和镇街十一片区乡村游四季旅游线路推荐等旅游资讯，全县旅游资源在此图上一目了然，具有较强的艺术感、实用性，是首份原创以全景无棣为视角的手绘地图。

9月7日至9月14日，举办“全域旅游”主题摄影大赛，收到纸质参赛作品801（组）幅。作品以无棣八大景区拍摄为主，围绕“全域旅游”主题，通过评委精心甄选获奖69幅作品。11月，拍摄制作了《印象·无棣》旅游形象宣传片。

无棣全域旅游创建经验《全域旅游、全景无棣》在《大众日报》专版刊发，《奋发有为，实干兴棣，让全域旅游成为无棣县绿色崛起的一面旗帜》在《齐鲁晚报》刊登，《无棣吹响“全域旅游”冲锋号》在《农村大众》刊登，《风正帆悬两岸阔，发展旅游正当时》在《滨州日报》刊登。

景区　景点

【无棣古城旅游景区】 无棣古城形成于商周，发展于隋唐，繁荣于明清。宋元时期占地11.5万平方米，夯土筑成的城墙上，建有城门、角置炮台和钟鼓楼，城内商肆旅社齐全，城外有护城河、荷花湾等水系环绕相连。至今保留着唐代的大觉寺、海丰塔、宋代的古城墙、明代的县衙大堂、清代的吴式芬故居等历史人文遗迹。汇集鲁北地区多元建筑风格，融合齐文化、燕文化、河文化、海文化等多种文化及宗教、民俗风情，是鲁北和天津以南广大地区历史文化风貌的典型代表，具有“观一城则窥鲁北全貌”之誉，极具文化旅游开发价值。

2010年10月，县委、县政府做出“挖掘宣传吴式芬，促进无棣大繁荣”的决策部署，提出“一年打基础、两年现雏形、五年大繁荣”的总体目标。整个古城总面积3.1平方公里，分为历史文化旅游区、景观风貌休闲区、生态园林居住区和综合商贸服务

无棣古城　　（摄影　刘长雨）

区4个功能区。无棣古城历尽沧桑、几经变迁，已成为鲁北现存较为完整的一座明清时期中国古代县城的原型。2014年12月，无棣古城旅游景区被评为国家AAAA级旅游景区。

【黄河三角洲生态文化旅游岛】 国家AAAA级旅游景区，位于山东省无棣县东北部，濒临渤海，占地25.9平方公里。系黄河故道，大禹疏通九河入海处，地理区位优势明显，交通便利。由秦口河和套儿河环抱而成，四面环水，水域辽阔、绿树成荫、红毯飞鹭，海洋性气候，常年温度适宜，保存有山东北部最完整的生态湿地系统。经过多年的开发建设，打造成宜居、宜游、易创、易梦的养生和旅游胜地。

景区建有高档游客中心、接待中心，客运索道、客运码头，配备专门交通游览工具、巡逻保安、导览导游、厕所、商店等，有百果园、红海滩、科普馆、绿林氧吧、柽柳仙踪、苇海潮音、水上观光、蒙古草原、骑马射箭、亲子乐园、户外拓展等精品景点18处，集知识性、趣味性、观赏性、体验性、娱乐性、运动于一体，吃、住、行、游、购、娱、文一条龙服务。景区推出生态观光游、农林科普游和休闲体验游3条旅游精品线路和绿色采摘、环岛骑行和露营篝火三大旅游活动。

大觉寺　　（摄影　刘长雨）

【大觉寺景区】 国家AAA级旅游景区，省级文物保护单位。大觉寺本名“普照寺”，寺中浮屠“海丰塔”，原名“普照寺舍利宝塔”，唐贞观十三年（639）建。唐开元年间（713—741），普照寺易名开元寺。明初，无棣改名为海丰县，“普照寺”又改称“大觉寺”，塔遂有“大觉寺塔、海丰塔”之名，沿用至今。大觉寺与海丰塔自创建，历五代、宋元兴废，明清相继重建、修葺，寺内殿宇宏丽，松柏翠映，碑石林立，文风盎然。光绪三十一年（1905），知县杨增辉将大觉寺部分建筑改建成清代高等小学堂。1957年，海丰塔难于修补，夷平封基保护。西为吴式芬故居，北隔荷花湾与文庙学宫相望，东北临白衣庵，其“丛林塔影”为无棣旧八景之首。

大觉寺与海丰塔是鲁北灿烂文化的重要标志。1992年，恢复重建海丰塔。新塔位于原塔址北50米，由无棣乡贤、国家设计大师、人民大会堂总建筑师张镈义务设计，塔高45米，按八角十三级楼阁砖塔结构复原规模。2006年，恢复建设大雄宝殿、天王殿、东西偏殿等建筑，修葺原大觉寺三排旧殿。大觉寺占地60多亩，寺内新殿建筑与旧殿建筑，新塔与旧塔基，和谐统一、浑然一体；30余尊纯铜佛像和红木框架紫铜浮雕屏风“功德榜”及大型青石瑞兽麒麟、石雕“九龙壁”，工艺精湛，造型精美；造型质朴的太湖石点缀于菩提树、银杏树、樱花、玉兰、海棠、紫薇等名贵树木之间，增添了大觉寺的游览观赏价值。是一处有较高历史价值和独特艺术价值，更有着丰富人文内涵的佛教文化圣地和旅游胜地。

黄河岛　　（摄影　邵跃山）

【吴式芬故居】 国家AAA级旅游景区，省级文物保护单位。位于无棣县古城南门里，大觉寺西200米，占

吴式芬故居　　（摄影　刘长雨）

地7000平方米。故居建筑格局上既具有明清时代官宦府第的宏伟气势，又有官居园林建筑艺术情趣之美，是明清官宦府第古建筑艺术中的典型代表。有吴式芬纪念馆、宝砚堂、尚书第、陶嘉书屋、双虞壶斋、听雨轩等建筑。清代吴氏家族，以人文鼎盛称著齐鲁，有“进士世家”“尚书门第”“九世朝臣”之称，享有“四省承宣三掌节钺，九封光禄两列史晟”之美誉，其文化底蕴，社会影响广泛，被视为清朝三百年历史的缩影。清代内阁学士吴式芬是近代著名的金石学家，著有《捃古录》《捃古录金文》《封泥考略》等多部巨著。吴式芬以其金石学的百卷名著，填补封泥研究空白的丰硕成果，成为吴氏家族杰出代表。

【碣石山旅游风景区】　国家AAA级旅游景区，位于无棣县城北30公里处的碣石山镇境内。海拔63.4米，方圆0.39平方公里，为省级地质遗迹自然保护区。形成于73万年前新生代第四纪更新世，属于中心式喷发形成的火山锥状地形，是国内罕见的第四纪火山中最为年轻的一座火山，也是鲁北平原唯一的山体，被誉为“京南第一山”。碣石山位于黄河故道入海口，又被称为黄河故道的“古化石”，对于揭示鲁北平原、黄河三角洲的环境演变过程，追溯近代人类活动踪迹及火山岩科研教学均有着不可替代的作用和独特的人文地理意义。经专家多年考释，确认无棣县碣石山镇碣石山即为《尚书·禹贡》等史籍记载的碣石山，是禹疏九河，秦皇、汉武东巡，曹操东临的历史名山、文化名山。2001年9月15日，经省人民政府批准，马谷山复名碣石山。著名历史学家安作璋教授认为，碣石山复名“破解了学术界包括我在内多年的疑惑与成见，同时也给无棣争得了一个千古名山胜地”。

【千年古桑园】　国家AAA级旅游景区，位于无棣县车王镇崔王孟村南，占地近300亩，园内现存古桑树近200株，成年桑树1000余株，可年产鲜桑葚果3万公斤，桑树群中最大的树高9.5米，胸径0.7米，主干高1.7米，冠幅东西14.5米，南北13.5米，遮阴达250多平方米，每棵树可产桑椹1000多斤。这片古桑在大禹治水时九河之一的马颊河新旧河道之间，是典型的黄河故道植物遗存。历尽千年沧桑的古桑，虽饱经风霜雪雨，却生机盎然，成为黄河变迁的最好见证。2012年以来，无棣县累计投资2000余万元，为古桑林配套停车场、步游路、木栈道、廊架、茶坊、客房、观景台、保全庙等设施，打造景点30余处，引进超市、餐饮、游乐等服务项目，建成集观光采摘、文化体验、休闲度假等功能为一体的旅游景区，园区先后获评国家AAA级景区、全国四星级休闲与乡村旅游企业、山东省休闲农业与乡村旅游示范点、山东黄河三

碣石山　　（供稿　县旅游局）

千年古桑园　　（供稿　县旅游局）

角洲农业风情游示范点、滨州市四星级农家乐称号，并纳入全国农业与乡村旅游十大精品路线。每年5月下旬至6月上旬桑葚成熟期间，举办千年古桑旅游文化节，每年除举办大型文艺晚会外，还举办扑克比赛、象棋比赛、钓鱼比赛、广场舞大赛等文化活动，年吸引游客20万人次。

【五营清真文化旅游区】 2015年12月被评为国家AAA级旅游景区。位于车王镇北部，依托五营社区六个民族村进行建设，旅游区内有回族群众4000余人，是无棣县最大的回族聚集区。境内有无棣县第一个党支部革命业绩陈列馆、五营清真寺、古槐、古陨石等历史文化景点。

【山东鑫嘉源景区】 山东鑫嘉源生态农业示范园区成立于2012年12月，占地面积3000亩。以发展高效生态循环农业和休闲观光农业为主，是集粮食果蔬种植、特色植物展示、生态休闲旅游、绿色会议餐饮等多功能为一体的现代农业科技示范基地和高品质生态绿色食品产业中心，是滨州市重点农业示范园区、市级农业产业化重点龙头企业、市级现代科技农业示范园、市级“农家乐”旅游基地、全国青少年科普示范基地、国家AAA级景区、全国休闲农业与乡村旅游4星级企业（园区），2017年获得滨州市青年文明号。

园区主要景观有，景观主大门、生态餐厅、蒙古包、生态农产品展示中心、游客接待中心、会员服务接待中心、儿童乐园、24栋冬暖式蔬菜大棚、57栋日光蔬菜拱棚、水上科普馆、食用菌生产线、小米河游船观光码头平台1处。

2017年国庆节前后1个多月的时间，开展“田园创作国际展活动”，邀请美国、俄罗斯、德国、英国、苏格兰、塞尔维亚、韩国、朝鲜、中国9个国家19名艺术家进行创作，创作出具鑫嘉源特色的艺术品21座，丰富了鑫嘉源旅游景观，鑫嘉源知名度大大提升。

2017年无棣县A级景区一览表

表67

景区名称	获得称号	颁发时间
黄河三角洲生态文化旅游岛	国家AAAA级旅游景区	2014年4月
无棣古城旅游景区	国家AAAA级旅游景区	2014年12月
滨州无棣碣石山旅游风景区	国家AAA级旅游景区	2009年8月
滨州无棣大觉寺景区	国家AAA级旅游景区	2009年8月
滨州无棣千年古桑园	国家AAA级旅游景区	2012年12月
吴式芬故居	国家AAA级旅游景区	2013年12月
五营清真文化旅游区	国家AAA级旅游景区	2015年12月
山东鑫嘉源景区	国家AAA级旅游景区	2016年12月
秦河人家（北方沙家浜）	国家AA级旅游景区	2015年12月

续表 67

景区名称	获得称号	颁发时间
信阳魏王豹墓景区	国家 AA 级旅游景区	2016 年 12 月
滨州贝壳堤岛生态旅游景区	首批省级原生态旅游景区	2014 年 10 月

2017 年无棣县星级饭店一览表

表 68

单位名称	称号	地址
无棣富豪大酒店	三星级	无棣县北环路 60 号
无棣海顿餐饮有限公司	三星级	埕口镇冯家庄村

2017 年无棣县旅行社一览表

表 69

名称	地址
无棣旅行社有限公司	无棣县棣新一路 382 号无棣县宾馆院内
无棣天马旅行社	无棣县中心大街 123 号（老广场对面）
无棣青年旅行社	无棣县棣新四路 53 号质监局对面
无棣昆圣旅行社有限公司	无棣县中心大街 123 号（老广场对面）
无棣县七彩旅行社有限公司	无棣县古城江南金街大觉寺对面真味堂

节庆活动

【第二届滨州市特色旅游商品展评会暨无棣“五一”文化旅游休闲会】 2017 年 4 月 29 日，第二届滨州市特色旅游商品展评会既无棣“五一”文化旅游休闲会在无棣古城举办。展会为期 3 天，共设特装展厅 30 个，标准展位 200 余个，分为工艺美术品展示交流区、无棣非遗产品及其他特色工艺美术品展示区和滨州市旅游商品展示区等。此次旅游商品展主要包括滨州市旅游商品展评、工艺美术品展览、旅游商品研发培训讲座、滨州市十佳旅游商品评选等活动。开幕式当天，吸引了当地及天津市、河北省等地数以万计的游客。

【第六届中国·无棣千年古桑旅游文化节】 2017 年 5 月 20 日至 22 日，第六届中国·无棣千年古桑旅游文化节在无棣千年古桑园举办。活动期间，举行无棣旗袍协会旗袍秀、车王镇村民广场舞大赛、中小学教育专场演出等。游园采摘期间，游客在景区茶社，通过观看文字、图片、实物，进一步了解和感受蚕桑文化。通过亲身体验桑茶制作，熟悉桑产品加工流程。园

2017 年 4 月 29 日至 5 月 1 日，“五一”系列活动在无棣古城举办

（供稿　县文化馆）

内有3处农家乐供游客餐饮、住宿，品尝“桑园人家”全桑宴、清真宴。古桑节期间，旅游商品企业进行商品展出，供游客开心游园，快乐购物。

【碣石山文化旅游休闲汇】 2017年5月20日上午，碣石山文化旅游休闲汇开幕。开幕式上，举行无棣县第三届广场舞大赛，全县11个镇街均派出代表队参赛。活动期间还安排了摄影大赛、旗袍秀、足球赛、全县锣鼓大赛、业余歌手大赛、绿色骑行大赛、省吕剧团演出、碧霞元君寿诞庆典等一系列活动。

【山东无棣鑫嘉源“田园国际音乐节”】 2017年10月4日至5日，山东无棣鑫嘉源迎双节“田园国际音乐节”举行，来自俄国、塞尔维亚、美国、英国、南非等9个国家的30余名国际名媛在鑫嘉源一展风采，并与数千名游客互动，尽享田园乐趣。无棣鑫嘉源农业示范园位于山东省无棣县水湾镇政府驻地东侧，是全国休闲农业和乡村旅游四星级示范企业，国家3A景区。

2017年9月24日晚，“喜迎十九大·中秋庆团圆”诗文咏诵会在无棣古城东城门举办 （供稿 县文化馆）

【《荷风筝韵》音乐会】 2017年7月7日，《荷风筝韵》音乐会在无棣古城荷花湾景区举办。音乐会分《山水令》《竹枝词》《同心曲》《梦之声》四个乐章，主要曲目有古筝名曲《渔舟唱晚》《高山流水》《云水禅心》《青城山下白素贞》《女儿情》《枉凝眉》《红颜劫》《爱我中华》，古筝名曲联奏、二胡独奏《战马奔腾》，箫独奏《大漠孤烟直》等。

【“喜迎十九大·中秋庆团圆”诗文咏诵会】 2017年9月24日晚，在无棣古城东城门举办“喜迎十九大·中秋庆团圆”诗文咏诵会。咏诵会汇聚省内多名朗诵艺术家，李敏、王乐斌、侯波、王勇等名家纷纷登场，朗诵了《水调歌头·明月几时有》《沁园春·长沙》等诗篇。

（徐红霞 王忠民）

2017年10月4日至5日，无棣鑫嘉源田园国际音乐节举行（摄影 高士东）

古城管理

【概况】 无棣古城文化旅游区为AAAA级景区，规划面积3.1平方公里，涉及景观、水利、古建、道路和基础设施五个方面，以十字街为主轴，分为四个片区建设。其中，西北片区，打造以古客栈文化为主题的休闲旅店区；东北片区，打造以观光休闲为主题的文化旅游区；东南片区，打造以美食文化、养生文化、国医文化为主题的商业区；西南片区，打造以古迹恢复为主题的古迹名胜区。2017年，核心区全面完工并对外开放。

【古城建设】 2017年，无棣县根据古城建设和运营实际，优化调整游

2017年“十一”期间南城门开城仪式　（供稿　门连信）

客服务中心及老城十字街项目设计。进一步完善古城片区业态开发及商业模式提升策划方案。对展览馆、西城门外停车场进行规划设计。完善张映汉故居、杨公祠、县衙、博物馆、大觉寺东扩、文庙等项目配套工程，推进国医堂、棣州大剧院、古城商业街项目、文化市场项目、美食商业街项目等续建项目建设。充分利用春季绿化良好时机，对荷花湾景区进行管理养护，提升整体绿化效果；对冯安邦故居、杨公祠等核心区古建院内以及古城道路进行绿化补植完善。

【古城运营管理】　2017年，景区监控数据与省级平台有效对接，发挥产业运行监测与应急指挥平台在旅游产业监测、宣传推广及大数据分析等方面的作用。设立无棣古城红十字救护站，为景区的游客提供紧急救护保障。成立无棣古城文化研究会、李之仪诗词文化研究会，建立李之仪纪念馆，西园雅集馆。建设“研学基地”，创建雕版印刷、线装书手工制作基地、红十字会生命健康安全体验基地、中华诗词采风创作基地和爱国主义教育基地。传承“庙会文化”，挖掘凸显古城旅游民俗元素。以大觉寺、城隍庙、文庙为依托，打造成庙会文化第一城。开发“文创产品”，依托古城的历史人文资源，开发古城文创产品。

举办2017春节、元宵节旅游文化休闲汇，第二届滨州市特色旅游商品展评会暨无棣五一文化旅游休闲汇、古城端午节民俗文化旅游休闲汇、“小手拉大手，文明游古城”、无棣古城2017清明诗会、无棣古城“十一”文化旅游休闲汇、“游古城·诵经典·感受传统文化”以及“我们的节日”等活动。2017年“十一”期间组织南城门无棣春秋开城仪式、书画展等文化活动，布展吴重熹与中国红十字会纪念馆展厅，吴式芬故居进士厅及南北厢房鲁北刺绣展，陶嘉书屋线装书品读体验等活动。

（门连信）

【无棣县陶家书屋线装书博物馆正式开放】　2017年5月1日，山东省首家线装书博物馆——无棣县陶家书屋线装书博物馆正式开放。该博物馆建设在无棣县城吴式芬故居，以陈列展览古籍图书为重点，按照规范的传统线装书技艺制作线装书2000余册，涵盖国学、人文、书画、历史、四书五经、滨州文献集成等方面内容。该博物馆通过互联网技术，实现线装书籍网上查阅，让人们足不出户就能博览群书。

（王春海）

2017年5月1日，山东省首家线装书博物馆——无棣县陶家书屋线装书博物馆正式开放　（摄影　高士东）

卫生和计划生育

综　述

【概况】　2017年，无棣县卫生计生局围绕卫生计生工作要点，创新实施“1+1+6”工作机制，即：围绕“健康无棣”建设1个中心，突出综合医改1个关键，全面推进6项工作重难点，推动全县卫生与健康事业全面发展。调整医改、中医药、健康产业等专项工作领导小组，成立县级公立医院管理委员会，在县卫生计生局设立“医改办”“医管办”“健康产业办”，增强工作协调推进力度。县政府划拨土地42公顷用于县中心医院、妇保院、健康产业园及中医药文化养生园建设，县财政投入卫生计生经费2600万元，拨付医改资金2000万元，用于县人民医院、县中医院政策性亏损等补偿，拨付医共体建设专项资金500万元用于远程设备购置、标准化建设等。顺利通过省级卫生县城复审验收，海丰街道社区卫生服务中心被命名为全国优质服务示范社区卫生服务中心，信阳、水湾被命名为全国群众满意的乡镇卫生院，县计划生育妇幼保健服务中心被命名为全国巾帼文明岗，车王镇中心卫生院被评为全省卫生计生工作先进单位。至2017年底，全县有医疗卫生机构28个，编制床位1692个，实有床位1828个，卫生技术人员1898人，其中：执业医师688人，执业助理医师152人，注册护士765人。2017年诊疗1497887人次，入院66622人次。

2017年无棣县医疗卫生机构基本情况统计表

表70

名称	编制床位数（张）	实有床位数（张）	执业医师（人）	执业助理医师（人）	注册护士（人）	药剂人员（人）	检验人员（人）
无棣县人民医院	600	731	300	2	344	33	18
无棣县中医医院	245	245	101	6	112	15	7
鲁北高新技术开发区人民医院	99	99	28	3	26	3	4
无棣县结核病防治所	10	10	5	1	4	1	—
无棣县疾病预防控制中心	—	—	5	3	—	—	4
无棣县计划生育妇幼保健服务中心	8	8	13	3	17	3	4
无棣县棣丰街道社区卫生服务中心	40	40	17	8	10	1	—
无棣县海丰街道社区卫生服务中心	50	50	21	14	42	3	2
无棣县碣石山镇卫生院	60	60	28	6	11	3	1
无棣县车王镇中心卫生院	60	60	31	15	27	2	—
无棣县小泊头镇卫生院	50	50	11	10	17	2	1
无棣县水湾中心卫生院	60	60	18	19	22	4	2
无棣县佘家镇中心卫生院	40	40	21	17	18	—	2
无棣县信阳镇卫生院	50	50	20	17	17	1	2
无棣县西小王镇卫生院	40	40	7	4	6	—	3

续表 70

名称	编制床位数（张）	实有床位数（张）	执业医师（人）	执业助理医师（人）	注册护士（人）	药剂人员（人）	检验人员（人）
无棣县柳堡镇卫生院	60	60	9	12	16	1	1
无棣县埕口镇卫生院	40	40	9	10	10	2	1
无棣爱心医院	20	20	5	—	6	—	—
无棣安康医院	50	50	11	1	23	6	1
无棣和谐医院	20	25	5	1	8	1	1
无棣县冯铺医院	30	30	4	—	8	1	1
无棣棣州医院	20	20	11	—	8	1	—
无棣棣城医院	20	20	4	—	5	3	2
无棣黄河医院	20	20	4	—	8	1	1
无棣杜氏口腔门诊部	12	12	7	—	5	—	—
无棣万寿堂医院	20	20	6	—	6	1	1
无棣协和医院	40	25	4	2	6	1	—
无棣民族医院	20	20	7	—	5	—	1
合 计	1692	1828	688	152	765	87	58

【医药卫生体制综合改革】 2017年，无棣县制定出台《关于进一步深化公立医院综合改革的意见》，改革人事薪酬机制，实施院长封顶年薪制，制定《无棣县医疗服务共同体建设实施方案》，根据15项重点医改任务制定实施15项配套文件制度，大力推进全市县域医共体试点工作。医共体运行以来，县级医生下基层医院诊疗15600人次，手术31台，节约费用186.7万元，为群众减负80.7万元，节约医保基金106万元。

2017年9月15日，省卫计委调研组到无棣县调研医疗卫生体制综合改革
（摄影　李胜芳）

完善资源整合运行机制。成立医共体理事会，作为医共体的决策机构。县人民医院、县中医院分别组建理事会，院长年薪落实基础工资30%、职能工资40%、绩效工资30%的“343封顶年薪制”，建立完善医共体内一体化绩效考核办法。成立检验、影像、心电、消毒供应、药品配送、健康管理“六大中心”，促进优质资源有效整合，形成统一责任主体。在县级牵头医院和成员医院分别建立“远程

会诊中心”和“远程会诊室”，推进医学检查、病例材料互联，视频会诊互通，完成远程会诊医共体内全覆盖任务，共落实远程会诊295例，传送心电、影像等医学检查1700余例。

改革医保支付政策。推行医保支付政策改革将医生、医院、患者、医疗保险等多方利益统一起来，让老百姓得实惠。县医共体建设的医保改革主要是实行按参保人头总额预付包干、结余留用、超支不补的医保支付政策。结余资金由医共体成员单位合理使用，超支部分由医共体牵头单位承担，充分调动医院主动控费的积极性。年度医保费用总额由医共体自负盈亏，倒逼医院做好预防保健，尽量少生病、少住院，提高能力建设，吸引老百姓选择县内就医。

推进优质医疗资源下沉。县人民医院、县中医院每周二、周四分别安排2至3名骨干医生到各基层成员医院进行医疗技术帮扶，开展日常执诊与带教和业务培训等工作。针对其在基层医院的门诊诊疗、收治住院、手术治疗等工作量及相应收入建立专门台账，以劳计酬，确保下沉医生工资收入不低于或高于同等岗位其他人员。同时，把县级医生下沉基层的工作情况与本人的绩效工资分配相挂钩，逐步建立科学的内部利益分配机制。

实施家庭医生签约服务。成立“8+1+1”（县人民医院重点科室医生8名+成员医院医生1名+村医1名）和“3+1+1”（县中医重点科室医生3名+成员医院医生1名+村医1名）模式的家庭医生签约服务团队共46个。服务团队为签约居民进行健康讲座、全面体检并建立健康管理档案，深入讲解签约协议，让群众自愿选择基础和初、中、高级四个等级服务包的服务项目，提供个性化服务，落实免挂号费，优先预约专家就诊、优先辅助检查、优先安排住院等“一免三优先”政策。全县家庭医生签约达16.2万余人，其中重点人群签约10.8万人次，完成省下达2017年指标。

医疗卫生

【卫生服务体系建设】 **硬件设施建设。**2017年，无棣县在全面推进基层卫生机构达标建设基础上，加快县中心医院、县人民医院内科病房楼、县中医院康复理疗楼等重点项目建设。新建县妇幼保健院项目争取国家发改资金1400万元到位。投资2200余万元，购置无痛胃肠镜、大型磁共振等先进仪器设备47件套。全县医疗机构床位1828张，经申请，县人民医院、县中医院2017年分别新增床位200张、105张。

人才保障。以“四级培训”为基础加强医疗队伍建设，聘请北京、济南30余位名院名医定期到无棣坐诊、带教，集中培训2次，参训400人次，派出53人到上级医院进修深造。组织市中医确有专长考试。为村计生专职主任赋予健康促进职能，通过重新竞争上岗过渡为村计生卫生主任，相应落实公共卫生薪酬待遇，增强基层健康服务力量。

民营医院管理。按照《医疗机构设置规划》合理配置医疗资源，严格执行民营医院审批标准。至2017年底，全县有民营机构10家，病床占全县的15%。县卫生计生部门加强业务指导，每季度对民营医院依法执业、院感管理、医疗质量、安全生产等工作进行监督检查，保证民营医院健康有序发展。

【中医药工作】 无棣县中医药工作，自2015年基层每年平均门诊量增加40%，中医药收入增长33%。2017年3月、11月，先后通过全国基层中医药工作先进单位省级评审和国家评审。

组织保障。无棣县把中医药事业纳入政府工作重点与经济社会发展总体规划，编制《无棣县中医药工作

2017年3月11日，无棣县举办首届国医名家学术经验继承拜师仪式

（摄影　李胜芳）

"十三五"发展规划》，建立中医药发展协调机制及相关部门联席会议制度，确定创建全国基层中医药工作先进单位目标，成立由县政府常务副县长任组长、相关部门共同参与的领导小组，制定方案明确目标任务，落实人员与责任。县财政逐年加大中医药事业政府财政投入，保障工作开展。

国医堂建设水平提升。2017年，无棣县把国医堂建设作为中医药基层网络建设的关键点，实现县直及11处基层医疗机构国医堂全覆盖。其中，水湾镇、碣石山镇、佘家镇国医堂达1000平方米，县政府"交钥匙工程"古城国医堂达4500平方米。国医堂内部设计突出中医药文化建设，室外种植观赏性中药材，营造浓厚的中医诊疗氛围。

人才提升工程。无棣县公开招聘39名中医专业大学毕业生并选聘民间中医师33人充实到各处国医堂，组织人员参加省市中医师承和传统医学确有专长考试，3年内共计110人通过考试，占全市43%，其中14人取得执业资格。先后邀请国家和省市中医专家举办培训班28次，参训人员3600余人次，全县131名中医人员在济南加明学院接受全省第一届乡村医生中适宜技术推广班培训。成立中医药适宜技术专家组大力推广中医适宜技术，举办中医学术继承拜师仪式2次。

中草药文化氛围营造。制定印发《无棣县中医药文化建设实施方案》，规范和加强中医药文化建设。为各医院购买中医技术指导书籍400余套，每月编印《无棣县中医药报》《治未病》，制作《中医验方集》。宣传《中华人民共和国中医法》，在各镇街、各村建设中医药文化一条街10处，文化广场106个，通过建立中医QQ群、中医微信群，开展中医养生电视讲座、发放宣传材料等形式进行宣传。

中医药工作多元化发展。中医药与健康管理相融合。以慢性病管理为重点，探索融入健康文化、健康管理和家庭医生签约服务的中医健康保障模式。开展中医体质辨识服务，为3.4万名老年人、妇女、儿童等重点人群开展中医药保健与健康指导服务。

中医药与农业相融合。在佘家镇建立规模性中草药种植基地4个，逐步向车王、信阳、海丰等镇街扩展，种植面积突破2667公顷，群众每亩中草药收入3000元以上。中药材种植、加工、销售完整链条不断完善。中医药与旅游相融合。千年古桑园景区被命名为"山东省中医药健康旅游示范基地"，古城景区占地13公顷投资2亿元的中医药文化养生园项目完成规划，2018年将逐步建成并向社会开放。

【健康扶贫工作】 2017年，无棣县将新增的137人纳入服务范围，大病集中救治一批、慢性病签约服务管理一批、重病兜底保障一批等"三个一批"全面落实。县人民医院、县中医院对扶贫救治对象起付线以上，目录内群众自付部分，2000元以下的全部减免，2000元以上的再按一定比例给予报销，乡镇住院的，国医堂治疗康复项目全部纳入"全报销"范围，并给予200元起付线全免。2017年8月底已完成2017年全年任务。

公共卫生

【概况】 2017年，无棣县承担基本公共卫生服务工作的单位有：县卫计局项目办公室及相关股室、疾控中心、计生妇保中心、结核病防治所、中医院和全县9处镇卫生院、2处社区卫生服务中心、153所一体化村卫生室。无棣县认真贯彻执行基本公共卫生服务和疾病预防控制相关规定和要求，经费全部拨付到位，项目有效开展，疾病防控能力增强，荣获全市2017年综合考核第1名。

【服务体系建设】 无棣县成立公共卫生领导小组，制定实施方案，建立功能完善，职责明确，制度健全，办公设备齐全的县、镇（街道）、村三级基本公共卫生服务体系。成立公共卫生服务团队，规范服务流程，强化人员管理，细化目标任务，做到职责明确，任务清楚。根据绩效考核办法，每季度对各项目单位的工作进展和资金使用情况进行督导和绩效考核，现场查阅资料，随机抽取档案，查看信息录入规范性，核实电话真实性，表格填报完整性。对发现的问题，现场指导，及时解决。对每季度考核名次滞后的单位，进行约谈和重点督导，对项目进展效果差的，群众不满意的单位进行项目资金的处罚，全县通报，有效促进项目工作开展。

【健康档案规范管理】 无棣县为辖区常住人口建立统一、规范的居民健康档案，实行信息化管理。2017年，全县累计建立规范电子档案358678份，建档率达88.85%；举办健康教育讲座1032次，发放健康资料134种30余万份；对65岁及以上老年人健康管理34680人，管理率65.18%；儿童接种国家免疫规划疫苗建证、建卡率达100%；高血压患者健康管理率41.51%，Ⅱ型糖尿病患者健康管理率36.45%；重性精神障碍患者健康管理1806人，规范管理1445人，规范管理率80.01%；传染病疫情和

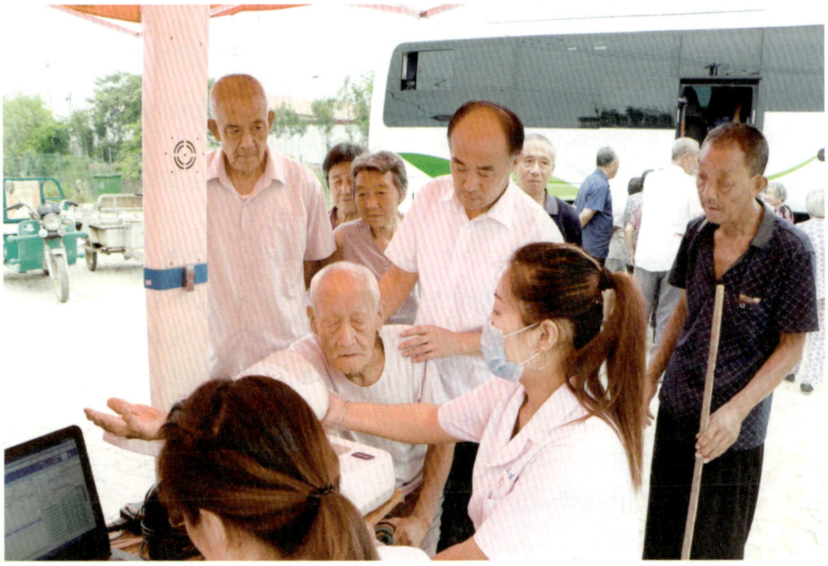

县公共服务团队下基层为65岁以上老年人开展健康查体（摄影　李胜芳）

突发公共卫生事件报告率、及时率为100%。

【出生缺陷综合防治】　2017年，无棣县实施出生缺陷三级预防，免费婚检1455对，婚检率85%，免费孕前优生健康检查检查8522人，目标人群覆盖率121.7%，新生儿四种遗传代谢性疾病筛查率101.7%、听力筛查率100%，全县孕产妇系统管理率95.5%，3岁以下儿童系统管理率92.97%。6月30日，召开全县免费产前筛查工作会议，县卫计局、财政局联合印发《免费产前筛查工作方案》。7月1日开始，全县免费产前筛查4762人，筛查率74%。与省妇幼保健院合作开设二胎优生门诊，为群众提供优生优育指导、高危孕产妇排查、不孕不育症诊治3600余人次。

【传染病综合防治】　2017年，无棣县结核病防治所门诊登记病人890人，发现结核病人179人，其中初治病人141人，复治病人15人，胸膜炎23人。采取现场督导和电话督导相结合的方式对全县结核病人进行督导访视，累计督导24次，及时掌握患者服药、复查等基本情况，病人治管率95%以上。加强疫情监测，1-12月份追踪网报患者230例，追踪率达100%，到位率98%以上。利用“3·24”结核病防治日开展结防知识宣传周活动，提供咨询、义诊200多人次；发放宣传单、宣传册20000多份，发放宣传礼品400多份，吸纳“百千万”志愿者135人。

【爱国卫生工作】　2017年，无棣县以治理环境卫生、促进全民文明卫生行为、增强群众防病意识为重点，动员全社会和广大群众参与“我行动、我健康”健康山东行动，结合农村公共卫生服务工作开展，采取多种形式普及疾病预防和卫生保健知识，引导和帮助群众养成良好卫生习惯。印制宣传彩页、漫画健康宣传册、宣传彩扇6000余份，“健康山东行动”宣传品2000余套。与农村环境综合整治有机结合，在环境整治村庄设立健康教育专栏，定期开展季节性疾病防控等健康知识宣传。4月，县爱卫办开展以“为了人民的健康——65年的历史与展望”为主题的第29个爱国卫生月活动。

开展病媒生物防制。组织实施春冬季灭鼠工作，根据县爱卫会《关于切实做好2017年集中灭鼠工作的通知》要求，分别于4月、12月进行全县集中灭鼠，购买灭鼠毒饵（膨化料）14吨、德国进口蜡块压缩毒饵150公斤。按照灭鼠工作要领，对县城区及乡镇、街道进行毒饵集中投放，投饵到位率96%以上。开展夏秋季蚊蝇消杀。县爱卫会印发文件，采购室内、

公共卫生知识宣传普及活动　（摄影　李胜芳）

室外及公共场所三类消杀药品4000公斤。采取室内户家喷洒、县直各单位对室外环境进行消杀、公共场所由爱卫办组织专业消杀的方式，对县城进行灭蚊灭蝇全面消杀。对重点部位根据实际情况及时增加消杀次数，使蚊蝇密度维持在最低水平。成立专业消杀队，培训消杀人员，安排消杀车，新购置3台电动喷雾器，新式水箱，自6月下旬开始每日对新、老城区主干道、广场、公共绿化带、长途汽车站、居民小区进行消杀，重点做好农贸市场、垃圾中转站、建筑工地、城乡结合部、公厕、“五小”行业等蚊蝇类孳生地的清理。

计划生育工作

【两孩政策落实】 2017年，无棣县全面推行网上生育登记，优化再生育审批，简化办证程序，实行全程代办制和特殊情况个人承诺制，办理生育手册14830份，生育登记覆盖率95%以上，再生育审批办结及时率100%。加强出生人口监测预警，实行卫计、公安、民政等相关部门信息共享，完善信息通报制度，提高计划生育统计信息质量。

【出生人口性别比综合治理】 2017年，无棣县落实部门责任，强化责任追究，始终保持出生人口性别比综合治理高压态势。强化孕情随访服务，严格14周以上妊娠手术的审批，对不明原因孕情消失的严格落实追查制度。先后2次组织公安局、市场监督管理局、卫计局、食药监局等部门，联合对全县各医院、各药店和其他B超持有机构的B超使用和管理情况以及终止妊娠药品销售使用情况进行集中检查，与各单位主要负责人签订责任书。针对跨区域“两非”案件，加强与周边县区协作，做到信息共享、线索互通、案件共查。查办打击“两非”案件4起，超额完成市下达任务。

【流动人口计生服务均等化落实】 2017年，无棣县全面落实“全覆盖、同待遇、共享受、促融合”的流动人口基本公共服务均等化要求，对流入的育龄群众全部落实“新无棣人”待遇。建立完善全县流动人口全员化管理系统，并根据每月清理核实进行动态管理。推进人口计生信息化建设，全面实施流动人口健康关爱活动，从根本上解决城区计生服务管理不到位问题。与18个县市区签订《流动人口区域协作协议书》，全年有1379名新流出育龄妇女全部落实“双向”管理。

【妇幼健康服务能力提升】 2017年，无棣县卫生计生局聘请山东省中医药大学附属医院小儿推拿专家举办基层卫生计生人员培训班2次，县计生妇保中心结合“两癌”筛查工作下基层为育龄妇女义诊15次，培训基层人员330人，服务群众2900余人次。筛查完成12500人，确诊乳腺癌18人，宫颈癌7人，宫颈癌前病变89人，落实“两癌”救助资金共20.3万元。国家规定项目的计划生育技术服务免费全部落实到位，共放置宫内节育器688例，摘取宫内节育器1284例，人工流产777例，无事故发生。创办母婴保健康复中心，服务群众1100余人次。2017年统计年度，全县孕产妇系统管理率95.5%，3岁以下儿童系统管理率92.97%，产后访视率95.5%以上。县计划生育妇幼保健服务中心被命名为全国“巾帼文明岗”。

【利益导向政策落实】 2017年，无棣县继续抓好“计生母亲助福行动”品牌项目，为贫困计生母亲发放项目扶持资金100万元。深化完善计划生育利益导向政策，先后印发《关于进一步做好计划生育特殊家庭扶助工作的实施意见》《关于建立完善城镇居民计划生育奖励扶助制度的实施意见》等文件，落实特殊家庭经济、精神支持和生活、养老、医疗等保障。2017年，为76名困难、破产企业独生子女父母落实一次养老补助68.43万元，为5418名农村奖励扶助人员落实奖扶资金520.128万元，为279个伤残、死亡等特别扶助对象落实特别扶助金155.04万元。

【计生协会工作】 2017年，无棣县推进“三定”“入序”工作，发挥计生协会职能，参与计生工作群众自治，推进优生优育进社区，开展流动人口服务年活动。参与计生利益导向政策完善，制定落实《关于开展失独家庭和伤残家庭住院护理补贴保险工作的意见》。全年走访慰问“失独”“伤残”等计生特困家庭155户，发放慰问救助金15.5万元。

无棣县人民医院

【概况】 无棣县人民医院新院区工作区总占地面积12.3万平方米，老院区工作区总占地面积3.06万平方米。2017年，全院完成门诊量431541人次，同比增加40153人次，增幅10.3%；收治住院病人34922人次；健康查体28906人次，同比增加10817人次，增幅59.8%；实际开放床位731张，床位使用率84.8%；开展手术6037台次；平均住院日6.3天，同比减少0.1天；综合药占比（不含中药饮片）29.8%，同比减少3.2%；百元医疗收入（不含药品收入）消耗的卫生材料19.8元，门诊次均费用及住院次均费用与上年基本持平。2017年，申报新技术项目开展50余项，包括髋关节镜技术、床旁连续性血液滤过技术（CRRT）、经内镜逆行胰胆管造影（ERCP）、3D打印技术在复杂骨折及脑出血治疗中的应用等。

2017年12月21日，清华大学“一带一路”考察团到无棣县人民医院调研（摄影　李政政）

【医疗改革】　2017年，无棣县人民医院成为滨州市首家公立医院改革试点医院。6月30日进行法人治理结构改革，组建理事会、监事会，审议、表决并通过理事会议事规则和院长、副院长人选议案。推进医疗共同体建设。2017年6月初，联合鲁北医院、海丰社区、棣丰社区、车王镇、碣石山镇、小泊头镇、埕口镇、水湾镇等八所镇卫生院（社区卫生服务中心）组建医共体，根据医疗服务能力，规模大小，特色优势在对口技术、双向转诊、人才培养等方面进行帮扶。成立医共体管理理事会。配合医共体运营，组建无棣县医学影像中心、无棣县医学病理中心和无棣县人民医院医共体远程心电中心、医学检验中心、药品耗材配送中心、消毒供应中心、财务核算中心以及远程医学会诊中心、健康管理中心等9个中心。远程医学会诊中心通过“屏对屏”实现上下级医院远程专家门诊、临床会诊、远程心电监测和远程健康指导等医疗服务，建立“小病在基层，大病进医院，康复回社区”的基层首诊、分级医疗、双向转诊、资源共享的城乡一体化的远程医疗服务机制。

【医疗护理质量管理】　2017年3月，无棣县人民医院组织医疗质量管理办法及十八项核心制度培训。落实医疗核心制度，出台《无棣县人民医院医疗质控考核指标奖惩暂行办法》，每月由质控员组成病案质量组、知情同意组、病例讨论组、医疗安全组及医嘱处方点评组进行质控检查，严格按照质控结果进行奖罚。严格管控抗菌药物使用率及药占比，抗菌药物使用率40%，全院住院药占比26%，全院综合药占比29.8%。对重点科室、重点环节等方面进行隐患排查，查找医疗隐患20余项，根据存在的问题重新修订制度、流程6项。加强住院大于30天病例及不良事件管理。开展“静脉留置针规范”“标本采集送检”“口服用药规范管理”“健康教育促进”质量提升月活动。建立以数据为前提，以敏感指标为导向的护理质量指标体系。全院护理单元共申报并开展18个品管圈主题。实施亲情护理，优质护理病房覆盖率100%。在健康教育、护理安全、护理文书等方面推行精细化护理。对2年内年轻护士进行基础理论和操作技能强化培训，机动护士按计划全年进行2次考试考核，对院级专科护士进行再培训考核。加强临床带教老师培养，提高临床护理带教老师及高年资护理人员的教学水平，组织举办临床护理教学技能竞赛。

2017年6月30日，县人民医院理事会成立大会召开　（摄影　李政政）

【医疗安全管理】 2017年，无棣县人民医院进行医疗安全教育及相关法律法规学习培训，严格落实各项医疗核心制度，杜绝医疗伤害，医疗纠纷逐渐减少，2017年未出现医疗安全事故及重大医疗纠纷。加强围手术管理，落实手术安全。“无手术标识不接病人，无三方核查不进行麻醉”。手术标示及安全核查率100%，正点手术率达95.38%。开展随访，解决病患关心的问题，减少投诉及纠纷。同时“三医联动”实施按病种付费，全面实施临床路径管理。

【重点学科建设及人才培养】 2017年，无棣县人民医院12个科室成为市级领先专科。选派优秀业务骨干到齐鲁医院、复旦大学附属中山儿童医院、解放军总医院（301医院）、北京阜外医院、宣武医院、协和医院、海军总医院、广安门医院等10余人进修学习。

【信息公开】 2017年，无棣县人民医院将医院基本信息、工作动态、办事流程公布在外网上，把医疗服务价格、收费信息在医院门诊大厅电子显示屏进行公示，在门诊、急诊、住院部及医技科室设置就诊流程图、服务项目、专家信息。利用医院宣传栏主动向医院职工公开医院“三重一大”情况，包括重大决策事项，人事干部任免、重大项目安排及大额度资金使用情况、基建项目招投标情况、大型设备购置情况、医院运营管理情况、领导班子建设和党风廉政建设情况等。

（李政政）

无棣县第二人民医院

【概况】 无棣县第二人民医院坐落于无棣县城北30公里的碣石山镇，医院占地总面积31000平方米，该院建于1958年，综合性一级甲等医院，无棣县医保、新农合定点医院。2017年，人员编制59人，核定床位99张。该院设有院办公室、财务科、公共卫生管理科、医务科、护理部、内科、外科、妇产科、国医堂等18个科室，拥有上海新黄浦DR、多功能呼吸机、除颤仪、心电监护仪、全自动生化分析仪、多导心电图机、高频电刀、生化分析仪等先进的医疗设备，救护车1辆，办公汽车2辆。

【医疗服务】 2017年，无棣县第二人民医院门诊33056人次，较2016年29682人次增加11%。收住院人数1274人、开展各型手术98余例，床位使用率60%、床位周转次数52次、出院与出院诊断符合率98.9%、手术前后诊断符合率100%、抢救危重病人数及抢救成功率92%、治愈率92%、好转率17.9%、病死率1.4%、无院内感染。全年业务收入305.2 万元，较2016年增长41.9%。

无棣县中医院

【概况】 无棣县中医院位于旧城区棣新一路，建筑面积1.5万平方米，是无棣县城镇职工、城镇居民医疗保险定点医疗机构。2017年，有床位245张，全年门、急诊病人211800人次，出院病人10794人次，完成手术2167台次，医院业务收入8892.2万元。病人平均住院日6.28天，床位使用率82.3%，次均住院费用4003.13元。医院药占比32.26%。

【医疗服务】 2017年，北京阜外、301等医院专家定期到无棣县中医院坐诊和指导，冠状动脉造影、支架植入等心血管介入治疗开展顺利，糖尿病基层巡回医疗专家定时到该院坐诊、查房。县第二人民医院组织多名医务人员分批次在阜外医院、解放军301总医院、省立医院等三甲医院进修学习，10余名临床工作人员接受规培。推行公立医院法人代表制，建立现代医院管理制度，成立理事会，依法行使重大事项决策权，成立监事会，负责对理事会或董事会、院长履职尽责情况进行监督。与信阳、柳堡、西小王、佘家4个镇卫生院组成医共体，县级医院医疗资源下沉，定期坐诊、查房，畅通双向转诊渠道，确保县域内患者就诊治疗率，医共体影像、心电、检验、药品耗材配送、洗消供应、核算等资源共享中心逐步建设完善。

鲁北高新技术开发区人民医院

【概况】 鲁北高新技术开发区人民医院（鲁北医院）位于山东省无棣县埕口镇鲁北生态工业园与鲁北大桥交界处，编制床位90张，现有职工75名。

【医疗服务】 2017年，鲁北高新技术开发区人民医院进一步健全、完善和规范规章制度，加强职工业务学习和培训，提高职工的道德素质和业务水平。成立“健康扶贫”工作领导小组，抽调医院相关科室的骨干力量，开展医疗救助帮扶活动。对健康扶贫对象进行实时跟踪，建立完善健康档案，搞好健康扶贫，完成对辖区内400多名育龄妇女的两癌筛查及健康指导工作。

（李胜芳　杨旻净）

体 育

综 述

【概况】 2017年，无棣县贯彻全民健身和健康中国两大战略，按照“突出重点，打造精品，深挖特色，寻求突破”总体要求，全县体育事业成绩显著，体育产业得到发展，竞技体育成绩优异，群众体育活动深入开展。2017年，无棣县体育局获2013—2016年度全国群众体育先进单位、市级文明单位、事业单位绩效考核A级单位等称号，在全县科学发展观综合考核中获第3名。

【体育社会组织建设】 2017年，无棣县、镇（街）、村（社区）三级体育社会组织建设不断加强。县级单项体育运动协会、俱乐部数量逐渐增多，实现镇街体育总会全覆盖，各村群众健身队伍不断壮大。全县体育社会组织数量达46个，会员总数超过5000人。社会体育指导员队伍建设不断发展，宣传健身知识，培养健康理念，6月，组织“健康无棣”大讲堂之“运动与健康”专题讲座，8月，组织“全民健身日”全民健身宣讲工作会议。

【体育基础设施建设】 2017年，无棣县全民健身活动中心项目建设积极推进。项目被列为2017年市、县重点建设项目、县“争一流、上水平”项目、县执政为民八件实事之一，累计完成投资1.1亿元，一期工程（体育场看台和罩棚）主体工程完工，

无棣全民健身中心体育场看台 （摄影 袁晓峰）

内外装饰装修工程完成过半；完成二期（游泳馆、体育馆）基础工程建设。

城区“15分钟健身圈”建设任务完成。作为市委、市政府重大决策部署项目，无棣县位列全市第3名。通过招标，为县城47个老旧居民小区配备健身器材150件，为清波烟雨健康公园配备健身器材21件，社区、公园健身设施明显改善。加强镇街文体广场健身器材配备，逐渐对农村健身广场提档升级。全县人均体育场地面积达到1.97平方米。

群众体育

【概况】 2017年，无棣县举办体育赛事活动80多次，参赛人数达万人。国庆期间，县武术运动协会组织的传统武术演武大会；乒乓球协会、羽毛球协会组织月赛，带动群众积极参与健身活动。组织开展老年体操、广场舞、太极拳、八段锦、全民健身运动会等系列活动，群众参与率60%以上。组织参加上级部门组织的各类群体赛事，取得较好成绩。通过参加山东省“百千万”比赛、黄河三角洲广场舞比赛、滨州市第七届全民健身运动会及第九届太极拳锦标赛等系列赛事，群众健身热情大大提高，健身方法更加科学合理，健身形式更加多元化。

【“县长杯”校园足球联赛暨篮球、乒乓球比赛】 2017年10月27日至28日，无棣县举办“县长杯”校园足球联赛暨篮球、乒乓球比赛。副县长高晓勇出席开幕式，并为足球比赛开球。开幕式上宣读《无棣县教育局关于表彰参加2017年滨州市第二届“向尚运动·市长杯”校园足球联赛优秀团体和个人的通报》，并为相

关学校、运动员、教练员颁奖。

【冬季休闲健身大会】 2017年12月，无棣县职工冬季休闲健身大会启动仪式暨第四届庆元旦“体彩杯”运动会在老区人民广场举行。运动会设置保龄球、足球射门、踢毽子、跳绳、迷你高尔夫、篮球投篮、飞镖、定向越野共8个比赛项目，有活力四射、快乐麻花等20支代表队参加。

县体育局专门印发《关于举办无棣县冬季休闲健身大会的通知》，并通过新闻媒体、网络平台和悬挂健身标语等方式进行健身主题宣传，动员、引导各级、各部门和社会力量在2018年元旦、春节、元宵节期间广泛组织开展主题突出、特色鲜明、贴近群众、方便参与的体育健身活动。

2017年传统武术演武大会 （摄影 赵宏涛）

竞技体育

【概况】 2017年，无棣县运动员在市以上竞技体育比赛中获得70.5枚金牌、30枚银牌、34枚铜牌。在第13届全国运动会上，肖棣等5名运动员参加摔跤、柔道、田径等3个竞技项目比赛，获得1枚金牌3枚铜牌。各青少年俱乐部为少年儿童搭建业余训练、强身健体的平台。金鼎健身俱乐部、小明星足球俱乐部、铁甲牛搏击俱乐部等积极参加市青少年比赛并取得优异成绩，成为培养体育后备人才的重要阵地。

【无棣县运动员在第十三届全运会上摘得1金3铜】 2017年8月27日至9月8日，第十三届全国运动会在天津市举行，无棣县肖棣、杨俊霞、杨立栓、张耀荣、关立山等5名运动员参加柔道、摔跤、田径三个竞技体育项目的比赛，摘得1金3铜。

肖棣在男子98公斤级古典摔跤决赛中以7 ：1的比分战胜新疆的选手阿里木江•阿不都热西提获得冠军，成为本届比赛中第一个实现卫冕的滨州队员。肖棣曾取得第十二届全运会同级别比赛冠军、仁川亚运会同级别比赛亚军、里约奥运会摔跤项目亚洲区资格赛同级别比赛冠军，曾参加过2016年里约奥运会。

杨俊霞、杨立栓、张耀荣分获柔道女子-63公斤级、柔道男子-60公斤级、田径4×400米接力第3名。杨俊霞参加过2016年里约奥运会，在第十二届全运会决赛中获得亚军；杨立栓在第十二届全运会中取得本级别比赛第3名；张耀荣在第十二届全运会上获得4×400米接力第2名。

2017年无棣籍运动员参加国际大赛成绩一览表

表71

项目	姓名	比赛名称		时间地点	成绩	教练	备注
柔道	杨俊霞	女子63公斤	世锦赛	9月 布达佩斯	第5名	刘宝峰	

2017年无棣籍运动员参加全国比赛成绩一览表

表72

项目	姓名	比赛名称	时间地点	级别	成绩	教练
摔跤	肖棣	锦标赛	4月15日西安	98公斤	第2名	王宝瑞

续表 72

项目	姓名	比赛名称	时间地点	级别	成绩	教练
摔跤	肖棣	全运会	9 月 5 日 天津	98 公斤	第 1 名	王宝瑞
田径	张耀荣	锦标赛	5 月 16 日济南	4×400 接力	第 3 名	潘希美
田径	张耀荣	冠军赛	6 月 25 日贵阳	4×400 接力	第 2 名	潘希美
田径	张耀荣	全运会	9 月 5 日天津	4×400 接力	第 3 名	潘希美
柔道	杨立栓	全运会	8 月 7 日天津	60 公斤	第 3 名	刘宝峰
柔道	杨俊霞	全运会	8 月 9 日天津	63 公斤	第 3 名	刘宝峰
柔道	杨俊霞	锦标赛	4 月 19 日怀化	63 公斤	第 1 名	刘宝峰

2017 年无棣县参加滨州市青少年运动会成绩一览表

表 73

乒乓球

项目	姓名	组别	成绩	教练员
乒乓球	张浩然	戊	第 1 名	李 伟 李 辉
乒乓球	冀艺东	戊	第 2 名	李 伟 李 辉
乒乓球	张凌雪	戊	第 3 名	李 伟 李 辉

田径

项目	姓名	组别	级别	成绩	教练员
田径	程金娃	女丙	三项全能	第 1 名	潘希美
田径	王世豪 张炳焱 康浩然 孟佑轩	男丙	4×100 米接力	第 1 名	潘希美
田径	王世豪	男丙	100 米	第 2 名	潘希美
田径	王世豪	男丙	200 米	第 2 名	潘希美
田径	毛振玥	女丙	800 米	第 2 名	潘希美
田径	吴宏棣	女丙	三项全能	第 2 名	潘希美
田径	毛振玥	女丙	400 米	第 2 名	潘希美
田径	张炳焱	男丙	100 米	第 3 名	潘希美
田径	张炳焱	男丙	200 米	第 3 名	潘希美
田径	樊逸冰	女丙	800 米	第 3 名	潘希美
田径	毛振玥 程金娃 刘一凡 程 玥	女丙	4×100 米接力	第 3 名	潘希美

续表 73

项目	姓名	组别	级别	成绩	教练员
田径	孟佑轩	男丙	400 米	第 3 名	潘希美
田径	丁文涵	女丙	跳高	第 1 名	闫增波
田径	丁文涵	女丙	跳远	第 1 名	闫增波
田径	缪永帅	男丙	跳远	第 1 名	闫增波
田径	缪永帅	男丙	跳高	第 2 名	闫增波
田径	王腾彬	男乙	跳高	第 2 名	闫增波
田径	韩树鑫	男乙	跳远	第 2 名	闫增波
田径	孟维涛	男乙	跳远	第 3 名	闫增波
田径	李智凯	男乙	三级跳远	第 3 名	闫增波
田径	李森阳	男乙	铅球	第 3 名	闫增波
田径	李森阳	男乙	铅球	第 3 名	闫增波

柔道

项目	姓名	组别	级别	成绩	教练员
柔道	姬德辉	甲	−55 公斤	第 1 名	邓迎换
柔道	王红洋	甲	−81 公斤	第 1 名	刘文素
柔道	从阳阳	乙	−48 公斤	第 1 名	邓迎换
柔道	从好好	甲	48 公斤	第 1 名	刘文素
柔道	蒋秀美	甲	−52 公斤	第 1 名	刘文素
柔道	蒋秀芝	甲	−57 公斤	第 1 名	刘文素
柔道	刘清秀	甲	−63 公斤	第 1 名	刘文素
柔道	刘月阳	甲	−70 公斤	第 1 名	刘文素
柔道	邢恩慧	乙	+70 公斤	第 2 名	潘希美
柔道	于林艳	乙	−44 公斤	第 2 名	刘文素
柔道	肖春琳	乙	+78 公斤	第 2 名	王宝瑞
柔道	朱亦东	甲	−73 公斤	第 2 名	邹广宇
柔道	崔丙业	甲	−55 公斤	第 3 名	刘文素
柔道	邓昕艺	甲	−81 公斤	第 3 名	邓迎换
柔道	从胜起	甲	−60 公斤	第 3 名	邓迎换
柔道	丛文豪	丙	−45 公斤	第 3 名	邓迎换
柔道	从万里	乙	−73 公斤	第 3 名	邓迎换
柔道	王钰彬	丙	−73 公斤	第 3 名	邓迎换

续表 73

排球

项目	姓名	组别	成绩	金牌（枚）	教练员
排球	男子乙组		第 5 名	3.5	王磊
排球	女子乙组		第 6 名	3	王磊

射击

项目	姓名	组别	级别	成绩	教练员
射击	牛嘉玮	男乙	10 米气手枪	第 1 名	牛东波
射击	牛嘉玮	男乙	10 米气手枪	第 1 名	牛东波
射击	程宪浩	男乙			
射击	闫家伟	男乙			
射击	牛嘉玮	男乙	50 米气手枪	第 1 名	牛东波
射击	程宪浩	男乙			
射击	闫家伟	男乙			
射击	李岩泽	男乙	10 米气手枪	第 1 名	牛东波
射击	张瑞阳	男乙			
射击	陈奕鸣	男乙			
射击	李岩泽	男乙	50 米气手枪	第 1 名	牛东波
射击	张瑞阳	男乙			
射击	陈奕鸣	男乙			
射击	门长宇	男甲	50 米气手枪	第 1 名	牛东波
射击	门长宇	男甲	10 米气手枪	第 1 名	牛东波
射击	邹 慧	女甲	10 米气手枪	第 1 名	牛东波
射击	王佳琪	女丙	10 米气手枪	第 1 名	牛东波
射击	吴慧暄	女丙	10 米气手枪	第 1 名	牛东波
射击	王佳琪	女丙			
射击	门小艺	女丙			
射击	王洪熙	女丙	10 米步枪	第 1 名	牛东波
射击	邱丽如	女丙			
射击	孙瑞雪	女丙			
射击	王洪熙	女丙	3★20 团体	第 1 名	牛东波
射击	邱丽如	女丙			
射击	孙瑞雪	女丙			

续表 73

古典跤

项目	姓名	组别	级别	成绩	教练员
古典跤	关文浩	乙	+69 公斤	第 1 名	王宝瑞
古典跤	谭洪鑫	丙	40 公斤	第 1 名	于树怀
古典跤	肖琪隆	丙	57 公斤	第 1 名	于树怀
古典跤	马文杰	乙	+69 公斤	第 2 名	于树怀
古典跤	赵宝源	丙	+62 公斤	第 2 名	于树怀
古典跤	马俊航	乙	46 公斤	第 2 名	于树怀
古典跤	苏立建	甲	66 公斤	第 2 名	于树怀
古典跤	邢宇鸣	丙	52 公斤	第 2 名	于树怀
古典跤	姚庆硕	丙	+62 公斤	第 3 名	于树怀
古典跤	马振华	丙	44 公斤	第 3 名	于树怀
古典跤	石天雨	丙	44 公斤	第 3 名	于树怀
古典跤	付立晓	丙	48 公斤	第 3 名	于树怀

自由跤

项目	姓名	组别	级别	成绩	教练员
自由跤	张建飞	乙	50 公斤	第 1 名	于树怀
自由跤	从向航	丙	48 公斤	第 1 名	于树怀
自由跤	胡依凡	丙	52 公斤	第 1 名	于树怀
自由跤	从向振	丙	60 公斤	第 1 名	于树怀
自由跤	冯晓满	女乙	59 公斤	第 1 名	于树怀
自由跤	从向晴	女乙	+59 公斤	第 1 名	于树怀
自由跤	杨镇宇	男丙	40 公斤	第 2 名	于树怀
自由跤	丁凤哲	男丙	57 公斤	第 3 名	于树怀
自由跤	丁俊豪	男丙	57 公斤	第 3 名	于树怀
自由跤	佘崇高	男丙	62 公斤	第 3 名	于树怀

篮球

项目	姓名	组别	成绩	金牌（枚）	教练员
篮球	男子乙组		第 5 名	3.5	刘文素
篮球	女子乙组		第 2 名	5	刘文素

续表 73

自行车

项目	姓名	组别	级别	成绩	教练员
自行车	汪春起	男丙	250 米	第 1 名	闫增波
自行车	汪春举	男丙	公路个人赛	第 1 名	闫增波
自行车	汪春起	男丙	公路个人赛	第 2 名	闫增波
自行车	汪春举	男丙	250 米	第 2 名	闫增波
自行车	汪春举	男丙	山地个人赛	第 2 名	闫增波
自行车	汪春起	男丙	山地个人赛	第 3 名	闫增波

武术

项目	姓名	组别	级别	成绩	教练员
武术	孟维富	男乙		第 2 名	蒋学辉

散手

项目	姓名	组别	级别	成绩	教练员
散手	吴树潇	乙	−48 公斤	第 1 名	蒋学辉
散手	杜壬杰	丙	+65 公斤	第 1 名	蒋学辉
散手	范一诺	丙	−48 公斤	第 1 名	蒋学辉
散手	王慧杰	丙	−48 公斤	第 2 名	蒋学辉
散手	高梓歌	丙	−44 公斤	第 2 名	蒋学辉
散手	韩如雯	乙	−52 公斤	第 2 名	蒋学辉
散手	王亚学	乙	−75 公斤	第 2 名	蒋学辉
散手	崔子昂	丙	−44 公斤	第 3 名	蒋学辉
散手	陈悯康	甲	+80 公斤	第 3 名	蒋学辉

手球

项目	姓名	组别	成绩	金牌（枚）	教练员
手球	男子乙组		第 6 名	3	于树怀
手球	女子乙组		第 5 名	3.5	于树怀

足球

项目	姓名	组别	成绩	金牌（枚）	教练员
足球	男子乙组		第 7 名	2.5	孟令德
足球	女子乙组		第 5 名	3.5	孟令德

续表 73

跆拳道

项目	姓名	组别	公斤	成绩
跆拳道	尹会龙	男甲	54 公斤	第 1 名
跆拳道	孙学芮	女丙	44 公斤	第 1 名
跆拳道	杨静文	女丙	47 公斤	第 1 名
跆拳道	邢越平	女乙	63 公斤	第 2 名
跆拳道	肖梅琪	女丙	38 公斤	第 2 名
跆拳道	娄韶涵	女丙	41 公斤	第 2 名
跆拳道	高晓飞	男丙	40 公斤	第 3 名
跆拳道	吴业棣	男丙	46 公斤	第 3 名
跆拳道	李宪琪	男乙	46 公斤	第 3 名
跆拳道	吴国豪	男乙	50 公斤	第 3 名
跆拳道	赵逸群	女丙	41 公斤	第 3 名
跆拳道	吴维一	男丙	58 公斤	第 3 名
跆拳道	张羽瓴	女丙	55 公斤	第 3 名
跆拳道	李丙慧	女乙	59 公斤	第 3 名
总计： 70.5 金 30 银 34 铜				

体育产业

【概况】 2017 年，无棣县召开全县体育产业发展推进会议，对体育产业发展进行专门部署安排，明确发展思路和工作重点，重点抓好“三个一批”，即建设一批重点项目、培育一批骨干企业、打造一批特色品牌，推进体育产业大众化、功能化、品牌化发展，构筑起龙头产业为引领、场馆建设为保障、群众参与为基础的发展格局，不断丰富体育产品和服务供给，加快打造体育产业强县。

【体育产业园建设】 2017 年，无棣县体育产业园围绕打造品质体育产业集群示范基地目标，研发制造全民健身及休闲器材、高端人造草丝、预制型橡胶跑道、康复训练器械等产品，大麦体育、迈多体育、迈力奥等 6 家企业入园发展。

2017 年全县体育产业发展推进会议 （摄影 赵宏涛）

无棣体育产业园项目与国内外3家设计研发机构建立合作研发关系，通过自主投资、股权投资、招商合作等多种方式，投资6500万元建成体育产业园。项目一期投资3000万元，盘活利用原无棣县泰庚鞋业有限公司闲置生产车间和办公楼3万平方米，建成全民健身及休闲器材、高端人造草丝、高端预制型橡胶跑道等3个项目并投产。高端人造草丝项目建成3条生产线，其中直线草丝1条（主要用于草坪），弯曲线草丝2条（主要用于地毯），生产能力每月60吨。项目二期投资3500万元，建设儿童游乐设施、预制型橡胶跑道材料等项目，其中预制型橡胶跑道项目于2017年5月建成投用。预制型橡胶跑道项目生产能力年产30万平米，健身器材项目年产量产30000件，产值5400万元。儿童游乐设施制造项目签订入驻协议。总投资500万元的全民健身展示体验中心建成投用。山东大麦体育参加2017年第35届中国国际体育用品博览会、2017上海国际健康产业博览会、“健康无棣滨州行”颐养悦生汇等活动，产品质量获得业界好评。

（刘洪燕　刘　娜）

社会管理·居民生活

民政事务

【社会救助体系建设】 城乡低保。从2017年7月1日起，无棣县城市居民低保标准由每人每月500元提高到525元，月人均补助从每人每月326元提高到345元；农村居民低保标准由每人每月315元提高到350元，月人均补助从每人每月200元提高到220元。2017年，城市低保1011户、1849人，全年累计救助23395人次，发放资金780万元；农村低保12410户，15954人，全年累计救助191325人次，发放资金4021.8万元。

特困家庭救助。2017年，无棣县全额资助城乡困难群众参保参合，全年资助特困人员、低保对象参保参合8664人次138.6万元；救助对象在定点医疗机构发生的政策范围内住院费用中，对经基本医疗保险、城乡居民大病保险及各类补充医疗保险、商业保险报销后的个人负担费用，在年度救助限额内按平均不低于80%的比例给予救助，2017年累计医疗救助2552人次，救助金额226.3万元。2017年全县特困基金临时救助51人次82.4万元。

五保供养和社会化养老。2017年，无棣县民政部门组织各养老机构对照《养老院服务质量大检查指南》，开展自查专项行动，并组织开展2次专项检查，全面排查养老院服务质量问题与不足，对安全不合格单位下达整改通知，限期整改达标。完成6处新建百所扶贫农村幸福院和7处一般村幸福院验收工作。县民政部门在全县组织460人参加养老护理员培训，超额完成培训任务。启动“送电影进福利机构”公益活动，满足五保老人精神文化生活需要；开展“有线电视养老扶贫工作”，为全县敬老院免费安装有线电视机顶盒125台。会同公安消防部门对各镇街敬老院开展消防安全隐患大检查、大整治，升级改造敬老院消防设施，敬老院消防设施全部达标，通过消防部门验收；2家个人筹资举办的社会养老机构，因其消防设施不达标，无棣县综合养老服务中心被关停，无棣县阳光养护院停业整顿、限期整改。举办全县养老机构消防安全培训班，提升自防自救能力。

特困家庭救助基金管理使用评审 （供稿　王树春）

特困人员供养。2017年，无棣县在全市率先将分散特困供养资金全部通过财政惠民补贴“一本通”管理系统发放。县政府出台《关于进一步健全特困人员救助供养制度的实施意见》，与县政府督查室联合，对全县各镇街五保供养工作进行全面督导检查，对五保对象逐户诸人进行核实，促进全县特困人员供养工作规范运行。至2017年底，全县共供养农村特困人员544人，其中集中供养243人，分散供养301人。

【社会福利保障】 2017年，无棣县民政部门对全县留守儿童进行“拉网式”摸底排查，共排查901人。将困境青少年家庭优先纳入特困基金救助范围，全年救助特困未成年人家庭136户，发放救助金20多万元。建立孤儿、农村困境儿童优先保障制度，为26名孤儿每人每月发放救助金720元；农村困境儿童全部纳入低保范围。对全县139名困境儿童和27名孤儿，进行年度核查，落实“一户一档”管

低保入户调查　　（供稿　王树春）

理，确保全县困境儿童救助的准确性和真实性。

对享受高龄津贴的 80 周岁以上低保老年人全面进行核查，全年发放高龄津贴 142 余万元。完成对 8456 名重度残疾人两项补贴金系统录入工作，实行动态管理，按月发放，全年发放补贴资金 665 万余元。

【双拥优抚工作】　2017 年，无棣县退役士兵安置和权益保障工作顺利实施，在全市各县区率先“清零”，得到市委主要负责人充分肯定和省领导好评，无棣县经验在市退役士兵安置和权益保障工作专报上刊发。

全县为 1998 年至 2000 年安置工作的 292 名退役士兵发放待安置期间生活费 43.22 万元；为自谋职业 18 人发放自谋职业金 34.52 万元；组织 67 名退役士兵接受就业技能教育培训，为 19 名符合低保政策的退役士兵办理低保救助。

开展走访慰问驻军单位和优抚对象活动；开展优抚对象“安居工程”，拨付 20 余万元，落实 17 户优抚对象住房救助；集中 12 天时间联合县人民医院为全县 694 名优抚对象健康查体；出资 16 万余元，为 50 名 1 级—6 级残疾军人办理了医疗保险缴费；为 40 名无棣籍荣获三等功的现役军人家庭发放慰问金；发放现役义务兵、重点优抚对象优待金 618.8 万元；开展“以情拥军、五进军营”系列拥军活动，救助 7 名家庭生活困难的现役官兵。

【军休人员管理服务】　2017 年，无棣县严格落实军休人员各项待遇。调整充实军休服务工作人员，加强军休人员服务管理。“八一”建军节期间和春节前夕，县领导走访慰问全体军休人员。

【社会组织登记与管理】　2017 年，无棣县社会组织年检工作通过因特网提报系统顺利完成，县域所有社会组织均可通过因特网提报资料。全县保有社会组织 90 家。对 6 家社会组织党建情况进行现场调研，对社会组织党支部提出整改建议。

【防灾减灾】　2017 年 5 月 12 日第九个“防灾减灾日”期间，无棣县减灾委员会召开专题会议进行安排部署，成立宣传活动领导小组，向各镇（街道）、减灾委员会成员单位印发《无棣县减灾委员会关于做好 2017 年防灾减灾日有关工作的通知》，5 月 11 日，县政府印发《2017 年全县防灾减灾暨应急处置宣传活动安排方案》，5 月 12 日在县人民广场集中开展“无棣县防灾减灾暨应急处置”宣传活动。各成员单位采取展示宣传展板、张贴海报、发放宣传资料、悬挂宣传横幅、现场咨询等方式，宣传地震、火灾、洪涝、干旱、冰雪、传染性疾病等各类灾害有效应对方法和措施。部分县级领导干部及各成员单位负责人在活动现场向群众宣传防灾减灾知识并现场答疑。县公安消防大队现场展示并演练消防器材使用方法，现场指导群众使用灭火器灭火。防灾减灾志愿者深入城乡社区、菜市场等人员集中地发放宣传材料，积极宣传防灾减灾知识。活动现场免费发放各类宣传资料 6000 余份，接受群众咨询 700 余人次。

加强救灾物资储备库建设。筹资 6 万元，对位于社会福利中心综合楼的救灾物资储备库进行改造，制作钢制货架 5 排 10 组、面积 400 多平方米。原有救灾物资全部上架保存，改善救灾物资的储备条件。

【地名工作和边界线管理】　2017 年，无棣县地名普查工作全面完成，普查地名信息 2860 条，普查成果资料上报民政部；印制新版无棣县地图，增添县域内新增国省道、铁路等信息。

按时完成县域边界线界桩更换任务，结合无棣—阳信界线联检，县成立界桩更换领导小组，印发《关于印发〈2017 年县级行政区域界线界桩更换工作实施方案〉的通知》，统筹同期开展联检和界桩更换工作。2017 年 9 月，与阳信县召开边界线联检联席会议，对界桩更换工作进行具体安排部署。2017 年 10 月 8 日至 15 日，界线毗邻县区工作人员深入边界实地踏勘，通过走访基层干部群众，了解双方遵守勘界协议、越界生产建设及沿线地貌、地物变化情况，掌握界线走向、界桩及方位物状态，为更换界桩奠定基础。2017 年 10 月 20 日完成界桩实地选点。10 月 30 日按照“时间统一、成果统一、分别埋设”方式，完成无棣—阳信线、无棣—沾化线 7 棵界桩的埋设和测绘。

【社会事务管理】 2017 年，无棣县民政部门严格执行《中华人民共和国婚姻法》、国务院《婚姻登记条例》和民政部《婚姻登记规范》，县民政局婚姻登记处全年办理结婚登记 2060 对，离婚登记 722 对，补领结婚证 1175 对，补领离婚证 35 人次。无有效投诉，登记合格率 100%。

组织各镇街民政所对全县精障和智障人员进行拉网式排查，全县排查患有精神障碍人员 1119 人，患有智力障碍人员 1080 人，全部落实监管监护人员，强化流浪乞讨人员源头治理。

积极宣传国务院《殡葬管理条例》，引导群众厚养薄葬、丧事简办。县殡仪馆第二期火化设备升级改造工程全面完成，双炕面捡灰火化炉、尾气处理器启用。县殡仪馆全年火化遗体 2240 具，火化率 90%。

【移风易俗】 2017 年，无棣县政府先后 2 次召开全县移风易俗工作推进会议，举办多期移风易俗工作培训班，对村党支部书记和红白理事会会长进行培训，实现村级红白理事会负责人培训全覆盖。县委办公室、县政府办公室印发《关于加强农村红白理事会建设进一步推进移风易俗工作的实施意见》，促进农村红白理事会建设，规范行为，发挥作用。县委文明办公室、县民政局制定《无棣县农村红白事指导标准》，以《致广大农村群众的一封信》方式，通过多种形式发放到全县农村居民手中，指导村级红白理事会结合实际制定办事标准，统一按照文明、节俭的原则操办婚丧事。县委文明办公室、县民政局组织拍摄微电影《母亲的葬礼》、专题片《无棣县大吴码头村移风易俗树新风》和宣传片《除陋习传文明移风易俗树新风（大鼓书）》，在电视台、微博、微信广为宣传；《无棣大众》报开设专栏，分期宣传移风易俗政策，报道镇（街道）移风易俗先进做法。结合全县第十二届村民委员会换届选举，各村公开推举村级红白理事会组成人员，选出真正热心为群众服务、擅长红白事操办礼仪、带领群众移风易俗的服务班子。

【社会工作人才】 2017 年，无棣县积极探索建立社会工作人才评价、激励、保障机制。大力开展社会工作专业培训，积极宣传、鼓励、支持各行各业的社会人才参加社会工作者培训教育及职业水平考试，着力提高社会工作者的理论素养和专业化水平。2017 年，全县有 5 人考取初级或中级社会工作师资格。至 2017 年底，全县共有社会工作师（含助理）24 人。

【流浪乞讨救助】 2017 年，无棣县流浪乞讨人员救助站，按照“自愿求助，无偿救助”原则，按照流浪乞讨救助办法、程序，坚持多部门协同，开展流浪乞讨救助巡查和救助工作。按照“主动发现情况、部门协同联合、社会力量参与”的思路，发挥县、镇街、村居三级联动救助网络机制作用，各镇街“救助网点”实行昼夜 24 小时巡查救助，开展“夏季送清凉”“寒冬送温暖”活动，适情启动应急救助预案，适时利用报纸、电视、QQ、微信等媒体宣传救助政策。坚持城区街面和偏远镇村主动巡逻等措施，与公安、城管、夜间保卫、慈善义工、社工等社会组织沟通联系，引导社会力量参与，形成“共同参与、群救群助”的良好局面。

2017 年，全县救助流浪乞讨人员 51 名，99% 以上受助人含有精神障碍，救助率 100%，其中滞站人员 9 名，分别向“全国救助网”和“今日头条”推送寻亲信息，为无名氏临时取名，协调公安部门，给予 100% 采集 DNA 血样，并向社会公示信息，按照法律程序为其办理临时户口，期间无任何责任事故发生。

【社区建设】 2017 年，无棣县民政部门根据《社区志愿者招募制度》和《社区志愿者工作制度》及相关要求，发挥社工和义工组织作用，强化和提升社会工作人才专业平台，壮大社区志愿者（义工）队伍，全县慈善义工组织注册登记 3000 余人，备案 517 人，分别实施志愿服务培训 8000 余人次。县慈善义工组织、老年吕剧协会等 7 个社会组织，培育发展志愿行业组织比上一年增长 58%，仅参加社工专业资质考试人员增加 47 人，根据镇街、社区、村居、单位及社会团体实际情况和特点，开展消防知识演示、卫生医疗查体、优生服务、家政服务、司法咨询、社区矫正等服务，有效补充和扩展了社区管理和服务的能力。

【第十二届村民委员会换届选举】 2017 年，无棣县村民委员会换届选举中，组织召开专题会议，明确村“两委”换届选举的目标要求、程序步骤、人选标准等。制定和落实

《全县村“两委”换届选举期间宣传方案》，协调公安部门制定、张贴《关于严厉打击干扰破坏村“两委”换届选举活动的通告》，严禁在职干部插手、操纵村“两委”换届选举工作，组成工作组分别进驻镇、村进行培训和指导。畅通信访渠道，县镇两级分别设立固定接访地点，接访电话，安排专人24小时值班，随时解答群众咨询，受理信访问题。换届选举工作顺利完成。

【慈善事业】 2017年，无棣县组织开展慈善募捐活动，共接收慈善捐款78万元，扶贫基金5.7万元。举行“聚力扶贫·大爱无棣”慈善助学活动，救助低保家庭、孤儿、建档立卡贫困户大学新生44名，发放慈善助学金22万元，每人5000元；开展“和谐安居”等10项专项救助活动，救助各类困难群众580余人，发放救助金140余万元。

（王树春 李 冰）

劳动和社会保障

【劳动关系协调】 劳动监察执法。2017年，无棣县劳动保障监察部门处理案件91起，其中调解处理86起，立案查处4起，追回农民工工资120余万元。对153家用人单位进行年度劳动保障监督审查，帮助指导修改企业违法违规章程35处，补签劳动合同392份，督办2家企业补缴社保费。对54家欠保单位进行征缴督办，征收欠缴社保费162万元。

劳动人事争议仲裁。2017年，无棣县劳动人事争议仲裁院围绕劳动保障工作中心，扎实开展劳动争议处理工作。在劳动人事争议案件中，劳动争议仲裁委员会充分发挥三方机制作用，把调解工作作为促进劳动关系和谐稳定的主要手段，同时把劳动争议仲裁庭作为宣传劳动保障法律法规的重要阵地，通过公开开庭审理劳动争议案件，大力宣传劳动保障法律法规，不断提高劳动者依法维权意识和用人单位劳动管理水平，促进全县劳动人事关系的和谐稳定。全年受理劳动人事争议案件1245起，其中调解1172起，裁决结案73起。

劳动合同和劳动用工备案。做好劳动用工备案工作，贯彻落实劳动合同、集体合同制度实施规范；指导劳动标准制定工作，健全协调劳动关系三方制度；进一步健全完善劳动用工基础数据库，全县备案企业241余家，备案职工9877人。

（刘兰涛 李玺田 孙洪良）

【社会保障】 养老保险。企业职工养老保险。2017年，无棣县将512名城镇个体工商户和灵活就业人员纳入城镇企业基本养老保险。根据省人社厅、省财政厅关于调整企业退休人员基本养老金的通知要求，全县企业退休人员基本养老金2017年人均月上调142元。

2017年无棣县企业职工养老保险征缴发放统计表

表74

年度	最低缴费基数	征缴		发放		
		职工人数（人）	基金征缴（万元）	离退休（人）	发放养老金（万元）	人月均（元）
2017	2940	29000	23436	11823	27245	1920

机关事业单位养老保险。2017年，无棣县按照国家、省、市要求，推进机关事业单位养老保险制度改革。贯彻落实改革一系列配套政策，通过合理设定新老办法待遇计发相关参数，2017年底基本实现改革后退休人员按新制度计发养老保险待遇。基本养老保险费缴纳比例为缴费基数的28%，其中：单位缴纳20%、个人缴纳8%；职业年金缴费比例为缴费基数的12%，其中：单位缴纳8%、个人缴纳4%。机关事业单位离休人员仍不纳入机关事业单位养老保险制度改革范围，所需离休费纳入财政预算，从同级财政列支，由机关事业单位社保经办机构代发。

2017年无棣县机关事业单位养老保险征缴发放统计表

表75

年度	职工人数（人）	征缴基金（万元）	退休（人）	发放养老金（万元）	职业年金（万元）
2017	10568	16508	3942	17606	3118

城乡居民社会养老保险。2017年，居民养老保险基础养老金标准为每人每月100元。根据《无棣县人民政府关于城乡居民基本养老保险有关事项的通知》，全县城乡居民养老保险缴费补贴标准为：按500元、600元、800元、1000元档次参保缴费的每人每年补贴60元，按1500元、2000元档次参保缴费的每人每年补贴65元，按2500元、3000元每人每年补贴70元，按4000元档次参保缴费的每人每年补贴75元，按5000元档次参保缴费的每人每年补贴80元，缴费即补。

2017年无棣县城乡居民养老保险征缴发放统计表

表76

年度	参保人数（人）	征缴基金（万元）	退休（人）	发放养老金（万元）
2017	142987	3256.80	75013	8828.60

建立被征地农民参加居民养老保险制度。规范被征地农民补偿保障机制，逐批次逐村开展被征地农民参加居民养老保险工作，对36253名被征地农民社保补贴资金5139万元落实到个人账户。同时，新征地补偿工作与居民参保同步部署，落实“先保后征”的原则。

医疗保险。全县医疗保险采取住院补偿总额预算、次均费用控制和临床路径管理下的按病种定额付费、单病种定额付费等多种复合式付费管理方式。对本县级医疗机构102种疾病及民营医疗机构95种疾病推行临床路径管理下的按病种定额付费改革。

城镇基本医疗保险。按照《关于启动职工大病保险制度和调整居民大病保险政策的通知》规定，无棣县自2017年1月1日实施城镇职工大病保险。按人均20元的标准从职工基本医疗保险基金中划拨，统一由商业保险机构经办，参保职工因患疾病使用范围内药品的，起付线标准为2万元（含2万元），起付线以上部分按60%给予补偿，年度最高补偿20万元。大病保险减轻了参保职工大病患者的医疗费用负担，降低了职工家庭因病致贫风险。《滨州市基本医疗保险慢性病管理办法》自2017年7月1日起实施，职工慢性病病种增加到37种，实行病种甲、乙类管理，乙类门诊慢性病实行限额报销。全面推进省、市结算平台建设及跨省异地联网结算工作，参保人员转外就医可在就医医院直接联网结算。新增定点药店和定点门诊26处，基本实现县域内定点医药机构网点全覆盖，为参保人员提供便捷的就诊刷卡服务。与各定点医药机构签订《滨州市定点医药机构医疗服务协议书》，明确责任和义务，力促医疗监管模式优化和完善，规范医疗行为，确保基金支付安全。

2017年无棣县城镇职工基本医疗保险基金收支情况统计表

表77

年度	参保人数（人）	统筹金收入（万元）	大额救助金收入（万元）	医疗费用支出（万元）	个人账户支出（万元）	大额支出（万元）
2017	39900	15427.21	424.78	7686.96	5053.42	413.16

居民医疗保险。2017年，按照滨州市“全覆盖、保基本、多层次、可持续”的原则，全县居民医疗保险实行市级统筹、分级管理。根据滨州市居民基本医疗保险办法规定，建立居民基本医疗保险个人账户，个人账户按每人每年60元的标准从居民医疗保险基金中划拨，个人账户金划拨标准，滨州市根据居民基本医疗保险筹资水平、医疗费用增长情况适时调整。居民的住院医疗待遇：在乡镇卫生院（社区卫生服务中心）住院按市政府有关规定执行；居民住院医疗费用的起付标准为：二级医院500/次、三级医院1000元/次；居民住院发生的政策范围内医疗费用，在起付标准以上至最高支付限额以下的部分，二、三级医疗机构基金支付比例分别为75%、50%。一个年度内，居民基本医疗保险待遇最高支付限额为15万元。做好全县城乡居民基本医疗保险特殊疾病门诊治疗管理，2017年全县审核慢性病人2902人，至2017年底全县有4253人享受慢性病待遇。

居民大病保险。筹资标准调整为每人每年62元，从居民基本医疗保险基金中划拨，居民大病保险起付标准为1.2万元，个人负担的合规医疗费用1.2万元以上(含1.2万元)、10万元以下的部分给予50%补偿；10万元以上(含10万元)、20万元以下的部分给予60%补偿；20万元以上（含20万元）的部分给予65%补偿。年度每人最高支付限额30万元。对使用附件所规定的特药实行单独补偿，起付标准为2万元，起付标准以上的部分给予40%补偿，特药补偿年度最高支付限额20万元。建档立卡贫困人口大病保险执行起付标准6000元，医疗费用每段报销比例提高5%，最高支付限额从2016年度提高到50万元，建档立卡贫困人口使用特药不设起付线。

医疗保险扶贫。根据市委办公室《滨州市建档立卡贫困人口基本医疗保障暂行办法》规定，县居民医保中心与县扶贫开发领导小组办公室积极对接，至2017年底，对建档立卡人员信息逐一核实，落实符合建档立卡贫困人口的基本医疗保障政策。

2017年无棣县居民基本医疗保险基金筹资情况统计表

表78

年 度	参保人数	各级标准（元）			筹资总额（万元）
		筹资标准	个人缴费	政府补助	
2017	385294	610	160	450	23619.59

工伤保险。2017年8月，无棣县对用人单位一级至四级工伤职工伤残津贴、生活护理费和工亡职工供养亲属抚恤金标准进行调整。伤残津贴：一级至四级工伤职工，2017年分别按195元、185元、175元、165元的标准增加。生活护理费：以2016年度职工月平均工资为基数，按照《工伤保险条例》（修订）第三十四条第二款规定的比例确定。供养亲属抚恤金：配偶2017年按每月增加69元；2017年按其他供养亲属每人每月增加51元；孤寡老人或孤儿每人每月在上述标准的基础上再增加20元。已参加工伤保险的，由工伤保险基金支付；未参加工伤保险的，由用人单位支付。

2017年无棣县工伤保险征缴与拨付情况统计表

表79

年度	征缴		拨付	
	参保职工（人）	基金征缴（万元）	享受待遇人数（人）	发放工伤待遇（万元）
2017	27000	993	120	812.67

生育保险。按照2014年5月滨州市《关于调整生育医疗费限额标准的通知》执行，范围包括流产、引产、顺产、会阴侧切、难产、剖宫产、多胞胎生育、多发症。其中，顺产由1200元调整到2100元，剖宫产由原来的2800元调整到3500元。

2017年无棣县生育保险征缴发放统计表

表80

年度	征缴		发放	
	参保职工（人）	基金征缴（万元）	享受待遇人数（人）	发放生育保险（万元）
2017	16200	550	516	671.58

失业保险。无棣县自2016年开始实施阶段性降低失业保险费率，由3%降至1.5%。2017年1月1日起，再次由1.5%降至1%。失业保险金长效调整机制不断完善，11月，失业金从每人每月900元上调至980元，是自2007年起第11次上调失业金标准。全年参加失业保险28604人，失业保险费征缴799.04万元，全部完成任务目标。全年为622名失业人员发放失业保险金863.69万元，医疗补助226.01万元，失业保险覆盖率为77.66%。失业保险基金用于促进再就业支出313.58万元。发挥稳岗补贴作用，对全县所有采取有效措施

不裁员、少裁员，稳定就业岗位、依法缴纳失业保险的26家企业给予稳岗补贴101.7万元，惠及职工6740人；支出省级创业带动就业资金160.43万元、市级创业带动就业扶持资金52.09万元。失业保险基金用于扩大失业金支出137.63万元，其中社保补贴47.78万元、公益性岗位补贴0.38万元、岗位补贴89.47万元、创业贷款贴息3.55万元、省级创业型社区奖补5万元。

【就业创业】 **就业创业载体建设。**2017年，无棣县每月举办“春风行动”“民营企业招聘周”“高校毕业生就业服务周”“临淄·无棣”扶贫招聘会等大型招聘活动，在每月2号举办企业用工招聘会，为民营企业和各类求职人员提供就业服务。全年有60余家用工单位进场招聘，提供就业岗位4000多个，1000余人达成就业意向。全县实现城镇新增就业4727人，参加养老保险的新增就业3304人，分别完成任务的124%、127%；城镇登记失业率为1.91%，低于市、县3.6%和2.5%的控制目标。海丰街道商城社区获省级“四型就业社区”（充分就业、积极创业、智慧就业、标准服务）称号，落实一次性奖补5万元，为促进全县公共就业服务能力整体提升发挥了示范带动作用。县公共就业和人才服务中心在2017年度就业宣传工作中成绩显著，被评为先进单位。

制定《无棣县专项公益性岗位开发管理办法》，对退役士兵专项公益性岗位的开发、安置和管理等行为进行规范，为544名退役士兵开发专项公益性岗位，落实专项公益性岗位社保补贴和岗位补贴共计591.44万元；对原公益性岗位办理流程进行规范，与省、市实现无缝对接，全年开发公益性岗位38个，支出补贴19.26万元。

全面落实就业政策，鼓励企业招用就业困难人员。为金盛海洋、鑫岳化工等15家企业落实企业吸纳各类就业困难人员社保补贴和岗位补贴136.96万元，为40名就业困难人员落实灵活就业社保补贴12.14万元，全年帮扶92名就业困难人员实现就业；为鲁北集团和鑫岳化工2家就业见习基地中符合条件的25名高校毕业生，落实就业见习补贴8.49万元；为58名家庭服务业从业人员申报人身意外伤害保险补贴3480元。

精准扶贫就业安置。单位扶贫人员5次对221名建档立卡贫困人员进行入户调查，发放就业创业扶贫服务指南500余份。全年为贫困人员开发公益性岗位26个，帮扶38人实现就业，为85名贫困大学生发放就业创业补贴11.24万元。

就业服务工作。全年为机关事业单位、企业、个体工商户和灵活就业人员办理就业登记手续3257份，办理就业创业证1512本。

2017年无棣县公共就业数据统计表

表81

年度	新增城镇就业（人）	农村劳动力转移（人）
2017	4727	4300

创业带动就业。加强创业指导，新增省级创业园区1家（山东利德电子创业园区）、省级创业街道1家（海丰街道办事处），全县累计有省市创业园区4家、省级创业街道（社区）2家。发挥省、市创业平台作用，进一步促进创业带动就业，全年引领152名大学生完成创业，发放补贴9.6万元。

创业服务窗口作用发挥。为创业人员提供政策咨询、创业指导、创业培训等服务，全年受理初始创业项目400余个，发放小额担保贷款1327万元，落实贴息232.35万元，扶持210人实现创业。自2012年以来，累计发放创业贷款8000余万元，完成贴息458万元，直接带动2200人实现就业。在原有邮储银行合作的基础上，与东营银行签订合作协议，促进创业担保贷款业务开展。

创业扶持政策落实。通过审核材料、实地考察等流程，为2家符合条件的企业发放一次性创业补贴和岗位开发补贴7.8万元。参加省市创业活动，组织智运环保工程有限公司、飞鱼工艺礼品有限公司到浙江、北京参加齐鲁创业训练营活动；组织利德公司、雷威户外等企业，参加首届全国创业就业服务主题展，并进行产品展示；组织奥斯龙体育用品、汇纳酒店等3家企业参加滨州市创业大赛。举办创业培训和电商培训。

高校毕业生就业服务。2017年，全县接收非师范类高校毕业生1275人，实现就业1275人，就业率达100%。2017年，获批省级创业园区1家（山东利德电子创业园区）。

老龄工作

【老年人优待工作】 2017年，无棣县落实省、市、县高龄特困老年人救助规定，重新修订《无棣县高龄特困老年人救助金管理办法》，扩大救助规模，对县级100名高龄特困老人、市级26名高龄特困老人进行救助，县级和市级每人救助500元。重阳节期间，对全县百岁老人进行走访慰问，发放长寿补贴金6.76万元，补贴金标准达到每人每月400元。80岁至89岁老年人生活补贴发放纳入城乡居民社会养老保险管理信息系统按月发

县老龄委负责人走访百岁老人 （摄影 杨立华）

放，每人每月30元，全年发放生活补贴金327.60万元。2017年6月底和12月中旬，对高龄老人信息管理平台进行更新维护，建立健全90岁到99岁老年人电子档案，90岁至99岁年龄段老年人高龄津贴发放实现动态化管理，每半年发放1次，每人每月50元，全年发放生活补贴金60.02万元。全县80岁以上老年人居民基本医疗保险参保费个人缴费部分由县财政负担，2017年为全县8315名参保老年人返还参保费用133.04万元。为老年人办理优待证，简化办证程序，提高办证效率，实现随到随办。2017年为8000余名老人办理优待证，让更多老年人享受到国家的优待政策。老年人免费乘坐公交车覆盖全体老年人。卫生部门为全县65岁以上老年人进行免费健康查体。

【银龄安康工程】 2017年，无棣县政府将银龄安康工程列入全县重点工作，县老龄办印制《无棣县银龄安康手册》8万册，定制银龄安康宣传牌3块放置在县人民医院、县中医院、鲁北医院大厅，营造氛围。县老龄办会同县政府督查室对各镇街银龄安康工程实施情况进行2次督查，并进行通报，对工作进展慢镇街进行跟踪督办。动员县直部门、企事业单位献爱心、办实事，积极为老年人购买意外伤害险。2017年，全县有4.74万人投保，比上年增长10.1%；保费127万元，比上年增长37.4%；理赔案件152起，赔付金额75.23万元。监督保险公司做好理赔服务，简化程序，推行限时理赔承诺和回访制度，提高服务质量和水平，较好发挥意外伤害保险的保障作用。建立筹资长效机制，县老龄办提出在全市率先实施老年人意外伤害政府补贴性保障办法，10月26日，县政府主要领导和分管领导分别对县老龄办上报的关于实施“银龄安康全覆盖”工程的请示做出批示。

【老龄工作宣传】 2017年，无棣县老龄办探索老龄宣传教育工作新载体、新路径和新方法，利用县内各类新闻媒体的合作，充分借助县广播电台、县电视台、《无棣大众》报及各类网络媒体，宣传人口老龄化形势，全县老龄工作先进典型、尊老敬老先进事迹和老有所为先进典型。联合县电视台制作老龄宣传专题片3个，在省电视台生活频道播放。落实县乡老龄信息宣传骨干通讯员制度，制定老

2017年10月27日，县老龄办开展老年法规政策宣传活动 （摄影 杨立华）

龄信息宣传工作考核办法，有3篇稿件在国家级、52篇在省级、22篇在市级媒体发表，1篇论文获省二等奖。开展孝亲敬老先进人物评选活动，在全县范围内开展“十大孝星”评选表彰活动。

【老年人维权】 2017年，无棣县老龄办利用各种媒体宣传新修订的《山东省老年人权益保障条例》、省市《优待老年人规定》、县政府《关于进一步落实老年人权益保障工作的意见》等老龄法规政策。对老年权益保障相关责任单位的政策落实情况进行全面督查，对发现的问题及时纠正，限期整改，确保各项政策落实到位。做好老年人公益维权服务示范站创建活动，县老龄办获“山东省老年公益服务维权示范站”称号，全县有6个单位获此荣誉。发挥政法系统29个老年维权岗作用，把高龄、失能老人作为服务重点，为老年人提供法律援助、司法救助和法律服务，为老年人维权开辟“绿色通道”。

【养老服务业】 2017年，无棣县落实省、市、县关于加快养老服务业发展要求，做好上级财政资金扶持养老服务机构建设推荐工作。2017年，无棣县博爱乐苑养老服务中心被定为省级财政扶持养老服务机构，获得养老扶持资金18万元。

【老年节庆祝及敬老月活动】 2017年10月，无棣县开展老年节庆祝及敬老月活动，县政府主要负责人在《无棣大众》报发表题为《共创老龄事业美好未来》的署名文章，向全县老年人祝贺节日。分管负责人带队对县内百岁老人进行走访慰问。各镇街及县直各部门单位通过召开座谈会、走访慰问等方式庆祝节日。加大老龄公益宣传，县老龄办在棣新一路和老区人民广场显要位置新建户外敬老宣传牌16块，各镇街对敬老文化一条街进行粉刷更新。县老龄办联合县慈善义工协会、人寿公司在银座广场开展老年法规政策宣传活动，发放老年人补贴政策明白纸、银龄安康手册及敬老倡议书1000余份，赠送印有敬老宣传标语手提袋1000余个，在全社会营造尊老敬老爱老的社会氛围。

【老年文体活动】 2017年，无棣县文联、老年书画研究院、老干部活动中心举办“喜迎十九大”老年书画展，展出老年书画作品82件。县体育总会、老年体协、老干部活动中心联合举办“无棣县2017年重阳节老年门球赛”、2017年重阳节“金土地杯”太极拳（剑）展演。县老龄办、总工会、无棣领航文化传媒有限公司举办重阳节专场文艺演出，丰富老年人的精神文化生活。

【百岁老人】 至2017年底，无棣县百岁以上老年人12人（女性11人，男性1人），其中，车王镇2人、碣石山镇3人、小泊头镇1人、埕口镇1人、柳堡镇1人、西小王镇1人、佘家镇2人、水湾镇1人。

2017年无棣县百岁老人一览表

表82

姓名	性别	民族	出生日期	家庭住址
董秀娥	女	汉族	1911年6月2日	无棣县谭杨林场
杨秀平	女	汉族	1912年9月19日	无棣县碣石山镇邱五村
高玉珍	女	汉族	1915年2月2日	无棣县埕口镇张山子村
朱丕英	女	汉族	1915年6月24日	无棣县水湾镇东吴庙村
张寿清	女	汉族	1915年7月21日	无棣县车王镇李辛村
吴国桢	女	汉族	1916年2月9日	无棣县碣石山镇梁家村
王月芝	女	汉族	1917年1月6日	无棣县车王镇五营后村
曹胜云	女	汉族	1917年2月3日	无棣县佘家镇杨窑村
张丙荣	女	汉族	1917年4月5日	无棣县佘家镇北王村
王凤英	女	汉族	1917年8月1日	无棣县碣石山镇张家村
董连元	男	汉族	1917年9月14日	无棣县小泊头镇南李宅村
王玉珍	女	汉族	1917年12月25日	无棣县柳堡镇大苟村

（付瑞娟）

残疾人工作

【概况】 2017年，无棣县残联围绕残疾人的基本需求，立足实际，面向基层，切实加强残疾人组织建设、康复、就业培训、扶贫帮困和社会保障等项工作，一心一意为残疾人做好事、办实事、解难事。全县11个镇街残联实行组织网络、优惠政策、法律法规、办事流程等全部公开，并通过省级组织建设达标验收。调整充实村级残协，全县569个行政村全部建立残协，完善自下而上的组织体系，完成县乡残联换届和考核工作。

【康复工作】 *残疾儿童抢救性康复*。2017年，机构训练智力残疾儿童12名、脑瘫残疾儿童61名、聋儿语训4名、孤独症儿童5名；对动态更新系统中有需求的4300余名残疾人开展需求调查；为10名0至6岁贫困脑瘫儿童适配儿童轮椅10辆；为9名缺肢残疾人进行假肢取模，对符合假肢安装的免费安装假肢。

残疾人精准康复。6月27日，召开由镇街理事长、残疾人专职干事及县残联各部室参加的专题会议，对残疾人精准康复服务工作进行安排部署。在全县开展建档立卡残疾人调查，县残联组成工作组，对镇街残联进行业务指导，并到村入户，进行实地调查，掌握解残疾人康复要求，针对贫困残疾人身体状况和不同需求，有针对性进行救助，全县对2100余名贫困残疾人进行精准康复救助。出资25.7万元，通过招标购进残疾人辅具1520件，发放到有需求的残疾人家庭中。

【无障碍工作】 2017年，无棣县残联继续开展残疾人家庭无障碍工作，投资57.9万元为150户贫困残疾人进行家庭无障碍救助。

【残疾人就业】 2017年，无棣县残联对20名残疾人进行实用技术和电商培训。扶持残疾人个体创业，鼓励残疾人自主创业。通过残疾人就业扶贫基地及盲人保健按摩点，实现残疾人稳定就业，促进残疾人就业增收。扶持奖励省级残疾人示范基地1处（徐氏网业有限公司），发放扶持金20万元；扶持奖励市级残疾人创业标兵2人、致富能手11人，发放扶持金7.5万元；扶持奖励县级致富能手20人，发放扶持金10万元。

【残疾人扶贫】 2017年，无棣县审核通过各项补贴，低保重度残疾人生活补贴累计审核通过4030例。重度残疾人护理补贴累计审核通过4364例。为重度残疾人提供机构托养150余人次。开展残疾人基本服务状况和需求调查数据动态更新，配合有关部门开展残疾人精准扶贫工作，组织人员深入基层摸底调查，为精准扶贫打好基础。落实康复扶贫贷款贴息资金的残疾人筛查及拨付。做好残疾学生和贫困残疾人子女学生助学金审批、发放，2017年发放助学金30.5万元。开展残疾人大学生励志奖学金救助工作，其中博士1人、硕士1人、本科2人、专科2人，发放奖学金3.8万元。落实省派“第一书记”“助残致富奔小康”项目14.98万元。出资12万元为4098名能够外出的残疾人入意外伤害保险。与县扶贫办等部门协调对全县746户建档立卡的贫困残疾人开展精准扶贫救助工作，为残疾人提供资金、面粉、大米、食用油等生活救助。

【残疾人证办理】 2017年，无棣县残联对办证工作精心布署，周密安排，增加办证工作人员，对办证程序、办证须知等内容进行公示，方便残疾人了解相关情况。对部分外出人员、身体原因无法到场的残疾人员，采取上门服务的办法。在办证过程中严把质量关，杜绝关系证、人情证，保证重度残疾人档案的真实性、科学性、准确性，全年受理残疾人证业务1000余件。

【第二十七次“全国助残日”活动】 2017年5月21号是第二十七次“全国助残日”，助残日的主题是“推进残疾预防，健康成就小康”。5月18日，无棣县残工委召开座谈会，研究部署残疾人预防和新生儿筛选工作，做到积极预防、有的放矢。5月21日，县政府分管负责人与县残联到安康医院走访慰问，了解病人的生活和康复情况，解决病人实际困难。县残联组织残联干部、残疾人、志愿者和社会爱心人士到信阳镇贫困残疾儿童家中和康复中心、爱心医院开展献爱心送温暖活动。助残日期间，全县慰问残疾人302人，发放慰问金、慰问品6万余元。

【无棣县残疾人联合会第七次代表大会召开】 2017年12月20日，无棣县残疾人联合会第七次代表大会召开。县委副书记郑振亮出席会议并讲话；副县长高晓勇致开幕词；团县委、县总工会、县妇联等群团组织向大会致贺辞；县残联执行理事会理事长付荣华代表第六届主席团向第七次代表大会作工作报告。会议选举县残疾人联合会第七届主席团委员和参加滨州市残疾人联合会第七次代表大会的代表；选举产生第七届主席团主席、副主席；聘请第七届主席团名誉主席；推举第七届执行理事会理事长，副理事长、理事；推举各专门协会主席、副主席。

（张耀升）

红十字工作

2017 年 9 月建成的无棣古城红十字救护站　（摄影　徐志东）

【概况】　2017 年，无棣县红十字会宣传落实新修订的《中华人民共和国红十字会法》，认真履行红十字会各项职责，开展救灾、救助、救护，强化应急救护培训，全面实施全民自救互救工程；抓好红十字青少年和志愿者队伍建设，推进农村红十字服务，围绕“关注民生、扶危济困”，推进农村红十字博爱项目建设，在红十字“博爱家园”建设、社会救助活动、志愿服务活动、红十字精神传播等人道领域成绩显著。

【红十字服务新农村建设】　2017 年，无棣县做好红十字“博爱家园”项目建设延伸工作，助力美丽乡村建设，在“博爱家园”村信阳城后吴村召开“优秀红十字志愿者”“卫生文明家庭”“好婆婆”“好媳妇”表彰会，弘扬家庭美德、社会公德。助力精准扶贫，“七一”期间走访贫困党员。7 月 18 日，中国红十字会党组书记、常务副会长徐科到城后吴村调研，实地察看博爱大道、居民活动室、文化广场和红十字书屋等便民服务设施，走访困难群众。

【红十字救护站建设】　2017 年，无棣县着眼提升无棣古城旅游景区处理突发意外事故的能力，减少游客发生急病或受伤的几率，在无棣古城游客服务中心建设红十字救护站 1 处。做好救护站建设，市、县红十字会组织人员到东营市红十字会、临沂市红十字会考察学习救护站建设。县红十字会制定《无棣古城红十字救护站实施方案》，红十字救护站建筑面积 200 平方米，分观察室、母婴室、处置室和培训室 4 部分。投资 15 万元，购置办公桌椅、安装空调、投影仪，配备病床、候诊椅等器材，制作应急救护流程、心肺复苏等版面。救护站平时承担普及应急救护知识、传播红十字文化、开展人道志愿服务等职责。在旅游旺季，救护站承担处置景区突发意外事件、开展应急救援职责。

【志愿服务】　2017 年，无棣县红十字会做好红十字志愿者招募、培训和使用，规范志愿服务管理，志愿服务队伍专业化水平不断提高。在博爱家园村开展学雷锋优秀红十字志愿者表彰活动，对 12 名学雷锋优秀红十字志愿者进行表彰，同时表彰部分“卫生文明家庭”和“好婆婆”“好媳妇”。“5•8”期间开展志愿者招募、培训。第 22 个“世界防治结核病日”期间，红十字志愿者参加“无棣县百千万志愿者结核病防治知识

2017 年 5 月 4 日，县红十字志愿者参观古城吴重熹与红十字会纪念馆
（供稿　门连信）

传播行动”；第9个“防灾减灾日”期间，组织红十字志愿者与有关部门联合在老区人民广场开展“防灾减灾”宣传活动。在造血干细胞血样采集现场，组织桃源社工现场服务，并现场发放遗体捐献、献血、造血干细胞捐献宣传材料。

【社会救助】 2017年，无棣县红十字会开展5项救助活动。春节期间开展“博爱送温暖”活动，为300户困难家庭发放救助金90000元；开展“桑榆敬老”活动，为80岁以上的60名贫困老人发放救助金30000元；开展“牵手未来”救助活动，救助贫困中小学生80名、大学生10名，发放救助金70000元；宣传推广“小天使基金”和“天使阳光基金”救助项目，上报7名先天性心脏病患儿和3名白血病患儿。

【应急救护培训】 2017年，无棣县红十字会开展应急救护培训工作。“5•8”世界红十字日期间，县红十字会在智诚红十字志愿者服务基地聘请讲师向志愿者开展红十字知识和应急救护知识培训。在埕口镇希望小学开展主题为“儿童学急救、急救为儿童”的应急救护知识培训活动。联合大口河边防派出所的民警，在埕口镇信家庄村为村民讲解暑假防溺水急救处理常识。

（徐志东）

居民生活

【城乡居民收入】 2017年，无棣县城乡居民可支配收入稳步提高。居民人均可支配收入由工资性收入、经营性收入、财产性收入、转移性收入组成，城镇居民人均可支配收入31825元，增长7.4%，农村居民人均可支配收入15373元，增长8.3%。

工资性收入稳步增长。2017年，全县城镇居民工资性收入20365元，增长6.9%；农村居民工资性收入5243元，增长9.4%。

家庭经营收入平稳增长。2017年，全县城镇居民经营性收入6161元，增长9.6%；农村居民家庭经营收入8142元，增长7.5%。

财产净收入、转移净收入较快增长。2017年，全县城镇居民财产净收入增长5.6%，农村居民财产净收入增长6.4%。随着居民收入的不断提高，居民投资意识增强，家庭投资渠道拓宽，利息、红利、土地出让（转租）和其他投资性收益增长，带动居民财产净收入增长。2017年城镇居民转移净收入增长8.7%，农村居民转移净收入增长9.7%。城乡居民社会养老保险、企业离退休人员养老金、城乡居民最低生活补助等标准进行上调，推动居民转移性收入较快增长。

【城乡居民消费】 2017年，无棣县城镇居民消费支出20646元，增长6.8%，其中：食品烟酒消费支出5097元，居住消费支出3660元，交通通信消费支出3578元，分别占消费支出的24.7%、17.7%、17.3%；农村居民人均生活消费支出10419元，增长7.4%，其中：食品烟酒消费支出2723元，居住消费支出1949元，交通通信消费支出1552元，分别占生活消费支出的26.1%、18.7%、14.9%。

2017年，无棣县城镇居民食品消费支出2678元，其中：蔬菜和食用菌、肉类、水产品、奶类、干鲜瓜果类消费支出总计1474元，占食品消费支出的55%，比2016年增加5个百分点；农村居民食品消费支出1981元，其中蔬菜和食用菌、肉类、水产品、奶类、干鲜瓜果类消费支出1169元，占食品消费支出的59%，比2016年增加7个百分点。城镇居民人均在外饮食支出992元，占食品烟酒类消费支出的25.5%，比2016年增加5.6个百分点；农村居民人均在外饮食支出138元，占食品烟酒类消费支出的5.1%，比2016年增加0.9个百分点。

消费层次不断提高，消费需求升级、层次提升，信息消费、健康消费、文化娱乐消费等成为新消费热点。2017年城镇居民通信服务支出656元，占交通通信支出的18.3%；农村居民通信支出299元，占交通通信支出的26.9%。城镇居民医疗保健支出1884元，占消费支出的9.1%，增长2.8%；农村居民医疗保健支出1260元，占消费支出的12.1%，增长6.0%。城镇文化娱乐消费支出1225元，占教育文化娱乐支出的47.0%；农村文化娱乐消费支出509元，占教育文化娱乐支出的41.3%。

网络消费以其操作便捷、产品丰富、价格大众，在城镇居民中受欢迎，极大刺激消费需求扩张。2017年城镇居民人均通过互联网购买商品和服务为131元，同比增长19.1%。信贷消费、分期付款等逐渐被大众接受，居民信贷消费潜力巨大。

（高秀然）

园区建设

山东无棣经济开发区

【概况】 无棣经济开发区始建于2002年，2006年经国家发改委核准，山东省人民政府批准为省级经济开发区，是无棣县五大经济板块之一和重要的工业经济聚集区。园区规划面积80平方公里，五纵八横13条共40公里的主干道路，公交客运总站、星湖佳苑、污水处理厂、110千伏输变电站等基础配套项目全部投用，实现水、电、讯、气等"九通一平"。2017年，无棣经济开发区实现规模以上工业总产值29.2亿元，主营业务收入28.62亿元，实现地方财政收入1.57亿元。

【项目建设】 2017年，无棣县经济开发区新建续建项目41个，山东晟蒙保温节能新材料、山东华匠畜牧设备等27个项目落户园区，合同完成招商引资额20.29亿元。严格执行全员联系包保企业责任制，推动项目加快建设，累计完成固定资产投资15.08亿元。体育产业园3个子项目全部投产达效，山东晟蒙保温节能新材料项目设备调试完毕进入试生产阶段，双创产业园二期工程完成建设准备。

抓好转型升级，生物海瓷与美的洗碗机强强联合；滨州斯瑞得与北京海风智能科技机器人合作项目正式启动；河山机械校企合作步伐不断加快。盛发科工贸、绿嘉木塑等一批园区企业拓展延伸产业链条，企业规模不断壮大。抓好基础配套，科技孵化园一期科技研发中心主楼外装基本完成，进行内装，预计2018年交付使用；园区实施雨污管网、供热管道、消防管道、给水管道等配套工程；污水处理厂扩容工程有序推进；双创产业园一期实现整体利用。通过"腾笼换鸟"、招商合作、租赁等形式，天鹏汽配园、博棣红木、韩一饲料、宝顺发建材、珠峰商务酒店、沃德建材等10余个项目闲置土地得到整体或部分盘活利用。

2017年5月，山东生物海瓷技术发布会在京举行，推广山东珍贝瓷业研发生产的第三代技术产品——高技术高性能"生物海瓷"，并与美的集团股份有限公司签订战略合作协议 （供稿 刘娜）

【重点产业】 无棣经济开发区创新"园中园""区中园"发展模式，"四园四区"发展框架逐步形成。同时，大力引进和培育科技型、创新型、节能环保型产业项目，推进清洁生产，以提质增效升级为中心，突出发展先进制造业、现代服务业，全面提升高新技术产业在开发区产业中的比重。至2017年，无棣经济开发区入驻企业百余家，形成机械加工制造、木器加工、海洋产品加工、农副产品加工、不锈钢产业和现代服务业等主导产业。

【环境优化】 2017年，无棣经济开发区严格落实安全环保"网格化"管理，全面提升安全环保监管水平；按照上级大气污染防治强化督查要求，对辖区内所有企业进行拉网式排查，关停取缔全部燃煤小锅炉。认真配合中央环保督察组和省安全环保强化督查组，始终保持安全环保工作高压态势，园区未发生较大安全和环保事件，为园区企业发展创造优越环境。

【队伍建设】 2017年，无棣县经济开发区“两学一做”活动持续推进，全面开展内强素质、外树形象活动；开发区30个基层党支部按时开展主题党日活动；撤销新正大商贸有限责任公司等3个党支部，新建开发区国地税等7个党支部，发展预备党员8人。

（刘　娜）

鲁北高新技术开发区

【概况】 2017年，鲁北高新技术开发区围绕“实干兴棣，绿色崛起”主题，积极主动适应经济新常态，按照打基础、抓重点、促转型、谋长远的思路，一手抓工业经济发展，一手抓环保安全规范，做到同促进同提高。全年完成固定资产投资71亿元，工业总产值286亿元，实交税金6.6亿元，完成招商引资34亿元。

【项目建设】 根据无棣县委、县政府安排，高新区纳入2017年重点项目13个，实行园区、局办领导包项目责任制，确保各项目快速推进。投资3亿元的鑫岳燃化100万吨/年煤焦油分馏项目主要设备完成招标；投资2.6亿元的2万吨/年电池级碳酸锂新材料项目的定型设备招标完成95%；投资6.5亿元的众诚供热三岳供热工程建设完成并于5月20日正式启用；投资46.2亿元的鑫岳燃化清洁油品加工项目完成催化裂化、催化重整、加氢裂化、酸性水汽提等12套工艺装置以及相应系统配套设备设施的建设；投资2亿元的4.8亿块/年新型建材项目厂区内整个场地灰土层基本完成；投资1.2亿元的石膏与废硫酸资源化利用及节能项目完成前期手续办理；投资77亿元的森岳2×60万吨/年丙烷脱氢制丙烯项目年内完成项目土建、基础以及主要设备订购、安装工作；投资4亿元的5万吨/日海水淡化项目前期手续办理完成；投资3亿元的10万吨/年聚铁净水剂项目完成投资1.1亿元；投资9800万元的苏昊新型建材2亿块/年蒸压粉煤灰砖项目配套生产设施采购完成，料场和成品仓库在建。

【产业转型升级】 2017年，鲁北高新技术开发区面对新的环保态势，加大企业投资力度，倒逼企业实现转型升级。森岳化工2×60万吨丙烷脱氢制丙烯被确定为省重点项目。2017年高新区在全国经济继续下行的压力下和在安全环保持续趋紧的情况下实现了企业投资提升、效益增长、税收增加。

【招商引资】 2017年，鲁北高新技术开发区继续优化国有资本配置，扩大鲁北企业集团混合所有制改革成果，充分吸收利用锦江集团在技术、资本、人才和管理等方面的优势，全力打造鲁北国家级生态工业示范园区、国家级技术中心。借助鑫岳化工与其他技术先进、管理经验丰富企业的合作优势，促进更多的大项目、好项目落户园区，加快园区企业的膨胀发展。按照以企招商、产业招商的思路，以招大引强为重点，以产业链条增粗拉长为动力，立足于现有产业基础，瞄准与产业关连度高的高端、终端产品及上下游项目开展招商工作。

【基础设施建设】 2017年，鲁北高新技术开发区以保证国家发改委批复的240万吨/年“成品油质量升级及配套工程项目”早日投产为目标，为化工企业顺利入驻园区创造良好的基础条件，高新区加大基础设施建设力度，夯实工业园区发展平台，强化基础设施配套服务，在马颊河北路升级改造及外环路建成通车的基础上，实施新建2.48公里的泊埕河东路和污水管线升级等基础设施项目。2017年完成投资1500万元，

鲁北高新技术开发区　　（供稿　郭崇冰）

3条污水管线铺设完成，泊埕河东路完成总工程量的70%。园区综合竞争力、承载能力和可持续发展能力不断提高，为园区进一步招大引强奠定了坚实基础。

【环保安全工作】 2017年，鲁北高新技术开发区配合环保部门做好"散乱污"企业清理整顿、10蒸吨及以下燃煤锅炉淘汰治理和高架源企业督查工作，顺利通过中央、省市各级环保督政及国家环保部对京津冀及周边地区"2+26城市"大气污染传输通道强化督查验收。加强企业安全教育培训，提高全员安全意识，提高全员知识和本岗位操作规程，提高全员安全生产管理水平，规范安全检查，消除安全隐患，推行推广6S管理模式，提高工作效率，节省生产成本，全年无重大安全事故发生，初步形成横向到边、纵向到底的环保安全生产格局。

【服务企业发展】 2017年，鲁北高新技术开发区巩固落实科级干部包企业责任制，对企业进行一对一帮扶和结对式服务，对鲁北、鑫岳、三岳等企业发展过程中面临的手续办理难题，盯上靠上搞好跟踪服务，通过与国土、发改、环保、安监、消防等部门，并到省市等相关部门进行对接，加快企业相关手续的办理进度。建立与企业家联络沟通机制，及时掌握企业发展的思路与方向，实行"一企一档""一事一册"制度，更好地为企业精准服务。通过不讲条件、不计代价、毫无保留地为企业提供"保姆式"服务，高新区赢得了企业的信任和支持，鲁北、鑫岳、三岳3家企业共同筹资900余万元为园区铺设供暖管道，实现集中供暖，解决了高新区、埕口镇及相关事业单位和部分村庄的取暖问题。

（郭崇冰）

新海工业园区

【概况】 2017年，无棣县新海工业园围绕中心工作，推进园区综合整治建设，继续强化基础建设，环保工作持续推进，安全生产实现"零"事故，园区各项工作顺利推进，建成集园区治安、安监、环保、消防于一体智能化自动监测中心，实现智能化、网络化管理。加大环境整治资金投入，顺利完成园区"一企一管""雨污分流"、在线监测、自来水网管改造、污水处理厂升级扩容等环境综合治理重大工程项目，完成投资1.5亿余元。园区全年完成工业总产值19.26亿元；规模以上企业工业生产总值1. 1亿元，固定资产投资新增1.64亿元，工业技改投资0.46亿元，实现税收4700万元。

【环保部挂牌督办解除】 2017年，无棣新海工业园通过环境综合整治，6月29日，国家环保部办公厅下发通知，解除新海工业园区环境问题挂牌督办。以中央环保督查行动为契机，全面有序有力开展专项整治活动，完成燃煤锅炉取缔，取缔燃煤锅炉27台，实现园区由京能生物质发电有限公司集中供蒸汽。

【安全监管】 2017年，无棣新海工业园发挥县聘安全顾问的专家作用，加大对辖区内的企业严密检查，排查企业150家次，排查出事故隐患497项，在县安监局的指导下，企业内安全隐患全部排除，高频次高密度的安全排查保障园区各项事业的顺利开展，实现安全生产"零"事故。

【项目建设】 2017年，无棣融川医药化工与上海延安药业实现合作，由宁波中科远东催化工程技术有限公司与中科院宁波材料所共同组建的滨州中科催化技术有限公司开工建设。

2017年9月29日，中国工程院院士陈芬儿（前排中）视察融川医药

（供稿　南长亮）

【人才引进】 2017年9月，陈芬儿院士工作站在融川医药有限公司成功落户，与华东理工大学教授吴范宏团队合作成立无棣融川——华理生物实验室，促进企业科技水平提高。

（南长亮）

滨州港西港经济园区

【概况】 2017年，西港经济园区内42家纳税企业中有6家企业纳税突破百万元，实现税收1980余万元，同比增长30%。2017年，园区内港口吞吐量达2000万吨，占全市港口吞吐量的三分之二。

【项目建设】 中电建光伏发电项目（无棣县友发渔光互补40兆瓦光伏扶贫电站项目）、无棣清能120兆瓦渔光互补一期25兆瓦光伏发电项目，于2017年8月31日完成施工并网发电；丰源盐化公司高位养殖池及土塘试验池和辅助生产设施建设完成，全面投入生产；黄河岛华运风电项目，办公楼、设备楼建设完成，升压站主体框架完工，进行内装；黄河岛引水工程一期全部完成，2017年4月完成蓄水；海忠软管18公里的中海油项目7月完成交付，8月开工生产的委内瑞拉4寸38.7公里柔性软管生产和马来西亚BENTARA油田6寸500米动态立管生产任务全部完成，动态立管于11月2日交付离港运往马来西亚。园区完成物流矿土吞吐量1400万吨，集装箱标箱10000个，同比增长37%。

【环保安全综合整治】 2017年，滨州港西港经济园区按照环保要求，淘汰10蒸吨以下燃煤小锅炉。园区码头企业全部进行环保改造，购置洒水车、清扫车、雾炮，安装防风抑尘网、设置沉淀池、车辆冲洗台、扬尘检测设备，进行路面硬化等。安全生产方面，坚持“全覆盖、零容忍、严执法、重实效”，开展安全隐患大排查、查保促、安全生产月活动，确保园区安全稳定无事故。

【国内首家软管原型实验室运行】 无棣海忠软管制造有限公司位于山东省无棣县滨州西港经济园区，主要业务为海洋高压复合软管研发、生产，为国内首家、全世界第八家专业生产各种海洋柔性复合软管的企业。其研制的输气高压海洋复合软管，填补了海洋复合软管中国制造业空白，打破了国外市场对海洋柔性管道的垄断。2017年初，公司启动“十三五”国家科技重大专项“保温输油软管关键技术研究项目”，无棣海忠公司原型实验室相继投入使用，该原型实验室分为3个区域，分别为原型试验区、动力区、控制采集区，拥有疲劳试验机、扭转试验机、拉完组合试验机、压溃试验机等原型试验设备256台套，主要承担软管生产前期所有软管的原型实验工作，用于验证软管的设计及其性能参数，成为国内唯一软管原型实验室，科技含量居全球领先水平。该试验室研发的多种动态软管设计方案通过了国际权威机构法国船级社（BV）认证，国际知名度不断越高。

【无棣立管走出国门】 2017年7月，无棣海忠软管制造公司和马来西亚石油公司签定产品研发合同，并如期高质量完成生产任务。10月31日下午，公司生产的500米海底动态立管运到公司码头，从大盘倒入小盘，当天装船外运马来西亚石油公司。该公司海底动态立管国际业务的交付，标志着国内首条海底动态立管投用，也标志着我国海底动态立管进入商业化运营，得到国际市场认可。该批动态立管是我国打开国际市场的标志性产品。无棣海忠软管制造公司也成为继法国Technip、美国Wellstrenm、丹麦Nov公司之后的世界第四家具有动态立管生产能力的企业。动态立管主要用于海面平台和海底的连接，具有交变能力强、抗风浪、适应恶劣环境能力强等优势，较海底平铺的软

2017年10月31日，无棣海忠软管制造公司生产海底动态立管走出国门，出口马来西亚　（摄影　高士东）

管在结构上、应用上、技术上都取得新突破，是海底平管的升级换代产品。

【山东省规模最大的渔光互补扶贫电站并网发电】 无棣县友发渔光互补40兆瓦光伏扶贫电站为新型能源渔光互补发电工程，位于山东省无棣县柳堡镇友发集团所属的丰源盐化公司，为“上可发电，下可养鱼”的发电模式。该工程用地面积85万平方米，总投资3.69亿元。项目自3月份开工建设，8月并网发电。运行期内年均发电量5153.88万千瓦时，年可解决1601户贫困户脱贫。

【山东省首例规模化海水养殖南非斑节对虾成功】 2017年6月，山东省现代农业产业技术体系虾蟹创新团队与无棣友发海水养殖公司合作，在丰源盐化养殖场进行南非斑节对虾规模化养殖试验，在“黄三角”地区探索新品种对虾高效、生态养殖的可行性。该试验一个养殖周期为3个月时间，在高位池试养的5亩南非斑节对虾重量达到10只0.5公斤，亩产1000公斤左右，山东首例规模化海水南非斑节对虾试养成功。这一新品种对虾单体重和市场价格是普通对虾的3～4倍，与普通对虾相比，其具有抗病能力强、生长速度快、肉质鲜美、价格高等优势。

【重点企业　重点项目选介】 **无棣海忠软管制造有限公司** 2007年9月成立，注册资金8000万元，总投资5.4亿元，占地面积390亩，是我国海洋装备制造业、海洋输油软管的始创企业。公司具备全产业链成套生产设备，10英寸软管年生产能力100公里。对复合软管的设计和研发、生产和铺设等专项业务的技术研究均居国内领先水平。2012年公司获得权威机构美国石油协会API颁发的会标认证证书，2015年获得权威机构法国船级社BV颁发的8寸输油保温动态软管型式认可证书。2017年评为山东省一企一技术研究中心，被山东省海洋渔业厅认定为山东省海洋工程技术协同创新中心。至2017年，拥有专利20余项，申请中的专利10余项，自己的商标权1项。

2010年至2017年向中海油的渤海、东海、南海产油项目提供150公里软管产品、为业主降低约10亿元采购成本。积极拓展国际市场、参与海外市场竞争，2017年完成委内瑞拉4吋38.7公里柔性软管生产项目。承揽的马来西亚BENTARA油田动态立管项目如期交付。2017年，在浅海（300米水深）海管生产的基础上，参与“十三五”深海（1500米水深）软管研发。立足于“十三五”创新目标，进行电子交联发泡PP保温材料研发、海洋软管耐酸金属材料研发、轧制焊接工艺开发，国产保温材料投入10吋保温软管使用，预计2018年3月份正式在涠洲区域投入使用，产品得到业主高度评价；耐酸金属材料已投入多个生产项目使用。

2017年进行生产设备的技改革新，实现生产设备升级换代，提升后的设备具有高速运行的稳定性和加工精度，提高生产效率20%至40%。

山东赛尔生态经济技术开发有限公司 成立于2002年，是集冬枣种植与销售、优质牧草种植、畜牧养殖、草牧业一体化、旅游资源开发于一体的民营企业，是绿色生态循环农业示范基地，面积39000亩，全部实现台田标准化，沟、渠、桥、涵、闸配套；修建农耕路42条、总长91.5公里，乡村2级公路1条、总长34.5公里，架设高压线路35公里，修建5000亩、1000亩水库2座，蓄水能力2800万立方米。

2014年开始种植苜蓿，2017年苜蓿种植规模达到8500亩，年平均亩产干草750公斤～850公斤，销往东营、高青等地和蒙牛、伊利等企业。

黄河岛养殖、种植项目 黄河岛位于无棣县的东北部，濒临渤海，地处黄河三角洲腹地，占地25.9平方公里。黄河岛先后获得国家水利风景区、国家湿地公园、全国十佳休闲农庄、国家AAAA级旅游景区、国家农

2017年9月8日，山东友发水产有限公司高位池收获南美白对虾
（供稿　赵娟）

业标准化示范区、全国海洋意识教育基地、全国休闲渔业示范基地、全国林业科普基地、全国休闲农业与乡村旅游五星级企业、全国野生动物保护科普教育基地、农业部水产健康养殖示范场、农业产业化省重点龙头企业、山东省林业龙头企业、山东省畜牧旅游示范区、山东省新型职业农民培育实训基地、全省科普教育基地、全省林业科普教育基地等荣誉称号。

黄河岛现建有现代渔业示范基地26000余亩，养殖的青蛤、缢蛏、菲律宾蛤仔、文蛤、对虾等水产品被农业部认定为国家无公害农产品。建成苜蓿种植基地6000亩，养殖生态鹅2万余只。2013年8月，生产的苜蓿在内蒙古“全国第五届苜蓿发展大会”上，经国家畜牧业协会草业分会监测评定，达到全国优质苜蓿草产品质量评选标准优良水平。在山东省草产品质量检测中心历次苜蓿抽检中，均达到国家质量标准。建成畜牧养殖基地，以良种羊保种、育种、杂交改良、繁育养殖为主，占地面积260余亩，引进鲁北白山羊、黑山羊等良种羊。园区申报的“一种标准化山羊产羔舍”“一种山羊良种繁育养殖布局结构”获国家实用新型专利，并申报国家发明专利。

无棣丰源盐化有限公司 （参见“盐业”P162）

（付建厂）

黄河岛湿地 （摄影 邵跃山）

镇 街道

海丰街道

【概况】 海丰街道东临棣丰街道，西靠庆云县，南接阳信县，北连信阳镇，面积92.5平方公里。辖11个社区，77个行政村，人口7.15万人。2017年，GDP总量为30.8亿元，人均可支配收入15265元，完成地方财政收入1.16亿元，招商引资2.2亿元。粮食种植62236亩，总产量30641吨，其中，小麦种植30302亩，产量14785吨；玉米种植31264亩，产量15788吨；禽存栏量460893只，大牲畜（牛、马、驴、骡）存栏量3018头，猪存栏量3508头，羊存栏量3462只。

2017年，发展农民专业合作社1个，新培育家庭农场3个；吴八里村八里绿洲葡萄精品采摘园创成山东省生态休闲农业示范园区，无棣杏园人家乡村旅游专业合作社被农业部评为“2017年全国休闲农业与乡村旅游示范企业（园区）”。全年流转土地面积近2000亩，至2017年底，全街道共流转土地面积16000亩。新发展小刘家蔬菜种植基地400亩，大郭家家庭农场、猕猴桃种植基地100亩。

2017年，引进投资3亿元的泰科充电桩项目、投资9680万元的中电安全设备检验检测项目等15个项目。创成国家小微企业创新创业基地，新上10家小微企业，5家企业申报高新技术产业。投入1500万元，铺设西城区污水管网，实现雨污分流。7月，与“3+e”电商培训商业机构合作，在全县建立第一个电子商务服务中心，培育电商示范企业和从业人员。与省农科院合作建设健康产业研发中心，给辖区内企业引进人才、研发创新提供平台，实现科研、人才和专家科研成果与企业双对接。

主攻“种植、光伏、旅游、电商”等产业项目扶贫，引导各类经营主体吸纳贫困群众就业创业等形式，促进贫困人口增收，实现贫困人口脱贫形式多样化、效果长效化。至2017年底，实现建档立卡的4个省定贫困村全部摘帽，83户189人全部脱贫；对其余231户440人进行建档立卡贫困户精准识别、动态调整，确保贫困户应保尽保、应纳尽纳，国家政策应享尽享。

创新城市社区党建工作，搭建5个党委、18个党总支、60个党支部、180个党小组四级网格体系。投资300余万元建设党建工作综合体，建成集党员教育、人才服务、社会组织孵化、群团活动、职业培训、融资创业“六位一体”的党建工作综合平台。组织开展“村级组织大调研”活动，班子成员带头帮包整顿软弱涣散村，实现村“两委”换届选举工作平稳有序推进。实施农村社区“四个下沉、五项保障”工作制度。制定《农村重大事项审批制度》，强化村级规范运行，对村级维稳、安全、环保等工作进行网格化管理。将党的十九大精神等内容安排到主题党日、党课中，发挥“微党课”巡讲、“主题党日e线通”APP、微信公众号作用。举办党员干部专题演讲、知识竞赛、学习大讨论等活动6次，推动“两学一做”活动常态化制度化。

【休闲农业和乡村旅游】 海丰街道构筑起全域旅游“两区两带”新框架，

海丰街道润春家庭农场的红心火龙果种植　　（摄影　高士东）

打造两条“一日游”精品乡村游线路，培育大齐黄金杏采摘休闲园、八里绿洲葡萄精品采摘园、润春家庭农场等多个特色乡村旅游景点，成功举办首届大齐杏花节、首届龙岗牡丹节，以及第五届大齐黄金杏采摘节、第六届八里绿洲葡萄采摘节、第三届小李家荷花节、后牛庭院冬枣采摘节等系列活动，举办各类文艺活动20余场次，吸引游客10万余人次，实现旅游收入1100多万元。

【省级卫生县城复审迎查】 2017年省级卫生县城复审中，海丰街道担负19个城中村、城乡结合部及21个老旧小区的整治任务。街道办事处组织500多名机关和村干部投入工作一线，确保了省级卫生县城复审工作顺利通过验收。海丰街道被山东省爱国卫生运动委员会命名为“2017年度山东省卫生街道”，霍三里村、朱家村被命名为“2017年度山东省卫生村”。

【美丽乡村建设】 海丰街道投资780余万元，粉刷美化墙面12万平方米，绘制墙体画5100平方米，栽植绿化苗木8万余株，拆除破旧房屋、室外旱厕135间，腾出空地37亩，绿化18亩，更换路灯127盏。巩固提升3个省级示范村、创建2个县级示范村和9个提升村。农村无害化卫生厕所改造覆盖率达到90%。林水会战提档升级，完成成片造林2500亩，新建农田林网1270亩，完成村庄绿化8个，乡村路河道绿化6.5公里，发展林下经济2000亩。建成高效节水灌溉面积4200亩，完成白杨支沟清淤10.2公里。

【煤改气“户户通”工程】 海丰街道成立专项领导小组，与社区、村逐级签订责任状，出动宣传车100辆次、张贴标语500余条、发放宣传单10000余份，召开“煤改气”知识培训20场次。每个村成立3人的驻村工作队，与村负责人盯靠工地，严把工程质量与施工安全，完成11500余户的清洁取暖工程，担负全县五分之四、全市七分之一的工作任务。全市清洁取暖现场会在海丰街道召开。

海丰街道大齐村水杏种植 （摄影 高士东）

【海丰街道与省农业科学院农研所实现战略合作】 2017年6月5日，海丰街道与省农业科学院农研所战略合作签约仪式举行。

海丰街道与省农科院农研所签订战略合作框架协议，加快海丰街道食品加工产业发展、提高科技创新水平，全力实施创新驱动战略。省农科院农研所发挥技术和人才优势，进一步加大对海丰街道的支持力度，加快农产品开发、生产工艺研发等，为海丰街道的现代化食品加工业发展提供强力的科技支撑，为海丰街道培育出省内、国内知名企业。省农科院作为海丰街道食品加工业的科技后盾，帮助企业破解生产工艺难题，开发营养健康的新型特色产品，为海丰街道食品加工产业的转型升级和长足发展创造条件。

【省农业科学院农产品研究所海丰健康产业研发中心揭牌】 2017年12月9日，省农业科学院农产品研究所海丰健康产业研发中心在海丰街道揭牌成立。省农科院农产品研究所所长王月明介绍研发中心组建情况；省农科院国有资产管理处处长吴修与县委常委、副县长王春平为“山东省农业科学院农产品研究所海丰健康研发中心”揭牌并分别讲话；省农科院农产品研究所与海丰街道负责人为“山东省农业科学院农产品研究所农科讲堂”揭牌。随后举行科企合作集中签约仪式。

【丰香园芝麻食品出口14个国家】 2017年，无棣丰香园公司生产的芝麻盐、芝麻酱及各种烹饪调味品，从原料进库到成品出厂，经过12道工序严格检测，确保产品符合国家标准和出口标准。该公司通过美国FDA认证、国际清真食品HALAL认证、犹太洁食KOSHER认证、HACCP食品管理体系认证等，其芝麻系列产品出口和销往日本、澳大利亚等14个国家，年创外汇2000万元。

2017年海丰街道各村（居）基本情况一览表

表83

行政村名	户数（户）	总人口（人）	耕地面积（公顷）	粮食总产（吨）
城东许村	395	759	—	—
城东代村	110	387	—	—
城东张村	384	1054	—	—
朱家村	321	919	—	—
小姚村	187	477	—	—
杨三里村	185	697	14.43	63.89
陈家村	73	343	3.80	—
闫家村	32	250	—	—
张家楼村	11	176	3.70	—
杨家坊村	60	441	11.79	175.27
东辛村	110	441	—	—
西辛村	87	331	37.56	386.01
西小马村	100	384	30.81	428.24
五里堡村	184	611	46.00	484.93
冯家铺村	186	677	50.94	673.74
洼里宋村	496	1762	152.16	1745.19
解家村	340	979	118.69	1764.65
城西张村	77	321	36.02	521.85
郎家村	64	250	29.33	409.72
小刘家村	104	433	65.17	418.90
堤南宋村	158	515	29.09	325.49
前楼村	97	350	29.90	341.94
后楼村	53	233	27.69	251.25
城西高村	66	290	33.18	425.86
堤口崔村	423	1127	139.93	1559.06
付家村	272	847	58.78	602.24
河东许村	216	792	84.82	1006.33
李家村	136	418	43.30	740.70
前桥村	201	504	60.47	702.80
后桥村	86	357	48.90	377.69
火炉村	76	344	30.22	399.59
崔家村	76	262	34.80	374.00

续表 83

行政村名	户数（户）	总人口（人）	耕地面积（公顷）	粮食总产（吨）
河东高村	147	504	36.19	573.04
城北张村	40	229	21.99	305.86
大马村	211	696	2.88	—
南关村	221	867	24.08	244.44
东南关村	445	1337	21.77	103.62
西南关村	61	230	—	—
南小孟村	27	123	8.02	43.57
汪家村	185	631	77.83	624.58
城南徐村	208	687	43.98	361.45
冯家村	210	751	84.58	730.25
吴家村	133	503	55.75	512.62
城南高村	47	247	24.45	352.17
杨店村	181	597	55.96	698.36
曹庙村	287	958	60.91	681.05
簸箕赵村	131	454	32.07	417.15
史家庵村	95	377	25.68	127.17
城南赵村	49	231	14.49	137.68
黎店村	174	696	91.48	608.35
东小马村	158	512	34.94	257.27
大孟村	87	245	14.41	122.96
唐寨村	103	376	47.78	407.18
杨玉亭村	166	511	73.44	567.34
月角塘村	82	362	17.46	95.31
前牛村	320	896	95.58	757.97
大齐村	203	528	102.52	867.70
后牛村	212	621	35.55	59.51
代家村	236	736	99.90	912.32
朱八里村	40	91	13.71	229.99
李八里村	170	490	57.78	875.04
吴八里村	122	438	45.02	630.24
徐庙村	35	201	23.65	373.08
康家村	115	357	44.81	562.14

续表 83

行政村名	户数（户）	总人口（人）	耕地面积（公顷）	粮食总产（吨）
东范村	179	507	49.47	678.34
西范村	165	582	52.56	741.52
杨八里村	147	526	46.40	687.21
大郭村	34	141	23.63	268.13
小郭村	178	602	39.22	419.41
于庙村	95	395	—	—
桃花岭村	197	434	—	—
仝家村	161	636	24.91	142.30
霍三里村	100	313	12.51	106.61
东关村	593	2203	—	—
北关村	176	566	—	—
城里村	323	811	—	—
西关村	133	476	3.07	160.28

（刘雪松）

棣丰街道

【概况】 棣丰街道地处县城新区和县经济开发区，205国道、新大济路和滨德高速穿行境内。版图面积80平方公里，耕地面积1867公顷，辖4个农村社区，35个行政村，总人口2.2万人。街道党工委辖6个党总支，50个党支部，其中，农村党支部35个，机关党支部5个，街直部门党支部4个，非公有制企业党支部6个，有党员940名，其中农村党员702名。2017年，棣丰街道完成固定资产投资10.8亿元，增长15%；实现地方财政收入2764万元。

棣丰街道佘家村棣州电商公司员工赶制柿饼订单　　　（摄影　高士东）

项目建设。探索节约集约用地途径，整合工矿用地300亩，完善基础配套设施建设，吸引健康型、科技型、创新型产业落户。一期工程落户项目5个，投产4个，在建1个，签订合同1个，到位资金1.5亿元，实现招商引资6亿元。同时，壮大中小企业成长中心规模，启动二期工程建设，签订合同4个，吸引投资1.4亿元。

安全环保。严格落实国家去产能政策，到位拆除钢铁企业1个；彻底取缔各类"小散乱污"企业、砖瓦窑厂、燃煤锅炉近30处，排查整改到位企业环保问题40余个，顺利通过各级督查。同时，分3批全力做好161名退役士兵安置工作；积极化解信访积案，确保社会大局和谐稳定。

民生事业。统筹推进城乡环卫一体化、美丽乡村建设、省级卫生县城复审工作。在下半年的全市环卫一体化及路域综合整治工作考核中，取得全市第2名的成绩。推进“气代煤”工程。18个村“气代煤”清洁取暖改造工程超额完成上级任务。推进总投资3.6亿元的棚户区改造项目，高标准建设馨安、馨泰2处安置小区，计划2018年5月前整体搬迁，从根本上改善棚户区居民的居住条件和生活环境。推进街道中心小学建设、明德小学扩建工程，解决“大班额”问题。推进街道卫生院、派出所项目建设，提升群众在医疗卫生、社会治安方面的满意度。对精准识别出的38户87人贫困人口实施全员参与帮扶结对，落实种植、养殖、光伏、就业、项目等扶贫政策，实现贫困户全部脱贫。对265名优抚对象发放各种优抚款133万元，对903户低保家庭发放救灾救助款240余万元，累计为264名残疾人和336名重度残疾办理护理补贴、生活补贴共计57万元。

棣丰街道白杨小学学习地方武术拳种点子拳　　（摄影　高士东）

精神文明建设。投资5万元在前丁、后丁村全面打造社会主义核心价值观宣传文化街；在35个村每季度开展“善行义举”四德榜评选活动，累计选举500余名优秀典型；星湖水岸社区开展“十个好”表彰活动，评选出30位先进个人，促进社区精神文明建设。深入开展群众性精神文明创建活动，街道被授予省级文明单位称号，创成市级文明社区3个，市级文明村8个。推进文化惠民工程，统筹发展城乡文化，构筑“街道有综合文化站、村居有综合性文化服务中心”的公共文化服务体系，高标准建设街道综合文化站，设置6个功能分区，满足群众不同的文化需求。推进村级综合性服务中心建设，定期组织开展群众性文化活动，街道文化建设工作成效显著。开展移风易俗，在35个村成立红白理事会并全部在民政所备案，涉及成员175人，修订各村村规民约，总计412条。制定《农村红白事参照标准》，大力营造开展移风易俗工作的良好氛围。投资10万余元用“三个一千”奖励推动移风易俗工作。

党的建设。依托“灯塔—党建在线”“e线通”平台，扎实开展“民主议政”“主题党日”活动，认真学习宣传贯彻十九大精神，促进“两学一做”活动常态化制度化。大力加强基层党组织建设，开展软弱涣散村整治行动，扎实推进村“两委”换届工作。探索“党建+农户+种植大户”模式，通过成立合作社、建设苗木市场、项目扶持等形式，盘活村内“苗木+土地”资源。河北、杨白杨等8个集体经济薄弱村实现村集体收入超3万元。创新社区管理服务，探索城市社区区域化党建工作，推行网格化管理，健全由街道党工委—社区党委—社区服务站党总支—网格党支部—楼宇党小组—党员中心户—党员的完整党组织架构，设立棣州社区等5个社区党总支，确保组织覆盖，延伸服务触角。投资160余万元率先高标准打造星湖水岸社区党总支党员服务站示范点，选派工作人员、社会公益组织及志愿者入驻服务站，成立社区党总支，按照区域化党建“一建、双培、三带、四社联动”的工作思路开展工作，将城市居民真正纳入社区管理。

【山东省万亩芝麻基地及加工种植创新试点项目落户棣丰街道】 2017年，争取中央资金2000万元、省级配套800万元，总投资4010万元的山东省万亩芝麻基地及加工种植创新试点项目成功落户，种植芝麻10000亩，建设年产3000吨芝麻产品生产线，配套建设物流、研发、销售中心，发展生产性服务业，探索芝麻产业+旅游新型发展业态，促进芝麻产业实现一二三产融合发展。

【特色“苗木小镇”】 2017年，棣丰街道建立“客户+市场+协会+基地+农户”苗木产业发展模式，率先成立全县首家苗木协会，建成鲁北苗木大市场，成立苗木协会党支部，从规范市场环境入手，全力打造特色“苗木小镇”。街道林木种植面积突破5万亩，苗木经营业户100余家，带动苗木服务专业户5000余户，人均年增收6000余元，年交易额达5亿元。扎实开展林业会战，累计投资150万元，完成成片造林1350亩，栽植白蜡、国槐10万株，创成省级森林乡镇。

【省级旅游强乡镇创建】 2017年，小开河湿地及无棣天龙农庄项目被列为全县重点项目，依托天龙农庄、农场畜禽养殖产业、小开河湿地公园等资源，做好无棣天龙农庄等项目工程建设的协调和服务工作。投资550万元铺设湿地公园沙石路4.5公里，建设青少年科普宣传长廊，建成农场大酒店和百味农家乐；整合天龙农庄旅游项目，投资650万元建成农家四合院2000平方米，打造"驴小飞嗨皮园"，全力助推乡村旅游三产服务业发展。2017年成功创建省级旅游强乡镇。

2017年棣丰街道各村（居）基本情况一览表

表84

行政村名	户数（户）	总人口（人）	耕地面积（公顷）	粮食总产（吨）
堤头姚村	199	574	—	—
车家村	167	396	60.87	403.77
徐家村	66	192	7.67	50.93
王自友村	82	192	—	—
佘家村	191	575	22.47	154.45
小杨村	64	181	17.87	117.99
李百祥村	234	619	74.27	519.52
张塔村	387	934	—	—
石三里村	841	2432	—	—
老翁陈村	187	854	—	—
时礼村	264	732	—	—
前丁村	344	842	82.00	573.65
后丁村	99	332	—	—
小袁村	73	243	6.13	40.25
高白杨村	134	507	30.53	210.22
梁白杨村	178	607	41.87	317.77
袁白杨村	168	479	30.93	227.55
杨白杨村	122	365	32.53	236.68
李白杨村	301	923	160.20	1260.72
王白杨村	364	1017	256.40	2037.68
西河西营村	134	405	35.13	255.98
中河西营村	330	875	166.60	1234.97
东河西营村	159	414	43.87	330.32
河沟村	359	1030	48.27	346.43
银王庙村	70	259	65.60	477.73

续表 84

行政村名	户数（户）	总人口（人）	耕地面积（公顷）	粮食总产（吨）
小齐村	97	377	79.60	577.30
李家楼村	202	597	96.67	689.48
贾家店村	304	882	150.53	1092.87
韩家村	122	474	118.13	848.04
贾家楼村	66	234	59.00	411.13
郭家村	62	250	85.73	591.05
小吴家村	47	138	48.33	325.25
西袁村	95	317	79.93	581.11
东袁村	89	304	72.53	520.90
河北村	128	443	117.73	836.59

（马 娟 邓 飞）

信阳镇

【概况】 信阳镇位于无棣县南部，东临水湾镇，南接海丰街道，西与德州市庆云县接壤，北与车王镇相连。省道大济路纵贯南北全境，205国道、黄大铁路傍境而过，距威乌高速公路入口15公里，津汕高速公路入口10公里。全镇总面积50.08平方公里，耕地面积2500公顷。辖6个办事处，57个行政村。有企业161家，其中规模以上企业8家。2017年，全镇实现地区生产总值14.8亿元，增长4.96%，地方财政收入1907.9万元。

农业经济。投资1000余万元，完成大王、大东等10个村7000余亩的高标准农田项目建设。抓好土地流转，双堠、鲍家、中粉、车家、吴季李、吴店等6个村土地整体入社，全镇流转土地8600亩，成立各类合作社120个，初步实现土地规模化经营。双堠800亩土地全部流转到村集体，成立合作社，群众以土地入股，投资230余万元，新建青贮池、养殖棚、香菇棚。吴季李村采用“合作社+农户”的方式，投资300余万元建成源图家庭农场。大王村旱藕种植项目、郭打绳村太空莲项目全部建设完成。完成成片造林1260亩。土地承包经营权确权登记颁证工作圆满完成。

工业经济。全年完成招商引资3.3亿元。镇域支柱企业数量从11家增加到14家。积极与县开发区协调，2家企业入驻园区，3家企业投产经营，12家企业签订入园协议。总投资1.6亿元的天颐康二期自动生产线和熟食加工扩建项目完成主体建设。姬家花园油11月入选中国好粮油品牌。加快新旧动能转换，加快产业转型升级。积极与县开发区协调，投资5000万元，建设占地100余亩的无棣泽润再生资源产业园，新建厂房2万平方米，完善各类手续及设施，2家企业投产，12家企业准备搬迁入园。引导加工

信阳镇天驹家庭农场莲蓬种植　　（摄影　高士东）

信阳镇源图家庭农场蔬菜种植　（摄影　高士东）

企业转型升级，产业龙头企业龙达色母粒成功转型，电商产业园开工建设。

深入开展环保执法行动，采取疏堵结合方式，对“小散乱污”企业进行清理拆除，依法查封、关停、拆除、清理“小散乱污”企业58家。清理红砖、木炭窑厂9家，拆除10万吨以下燃煤锅炉17个。

民生工程。美丽乡村建设，9个村通过市检查验收。完成76户危房改造。农村无害化卫生厕所改造完成2469户，受到市县表彰。煤改气工程完成2127户。安全生产监管，查封各类违法加油站点19处。推进“河长制”实施，健全镇村两级“河长制”组织体系，清理违规事项81处，水系环境得到明显改善。205国道绕城段前期启动工作全部完成，镇域内所有道路完成沿线环境整治。

文化教育。投资1000余万元，高标准建设信阳镇文化广场；把文化大院建设纳入全镇重点民生工程，加强对文化大院的管理和使用，增加健身器材和书籍数量，村级综合性文化中心完成率达到80%，配备不同类型图书6万册以及300余件体育健身器材；举办信阳镇第二届广场舞比赛，秧歌、锣鼓队表演等群体性文化活动全面开展。配合消除大班额工程，“两上”学校主体全部完工。投资500万元的中小学塑胶场地开工建设。至2017年末，全镇有幼儿园18所，公办6所，民办12所，在园幼儿1210人，专任教师46人；小学8所，在校学生1925人，专任教师162人，小学适龄儿童入学率100%；初中1所，初中在校学生892人，专任教师116人。初中适龄人口入学率、小升初升学率、九年义务教育覆盖率均达100%。

社会保障。精准扶贫，2017年纳入雨露计划7人，医疗保险减免政策全面落实。落实各项惠农政策，享受富民生产贷项目收益198户，实现贫困户919户、1794人全部脱贫。金融环境持续改善，开展“增信贷、降不良、打逃债”专项行动，清收不良贷款109.1万元。低保、五保救助水平提高，“一村一法律顾问”实现全覆盖。农村最低生活保障1088户、1680人，支出451.6万元，比上年增长15.4%，月人均224元，比上年增长8.2%。国家抚恤、补助各类优抚对象407人，抚恤事业费支出159.4元．敬老院1家，床位60张，收养农村五保人员29人。

【双堠村成立种植专业合作社发展特色农业】　双堠村位于信阳镇政府驻地西北4公里，面积0.76平方公里，其中耕地56.7公顷，村庄占地19公顷。全村人口945人。

全村所有土地流转到村集体。注册资金1000万元，成立双堠种植专业合作社，群众以土地入股。一期投资230万元，占地3000平方米，建

双堠种植专业合作社大棚香菇养殖　（摄影　孙兰兰）

成5个香菇大棚，同时实施二期15个大棚的建设，建成全市最大的香菇种植基地。围绕产业规划，在香菇种植地周围建设1500平方米的养殖棚，2000平方米的青贮池，初步形成规模化种植、饲料生产、畜牧养殖、菌类种植循环农业链条。一期建设的5个香菇种植大棚，一个棚日产香菇600斤，产品供不应求。青贮秸秆饲料3000吨，实现增收100万元。建设农业自主采摘、垂钓观光、农事体验等休闲娱乐项目。

2017年信阳镇各村（居）基本情况一览表

表85

行政村名	户数（户）	总人口（人）	耕地面积（公顷）	粮食总产（吨）
如意村	248	780	66.00	891.00
东赵村	60	217	13.60	183.60
李古河村	131	395	47.33	638.95
车中村	126	484	30.00	405.00
车西村	96	310	17.80	240.30
郭打绳村	240	680	61.70	832.95
车东村	82	336	22.00	297.00
谢家村	215	617	60.00	810.00
后张村	92	350	30.00	405.00
南张村	330	995	47.00	600.00
小王村	43	142	15.60	230.00
宣家村	86	276	16.00	230.00
吴店村	340	1140	48.00	610.00
汤辛村	213	680	44.00	264.00
大孟村	281	910	70.00	850.00
大邵村	109	375	26.00	392.00
盘河村	110	370	30.00	440.00
李楼村	205	635	171.00	1060.00
牛家村	45	131	22.00	297.00
小孟村	75	280	21.00	295.00
李家村	125	448	20.70	248.00
姬家村	176	550	34.90	419.00
李良村	121	463	28.60	343.20
庞家村	241	736	19.70	237.00
庞张村	184	602	10.50	126.00

续表 85

行政村名	户数（户）	总人口（人）	耕地面积（公顷）	粮食总产（吨）
齐家村	61	245	11.40	131.00
小邵村	78	265	18.30	227.00
城角村	183	623	35.90	431.00
大东村	236	827	40.20	482.00
大王村	132	475	19.90	238.00
大西村	183	837	38.30	461.00
灶户杨村	333	1305	65.30	940.00
张陈村	176	425	27.00	400.00
郭来仪村	265	750	48.93	600.00
店子村	260	785	64.00	400.00
闫家村	229	780	42.00	580.00
通一村	210	620	42.00	70.00
通二村	148	482	34.00	400.00
双堠村	327	827	56.70	700.00
鲍家村	180	530	41.30	50.00
东王村	140	503	31.70	300.00
西王村	78	290	14.00	130.00
王家村	323	1064	62.00	806.00
吴家村	245	701	73.30	952.90
田家村	83	302	20.00	260.00
北赵村	196	641	58.60	761.80
前胡村	275	944	80.00	1040.00
后胡村	98	304	28.00	364.00
东粉村	205	732	53.30	692.90
西粉村	245	749	50.00	650.00
中粉村	114	396	21.90	284.70
范家村	282	805	54.70	510.00
丰台村	147	442	54.10	503.00
丰台张村	77	256	21.30	204.00

续表 85

行政村名	户数（户）	总人口（人）	耕地面积（公顷）	粮食总产（吨）
吴季李村	240	744	70.10	650.00
于家村	120	362	34.00	320.00
枣行村	128	430	34.70	330.00

（杨　晨）

车王镇

【概况】 车王镇位于无棣县中西部，东邻柳堡镇、水湾镇，南接信阳镇，西与德州市庆云县接壤，北与小泊头镇相连。总面积145.8平方公里，耕地面积6700公顷。辖9个社区，74个行政村。2017年，全镇国内生产总值22.74亿元，完成地方财政收入3092.5万元，增长17.9%；人均可支配收入15265元，增长8.8%。2017年底，全镇总人口5.56万人，人口出生率2.03‰。

2017年，粮食播种面积9039.47公顷，粮食总产量59843.13吨，其中小麦产量2653.5吨、玉米产量33077.6吨。肉牛存栏2.8万头、出栏5.5万头，羊存栏1.4万头、出栏3.08万头，猪存栏1.8万头、出栏5.04万头，畜禽存栏147万只、出栏690万只。完成合格造林4004亩，新建县乡路和水系生态防护林带7.8公里、农田林网5000亩，新发展林下经济2620亩，绿化村庄13个。2017年，实现工业总产值13.95亿元，其中规模以上工业总产值12.78亿元。

中小学“大班额”工程建设加快推进。注重传统文化传承保护，深入挖掘和传承民俗文化，实施五营清真寺二期工程。

完成文化路及车泊路城区段道路改造，打造车泊路与文化路交叉口节点、桃花洲水系景观，创成省级卫生乡镇。加快推进气化无棣通气工程，卫生院、敬老院、信用社、中学实现通气，东邓、小穆两个试点村外管道铺设完成。供电农网工程改造高压线路55公里、低压线路65公里，安装变压器15台。

【“一村五化”工程】 经济特色化。2017年全镇流转土地2.3万亩。稳步实施王家、小穆农村集体产权制度改革试点。培育发展大葫蚂蚱养殖、芦郭、刘家邢王中草药种植等一批“一村一品”特色产业，拓宽村级经济发展、集体增收渠道，探索利用废旧宅基地、村庄空地等资源，栽植绿化苗木，农户、村委会按比例分红的新路子，实现村集体增收与美丽乡村建设“双赢”。管理民主化。推行“一放二收三分”运行机制，村级“小微权力”实现按流程办理。村级建立健全党务村务监督委员会、民主理财小组等村民自治组织，村级民主化管理持续推进。新建村级办公场所6处，镇村“大喇叭”加快实施。建设规范化。围绕“留住乡愁、展现乡韵”，统筹资金1350万元，打造省级示范村1个、市级示范村1个、县级示范村2个及提升村12个、连片治理村7个。2017年，全镇硬化村级道路19.2公里，新修边沟1.7万米，绿化苗木14万余株，新建文化广场7500平方米，粉刷墙壁7.2万平方米，绘制文化墙3000平方米。村风文明化。开展移风易俗，推行丧事简办、婚事新办，严把火化率、禁止用“吹拉弹唱”大

车王镇大屯西村丰禾红辣椒种植　　（摄影　高士东）

操大办两个底线，倡树“婚丧从简、厚养薄葬”的乡村文明新风尚。村居平安化。实施“雪亮”工程，安装监控摄像头219个，实现“一村一警”“一村一法律顾问”全面覆盖。

车王镇百果园樱桃种植　　（摄影　高士东）

【车王镇百果园建成】　2017年，车王镇百果园建成。百果园位于千年古桑园南，园区以健康休闲、生态采摘、农耕体验、苗木繁育为主要经营内容，坚持政府引导、市场化运作，开启农旅融合、文旅融合模式，积极打造四季景观，着力发展现代特色农业、观光农业，逐步实现乡村旅游精品化、特色化发展。

园区从2016年春季开始建设，完成200余亩果树种植试验区，通过试验栽植，挑选当地适宜的樱桃、红肉苹果、山楂、核桃、柿子等9个品种。同时，在园内积极打造微地形景观，建成三座微地形假山。三座假山以花山、果山、药山为主题，花山栽植丁香、玉兰等10余个品种，果山栽植桃树、石榴等6个品种，药山栽植麦冬、射干等6个品种。3月下旬可赏花香四溢的油菜花，4月可欣赏杏花、梨花、海棠花等，5月下旬可采摘樱桃，6月上旬珍珠油杏开始成熟，9月、10月苹果、梨、山楂、核桃陆续成熟，同时配有农家乐农家炖土鸡、炖鱼等特色饮食。

2017年车王镇各村（居）基本情况一览表

表86

行政村名	户数（户）	总人口（人）	耕地面积（公顷）	粮食总产（吨）
车镇南村	611	1768	82.50	856.65
车镇中村	275	862	93.22	699.48
车镇北村	142	448	48.00	731.76
小穆家村	130	404	77.75	757.84
东邓村	206	642	117.65	1094.80
西邓村	351	1097	106.22	966.93
坡庄村	217	675	491.34	2359.21
吕家邢王村	216	673	223.49	1270.23
大李邢王村	216	668	142.98	1198.01
邢家邢王村	70	224	63.33	354.43
杨家邢王村	101	322	34.89	307.16
小李邢王村	143	450	13.24	410.57
大张邢王村	85	266	11.45	237.37
刘家邢王村	270	847	35.43	827.15

续表 86

行政村名	户数（户）	总人口（人）	耕地面积（公顷）	粮食总产（吨）
蔺家邢王村	74	235	36.67	281.94
孟家邢王村	73	226	41.91	361.81
小张邢王村	81	237	43.97	188.86
白鹤观村	38	119	19.85	81.92
蒋桥村	413	1288	195.93	1479.17
贾家村	172	539	102.65	948.70
李家村	252	788	210.67	1599.97
段家庄村	338	1051	153.74	1339.32
前挂口村	156	487	42.67	437.47
中挂口村	136	428	18.16	357.65
后挂口村	177	556	96.04	554.80
温家庙村	177	554	90.89	659.81
范道口村	190	592	34.10	1196.75
小葫芦头村	113	358	31.90	635.29
大葫芦头村	82	258	189.44	557.95
二郎庙村	123	383	108.17	570.89
朱家村	241	752	152.00	1178.76
北马家村	152	475	101.93	600.77
五道庙村	254	797	124.96	1179.58
鹁鸽王村	289	903	371.92	1781.37
河西崔家村	126	392	98.02	469.40
王家村	30	93	11.23	126.94
孟家村	74	235	41.60	226.21
芦郭村	428	1336	466.62	4085.79
东刘屯村	306	958	302.35	1556.35
西刘屯村	231	723	309.86	1979.25
朱李张村	85	267	197.14	563.34
李辛村	231	723	300.40	1694.84
顾什村	182	572	276.55	768.05
梁什村	102	319	77.10	445.56
崔什东村	286	892	225.48	769.16

续表 86

行政村名	户数（户）	总人口（人）	耕地面积（公顷）	粮食总产（吨）
崔什西村	262	814	166.37	1215.93
李什村	451	1409	377.63	1970.82
蔡什村	61	192	87.13	500.51
宋什村	194	609	212.12	857.50
张连普村	35	111	8.16	151.17
后刘东村	163	511	213.65	542.16
后刘西村	186	586	37.85	541.36
瓦老村	56	180	27.99	161.70
小王村	265	830	58.82	579.85
西李之口村	106	335	33.24	253.55
东李之口村	122	381	55.55	399.28
大王庄村	153	475	46.84	758.51
胥家村	192	602	153.16	606.84
大杨村	208	649	76.37	291.06
便宜店村	236	735	93.72	662.03
北双庙村	125	395	70.50	612.08
翟家村	230	719	317.65	872.96
小武村	52	162	15.56	236.44
于家村	115	363	123.10	616.55
信家村	222	691	218.40	727.86
杨中流村	257	801	72.63	982.27
温杨村	194	610	125.23	557.28
五营中村村	552	1718	405.25	1689.77
五营后村村	415	1301	136.77	966.88
大武村	194	612	130.26	598.67
侯家村	76	236	12.63	255.44
小张村	95	300	26.52	279.67
崔家村	45	142	14.27	208.97
三高村	420	1312	131.82	996.80

（傅明星）

小泊头镇

【概况】 小泊头镇位于无棣县西北部，东邻碣石山镇、埕口镇，南接车王镇，西与河北省海兴县接壤，南与德州市庆云县相连。总面积106平方公里，耕地面积4200公顷，人均1.5亩。辖5个办事处，52个行政村。2017年底，全镇总人口4.35万人，其中农业人口2.5万人，非农业人口1.8万人。全镇国内生产总值13.2亿元，完成地方财政收入2243万元，农民人均纯收入15221元。

农业。2017年，全镇农业总产值7.6亿元，比上年增加7.7%，农业增加值占国内生产总值的比重30.7%。生产粮食43603吨，其中小麦种植面积4.68万亩，产量17816吨；玉米种植面6.01万亩，产量25688吨。棉花种植面积2255亩，产量154吨；生猪年末存栏2.18万头；羊年末存栏0.46万只；鸡年末存栏102.2万只；养鸡大棚70个，年出栏肉鸡398万只。生产肉类8277吨，其中猪肉2286吨，牛肉320吨，羊肉85吨，禽肉5579吨，畜牧业总产值1.66亿元，占农业总产值的21.9。至2017年末，累计造林2.7万亩，其中防护林1.8万亩，经济林400亩，农民住宅四旁树5万株，林木覆盖率38.5%。果树种植面积400亩。2017年底，有金丝小枣园2.4万亩，金丝小枣72万株，年产小枣0.96万吨；大棚冬枣示范基地2个，冬枣园面积0.8万亩，冬枣44万株，年产冬枣240万吨。

工业。2017年，全镇实现工业总产值13.12亿元，工业销售收入12.81亿元，工业增加值3.67亿元，工业利税总额1.01亿元。全镇渔网加工企业56家，渔网加工从业户610户，从业人数9000余人，带动相关产业从业人数10910人，总从业人数近20000人。拥有各类网机1100台，其中大中型网机910台，拉丝生产线64条，年产各类渔网7.17万吨，2017年实现产值22亿元，创利税17573万元。工业在财政总收入和税收中的比重分别占79%和76%。有小微企业150家，先后引进恒泰新型建筑材料有限公司、滨州荣圣家具有限公司、无棣中和饲料有限公司等中、大型项目，初步形成以渔网加工、建材加工、饲料生产加工为主的工业园区。

小泊头镇俊棣林场 （摄影　高士东）

商贸服务业。2017年末，全镇有商业网点1008个，职工4000余人，社会商品销售额10.26亿元，比上年增长7.9%。城乡集贸市场成交额8.7亿元，比上年增长5.3%。进出口总额2.2亿元，比上年增长3.1%，出口1.7亿元，比上年增长2.1%，主要产品有渔网、服装、毛巾袜等3类10个产品，销往6个国家。

教育卫生。2017年末，全镇有公办幼儿园21处，在园幼儿1762人，专任教师97人；小学6所，在校生2760人，专任教师175人。小学适龄儿童入学率100%；初中1所，在校生985人，专任教师97人，教职工117人，初中适龄人口入学率100%、小升初升学率100%，九年义务教育覆盖率均100%。2017年65周岁老年人免费查体3300人、免费妇女两癌筛查976人次，建立新生儿建立儿童保健手册600余份，孕产妇保健手册700余份。免费接种一类疫苗7100余人次，接种率98.8%。辖区内无大的疫情发生。2017年收治住院病人760余人次、门诊诊疗7000余人次。

广播文化。广播综合覆盖率100%，有线电视村村通用户2000余户，数字电视用户1000余户，电视综合覆盖率100%。2017年末，有体育活动场地60处。100%的村安装健身器材，经常参加体育活动的人员占常住人口的75%。抓好“社会主义核心价值观”及“四德”创建活动，大力推广普及广场舞、秧歌、三弦书等群众喜闻乐见的文化活动，全力推进文化建设。至2017年底，建成文化大院35处，农家书屋35个，拥有图书60000余册，多媒体90余套。由中央文明办审批，投资20余万元兴建的中学乡村少年宫投用，舞蹈队荣获滨州市农村组比赛一等奖。依托文体广场，20个村队自发组建秧歌队、锣鼓队、哈哈腔队和广场舞队。2017年，对接滨州市京剧团、滨州市吕剧团和无棣县歌舞团等文艺团体，组织各类文艺演出300余次。贾家村代表队在全县狮舞比赛中获一等奖，小泊头镇锣鼓队获优秀组织奖。2017年，仝家制鼓成功申请市级非物质文化遗产，泊头下货、泊头肘子成功申请县级非物质文化遗产。

【特色产业】 **苗木产业**。利用无棣俊棣万亩生态林场现有林地资源，发展复合型、叠加型林下经济发展模式，至2017年底，高标准完成合格造林面积4630亩，林下经济3000亩。投资1000万元，建设完成林下养殖大棚20个，林下散养家禽50000只。林下种植蛇床子等中草药1500亩、棉花1500亩、小麦2000亩。围绕盐碱地绿色高效开发，开展高产、优质、抗逆、耐盐碱农作物品种驯化、种质材料创新和新品种培育与筛选等关键技术研发。

渔网产业。网具协会揭牌并正式运行，团体标准正式在全国团体标准信息平台发布，占地150亩的渔网产业园完成规划设计。2017年，全镇有渔网加工企业39家，拔丝个体户30家，渔网定型业户14家，拥有各类机器1100余台套，年产各类渔网、农业用网7万余吨，出口非洲、欧美、俄罗斯、日本、韩国等十几个国家。

畜牧产业。通过标准化养殖基地为载体拉动畜禽业不断发展壮大。2017年拥有标准化养殖基地3个，畜牧专业合作社8个，投资30万元以上标准化养殖大棚57个，规模养殖户500余户。

商贸服务业。以渔网产业为主的电子商务快速成长，2017年，全镇网络店铺30余家，快递物流公司4家，入驻鲁北电子商务城及微创空间企业3家，渔网产品入选全县特色展厅进行展示。新增个体经营业户112家，夜间集市初具规模。新增各类合作社、技术服务中心39家。生态旅游业开始起步，打造丁王庄冬枣生态采摘园、俊棣万亩林场休闲娱乐项目，郭马村被省旅游局评为省级特色旅游村。

水产养殖业。投资1000万元注册成立无棣成祥水产养殖专业合作社。高标准建设无棣成祥水产养殖基地占地3000亩，集研发、育苗、技术指导、饲料生产、产品销售、冷藏于一体，以南美白对虾、鲤鱼和草鱼为主，实行鱼虾混养模式，年投苗6亿尾，年产优质成品鱼虾500万斤，实现年产值1.3亿元。

【重点企业】 **滨州泓球渔具有限公司**。位于小泊头镇工业园区，2016年成立，占地60亩，拥有员工80人，计划投资9000万元，完成一期投资3000万元。主要以PVC、PE、EVA为原材料，生产加工各种高标准的网球，网浮，用于内陆养殖、海洋养殖、深海捕捞，产品销往内陆及东南亚、中东等国家，年产值8000余万元。

滨州国才食品有限公司。占地11亩，成立于2015年，拥有员工20人，投资2000万元，建设高标准养殖厂、屠宰车间、冷藏库、无害化处理车间和设备，配备专业的畜牧、兽医检疫人员，年产值6000余万元。

【俊棣树木种植专业合作社】 俊棣树木种植专业合作社注册资金2600万元，至2017年底，累计投资6600万元，栽植面积13677亩，吸纳社员365户，带动周边1200户群众发展白蜡、国槐苗木繁育。被滨州市委、市政府验收为“县级万亩生态林场”。发展投资小、周期短、见效快的“林鸡、林鹅、林鸽、林羊”等林禽、林畜模式，实现“土地种树—林下养畜禽—畜禽粪肥地—土地栽树”的立体林业循环发展模式。投资1000万元，建立林下养禽试验区并完成20个林下养殖大棚的建设，其中林下散养笨鸡70000只，养鹅50000只，养殖落地王鸽10000只。投资260万元建成鲁北平菇生产农业扶贫示范园，建设标准大棚38个，菌康有机肥生产设施1套。通过发展林下黄秋葵、药材及木本油料种植，提高单位面积经济效益，种植板蓝根、蛇床子等中草药800亩，种植油用牡丹6万余株，文冠果1200余株。高标准建设一处占地200亩水肥一体化盐碱地改良限根栽培水果采摘园，引进国内最先进的春雪、夏甜、秋甜、秋彤四个桃树品种和鲁丽、鲁苹两个苹果品种共计8000株。

【文明村、经济强村选介】 **丁王庄村** 位于小泊头镇东部，马颊河西岸，1404年（明永乐二年）建村，丁、王二姓从山西洪洞县迁此立村，以二姓取村名，耕地面积780亩，人口526人，130户，其中，党员17人，村民代表30人。主导产业以养殖业为主。村北养殖小区建有养鸡大棚20余个，年出栏肉鸡100余万只，养殖小区实现集中管理、集中服务、粪便集中处理。村庄建设、党建等各项工作走在全镇前列，被确定为党建工作示范点，是全县第一批生态文明创建村，多次被市、县、镇评为村庄建设明星村、五好党支部。

张茂村 位于小泊头中部，耕地面积609亩，人口543人，171户，其中党员21人，村民代表30人。围绕脱贫，确定发展以葡萄种植为主的

“庭院经济”，投入5万余元，购进葡萄苗2千余株。该种植模式实现“统一提供幼苗、统一提供技术指导、统一回收销售”，居家能管理、全程无公害效果。筹集资金50余万元，发展光伏发电项目，增加村集体收入年均10万元。

周家村 位于小泊头镇南部，耕地面积1068亩，全村160户536人，党员20人。投资5万元，种植白蜡、国槐等树种10000株。完成道路硬化1300米，耕地小路三合土2500米，灌溉水渠8000米，实现两条中心大街升级改造，庭院绿化美观，打造起“四季常绿，三季有花”的花园式村庄。全村旱厕改水厕完成118户。全村安装路灯86盏，完成全村160户3000多米的农电网升级改造及12000米的自来水管网改造，村民用上安全电，喝上干净的放心水。

2017年小泊头镇各村（居）基本情况一览表

表87

行政村名	户数（户）	总人口（人）	耕地面积（公顷）	粮食总产（吨）
罗坡村	666	1984	101.44	3538.00
韩辛村	451	1263	53.63	1494.50
范家村	82	279	74.11	991.00
新立村	79	303	36.24	352.80
榆树周村	213	619	73.91	810.10
杜家庄村	454	1290	48.49	1959.00
南孙村	103	277	104.29	392.40
小李村	166	482	90.09	773.90
乔家庄村	431	1206	58.91	1802.50
郭马村	264	726	113.23	781.90
北王村	248	716	128.56	459.20
泊头西村	299	884	41.27	393.50
泊头中村	259	790	43.74	459.20
泊头东村	231	699	40.54	584.80
文家庄村	131	357	43.79	242.80
仝家庄村	488	1451	21.78	1011.20
刘家庄村	239	701	95.67	398.90
大田村	150	458	39.03	374.60
任家庄村	551	1660	32.99	858.20
孙家庄村	235	695	96.46	326.00
北李宅村	300	947	35.20	418.20
席家村	119	403	72.46	277.60
小田村	114	326	20.95	346.70
南李宅村	303	916	27.16	735.10

续表 87

行政村名	户数（户）	总人口（人）	耕地面积（公顷）	粮食总产（吨）
南王村	149	407	110.11	293.70
郭家庄村	578	1732	29.73	1320.90
张茂村	203	587	118.04	633.30
前菜村	190	538	40.60	451.40
后菜村	159	425	44.97	191.60
程家庄村	434	1286	21.39	1187.70
北高村	410	1213	98.39	803.00
姜家庄村	231	685	139.66	522.60
曹家庄村	286	869	80.20	444.40
赵家村	148	408	68.35	249.00
马道门村	278	877	82.72	549.60
孙道门村	180	518	158.48	566.20
苏家庄村	344	1033	103.81	777.90
桥南王村	304	893	84.10	1046.00
桥南李村	213	684	125.03	581.60
史家庄村	291	948	76.31	1285.60
贾家庄村	389	1141	176.71	1097.00
梁郑王村	400	1273	68.94	1043.60
刘郑王村	276	799	257.83	659.30
邢郑王村	201	608	165.95	657.10
丁王庄村	183	533	36.67	507.20
李眊河村	234	765	28.16	1791.10
东卢马村	454	1382	105.90	1354.40
西卢马村	290	906	123.17	803.80
孙马村	248	738	25.03	1313.20
周家庄村	196	557	61.65	788.70
张义井村	435	1243	149.12	1602.60
南高村	186	533	117.30	689.20

（陈鹏山　宣良尧）

碣石山镇

【概况】 碣石山镇位于无棣县北部，东临柳堡新海工业园，南接车王镇，西与小泊头镇接壤，北与埕口镇相连。面积85平方公里，人口6万。辖6个办事处，37个行政村。镇党委辖6个党总支，47个党支部，其中，农村党支部37个，机关党支部9个，非公有制企业党支部1个，有党员986名，其中农村党员819名。2017年，全镇实现地区生产总值8.96亿，地方财政总收入完成3294.72万元，农民人均纯收入1.51万元。

农村经济。全镇完成土地流转1.3万亩，37个村土地证全部发放到户，确权资料完成整理归档。在馆里村和郭家码头村率先开展农村集体产权制度改革试点。发展农业专业合作社，专业合作社注册116个，家庭农场注册56个。完成合格造林3500亩，其中经济林800亩；栽植生态防护林带16公里，新建农田林网3000亩。4000亩高标准农田项目建设，动土方14万立方米，开挖疏浚沟渠11.5公里，配套建设桥涵14座，新建排灌站2座，整修机耕路3.62公里。开展精准扶贫。做好扶贫对象动态调整工作，严格按照程序进行认定，摸排出21户39人新识别和返贫贫困户，并全部纳入扶贫帮扶体系。落实项目扶贫，助推建档立卡贫困户脱贫。确保政策兜底，对符合条件的贫困户全部纳入低保范围，做到"应保尽保"，实现农村扶贫标准与低保标准"两线合一"。大力推进新型职业农民培训，共组织培训4次，参与群众427人次。

项目建设。2017年，引进投资3亿元的锐恒住宅工业产业化项目、投资5000万元的兴亚硫酸亚铁项目、投资4000万元的金华良项目等一批大项目；引进山东汗马物流有限公司、无棣县金通达物流有限公司等5家物流企业。无棣新拓路桥等多家公司，通过设备升级和项目引进，增加投资6000余万元。

基础设施建设。2017年，投资300余万元，完成碣石山桥路域观光节点打造；投资240余万元，完成大济路节点打造；投资200余万元，完成城区标准段工程。天然气基础设施建设工程，镇区内天然气主管道实现全覆盖，2017年"煤改气"试点村——大山东村、大山西村完成中压入户管道铺设。2017年，全镇有美丽乡村建设村11个，完成墙体美化3.3万平方米，新修道路3100米，整修边沟8640米，栽植各类花卉苗木1.5万余株。农村公路建设，投资380万元，翻建和新建农村公路9.2公里；投资45万元，对17公里连村路路肩进行重修扶植、杂草清理。清河行动，完成河道内违章建筑清理33处。

安全环保监管。关停取缔"散乱污"企业13家，整治砖瓦窑2处，对4处河道内畜禽养殖棚进行拆除，对36处燃煤锅炉进行集中拆除和"煤改气"升级改造。开展安全生产百日攻坚行动，对全镇范围内危化品企业进行综合治理；强化重点领域安全监管，加大对烟花爆竹经销、零售环节的管理力度；规范加油站经营，依法取缔非法加油站点。

民生事业。完成危房改造35户，农村无害化卫生厕所改造完成5349户。举办2017年度碣石山镇文化旅游休闲汇，打造村级综合性文化服务中心26处，完成文化下乡演出35场次。优抚工作，发放各类优抚款180余万元。开展"金晖助老"活动，结对帮扶贫困老人30名。加大妇女、儿童救助力度，救助农村困难妇女、孤困儿童41人，发放救助金、物品等合计20余万元。

机关建设。深入推进依法行政，主动接受人大依法监督，及时向人大报告工作情况，做好人大代表建议办理。完善重大行政决策程序。认真落实中央"八项规定"精神，转变政府职能，加大对企业服务力度，优化营商环境。严格遵守廉洁自律规定。开展厉行节约等专项整治，落实严禁党员领导干部大操大办婚丧喜庆事宜，规范公务用车，厉行节约，反对浪费，"三公"经费大幅下降。加强信息公开，主动公开各类信息，加强政府规范化、法制化建设。

碣石山镇古家村桃花节　　（供稿　吴婷婷）

【兴亚生物科技公司】 项目总投资7000余万元，是当年无棣县十大招商引资项目之一。厂区总占地面积150余亩，是集新型饲料添加剂、单一饲料原料生产、加工、销售于一体的现代化有机结合企业。公司拥有完善的研发、管理和营销团队，业务范围遍及全国并辐射欧美、韩国、日本、东南亚等30多个国家，销售收入5亿元。

2017年5月20日，碣石山庙会期间举办广场舞大赛 （供稿 县文化馆）

【碣石山旅游】 碣石山镇依托“京南第一山”碣石山资源优势，大力发展生态旅游，带动城镇建设和产业发展。至2017年底，先后打造了以养生文化为主题的“颐养馆里”和刘家村“龙湾月夜”省级旅游特色村，成为省级旅游强乡镇、省级文明乡镇。碣石山旅游景区被评为国家AAA级景区和山东省最具特色影视拍摄基地，成功举行首届世界华人运动大会圣火采集仪式；饮马湖“省级湿地公园”创建工程全面启动，植被覆盖率逐年提高，生态效益改善明显。古家久保桃采摘观光园流转土地1000多亩，基础设施进一步完善，集休闲、采摘、观光为一体的乡村休闲体验游项目雏形初现。

2017年碣石山镇各村（居）基本情况一览表

表88

行政村名	户数（户）	总人口（人）	耕地面积（公顷）	粮食总产（吨）
大山东村	304	948	54.39	652.00
大山西村	310	909	79.93	959.00
大山中村	267	750	94.53	1134.00
宋道口村	158	475	127.68	1532.00
北陈村	126	335	16.94	203.00
张家村	174	490	109.92	1319.00
马道口村	193	447	84.87	1018.00
古家村	208	693	90.39	1084.00
坡竟村	60	136	40.27	483.00
坡宋村	205	596	107.35	1288.00
南陈村	171	604	67.67	812.00
芦家村	72	196	29.20	350.00
小吴家码头村	141	396	61.11	733.00
大吴家码头村	444	1534	154.90	1858.00
付家码头村	111	362	24.32	292.00

续表 88

行政村名	户数（户）	总人口（人）	耕地面积（公顷）	粮食总产（吨）
张家码头村	180	590	95.35	1144.00
邢家码头村	89	285	24.71	296.00
郭家码头村	49	139	16.86	202.00
韩家码头村	112	362	52.68	632.00
大赵村	155	506	82.87	994.00
小赵村	145	477	130.40	1564.00
南楼村	219	705	107.80	1293.00
北楼村	148	566	98.80	1185.00
西小楼村	113	318	45.33	544.00
王家黄龙湾	204	618	134.91	1618.00
刘家黄龙湾	169	506	85.95	1031.00
李贝孙村	174	602	109.57	1315.00
梁家村	156	399	51.05	613.00
庄子西村	198	617	88.06	1057.00
庄子东村	152	504	78.53	942.00
冯楼村	129	451	69.12	829.00
馆里村	239	781	106.97	1283.00
邱一村	151	439	77.47	929.00
邱二村	175	570	73.80	885.00
邱三村	135	455	67.47	810.00
邱四村	56	197	26.84	322.00
邱五村	76	248	27.35	328.00

（吴婷婷）

埕口镇

【概况】　埕口镇位于无棣县北部，濒临渤海，东临北海新区，南接碣石山镇，西与河北省接壤。总面积333.7平方公里，辖5个办事处，30个村。2017年，全镇地区生产总值13.46亿元，完成地方财政收入4604.2万元，总人口4.2万人（含企业人口）。

城镇建设。大济路埕口至大口河段高标准全线贯通，投资5500万元的华夏海盐文化产业园正式开园。投资860万元的埕口镇老年公寓建设完成，敬老院原院民整体搬迁入住，采用向社会购买服务方式，引进先进的养老服务管理模式。投资1.8亿元的埕口阳光家园社区一期工程建设完成，9栋住宅楼及沿街商贸楼均售出。投资1450万元的鲁北大街商贸楼建设完成4800余平方米。2017年11月，启动埕口大坝全面升级改造工程，大坝西侧埕口老桥段85户14000多平方米老旧房屋15天内完成拆迁。在大坝东侧高标准建设商贸

埕口镇塘坊村大棚香椿种植　　（摄影　高士东）

楼3栋，提升了大坝商贸街建设水平。

民生事业。新建高标准老年公寓1处、农村幸福院2处，全镇幸福院达到9处，可安置老人360人。其中牛岚中村幸福院建设标准高，运营好，取得良好社会效益。新办理低保55户98人，低保医疗救助42人。教育基础设施建设，埕口中心小学塑胶操场建成投入使用，牛岚小学周边道路重新铺设，方便师生出行。投资23.6万元，架设供电专线，安装空调59台，解决小学冬季取暖问题。冯家庄、水沟村2所幼儿园建成投入使用，解决了学龄前儿童入园难问题。埕口镇卫生院医疗门诊功能恢复，国医堂建成投入使用，全年开展慢性病随访2535人次，老年人查体1809人次。全年办理新型农村合作医疗18903人，农村居民养老保险4386人，办理临时社保卡428张。贯彻落实计划生育政策，符合政策生育率达98%，出生性别比控制在113%之内。"两癌"筛查848人，在全县率先超额完成。借力企业热源，实现集中供暖。成立埕惠热力有限公司，引进企业热源，实现埕口镇机关、学校、卫生院、周边小区等约8万平米集中供暖。

党建工作。实现"三个率先"，即率先建成镇级党校并启动"共产党员淬火工程"，率先消灭3万元以下集体经济薄弱村，率先完成村"两委"换届。深入开展共产党员"淬火工程"，推进"两学一做"活动常态化制度化。抓好村干部及党员培训学习，对日常工作定期督查，将成绩纳入星级考核管理体系。加强党风廉政建设，严厉整治侵害农民利益的不正之风，全面从严治党。

【安全环保工作】　2017年，埕口镇组织检查组深入企业排查安全隐患157处，现场整改79条，责令整改78条，到期整改率100%。依法取缔孟家非法卸砂点6处，非法加油站点4处，非法经营烟花爆竹点1处。按照"2+26"大气污染防治通道城市治理要求，完成大气污染治理工作。拆除孟家窑厂1处，清理淘汰10蒸吨以下燃煤锅炉73台，关停贝壳粉加工厂13处，取缔"散乱污"企业9处，整治物料堆场2处，6处煤场和4处贝壳粉加工厂进行规范改造提升。

【林业生产】　2017年，埕口镇对大济路两侧按照"宜水则水、宜林则林、提档升级、见缝插绿"要求，重点打造东郭村高标准白蜡林片、东官庄以北高标准盐松林片。埕北工业园栽植盐松600亩，东郭白蜡林片栽植300亩，李山白蜡林片栽植200亩。将大济路打造成"绿色长廊""景观长廊""生态长廊"。孟家庄盐松林片代表无棣县参加全市林水会战观摩。

【埕口镇水沟村举办2017"魅力水沟·风情渔村"摄影大赛】"2017'魅力水沟·风情渔村'摄影大赛"于2017rh 5月1日在水沟村举tf大赛启动仪式。大赛由埕口镇水沟村主办，滨州市摄影家协会、滨州日报·滨州网、滨州聚焦等单位协办。大赛题材以展示水沟渔村的自然风光、旅游资源、人文风情、文化生活和建设成就为主，集中表现"大美水沟"。大赛设一等奖1幅，二等奖2幅，三等奖5幅，优秀奖10幅，入围奖80幅。

2017年埕口镇各村（居）基本情况一览表

表89

行政村名	户数（户）	总人口（人）	耕地面积（公顷）	粮食总产（吨）
刘郭桥村	400	1040	104.13	1989.00

续表 89

行政村名	户数（户）	总人口（人）	耕地面积（公顷）	粮食总产（吨）
张郭桥村	146	378	27.67	618.00
吴郭桥村	131	343	38.67	439.00
赵郭桥村	225	585	42.93	457.00
宋王村	629	1634	164.40	1935.00
商河庄村	504	1311	142.47	1986.00
孙家贬河村	565	1473	226.73	2249.00
塘坊村	148	384	45.07	346.00
牛岚东村	252	658	67.93	189.00
牛岚中村	271	706	69.87	210.00
牛岚西村	220	571	49.93	585.00
冯家庄村	647	1686	76.87	238.00
埕口新村	90	235	5.13	7.00
埕口东北村	253	659	70.53	32.00
埕口西北村	111	290	7.87	6.00
埕口东南村	260	679	27.80	18.00
埕口西南村	274	714	40.00	79.00
后埕村	287	747	88.27	378.00
张山子村	296	769	107.47	135.00
李山子村	184	476	127.00	209.00
邢山子村	180	466	—	—
东郭村	229	595	65.33	112.00
西郭村	92	241	46.67	85.00
信家庄村	352	918	83.80	322.00
东官庄村	232	604	110.20	118.00
孟庄子村	331	861	67.40	49.00
黄瓜岭村	533	1389	347.93	2283.00
水沟村	321	835	—	—
汪子村	67	174	—	—
大口河村	26	69	—	—

（邢恩有）

柳堡镇

【概况】 柳堡镇位于无棣县东北部，东邻北海经济开发区，南接水湾镇、西小王镇，西与车王镇接壤，北与碣石山镇相连。总面积255.5平方公里，耕地面积1万公顷。辖6个办事处，38个行政村。有51个党支部，党员1323名。2017年，全镇实现国内生产总值12.6亿元，工农业总产值82841万元，完成地方财政收入4285.1万元；农民人均可支配收入15293元；全年规模以上固定资产投资93395万元。2017年底，全镇总人口3.75万人，其中农业人口30707人，非农付人口6790人，人口出生率23‰。

农业。2017年，全镇棉花种植面积54084亩，年产皮棉4278吨，在常家、付鄌发展棉花购销和加工业基地，延伸棉花产业链。“岳里”西瓜、“五皇庄”西瓜、“赵王振宇”小枣品牌效应初现。畜牧业方面，全镇有标准化养鸡大棚152个，猪存栏37661头，羊存栏13978只。2017年全镇上报小麦补贴48422.97亩、棉花补贴67040.84亩。加大农业基础设施投入和中低产田改造，辛庄子6000亩高标准农田启动开发，完成工程量的80%。

工商业。2017年，依托新海工业园和柳堡、常家两个商贸园区，打造苇帘加工、机械制造、不锈钢索具等支柱产业，全镇规模以上企业达到9家。渔粉附料、不锈钢、机械加工、苇帘加工、南华生态养殖、智诚鸭业、瑞东农牧、荣昌农牧、沃达种养殖、华棣精细化工、腾达不锈钢等骨干企业得到较快发展。

文教卫生。解决“大班额”工程，新海中学综合实验楼、教学实验楼封顶，学生餐厅主体工程完成；闫家幼儿园启动建设，加快推进常家幼儿园、四教房幼儿园项目前期工作。完成全镇医疗、养老保费收缴960余万元。城乡低保、五保实现应保尽保、足额发放。群众文化生活，开展各类演出26场次，建设农家书屋24处。

安全环保。强化立体化治安管控，建设镇综治中心，“一村一警”继续走在全县前列，38个行政村的42名“村警”全部上岗到位。抓好安全生产，开展安全生产大检查，对镇域内所有化工企业进行摸底排查，上报7家排查化工企业；对3家爆竹经营企业以及20家工商贸企业进行安全生产督导检查。取缔“散乱污”企业15家、拆除燃煤小锅炉60余处，关闭畜禽养殖场1处，完成30%的畜禽粪便转运池建设。

【特色小镇建设】 2017年，柳堡镇按照特色小镇建设要求，打造以绿色环保海洋化工产业为基础的特色小镇—碧海小镇，统筹推进柳堡、常家2个商贸区建设及配套完善提升，做好生活超市、住宅商服区开发建设，提升小城镇服务能力，完善城镇功能。实施“林水会战”，完成造林4000亩，新建农田林网1.2万亩，干线道路绿化提升改造20公里，水系绿化10公里，整建制绿化村庄6个；完成村级水利重点工程6处。结合新海工业园实施水系林系生态涵养工程，解决全镇西部地区农业用水问题，达到旱能浇、涝能排。生态湿地涵养工程规划设计完成。

【实施农业“接二连三”工程】 2017年，柳堡镇发展精深农业、绿色农业和休闲农业，王家蔬菜瓜果大棚基地种植板块、岳里西瓜传统种植板块、南家生态大葱板块、赵王金丝小枣特色采摘板块、四教房柽柳及百果园观光采摘板块等休闲农业板块基本成型，瑞东农牧、沃达种养殖、荣昌农牧等项目迅速发展，规模不断壮大。家庭农场、合作社等经营主体数量增加，合作社入库累计达到118家、家庭农场达到43家，其中，市级以上合作社数量达到8家。

【国内江北规模最大的鳗鱼养殖项目落户柳堡】 2017年，山东沃达水产开发有限公司鳗鱼养殖项目落户无

国内长江以北规模最大的鳗鱼养殖项目落户柳堡　（摄影　高士东）

棟。项目总投资2.8亿元，按照精准化、智能化、工厂化水产养殖路子，计划建设工厂化养鳗车间12个，对虾混养车间10个，总养殖面积30万平方米；年出栏鳗鱼2茬、产鳗鱼200万公斤，多茬对虾100万公斤。总体工程完工后，年可实现产值4.5亿元。该项目与中国科学院海洋研究所合作，是国内长江以北规模最大的鳗鱼养殖项目。

【全国首例葵花和高油酸花生轮作试验田落户柳堡】 2017年2月26日，山东省花生研究所在柳堡镇汪家庙村进行葵花（食葵3638C）和高油酸花生轮作试验，试验田6亩，一年种两季食葵一季花生。担任该试验的带头人是国家花生产业技术体系首席科学家、山东省花生研究所研究员、泰山学者禹山林。食葵为向日葵的一种，其对土质要求不太严格，具有抗旱、耐贫瘠、耐盐碱、产量高等特点，维生素、蛋白质含量高。食葵生长期3个月时间，亩产300公斤左右，市场价格每公斤在3元～4元之间。此次在盐碱地上进行葵花、高油酸花生轮作试验，在全国属首例。

【全省首个小麦苜蓿套种项目在柳堡启动】 2017年3月15日，山东绿风农业集团在柳堡镇常南村东建起绿风常家万亩苜蓿示范片，2017年春实施5000亩小麦、苜蓿套种项目，小麦品种为鲁麦23和临麦4号，苜蓿品种为中原804。小麦、苜蓿套种具有不误农时、改善地力、增加收入等优点，为今后在农区探索粮改饲走出一条新途径。

2017年柳堡镇各村（居）基本情况一览表

表90

行政村名	户数（户）	总人口（人）	耕地面积（公顷）	粮食总产（吨）
柳堡街村	246	709	106.81	790.00
杜柳村	251	717	200.08	2088.70
赵王村	118	392	88.78	418.80
刘柳村	368	1044	121.96	778.30
闫家村	369	1128	173.41	938.00
冯王村	129	408	57.33	1288.40
郭仪村	207	589	173.33	544.60
大王柳村	505	1484	414.91	3059.50
周柳村	278	839	161.33	728.30
胡柳村	288	871	169.38	1253.30
李柳村	296	896	157.30	1496.30
汪家庙村	365	1141	219.87	2074.00
黎敬西村	284	809	204.16	1116.10
黎敬东村	315	971	270.55	2350.70
黎敬北村	210	623	270.55	1395.10
宋家村	652	1936	319.27	2177.10
大苟家村	721	2200	722.99	6665.00
四教房村	231	723	239.33	1616.60
南家村	137	400	66.00	385.90
小苟家村	423	1168	390.43	2139.80

续表 90

行政村名	户数（户）	总人口（人）	耕地面积（公顷）	粮食总产（吨）
东岳里村	451	1328	354.75	1980.20
西岳里村	693	2072	458.69	2603.90
傅段家	218	580	108.00	694.70
傅鄗张家	345	994	300.39	1151.40
傅鄗苏家	279	815	179.60	531.50
傅鄗王家	165	434	128.00	420.70
邢家村	112	324	81.83	172.20
箭里村	124	354	61.33	200.50
孙家村	732	2090	708.47	1900.10
杨庄子村	403	1229	849.14	2215.40
谭庄子村	457	1396	889.68	4769.90
崔庄子村	228	695	552.65	1128.20
常南村	196	629	193.13	367.20
常西村	334	986	226.79	2062.90
常北村	336	984	231.84	434.70
杨姑娘村	426	1183	402.14	2110.50
王干村	127	384	59.83	194.60
辛庄子村	485	1505	100.33	3171.40

（刘浩然）

水湾镇

【概况】　水湾镇位于无棣县东南部，东邻佘家镇、西小王镇，南接棣丰街道办事处，西与信阳镇接壤，北与车王镇、柳堡镇相连。总面积149平方公里，耕地面积7100公顷。辖8个办事处，82个行政村。2017年底，全镇总人口57872人，其中农业人口47736人。完成国内生产总值150874万元，财政收入2200万元，人均可支配收入15265元。获全县科学发展综合考核第二名。

农业。千亿斤粮食项目顺利完成；以鑫嘉源为龙头，依托鲁东大学农学院教学科研基地，娄子村建成20个食用菌种植大棚；谷庵村、孟家村

省级旅游特色村——水湾镇西谷刘社区　（摄影　孙静怡）

建设食用菌种植大棚10个；鞠家村建设无花果、蓝莓种植大棚。林业会战和水利会战均取得全县第二名。畜牧业，王化如村建成占地50亩的养驴项目，养驴200头；于辛店村现代化养猪场投入使用，年出栏5000头，年实现效益100多万元；郭辛店村建成300亩的养殖小区。

精准扶贫。全镇建档立卡贫困户4779户，9852人。至2017年底，全镇新识别贫困户105户210人，返贫22户37人，脱贫不享受政策2863户6736人，脱贫享受政策1624户3119人。

旅游。以创成省级旅游强镇为契机，启动胜利水库开发，沿小开河西岸北起胜利水库南至白杨支沟栽植150余亩的太空莲籽；规划千年枣园—胜利水库—鑫嘉源三点一线旅游项目，“水湾一日游”初具雏形。

民生事业。城乡环卫一体化，整治“脏乱差”，以全市第二名成绩获得市“城乡环卫一体化十佳乡镇”称号。完成10公里天然气管道建设，实现天然气进镇区；董桥、贺家2个村实现户户通天然气；实施农村公路建设和危桥改造项目。

教育。解决教育大班额工程，镇中心小学、刘李小学进行内外装，水湾中学主体工程完工，4个公办幼儿园、2个民办幼儿园开工建设。

维稳工作。落实安全“党政同责、一岗双责”责任制，构建镇、办事处、村三级安全网络，加大对化工、加油站点等高危行业的安全监管，有效防范和遏制安全事故发生。全面启动环保清洁工程，对西仝等8家塑料颗粒厂、10家小木炭厂等严重影响镇域环境的顽疾，进行强制关停、拆除，建立健全长效监管机制。深入实施河长制，减少河流污染源。化解历史积案，抓好信访工作，化解9个历史积案，龙腾社区、董桥社区历史遗留问题得到初步解决。做好党的十九大期间信访稳定工作，确保全镇和谐稳定大局。

基层组织建设。突出以党建工作为引领，实现“两学一做”活动常态化、制度化。狠抓后进村班子整顿治理、村集体经济项目增收、村级民主管理。扎实做好村两委换届工作。6月，组成工作组，逐一调度各办事处村“两委”换届工作前期摸排情况，深入细致分析每一个村的详细情况，建立《2017年换届选举难点村问题台账》。严格程序、严肃纪律、严慎操作，全镇82个村全部完成换届任务。

廉政建设。按照全面从严治党的总要求，严肃查处发生在群众身边的“四风”和腐败问题、违反中央八项规定精神问题、损害农民群众利益的违纪违规行为，营造清风正气。建设镇村两级廉政教育阵地，加强正反两型廉政教育，筑牢党员干部拒腐防变思想防线。

【苇帘加工自动化新机械研发和推广】 2017年，水湾镇积极推动科技创新和人才工作，与山东师范大学、鲁东大学等高校接洽合作，研发苇帘加工自动化新机械——自动上苇机并全面推向市场，实现苇帘加工机械自动化，效率提高3—5倍。研发新品种，通过人才引进和科技创新，与鲁东大学合作进行苇帘新产品研发，研发3至5个苇帘新品种。

【特色农业】 2017年，水湾镇引进无棣龙港农业开发有限公司在洼杨村建设占地1000亩的无棣驴产业园，项目一期完成标准化驴舍及暂养棚建设，养驴2000头，投资8300万元。通过土地流转，洼杨村集体每年增收11万元，村民到基地打工，月增收2000元以上。总投资1.3亿元，年产500万立方作物秸秆制天然气项目进行基础设施建设，项目投产后年处理玉米秸秆2.76万吨，年产生物天然气501万立方，年减排烟粉尘1503.62吨，二氧化硫127.41吨，氮氧化物109.7吨，既减少污染物排放量，又实现三废资源综合利用，达到环境保护、资源节约、循环利用和清洁生产的目的。无棣鸿旭机动车安全技术检测项目开工建设；淄博客商投资的小米油加工项目、河北省三河市客商投资的稀硫酸提纯水净化剂项目达成协议。

【枣产业转型升级】 2017年，水湾镇实施品质提升、品种改良、品牌打造“三品提升”工程。镇财政安排

苇子专业交易批发市场 （摄影 孙静怡）

专项资金聘请冬枣专家定期对枣农进行技术培训，举办培训班8期，培训枣农10000余人次；做好枣产品深加工研发，与健康产业相结合，延伸产业链条，提高附加值，研发冬枣酵素；扩大大棚冬枣种植规模，在鞠家村试点种植富硒冬枣。后坡徐村流转土地300余亩，整合5个村123万元扶贫资金，建设千年枣园项目，千年枣园被命名为“山东省精品采摘园”，65名贫困人员人均收益1060元；建设短枝冬枣大棚50亩，1万株郁金香、30亩草皮。

【新镇区规划建设】 2017年，水湾镇坚持“城乡一体、产城融合”，建设宜商、宜创、宜业、宜居、宜游城郊新镇。总投资1000万元的镇驻地蔡河路改道工程建成通车；镇政府搬迁工程前期准备工作稳步推进；聘请省设计院进行高标准规划设计，小城镇南展东扩，对接开发区，利用3年至5年的时间，再造一个新城镇。

【美丽乡村建设】 2017年，水湾镇按照“产业兴旺、生态宜居、乡风文明、治理有效、生活富裕”要求，开展美丽乡村创建活动。4个美丽乡村创建村、13个提升村投入资金800余万元，从生态文明乡村向美丽乡村升级。西谷刘社区完善提升，5月代表无棣县参加全市林水会战暨美丽乡村观摩，取得全市第5名的成绩。

【山东首座镇级校园流动科技馆投用】 2017年11月，水湾镇中心小学“校园流动科技馆”正式投用。该“校园流动科技馆”是山东省年内新增的24所“校园流动科技馆”之一，也是唯一建在镇级学校的“校园科技馆”。科技馆由30余件展品展项组成，以《小球旅行记》为主题展品，应用最新的AR技术，以更加形象、直观的形式把科技知识、科技信息送到青少年身边，提高学生的参与性和教师教学的实践应用性，促进科普展教资源的集成和共享。

（孙静怡　刘井锋）

2017年水湾镇各村（居）基本情况一览表

表91

行政村名	户数（户）	总人口（人）	耕地面积（公顷）	粮食总产（吨）
水湾村	421	1267	90.00	343.59
潘家村	359	1009	73.00	590.54
关家村	210	621	91.00	59.24
大高家村	156	443	47.00	132.51
小高家村	118	323	41.00	67.80
刘凤台村	277	748	114.00	120.99
都富屯村	83	278	33.00	270.47
王昌村	128	388	38.00	10.73
记庄户村	130	404	41.00	49.95
小米河孟家村	201	566	57.00	138.02
小米河高家村	199	569	75.00	25.01
南双庙村	127	353	31.00	87.75
董桥村	194	569	37.00	300.08
谷奄村	127	379	33.00	288.11
洼杨村	256	747	129.00	849.52
宗东村	281	857	130.00	990.53
宗西村	890	1123	125.00	1178.45

续表 91

行政村名	户数（户）	总人口（人）	耕地面积（公顷）	粮食总产（吨）
南侯村	234	683	69.00	588.89
灶户王村	230	710	52.00	515.30
许道口村	161	455	37.00	455.12
王十虎村	316	1092	75.00	859.50
西仝村	318	938	73.00	898.76
徐杨村	327	951	100.00	1035.26
高马村	600	1777	172.00	2081.83
郭辛店村	256	915	46.00	982.81
于辛店村	205	634	72.00	646.29
马辛店村	101	300	41.00	236.88
牛辛店村	346	1039	129.00	1074.51
赵辛店村	159	498	64.00	752.23
王化如村	315	974	88.00	864.92
白杨村	249	747	201.00	2598.97
楼子庄村	262	825	69.00	536.73
李刘村	235	669	71.00	525.06
康刘村	220	670	70.00	358.89
东刘村	233	665	58.00	262.03
西刘村	274	747	727.00	180.96
碱王村	248	697	79.00	477.79
庙西村	267	760	74.00	706.80
庙东村	254	770	77.00	804.75
路家村	134	386	23.00	353.60
郝家村	179	581	39.00	303.69
张家村	182	556	52.00	390.46
古良村	107	295	28.00	210.66
马家村	105	315	16.00	188.98
东王乙卯村	232	713	53.00	568.20
西王乙卯村	308	906	88.00	775.05
周家村	241	697	71.00	447.38
前孟桥村	322	964	99.00	525.79

续表 91

行政村名	户数（户）	总人口（人）	耕地面积（公顷）	粮食总产（吨）
东仝村	148	429	37.00	296.45
后孟桥村	229	637	64.00	256.75
于何奄村	284	867	110.00	829.90
李何奄村	90	264	40.00	146.29
吴何奄村	194	535	60.00	320.68
阚何奄村	52	143	16.00	61.33
程庄村	178	527	78.00	533.69
田桥村	324	905	85.00	935.03
赵何奄村	94	273	33.00	122.66
崔家庄村	344	955	84.00	389.41
贺家庄村	198	535	61.00	47.40
关家庄村	259	771	71.00	—
路杨庄村	409	1139	138.00	153.73
后坡徐村	223	604	74.00	0.78
前坡徐村	164	475	65.00	0.27
鞠家村	442	1250	124.00	16.79
袁李杨村	309	893	101.00	—
庞家集村	299	876	98.00	4.06
崔家桥村	200	583	79.00	0.47
马家庄村	141	431	72.00	—
东吴家庙村	152	413	72.00	—
西吴家庙村	120	338	36.00	0.90
南齐家村	40	120	25.00	—
齐家村	125	314	57.00	—
董家村	85	225	32.00	0.45
孙家村	150	415	55.00	0.52
河崖刘村	206	592	65.00	24.45
常家店村	335	903	109.00	214.89
张建屯村	203	626	66.00	669.11
李王庄村	260	727	198.00	747.55
韩王庄村	381	1124	166.00	1069.25

续表 91

行政村名	户数（户）	总人口（人）	耕地面积（公顷）	粮食总产（吨）
刘王庄村	292	905	228.00	1589.22
毛王庄村	364	1071	226.00	1677.86
彩屯村	367	1090	125.00	1437.79
赵家屯村	202	658	133.00	511.97

（范　飞）

佘家镇

【概况】 佘家镇位于无棣县东南部，距县城23公里。东、南毗邻滨州市沾化区，西与水湾镇接壤，北与西小王镇相连。全镇总面积123平方公里，耕地7728公顷。辖8个办事处，55个行政村，全镇总人口3.9万人。2017年，荣获省级卫生乡镇、滨州市城乡环卫一体化十佳乡镇、滨州市十九大安保维稳先进集体、市关心国防建设十佳单位、富民兴棣先进镇街等称号。

农业。全镇实现土地流转2.7万亩，创建省级现代农业示范园区1家、市级2家、县级5家，合作社143家、家庭农场54家，中药材种植总面积1.9万亩，建成黄河三角洲地区最大的中药材种植基地。引进无棣驴养殖项目，无棣驴养殖100头；荣昌育种引进种猪5000头，繁育猪仔800余头；瑞东农牧可存栏母猪7800头，年出栏仔猪15万头，实现利润5000万元，带动村集体增收16万元。牛西村渤瑞淡水鱼虾养殖合作社创成省级现代渔业示范园区，养殖面积1900亩，实现产值3600万元，辐射带动发展淡水池塘养殖3200余亩。

企业。投资1.2亿元的亨立餐具有限公司转型发展，投资700万元，自主研发机器手设备，极大提升了生产效率；投资1.9亿元的天昊太阳能发电项目，实现并网发电，每天实现效益9万元，每年为牛东、牛西2个村分别带来15万元的村集体收入；辉皇服饰扩大规模，投资400万元，购进全自动服装生产设备，扩大生产线；通过腾笼换鸟方式，盘活鹏远木业项目资源，成功引进工艺品加工项目；万和新型建材投资3000万元转型升级。

佘家镇油葵种植　　（摄影　高士东）

教育卫生。投资1000万元，建成镇中心、邓王、武家、东张、前仓等5处公办幼儿园，形成“广覆盖、保基本、有质量”的学前教育体系。推进义务教育“全面改薄”工程建设，投资600万元，改善镇中学及5处完全小学的办学条件。争取上级扶持，镇积极配套共50万元，为石庙小学新建校舍18间，对中心小学南院墙进行改造。2017年，全镇中考成绩指标生分数线列全县第二名，乡镇第一名。建成规范化卫生室7处，完成镇卫生院门诊楼建设，组织义务查体10次，率先完成农村适龄妇女“两癌”筛查工作任务，查体1200人，完成任务率100%。

基础设施。实施镇驻地提升工程。聘请市规划设计院对镇驻地进行规划，新修、改造镇驻地及园区道路4万平方米，栽植树木近万株，绿化面积2000平方米，更换路灯308盏、粉刷外墙11万平方米，完成镇驻地弱线下地和顺河广场景观带升级改造；集中开展“十乱”和“八小”行业专项治理，成功创成省级卫生乡镇，创建省级卫生村1个，美丽乡村省级示范村1个，县级示范村2个，提升村8个。严格落实《佘家镇城乡环卫一体化工作考核办法》，按照“属地管理”建立镇、办事处、村三级管理体制，形成“横到边、竖到底、全覆盖、无缝隙”的城乡环卫管理体系，全市城乡环卫一体化督导考核中获“十佳乡镇”称号；完成9630户旱厕改造任务，基本实现全覆盖；投资500多万元，新修农村公路15公里，基本实现农村道路村村通。程家到王官、李官到北王两条连村路进行硬化提升，东张新村道路进行维修硬化。大王家村村级基础设施薄弱，村“两委”班子积极协调投资120万元硬化村内路面5公里。

民生事业。高标准完成3处幸福院建设，可集中供养老人130人。投资30余万元为镇敬老院购置空调32台、被褥棉衣22套、燃气锅炉1台，更换变压器，新铺线路2000米，优先解决老人取暖问题。坚持精准扶贫、精准脱贫总目标，做好贫困群众帮扶工作，年内动态调整实现226户392人的退出和16户47人的新增纳入，并召开专题会议，逐个评议分析，确定享受政策贫困户873户、1644人，确保全镇所有贫困人口“无遗漏、全覆盖”。对全镇符合条件的义务教育阶段学生进行帮扶，40名学生享受省级帮扶政策，落实“雨露计划”，20名大学生每年享受3000元助学金政策。完成198户危房改造任务，有效解决群众居住难题。

社会治理。投资50余万元，高标准建设镇综治中心，完善“天网”工程，实现省市县镇村五级联网。为55个村配备警务助理和法律顾问，实现“一村一警”“一村一法律顾问”全覆盖。按照“减存量，控增量”的思路，抓好积案化解和苗头性事件排查，从源头上遏制越级上访事件的发生，确保十九大及省“两会”期间未发生信访案件，被市委、市政府评为滨州市十九大安保维稳先进集体。各村均落实村民议事、财务公开、道德评议、红白理事等制度，抓规范、抓治理，实现由散乱到稳定的转变；通过开展普法教育、道德宣传、移风易俗、好婆婆好媳妇评选等系列活动，倡导正能量，树立新风尚；广泛开展群众文体活动，夯实精神文明建设基础。

【中药材产业】 佘家镇聘请专家制定《佘家镇(2016—2020年)中药材产业发展规划》，按照“一园三带六体系”的总规划，加速中药材产业发展，全力打造“本草之乡颐养小镇”特色品牌。与省农科院实现战略合作，通过成立“博士工作站”、聘请科技顾问、引进科技挂职、开展技术培训等形式，为中药材产业发展提供科技支撑。以专业合作社为龙头，带动成立中药材种植合作社12家，家庭农场5个，形成公司+基地+农户、

佘家镇中药种植　　（摄影　高士东）

专业合作社+基地+农户等多种经营模式。拓宽电子商务渠道，利用“互联网+”开展中药材“电商”业务，设立江北药镇微信公众号，开展网上销售等业务。成立中药材种植协会，带领种植大户，围绕技术、市场等主线，通力合作，共同发展。全镇种植薄荷、金银花、木香、益母草等中药材品种19个，创成专业合作社14家，农民通过中药材种植实现人均增收2000元以上。中药材项目先后代表全县健康产业项目参加第22届上海世博威国际健康产业展览会、健康无棣滨州行等大型活动，知名度和影响力不断提升。

【现代农业】 佘家镇借助2017年全省基本农田划定，整合土地资源，在全镇划定8处畜牧养殖示范区，2017年建设完成2处，在建2处，对准上市企业引导企业在发展养殖的同时，种植中药材等农作物，以养殖促种植，实现种养结合，全力打造现代农业示范区，投资1.5亿元的荣昌育种和投资1.3亿元的瑞东农牧项目，作为实施新旧动能转换，种养结合新模式的示范点，为农业发展、农民增收提供样板模式，其中瑞东项目作为全县现代农业项目，迎接全市科学发展观摩。

2017年佘家镇各村（居）基本情况一览表

表92

行政村名	户数（户）	总人口（人）	耕地面积（公顷）	粮食总产（吨）
牛东村	391	1105	146.00	820.00
牛西村	348	991	115.00	760.00
南石村	210	564	79.00	451.00
北石村	237	694	89.00	455.00
东张村	484	1351	178.00	842.00
西张村	293	904	118.00	585.00
大王家村	308	906	129.00	750.00
北王村	56	178	30.00	386.00
程家村	240	657	110.00	680.00
李官庄村	193	498	61.00	384.00
蔡家村	422	1075	121.00	690.00
观音堂村	527	1447	172.00	895.00
佘家巷	428	1191	115.00	690.00
商家村	345	927	125.00	599.00
东李村	202	524	61.00	390.00
西李村	207	550	60.00	390.00
后道口村	141	355	68.00	380.00
前道口村	242	691	80.00	409.00
东道口村	125	354	45.00	299.00
郭家仓村	173	489	53.00	297.00
阚家仓村	118	324	37.00	291.00
杨家窑村	137	405	55.00	390.00

续表 92

行政村名	户数（户）	总人口（人）	耕地面积（公顷）	粮食总产（吨）
刘家仓村	294	904	35.00	293.00
杜家仓村	154	466	53.00	329.00
马家仓村	234	703	91.00	429.00
王家仓村	168	535	79.00	391.00
卢家仓村	298	897	115.00	690.00
前张家仓村	203	574	79.00	389.00
后张家仓村	279	882	128.00	792.00
曾家庄子村	495	1473	246.00	1296.00
武家村	225	647	139.00	790.00
孙王庄村	187	523	134.00	716.00
西北邓村	113	317	61.00	495.00
东北邓村	88	277	88.00	391.00
中邓村	206	568	79.00	693.00
南邓村	278	759	151.00	818.00
邢家村	189	550	123.00	776.00
前店村	206	629	155.00	940.00
赵家村	126	365	114.00	785.00
小王家村	102	272	72.00	489.00
邱家村	196	562	109.00	770.00
杨家村	155	429	80.00	481.00
栗家村	203	614	121.00	690.00
姬家村	83	225	42.00	390.00
塔李家村	122	356	74.00	590.00
皂户张村	188	562	122.00	900.00
房家村	84	244	40.00	395.00
西栾村	241	694	126.00	860.00
东栾村	153	369	55.00	380.00
单家村	106	316	58.00	472.00
太平村	281	782	126.00	768.00
新立村	292	934	170.00	960.00

续表 92

行政村名	户数（户）	总人口（人）	耕地面积（公顷）	粮食总产（吨）
通官村	461	1269	218.00	1094.00
郭官村	562	1613	304.00	1249.00
王官村	479	1339	210.00	1095.00

（齐 率）

西小王镇

【概况】 西小王镇位于无棣县东北部，西临水湾镇，南接佘家镇，北靠柳堡镇，东隔秦口河与沾化区相邻，新海路、疏港路、蔡河路贯穿全境。版图面积 160 平方公里，耕地面积 9700 公顷。辖 4 个办事处，31 个行政村。工业生产总值 48675 万元，完成地方财政收入 2816.30 万元。2017 年底，全镇总人口 22637 人，其中城镇人口 7082 人，农村人口 15555 人，人口出生率 21.57‰。

农业经济。西小王镇是鲁北地区最大的棉花购销基地。农作物以棉花、小麦、玉米、大豆、高粱为主。2017 年，粮食种植面积 97499 亩，粮食产量 42477.42 吨。与省农科院棉花中心合作建立山东棉花研究中心鲁北棉花试验培训基地，全镇种植棉花 47836 亩，皮棉产量 4253.74 吨。至 2017 年底，镇域内建成旭尧纺织、海盛纺织、山东钟金燕家纺等 23 家关联企业。林业生产完成绿化 3700 亩，超额完成全年任务，连续三年列全县第 1 名。完成农村土地承包经营权确权登记颁证工作。第三次农业普查顺利完成，以小王庄村、梁家村为试点的农村集体产权制度改革有序推进。

社会事业。2017 年，全镇有幼儿园 5 所，小学 4 所，中学 1 所，新建于岔河村高标准幼儿园 1 所，对 3 个学区小学硬件进行维护提升；中考成绩位居全县前列，镇中学荣获“全国零犯罪学校”、全市初中教学工作先进单位、全市教育科研先进单位等称号。城乡居民社会养老保险、城乡居民医疗保险参保率分别达到 83%、98%。低保核查完成 29 个村，清退 229 人，新纳入 45 人。农村幸福院达到 6 家，银龄安康工程实现全覆盖。农村妇女“两癌”筛查和 65 岁以上老人、中小学生免费查体全部完成。镇卫生院完成与县中医院医疗资源对接，实现远程诊疗。启动家庭医生签约工作，确立 3 支家庭医生团队。举办全镇首届端午诗会、广场舞大赛，新增文化书屋 6 家，村村建立体育广场。

美丽乡村建设。2017 年，镇驻地路灯实现全域照明，集中治理农村公路 60.4 公里。全镇 31 个村农村环境综合整治实现规范化、制度化、经常化管理，市级文明村 1 个、县级 2 个、提升村 5 个建设任务全面完成，美丽乡村覆盖率 74.2%。全年完成危房改造 125 户，厕所改造 3606 户，小王庄村、东小王村天然气“户户通”试点工作全面完成。

精准扶贫。企业扶贫、项目扶贫、产业扶贫、政策扶贫政策全面落实到位，2016 年建档立卡 138 户 248 人全部脱贫，6 个省级贫困村全部摘帽。新识别贫困户（含返贫）41 户 80 人。61 人享受医疗保险大病报销共 93366 元，贫困家庭子女 21 人享受教育补贴，6 名贫困家庭子女享受雨露计划帮扶。

西小王镇棉花产业　　（摄影　高士东）

西小王镇逍遥村水产养殖合作社草鱼苗养殖　　（摄影　高士东）

【村集体经济发展】　2017年，西小王镇围绕特色种植业，发展横道甜瓜、关庄子冬枣、高王红薯、西黄二村双孢菇、小屯河北村水果黄瓜、肉鸡、肉羊、生猪等种植养殖，壮大村集体经济。盘活土地资源，全镇东部11村进行集约化、规模化流转承包。领办经济合作社，打造小王庄村盈盛农机合作社、西陈村精准农机合作社标杆，形成“村集体＋合作社＋贫困户”模式。发展高效农业，后王坟和小屯河北蔬菜大棚、西黄双孢菇、高王25号红薯成为镇域农业经济的特色产业。发展特色养殖业，梁家村与高王村利用村内水域进行渔业养殖，养鸡2500余只、鹅100余只。全年新增集体收入5万元以上村4个、3万元以上村8个，消灭空壳村11个。

【“锦棉小镇”建设】　2017年，西小王镇以钟金燕家纺为代表的棉花产业游线路初步形成，国庆节期间，“锦棉小镇”正式亮相无棣古城文化旅游休闲汇，别具特色的棉花制品被列入无棣旅游特色产品。总投资800余万元，全县第一处集“医护康养住”功能于一体的镇级养老服务中心主体完工。LNG加气站续建项目投入运营，供电服务中心项目基本建成，为农服务中心开工在建。

2017年西小王镇各村（居）基本一览表

表93

行政村名	户数（户）	总人口（人）	耕地面积（公顷）	粮食总产（吨）
曹家村	284	792	229.08	1642.00
小王庄村	331	920	155.15	2217.00
东小王村	220	658	117.04	1026.00
张岔河村	312	863	146.31	1507.00
北小王村	491	1358	300.77	2407.00
西小王村	192	526	55.63	685.00
于岔河村	325	828	122.06	1866.00
三座桥村	200	491	96.38	1008.00
梁家村	98	269	12.96	376.00
穆王村	364	1005	171.67	1582.00
王管村	488	1378	424.05	3230.00
高王村	294	824	259.94	2322.00
西陈村	174	504	88.49	1075.00

续表 93

行政村名	户数（户）	总人口（人）	耕地面积（公顷）	粮食总产（吨）
吴岔河村	206	520	78.17	1082.00
张王村	349	1022	216.26	2686.00
小官村	223	650	192.72	1187.00
大官村	426	1104	308.43	3098.00
逍遥村	396	1064	400.36	2760.00
小屯河北村	466	1417	520.87	4843.00
小屯河南村	318	899	254.94	2763.00
刘庄子村	270	779	603.18	5128.00
关庄子村	203	580	191.37	756.00
东陈村	153	450	230.09	2045.00
西一村	156	443	117.25	1101.00
西二村	159	443	319.34	1832.00
东黄村	162	476	303.47	1916.00
前坟村	151	445	372.80	4251.00
后坟村	176	518	315.50	3438.00
横道村	186	532	316.29	2060.00
石桥村	100	275	862.57	2180.00
羊屋子村	125	339	294.80	3030.00

（张忠霞）

人 物

荣誉榜

省（部）级、市级表彰

姜永生 2017年4月，被人力资源社会保障部、中国科协评为全国科协系统先进工作者

王晓东 2017年12月8日，被国家海洋局烟台海洋环境监测中心站评为2017年度海洋环境应急监测先进个人

周志浩 2017年12月8日，被国家海洋局烟台海洋环境监测中心站评为2017年度海洋环境应急监测先进个人

徐景芳 2017年4月，被滨州市人民政府评为滨州市劳动模范

高乐乐 2017年，被市委、市政府评为全市妇女儿童工作先进个人，记二等功

周金岗 2017年被滨州市委、市政府授予“十九大安保维稳先进个人”称号

许　雷 2017年1月，被山东省国税局稽查局评为2016年度参与省局重点工作变现突出人员

佘洪芬 2017年3月，被山东省国税局、地税局、公安厅评为2016年打击涉税违法犯罪工作先进个人

王凤章 2017年4月，获山东省国家税务局《山东国税》优秀文章一等奖

刘泽莹 2017年9月，被国家税务总局评为中国好税官

王文炎 2017年9月，被省人大常委会办公厅评为2017年度《山东人大工作》宣传工作先进个人

于树茂 2017年9月，被省人大常委会办公厅评为2017年度《人民权利报》宣传工作先进个人

刘晓飞 2017年9月，被省人大常委会办公厅评为2017年度《人民权利报》宣传工作先进个人

陈景云 2017年，被省档案局评为全省档案宣传工作先进个人。

张　杰 2017年被评为山东省供销合作社系统先进个人，记三等功

2017年度“中国好人”“山东好人”

高宝顿 男，1964年出生，车王镇三高村人。高宝顿是单腿残疾人，一条腿是假肢，而高宝顿妻子是个瘫痪不能自理的人，是一个“3口人只有3只好腿”的特殊家庭。高宝顿坚持义务理发10年，村里谁家的老人不能出去理发了，给个信，打个电话，他就亲自上门，为老人理发，村民感到他家困难，都主动给他费用，但是他不要，他以此来感谢这些年来大家对他的照顾。逢年过节，特别是像“二月二”这种特殊的节日，高宝顿都到敬老院义务理发，一做就是10多年。从2015年以来高宝顿每隔40来天就到敬老院一次，时间长了，敬老院的老人们都把高宝顿当成了自家亲人。（48期“山东好人”、2017年3月“中国好人”）

于俊芬 女，1964年出生，棣丰街道佘家村人。1985年冬，23岁的于俊芬嫁给邻村无棣县棣丰街道的小佘家村青年佘崇合。新婚不久，他的丈夫便得了脑垂体瘤，脑瘤增长压迫神经组织，出现失明、语言障碍、不能自理等症状。家里有卧病在床的丈夫，腿有残疾的公公，神志不清的婆婆，嗷嗷待哺的儿子，家外五口人的土地，都需要她一人夏种秋收。可是她没有放弃，而是独自扛起了家里家外所有的重担。（62期“山东好人”“好人之星”、2017年7月“中国好人”）

赵雪强 男，1987年出生，无棣县顺达交通运输服务中心出租车驾驶员。赵雪强1天内两次把乘客遗失的物品归还失主。1月19日上午11时左右，一名返乡大学生乘坐出租车，下车时行李落在了车上。半小时后，失主的电话响了，原来是当时乘坐的出租车师傅打来的。赵雪强驾车及时把物品送还了失主。

随后，赵雪强将失主送到目的地后，就接单去另外一个地方，当第二个客人下车后，他发现后座上乘客遗忘的包，便把车开回到失主下车的小区门口等候，未见失主就开车离开了。这时他听到叫车热线服务台的问询信息，又开车回到小区门口，仍没见到失主。他从总服务台得知失主的电话后与失主联系并及时将物品送还失主。（64期“山东好人”、2017年9月“中国好人”）

邱春杰 女，1983年出生，无棣县圣豪巴洛克美业理发师。2015年初，她在无棣创办了自己的“巴洛

克美业”美容美发店，自开店那天起，她就定下了一条规矩，年满60岁的老人每周一至周四来店理发一律只收一元钱。渐渐地，这家理发店一元钱为老人理发的消息传开，附近越来越多的老人来这里理发。当问起她为什么要一元钱为老人理发时，邱春杰表示，谁家都有老人，平时儿女们都忙于工作或者生计，能照顾老人的时间不多，给老人理理发，陪老人说说话，是一种亲情的交流。本打算不收老人钱，但又怕老人们不好意思，所以就想到了一元钱理发这个主意。她还定期组织到敬老院上门为老人免费理发，每年八一建军节，带上美发师到驻地边防、消防部队为官兵免费理发。（59期“山东好人”）

李东升　孙汝金　宋凤强　张中强　张宝杰　张连斌　秦立杰　七人展开组团式冰河生死营救。1月27日（大年三十）上午9时许，在无棣县境内水湾镇路杨村的一条公路上，有两辆轿车相撞，其中一辆白色轿车扎入河中，车头插进已经结冰的水里，另一辆车则倒在路边。猛烈的撞击声引来附近众多好心人顾水已结冰，纷纷破冰跳入水中，自发投入到救援中，只用了不到5分钟的时间，就将落水司机救上岸来，送上120急救车。（61期“山东好人”）

刘树国　男，1949年出生，车王镇西郑村人。腊月二十二正值大山赶年集，人群中发现了一个旧布袋子，内有800元现金、身份证和多张存折。刘树国左顾右盼寻找丢主，直到黑天，也没有人来找。刘树国从身份证上知道失主是碣石山镇大庄西村的。5天后等到再次去赶年集，委托大庄西村熟人归还了失主。（61期“山东好人”）

孟维东　男，1972年出生，无棣县顺达公交有限公司公交司机。2017年3月5日下午，无棣县荣德堂文化创意产业园一名职工乘坐七路公交车去县内一超市购物，下车的时候把自己随身携带的包落在了车上。情急之下，她通过向在无棣顺达公交有限公司工作的朋友打听得知，司机师傅叫孟维东，已经把她的包交到公司去了。3月13日，失主专门制作了一面印有“拾金不昧 品德高尚”的锦旗送到顺达公交公司。（62期“山东好人”）

高振清　男，1950年出生，车王镇三高村人。10月2日下午4点左右，无棣车王镇三高村高振清骑着三轮车在村里清扫卫生，在大路边的一个垃圾桶边上，发现了一个纸袋子，里面有厚厚的一叠钱，还有身份证、房产证、银行卡等。他打电话找到村主任高长君，清点物品，有7700元。按照身份证信息找到了失主。（63期“山东好人”）

孟令然　女，1960年出生，水湾镇马家村村民。22岁时，孟令然嫁给了邻村青年马凤良。公公、婆婆多病缠身，婆婆一直瘫痪在床，后来公公得了老年痴呆，连基本的吃饭喝水都不能自理，大小便失禁。孟令然每天伺候公公、婆婆的饮食起居。2010年，孟令然的娘家又遭遇变故，大哥意外身亡，母亲哭坏了双眼。孟令然娘家也十分贫穷，父亲的双腿几乎不能站立。后来父亲去世，弟媳又在生下孩子后承受不住艰难而离家出走。弟弟需打工赚钱，孟令然就把失明的母亲和还在襁褓中的侄子接到自己家来照顾。丈夫外出打工，家中一切都要靠她来担负，照顾公婆和母亲，还要抚养襁褓中的侄子，但她从来没有丝毫怨言，用爱和坚强撑起了三个家。（63期“山东好人”）

孟建勇　男，中共党员，1969年出生，棣丰街道办事处残联理事长。他是一位因患小儿麻痹症落下终身残疾的残疾人，他也是全街道715位残疾人的贴心人。他为每个人都建立了信息档案，他们的身体状况、生活情况、意愿需求等，全部都熟记于心。县残联一旦有残疾人帮扶、就业等方面的优惠政策措施，孟建勇总是第一时间就传达给他们。很多残疾人因生活困难，家里没有电话，孟建勇就及时与村干部联系，上门服务。贾店村的一残疾人20多年前因一次意外失去了一条腿，20多年来，没有任何经济来源的他只能靠父母养活。在一次上门了解情况时，孟建勇了解到他的假肢因安装时间太长又没钱更换，致使走路困难，孟建勇立即把情况上报县残联，在县残联的协调下，为其更换了假肢。（65期“山东好人”）

赵俊杰　男，1987年出生，信阳镇双堠村人。10月1日上午，双堠村一农民驾驶拖拉机外出，转弯时太急，前车轮驶进路旁的沟渠中，拖拉机将农民紧紧压在沟渠里面。恰巧赵俊杰路过事发地点，他立即跳入水中，紧紧抱着农民的后背托举，使其头部伸出水面，并大声呼救。在村民的共同努力下，农民得救。（69期“山东好人”）

程树堂　男，1961年出生，无棣县油区办职工。7月21日早上5点半，程树堂在散步时捡到一个钱包，发现里面有四张银行卡、一张加油卡、一张饭卡。程树堂在拾到钱包的附近来回散步，希望失主能来认领。但一个小时过去了，也没见来人寻找，程树堂又步行1里多路，走到“军民包子铺”，和饭店老板说明了来意。饭店老板从饭卡上查到失主的电话，及时将物品还给了失主。（69期“山东好人”）

县级表彰

2017 年度无棣县“富民兴棣”标兵（三等功）

高立珂　刘忠礼　李金文　王长亮
刘豪德　周金岗　杨风彩　吴宝环
庞志鸿　李　政　齐建安　王殿斌
赵连胜　王　苗　马方恩　牛云才
李永玺　高菊惠　李智武　郭庆文
李坤海　李丙群　杜守国　邱海军
马风刚　朱树茂　闫景华　王健伟
端悦武　赵玉成　李学敬　李文凯
于大勇　李树忠　王秀丽　于清勇
杨向晖　于文娟　李金峰　刘正军
贾维平　赵荣春　袁晓华　王　钧
刘　勇　邢金锋　李文明　王树国
张海涛　张永波　吴书华　高延玲
仝德恒　李国强　康树聪　李克林
李维德　李明勇　刘宝杰　孙文国
马振礼　王　健　张海龙　李维博
阚建华　卢新仓　高希华　赵振楠
张余德　刘明博　邱丽娟　张　蕾
杨宝勇　胡建军　唐国涛　路晓冰
苏庆猛　李　涛　马宝祥　戴福军
王玉瑞　吕天宝　刘菊荣　王伟琳
魏延军　马宝德　刘希东　解敏雨
孙洪广　从荣明　周宁波　张朝阳
刘荣钊　刘永辉　王维义　王照勇
邱景作　鞠亚宁　王金峰　王立增
耿　勇　张沛洲　王春轩　杨增华
赵志伟　孙文涛　王同棣　邱延伍
王守法　马宗山　王晓刚　梁树贞
张秀惠　董英均　韩宝东　吴　垒
乔永军　张忠峰　李　鹏　张玉辉
吴立国　张廷磊　陈晓明　孙青江
赵洪新　张荣忠　钱　磊　李　康

2017 年度无棣县“富民兴棣”先进个人（嘉奖）

张　欣　孟维峤　宋秀江　周荣庚
马宝忠　蒋海军　姜锡朋　王　博
张学冰　从恩方　唐志强　王新华
张胜利　马兆宏　崔丙光　张崇云
刘军健　徐文峰　徐鹏潇　杜金辉
张振华　张永超　张文杰　吴秋华
杨守英　刘雪剑　巴秀剑　孙秀美
马士玉　赵　强　李雪松　周金超
吕　军　丁　南　李洪晨　吴　敏
李凌云　徐景江　罗　凯　高建忠
张久发　王晶晶　张　健　王秀铎
吕凤月　胡　勇　李建强　王菁宇
王　露　张俊芳　吴绍荣　陈其文
许长春　赵振雷　武承文　田荣祖
崔　超　蒋茂祥　马跃峰　邱景广
索文靖　张　钊　高建桥　曹志文
王义军　邓永强　蔡欣昌　李立华
孙明臣　张　红　付立云　杨安坤
李树昌　周立军　韩振涛　赵云星
何荣焕　张国昌　王世镇　郭金铭
王洪迪　崔宝存　张元泽　郑浩函
丁宝冲　孙殿报　牛宝田　胡博林
汪立胜　张宝琛　孙占峰　唐秀春
付　军　李德新　徐志东　王成河
阚永志　闫梦彬　王　猛　郭跃辉
刘树刚　高金才　吴永涛　刘军华
姚泊海　仝文刚　付建广　张　雷
付启平　孟祥亮　王　栋　郑鲁北
张可冰　张茂华　吴　斌　侯宝富
胡　红　董道理　杨凯利　邓忠新
刘美荣　张瑞云　邱建飞　闫　辉
刘利军　王春海　李九星　王玮莉
孙刚正　商淑珍　牛志强　张永华
赵春沧　郭忠昌　曹连海　高金辉
孙　艳　李　妍　王　健　步朋朋
李　晶　邢宝任　王晓艳　王建勇
高俊田　王文江　丁清义　吴建河
刘会军　李德堂　郭振杰　张学明
董　雷　刘金成　张世杰　徐景芳
张建明　李　婕　王　军　刘豪男
张振浩　陈宝花　张金庄　车林岩
张永炎　杜鹏飞　马荣振　刘　芳
田海霞　高利民　信德庄　徐　崇
刘海城　张树龙　吴昊明　张秀臣
孙　峻　关秀林　张国华　范存晓
冯李云　周景翠　赵金桥　关辉林
李荣昌　杜志刚　付全秀　王　涛
梁连森　孙永庆　南玲玲　王　强
王纪忠　信式伟　冯金龙　牛成举
卢建光　邱胜利　林晓文　陈庆勇
宋西民　宋晓州　衣吉龙　刘桂强
王志忠　周全利　胡凡光　蔡　欣
巴　涛　王　磊　李　义　宋利群
李爱民　熊华东　刘鲁渤　王朝晖
吴炳钢　赵爱民　杨景成　商学洪
高海豹　陈　俊　刘林松　徐世军
吕维红　马明华　张在涛　张洪昌
陈树常　潘志良　王玉珂　张　凯
刘海恩　姚鹏程　闫云祥　吴金松
范树和　张芳芳　张延松　马建春
王竹坡　田　军　南兆东　范坤海
商　强　从雷明　崔　青　张小宁
崔鲁兵　李岩青　范立强　蔡　博
刘珊珊　牛振文　邱长洪　刘洪涛
张清昌　闫　辉　汪宝富　王晓东
张　勇　盖文德　陈永良　李尊朋
朱永生　公茂顺　王保华　刘建利
吴明涛　吴红娥　韩树生　张炳如
张长普　张文辉　刘志海　赵炜哲
付壤辉　马文勇　刘海涛　胡　良
从延成　李华军　王佃志　从雷刚
时冬梅　张荣富　郭忠莲　朱洪升
吴忠水　孙殿峰　郭云蛟

2017 年度无棣县功勋企业家

王玉瑞　吕天宝　刘菊荣

2017 年度无棣县明星企业家

王伟琳　魏延军　马宝德　刘希东

2017 年度无棣县先进企业家

解敏雨　孙洪广　从荣明　周宁波
张朝阳　刘荣钊　刘永辉　王维义
王照勇　邱景作　鞠亚宁　王金峰
王立增　耿　勇　张沛洲　王春轩
杨增华　赵志伟　孙文涛　王同棣
邱延伍　王守法　马宗山　王晓刚
梁树贞　张秀惠　董英均　韩宝东
吴　垒　乔永军　张忠峰　李　鹏

张玉辉　吴立国　张廷磊　陈晓明　孙青江　赵洪新　张荣忠　钱　磊　李　康

新任县级领导干部

姜凌刚　山东省莱西市人，汉族，1975年7月出生，1996年1月加入中国共产党，1997年7月参加工作，本科学历。1993年9月至1997年7月，中国人民公安大学警察管理系思想政治教育专业学习；1997年7月至1999年5月，滨州地区惠民县公安局政工科科员；1999年5月至2000年7月，滨州地区惠民县公安局经济犯罪侦查大队副大队长；2000年7月至2002年9月，滨州地区惠民县公安局副科级侦察员、经济犯罪侦查大队副大队长（其间：2000年5月至2002年9月，挂职任山东滨化集团有限责任公司总经理助理）；2002年9月至2006年3月，滨州市公安局刑警支队副支队长；2006年3月至2008年11月，滨州市公安局行动技术支队政委；2008年11月至2009年12月，滨州市外事与侨务办公室副主任、党组成员；2009年12月至2010年12月，中共博兴县委常委、纪委书记；2010年12月至2011年4月，中共博兴县委常委、纪委书记、组织部长；2011年4月至2011年11月，中共博兴县委常委、组织部长；2011年11月至2012年1月，中共博兴县委常委；2012年1月至2013年12月，中共博兴县委常委、博兴县政府副县长；2013年12月至2014年1月，中共邹平县委常委；2014年1月至2015年7月，中共邹平县委常委、邹平县政府副县长；2015年7月，中共无棣县委副书记；2016年11月，中共无棣县委副书记、无棣县政府代县长、党组书记；2017年1月，中共无棣县委副书记、无棣县政府县长、党组书记。

陈孟继　陕西省富平县人，汉族，1971年1月出生，1995年5月加入中国共产党，参加工作，大学本科学历。1991年9月至1995年7月，山东大学中文系学生；1995年7月至1996年10月，山东省档案局档案管理处干部；1996年10月至2000年10月，山东省档案局教育处助理馆员；2000年10月至2001年5月，山东省档案局教育处馆员；2001年5月至2008年11月，山东省档案局办公室馆员；2008年11月至2014年6月，山东省档案局办公室副主任；2014年6月至2017年2月，山东省档案局编辑研究处处长；2017年2月，无棣县委副书记（挂职）。

李洪涛　山东省无棣县人，汉族，1972年12月出生，1998年2月加入中国共产党，1995年7月参加工作，大学本科学历。1995年7月至1997年2月，无棣县庞集乡财政所所长；1997年2月至2000年2月，无棣县水湾镇经管站站长（1996年7月至1999年6月，在山东干部函授大学大专班经济管理专业学习）；2000年2月至2002年9月，无棣县水湾镇韩王办事处书记；2002年9月至2004年4月，无棣县水湾镇纪委副书记兼办事处书记；2004年4月至2005年8月，无棣县水湾镇党委宣传委员；2005年8月至2006年9月，无棣县水湾镇党委组织委员；2006年9月至2008年7月，无棣县水湾镇党委副书记（2005年9月至2007年12月，在山东省委党校经济管理专业学习）；2008年7月至2011年1月，无棣县西小王乡党委副书记、乡长；2011年1月至2011年11月，无棣县碣石山镇党委书记；2011年11月至2014年1月，无棣县碣石山镇党委书记、人大主席；2014年1月至2016年12月，无棣县海丰街道党工委书记、人大工委主任；2016年12月至2017年1，无棣县委政法委书记；2017年1月，无棣县委常委、政法委书记。

王春平　女，山东商河县人，回族，1971年3月出生，1992年6月加入中国共产党，1989年7月参加工作，省委党校经济管理专业研究生。1986年9月至1989.年7月，山东省临邑师范学校中等师范专业学习；1989年7月至1992年7月，德州市商河县沙河中学教师（其间：1990年9月至1992年7月，山东青年管理干部学院中文秘书专业学习）；1992年7月至1996年7月，阳信县棉纺织厂团委书记；1996年7月至2001年5月，阳信县团委组宣部长、县直机关团委书记（1994年7月至1997年6月，山东干部函授大学经济管理专业学习）；2001年5月至2006年3月，阳信县流坡坞镇副镇长（其间：2005年3月至2006年3月，挂职任阳信县流坡坞镇党委副书记；1999年9月至2002年7月，山东大学继续教育学院法律专业学习）；2006年3月至2006年9月，阳信县京泰新区管委会办公室副主任；2006年9月至2010年1月，阳信县劳店乡党委副书记、乡长（2006年3月至2008年1月，山东省青年管理学院汉语言文学专业学习）；2010年1月至2010年2月，阳信县民族宗教事务局局长、劳店乡乡长；2010年2月至2010年11月，阳信县民族宗教事务局局长、党组书记（2007年9月至2010年6月，在山东省委党校在职干部研究生班经济管理专业学习）；2010年11月至2012年8月，滨州市民族宗教事务局副调研员；2012年8月至2017年7月，滨州市民族宗教事务局党组成员、副局长；

2017年7月，滨州市民族宗教事务局党组成员、副局长，无棣县委常委、副县长（挂职）。

冯其龙 山东省无棣县人，汉族，1964年11月出生，1981年7月参加工作，1991年12月加入中国共产党。滨州地委党校党政管理专业，大专学历。1978年10月至1981年7月，在山东省北镇农业学校农学专业学习；1981年7月至1981年12月，无棣县埕口公社农技站技术员；1981年12月至1989年10月，无棣县农业局技术员；1989年10月至1994年12月，无棣县农委政研科科长、办公室主任（其间：1990年9月至1993年6月，在山东滨州地委党校业余大专班党政专业学习）；1994年12月至1995年12月，无棣县委调研室秘书；1995年12月至1997年4月，无棣县委办公室调研室主任；1997年4月至1998年12月，无棣县委办公室副主任科员；1998年12月至2003年9月，无棣县委政研室副主任；2003年9月至2004年4月，无棣县委办公室副主任、政研室副主任；2004年4月至2007年12月，无棣县委办公室副主任、政研室主任；2007年12月至2010年1月，无棣县委办公室副主任、政研室主任、县人大常委；2010年1月至2012年1月，无棣县政府党组成员、办公室主任、应急管理办公室主任；2012年1月至2012年2月，鲁北高新技术开发区管理委员会副主任、无棣县政府党组成员、办公室主任、应急管理办公室主任；2012年2月至2016年12月，鲁北高新技术开发区管理委员会副主任、党工委委员；2016年12月至2017年1月，无棣县人大常委会副主任候选人、党组成员，提名无棣县人大财政经济委员会主任委员人选；2017年1月，无棣县人大常委会副主任、党组成员，县人大财政经济委员会主任委员。

张国芳 山东省无棣县人，汉族，1962年10月出生，1982年7月参加工作，1988年4月加入中国共产党，滨州师范专科学校中文专业毕业，大专学历。1980年8月至1982年7月，在无棣县师范学校学习；1982年7月至1985年8月，无棣县埕口乡中学教师；1985年8月至1987年9月，无棣县县直机关中学教师；1987年9月至1990年10月，无棣县技工学校团委书记；1990年10月至1991年9月，无棣县监察局秘书；1991年9月至1995年3月，无棣县委办公室秘书、秘书室副主任、主任；1995年3月至1997年4月，无棣县委办公室副主任、保密局局长；2004年4月至2009年12月，无棣县民政局局长、党组书记；2009年12月至2010年12月，无棣县交通局局长、党组书记；2010年12月至2011年1月，无棣县工业园区管委会副主任，县交通运输局局长、党组书记；2011年1月至2017年1月，无棣工业园区管委会副主任、党工委委员；2017年1月，无棣县人大党组成员、城建环保委员会主任委员。

张庆华 山东省济阳县人，汉族，1971年10月出生，2001年3月加入中国共产党，1994年7月参加工作，中国人民公安大学公安管理专业，法学学士。1990年9月至1994年7月，山东工程学院设备工程系机械设计与制造专业学习；1994年7月至2000年12月，滨州地区公安局科员；2000年12月至2002年9月，滨州市公安局科员（1997年9月至2002年6月，中国人民公安大学公安管理专业学习）；2002年9月至2008年10月，滨州市公安局公共信息网络安全监察处副处长；2008年10月至2010年11月，滨州市公安局网络警察支队支队长；2010年11月至2012年10月，滨州市公安局网络安全保卫支队队长；2012年10月至2013年11月，滨州市公安局副县级侦察员、网络安全保卫支队支队长；2013年11月至2016年12月，滨州市公安局网络社会防控和电子数据检验鉴定中心主任兼网络安全保卫支队支队长；2016年12月至2017年1月，无棣县政府副县长候选人、县政府党组成员，公安局局长、党委书记、督察长；2017年1月，无棣县政府副县长、党组成员，公安局局长、党委书记、督察长。

高晓勇 山东省滨州市滨城区人，汉族，1978年2月出生，2005年1月加入中国共产党，2003年7月参加工作，省委党校经济管理专业研究生。1999年7月至2003年7月，山东轻工业学院计算机科学与技术专业学习；2003年7月至2004年6月，滨州市文化市场稽查队；2004年6月至2007年11月，滨州市文化市场稽查队科员；2007年11月至2009年4月，滨州市文化市场稽查队副队长；2009年4月至2013年3月，滨州市文物管理处副处长、党支部委员；2013年3月至2014年12月，滨州市文物局副局长、党支部委员（其间：2013年8月至2014年12月，市委常委“联村为民”活动驻沾化县古城镇魏王村工作组成员；2011年9月至2014年6月，山东省委党校在职干部研究生经济管理专业学习）；2014年12月至2017年7月，滨州市文物局支部委员会书记、局长；2017年7月，滨州市文物局支部委员会书记、局长，无棣县副县长（挂职）。

邹　宁 山东省烟台人，汉族，1963年8月出生，2006年4月加入中国共产党，1988年7月参加工作，中国科学院海洋生物专业毕业，研究生学历，博士学位。1981至1985年，山东师大学士学位；1985年至1988

年，山东师大硕士学位；1988 年至 1993 年，淄博师专生物系讲师、校学报编委、淄博应用生物技术研究所所长、淄博应用生物技术基地总经理（兼职）、参与创建六和集团；1993 年至 1996 年，中科院海洋所博士学位；1997 年至 1999 年，以色列古本里安大学博士后；1999 年至 2002 年，葡萄牙海洋养殖公司研究部主任；2002 年至 2002 年，烟台大学海洋学院教授；2002 年，烟台大学三级教授、教授委员会副主任、藻类研究所所长、中国藻类协会微藻研究院执行院长、研究生导师、藻类细胞工程创新团队负责人、中国食品学会营养支持专业委员会理事、《林业世界》编委、烟台开发区科技顾问、无棣县科技顾问、青岛微藻产业学会常务理事、烟台生物工程学会常务理事、烟台市环境科学常务理事、鲁东大学侨联副主席、烟台微藻工程技术中心主任；2011 年至 2012 年，美国马里兰大学海洋与环境生物技术研究所兼职博导、高级访问学者；2017 年 11 月，无棣县政府党组成员、副县长（挂职）。

吴国华 辽宁省营口市人，1972 年 10 月出生，汉族，1990 年 12 月入伍，1998 年 3 月加入中国共产党，本科学历。1990 年 12 月至 1993 年 9 月，海军第二训练团战士；1993 年 10 月至 1996 年 6 月，海军天津后勤学院财务专业学习；1996 年 6 月至 2017 年 4 月，历任海军潜艇第十二支队食堂管理员、军需助理员、财务助理员、财务科长、岸勤部长；2017 年 5 月，任无棣县人武部部长。

赵吉义 山东省无棣县人，汉族，1968 年 4 月出生，1990 年 11 月加入中国共产党，1988 年 7 月参加工作，研究生学历。1986 年 9 月至 1988 年 7 月，山东聊城供销学校学习；1988 年 7 月至 1988 年 9 月，无棣县第一油棉厂工作技术员；1988 年 9 月至 1991 年 9 月，无棣县第二油棉厂车间主任、企管科长、办公室主任、团总支书记；1991 年 9 月至 1992 年 3 月，无棣县棉麻公司生产技术科科长；1992 年 3 月至 1997 年 3 月，无棣团县委实业部部长、工农青年部部长、组织部部长、办公室主任、县青联秘书长；1997 年 3 月至 2002 年 9 月，无棣团县委副书记、县青联副主席兼秘书长、县希望工程办公室副主任；2002 年 9 月至 2004 年 3 月，无棣县旅游局副局长（主持工作）；2004 年 3 月至 2010 年 10 月，无棣县旅游局局长；2010 年 10 月至 2011 年 11 月，无棣县信阳乡党委书记、人大主席；2011 年 11 月至 2016 年 12 月，无棣县小泊头镇党委书记、人大主席；2016 年 12 月至 2017 年 1 月，山东鲁北高新技术开发区党工委委员 2017 年 1 月，山东鲁北高新技术开发区党工委委员、管委会副主任。

中国工程院院士

刘泽金 山东省无棣县小泊头镇人，汉，1963 年 10 月出生，1979 年毕业于无棣县第四中学，1983 年本科毕业于山东大学激光专业，1989 年硕士毕业于国防科技大学原子分子物理专业，1997 年博士毕业于国防科技大学军用光学专业。长期从事高能激光系统和技术研究，为我国高能激光系统发展做出了重大贡献。曾获国家科技进步一等奖 2 项、二等奖 1 项、三等奖 1 项，湖南省自然科学一等奖 1 项，部委和军队级科技进步一等奖 7 项；发表学术论文 150 余篇；获发明专利授权 11 项；出版教材和学术专著 2 部；获中国科协“求是”杰出青年奖、全国优秀科技工作者荣誉称号。教育部“高能激光技术”创新团队带头人，军队科技领军人才。现任国防科技大学副校长、教授、博士生导师，主要学术兼职有：中国光学学会副理事长，国务院学位委员会学科评议组成员，军委科技委某领域专家委员会副主任，《中国激光》副主编，《强激光与粒子束》编委。2017 年当选中国工程院院士，11 月 27 日举行了颁证仪式。

附　录

无棣县地方史志事业发展规划纲要

（2016—2020 年）

近年来，在县委、县政府的正确领导和社会各界的关心支持下，全县史志事业实现新发展，志鉴编纂、旧志整理、信息化建设、地方历史文化研究、方志服务等多项工作成绩显著。第二轮修志在全市率先完成，部门志出版数量质量全面提升，方志理论研究、修志队伍建设不断加强，服务功能持续增强，依法修志全面推进，史志资源开发利用成果丰硕。为促进和指导今后五年全县史志事业科学发展，根据《山东省地方史志事业发展规划纲要（2016—2020 年）》（鲁政办发〔2015〕46 号）和市政府办公室《关于印发滨州市地方史志事业“十三五”发展规划的通知》（滨政办发〔2016〕8 号），结合全县实际，制定本规划纲要。

一、指导思想与基本原则

（一）指导思想。全面贯彻落实党的十八大和十八届三中、四中、五中、六中全会精神，全面落实“一纳入、八到位”总要求，紧紧围绕县委、县政府中心工作，解放思想、实事求是、锐意进取、改革创新，依法推进全县史志事业科学发展，为加快建设富裕文明美丽幸福新无棣提供精神动力、决策参考、信息服务和智力支持。

（二）基本原则。1. 坚持正确方向。坚持走中国特色社会主义文化发展道路，坚持为人民服务、为社会主义服务的方向，通过编修和开发利用地方史志成果，为弘扬优秀传统文化提供有力支撑，为培育和践行社会主义核心价值观提供丰富、优秀的精神文化产品。

2. 坚持依法治志。按照《地方志工作条例》和《山东省地方史志工作条例》，县地方史志办公室对全县史志工作依法履行规划、组织、指导、督促和检查职责，各级各部门单位和社会各界要依法履行相关职责和义务。

3. 坚持科学发展。以修志编鉴为主业，统筹兼顾信息化建设、方志馆建设、法治化建设、旧志整理、理论研究、开发利用等工作，实现全县史志事业科学发展。

4. 坚持改革创新。继承和弘扬中华民族编史修志的优良传统，认真总结史志工作经验，正确把握发展规律，深化改革，与时俱进，推动理论创新、制度创新、管理创新、方法创新，不断拓展史志工作领域，丰富史志成果表现形式。

5. 坚持质量第一。质量是志书的生命，要将精品意识贯穿于志鉴编纂出版工作全过程，严把政治关、史实关、体例关、文字关、出版关，编纂出版经得起历史检验、具有鲜明时代特征和地域特色的优秀史志成果。

6. 坚持修用并举。发挥史志资源优势，加快史志成果转化，全面提升开发利用水平。拓宽用志领域，创新用志手段，提升服务大局能力，为党政机关、社会各界和人民群众服务。加大宣传力度，提高全社会读志用志水平，形成修用结合、良性互动机制。

二、总体目标与主要任务

（一）总体目标。坚持每年编纂出版《无棣年鉴》；有条件的行政、企业、事业单位都要编纂出版部门（专业）志书；各镇（街道）要尽早启动镇（街道）志和个别村志的编修工作；要进一步提升史志信息化水平；建成并启用新的方志馆，增加县方志馆藏书量；加强对编修部门（专业）志、镇（街道）志和村志的指导与管理，基本形成修志编鉴、理论研究、质量保障、开发利用、工作保障“五位一体”的史志事业发展综合体系，确保全县史志工作继续走在全市前列。

（二）主要任务。1. 积极开展修志编鉴工作。继续做好《无棣年鉴》编纂出版工作，2016 年实现“一年一鉴”并公开出版，推动年鉴工作改革创新、提速增效，缩短出版周期，增强为现实服务能力。具备启动编修志书条件的行政企事业单位、镇（街道）和村（社区），尽早建立机构，落实人员，保证条件；要加强组织协调，加快进度，确保编修志书质量。

2. 加快信息化建设。按照全国地方志事业信息化发展意见，广泛应用“互联网＋”等现代信息技术，逐步实现修志编鉴的数字化、网络化，建成地方史志全文数据库，并面向社会提供服务。加大资金投入，不断升级完善地情网站软硬件设施，建设新的载体平台，重点加强与市政府网站的融合互通，构建多界面、多渠道、多元化、全方位的信息综合服务体系。加强地情网站资料管理，确保网络信息安全。

3. 加强方志馆建设。把方志馆建设纳入地方公共文化服务设施建设规划，充分发挥好馆藏、展示、研究和开发利用等作用。加强地方史志年鉴、地方文献、地情资料、史志文献、民间档案、民间族谱、民风民俗等资料的征集与收藏，加强与全国各地的志鉴交换、收藏，使之成为名副其实的地方文献资料收藏中心和县情展示中心。坚持面向社会、服务大众，切实做好馆藏资料对外开放和县情展示工作，更好地方便社会各界人士查阅资料、了解县情。

4. 强化史志资料征集管理。加大依法收（征）集史志资料力度，健全完善年报制度并形成常态机制，按年度整理汇编地情基础资料。建立史志资料库，为修志编鉴和地情开发服务。运用社会调查、口述历史等方法，大力拓展资料收（征）集范围和渠道，建立能够全方位适应志鉴编纂、史志事业发展和方志文化建设需要的史志资料保障机制。

5. 提高史志资源开发利用水平。继续发掘无棣县旧志资源。广泛开展读志用志活动，推动史志成果进机关、进农村、进社区、进校园、进企业。建立为重大活动修志的常态化工作机制，引导社会各界积极开发利用史志资源。

三、保障措施

（一）加强组织领导。坚持和完善“党委领导、政府主持、地方史志工作机构组织实施、社会各界广泛参与”的工作机制，全面落实“一纳入、八到位”。各级各部门单位要高度重视史志工作，按照德才兼备的原则和专业要求，配齐配强史志编纂机构领导班子，充实史志工作队伍。各级各部门单位要关心支持史志工作，把所需经费列入财政预算，确保史志工作有序开展。

（二）强化依法治志。认真履行《地方志工作条例》和《山东省地方史志工作条例》赋予的各项职责，切实提升依法行政的能力和水平。根据形势发展要求，进一步完善与两个条例相配套的工作制度体系和实施细则，为全县史志事业发展提供政策依据和制度保障。建立修志工作动态管理机制，定期检查通报工作进展情况，保障史志事业健康发展。

（三）加大舆论宣传。利用各类新闻媒体，大力宣传史志部门贯彻落实国家及省市有关史志工作的大政方针和重大决策部署、史志工作服务经济社会发展的新成绩、史志工作者投身无棣经济文化建设的新贡献。深入挖掘史志资源的现实价值、历史价值，设计宣传主题，创新宣传形式，推出一批人民群众喜闻乐见、有较大社会影响的宣传精品。县地方史志办公室负责对本规划纲要落实和执行情况进行督促检查。

中国地方志指导小组
地方综合年鉴编纂出版规定

（2017 年 12 月 21 日）

第一章　总　则

第一条　为了提高地方综合年鉴编纂出版质量，推动年鉴事业科学发展，充分发挥地方综合年鉴在促进经济社会发展中的作用，根据国务院《地方志工作条例》，制定本规定。

第二条　本规定所称地方综合年鉴，是指系统记述本行政区域自然、政治、经济、文化、社会等方面情况的年度资料性文献。

第三条　本规定适用于以县级以上（含县级）行政区域名称冠名的地方综合年鉴（以下简称“年鉴”）。

第四条　年鉴编纂出版坚持以马克思列宁主义、毛泽东思想、邓小平理论、“三个代表”重要思想、科学发展观和习近平新时代中国特色社会主义思想为指导。

第五条　年鉴编纂出版应遵守国家关于保密、著作权、出版、广告等方面的法律、法规或规章，遵守党和国家关于民族、宗教和对外关系等方面的法规或政策，维护国家利益、民族团结和社会稳定。

第六条　年鉴编纂应做到观点正确，框架科学，资料翔实，内容全面，记述准确，出版符合国家相关标准。

第二章　框　架

第七条　年鉴框架应涵盖年度内本行政区域的基本情况。

第八条　年鉴框架应做到分类科学，层次清晰，领属得当，编排有序。

第九条　年鉴框架应体现年度特点和突出地方特色。

第十条　年鉴框架应保持相对稳定，可依据年度特点和事物变化情况作适当调整。

第十一条　年鉴框架分类应参照相关分类标准，结合社会实际分工和本行政区域特点进行。

第十二条　年鉴框架结构一般分为类目、分目、条目三个层次。

第十三条　年鉴各层次标题应准确、规范、简洁，能够揭示所记述内容的特点，避免重复。

第三章　资　料

第十四条　年鉴资料应反映本行政区域自然、政治、经济、文化、社会、生态建设等方面的基本情况，以及与本行政区域密切相关的内容。

第十五条　年鉴主要辑录上一年度的资料，一般不上溯下延。

第十六条　年鉴资料应具有为现实服务的价值和存史的价值。

第十七条　年鉴资料应具有连续性和可比性，能正确反映事物发展的脉络和轨迹。

第十八条　年鉴资料应真实，人名、地名、时间、事实、数据、图片、引文等应准确。未经核实的资料不得收录。

第十九条　年鉴采用的数据应以统计部门提供的为准，未列入统计范围的，以业务主管部门提供的为准。数据不一致时，应加以说明。

第二十条　年鉴编纂单位应拓宽资料搜集渠道，资料除依靠各供稿单位提供外，还要通过查阅档案、报刊和提炼网络信息，以及调查访问等方式进行搜集。

第四章　内　容

第二十一条　年鉴内容应存真求实，客观反映经济社会发展中取得的成绩和存在的问题。

第二十二条　年鉴内容记述应综合运用多种形式，一般以条目为基本记述单元。

条目分为综合性条目和单一性条目等类型。综合性条目反映年度内各个领域发展变化的总体情况和主要特点，具有高度的概括性；单一性条目一事一条，基本要素齐全。

第二十三条　条目。条目编写应做到：

（一）选题选材注重有效性、完整性和新颖、准确、系统。

（二）有效信息含量大，避免空洞无物和简单重复。

消除部门工作总结、报告痕迹。不应记述非部门主要职能的信息。

（三）坚持述而不论，寓观点于记述之中。

（四）标题中心词突出，题文相符。

（五）条目排列有序，并避免单个条目构成分目。

第二十四条　大事记。选录大事要得当，做到重要事项不漏，时间、地点、人物（单位）、结果等要素齐备。可将编年体和纪事本末体相结合。

第二十五条　图片。年鉴应有卷首专题图片、随文图片。图片选用注重典型性、资料性，突出反映重大事件、重要成果和热点问题。图片要清晰、美观；文字说明应简洁、准确，要素齐全。随文图片应图文相符，以图释文。慎用少用领导人、会议照片，忌用人物标准照。

第二十六条　地图。地图选用应遵守国家关于地图管理的法规和有关规定、办法，需经过有审核权的测绘地理信息行政主管部门审核，标注审图号。

第二十七条　表。表格包括表题、表体以及必要的表注等。

表格内容要准确，设计要规范。

第二十八条　附录。附录主要收录具有重要参考价值的资料。

第二十九条　其他形式。年度内具有特殊意义的资料可采用特载、特辑、专文、专记或其他形式集中汇辑。

第三十条　人物记述可采用简介、名录、表等形式，入鉴人物应严格掌握标准，人物记述应做到客观、准确、公允。

第三十一条　年鉴应设编辑说明，主要介绍年鉴编纂的指导思想、记述的时空范围、栏目的设置情况、资料的来源等事项。

第三十二条　年鉴具有工具书性质，应有完备的检索系统。年鉴应编制详至条目的中文目录，根据需要可编制英文目录或少数民族语言目录。索引应提供丰富的检索信息，名称概念清晰，标目符合主题原意，标引准确。

第三十三条　年鉴内容记述应减少交叉重复，多处记述同一事物的应各有侧重。

第三十四条　年鉴使用记叙文、说明文等文体，文风要朴实，记述要流畅。

第三十五条　年鉴使用规范、统一的简称和缩略语，名称、时间、地点、事实、数据、计量单位、术语等的表述应前后一致。

第五章 出 版

第三十六条 年鉴编纂应建立健全审读、审核和校对制度，确保质量。

第三十七条 语言文字、标点符号、汉语拼音、数字、计量单位使用和索引编制、图片选用等，应符合国家有关法律、法规和规章、规定。

第三十八条 编辑校对应符合国家出版物质量管理的规定。

第三十九条 封面设计应庄重大方，完整著录年鉴名称与卷号、编者名、出版者名。年鉴名称、卷号要醒目。

年鉴名称，一般冠以行政区域名称，如“××年鉴”。如两级行政区域名称相同，下级年鉴名称另加“市（州）”“县（区）”字样，如“××市(州)年鉴”“××县（区）年鉴”。市辖区与其他市辖区行政区域名称如不存在同名情况，其年鉴名称冠以行政区域名称，如“××年鉴”；如存在同名情况，其名称冠以上一级行政区域名称，如“××市××年鉴”。

年鉴卷号，以出版年份标识，标注在年鉴名称后，如“2020”。

第四十条 版式设计应疏密得当，留白页少，字体、字号选择要既能区别结构层次，又有较好的视觉效果。

第四十一条 版权页刊载版本记录应完整。

第四十二条 一般采用16开本，文字横排。

第四十三条 印刷、装帧应符合国家出版物质量标准。

第四十四条 制作出版电子版年鉴，应遵守国家关于电子出版物管理的规定。

第四十五条 年鉴应逐年编纂，做到当年编纂当年出版。

第六章 附 则

第四十六条 各省、自治区、直辖市地方志工作机构可根据本规定，结合本地区实际，制定实施细则。

第四十七条 专业年鉴、乡镇(街道）年鉴等其他年鉴可参照本规定执行。

第四十八条 本规定由中国地方志指导小组办公室负责解释。

山东省地方综合年鉴编纂出版业务规范

（2017年12月23日）

第一章 总 则

第一条 为规范全省地方综合年鉴编纂出版，提高年鉴编纂出版水平，推动年鉴事业科学发展，根据国务院《地方志工作条例》《山东省地方史志工作条例》和《地方综合年鉴编纂出版规定》，结合我省实际，制定本规范。

第二条 本规范所称地方综合年鉴（以下简称“年鉴”），是指县级及县级以上系统记述本行政区域自然、政治、经济、文化、社会和生态等方面情况的年度资料性文献。

第三条 年鉴编纂出版坚持以马克思列宁主义、毛泽东思想、邓小平理论、“三个代表”重要思想、科学发展观、习近平新时代中国特色社会主义思想为指导，坚持辩证唯物主义和历史唯物主义的立场、观点和方法，坚持围绕中心、服务大局，充分发挥存史、资政、教化作用。

第四条 年鉴编纂出版要严格执行党和国家关于民族宗教、对外和对港澳台事务有关政策或法规，遵守国家关于保密、著作权、出版、广告等有关法律、法规或规章。涉及重大敏感性问题，必须严格执行新闻宣传有关规定。

第五条 年鉴编纂要从本地实际出发，体现时代特征、年度特点和地方特色，编纂质量达到观点正确、框架科学、资料翔实、内容全面、特色鲜明、记述准确、编写规范，出版符合国家相关标准。

第二章 框 架

第六条 年鉴框架设计应体现分类的科学性、年度的变化性、区域的特殊性、结构的合理性、编排的规范性。

第七条 年鉴框架要依据本行政区域经济社会发展特点，结合实际社会分工，参照相关分类标准，按所记述的年度资料属性进行合理分类。

第八条 年鉴框架应涵盖年度内本行政区域的基本情况。大致包括以下方面：（一）本地概要情况；（二）中国共产党、人民代表大会、人民政府、政治协商会议、民主党派和工商联、群众团体、法治、军事等；（三）经济管理、农业、工业、建筑业、商贸等；（四）交通运输、邮政电信、财政、税务、金融业、城乡建设、环境保护等；（五）科技、教育、文化、卫生和计划生育、体育等；（六）人民生活、社会保障、民族、宗教等。

第九条 年鉴框架一般分类目、分目和条目等层次，也可在分目和条目之间增设一个层次。

各层次标题应准确、规范、简洁，能够揭示所记述内容的特点，避免重复。

第十条 年鉴框架应保持主体结构相对稳定，依据经济社会发展变化与时俱进、改革创新，体现稳定性与创新性的有机结合。

第三章 资 料

第十一条 年鉴资料应反映上一年度本行政区域自然、政治、经济、文化、社会、生态等方面的基本情况，以及与本行政区域密切相关的内容，一般不上溯下延。

第十二条 年鉴资料应做到一、二、三次文献比例适当，以二、三次文献为主。可采用参见、互见等形式避免交叉重复。

第十三条 年鉴资料应具有连续性和数据的可比性，能准确反映事物发展变化的脉络和轨迹。

第十四条 年鉴资料必须真实，人名、地名、时间、事实、数据、图片、引文等应准确。未经核实的资料不得收录。

第十五条 年鉴采用的数据应以统计部门提供的为准，未列入统计范围的，以业务主管部门提供的为准。数据不一致时，应加以说明。

第十六条 年鉴编纂单位应拓宽资料搜集渠道，资料除依靠各供稿单位提供外，还要通过查阅档案、报刊和提炼网络信息以及调查访问等方式进行搜集。

第四章 内 容

第十七条 年鉴内容应存真求实，客观反映经济社会发展中取得的成绩和存在的问题。

第十八条 年鉴内容记述应综合运用文字、图片、表格等形式，文字记述以条目为主体，辅以特载、专文（专记）、大事记、人物、附录等多种记述形式。

第十九条 条目分为综合性条目和单一性条目等类型。综合性条目反映年度内各个领域发展变化的总体情况和主要特点，具有高度的概括性；单一性条目一事一条，基本要素齐全。

条目选题选材注重有效性、完整性和新颖、准确、系统，突出新事、大事、特事、要事，反映社会热点。

条目一般由标题、释文、作者署名三个部分组成。标题精练、简约、规范，题文相符，中心词突出并前置。释文资料完整系统，一般应具备时间、地点、事件、人物、原因、结果等要素。作者署名文末。

条目编写应坚持述而不论、据实而书、直陈其事，寓观点于记述之中。消除部门工作总结、报告痕迹。不记述部门非主要职能的信息。

条目排列有序，避免单个条目构成分目。

第二十条 图片包括专题图片和随文图片。图片选用注重典型性、资料性和存史性，地方特色或年度特点鲜明，突出反映重大事件、重要成果和热点问题。

图片要清晰、美观，文字说明简洁、准确，反映的事物、时间、地点以及主要人物的姓名、位置、时任职务等要素齐全。应署作者或提供者姓名。

随文图片应与正文内容相符，以图释文。

使用领导人照片要严格把关，少用会议、楼堂馆所照片，不用人物标准照。

第二十一条 年鉴应刊载地图。地图的选用和绘制应遵守国家相关的法律法规，需通过有审核权的测绘地理信息行政主管部门审核，有审图号。行政区划图应使用最新版并与记述年度相关行政区划内容一致。

第二十二条 表格应包括表题、表体及表注。表格设计合理、要素齐全、数据准确，与正文内容有机组合、数据一致，摆放位置合理。

第二十三条 特载一般收录本行政区域具有重大影响和存史价值的重要文献。

第二十四条 专文（专记）一般收录对发生在本行政区域某一方面或某一问题撰写的重要专题文章。

第二十五条 大事记主要选录年度内本行政区域重大事件、活动和举措，做到重要事项不漏，准确无误，时间、地点、人物（单位）、结果等要素齐备，以时为序，采用编年体或纪事本末体记述。

第二十六条 入鉴人物要严格掌握标准，一般包括先进人物、新闻人物、著名专家学者、重要逝世人物等。可采用简介、名录、表等形式记述。人物记述应做到客观、准确、公允，重点介绍主要经历、重要事迹和成就。

第二十七条 附录收录年鉴正文不便收录的其他重要资料，一般为原文照录或摘录。

第二十八条 年鉴应设编辑说明，主要介绍年鉴编纂的指导思想、记述的时空范围、栏目设置、资料来源等事项。

第二十九条 年鉴应有完备的检索系统，包括目录和索引。目录置于卷首，详至条目，完整地体现年鉴的框架结构和整体内容，根据需要可编制英文目录。索引置于卷尾，一般为主题索引。

第五章 行 文

第三十条 年鉴行文应遵循国家语言文字规范和标准，使用现代语体文记述，用词准确、规范、精练、朴实，语句流畅。忌用模棱两可、感情色彩强烈、夸张性词语，杜绝虚浮之语和溢美之词。

第三十一条 年鉴的文体，除专文、引文外，均应为记述文体或说明文体。

第三十二条 年鉴行文除一次性文献外均应使用第三人称，人物直书其名，必要时可在姓名前冠以职务或职称；会议、组织、机构、法律法规、文件、专项活动等专有名称，除通用简称外，第一次出现时一律使用全称并括注规范简称，续文中可使用规范简称；外国国名、地名、人名、机构名称、学术名词等，均应译成中文，并视需要括注外文，译文一般以新华社或人民出版社的译名为准。

除入鉴人物外，记述内容涉及人物的，应以事系人，人随事出。

第三十三条 使用缩略语应准确传递本意，不产生歧义，避免使用地域性、专业性或行业性较强的缩略语。缩略语首次使用时应括注具体内容。英文缩略语使用应符合有关新闻出版规范。

第三十四条 涉及国家领土主权和港澳台用语，民族、宗教用语，国际关系用语，军事、计划生育工作用语，以及灾害、疫病、重大交通事故、安全生产、刑事案件和社会稳定等重大敏感性事件，严格执行国家相关规定，规范统一表述。

第三十五条 时间表述要准确，应写明具体年、月、日，避免使用模糊不清的时间代词；以月、日为标志的事件或节日，用汉字数字表示时，只在一、十一和十二月后用间隔号；当直接用阿拉伯数字表示时，月、日之间均用间隔号(半角字符)。

第三十六条 同一事物名称、事实、数据、时间、地点、计量单位、术语表述全书要统一。

第三十七条 标点符号、数字、计量单位等，按国家有关规定使用。

第六章 出 版

第三十八条 年鉴编纂应建立健全审读、审核和校对制度。编辑校对应符合国家出版物质量管理的规定，差错率不超过万分之一。

第三十九条 年鉴封面应印有年鉴名称、年度卷号、编者名和出版者名。封底应有条形码、书号及定价。

年鉴一般以本行政区域名称中的地名专名冠名（如：×× 年鉴），若使用地名专名产生歧义，可以行政区域名称冠名（如：×× 区年鉴），或冠以上一级行政区域名称（如：×× 市 ×× 年鉴）。年鉴名称使用国家标准字体，不使用个人题签。

年度卷号以记述年度的下一年份标识卷号。

封面、封底设计美观大方，年鉴名称、卷号醒目。

第四十条 年鉴书脊应有年鉴名称、年度卷号和出版者名。

第四十一条 年鉴主书名页（扉页）的信息要素及其版式应与封面一致。

第四十二条 年鉴版权页内容要全面、规范。

第四十三条 年鉴版权页后应设置编纂委员会成员名单、年鉴编审人员名单等。编辑说明置于年鉴编审人员名单之后。

第四十四条 年鉴正文排版设计疏密得当，版心规格合理，版面利用率高，留白少。

第四十五条 年鉴印刷、装订质量符合国家出版物质量标准。

第四十六条 年鉴开本一般采用 16 开本，文字横排。

第四十七条 年鉴应逐年编纂，连续出版。要在出版年度内由国家新闻出版广电行政部门审定的正规出版社公开出版。在保证质量的前提下，提速增效，缩短周期，增强为现实服务的能力。

第七章 附 则

第四十八条 专业年鉴、乡（镇、街道）年鉴等其他年鉴参照本规范执行。

第四十九条 本规范由山东省地方史志办公室负责解释。

中国地方志指导小组
方志馆建设规定（试行）

（2017 年 6 月 12 日）

第一条 为全面推动方志馆建设，进一步推进地方志事业科学发展，充分发挥方志馆在社会主义文化建设中的重要作用，依据国家有关法律法规和《全国地方志事业发展规划纲要（2015—2020 年）》，结合全国方志馆建设工作实际，制定本规定。

第二条 方志馆是收藏研究、开发利用地方志资源，宣传展示国情、地情的公共文化服务机构。

第三条 方志馆具有收藏保护、展览展示、编纂研究、专业咨询、信息服务、开发利用、宣传教育、业务培训、文化交流等功能。

第四条 方志馆建设应坚持以人为本、立足地情、突出特色、服务社会的原则。

第五条 省（自治区、直辖市）、市（地、州、盟）、县（市、区、旗）应建立方志馆。鼓励有条件的乡镇（街道）、村（社区）建立方志馆。

第六条 方志馆建设应纳入当地经济社会发展、文化建设和城市建设总体规划，统筹推进与安排，所需经费列入同级人民政府财政预算。

第七条 方志馆一般应独立建设。确需与其他设施合建的，应自成体系，相对独立。

第八条 方志馆选址应符合当地建设总体规划，应考虑人员相对集中、交通便利、市政配套设施良好等因素，符合安全与环保等要求。

第九条 方志馆建筑规模应与行政区划级别、经济社会发展水平和服务人口数量等相适应，分为大型馆、中型馆和小型馆。大型馆为省级馆，建筑面积一般应不少于 20000 平方米；中型馆为市级馆，建筑面积一般应不少于 10000 平方米；小型馆为县级馆，建筑面积一般应不少于 5000 平方米。有条件的地区可适当增加建筑面积。

第十条 方志馆应设收藏保护区、展览展示区、编纂研究区、学术交流区、信息技术区、公共服务区、行政办公区等主要区域，并建设与之相配套的附属设施。

第十一条 方志馆应按信息化要求，建立门户网站、数据库、电子阅览系统等，充分利用云计算、大数据等互联网技术，为社会提供服务。

第十二条 各级方志馆在建设实体方志馆的同时，应建设数字方志馆。

第十三条 方志馆应设公共停车场地、人员安全集散场地、绿化用地等。

第十四条 方志馆建筑设计应充分体现地域特点、文化特色，注重实用性与时代性，符合方志馆特有功能与技术要求。

第十五条 方志馆建设应严格执行国家有关建筑、消防、抗震、承载、安全、防潮、防虫、防光、防尘、防污染、节能等标准与规定。

第十六条 方志馆机构设置和人员编制要与其履行职能的要求相适应，一般应按照专业要求配备相应的人员。

第十七条 国家方志馆的建设办法另行规定。

第十八条 其他部门、行业的方志馆建设，参照本规定相关条款执行。

第十九条 解放军、武警部队的方志馆建设，在执行中央军委有关规定的前提下，参照本规定相关条款执行。

第二十条 本规定由中国地方志指导小组及其办公室负责解释，自颁布之日起施行。

全省方志馆建设管理规范

（2017年11月6日）

第一章　总　则

第一条　为促进方志馆事业发展，加强和规范方志馆基础设施建设，提高建设项目决策水平，加速方志馆建设标准化、规范化和现代化进程，实现和保障人民群众利用方志馆的权利，满足人民群众基本的知识、信息和文化需求，根据有关法律法规和《全国地方志事业发展规划纲要（2015—2020年）》《山东省地方史志事业发展规划纲要（2016—2020年）》及中国地方志指导小组印发的《方志馆建设规定（试行）》等文件规定，制定本规范。

第二条　方志馆事业属于社会公益性事业，方志馆建设属于公共文化服务基础设施建设，要纳入当地经济社会发展、文化建设和城市、县城总体规划，纳入政府投资计划，所需经费列入同级人民政府财政预算，在编制管理、建设指导等方面给予支持保障。

第三条　方志馆是收藏研究、开发利用地方志资源，面向社会、服务当代、传承文化、资政存史、宣传展示地情的公共文化服务机构，具有收藏保护、展览展示、编纂研究、信息咨询、开发利用、宣传教育、业务培训、文化交流等功能。

第四条　方志馆建设要贯彻执行国家发展文化事业和加强公共建筑工程建设管理的方针政策，以人为本，科学规划，规模适当，功能优先，经济适用，环保节约，构建覆盖全社会的普遍均等、惠及全民的方志馆服务网络。

第五条　方志馆建设除执行本规范外，还应符合国家其他有关标准、规范、规定要求。

第二章　建设规范

第六条　方志馆建筑规模要与行政区划级别、经济社会发展水平和服务人口数量等相适应，合理确定建设规模。根据我省实际，市级馆建筑面积2000平方米以上，县级馆1000平方米以上。有条件的地方可按中国地方志指导小组规定增加建筑面积，市级馆建筑面积不小于10000平方米，县级馆不小于5000平方米。申报国家方志馆分馆的，面积不小于20000平方米。

第七条　方志馆选址要符合当地城市、县城建设总体规划，考虑人员相对集中、交通便利、市政配套设施良好等因素，符合安全与环保等要求。方志馆建筑设计要充分体现地域特点、文化特色，注重实用性与时代性，符合方志馆的特有功能与技术要求。

第八条　方志馆一般应有固定的独立馆舍，与其他设施合建的，应自成体系，相对独立。支持鼓励方志馆采取与其他公共文化设施合建等方式扩大面积，实现优势互补、资源共享。方志馆建设要严格执行国家有关建筑、消防、抗震、承载、安全、防潮、防虫、防光、防尘、防污染、节能等标准与规定。

第九条　方志馆设收藏保护区、展览体验区、编纂研究区、学术交流区、信息技术区、公共服务区等主体功能区，并建设与之相配套的附属设施。设置公共停车场地、人员安全集散场地、绿化用地等。

第十条　按照信息化要求，方志馆应建立门户网站、资源库、电子阅览系统等，充分利用云计算、大数据、各类信息共享平台等互联网技术，为社会提供服务。

第十一条　各级方志馆在建设实体方志馆的同时，应建设数字方志馆。

第三章　管理规范

第十二条　加强方志馆人才队伍建设和资金保障。各级方志馆应按照每1000平方米配备工作人员3—5人的要求配备相应人员。可采取建立志愿者队伍等方式，满足方志馆日常管理和运行需要。

第十三条　各级方志馆要在健全管理制度、丰富馆藏内容、开展特色服务、扩大对外交流、提高信息化管理水平等方面不断完善提高，切实履行职责，积极发挥作用。

索 引

说明：

1.本索引为主题索引。特载、专记、大事记、附录这四部分及类目下的综述与分目下的概况未列入索引。

2.本索引按汉语拼音音序排列。同音字按声调，首字相同者按第二个字的音序排列，以此类推。

3.索引主题词后面的数字表示索引内容所在的页码。

C

D

F

G

H

J

K

L

M

N

P

Q

R

S

T

W

X

Y

Z